Dictionnaire De Chymie, 2: Contenant La Théorie Et La Pratique De Cette Science, Son Application À La Physique, À L'histoire Naturelle, À La Medicine, & Aux Arts Dépendans De La Chimie...

Pierre Joseph Macquer

DICTIONNAIRE DE CHYMIE,

CONTENANT

LA THÉORIE ET LA PRATIQUE DE CETTE SCIENCE,

Son application à la Physique, à l'Histoire Naturelle, à la Médecine, & aux Arts dépendans de la Chymie.

PAR M. MACQUER,

Docteur en Médecine de la Faculté de Paris, de l'Académie des Sciences, de la Société Royale de Médecine, Professeur de Chymie au Jardin du Roi, &c.

Seconde Édition revue, & considérablement augmentée.

TOME SECOND.

A PARIS,

Chez P. THÉOPHILE BARROIS le jeune rue du Hurepoix, près le Pont S.-Michel.

M. DCC. LXXVIII.

Avec Approbation, & Privilege du Roi.

DICTIONNAIRE DE CHYMIE.

ECROUISSEMENT. L'écrouissement est une roideur & une dureté qu'acquierent les métaux, lorsqu'on les bat à froid pendant un certain tems. Les métaux les plus ductiles, tels que l'or & l'argent, ne sont pas exempts de s'écrouir. Un métal qui est fortement écroui, devient beaucoup plus élastique qu'il n'étoit avant : il devient en même tems aigre & cassant. L'écrouissement empêche qu'on ne puisse étendre à froid, en lames minces, des masses de métal un peu épaisses: parcequ'elles se fendent & se gercent après avoir reçu un certain nombre de coups de marteau. Mais il est facile de désécrouir les métaux, il ne s'agit pour cela que de les faire chauffer jusqu'à rougir, ce qui s'appelle le *recuire :* ce recuit leur rend toute leur douceur & leur ductilité.

ÉDULCORATION. L'édulcoration est, à proprement parler, l'adoucissement de quelque substance. L'édulcoration chymique consiste presque toujours à enlever des acides ou d'autres matieres salines qui adherent à quelque substance, & elle se fait par le moyen d'un grand lavage à l'eau pure.

En Pharmacie on se sert aussi du terme d'édulcoration, pour désigner l'adoucissement qu'on procure à des médicamens : tels que des potions, des juleps, & par l'addition du sucre, ou de quelque sirop.

EFFERVESCENCE. L'effervescence est un bouillonnement qui s'excite dans le moment de la combinaison mutuelle de certaines substances.

Elle est toujours occasionnée par le dégagement de l'air, ou de quelque *gas* qui ne peut point rester combiné dans le nouveau composé; ensorte que toutes les fois qu'on apperçoit une effervescence dans les dissolutions quelconques, soit par la voie humide, soit par la voie seche, on peut être assuré qu'il se dégage un gas qu'il est possible de recueillir par les appareils convenables.

Lorsqu'on fait dissoudre par des acides quelconques des terres calcaires non calcinées, ou des alkalis non caustiques; lorsqu'on fait fondre ces derniers avec des sables ou des terres quelconques; dans la dissolution des métaux, des huiles, ou de toute autre matiere par les acides; dans les réductions des chaux métalliques, il y a toujours effervescence, & conséquemment dégagement d'une matiere gaseuse, qui s'échappe en bulles & avec siflement.

Cet effet se manifeste dans un si grand nombre d'opérations de Chymie, & sur-tout dans la réaction des acides sur les substances alkalines, salines ou terreuses, qu'on a regardé l'effervescence d'une matiere avec les acides, comme un signe certain que cette matiere étoit alkaline, & cette épreuve est très usitée, parcequ'elle est prompte & facile, Cependant il est bien certain qu'elle ne suffit pas; d'abord parceque les métaux & la plupart des matieres inflammables font effervescence avec les acides, aussi bien que les alkalis, & en second lieu, parceque les terres calcaires & les alkalis ne font effervescence en se combinant avec les acides, qu'autant qu'ils sont unis à leur gas, & que lorsqu'ils en ont été entiérement privés, & mis par la dans l'état de leur plus grande *causticité*, ils s'unissent aux acides sans la moindre apparence d'effervescence.

Il se produit de la chaleur dans un grand nombre de dissolutions qui se font avec ou sans effervescence, mais il est à remarquer que cette chaleur est communément plus grande, quand il n'y a point d'effervescence, que quand il y en a, & cela me fait conjectuter, comme je l'ai expliqué à l'article *causticité*, que l'évaporation des gas, ou leur mélange avec l'air produit du froid.

Quand on a commencé à observer les circonstances particulieres des phénomenes chymiques, on se servoit indistinctement des noms d'*effervescence* & de *fermentation*, & même plus communément de ce dernier, pour désigner le bouillonnement dans les combinaisons. Les Chymistes ont blâmé ensuite cet usage & moi comme les autres, sous prétexte que l'on confondoit par-là les simples dissolutions, avec la fermentation des matieres végétales & animales.

Cependant, comme dans la fermentation, proprement dite, & sur-tout dans la spiritueuse, il y a un bouillonnement réel, occasionné par le dégagement du gas, & que d'un autre côté, il se forme de nouveaux composés dans les simples dissolutions accompagnées d'effervescence, aussi bien que dans la fermentation; je ne sais si, à la rigueur, cette distinction est bien fondée, il seroit peut-être beaucoup mieux de distinguer par des noms différens, les opérations combinatoires qui se font dans la fermentation, aussi bien que dans les simples dissolutions, d'avec le bouillonnement, qui n'est, dans tous les cas où il a lieu, qu'une circonstance concommitante & accessoire de ces opérations de combinaison.

EFFLORESCENCE. Les Chymistes désignent par cette expression, ce qui arrive à certains corps, à la surface desquels il se forme une espece de folle farine ou de matiere poudreuse.

L'efflorescence n'a lieu dans ces corps, que par l'effet d'une décomposition, ou par celui de la dessication. Celle qui arrive au cobalth & à la plupart des pyrites martiales, est de la premiere espece; & celles qu'on observe sur les crystaux d'alkali marin, de sel de Glauber, d'alun, des vitriols martial & cuivreux, & de plusieurs autres sels, sont de la seconde.

ÉLÉMENS. On donne en Chymie le nom d'élémens aux corps qui sont d'une telle simplicité, que tous les efforts de l'art sont insuffisans pour les décomposer, & même pour leur causer aucune espece d'altération; &

qui d'une autre part, entrent comme principes, ou parties constituantes, dans la combinaison des autres corps, qu'on nomme pour cette raison corps composés.

Les corps auxquels on a reconnu cette simplicité, sont le *feu*, l'*air*, l'*eau* & la *terre* la plus pure, parcequ'en effet les analyses les plus complettes & les plus exactes, qu'on ait pu faire jusqu'à présent, n'ont jamais produit autre chose en dernier ressort, que les unes ou les autres de ces quatre substances, ou toutes les quatre suivant la nature des corps qui ont été décomposés.

Il est très possible que ces substances, quoique réputées simples, ne le soient pas, qu'elles soient même très composées, qu'elles résultent de l'union de plusieurs autres substances plus simples, ou qu'elles soient transmuables de l'une en l'autre, comme le pense M. *le Comte de Buffon*. Mais comme l'expérience n'apprend absolument rien sur cela, on peut sans aucun inconvénient, on doit même regarder en Chymie *le feu*, *l'air*, *l'eau* & *la terre*, comme des corps simples; parcequ'en effet ils agissent comme tels dans toutes les opérations de cet art.

Les Chymistes appellent aussi les élémens *principes primitifs*.

ÉMAIL. L'émail est en général une matiere vitrifiée, entre les parties de laquelle est distribuée une autre matiere qui n'est point vitrifiée.

Il suit de là que l'émail doit avoir toutes les propriétés du verre, à l'exception de la transparence. Les émaux sont donc des verres opaques, & leur opacité leur vient de la substance non vitrifiée qui leur est mêlée.

Il y a des émaux de toutes sortes de couleurs, & leurs couleurs leur viennent de la matiere non vitrifiée qu'ils contiennent : ce sont des matieres terreuses & des chaux métalliques qui produisent cet effet dans presque tous les émaux.

Les émaux doivent être très fusibles; on les emploie à colorer ou à peindre différens ouvrages qui se font au grand feu. L'émail blanc sert à enduire les poteries de terre, qu'on nomme *faïances*, & à leur donner un coup d'œil de porcelaine : c'est avec les autres émaux colorés qu'on peint sur la faïance, sur la porcelaine, ou même sur l'émail blanc.

On trouve dans plusieurs livres des recettes pour faire des émaux, & singuliérement dans le Traité de la Verrerie de *Neri*, avec les notes de *Meret* & de *Kunckel*, en voici plusieurs qui sont tirées de cet ouvrage. Suivant *Neri*, on prépare la matiere blanche vitreuse qui est la base de tous les émaux, en fondant ensemble cent parties d'une frite de cailloux calcinés ; une partie de sel de tartre pur, & cent parties de chaux, de plomb & d'étain. On prépare cette chaux en calcinant parties égales de plomb & d'étain, & réduisant la substance ainsi calcinée en une poudre très fine ; on la pile, on la passe au travers d'un tamis, on la fait bouillir dans l'eau, on décante l'eau dans laquelle sont suspendues les parties les plus fines, on évapore l'eau, & on fait sécher la poudre, on répete la pulvérisation & les autres opérations sur la partie la plus grossiere, jusqu'à ce qu'elle devienne aussi fine que l'autre ; on fait fondre légérement cette composition, on la réduit en poudre, & on en fait tous les émaux de différentes couleurs, en y ajoutant des substances colorantes. Ainsi en ajoutant à six livres de cette composition quarante-huit grains de manganese, on peut faire un bel émail blanc ; un émail d'un bleu d'azur, en ajoutant à la même quantité trois onces de saffre & soixante grains de cuivre calciné ; un émail bleu turc, en ajoutant trois onces de cuivre calciné, & quatre-vingt-seize grains de saffre & quarante-huit de manganese ; un émail verd avec trois onces de cuivre calciné & soixante grains de paille de fer ; un émail noir brillant avec trois onces de saffre & autant de manganese, ou six onces de tartre rouge & trois onces de manganese ; un émail pourpre avec trois onces de manganese ; un émail jaune, avec trois onces de tartre & soixante-douze grains de manganese ; un émail verd de mer ou couleur de berylle, avec trois onces de cuivre jaune calciné & soixante grains de saffre ; un émail violet, avec deux onces de manganese & quarante-huit grains de cuivre calciné. Telles sont les doses données par *Neri*, approuvées par

Kunckel, & dont on ſe ſert tous les jours avec ſuccès. On doit faire attention à la force & à la durée de la chaleur, parceque les couleurs des émaux & des verres tranſparens qui imitent les pierres précieuſes, ſur-tout ceux qui contiennent de la manganeſe, dépendent beaucoup de ces circonſtances. En général le blanc mat & toutes les couleurs des émaux ne ſubſiſtent, qu'autant que les chaux métalliques ne ſont point vitrifiées, ou ne le ſont que très peu; comme elles peuvent toutes paſſer à la vitrification par l'effet d'une chaleur aſſez forte, il convient de leur épargner toujours cette chaleur le plus qu'il eſt poſſible, ſans quoi les couleurs changent, s'affoibliſſent, ou même diſparoiſſent totalement. Le rouge des ſaffrans de mars qu'on emploie beaucoup ſur les faïances & porcelaines, eſt ſur-tout très ſujet à diſparoître de cette maniere, auſſi trouve-t on beaucoup de ces peintures qui ne ſont preſque pas vitrifiées. On peut compoſer les émaux blancs, avec d'autres ſubſtances que la chaux d'étain: *Merret* propoſe d'y ſubſtituer le régule d'antimoine calciné. Les os calcinés, & peut être quelqu'autres terres blanches pourroient ſervir auſſi à cet uſage M. d'*Arcet* a trouvé que le gypſe mêlé avec l'argille blanche, ou avec l'argille & le ſpath dur, faiſoit de beaux émaux.

EMULSION. L'émulſion eſt une liqueur aqueuſe, dans laquelle eſt étendue, diſtribuée & diſperſée, mais non diſſoute, une matiere huileuſe quelconque, par l'intermede d'une ſubſtance mucilagineuſe ou gélatineuſe.

L'état de l'huile dans les émulſions eſt la vraie cauſe pour laquelle elles ſont toutes opaques, & d'un blanc mat qui reſſemble à celui du lait; car c'eſt l'apparence que tous les corps ſans couleur bien ſenſible donnent aux corps tranſparens, quand ils n'y ſont qu'interpoſés, & diviſés juſqu'à un certain point.

Il y a néanmoins une légere adhérence entre les parties de l'huile & de l'eau dans les émulſions, & c'eſt par l'intermede de la matiere mucilagineuſe, que ces ſubſtances hétérogenes adherent ainſi entre elles: car de l'huile ſimplement battue avec de l'eau ne lui donne que pour un instant l'apparence d'une émulsion ; elle se sépare aussi-tôt que le mélange cesse d'être agité, & vient se rassembler à la surface.

Toutes les substances végétales & animales qui contiennent de l'huile non combinée, & du mucilage ou de la gelée, étant triturées avec de l'eau, forment des émulsions.

La plupart des semences & des graines, toutes les gommes résines, & les sucs gommeux & résineux, les jaunes d'œufs sont autant de matieres émulsives. Enfin les sucs laiteux des plantes, le lait & le chyle des animaux doivent être regardés comme des émulsions naturelles.

La maniere de faire les émulsions, ou de tirer le lait des semences ou graines nommées émulsives, telles que les amandes douces & ameres, les graines de concombres, citrouilles, de pavot, de laitue, & une infinité d'autres, est très simple & très facile. On enleve par le moyen de l'eau bouillante la peau de celles de ces amandes qui sont assez grosses pour cela ; on se contente de nétoyer & de laver les petites, on les pile dans un mortier de marbre avec un pilon de bois, en ajoutant de tems en tems un peu d'eau, pour tenir l'huile divisée & l'empêcher de se rassembler : on continue à piler jusqu'à ce que les graines soient réduites en pâte ; alors on ajoute à plusieurs fois une plus grande quantité d'eau qu'on mêle exactement chaque fois avec la pâte par le moyen du pilon, ce mélange forme aussitôt une liqueur blanche laiteuse. La quantité d'eau qu'on doit ajouter dépend de l'usage que l'on veut faire du lait d'amandes ; s'il est destiné à être bu tout de suite en lait, on en met assez pour que l'émulsion soit fluide comme de l'eau, en conservant néanmoins un beau blanc mat ; si l'émulsion est destinée à être réduite en syrop, pour être conservée, on y met beaucoup moins d'eau, & on en fait un lait beaucoup plus fort & plus épais. Dans l'un & dans l'autre cas, on passe l'émulsion à travers une étoffe, on exprime un peu le marc, on peut même le repiler en y ajoutant encore un peu d'eau & le repassant, pour achever de bien extraire toute la partie émulsive.

A l'égard de l'émulsion du jaune d'œuf, elle est encore plus facile, car cette substance n'est, à proprement parler, qu'une émulsion déja toute faite & concentrée ; il ne s'agit donc pour le réduire en lait, que de le délayer avec une suffisante quantité d'eau tiede.

Toutes ces émulsions, quand elles sont tirées des substances d'une saveur agréable, sont elles-mêmes d'une saveur très agréable, aussi les emploie-t-on autant pour la bouche & dans les friandises de l'office, que pour l'usage de la Médecine ; elles sont éminemment adoucissantes, tempérantes & rafraîchissantes ; elles conviennent, par conséquent, dans les maladies inflammatoires, & dans tous les cas d'irritation, on peut les prendre sans aucun inconvénient en grand breuvage, & même pour boisson ordinaire ; elles ont sur-tout des effets très salutaires dans les âcretés d'urine & dans toutes les irritations des voies urinaires, la forme d'émulsion est certainement la meilleure sous laquelle on puisse faire prendre les huiles douces & adoucissantes des végétaux & des animaux, mais elles n'ont ces vertus qu'autant qu'elles jouissent de toute leur douceur naturelle. Il est de la plus grande conséquence par cette raison de n'employer que des matieres bien récentes, & absolument exemptes de la rancidité à laquelle elles sont fort sujettes, & qui leur fait perdre tout leur agrément & toute leur vertu.

Le lait des animaux, celui des graines végétales, la substance toute émulsive & laiteuse des jaunes d'œufs, sont en même tems des matieres alimenteuses & très nutritives ; aussi indépendamment de la quantité étonnante d'animaux qui recherchent avec avidité toutes les matieres émulsives pour s'en nourrir, il est visible que la matiere de l'émulsion a été placée dans les graines des végétaux & dans les œufs, qui sont des especes de graines animales, à la portée des germes, embrions, fœtus & nouveaux nés, tant des végétaux que des animaux, pour servir à leur nutrition dans les premiers tems de leur développement & accroissement, & il est de fait que le lait des graines & amandes diminue dès les premiers moments de la germination, & disparoît tout-à-fait à mesure que la plantule qui s'en est nourrie, grandit & devient assez forte pour tirer sa nourriture de la terre même.

EMPYREUME. L'Empyreume est l'odeur de brûlé que prennent toutes les matieres végétales & animales, lorsqu'elles éprouvent l'action d'une chaleur vive, surtout dans les vaisseaux clos.

L'empyreume est l'odeur propre des huiles brûlées; aucune substance, si elle n'est huileuse, n'est susceptible de la contracter. Comme il n'y a point de matieres végétales ou animales, qui, dans leur état naturel, ne contiennent de l'huile, & qu'il n'y a que ces substances qui en contiennent, il s'ensuit qu'aucun autre corps ne peut contracter l'odeur empyreumatique; & que par le moyen de l'odeur d'empyreume, on peut distinguer l'huile par-tout où elle est, parce que cette odeur est si marquée, qu'elle devient très sensible, quand même la quantité d'huile, à laquelle elle est due, seroit trop petite pour être sensible dans toute autre épreuve. Si donc, en exposant une substance quelconque à l'action du feu dans les vaisseaux clos, on s'apperçoit de quelque odeur empyreumatique, c'est une preuve certaine que cette substance contient de l'huile: si au contraire il ne se développe rien d'empyreumatique, on peut être assuré que la substance soumise à cette épreuve ne contient point du tout d'huile.

ENCRE A ECRIRE. L'encre est une liqueur colorée ordinairement en noir, dont on se sert pour écrire. Il y a cependant des encres de différentes couleurs.

La base de l'encre noire est l'infusion de noix de galle & le vitriol martial, connu chez les Droguistes sous le nom de *couperose verte*, qu'on mêle ensemble, & auxquels on ajoute un peu de gomme arabique. Voici une recette par laquelle on fait de très bonne encre. On prend noix de galle, une livre; gomme arabique, six onces; couperose verte, six onces; eau commune, ou biere, quatre pintes. On concasse la noix de galle, on la fait infuser pendant vingt-quatre heures sans bouillir, on ajoute la gomme concassée, & on la laisse dissoudre; enfin on met le vitriol verd qui donne aussitôt la couleur noire: on passe par un tamis de crin.

Comme la bonté de l'encre & sa durée sont des objets fort importans, plusieurs Chymistes ont cherché à donner à cette préparation toute la perfection dont elle pouvoit être susceptible ; mais personne n'a fait de recherches aussi étendues & aussi complettes sur cet objet que M. *Lewis*, de la Société Royale de Londres. On peut voir dans le Recueil des ouvrages de ce Savant, traduit en françois sous le titre d'*Expériences Physiques & Chymiques*, &c. la quantité d'épreuves qu'il a faites pour trouver la composition de la meilleure encre à écrire. Il résulte de ses travaux, qu'il en faut toujours revenir à la noix de galle, à la couperose verte, & à la gomme arabique ; que la perfection de cette composition dépend principalement des proportions de ces trois ingrédiens usités depuis long-tems. Suivant M. *Lewis*, l'excipient de ces drogues peut être l'eau pure ; mais il a trouvé que le vin blanc ou le vinaigre ont encore un meilleur effet, & il ajoute aux trois ingrédiens fondamentaux, le bois d'Inde ou de campêche, qui est fort employé aussi dans la teinture des étoffes en noir : voici le procédé qu'il recommande.

Dans trois chopines de vin blanc ou de vinaigre, on fait bouillir pendant une demi-heure trois onces de noix de galle, une once de bois d'Inde, l'un & l'autre en poudre, & une once de couperose verte : on y ajoute une once & demie de gomme arabique, qu'on laisse bien dissoudre, après quoi on la passe par un tamis.

La noix de galle & toutes les matieres astringentes végétales, ont la propriété de précipiter le fer uni, non-seulement à l'acide vitriolique, mais à un acide quelconque, sous une couleur noire ; mais de tous les ingrédiens, le vitriol martial & la noix de galle sont les plus usités, & avec raison, car ce sont ceux qui font la plus belle & la meilleure encre. La couleur noire de ce précipité ferrugineux est due à une certaine quantité de matiere huileuse des substances végétales, qui contracte avec lui une sorte d'union.

Il se passe dans l'opération de l'encre quelque chose d'analogue à la précipitation du fer en bleu de Prusse par l'intermede d'un alkali phlogistiqué. Quelques Chymistes ayant même remarqué que l'encre, étendue dans une grande quantité d'eau, a une couleur qui tire beaucoup ſur le bleu, ont regardé le précipité martial, qui ſe forme dans l'encre, comme du *bleu de Pruſſe*, dont la couleur a aſſez d'intenſité pour paroître abſolument noire, quand elle n'eſt pas étendue dans une ſuffiſante quantité d'eau, parcequ'en effet le bleu très foncé paroît abſolument noir. Mais ce ſentiment ne peut s'accorder avec les propriétés de l'encre, ni avec celles du bleu de Pruſſe. Il y a une différence eſſentielle entre le fer précipité de ces deux manieres, & cela à cauſe de la différence de la nature des deux matieres inflammables qui ſe joignent au fer dans l'une & l'autre de ces précipitations. Celle qui ſe trouve dans l'encre eſt dans l'état huileux ; celle, au contraire, qui eſt dans le bleu de Pruſſe, n'eſt point du tout dans cet état. Auſſi le précipité de l'encre ſe diſſout-il très facilement dans tous les acides, & cela n'arrive point au bleu de Pruſſe. Si on mêle une ſuffiſante quantité d'eſprit de nitre, ou de tout autre acide un peu fort, dans de l'encre, on voit diſparoître auſſi-tôt toute ſa couleur, & l'encre la plus noire devient, par cette addition, preſque blanche & tranſparente : on peut faire reparoître ſon noir & ſon opacité, en mêlant dans cette encre, ainſi décolorée, une ſuffiſante quantité d'alkali pour ſaturer tout l'acide qui avoit diſſous le précipité martial, ce qui donne lieu à ce précipité de reparoître tel qu'il étoit d'abord. On peut faire ainſi paroître & diſparoître alternativement le noir de l'encre, en y mêlant alternativement de l'acide & de l'alkali. Mais il n'en eſt pas de même du bleu de Pruſſe ; quelque grande quantité d'acide qu'on ajoute dans de l'eau, dans laquelle il eſt ſuſpendu, ſa couleur, bien loin d'en être altérée, n'en devient, au contraire, que plus belle.

Il eſt vrai qu'il y a un moyen de faire auſſi diſparoître & reparoître à volonté la couleur du bleu de Pruſſe ; mais ce moyen eſt préciſément le contraire de celui qui ſert à produire les mêmes effets ſur l'encre : c'eſt en mêlant beaucoup d'alkali avec du bleu de Pruſſe, qu'on fait diſparoître ſa couleur, & on la lui rend en ſaturant cet alkali par le moyen d'un acide. Ce qui ſuffit pour établir une différence bien sensible entre ces deux précipités ferrugineux.

On peut faire des encres de toutes les couleurs en se servant d'une forte décoction des ingrédiens qu'on emploie dans la teinture, dans laquelle on mêle un peu d'alun & de gomme arabique; par exemple, une décoction de bois de brésil bien chargée, dans laquelle on ajoute la quantité d'alun qu'elle peut tenir en dissolution, & un peu de gomme arabique, pour lui donner du corps & l'empêcher d'être trop coulante, forme une très belle encre rouge.

ENCRES DE SYMPATHIE. La Chymie fournit un grand nombre de moyens de faire ce qu'on appelle des encres de sympathie; ce sont des liqueurs sans couleur, ou du moins sans couleurs sensibles, avec lesquelles on peut faire une écriture invisible, mais qui devient très sensible quand on le veut, par des manipulations appropriées à la nature de chaque espece d'encre de sympathie.

D'abord l'encre ordinaire, ne devenant noire que par le mélange de deux liqueurs qui ne sont point, ou qui ne sont que peu colorées naturellement, peut former une encre de sympathie par plusieurs moyens.

Si l'on dissout du vitriol vert dans de l'eau, & qu'on y ajoute un peu d'alun pour empêcher le précipité jaunâtre ferrugineux, qui s'y forme toujours quand il n'y a pas d'excès d'acide; on pourra écrire avec cette dissolution, & les caracteres seront invisibles; mais on les fera paroître d'un très beau noir, en les mouillant avec une infusion de noix de galle bien chargée.

Si l'on décolore de l'encre ordinaire, en y mêlant une suffisante quantité d'acide nitreux, l'écriture qu'on fera avec cette encre décolorée sera invisible; mais elle paroîtra aussi tôt qu'on la mouillera avec de l'alkali fixe en liqueur.

Des caracteres tracés avec la dissolution acide de vitriol vert, dont on vient de parler, paroîtront en très beau bleu, si on les mouille avec de la liqueur saturée de la matiere colorante du bleu de brusse; & ceux qui auroient été tracés avec cette liqueur elle-même toute pure, & qui seroient aussi absolument invisibles deviendroient de même d'un très beau bleu, aussi-tôt qu'on les humecteroit avec une dissolution de vitriol verd. *On peut voir la théorie de ces encres aux articles*, ENCRE & BLEU DE PRUSSE.

L'acide vitriolique tout pur, affoibli par une suffisante quantité d'eau commune, pour ne pas faire une trop forte impression sur le papier, devient une encre de sympathie, dont l'écriture, invisible d'abord, devient très sensible, si l'on chauffe un peu fortement le papier sur lequel on l'a tracée; parce qu'à l'aide de cette chaleur, l'acide se concentre, brûle & noircit le papier. Mais cette encre n'est pas d'un bon service, parceque l'acide vitriolique, quoique beaucoup affoibli par de l'eau, altere toujours le papier, & le détruit au bout d'un certain tems.

Les encres de sympathie les plus renommées sont, d'abord celle qui se fait avec la dissolution de bismuth dans l'acide nitreux: les caracteres invisibles, écrits avec cette dissolution, peuvent paroître en noir sensible, sans qu'il soit besoin de les mouiller, ni de les chauffer; il suffit de les exposer au contact du phlogistique du foie de soufre, réduit en vapeurs, parceque ce phlogistique ressuscite la terre du bismuth, en partie calcinée par l'acide nitreux, & même s'applique par surabondance, sur cette terre métallique, qu'il noircit d'autant plus, qu'il y est en plus grande quantité.

Les vapeurs phlogistiques, qui s'exhalent du foie de soufre, sont les plus propres à produire cet effet sur la dissolution de Bismuth. Ceux qui ont parlé les premiers de cette encre de sympathie, demandoient qu'on se servît de la dissolution des scories du régule d'antimoine, ou d'un mélange de chaux vive & d'orpiment; mais la premiere de ces substances, n'étant qu'un *foie de soufre antimonié*, & la seconde un *foie de soufre terreux*, mêlé d'arsenic, il est visible que ce n'est qu'en qualité de foie de soufre qu'elles agissent. Aussi, sans aller chercher ces matieres, le foie de soufre, le plus ordinaire & le plus simple, est capable de produire exactement le même effet. Le foie de soufre volatil, c'est-à-dire, fait par l'alkali volatil, seroit peut être préférable à tous les autres.

Lors donc qu'on veut faire paroître l'écriture de l'encre de ſympathie de biſmuth, il ſuffit de l'expoſer à la vapeur du foie de ſoufre, on prétend que cette vapeur peut produire ſon effet, à travers une main de papier, & même à travers une muraille. La choſe ne paroît pas impoſſible; mais, à coup sûr, cela doit être aſſez long. Ce qu'il y a de certain, c'eſt que du blanc de biſmuth, des cryſtaux de nitre de biſmuth, de plomb, d'argent, de mercure, enfermés dans des bòcaux bien recouverts de papier, ſe noirciſſent beaucoup à leur ſurface, quand ils ont ſéjourné dans un laboratoire de Chymie, à cauſe des vapeurs phlogiſtiques qui y circulent, ſurtout quand on y diſſout, ou qu'on y précipite du foie de ſoufre.

Il eſt aiſé de ſentir qu'on peut faire paroître beaucoup plus promptement l'écriture de l'encre de biſmuth ſi, au lieu de l'expoſer ſimplement à la vapeur du foie de ſoufre, on la mouille avec la diſſolution même de ce composé.

L'encre de ſympathie la plus moderne, & en même tems une des plus curieuſes, eſt celle que fournit la diſſolution du régule, ou de la terre métallique du cobalt, dans l'eau régale; le procédé de cette encre a été publié dans les Mémoires de l'Académie des Sciences, par M. *Helot*.

Ce procédé étoit aſſez embarraſſant, tant parcequ'il preſcrivoit de ſe ſervir du cobalt même, qu'on faiſoit rôtir & qu'on traitoit enſuite avec l'eſprit de nitre, dans lequel on ajoutoit du ſel commun, que parceque le bon cobalt eſt fort rare en France. Mais à préſent rien n'eſt ſi facile que de faire cette encre: il ſuffit pour cela de prendre du ſaffre, qui eſt dans le commerce, & qu'on trouve aiſément chez les Droguiſtes; d'en extraire, à l'aide de la digeſtion dans l'eau régale, ce que cet acide en peut diſſoudre, c'eſt-à-dire la terre métallique du cobalt propre à donner du bleu dans la vitrification; on étend enſuite cette diſſolution avec un peu d'eau commune, pour l'empêcher de faire une trop forte impreſſion ſur le papier; & on s'en ſert pour tracer des caracteres qui ſont d'abord inviſibles quand ils ſont ſecs, mais qui paroiſſent en très beau verdbleu ; lorsqu'on les chauffe jusqu'à un certain point. Ce que cette encre de sympathie a de singulier, c'est que, après qu'on l'a fait ainsi paroître en la chauffant, elle disparoît d'elle-même par le seul refroidissement, & qu'elle devient aussi invisible que si elle n'avoit jamais paru. On peut la rendre ainsi alternativement visible & invisible, tant qu'on veut, en la faisant chauffer & la laissant refroidir ; mais il faut avoir attention de ne la chauffer que juste autant qu'il faut pour la faire paroître, car lorsqu'on la chauffe trop, elle reste visible, & ne disparoît plus.

On peut se servir de cette propriété qu'a cette encre de sympathie, & de sa couleur, pour dessiner des paysages dans lesquels la terre & les arbres, destitués de verdure, représentent l'hiver, & qui se transforment, quand on veut, en paysages de printems, en les exposant à une chaleur douce, qui garnit les arbres de feuilles, & la terre d'une herbe verte. Un homme d'art industrieux, qui a eu connoissance de cet effet, a réalisé, depuis quelque tems, cette idée sur des écrans.

Pour le peu qu'on réfléchisse sur les propriétés des agens chymiques, & sur ce qui arrive dans une infinité d'opérations, on sentira qu'il est facile de trouver un grand nombre d'autres encres de sympathie nouvelles, & qui auront chacune leurs propriétés particulieres.

ENS MARTIS, ENS VENERIS : noms latins qu'on donne quelquefois aux fleurs martiales & aux fleurs cuivreuses de sel ammoniac, ou plutôt à ces deux métaux sublimés par le moyen de ce sel. *Voyez* FLEURS.

ESPRIT. On donne en général le nom d'esprit à toutes les liqueurs retirées des différentes substances par la distillation. Il y a trois principales especes d'esprits, qui sont, les *esprits inflammables*, les *esprits acides*, & les *esprits alkalins*.

La classe des esprits inflammables renferme la partie la plus volatile & la plus ténue des huiles essentielles, le principe de l'odeur, ou l'*esprit recteur* des plantes, & les *esprits ardens*, ou l'esprit, retiré du vin, de la biere & de toutes les liqueurs qui ont subi la *fermentation spiritueuse*. On pourroit ranger aussi dans cette classe les *éthers*, sous le nom d'*esprits éthérés*.

Dans la seconde classe sont tous les acides qu'on retire par la distillation des minéraux, des végétaux, & des animaux. Tels sont 1°. les acides du soufre, du vitriol, de l'alun, qui ne sont tous que le même acide, c'est-à-dire, le vitriolique, & les acides du nitre & du sel commun : on les nomme *esprit de soufre*, *esprit de vitriol*, *esprit de nitre*, &c. sans spécifier qu'ils sont acides ; parcequ'on ne retire jamais, par la distillation de ces minéraux, que des acides. 2°. Les acides du vinaigre & de toutes les liqueurs qui ont subi la *fermentation acéteuse*, & les acides qu'on obtient dans la distillation des végétaux & de certains animaux, tels que les fourmis. On nomme communément ces esprits, *esprits acides*, comme *esprit acide de gayac*, *esprit acide des fourmis* ; parceque les substances dont on les retire, fournissent aussi des esprits qui ne sont point acides.

Dans la troisiéme classe enfin, sont les alkalis volatils en liqueur, qu'on retire du sel ammoniac, de toutes les matieres végétales qui ont subi une putréfaction complette, & de toutes les matieres animales. Ordinairement on les nomme simplement esprits, sans spécifier qu'ils sont alkalis ; ainsi on dit : *esprit volatil de sel ammoniac*, *esprit de corne de cerf*, &c.

Comme quelques-unes de ces substances, & particuliérement le sel ammoniac, contiennent aussi un acide qu'on en peut retirer ; on doit, lorsqu'il s'agit de ce dernier, spécifier qu'il est acide, & le nommer, par exemple, *esprit acide de sel ammoniac*.

ESPRIT ARDENT. L'esprit ardent, qu'on nomme aussi *esprit de vin*, parcequ'on ne peut le retirer que des substances qui ont subi la *fermentation vineuse*, est une liqueur très légere, très volatile, très fluide, d'une odeur & d'une saveur fortes, pénétrantes & agréables, parfaitement blanche & limpide.

Cet esprit s'enflamme facilement, sans qu'il soit besoin de le chauffer ; sa flamme est légere, blanchâtre au centre, bleuâtre vers ses bords, & peu lumineuse. Elle n'est accompagnée d'aucune espece de fumée ni de suie ; elle est tranquille, & ne fait aucun pétillement ;

ment, elle n'a point de vapeurs suffocantes, ni d'aucune espece particuliere.

L'esprit de vin parfaitement pur (car c'est de celui-là qu'on parle ici), brûle ainsi en entier, avec le concours de l'air libre, sans laisser le moindre vestige de résidu charbonneux, salin, terreux, ni d'aucune espece, si ce n'est un peu d'eau.

Quoique l'esprit de vin soit inflammable dans toute sa substance, il est néanmoins miscible avec l'eau sans aucun intermede, & en toute sorte de proportion : ce qui est un caractere spécifique de cette substance, car elle est la seule connue qui ait ces propriétés.

Si on expose l'esprit de vin à la chaleur, dans les vaisseaux clos, il ne s'enflamme point, mais se réduit facilement en vapeurs qui passent dans la distillation : ces vapeurs rassemblées ne sont autre chose que de l'esprit de vin absolument semblable à ce qu'il étoit d'abord, & qui n'a pas subi de décomposition ni altération sensible.

Juncker dit, que si on fait brûler de l'esprit de vin dans une cornue tubulée, à laquelle on ait ajusté un grand ballon de verre, on l'apperçoit se résoudre en une vapeur très subtile qui se condense enfin dans le récipient, & forme une liqueur absolument semblable à l'eau la plus pure.

Boerhaave assure aussi que lorsqu'on rassemble par un appareil de vaisseaux convenables, la vapeur de l'esprit de vin enflammé, cette vapeur n'est que de l'eau toute pure.

Voici présentement les principales propriétés de l'esprit de vin, relativement aux autres substances.

Il ne paroît avoir aucune action sensible sur les terres, ni sur les matieres métalliques ; il y a même un grand nombre de sels neutres qu'il n'est point en état de dissoudre : mais il présente des phénomenes dignes de remarque avec les acides, avec les alkalis, avec beaucoup de substances huileuses, & avec quelques sels neutres.

En général l'esprit de vin s'unit avec tous les acides, ce qui diminue leur acidité ; aussi nomme-t-on les acides ainsi combinés avec l'esprit de vin, *acides dulcifiés*

Voyez Eau de Rabel, Esprit de nitre, & Esprit de Sel dulcifiés.

Mais lorsqu'il est mêlé en de certaines proportions avec les acides concentrés, & traités, du moins pour la plupart d'entre eux, par la distillation, alors il en reçoit, & il leur cause les altérations suivantes.

D'abord il se déphlegme autant qu'il puisse l'être, sans être altéré dans son essence, ensuite il perd une partie de l'eau essentielle à son essence; & en conséquence de cette perte, & peut-être aussi par l'union intime d'un peu de l'acide, il change de nature, & se convertit en une liqueur dont les propriétés se rapprochent autant de celles des huiles, qu'elles s'éloignent de celles de l'esprit de vin. Cette liqueur, qui est très fluide & très volatile, porte le nom d'*éther*, ensorte que l'éther est une substance, qui tient exactement le milieu entre l'esprit ardent & l'huile.

Après cela l'esprit de vin, ou son mélange avec les acides prend exactement tous les caracteres de l'huile, ou plutôt devient une véritable huile.

Les acides de leur côté, reçoivent de la part de l'esprit de vin, sur-tout après que l'éther est formé, toutes les altérations qu'ils ont coutume de recevoir de la part des huiles avec lesquelles on les traite & on les distille: *voyez* tous les articles Ether.

Les alkalis bien forts & bien déphlegmés agissent aussi sur l'esprit de vin d'une façon marquée, & même sont en état de le décomposer, lorsqu'ils sont aidés d'un certain degré de chaleur; ils lui enlevent, comme les acides, toute son eau surabondante, & après cela son eau principe, en le réduisant enfin à la condition d'une véritable huile, mais sans le faire passer, comme les acides, par l'état moyen de l'éther: *voyez* Teinture de Sel de tartre.

L'esprit de vin est regardé communément comme le dissolvant des huiles & des matieres huileuses; mais il n'est en effet, & à proprement parler, le dissolvant que d'une seule espece d'huiles: ce ne sont que les huiles essentielles & leurs concrétions, tels que les baumes & les vraies résines que l'esprit de vin peut dissoudre complétement & en grande quantité: il n'attaque que très foiblement les huiles grasses, les concrétions huileuses qui leur sont analogues, telles que la cire, le beurre, les graisses des animaux, & même certaines matieres qui paroissent participer davantage de la nature des vraies résines, telles que la gomme copale & les bitumes; mais il devient le dissolvant de toutes ces matieres, après qu'elles ont été altérées par la rancidité & par l'action du feu, c'est-à-dire, de toutes les substances huileuses, rances ou empyreumatiques.

Quand l'esprit de vin tient une matiere huileuse en dissolution, on peut l'en séparer, soit par la distillation, si la matiere huileuse n'est pas aussi volatile que lui, soit en l'étendant dans une grande quantité d'eau: cette eau, avec laquelle il a une plus grande affinité qu'avec l'huile, se joint à lui & le met hors d'état de retenir l'huile en dissolution: il arrive de là, que la matiere huileuse se sépare d'abord en globules très petits, qui sont dispersés dans toute la liqueur, & lui donnent le blanc mat d'une émulsion: mais ces globules se rassemblent ensuite, & forment des masses plus considérables, ce qui éclaircit la liqueur.

On se sert avec avantage de ces propriétés de l'esprit de vin, relativement aux huiles essentielles, & aux résines des matieres végétales, pour l'imprégner de ces principes, & même pour les extraire sans altération sensible.

Ainsi, en faisant digérer dans de l'esprit de vin des plantes aromatiques, par exemple, le thym, la lavande, le romarin, &c. on obtient une liqueur spiritueuse, chargée du principe de l'odeur & d'une portion de l'huile essentielle de ces plantes. Ces especes d'eaux aromatiques spiritueuses, faites par infusion, servent à différens usages dans la Médecine; elles sont ordinairement colorées par une partie des autres principes de ces végétaux que l'esprit de vin dissout aussi, ou par des substances de différentes couleurs qui résident dans la substance résineuse: on leur a donné à cause de cela le nom de *teintures*.

En soumettant les teintures spiritueuses à la distillation, on retire l'esprit de vin très chargé du principe faut consulter le mot ACIDE NITREUX, pour les propriétés de cet acide. On va exposer ici la maniere dont on le distille, ou dont on décompose le nitre pour en obtenir l'acide pur.

L'acide vitriolique & plusieurs des substances qui le contiennent, sont les intermedes qu'on emploie pour séparer l'acide nitreux d'avec l'alkali fixe, qui lui sert de base dans le nitre ; parcequ'en général le premier de ces deux acides, est plus fort & plus puissant que le second. Il y a plusieurs manieres de retirer l'acide nitreux par la distillation : elles reviennent toutes au même pour le fond ; mais elles varient dans quelques circonstances, suivant la nature de l'intermede qu'on emploie, & la force de l'acide nitreux qu'on veut obtenir.

La maniere la plus ordinaire de distiller l'esprit de nitre, sur-tout dans les travaux en grand, est d'employer de l'argille pour intermede : comme cette espece de terre contient de l'acide vitriolique, elle est très commode pour décomposer le nitre.

On prend quatre ou cinq parties d'argille qu'on fait sécher & qu'on réduit en poudre : on la mêle exactement avec une partie de nitre ; on introduit ce mélange dans une grande cornue de grais qu'on place dans un fourneau de reverbere, on y adapte un récipient qu'on lutte bien, & qui doit être percé d'un petit trou, & on procede à la distillation par un feu gradué, c'est-à-dire, très doux dans le commencement, & poussé sur la fin jusqu'à bien faire rougir la cornue.

Les Distillateurs d'eau forte prennent fort peu de précautions pour faire cette distillation ; aussi leur esprit de nitre est-il ordinairement foible & impur.

D'abord ils n'emploient que du nitre de la premiere, ou tout au plus de la seconde cuite, lequel contient toujours beaucoup de sel commun ; il arrive de là que l'acide qu'ils obtiennent, est mêlé d'une assez grande quantité d'esprit de sel : c'est par conséquent une espece d'eau régale.

En second lieu, ils ne dessechent point leur argille à fond, ce qui est cause que l'acide qu'ils retirent est foible & aqueux ; quoiqu'ils aient l'attention de mettre à part la partie la plus phlegmatique qui passe la premiere, ce qu'ils appellent *dephlegmer*.

Enfin, le lut dont ils se servent pour joindre leurs vaisseaux, n'est que de la terre délayée, dont une partie tombe, se mêle toujours avec leur esprit de nitre, sur tout lorsqu'ils déluttent leurs vaisseaux, & forme un sédiment au fond. Mais comme presque toute l'eau forte qu'ils font, est destinée pour différens ouvriers, dont les opérations n'exigent point ordinairement la même exactitude que celles de Chymie, cette eau forte commune est suffisamment bonne pour la plupart de ces usages, & même est préférée, avec raison, pour la plupart des arts & métiers, a cause de la modicité de son prix.

Ce ne sont point des cornues que les Distillateurs d'eau forte emploient, mais des especes de bouteilles de grais à col court & recourbé qu'ils appellent des *cuines*; ce qui leur sert de récipient, ce sont des vaisseaux précisément de même forme, dont le col est seulement assez large pour recevoir celui des cuines qui servent de cornue. Ils disposent deux longues files de ces vaisseaux, opposées l'une à l'autre dans des fourneaux alongés qu'ils appellent *galeres*, & se servent d'un feu de bois pour faire leur distillation: leur opération dure douze heures.

On pourroit faire de l'esprit de nitre très bon, très pur, & même très fort, par la méthode des Distillateurs d'eau forte; il ne s'agiroit pour cela que d'employer du nitre de la troisiéme cuite, de lutter les vaisseaux proprement & exactement avec un lut gras, composé d'argille seche, pilée, tamisée & réduite en pâte avec une suffisante quantité d'huile de lin cuite; enfin de déphlegmer davantage, avant que de lutter. Ils ont même toutes ces attentions, quand on leur commande de bon esprit de nitre, & qu'on veut y mettre le prix. Cependant il est à remarquer, que l'esprit de nitre distillé par l'intermede de l'argille, n'est jamais si coloré & si fumant, que celui qu'on obtient par les autres méthodes, quoiqu'il puisse être d'ailleurs presque aussi fort.

ESPRIT DE NITRE FUMANT. Il y a deux méthodes usitées dans les laboratoires de Chymie, pour obtenir l'esprit de nitre très fort & très fumant; la premiere est par l'intermede du vitriol martial, & la seconde par l'acide vitriolique tout pur : on va parler successivement de l'une & de l'autre.

Pour extraire l'esprit de nitre fumant, par l'intermede du vitriol martial; on fait d'abord calciner ce vitriol jusqu'au jaune orangé, pour lui enlever toute l'eau de sa crystallisation; d'une autre part, on fait bien sécher du nitre très pur de la troisiéme cuite, ou même pour le mieux, purifié encore par une quatriéme crystallisation : on réduit ces deux matieres en poudre, on les mêle exactement ensemble à la dose de parties égales. On entonne cette poudre dans une bonne cornue de grais; il est à propos de se servir pour cela d'un tuyau de papier, qui s'introduit jusque dans le ventre de la cornue : on évite par-là que quelques parties du mélange ne restent attachées à son col. On place la cornue dans un fourneau de reverbere, sur les barres duquel on a placé une assiette de terre remplie de sablon; on adapte à la cornue un grand ballon de verre percé d'un petit trou : on le lutte à la cornue avec le *lut gras :* on recouvre ce lut par le moyen d'un linge chargé d'un autre lut de chaux éteinte à l'air délayée avec du blanc d'œuf, le tout assujetti avec une ficelle. On procede après cela à la distillation par un feu très lent. Le ballon se remplit bientôt de vapeurs rouges, qui s'y condensent, tandis qu'une autre portion de l'esprit de nitre distille peu-à-peu en gouttes, & l'on continue cette distillation, jusqu'à ce que la cornue étant rouge, il n'en sorte plus rien.

On laisse après cela refroidir les vaisseaux : on les délutte avec précaution, & l'on verse promptement la liqueur du ballon dans un flacon de crystal bien net & bien sec, dans lequel on a placé un entonnoir de verre. On bouche promptement ce flacon avec son bouchon de crystal, & on le coeffe.

Cette méthode de distiller l'esprit de nitre fumant, est celle dont se sert M. *Baumé :* elle est excellente à tous égards. Le petit plat de terre rempli de sable, sur lequel pose le fond de la cornue, est très utile pour empêcher que, malgré les précautions qu'on prend, elle ne s'échauffe très promptement & trop inégalement, ce qui la feroit casser à coup sûr. Le lut gras d'argille & d'huile de lin, résiste assez bien aux acides, & bouche très exactement ; mais comme il reste toujours molasse, il a besoin d'être maintenu par le linge enduit de lut de chaux & de blanc d'œuf.

Les vapeurs de cet esprit de nitre fumant, sont très expansibles & se condensent difficilement. Il est essentiel, par cette raison, de mener la distillation fort lentement, d'éviter de la faire par un tems chaud, d'interposer un petit mur de brique entre le ballon & le fourneau pour empêcher ce vaisseau de s'échauffer, de le couvrir de linges mouillés qu'on renouvelle de tems en tems, & malgré toutes ces précautions, on est obligé de déboucher de tems en tems le petit trou du ballon, pour donner issue aux vapeurs trop raréfiées ou trop abondantes, sans quoi tout l'appareil se creveroit avec explosion.

Lorsqu'on s'apperçoit que les gouttes se succedent rapidement, & qu'en débouchant le petit trou, il en sort un brandon de vapeurs rouges en sifflant, & qui s'élance à plus d'un pied ; c'est une marque que les vaisseaux sont prêts à crever : il faut rallentir le feu, & déboucher très fréquemment le petit trou, jusqu'à ce que tout cela soit beaucoup modéré.

Enfin, on doit avoir grande attention, lorsqu'on verse l'esprit de nitre dans son flacon, de se mettre dans un courant d'air, & de prendre le dessus du vent, pour éviter d'en respirer les vapeurs qui sont corrosives & malfaisantes. On doit, par la même raison, boucher avec un torchon l'ouverture du ballon, aussi-tôt que la transvasion est faite : car il fume encore pendant plus de douze heures.

Quand l'esprit de nitre, qu'on obtient par la méthode qui vient d'être décrite, a été distillé avec une bonne quantité de vitriol bien calciné, il est dans son plus grand degré de concentration, ses vapeurs sont d'un rouge roux presque brun ; elles sont en même tems plus expansibles & moins disposées à se condenser en liqueur, ce qui est cause que l'on en perd une grande dans la Médecine, & la méthode de l'administrer) Voyez aussi l'article ETHER NITREUX.

ESPRIT RECTEUR. L'esprit recteur est un principe très atténué, très subtil & très volatil, dans lequel réside particuliérement l'odeur de tous les corps qui en sont pourvus.

Pour retirer l'esprit recteur des substances odorantes, on prend ces substances, on les met dans la cucurbite d'un alambic au bain marie, & on distille à une chaleur très douce, c'est-à-dire, d'environ trente à trente-cinq degrés du thermometre de M. *de Réaumur*, jusqu'à ce qu'on s'apperçoive que ce qui monte dans la distillation n'a plus une odeur aussi marquée.

Le principe de l'odeur des corps est en général trop subtil & trop fugace pour qu'on puisse l'obtenir seul & pur, par aucun moyen que ce soit, c'est une espece de *gas* qu'on pourroit peut-être bien recueillir par l'*appareil au mercure*; ainsi il monte à la faveur de l'eau contenue dans les substances qu'on soumet à la distillation pour l'obtenir, & se trouve dispersé & comme noyé dans cette eau. Si les matieres odorantes dont on veut obtenir l'esprit recteur, étoient absolument seches, & ne contenoient point d'autres principes volatils, il faudroit nécessairement y ajouter un peu d'eau ou d'esprit de vin, pour fournir une sorte de base à cet esprit, sans quoi il se dissiperoit & s'évaporeroit sans qu'on pût le recueillir.

Ce principe de l'odeur des corps est miscible dans l'eau, dans l'esprit de vin & dans les huiles; il paroît néanmoins de différente nature, suivant l'espece des corps qui le fournissent: ses propriétés indiquent qu'il est en général composé d'un principe inflammable, & de quelque substance saline, extrêmement atténués; mais il est des substances dont l'esprit recteur paroît participer davantage de la nature saline, & d'autres dont ce même principe semble se rapprocher davantage de la nature de l'huile.

Les matieres dont l'odeur a quelque chose de vif, de pénétrant, de piquant, & qui n'affectent point le cerveau & le genre nerveux, comme sont les plantes âcres,

âcres, cruciferes, contiennent un esprit recteur, vraisemblablement plus salin que huileux.

Celles, au contraire, dont l'odeur a quelque chose de doux, de fade, ou bien de fort, mais sans âcreté & sans picquant, qui portent à la tête, qui guérissent ou qui occasionnent des accidens hystériques & convulsifs, tels que sont l'ambre, le musc, le castoréum, le café brûlé, l'opium, les plantes narcotiques, toutes les plantes aromatiques, ont, suivant toute apparence, un esprit recteur qui participe beaucoup de la nature huileuse; car, sans compter que plusieurs d'entre ces substances produisent des effets semblables à ceux de la vapeur du charbon, il y en a dont l'esprit recteur est réellement inflammable, comme on le voit par l'exemple de la fraxinelle, dont les émanations forment autour d'elle une athmosphere qu'on peut enflammer avec une bougie.

L'esprit recteur de toutes les plantes aromatiques paroît associé sur-tout avec les huiles essentielles, du moins toute ces huiles en sont abondamment pourvues; c'est certainement à ce principe qu'elles doivent toute leur odeur : il paroît même que c'est à lui qu'elles doivent aussi leur volatilité; car celles qui, par vétusté, ou faute d'être conservées dans des vaisseaux bien bouchés, ont perdu leur odeur propre, sont en même tems beaucoup moins volatiles, puisqu'elles ne peuvent plus s'élever entiérement au degré de chaleur de l'eau bouillante; & d'ailleurs, les plantes dont on a retiré l'esprit recteur ne fournissent plus, ou presque plus d'huile essentielle. *Voyez* HUILES ESSENTIELLES.

L'esprit recteur, même celui des plantes aromatiques, est, quoique de nature huileuse, parfaitement miscible avec l'eau; ce qui ne peut venir que de sa grande subtilité ou du principe salin qui entre dans sa composition.

ESPRIT DE SEL. L'esprit de sel, ou l'acide du sel commun, ne peut s'obtenir que par le moyen d'un intermede assez puissant pour le dégager de l'alkali fixe naturel, qui sert de base à cet acide dans le sel commun. L'acide vitriolique est l'intermede le plus propre & le plus utile pour la distillation de l'esprit de sel :

on l'emploie ou engagé dans une base avec laquelle il a une moindre affinité qu'avec l'alkali marin, ou pur, pour avoir l'esprit de sel fumant à la maniere de *Glauber*.

L'esprit de sel ordinaire se distille par le mélange d'une partie de sel commun, avec huit ou dix parties d'argille desséchée précisément comme pour l'*esprit de nitre*. L'acide marin qu'on retire par cette méthode est blanc & point fumant, quoiqu'on puisse l'avoir assez fort, en observant de faire bien dessécher le sel & l'argille.

Il est à remarquer qu'on ne peut point obtenir un esprit de sel fumant par l'intermede du vitriol martial, calciné ou rouge, comme cela se pratique pour l'esprit de nitre. J'ai essayé de faire cette distillation; il a fallu employer un feu de la derniere violence; malgré cela il n'est sorti qu'une fort petite quantité d'acide marin. La vraie raison de cette différence, c'est que l'acide marin dissout bien plus aisément les terres métalliques, dépouillées de phlogistique, & y adhere beaucoup plus fortement que l'acide nitreux : il arrive de-là qu'à mesure que l'acide marin est dégagé de sa base par l'acide du vitriol, il se porte sur la terre martiale de ce même vitriol, qui le retient avec beaucoup plus de force qu'elle n'est en état de retenir l'acide nitreux.

ESPRIT DE SEL FUMANT A LA MANIERE DE GLAUBER. Pour avoir l'esprit de sel le plus fort & le plus fumant, on est obligé d'employer pour intermede l'acide vitriolique pur, comme l'a pratiqué *Glauber*. Mais cette opération, sur-tout quand on veut avoir l'esprit de sel dans le dernier degré de concentration, est une des plus difficiles & des plus laborieuses de la Chymie, parceque les vapeurs de cet acide sont infiniment plus difficiles à condenser qu'aucune autre. Voici le procédé que pratique M. *Baumé*, & il réussit très bien.

On met dans une cornue de grais ou de verre tubulée le sel commun; on place cette cornue dans un fourneau à distiller; on y lute un ballon, le tout précisément comme pour la distillation de l'*esprit de nitre fumant*. On laisse cet appareil monté jusqu'à ce que le lut soit bien affermi, alors on introduit par la tubulure de la cornue, & par le moyen d'un entonnoir de verre, le tiers du poids du sel, d'acide vitriolique rectifié, qu'on a d'abord affoibli avec un peu d'eau pure: il faut observer de ne pas verser tout l'acide vitriolique à la fois, mais par partie, ayant attention de boucher la tubulure aussi-tôt après qu'on a mis de l'acide; & enfin quand tout l'acide y est, on la bouche une derniere fois à demeure.

Aussi-tôt qu'on ajoute l'acide vitriolique, on voit des vapeurs blanches qui passent de la cornue dans le récipient; c'est l'esprit de sel fumant que cet acide dégage, même sans feu, c'est pourquoi il est à propos de laisser sortir ces premieres vapeurs sans mettre de feu sous la cornue, jusqu'à ce qu'on voie qu'elles sont considérablement diminuées, autrement la distillation iroit trop vîte dans le commencement, & on risqueroit de casser les vaisseaux.

On met après cela très peu de feu dans le fourneau, & seulement autant qu'il est nécessaire pour entretenir la distillation; enfin on conduit cette distillation jusqu'à la fin, précisément de même, & avec les mêmes attentions que pour l'esprit de nitre fumant; & lorsqu'elle est faite on recueille l'esprit de sel aussi de la même maniere.

Il y a deux différences essentielles entre ce procédé & celui par lequel on obtient l'esprit de nitre fumant, à la maniere de *Glauber*; la premiere, c'est que dans celui-ci on n'ajoute l'acide vitriolique qu'après que les vaisseaux sont montés & bien lutés, ce qui oblige à se servir d'une cornue tubulée. La raison en est, que l'acide vitriolique dégage l'acide du sel commun à froid & aussi-tôt qu'il touche ce sel; & que les vapeurs qui sortent en abondance de la cornue, en mouillant continuellement le col, empêchent absolument qu'on ne puisse y appliquer le lut. Quand il arrive même que le lut se dérange, & qu'il s'y fait quelque jour pendant la distillation, il est impossible de le bien raccommoder; le plus court parti, est de laisser là cette distillation, & de refaire un nouvel appareil.

La seconde différence qu'il y a entre la distillation

de l'esprit de nitre & de l'esprit de sel fumant, par l'intermede de l'acide vitriolique; c'est l'eau qu'on ajoute pour cette derniere, & qui n'est point nécessaire pour l'autre. La raison en est, que les vapeurs de l'acide marin concentré, sont infiniment plus difficiles à condenser que celles de l'acide nitreux au même degré de concentration; elles le sont à tel point, que si l'on employoit l'acide vitriolique, bien concentré, & du sel commun décrépité, presque tout l'acide marin se dissiperoit en vapeurs qui seroient perdues, & à peine retireroit-on une quantité de liqueur sensible. *Voyez* ACIDE MARIN, *pour les propriétés de l'esprit de sel, &* SEL COMMUN.

Il est assez vraisemblable qu'il y a dans l'acide marin, de même que dans l'acide nitreux, une partie subtile, volatile & gaseuse, qui ne peut se condenser toute seule en liqueur, mais seulement se combiner, soit avec l'eau, soit avec l'air, & qui fait une sorte d'effervescence avec ce dernier, car il est certain que le contact de l'air rend les vapeurs de ces deux acides, & sur-tout du marin, beaucoup plus épaisses & plus sensibles; ces dernieres ne sont point du tout visibles dans la partie vuide des flacons où est contenu l'acide marin le plus fumant; mais dès qu'elles ont communication avec l'air, elles paroissent sous la forme d'un brouillard blanc très épais. On verra à l'article *gas*, que l'acide marin peut être tout entier sous cette forme, & on y trouvera un moyen d'avoir, sans aucun risque, cet acide en liqueur & dans le plus grand degré de concentration où il puisse être.

Les résidus de ces distillations de l'esprit de sel contiennent du sel de *Glauber*. Dans celui de la distillation par l'intermede de l'argille, ce sel est embarrassé dans beaucoup de terre, & difficile à retirer; mais le résidu de la distillation par l'acide vitriolique libre, est du sel de *Glauber* tout pur; ce sel est sous la forme d'une masse saline très blanche, moulée dans l'intérieur de la cornue. Pour le retirer, on le calcine dans un creuset, afin de lui enlever un peu d'acide qui pourroit lui rester; on le traite ensuite, par la dissolution, filtration & crystallisation.

C'est cette distillation de l'acide marin par l'acide vitriolique libre, pratiquée par *Glauber*, qui lui a fait connoître ce sel, dont il a examiné les propriétés, & qu'il a nommé son sel admirable. Ce nom lui est resté, ensorte qu'on le nomme *sel admirable*, *sel admirable de Glauber*; mais plus communément à présent *sel de Glauber*.

ESPRIT DE SEL DULCIFIÉ. L'esprit de sel dulcifié se fait en mêlant cet acide avec trois, quatre, cinq, six fois & plus, son poids d'esprit de vin rectifié, & faisant digérer ce mélange pendant un mois, ou en le soumettant à la distillation.

Il faut observer, au sujet de cette dulcification de l'acide marin, que cet acide, ayant infiniment moins de disposition que le vitriolique & le nitreux, à se combiner avec les matieres inflammables, ne se dulcifie pas, à beaucoup près, autant qu'eux avec l'esprit de vin.

Il y a beaucoup de diversité dans les Auteurs sur le procédé de cette dulcification; on trouve des doses depuis deux jusqu'à cinq ou six parties d'esprit de vin contre une d'esprit de sel; les uns ne spécifient point si l'esprit de sel doit être concentré & fumant, les autres le demandent fumant; enfin, quelques-uns prescrivent de distiller le mélange, & d'autres se contentent de la simple digestion. Au reste, tout cela est assez indifférent; car, de quelque maniere qu'on s'y prenne, cet acide se dulcifie toujours mal & reste crud; aussi l'esprit de sel dulcifié n'est-il presque point employé en Médecine, & c'est avec raison, car ses vertus ne different point essentiellement de celles de l'esprit de nitre dulcifié, qui est infiniment plus doux.

L'acide marin, quoique très concentré & très fumant, ne produit, lorsqu'on le mêle avec l'esprit de vin, qu'une chaleur & une effervescence très peu considérables, & qui n'ont rien de comparable à celles qu'occasionnent l'acide vitriolique, & l'acide nitreux; ce qui vient du peu d'action qu'il a sur les principes de l'esprit de vin, quand il n'est concentré que par les moyens ordinaires: car, c'est tout autre chose quand il est dans l'état d'*esprit fumant de Libavius*, & propre à faire l'éther marin.

Il est certain que ces deux substances ne s'alterent réciproquement que fort peu dans ce mélange; car M. *Pott*, ayant combiné l'esprit de sel dulcifié avec un alkali, a obtenu un *sel marin régénéré*, qui décrépitoit sur les charbons ardens, & précipitoit le plomb & l'argent dissous dans l'acide nitreux en métaux cornés. Cependant il paroît certain qu'une partie de l'acide marin contracte une union, & même assez intime, avec l'esprit de vin; car le même M. *Pott* rapporte, qu'ayant distillé jusqu'à siccité, la matiere épaisse qui reste après qu'on a retiré ce qu'il y a de plus fluide & de plus volatil dans ce mélange, il a obtenu un résidu noir & charbonneux: or, on ne retire jamais un pareil résidu, ni même de résidu d'aucune espece de l'une ni de l'autre de ces substances distillées seules jusqu'à siccité: *voyez* ETHER MARIN.

ESPRIT DE SOUFRE. L'esprit de soufre n'est autre chose que l'acide vitriolique retiré du soufre par la combustion.

Comme le soufre ne peut fournir son acide pur que par la combustion, & qu'il ne peut brûler que dans des vaisseaux ouverts & à l'air libre, il est clair qu'on ne peut retirer qu'une fort petite quantité de son acide.

Autrefois, & avant qu'on connût assez les acides pour être convaincu que celui du soufre ne différoit absolument en rien de l'acide vitriolique ordinaire, on préparoit l'esprit de soufre à grands frais, & avec grande peine, croyant qu'il avoit des propriétés particulieres. On faisoit pour cela brûler du soufre dans un creuset rouge, qu'on plaçoit sur un support au milieu d'une terrine remplie d'eau chaude; on suspendoit au dessus un grand chapiteau, ou une cloche de verre: l'acide du soufre brûlant, rencontrant la vapeur de l'eau chaude, s'unissoit avec cette eau, & retomboit le long des parois de la cloche, ou par le bec du chapiteau; à force de brûler du soufre, on retiroit, par ce moyen, un acide très foible & noyé d'eau, qu'il falloit concentrer. Mais présentement, on ne fait plus cette opération que pour démontrer que l'acide contenu dans le soufre, ne se décompose pas pendant la combustion, & qu'il n'est qu'une seule & même chose avec l'acide vitriolique.

Le vrai moyen de retirer beaucoup d'acide du soufre, est de le faire brûler dans des vaisseaux clos à l'aide d'une petite quantité de nitre, comme on le pratique maintenant en grand & avec succès en Angleterre, à Rouen, & en quelques autres endroits, pour obtenir à peu de frais beaucoup d'acide du soufre ou vitriolique. *Voy*. CLISSUS DE SOUFRE.

ESPRIT DE VÉNUS. Les Chymistes appellent esprit de Vénus, l'acide du vinaigre extrêmement concentré, qu'on retire en distillant *des crystaux de Vénus*, qui ne sont qu'une combinaison de cuivre avec l'acide du vinaigre.

L'opération par laquelle on obtient l'esprit de Vénus, est très facile. Il ne s'agit que de mettre les crystaux de Vénus dans une cornue, dont un tiers doit demeurer vuide à l'ordinaire, d'y adapter un récipient, de distiller d'abord à un feu très doux, de mettre à part les premieres portions de liqueur qui passent, parceque ce n'est presque que du phlegme, de pousser ensuite la distillation en augmentant le feu par degrés, jusqu'à ce que la cornue, commençant à rougir, il ne sorte plus rien.

L'acide du vinaigre sort, dans cette distillation, partie en nuages blancs, partie en gouttes; cet acide est extrêmement fort, parce qu'en général les acides, qui se sont combinés avec quelques corps que ce soit, se sont par-là dépouillés de presque toute leur eau surabondante. D'ailleurs, comme l'acide du vinaigre est fixé & retenu jusqu'à un certain point par le cuivre, il se laisse facilement déphlegmer dans le commencement de cette distillation.

L'esprit de Vénus a une odeur très vive, très piquante, qui excite la toux; il est presque aussi suffoquant que l'acide sulfureux volatil. M. le Comte *de Lauraguais* a découvert que si l'on chauffe cet acide dans une capsule évasée, & qu'on y mette le feu, il s'enflamme, à-peu-près, comme l'esprit de vin, & brûle, dans toute sa substance en entier, & sans laisser aucun résidu. Cette belle expérience, jointe avec les observations faites par *Beccher* & par *Stahl*, sur la production du vinaigre, semble indiquer que l'esprit de vin entre, comme partie constituante, dans la composition de cet acide. M. le Comte *de Lauraguais* a observé aussi que l'esprit de Vénus, bien concentré, se fige & se crystallise très facilement de lui-même, & cette observation a été confirmée depuis par M. le Marquis *de Courtenvaux*.

Comme les dernieres portions de l'acide du vinaigre tiennent assez fortement au cuivre dans le verd de gris & dans les crystaux de Vénus, & qu'on est obligé de donner un degré de chaleur fort pour les faire partir; elles enlevent avec elles une petite quantité de ce métal, ce qui donne une couleur verdâtre à l'esprit de Vénus; mais on le débarrasse facilement de la plus grande partie de ce cuivre, en le soumettant à une seconde distillation, qui se fait à une chaleur fort douce; l'esprit de Vénus passe très blanc dans cette rectification. Il contient cependant encore, suivant M. *Pœrner*, une petite portion de cuivre qui devient sensible quand on lui applique l'alkali volatil.

L'acide du vinaigre, ainsi concentré, a plusieurs autres propriétés dignes d'attention, entre autres celle de former de l'éther, lorsqu'on le distille avec l'esprit de vin. On les trouvera aux mots, ÉTHER ACÉTEUX & VINAIGRE RADICAL. L'odeur vive & irritante de cet acide, le rend propre à exciter les esprits, dans certaines syncopes, apoplexies & autres affections du genre nerveux. Pour le conserver plus commodément dans un flacon & lui donner l'apparence d'un sel, qu'on nomme dans les Pharmacies *sel de vinaigre*, on en imbibe du *tartre vitriolé*, qui se vend sous le nom impropre de *sel volatil de vinaigre*.

Après cette distillation, on trouve dans la cornue le cuivre qui servoit de base aux crystaux de Vénus: il est divisé en parties très fines; elles sont cependant un peu agglutinées en mottes, mais ces mottes sont très friables; il a une couleur noirâtre, qui lui vient d'un enduit charbonneux, que lui a fourni une partie de la matiere huileuse du vinaigre, laquelle s'est décomposée sur la fin de la distillation. M. *Baumé* a observé que cette matiere charbonneuse s'allume facilement, si on y met le feu, & brûle comme de l'amadoue à la surface du cuivre.

Ce cuivre, qui, comme on le sent bien, n'a rien perdu de son phlogistique, peut se fondre facilement en lingot de cuivre rouge; il faut seulement y ajouter un peu de flux noir, pour empêcher ou réparer la calcination qui pourroit avoir lieu pendant la fusion.

ESPRIT DE VIN : *voyez* ESPRIT ARDENT.

ESPRIT DE VINAIGRE : *voyez* VINAIGRE DISTILLÉ.

ESPRIT DE VITRIOL. On donne ce nom aux premieres portions d'acide vitriolique flegmatique qui passent, lorsqu'on distille du vitriol, ou lorsqu'on concentre de l'*acide vitriolique* : on le donne même en général à tout acide vitriolique chargé de beaucoup d'eau surabondante.

ESPRIT ALKALI VOLATIL CAUSTIQUE DU SEL AMMONIAC. Les sels ammoniacaux sont composés d'un acide combiné jusqu'au point de saturation avec de l'alkali volatil. Le plus usité de ces sels, est celui qu'on nomme simplement *sel ammoniac*, dont l'acide est le même que celui du sel commun, & c'est celui qu'on décompose par préférence dans les laboratoires, pour en obtenir l'alkali volatil séparé de l'acide; mais cette séparation ne peut se faire sans le secours de quelque intermede; il y en a plusieurs qu'on peut employer, & qui sont également propres à produire cet effet, au moyen d'un degré de chaleur convenable. Mais l'alkali volatil qu'on obtient, quoique possédant, à un degré très marqué, toutes les propriétés qui caractérisent une substance saline, alkaline volatile, est doué de quelques autres propriétés particulieres bien différentes, suivant la nature & l'état de l'intermede dont on s'est servi pour le dégager.

Les alkalis fixes non caustiques ou caustiques, les terres calcaires non calcinées, ou dans l'état de chaux vive; enfin la plupart des substances métalliques ou leurs chaux, sont autant d'intermedes qu'on peut employer pour dégager l'alkali volatil du sel ammoniac.

Si l'on se sert pour cette décomposition, de l'alkali fixe végétal ou minéral, qui n'ait point été rendu caustique par une très longue calcination, ou par la chaux, l'alkali volatil qu'on obtient, n'a lui-même que la moindre causticité qu'il puisse avoir en qualité d'alkali; il fait toujours une grande effervescence quand on le sature par un acide quelconque; enfin il est naturellement disposé à se crystalliser, & à se présenter sous une forme solide & concrète; il se dégage même sous cette forme à mesure qu'il se sépare de l'acide par les intermedes que nous venons d'indiquer, à moins qu'on n'ajoute au mélange une quantité d'eau suffisante pour le dissoudre en entier.

Il en est tout autrement quand on emploie pour la décomposition du sel ammoniac, les alkalis fixes, végétal ou minéral, rendus parfaitement caustiques par la chaux, ou la chaux elle-même. L'alkali volatil qu'on obtient alors, est doué de la plus grande causticité ou action dissolvante qu'il puisse avoir comme alkali; il ne fait aucune effervescence lorsqu'on le combine avec un acide quelconque; enfin il est tellement déliquescent, qu'il est impossible, sans le saturer de quelque matiere, de le priver de l'eau qui le tient dissout, & qu'on ne peut jamais l'avoir que sous la forme d'une liqueur. Ces propriétés remarquables ont fait donner à l'alkali volatil préparé de cette maniere, les noms d'*alkali volatil caustique*, ou d'*alkali volatil fluor*, qui lui conviennent parfaitement. C'est de ce dernier dont il s'agit présentement: voici le procédé dont on se sert communément pour l'obtenir.

On mêle promptement dans un mortier de marbre une partie de sel ammoniac en poudre avec trois parties de chaux éteinte à l'air ou à l'eau, aussi réduite en poudre; on évite de s'exposer aux vapeurs qui en sortent très promptement en abondance; on entonne tout de suite ce mélange dans une cornue de grais qu'on peut emplire jusqu'au bas du col, & on y ajoute un peu d'eau; on la place dans un fourneau de réverbere, & on y lute un ballon avec le lut gras, recouvert de celui de chaux & de blanc d'œuf : ce ballon doit être percé d'un petit trou.

On laisse l'appareil en repos & sans y mettre de feu pendant quelques heures, parceque les premieres portions d'esprit volatil n'en ont pas besoin pour se dégager ; on échauffe ensuite la cornue avec beaucoup de ménagement & de lenteur, & on fait distiller peu-à-peu en débouchant de tems en tems le petit trou du ballon, jusqu'à ce qu'il ait passé à-peu-près autant de liqueur qu'on a employé de sel ammoniac. On verse dans un flacon ce qui est contenu dans le ballon, en prenant toujours le dessus du vent, pour ne point être incommodé de la vapeur suffocante de cet esprit, & l'on bouche promptement le flacon avec son bouchon de crystal.

Lorsque l'on veut faire en une seule opération une quantité un peu considérable de cet esprit volatil, il est fort à propos, comme le recommande M. *Baumé*, de partager en trois, quatre, & même en plus grand nombre de parties, son sel ammoniac, ainsi que la chaux, en autant de parties dans la même proportion, pour avoir la facilité de ne pas faire le mélange en une seule fois, parceque, sans compter la quantité de vapeurs nuisibles & insoutenables qui s'exhalent dès le commencement du mélange, quand on a un certain volume de matieres à mêler, comme ce mélange est alors nécessairement plus long-tems à faire, on perd beaucoup du premier esprit volatil qui est le plus fort, & qui s'exhale en pure perte. Au lieu qu'en partageant la totalité du sel ammoniac & de la chaux en plusieurs parties, dans la proportion où elles doivent être, on peut faire autant de petits mélanges particuliers qu'on a de portions, les entonner à mesure dans la cornue ; on diminue beaucoup par cette pratique l'incommodité des vapeurs & leur perte. On peut aussi, comme le pratique M. *Rouelle*, mêler promptement le sel ammoniac avec la chaux très vive & très seche en poudre, mettre le mélange dans une cornue tubulée, ajuster promptement les vaisseaux, & verser, à plusieurs reprises, de l'eau pure par la tubulure de la cornue. Cette eau, éteignant la chaux promptement, fait dégager une grande quantité d'esprit volatil sans feu. Comme on est maître de n'ajouter que la quantité d'eau qu'on veut, on peut par cette méthode obtenir l'esprit volatil le plus fort & le plus concentré.

Cet esprit alkali caustique du sel ammoniac, est une liqueur saline des plus volatiles & des plus légeres qu'on connoisse; quoiqu'elle soit un mélange d'eau & d'une quantité considérable de matiere saline, elle est beaucoup plus légere que l'eau pure, suivant l'observation intéressante que M. *Baumé* en a faite; cet esprit est à-peu-près aussi léger que l'eau-de-vie très forte, ou l'esprit de vin foible. La grande volatilité de la partie saline de cet esprit la fait monter la premiere dans la distillation; & c'est par cette raison que, quoique le mélange contienne une quantité d'eau assez grande, on peut obtenir un esprit volatil très fort & très concentré, en ménageant beaucoup le feu, & mettant à part les premiers produits de la distillation, la partie la plus aqueuse & la moins saline, reste alors nécessairement la derniere.

L'alkali volatil caustique, lorsqu'il a toutes les qualités qui lui conviennent & qui le distinguent de l'alkali volatil qui n'est point caustique, ne doit pas faire la moindre effervescence lorsqu'on le sature par un acide; c'est à cela qu'on doit juger qu'il a, non pas à la vérité toute la concentration, mais toute la causticité dont il est susceptible. Pour lui donner à coup sûr cette qualité au plus haut degré, le point essentiel est de ne pas épargner la chaux, d'en mettre plutôt plus que moins, & sur-tout d'employer de la chaux bien complétement calcinée, qui conserve tous ses caracteres de chaux vive, dont un des principaux est de ne faire elle-même aucune effervescence avec les acides. On peut l'éteindre à l'eau, comme cela est prescrit dans le procédé : on le doit même, parceque si la chaux étoit parfaitement seche, elle ne décomposeroit point le sel ammoniac, comme l'a constaté M. *Duhamel*, mais il est à remarquer que l'extinction de la chaux par l'eau seule, ne la prive point de sa causticité, parceque l'eau ne lui rend pas le *gas*, à l'absence duquel elle doit principalement cette qualité. Ainsi, quoiqu'on emploie de la chaux éteinte par l'eau dans cette opération, l'alkali volatil qu'on obtient n'en est pas moins caustique, lorsque d'ailleurs la chaux est bien conditionnée & en quantité suffisante.

J'ai exposé aux articles *causticité* & *chaux pierreuse*, comment M. *Meyer* & tous les partisans ou copistes de son systême, expliquoient ces phénomenes étonnans de la causticité de la chaux & des alkalis. Ils supposent, pour le rappeller ici en deux mots, qu'un *causticum*, qui n'est, selon eux, que la matiere du feu ou de la lumiere très peu liée & presque pure, se combine avec la pierre à chaux pendant sa calcination, la sature au point qu'elle ne peut plus faire effervescence avec les acides, & cependant, ce qui est presque contradictoire en Chymie, lui donne par cette saturation même sa causticité & toutes ses propriétés de chaux vive. Ils supposent que, lorsque la chaux ainsi bien pourvue & bien saturée de ce *causticum*, vient à exercer son action sur des alkalis, & sur-tout sur l'alkali volatil, ceux-ci qui ont une plus grande affinité que la chaux avec ce *causticum*, s'emparent de celui de la chaux, s'en saturent & deviennent par-là, caustiques eux mêmes, & non effervescens, tandis que la chaux privée ainsi de son *causticum* par les alkalis, perd par-là sa causticité & redevient simple terre calcaire, douce & effervescente. Mais j'ai tâché de démontrer dans les mêmes articles, combien toutes ces suppositions ont peu de fondement, & répugnent de plus à la nature & aux effets des caustiques ou dissolvans chymiques & par conséquent à la théorie la plus claire, la plus simple & la plus générale de la Chymie, ou du moins à celle qui m'a toujours paru telle. Ce qui acheve de ruiner tout ce systême de feu, qui ne porte que sur des suppositions, ce sont, comme je l'ai fait voir aussi dans les articles que je viens de citer, les expériences démonstratives du Docteur *Black*, du Docteur *Priestley*, de M. *Lavoisier* & de tous les Chymistes qui ont travaillé dans ces derniers tems à constater l'existence & les propriétés des *gas*. Il est prouvé maintenant jusqu'à l'évidence, par les expériences aussi nombreuses qu'exactes de ces Physiciens, que la terre calcaire non calcinée est saturée d'une substance volatile gaseuse qui la rend douce & l'empêche d'avoir sa causticité naturelle ; que l'action du feu de la calcination lui enleve ce gas qui émousse l'activité des parties intégrantes de cette terre, & la met par-là dans l'état de causticité ou de chaux vive. Que la grande effervescence qui accompagne la dissolution de la terre calcaire non calcinée, est due au dégagement de ce gas que les acides en séparent, & qui est la vraie matiere de l'effervescence : que lorsque cette même terre en est privée & réduite par-là en chaux vive, elle ne fait plus & ne peut plus faire aucune effervescence avec les acides, quoiqu'elle s'unisse à eux avec encore plus d'impétuosité & d'activité qu'avant sa calcination. Qu'on ôte à la chaux sa causticité & toutes ses propriétés de chaux vive, en la recombinant avec ce même *gas* qui la remet dans l'état de simple terre calcaire, douce & effervescente. Que les alkalis fixes ou volatils peuvent être comme la terre calcaire, saturés ou privés de ce même gas ; que quand ils en sont saturés, ils ont la moindre causticité possible, peuvent se crystalliser & font effervescence avec les acides ; que quand au contraire ils en sont entiérement privés, ils ont la plus grande causticité ou action dissolvante possible, qu'ils sont incrystallisables & non effervescens avec les acides. Que la chaux a plus d'affinité que les alkalis avec ce gas, & est capable de le leur enlever, d'où il arrive que quand on lui fait porter son action sur des alkalis pourvus de gas, effervescens & non caustiques, elle les rend caustiques déliquescens & non effervescens, tandis qu'au moyen de ce même gas des alkalis auquel elle se combine, & dont elle se sature, elle perd toutes ses qualités de chaux vive pour reprendre des qualités de simple terre calcaire. Que l'effervescence qui accompagne la combinaison des alkalis non caustiques & des terres calcaires avec les acides, n'étant due qu'au dégagement de leur *gas* auquel l'acide fait quitter prise, & dont il prend la place ; la terre calcaire & les alkalis unis aux acides, sont privés de *gas* & seroient dans l'état de causticité, s'ils n'étoient saturés par l'acide qui a pris la place du *gas*. Que si l'on dégage l'alkali volatil du sel ammoniac, par l'intermede d'un alkali fixe non caustique & effervescent, ou par l'intermede d'une terre calcaire non calcinée & pourvue de son *gas*, l'alkali volatil se combine avec le *gas* de ces intermedes, à mesure qu'il est dégagé, & se présente en forme crystalline concrete, non caustique & très effervescente, tandis qu'au contraire lorsqu'on dégage ce même alkali volatil du sel ammoniac par l'intermede de la terre calcaire privée de *gas*, c'est-à-dire, par la chaux, comme il est privé de *gas*, tant qu'il fait partie du sel ammoniac, & qu'il ne peut en reprendre dans la chaux qui prend sa place auprès de l'acide du sel ammoniac, & qui n'en a point à lui fournir, il est forcé de paroître alors dans l'état de sa plus grande causticité, éminemment déliquescent, & nullement effervescent, tel qu'on l'obtient toujours par le procédé qui fait le sujet de cet article.

Les mêmes Physiciens ont prouvé par des expériences, que chacun peut répéter avec la plus grande facilité, que l'eau de chaux tient en dissolution une certaine quantité de chaux & qu'elle en est saturée; qu'en faisant évaporer cette eau dans des vaisseaux clos & par forme de distillation, ou en la précipitant par de l'esprit de vin qui ne contient point de gas, la terre qui reste est de la chaux qui ne fait point d'effervescence avec les acides, & qui peut se redissoudre dans l'eau & refaire de l'eau de chaux, parceque dans cette opération, cette terre ne peut reprendre de *gas* dans l'air. Mais que quand l'eau de chaux s'évapore à l'air libre, la chaux qu'elle contient reprend peu-à-peu du gas dans l'air, au moyen duquel elle perd ses propriétés de chaux vive, redevient simple terre calcaire, & forme les pellicules indissolubles dans l'eau, qu'on nomme crême de chaux, & qui ne sont que de la terre calcaire douce & très effervescente. Que les acides ne font point effervescence avec l'eau de chaux exempte de pellicules; que les alkalis caustiques ne précipitent point l'eau de chaux, mais que les alkalis non caustiques & effervescens la précipitent en transmettant leur gas à la chaux qui redevenue par-là terre calcaire indissoluble dans l'eau, s'en sépare & est susceptible de faire une très grande effervescence avec les acides. Il suit de là que les alkalis effervescens avec lesquels on précipite ainsi la terre de l'eau de chaux, ne la précipitant qu'en lui transmettant leur gas, doivent devenir caustiques & non effervescens, & c'est aussi ce qui ne manque jamais d'arriver, quand on ne mêle à l'eau de chaux que la juste quantité d'alkali nécessaire à la précipitation.

Il est de fait aussi que de quelque autre maniere qu'on rende du gas à la chaux dissoute dans l'eau; elle se précipite aussi-tôt en terre calcaire effervescente; ainsi en exposant l'eau de chaux à la vapeur qui se dégage des mélanges effervescens, des alkalis non caustiques & de la terre calcaire non calcinée avec les acides, on procure dans l'instant même la précipitation de la chaux, rétablie en terre calcaire douce & effervescente.

Je ne crois pas qu'il soit possible à aucun homme d'un esprit juste, & méritant vraiment le nom de *Chymiste*, de se refuser à la démonstration qui résulte d'un si grand nombre de faits incontestables, & qui concourent tous à prouver que l'état caustique ou non caustique des alkalis & des terres calcaires, dépend de la séparation ou de l'union de la substance volatile que nous nommons *gas*; substance que l'on dégage, qu'on enferme dans des bouteilles, que l'on mesure, que l'on pese, que l'on combine à sa volonté; substance que l'on peut unir aux matieres alkalines jusqu'à la saturation relative, & qui, par son union, les rend constamment douces & effervescentes; substance qu'on peut enlever à ces mêmes matieres alkalines, & dont la séparation les rend caustiques & non effervescentes, qu'on peut en un mot faire passer comme on veut d'une combinaison dans une autre, & dont on suit les effets comme ceux de tous les autres agens de la Chymie. Il est prouvé par-là jusqu'à l'évidence que la causticité des alkalis & de la chaux, ne dépend ni de la matiere du *feu pur* ou *presque pur*, ni d'un *acidum pingue*, ni d'un *causticum*, ni en un mot d'aucune espece de principe

cipe particulier de causticité, quel qu'il puisse être ; mais de l'union ou de la séparation de cette matiere gaseuse, dont l'existence, les propriétés & les effets sont tout aussi bien connus & constatés présentement, que ceux de l'acide vitriolique.

Mais quel est donc ce gas, dira-t-on, qui joue un si grand rôle dans la causticité ? n'est-il pas lui-même une combinaison particuliere de la matiere du feu ? A cette question, on ne peut répondre ni oui, ni non, parcequ'il n'y a point encore de preuves décisives ni pour, ni contre ; il est très possible que la matiere du feu soit une des parties constituantes du *gas* de la terre calcaire & des alkalis, il y a même, comme on le verra à l'article *gas*, quelques motifs de le croire. Mais si cela est, il est en même tems bien décidé par les faits que ce principe igné du *gas*, bien loin d'être propre à augmenter la causticité des matieres alkalines auxquelles on le combine, seroit au contraire une substance saturante, & propre à émousser, par conséquent, la causticité des dissolvans alkalins avec lesquels elle peut s'unir, ce qui est directement contraire à la théorie de M. *Meyer*, & de tous les autres partisans du feu, comme principe de la causticité.

Je reviens aux propriétés particulieres de l'alkali volatil caustique, dont j'ai été écarté par cette espece de digression sur des objets dont j'ai déja parlé ailleurs, mais que j'ai cru nécessaire de rappeller ici. J'ai déja fait observer, d'après M. *Baumé*, la légéreté très singuliere de l'alkali volatil caustique. Cette propriété est très remarquable ; mais elle ne peut pas être regardée comme une preuve qu'il contient plus de feu & d'air que l'alkali volatil concret, non caustique, parceque, quoique ces deux élémens soient en effet beaucoup plus légers que les autres, il ne s'ensuit point du tout que les composés qui en contiennent le plus, doivent être pour cela plus légers que ceux qui en contiennent le moins ; il est certain que les pesanteurs spécifiques changent totalement dans les combinaisons. Les métaux qui sont remplis de feu combiné, n'en sont pas moins beaucoup plus pesans que les simples pierres qui n'en contiennent point du tout, ou qui n'en contiennent qu'infiniment peu en comparaiſon. Les bois durs, les os des animaux, les pierres de la veſſie, contiennent, ſuivant les expériences du célebre *Hales*, une quantité ſurprenante d'air, ou d'un principe volatil aérien très léger, & cependant ces mêmes matieres ſont beaucoup plus peſantes qu'un grand nombre d'autres ſubſtances, telles, par exemple, que la plupart des ſels neutres qui en contiennent infiniment moins, ou qui n'en contiennent point du tout.

Une autre propriété fort remarquable de l'alkali volatil cauſtique, c'eſt qu'il ne décompoſe point les ſels neutres à baſe de terre calcaire, quoique l'alkali volatil concret & non cauſtique faſſe précipiter facilement & complétement la baſe terreuſe de ces ſels. Perſonne que je ſache n'a encore donné l'explication de cet effet très digne d'attention; il me paroît cependant qu'il ſe déduit tout naturellement de la théorie du *gas* des terres calcaires & des alkalis.

J'ai fait remarquer que les terres calcaires perdent leur *gas* dans l'effervescence qui accompagne leur combinaiſon avec les acides, & que la terre d'un ſel neutre à baſe de terre calcaire n'a plus de gas; d'un autre côté, l'alkali volatil cauſtique eſt de même totalement privé de *gas*, puiſque c'eſt à cette privation qu'il doit ſa cauſticité, comme cela a été bien démontré. Si donc cet alkali ne peut point ſéparer la terre de chaux d'avec un acide, cela prouve que quand ces deux ſubſtances ſont l'une & l'autre privées de gas, c'eſt la terre de chaux qui a une plus grande affinité que l'alkali volatil avec les acides en général; cela eſt d'ailleurs prouvé par la facilité avec laquelle la chaux décompoſe le ſel ammoniac & dégage ſon alkali volatil. Mais quoique ces affinités reſtent toujours eſſentiellement les mêmes; il eſt aiſé de ſentir comment & pourquoi l'alkali volatil non cauſtique & pourvu de ſon *gas*, peut opérer une précipitation qui lui eſt impoſſible lorſqu'il en eſt privé, c'eſt à l'aide de ce gas même, & par l'effet d'une double affinité, que l'alkali volatil non cauſtique précipite alors la terre. On a vu en effet, que la terre de chaux a une plus grande affinité que les alkalis avec le *gas*. Cela poſé, on conçoit aiſément, que si la terre de chaux unie à un acide, n'est sollicitée à s'en séparer que par la présence de l'alkali volatil caustique, dont l'affinité avec ce même acide, est moindre que la sienne, elle ne s'en séparera pas; mais que si elle est sollicitée à cette même séparation par l'affinité de l'alkali gaseux avec l'acide, réunie à l'affinité de la terre de chaux avec le gas de cet alkali, la somme de ces deux forces pourra procurer une séparation que ni l'un ni l'autre ne seroit capable de produire, si elle agissoit seule, comme cela arrive dans toutes les décompositions qui se font en vertu des doubles affinités. La terre de chaux est donc séparée des acides par l'alkali volatil non caustique, & parceque cet alkali tend avec un certaine force a s'unir a l'acide combiné à la terre, & parceque la terre de chaux tend en même tems avec un autre degré de force a s'unir avec le *gas* de cet alkali, & que l'effet de ces deux forces réunies est dirigé à la fois au même but, c'est-à-dire, à la séparation de la terre de chaux d'avec l'acide.

Ce qui prouve bien que les choses se passent ainsi, c'est que dans cette occasion l'alkali volatil non caustique s'unit avec l'acide du sel neutre à base terreuse, sans la moindre effervescence, quoiqu'il soit constant que si cet acide étoit libre, cette union ne pourroit se faire qu'avec une effervescence très forte, occasionnée par l'évaporation du gas de cet alkali qui deviendroit libre; mais comme la terre de chaux se saisit de ce même gas, à mesure qu'il est séparé de l'alkali par l'acide, ce gas ne faisant que passer ainsi d'une combinaison dans une autre, ne s'évapore point, & par conséquent n'occasionne aucune effervescence. D'un autre côté l'expérience prouve que la terre de chaux précipitée ainsi par un alkali non caustique, n'est point dans l'état de chaux vive dénuée de *gas* & non effervescente, mais qu'elle est dans l'état de terre calcaire non caustique, saturée du *gas* que l'alkali lui a transmis dans sa précipitation, & qui la rend très effervescente.

Je ne sais comment on pourroit expliquer tous ces beaux phénomenes en mettant en jeu le *causticum*, le feu pur ou presque pur, en un mot tout ce qu'on a imaginé pour rendre raison des effets de la causticité; & quelques efforts que je fasse pour deviner une théorie fondée sur les propriétés de tous ces agens de feu, j'avoue que je n'y peux voir qu'un galimatias peu intelligible, dénué de vraisemblance & totalement discordant avec les vérités les plus générales & les mieux constatées de la Chymie. Que l'on compare avec toutes ces explications, celle qui se déduit si naturellement de l'importante découverte des *gas* & de leurs propriétés, telle que je viens de l'exposer, & qu'on décide laquelle mérite la préférence

Je terminerai ce qui concerne l'alkali volatil caustique du sel ammoniac, en disant un mot de celui qui est dégagé par l'intermede des chaux métalliques. Il n'y a que peu de tems qu'on a commencé à connoître cette espece d'alkali volatil, & on ne l'a fait dans les laboratoires qu'à l'occasion du procédé du *phosphore* de M. *Margraf*. Cet illustre Chymiste prescrivoit comme un des ingrédiens nécessaires dans son opération du phosphore, une certaine quantité de plomb corné résultant de la décomposition du sel ammoniac par le minium. Les Chymistes qui ont voulu suivre ce procédé, ont reconnu en faisant ce plomb corné, que le minium décomposoit très bien le sel ammoniac, & en dégageoit un alkali volatil en liqueur, extrêmement vif & pénétrant, & qu'on a comparé à l'alkali volatil caustique dégagé du sel ammoniac par l'intermede de la chaux. Cet alkali volatil est en effet de la plus grande force, & d'une extrême activité, & il paroît qu'on l'obtient toujours en liqueur, quand on emploie pour le faire, environ deux fois autant de minium que de sel ammoniac; ainsi il se rapproche beaucoup par ces propriétés, de l'alkali volatil caustique par la chaux.

Je ne dissimulerai point ici que l'espece de causticité de cet alkali semble ne pas cadrer parfaitement avec la doctrine des *gas*; car MM. *Priestley*, *Lavoisier*, *Bayen*, & peut-être d'autres Chymistes encore, ont fait des expériences, dont il résulte que les *chaux métalliques* contiennent toutes une certaine quantité de *gas*; & que c'est même à l'union de cette substance qu'on doit attribuer l'augmentation de leur poids. Or il ſuivroit delà que l'alkali volatil, dégagé par ces terres, devroit s'emparer de leur *gas*, & par conſéquent paſſer en forme concrete & non cauſtique, comme celui qui eſt dégagé par la terre calcaire non calcinée.

Je ferai obſerver à ce ſujet, premiérement qu'il eſt très poſſible que le gas ait beaucoup plus d'adhérence avec les terres des métaux, qu'avec la terre calcaire, & qu'il n'en puiſſe pas être ſéparé auſſi facilement par les acides; ſecondement, qu'il n'eſt point encore décidé qu'en changeant les proportions de minium & de ſel ammoniac, on ne puiſſe obtenir de ce mélange un alkali volatil en forme concrete; troiſiémement enfin, que l'alkali volatil, dégagé du ſel ammoniac par le minium, même dans les proportions qu'on a ſuivies juſqu'à préſent, n'eſt point totalement ſemblable à celui qui eſt dégagé par la chaux; la différence eſſentielle qu'il y a entre l'un & l'autre, c'eſt que ce dernier ne fait aucune efferveſcence avec les acides, comme je l'ai fait remarquer, au lieu que le premier en fait une très ſenſible, ce dont je me ſuis aſſuré par l'expérience. Or cette circonſtance-là ſeule prouve qu'il n'eſt point abſolument dépourvu de gas, le rapproche de celui qui eſt dégagé par tous les autres intermedes gaſeux, & le fait rentrer dans l'ordre de la théorie des *gas*.

Il paroît qu'on peut conclure de là que l'alkali volatil, dégagé du ſel ammoniac par le minium, & probablement par les autres chaux métalliques, tient le milieu entre celui qui eſt concret & très efferveſcent, & celui qui eſt fluor, cauſtique & nullement afferveſcent.

Au ſurplus, cette matiere qu'il ſeroit très curieux & très intéreſſant d'approfondir, demande de nouvelles recherches dans leſquelles je n'aurois certainement pas manqué de m'engager, ſi le travail conſidérable & preſſé que je ſuis forcé de faire pour cette nouvelle édition, n'y mettoit obſtacle pour le préſent.

Ce que l'on trouve dans les vaiſſeaux, après la décompoſition du ſel ammoniac, par un intermede quelconque, propre à dégager ſon alkali volatil, eſt toujours un ſel neutre, compoſé de l'acide marin du ſel ammoniac, & de l'intermede qui a servi à la décomposition *Voyez* les articles ALKALI, ALKALI VOLATIL, CAUSTICITÉ, CHAUX METALLIQUES, CHAUX TERREUSE, GAS & LESSIVE CAUSTIQUE DES SAVONNIERS.

ESSAIS. Les Essais sont des opérations de Chymie qu'on fait en petit pour déterminer combien de métal, ou de quelque autre matiere est contenu dans un minéral, ou bien pour fixer le titre de l'or & de l'argent. On va parler successivement de l'une & de l'autre espece d'Essai.

ESSAIS DES MINES. Avant que de faire les essais des mines, il faut d'abord avoir des connoissances préliminaires sur la nature des différens minéraux métalliques. Chaque espece de métal a ses mines propres & impropres, qui ont chacune leur caractere & leur coup-d'œil particulier ; ensorte que ceux qui sont habitués à les voir, connoissent à-peu-près, à la vue simple, au poids, & par quelques autres qualités qui n'exigent aucune opération, quelle est l'espece de métal que contient un minéral. Un bon Essayeur doit être connoisseur en cette matiere, afin de faire tout d'un coup les opérations convenables au minéral qu'il veut examiner. On trouvera à ce sujet quelques details au mot MINES ; il est essentiel de consulter cet article.

Comme les métaux sont répartis, presque toujours, fort inégalement dans leurs mines, on courroit les risques de faire des essais très fautifs & très trompeurs, si l'on ne prenoit pas toutes les précautions convenables pour avoir un résultat moyen. On y parvient en faisant prendre des morceaux de minéral dans les différens filons, s'il y en a plusieurs, ou à différents endroits du même filon : on concasse ensemble tous ces morceaux de minéral avec leur gangue : on mêle le tout très exactement, & on prend la quantité qu'on juge à propos de ce mélange, pour en faire l'essai : cela s'appelle *lotir une mine*.

Comme les essais, sur-tout les premiers, se font ordinairement en petit ; les Essayeurs sont dans l'usage d'avoir un petit poids très exact, avec toutes ses subdivisions qui se rapportent au poids des travaux en grand ; c'est-à-dire, au quintal ou à un poids de cent livres, aux livres, onces, gros, &c. ainsi leur poids d'essai est un quintal fictif. Ce quintal d'essai, & ses subdivisions varient à raison de la diversité des poids, dans les différens pays; & cela ne laisse pas que de faire un embarras assez considérable de calcul, quand on veut rapporter ces différens poids les uns aux autres. On trouve des tables de ces poids dans les Traités de *Docimastique*, & singuliérement dans le Traité des Essais de *Schlutter*, traduit en françois, & beaucoup augmenté par M. *Hellot*; il contient tous les détails convenables à ce sujet.

L'usage ordinaire est de prendre pour le quintal d'essai, un poids réel d'un gros, pesant dans ce pays-ci 72 grains : mais, comme ces 72 grains représentent 100 livres, chaque grain ne peut représenter une livre; il est d'une livre & d'une fraction de livre, ce qui occasionne de la difficulté pour faire les poids de subdivision, & jette de l'embarras dans le calcul. Il vaut donc beaucoup mieux faire ce quintal fictif de 100 grains réels, comme la plupart des Chymistes & des Essayeurs le pratiquent présentement, parcequ'alors les grains, représentant au juste des livres, ils peuvent se subdiviser & se calculer avec la plus grande facilité. Ce quintal d'essai est très bon, & suffisant pour les mines de plomb, de cuivre, d'étain, de fer, d'antimoine, de bismuth & de mercure.

Mais, pour les mines qui tiennent de l'argent, & sur-tout de l'or, comme ce métal précieux y est ordinairement en très petite quantité, & qu'il faut presque toujours le séparer de l'argent qui l'accompagne, il seroit trop difficile de peser, avec exactitude, le petit bouton de fin qu'elles donneroient, si on ne les essayoit qu'au poids réel de 100 grains; & encore plus difficile d'en départir l'or qui y seroit caché. Ces motifs ont déterminé, avec raison, à se servir, pour l'essai de ces sortes de mines, d'un quintal fictif, seize fois plus fort; c'est-à-dire, qui pese 1600 grains réels, lesquels représentent 1600 onces, qui font les 100 livres ou le quintal. L'once y étant représentée par un grain, on peut très aisément diviser ce grain dans ses différentes fractions. 12 grains de ce quintal fictif répondent à $\frac{1}{48}$ de grain réel ; & cette derniere quantité est sensible, & peut se peser avec justesse dans des balances d'essai, qui, lorsqu'elles sont bien faites, sont capables de trébucher par un poids infiniment moindre.

Lorsqu'on a pesé bien au juste un quintal de la mine qu'on veut essayer, & qui a été lotie, comme on l'a dit plus haut, on la grille dans un têt sous la mouffle ; on la lave, s'il est nécessaire ; en un mot, on y fait en petit les mêmes opérations qu'en grand ; on y fait les additions, & dans les proportions convenables, suivant sa nature. Les fondans qu'on mêle à la mine pour les essais, sont ordinairement trois, quatre ou cinq parties de flux noir ; une, deux ou trois parties de borax calciné, & moitié moins de sel commun décrépité. Plus la mine est réfractaire, plus on est obligé d'ajouter de ces fondans. Puis on la fond, soit à la *forge*, soit au *fourneau de fusion* soit au *fourneau d'essai*.

Le point essentiel pour bien faire les essais, est d'y employer toute l'attention & l'exactitude possibles : on ne sauroit les pousser trop loin sur cet objet ; car la moindre inexactitude dans le poids, ou la plus petite perte de la matiere, peuvent causer des erreurs d'autant plus grande, que la disproportion du poids des matieres sur lesquelles on opere, est plus grande, par rapport aux poids des mêmes matieres dans les travaux en grand. Il faut donc porter l'exactitude de ces sortes d'opérations, en quelque sorte, jusqu'à la minutie. On ne peut se dispenser, par exemple, d'avoir de petites balances d'essai de la plus grande justesse. Il convient de ne peser le quintal de mine, qu'après qu'on l'a réduite en poudre grossiere, telle qu'elle doit être pour le rôtissage, à cause du déchet, qui ne peut manquer d'arriver dans cette pulvérisation. Il faut, lorsqu'on rôtit la mine, la couvrir avec un têt renversé ; parceque la plupart des mines sont sujettes à pétiller, quand elles commencent à éprouver la chaleur. On doit observer dans la fonte, d'appliquer juste le degré de feu nécessaire, pour que cette fonte soit bonne & complette, frapper autour du creuset avec les pincettes, lorsqu'elle est faite, pour faciliter le dégagement des parties du régule d'entre les scories, & occasionner leur descente

& leur réunion en un ſeul culot, ne caſſer le creuſet que quand il eſt parfaitement refroidi.

On reconnoît, en caſſant le creuſet, que la fonte a été bonne, lorſque les ſcories ſont nettes, compactes, bien égales, qu'elles n'ont point ſurmonté ou pénétré le creuſet, qu'elles ne contiennent aucun grain métallique, & que leur ſurface eſt unie, & s'enfonce vers ſon milieu, en formant une eſpece de trémie : à l'égard du culot, il doit être bien raſſemblé, entiérement compact, ſans trous, ni ſoufflures, & avoir une ſurface nette & convexe. On le ſépare exactement des ſcories ; on le nettoie parfaitement avec la gratte-boſſe ; enfin on le peſe à la balance d'eſſai. Si l'opération a été bien faite, ſon poids fait connoître la quantité de métal que fournira chaque quintal réel de la mine dans le travail en grand.

Pour le peu qu'on ait quelque doute ſur la réuſſite parfaite de l'eſſai, il faut le recommencer ; il eſt même encore mieux de faire pluſieurs eſſais de la même mine : il eſt rare que, quelque bien faits qu'ils ſoient, il ne ſe trouve entre eux quelques petites différences ; & alors, en prenant un réſultat moyen, on eſt aſſuré d'approcher, autant qu'il eſt poſſible, du véritable produit de la mine.

Enfin, comme c'eſt d'après les eſſais qu'on ſe détermine à faire les fouilles & l'établiſſement des fonderies en grand, ce qui occaſionne toujours des dépenſes conſidérables, il eſt prudent de traiter auſſi, par forme d'eſſai, dix ou douze livres réelles du minéral ; & les Eſſayeurs doivent être pourvus des fourneaux & autres uſtenſiles néceſſaires pour faire ces ſortes d'eſſais moyens.

Voici quelques exemples d'eſſais de mines. Pour eſſayer une mine de plomb, par exemple, du genre de celles qui ne ſont point trop réfractaires, on prend un quintal ou pluſieurs quintaux de cette mine en poudre groſſiere ; on la fait rôtir dans un têt, juſqu'à ce qu'il ne s'en exhale plus aucunes vapeurs ſulfureuſes ; on la pile plus fin ; on la mêle exactement avec le double de ſon poids de flux noir, le quart de ſon poids de limaille de fer non rouillée, & de borax (ces doſes ſont de

M. *Cramer*). On met ce mélange dans un bon creuſet; ou encore mieux dans une tute; on le recouvre, de deux ou trois travers de doigts, de ſel commun décrépité; on bouche la tute avec ſon couvercle; on la place dans un fourneau de fuſion; on emplit le fourneau de charbon noir, de maniere que le haut du creuſet ou de la tute, en ſoit bien couvert; on met quelques charbons allumés par-deſſus le charbon noir, & on le laiſſe s'allumer de lui-même, le plus tranquillement qu'il eſt poſſible, juſqu'à ce que le creuſet ſoit médiocrement rouge: peu de tems après, on entend un ſifflement dans le creuſet; ce bruit eſt occaſionné par la réduction du plomb, pendant laquelle, ainſi que dans les autres réductions de métaux, il ſe fait une effervescence produite par le dégagement d'un *gas*: on ſoutient le feu au même degré, tant que ce bruit ſe fait entendre; & quand il ceſſe, on augmente ſubitement le feu, aſſez pour faire bien fondre le mélange: on l'entretient en bonne fonte pendant un quart d'heure; après quoi, on le laiſſe refroidir, & l'opération eſt finie.

La limaille de fer qu'on fait entrer dans le mélange ſert à abſorber le ſoufre, dont il reſte aſſez ordinairement une certaine quantité unie à la mine de plomb, malgré la torréfaction. Il n'eſt point à craindre que ce métal s'uniſſe avec le plomb, & en altere la pureté; parceque, quand même le ſoufre qu'il rencontre ne l'en empêcheroit pas, on ſait que ces deux métaux ne peuvent s'allier enſemble: la qualité réfractaire du fer ne doit pas faire craindre non plus qu'il mette obſtacle à la fuſion; car l'union qu'il contracte avec le ſoufre, le rend ſi fuſible, qu'il devient plutôt alors une eſpece de fondant.

Cette addition du fer dans l'eſſai de la mine de plomb ſeroit néanmoins inutile, ſi l'on étoit abſolument certain que la mine a été torréfiée, de maniere qu'il ne reſtât point du tout de ſoufre.

Il eſt très rare que les mines de plomb ne contiennent point d'argent, ſouvent même elles en contiennent une quantité très conſidérable: c'eſt pourquoi, toutes les fois qu'on fait l'eſſai d'une de ces mines, après avoir recueilli & peſé très exactement le culot de plomb, on doit le passer à la coupelle, pour déterminer la quantité de fin que cette mine contient ; & comme il n'est pas rare que ces mêmes mines contiennent aussi de l'or, on doit soumettre le bouton de fin qui reste sur la coupelle, à l'essai du *départ*, pour s'en assurer.

Les détails pour les essais de toutes les autres mines & minéraux, sont trop nombreux pour qu'on puisse les exposer dans un Ouvrage de la nature de celui-ci ; ils sont eux-mêmes la matiere de plusieurs Livres fort étendus, qu'on doit consulter à ce sujet : les meilleurs sont la Docimastique de M. *Cramer*, l'Ouvrage de *Schlutter*, traduit en françois par M. *Hellot*, la Chymie métallurgique de M. *Gellert*. On trouvera beaucoup de choses qui ont rapport à cette matiere, aux articles MINES & TRAVAUX DES MINES de ce Dictionnaire.

ESSAI DU TITRE DE L'ARGENT. La méthode usitée pour déterminer le degré de pureté de l'argent qu'on appelle son *titre*, consiste à mêler cet argent avec une quantité de plomb proportionnée à la quantité de métaux imparfaits avec lesquels on soupçonne qu'il est allié ; à passer ensuite ce mélange à la coupelle, & à peser après cela le bouton d'argent fin qui reste. La perte que cet argent fait, par la coupellation, fait connoître la quantité de métaux imparfaits dont il étoit allié, & par conséquent à quel titre il étoit.

On voit par-là que l'essai de l'argent n'est autre chose que l'affinage de ce métal par la coupellation. La seule différence qu'il y ait entre ces deux opérations, c'est que, quand on coupelle de l'argent uniquement pour l'affiner, ordinairement on connoît son titre ; l'on y mêle la quantité de plomb convenable, & on le passe à la coupelle, sans être assujetti à avoir les attentions convenables pour s'assurer de son déchet pendant l'opération ; au lieu que dans l'essai, il est absolument nécessaire d'employer tous les moyens possibles pour s'assurer, avec la derniere exactitude, de la perte que fait l'argent par la coupellation. La premiere de ces opérations, ou le simple affinage de l'argent, se fait en grand dans l'exploitation des mines d'argent, ou dans les monnoies où l'on a souvent une grande quantité d'argent à affiner. *Voyez* AFFINAGE. La seconde ne se fait jamais qu'en petit, parceque les frais sont moindres, & qu'il est d'ailleurs plus facile d'opérer avec toutes les attentions & toute l'exactitude requises. C'est de cette derniere opération qu'il s'agit à présent; voici comment elle se fait.

On suppose d'abord que la masse ou le lingot d'argent dont on veut faire l'essai, est composé de douze parties parfaitement égales, quelque soit d'ailleurs le poids absolu de ce lingot, & ces douze parties s'appellent des *deniers*. Ainsi, si le lingot d'argent est d'une once, chacun de ces deniers sera un douzieme d'once; s'il est d'un marc, chacun de ces deniers sera un douzieme de marc; s'il est de 20 marcs, chacun de ces deniers sera un douzieme de 20 marcs, &c. Par la même raison, si la masse d'argent est exempte de tout alliage, & absolument pure, cet argent se nomme de l'*argent à 12 deniers;* si elle contient un douzieme de son poids d'alliage, on dit que cet argent est à 11 deniers; si elle contient deux douziemes ou un sixieme d'alliage, l'argent n'est qu'à 10 deniers, & ces deniers ou parties d'argent pur s'appellent *deniers de fin.*

Il est à propos d'observer au sujet de ces deniers, que les Essayeurs nomment aussi *denier* un poids de 24 grains réels, c'est-à-dire le tiers d'un gros, qu'on nomme en Médecine un *scrupule.* Il faut prendre garde de confondre ce dernier poids réel, avec le denier de fin, qui n'est qu'un poids idéal ou proportionnel, ce qui peut arriver d'autant plus facilement, que, pour plus grande précision, le denier de fin se divise comme le denier réel en 24 grains. Mais les grains du denier de fin sont fictifs & proportionnels de même que ce denier, & se nomment *grains de fin.*

Un lingot d'argent fin ou à 12 deniers, contient donc 288 grains de fin. Si ce lingot contient $\frac{1}{288}$ d'alliage, on dit qu'il est à 11 deniers 23 grains; s'il contient $\frac{2}{288}$ ou $\frac{1}{144}$ d'alliage, l'argent n'est qu'à 11 deniers 22 grains; s'il contient $\frac{14}{288}$ ou $\frac{7}{144}$ d'alliage, il n'est qu'à 11 deniers 10 grains, & ainsi de suite. Enfin le grain de fin a aussi ses fractions à l'ordinaire $\frac{1}{2}$, $\frac{1}{4}$ de grain, &c.

Il faut ſavoir encore que, comme les eſſais pour le titre de l'argent ſe font toujours en petit, les Eſſayeurs ne prennent qu'une petite portion d'un lingot pour le ſoumettre à l'épreuve, & l'uſage eſt, du moins en France, d'en prendre un demi-gros ou 36 grains réels. En conſéquence le plus fort poids qu'ils aient pour peſer l'argent pour les eſſais, eſt d'un demi-gros ou de 36 grains réels. Ce poids répond à 12 deniers de fin. Ce poids eſt ſubdiviſé en un nombre ſuffiſant d'autres poids plus petits, leſquels répondent par conſéquent à différentes fractions des deniers & des grains de fin : ainſi le poids de 18 grains réels, qui eſt la moitié du précédent, répond à 6 deniers de fin : celui de trois grains répond à un denier ou à 24 grains de fin : celui d'un grain & demi, toujours poids réel, répond à 12 grains de fin : & ainſi de ſuite, juſqu'à $\frac{1}{32}$ de grain réel, qui répond à $\frac{1}{4}$ de grain de fin, lequel quart de grain de fin, n'eſt que $\frac{1}{1152}$ d'une maſſe de 12 deniers. Ce poids réel d'eſſai pour l'argent, avec ſes diviſions, ſe nomme *ſemelle* ou *poids de ſemelle pour l'argent*, parcequ'il y en a un autre pour l'or que l'on nomme, *poids de ſemelle pour l'or.*

On ſent bien que des poids ſi petits, ainſi que les balances deſtinées à les peſer, & qu'on nomme *balances d'eſſai*, doivent être de la plus grande juſteſſe. Ces balances ſont fort petites, ſuſpendues & enfermées dans une boîte vitrée, non ſeulement pour les garantir de la pouſſiere, mais encore pour empêcher que le mouvement de l'air ne les agite, & n'en trouble l'opération quand on s'en ſert.

Lorſqu'il eſt queſtion de faire l'eſſai d'une maſſe ou d'un lingot d'argent, l'uſage eſt de faire cet eſſai double : pour cela, on en coupe deux demi-marcs fictifs, qui peuveut être chacun de 36 grains réels ou égaux au pincipal poids de ſemelle. Ces deux portions d'argent doivent être peſées avec la plus grande exactitude, & avoir été priſes l'une en deſſus, & l'autre en deſſous de la maſſe ou du lingot.

Ceux qui ſont accoutumés à ces ſortes de travaux, connoiſſent, preſque au ſimple coup d'œil, à-peu-près à quel titre eſt l'argent, ou peuvent ſe ſervir de la pierre de touche pour le connoître à-peu-près, & cela regle la quantité de plomb qu'on doit employer pour l'essai, cette quantité devant être en général proportionnée a celle de l'alliage de l'argent.

Cependant il n'y a rien de déterminé au juste sur cette proportion du plomb avec celle de l'alliage. Les Auteurs qui ont traité de cette matiere varient entre eux : ceux qui demandent la plus grande quantité de plomb, se fondent sur ce qu'on est plus sûr par-là de détruire tout l'alliage de l'argent ; ceux qui en prescrivent la plus petite quantité, assurent que cela est nécessaire, par la raison que le plomb emporte toujours un peu de fin. Les Essayeurs eux-mêmes ont chacun leur pratique particuliere, à laquelle ils sont attachés.

Les Ministres éclairés dans les départemens desquels sont ces objets, sentant tous les inconvéniens qui doivent résulter de pareilles incertitudes, ont pris les mesures les plus sages pour les faire cesser. Trois Chymistes de l'Académie des Sciences, MM. *Hellot*, *Tillet* & moi, ont été nommés pour constater tout ce qui a rapport aux essais de l'or & de l'argent, par des expériences authentiques, faites sous les yeux de l'homme d'Etat qui avoit ce département, & en présence des Magistrats de la Cour des Monnoies.

Il a été constaté par ces recherches, que le plomb fait toujours entrer un peu d'argent dans la coupelle, & le Reglement qui est intervenu a fixé que, pour de l'argent d'affinage, il faut deux parties de plomb sur une d'argent. Pour de l'argent de vaisselle à 11 deniers 12 grains, quatre parties. Pour de l'argent à 11 deniers & au-dessous, six parties. Pour celui à dix deniers & au-dessous, huit. Pour celui à 9, dix. Pour celui à 8, douze. Pour celui à 7, quatorze. Enfin, pour celui à 6 deniers & au-dessous, seize parties de plomb.

On choisit deux coupelles égales de grandeur & de poids ; l'usage est de prendre des coupelles qui pesent autant que le plomb qu'on emploie dans l'essai, parcequ'on a observé que ce sont celles qui peuvent boire toute la litharge qui se forme pendant l'opération. On les place l'une à côté de l'autre, sous la mouffle, dans un fourneau d'essai ; on allume le fourneau, on fait rougir les coupelles, & on les tient rouges pendant une bonne demi heure avant d'y rien mettre. Cette précaution est nécessaire pour les sécher & calciner parfaitement, attendu que, si elles contenoient quelques parties d'humidité ou de matiere inflammable, cela occasionneroit du bouillonnement & de l'effervescence dans l'essai.

Quand les coupelles sont rouges à blanc, on met dans chacune d'elles la quantité de plomb qu'on a déterminée : on *donne chaud*, ce qui se fait en admettant beaucoup d'air par le cendrier dont on ouvre les portes pour cet effet, jusqu'à ce que le plomb qui est bientôt fondu, soit rouge, fumant & agité d'un mouvement qu'on appelle *circulation*, & bien découvert, c'est-à-dire, que sa surface soit unie & assez nette.

On met alors dans chaque coupelle l'argent réduit en petites lames, afin qu'il se fonde plus promptement, en continuant à donner chaud, & même en augmentant la chaleur, par le moyen de charbons ardens qu'on place à l'entrée de la mouffle : on soutient cette chaleur jusqu'à ce que l'argent soit *entré dans le plomb*, c'est-à-dire, bien fondu & parfaitement mêlé avec ce métal ; quand l'essai est bien circulant, on diminue la chaleur, en ôtant en tout ou en partie les charbons qui sont à l'entrée de la mouffle, & fermant plus ou moins les portes du fourneau.

On doit gouverner la chaleur, de maniere que les essais aient une surface sensiblement convexe, & paroissent ardens dans les coupelles qui alors sont moins rouges ; que la fumée qui s'en éleve monte presque jusqu'à la voûte de la mouffle ; qu'il se fasse continuellement une ondulation en tous sens à la surface des essais, ce qui s'appelle *circuler ;* que leur milieu soit lisse, & qu'ils soient entourés d'un petit cercle de litharge qui s'imbibe continuellement dans les coupelles.

On soutient les essais en cet état, jusqu'à la fin de l'opération, c'est-à-dire, jusqu'à ce que le plomb & l'alliage, étant imbibés dans la coupelle, la surface des boutons de fin qui se fige alors, n'étant plus recouverte d'une pellicule de litharge, soit devenue toute d'un-coup vive, brillante & d'un beau luisant, ce qui s'appelle *faire l'éclair*; & si l'opération a été bien conduite, les deux essais doivent faire leur éclair en même tems, ou à très peu d'intervalle l'un de l'autre. Lorsque l'argent a été bien affiné, on voit, immédiatement après l'éclair, la surface du bouton toute couverte de couleurs d'iris, qui ondulent & s'entrecroisent avec beaucoup de rapidité, & alors le bouton se fige.

La conduite du feu est un article essentiel dans les essais, il est important qu'il n'y ait ni trop, ni trop peu de chaleur; parceque, s'il y a trop de chaleur, le plomb se scorifie & passe dans la coupelle si promptement, qu'il n'a pas le tems de scorifier & d'emporter avec lui tout l'alliage de l'argent: s'il n'y a pas assez de chaleur, la litharge s'amasse à la surface, & ne pénetre point la coupelle; les Essayeurs disent qu'alors l'essai est *étouffé* ou *noyé*. Dans ce cas, l'essai n'avance pas, parceque la litharge recouvrant la surface du métal, la garantit du contact de l'air, qui est absolument nécessaire, pour la *calcination* des métaux.

On a donné plus haut les marques d'un essai qui va bien: on reconnoît qu'il a trop chaud, lorsque la surface du métal fondu est extrêmement convexe, qu'il est agité par une circulation très forte, que la coupelle est si ardente, qu'on ne peut distinguer les couleurs que la litharge lui donne en la pénétrant; enfin lorsque la fumée qui s'éleve de dessus l'essai, va jusqu'à la voûte de la mouffle, ou qu'on ne l'apperçoit point du tout: ce qui arrive, non parcequ'il n'y en a plus alors; mais parcequ'elle est si rouge & si ardente, ainsi que tout l'intérieur de la mouffle, qu'on ne peut la distinguer. On doit diminuer dans ce cas la chaleur, en fermant le cendrier; quelques Essayeurs mettent même autour des coupelles de petits morceaux oblongs & froids d'argille cuite qu'ils appellent *des instrumens*.

Si au contraire le métal fondu a une surface applatie & très peu sphérique par rapport à sa masse, que la coupelle paroisse sombre, que la fumée de l'essai ne fasse que ramper à sa surface, que la circulation soit très foible, que les scories qui paroissent comme des gouttes brillantes n'aient qu'un mouvement lent, &

ne

ne s'imbibent point dans la coupelle, on peut être assuré que la chaleur est trop foible : à plus forte raison quand le métal se fige ou se congele, comme disent les Essayeurs. On doit alors l'augmenter, en ouvrant le cendrier, en plaçant de gros charbons ardens à l'entrée de la mouffle, ou même en mettant de pareils charbons en travers sur les coupelles; mais il vaut encore beaucoup mieux, comme le remarque fort bien M. *Pœrner*, éviter de tomber dans ce dernier inconvénient, en donnant plutôt une chaleur trop forte que trop foible, parceque l'excès de chaleur ne préjudicie point si sensiblement à l'essai.

On commence par *donner chaud* aussi-tôt que le plomb est dans les coupelles, parcequ'il les refroidit, & qu'il est nécessaire qu'il se fonde promptement, & même que la chaux qui se forme à sa surface, aussi-tôt qu'il est fondu, se fonde elle-même & se convertisse en litharge, parceque cette chaux étant beaucoup moins fusible que le plomb, deviendroit fort difficile à fondre, si elle s'amassoit en une certaine quantité.

Lorsqu'on a mis l'argent dans le plomb découvert, il faut donner encore plus chaud, non seulement parceque cet argent refroidit beaucoup, mais encore parcequ'il est bien moins fusible que le plomb; & comme on doit produire tous ces effets le plus promptement qu'il est possible, on est dans le cas de donner plus de chaleur qu'il n'en faut, & c'est par cette raison que, lorsque l'argent est entré dans le plomb, on *donne froid* pour remettre les essais au degré de chaleur convenable.

Pendant toute cette opération, la chaleur doit aller toujours en augmentant par degrés jusqu'à la fin, tant parceque le mélange métallique devient d'autant moins fusible, que la quantité de plomb diminue davantage, que parceque plus la porportion d'argent devient grande, par rapport à celle du plomb, & plus ce dernier métal, garanti par le premier, devient difficile à scorifier. On fait ensorte, par cette raison, que les essais aient très chaud dans le tems de leur éclair.

Quand l'opération est achevée, on laisse encore les coupelles au même degré de chaleur, pendant quelques momens, pour donner le tems aux dernières portions de litharge de s'imbiber en entier, attendu que, s'il en restoit un peu sous les boutons de fin, ils y seroient adhérens. Après cela, on cesse le feu, on fait refroidir les coupelles par degrés, jusqu'à ce que les boutons de fin soient figés entiérement, sur-tout s'ils sont un peu gros; parceque, s'ils se refroissoient trop promptement, leur surface extérieure venant à se figer & à prendre de la retraite, avant que la partie intérieure fût dans le même état, comprimeroit fortement cette derniere qui s'échapperoit avec effort, formeroit des végétations, & même des jets, en crevant la partie extérieure figée : cet inconvénient s'appelle *écartement* ou *végétation de bouton*. On doit l'éviter avec grand soin dans les essais; parceque quelquefois il s'élance de petites parties d'argent hors de la coupelle. Enfin, quand on est assuré que les boutons d'essai, sont bien figés jusque dans leur intérieur, on les souleve avec un petit outil de fer, pour les détacher de la coupelle, lorsqu'ils sont encore très chauds, parcequ'alors ils s'en détachent facilement : au lieu que, quand le tout est refroidi, il arrive souvent qu'ils adherent à la coupelle, de maniere qu'ils en emportent avec eux de petites parties, ce qui oblige de les nétoyer parfaitement avec la *gratte-bosse*.

Il ne s'agit plus, après cela, que de peser bien exactement ces boutons à la balance d'essai : la quantité dont ils auront diminué par la coupellation, indiquera au juste le titre de la masse ou du lingot d'argent essayé.

Il faut observer que, comme il n'y a presque point de plomb qui ne contienne naturellement de l'argent, & qu'après la coupellation, cet argent du plomb se trouve confondu avec le bouton de fin, dont il augmente le poids, il est très essentiel de connoître, avant que d'employer du plomb dans des essais, la quantité d'argent qu'il contient naturellement, pour la défalquer du poids du bouton d'essai. Pour cela, les Essayeurs passent ue certaine quantité de leur plomb tout seul à la coupelle, & pesent avec exactitude le petit bouton de fin qu'il laisse : ou bien on peut mettre dans une troisieme coupelle du même plomb qu'on emploie dans les essais, & en poids égal à celui qui entre dans un essai : & après l'opération, lorsqu'il s'agit de peser, on met du côté des poids le petit bouton de fin laissé par le plomb seul, on l'appelle le *témoin*, cela évite des calculs. Pour éviter ces petits embarras, les Essayeurs se procurent ordinairement du plomb qui ne contient point d'argent, tel qu'est, à ce qu'on assure, celui de *Willach*, en Carinthie, qui est recherché par les Essayeurs, à cause de cela.

On remarquera en second lieu, qu'il passe toujours une certaine quantité de fin dans les coupelles, ainsi qu'on l'a remarqué depuis long-tems dans les affinages en grand, & que la même chose a lieu aussi dans les essais ou épreuves en petit; que cette quantité peut varier, suivant la matiere & la forme des coupelles: objets qui ont été déterminés avec la plus grande précision dans le travail dont on a parlé ci dessus, & que M. *Tillet* a suivis encore depuis avec une exactitude scrupuleuse, comme on peut le voir dans les Mémoires de l'Académie, années 1763 & 1769.

La coupellation qu'on vient de décrire, est exactement la même pour les essais par lesquels on détermine le produit d'une mine d'argent, ou d'une mine tenant argent. Mais, comme il n'est pas rare que ces mines contiennent aussi de l'or, quelquefois même en quantité assez considérable, il est à propos, lorsqu'on fait ces sortes d'essais, de faire ensuite le départ des boutons de fin qu'on a obtenus. On peut être assuré d'avance que l'argent essayé est fort riche en or, quand les boutons de fin ont un petit œil jaunâtre. *Voyez* ARGENT, AFFINAGE, FOURNEAU D'ESSAI, MOUFFLE & COUPELLE.

ESSAI DU TITRE DE L'OR. Le poids fictif pour déterminer le titre de l'or, & le poids de semelle pour l'essai de ce métal, sont différens de ceux de l'argent : une masse quelconque, ou un lingot d'or supposé parfaitement pur, ou ne contenir aucune partie d'alliage, se divise idéalement en 24 parties, qu'on nomme *karats* : cet or pur est par conséquent de l'or à 24 karats. S'il contient un vingt-quatrieme de son poids d'alliage,

Il n'eſt qu'à 23 karats ; s'il en contient deux vingt-quatriemes ou un douzieme, il n'eſt qu'à 22 karats, & ainſi de ſuite.

On voit par-là que le karat de l'or, n'eſt qu'un poids relatif & proportionnel ; enſorte que le poids réel du karat varie ſuivant le poids total de la maſſe d'or qu'on examine. Si cette maſſe d'or eſt d'un marc, le poids réel du karat ſera un vingt-quatrieme de huit onces, ou 2 gros 2 deniers à 24 grains le denier ; ſi la maſſe d'or eſt d'une once, ſon karat peſera réellement un vingquatrieme d'once, ou 24 grains ; ſi elle n'eſt que d'un denier ou de 24 grains, le poids réel de ſon karat ſera d'un grain, & ainſi de ſuite.

Pour plus grande préciſion, le karat de l'or ſe diviſe en 32 parties qui n'ont pas d'autre nom que des *trente-deuxiemes de karats :* ces trente-deuxiemes ſont des poids proportionnels & relatifs, comme le karat dont ils ſont les diviſions ; ainſi $\frac{1}{32}$ de karat d'or eſt $\frac{1}{32}$ de $\frac{1}{24}$ ou $\frac{1}{768}$ d'une maſſe d'or quelconque ; & de l'or qui ne contient que $\frac{1}{768}$ d'alliage, s'appelle de l'or à 23 karats $\frac{31}{32}$: de l'or qui ne contient que $\frac{2}{768}$ ou $\frac{1}{384}$ d'alliage, s'appelle de l'or à 23 karats $\frac{30}{32}$, & ainſi de ſuite.

En France, le poids réel ou de ſemelle qui eſt ordonné pour l'or, eſt de 24 grains, poids de marc. Ce poids repréſente par conſéquent, ou plutôt réaliſe les 24 karats ; chaque karat devient par-là un grain réel ; chaque trente-deuxieme de karat devient un trente-deuxieme de grain, &c.

On tolere cependant que les Eſſayeurs ne prennent que 12 grains, & même 6 grains pour leur poids de ſemelle ; mais la juſteſſe & la ſenſibilité de leurs balances doivent être bien grandes pour des poids auſſi petits que ceux des fractions d'un poids principal de ſemelle qui eſt lui-même ſi petit.

Lorſqu'il eſt queſtion de faire l'eſſai d'une maſſe ou d'un lingot d'or, on en coupe ou on en doit couper 24 grains qu'on peſe exactement : on peſe, d'une autre part, 72 grains d'argent fin : on paſſe ces deux métaux enſemble à la coupelle, en employant à-peu-près dix fois plus de plomb qu'il n'y a d'or ; on conduit cette coupellation, préciſément comme celle pour l'eſſai du titre de l'argent, si ce n'est qu'on chauffe un peu plus vivement sur la fin, lorsque l'essai est prêt à faire son éclair, l'or se trouve après cela débarrassé de tout autre alliage que de l'argent. Si l'on est curieux de voir combien il contenoit de cuivre ou autre alliage destructible à la coupelle, on pese exactement le bouton de fin qui reste, la diminution qui se trouve sur la somme du poids de l'or & de l'argent, donne la quantité de cet alliage.

Après cela, on applatit ce bouton de fin sur le tas d'acier, en le faisant recuire à mesure qu'il s'écrouit, de peur qu'il ne fende; on le réduit par ce moyen en une petite lame qu'on roule ensuite en forme de cornet, puis on en fait le départ par l'eau-forte, ainsi qu'on peut le voir au mot DÉPART. La diminution qui se trouve sur le poids de l'or, après le départ, fait connoître la quantité d'alliage que cet or contenoit.

L'essai du titre de l'or se fait donc par deux opérations, dont la premiere qui est une coupellation, lui enleve tout ce qu'il contient de métaux imparfaits, & la seconde, qui est le départ, en sépare tout ce qu'il contient d'argent. Il y a une autre opération, qui est la purification de l'or par l'antimoine, laquelle est une espece de départ sec: on sépare, par cette seule opération, en même tems les métaux imparfaits & l'argent alliés avec l'or; mais cette purification n'est pas susceptible d'une assez grande précision, pour pouvoir servir à l'essai ou à la détermination du titre de l'or. *Voyez* PURIFICATION DE L'OR PAR L'ANTIMOINE: *voyez aussi* OR, ARGENT, AFFINAGE, ESSAI DU TITRE DE L'ARGENT.

ESSENCES. On donne quelquefois le nom d'*essences* aux huiles essentielles: on dit, par exemple, essence de girofle, essence de cannelle, essence de thérébentine, &c. pour désigner les huiles essentielles de ces substances: *voyez* HUILES ESSENTIELLES.

ÉTAIN. L'étain est un métal d'une couleur blanche, approchante de celle de l'argent, mais plus sombre & moins blanche.

Il est plus mou, moins élastique & moins sonore que tous les autres métaux, à l'exception du plomb.

Lorsqu'on le plie en différens sens, il fait entendre un petit bruit, comme s'il se déchiroit, quoiqu'il ne se déchire pas, du moins sensiblement; ce bruit se nomme *cri de l'étain*.

Ce métal a, comme tous les métaux imparfaits, de l'odeur & de la saveur.

Il est beaucoup moins ductile que les métaux plus durs que lui; il l'est cependant assez pour s'étendre en feuilles très minces.

La ténacité des parties de l'étain est très peu considérable, puisqu'un fil de ce métal, d'un dixieme de pouce de diametre, ne peut soutenir qu'un poids de 49 $\frac{1}{2}$ livres, sans se rompre.

Il est le plus léger des métaux: il perd dans l'eau à-peu près un septieme de son poids; il est aussi très fusible, car il se fond à un degré de chaleur infiniment moins grande que celle qui est nécessaire pour le faire rougir.

La chaleur nécessaire pour le tenir fondu est suffisante pour sa calcination, ou du moins lui fait perdre assez de son principe inflammable, pour qu'il paroisse sous la forme de chaux grise, laquelle demande l'addition du phlogistique pour se réduire en entier en étain.

Les Potiers d'étain appellent cette chaux imparfaite, *cendre d'étain*. Ceux qui refondent des cuillers & des fourchettes d'étain pour le Peuple, & dans les villages, nomment cette matiere la *crasse de l'étain*: ils l'enlevent exactement en faisant accroire aux bonnes gens que leur étain en sera beaucoup plus fin; mais n'ont garde de jetter cette prétendue crasse, & savent très bien la refondre en bon étain, en y ajouant de la poix résine.

Cette cendre d'étain est susceptible, comme toutes les autres chaux métalliques, de se dépouiller de plus en plus de son phlogistique, par une calcination prolongée à un feu plus fort: elle devient par-là de plus en plus blanche, dure & réfractaire. On la nomme *potée d'étain*. On s'en sert dans les arts pour polir le verre & d'autres corps durs.

La chaux d'étain bien blanche & bien calcinée est une substance des plus réfractaires: comme elle est d'ailleurs d'un très beau blanc; on la fait fondre avec des matieres fusibles & vitrifiables, pour en former l'émail blanc, dont on se sert pour la couverte de la *faïance*.

La maniere la plus ordinaire de faire cette préparation est de mêler ensemble du plomb & de l'étain, & d'exposer ce mélange à un très grand feu : on a observé que ces deux métaux, mêlés ensemble, se calcinent plus promptement que lorsqu'ils sont seuls. En ajoutant à la chaux de plomb qui, à la différence de celle de l'étain, reste toujours fusible & vitrifiable, du sable & des sels, on forme du tout, en le fondant, un fort bel *émail* blanc.

J'ai exposé de l'étain très pur, tout seul, à un feu prompt, & aussi fort que celui de verrerie: ce feu a été soutenu au même degré, pendant deux heures : l'étain qui étoit sous une moufle, dans un têt découvert, s'est trouvé après cela tout couvert d'une espece de chaux de la plus grande blancheur, qui paroissoit avoir formé une sorte de végétation : il y avoit sous cette matiere une chaux rougeâtre, un verre transparent, de couleur d'hyacinthe, & un culot d'étain non altéré dans le fond. Cette expérience réitérée plusieurs fois a toujours eu le même succès.

Le nitre s'enflamme avec l'étain, & hâte considérablement sa calcination, comme il le fait plus ou moins sensiblement à l'égard de tous les métaux combustibles. Les vapeurs qui s'élevent pendant les différentes calcinations de l'étain, ont ordinairement une odeur d'ail ou d'arsenic, parcequ'effectivement il y a fort peu d'étain qui n'en contienne, comme on le dira plus bas, d'après les observations de M. *Margraf*.

Quoique l'étain soit un des métaux les plus faciles à calciner par l'action du feu, il est cependant bien moins susceptible de se rouiller par l'action combinée de l'air & de l'eau, que le fer & le cuivre : sa surface, lorsqu'elle est nette & brillante, perd à la vérité son éclat, & se ternit très promptement, lorsqu'elle est exposée à l'air ; mais l'espece de rouille légere qui s'y forme alors, reste mince & superficielle, & ne fait pas les mêmes progrès que celles du fer & du cuivre ; de là vient qu'on se sert, avec beaucoup d'avantage de l'étain, pour recouvrir la surface d'une infinité d'ustensiles fabriqués avec ces métaux, ce qui s'appelle les *étamer* : voyez ÉTAMAGE.

Il n'y a aucune espece d'acides qui ne soit en état de dissoudre ou d'attaquer l'étain.

L'acide vitriolique demande à être aidé d'un certain degré de chaleur pour dissoudre efficacement l'étain. J'ai observé, en faisant cette dissolution, qu'il s'en éleve des vapeurs sulfureuses ; & même j'en ai séparé des parties noirâtres qui, examinées plus particuliérement, se sont trouvées être du soufre brûlant : la production ou l'extraction de ce *soufre* mérite une attention particuliere.

L'acide nitreux attaque l'étain avec une très grande violence, sur-tout quand il le trouve bien divisé ; mais, lorsque cet acide est bien pur, il corrode & calcine plutôt l'étain, qu'il ne le dissout réellement. Comme le phlogistique de ce métal est très développé, l'acide nitreux l'attaque singuliérement par cette partie inflammable ; il s'en empare, l'enleve à l'étain, & le réduit en une terre ou chaux blanche qu'il ne peut dissoudre, & qui se dépose au fond de l'acide. Cette chaux d'étain, faite par l'acide nitreux, paroît aussi exactement dépouillée de phlogistique, que celle qui auroit été exposée, pendant très long-tems, à l'action du feu : j'ai essayé inutilement de la réduire en étain : elle fait un très bon effet dans l'émail blanc.

L'acide du sel commun dissout parfaitement bien l'étain avec l'aide de la chaleur. J'ai observé qu'en mettant une bonne quantité d'étain fin grenaillé dans un matras, l'esprit de sel fumant & coloré, que je versois dessus, perdoit en un instant ses vapeurs & sa couleur ; il attaquoit l'étain avec une effervescence sensible, mais modérée, & s'en chargeoit jusqu'au point de saturation. Cet acide dissout par ce moyen plus de moitié de son poids d'étain : les vapeurs qui s'élevent pendant la dissolution ont une odeur désagréable, tirant sur celle de l'arsenic : la dissolution, quoique saturée, est blanche & limpide, comme de l'eau très pure. En ayant conservé dans un flacon, j'ai remarqué qu'elle s'est mise, presque toute, en crystaux perdant l'hiver, & que ces cryſtaux redevenoient fluides pendant l'été : au bout de quelques années, il s'étoit formé un dépôt blanc dans cette même diſſolution. On en peut tirer, par les moyens ordinaires, de très beaux cryſtaux d'un *ſel d'étain* qui eſt utile dans le travail des toiles peintes, ſuivant la remarque de M. *Baumé*.

L'étain a une plus grande affinité avec l'acide du ſel commun que pluſieurs autres ſubſtances métalliques qui ont cependant beaucoup d'affinité avec cet acide ; car, ſi on le traite avec le ſublimé corroſif, avec la lune cornée ou avec le beurre d'antimoine, il s'empare de l'acide marin de ces ſels métalliques, & les en ſépare : étant mêlé ſinguliérement avec le ſublimé corroſif, il le décompoſe, même ſans le ſecours de la chaleur, & ce mêlange s'humecte à l'air : ſi on le ſoumet promptement à la diſtillation, il en ſort un eſprit de ſel très fumant, connu ſous le nom de *liqueur fumante de* Libavius.

Cet acide tient beaucoup d'étain en diſſolution, qu'il enleve par conſéquent avec lui, comme il le fait à l'égard des autres matieres métalliques ; il ſe ſublime auſſi dans cette diſtillation une matiere concrete, ſalino-métallique qu'on peut nommer *beurre d'étain*, quoique quelques Chymiſtes donnent auſſi ce nom à la liqueur fumante.

On voit, par le détail de la maniere dont les acides nitreux & marin agiſſent ſur l'étain, que le premier de ces acides lui enleve tout ſon principe inflammable, & qu'il n'a plus d'action ſur ſa terre qui en eſt dépouillée : mais il en eſt tout autrement à l'égard du ſecond ; auſſi, quand ces deux acides ſont unis enſemble, & réduits en eau régale, ils forment un diſſolvant de l'étain qui agit très efficacement, à cauſe de l'activité de l'acide nitreux ; mais qui cependant ne détruit point ce métal, autant que le fait l'acide nitreux ſeul, parceque l'action qu'a cet acide ſur l'étain, eſt modérée par la préſence de l'acide marin : il ſuit de là que plus l'eau régale contient d'acide nitreux, & plus les phénomenes qu'elle préſente dans la diſſolution de l'étain, ſe rapprochent de ceux que préſente cet acide pur, & réciproquement à l'égard de l'acide marin.

Si l'on veut faire une bonne dissolution d'étain dans l'eau régale, il faut avoir attention de ne mettre à la fois qu'une petite quantité de ce métal dans le dissolvant, & laisser faire la dissolution en entier, avant d'en ajouter de nouveau; parceque, lorsqu'on met beaucoup d'étain à la fois, la dissolution dont la chaleur & l'activité vont toujours en augmentant, se fait à la fin avec une telle violence, que la plus grande partie de l'étain se trouve calcinée & précipitée presque comme si l'on eût employé de l'acide nitreux pur: mais lorsqu'on attend, pour ajouter de nouvel étain, que la dissolution des premieres portions soit entiérement faite, & que la chaleur qu'elle occasionne soit diminuée, alors on peut en ajouter une nouvelle quantité, qu'on laissera dissoudre de la même maniere. En ajoutant ainsi successivement l'étain par parties, on peut parvenir à charger l'eau régale d'une telle quantité de ce métal, qu'elle soit épaisse & visqueuse, comme une résine liquide & transparente: cette dissolution, ainsi chargée, a une couleur jaune rousâtre.

Il est à remarquer que, dans une pareille dissolution, il y a une quantité considérable d'étain, sur lequel l'acide nitreux de l'eau régale n'a pas épuisé toute son action, quoiqu'il en paroisse en quelque sorte *supersatué*; car j'ai observé que, si on fait chauffer cette liqueur, il s'y excite un mouvement de réaction, & une effervescence absolument semblables à celles qui accompagnent les dissolutions des matieres métalliques par les acides: cette effervescence dure jusqu'à ce que les parties d'étain, qui n'étoient qu'à demi-dissoutes, aient été en quelque sorte redissoutes une seconde fois, après quoi la dissolution a perdu toute sa couleur. Quelques fois cette dissolution se fige absolument en se refroidissant, & prend toute l'apparence d'une gelée très ferme & transparente, presque comme un crystal.

Toutes ces dissolutions d'étain sont acides & corrosives; elles se décomposent lorsqu'on les étend dans une grande quantité d'eau, & l'étain s'en sépare en grande quantité, sous la forme d'une chaux blanche.

Lorsqu'on les mêle avec une dissolution d'or bien chargée, & qu'on noie ce mélange dans une grande quantité d'eau, il ſe forme un précipité couleur de pourpre, qu'on nomme le *pourpre de Caſſius*. Ce pourpre ſert dans la peinture en émail & ſur la porcelaine.

La diſſolution d'étain dans l'eau régale, mêlée dans la teinture de cochenille, dans celle de la gomme lacque, & dans quelques autres teintures rouges, en exalte la couleur à tel point, que ces teintures qui font naturellement le cramoiſi ou le pourpre, deviennent d'un rouge jaune, ardent, & forment l'écarlatte, ou le couleur de feu le plus vif. Les Teinturiers ont donné le nom de *compoſition* à cette diſſolution d'étain, dont ils ſe ſervent pour faire l'écarlate; mais il eſt à remarquer que cette couleur ne réuſſit que ſur la laine, & ſur les autres matieres animales. Juſqu'à préſent c'eſt inutilement qu'on a tenté de la faire prendre au fil, au coton, & même à la ſoie, quoique cette derniere ſubſtance ſe rapproche beaucoup davantage du caractere des matieres animales. J'expoſerai à l'article teinture, le moyen que j'ai trouvé de faire prendre à la ſoie une eſpece d'écarlate de cochenille exaltée par la diſſolution d'étain.

J'ai obſervé de plus, que plus l'eau régale qui tient l'étain en diſſolution contient d'acide nitreux, & plus le rouge qu'elle fait prendre à la cochenille eſt jaune & vif; enſorte que les diſſolutions d'étain, faites par l'acide marin ſeul, ou par l'acide vitriolique, ne font avec ces rouges que du cramoiſi, comme le fait l'alun: *voyez* TEINTURE.

Les acides végétaux, comme le vinaigre & la crême de tartre, diſſolvent auſſi l'étain; mais on n'a pas encore bien examiné les propriétés de ces diſſolutions.

L'étain, ſuivant la *Table des rapports de M. Geofroi*, a plus d'affinité avec l'acide du ſel commun, que le régule d'antimoine, le cuivre, l'argent & le mercure, parceque les combinaiſons de cet acide avec ces métaux ſont décompoſées par celui-ci, qui les ſépare d'avec cet acide auprès duquel il prend leur place.

Le ſoufre s'unit avec l'étain par la fuſion, & il en réſulte une maſſe caſſante, de fuſion beaucoup plus difficile que l'étain pur; il en eſt à cet égard de l'étain comme du plomb. L'alliage du soufre rend de plus difficile fusion ces métaux naturellement très fusibles, tandis qu'il fait fondre avec la plus grande facilité les métaux les plus difficiles à fondre, tels que le fer & le cuivre

L'étain s'allie avec tous les métaux par la fusion, & dans toutes proportions; mais il leur fait perdre leur ductilité totalement ou en parties, suivant les proportions; & ce qu'il y a de plus remarquable à ce sujet, c'est que les métaux les plus ductiles, tels que l'or & l'argent, sont ceux dont l'étain détruit le plus facilement la ductilité : un seul grain d'étain, la seule vapeur même de ce métal est capable d'aigrir & de rendre cassante une quantité d'or considérable. Le cuivre est de tous les métaux, celui dont la ductilité est le moins altérée par l'alliage de l'étain, cependant elle l'est considérablement; & ce qu'il y a de singulier dans cet alliage, c'est que l'étain, quoique très mou, & nullement sonnant, augmente beaucoup la roideur, la dureté du son & le cuivre, comme on le voit par l'exemple de l'*airain*.

L'alliage ou l'amalgame de l'étain avec le mercure, sert à enduire une des surfaces des glaces, ce qui les rend propres à bien réfléchir les rayons de la lumiere, & à former des miroirs : cet enduit d'étain & de mercure qu'on applique sur les glaces, s'appelle l'*étamage* ou le *tain des glaces*.

L'étain allié avec le plomb, à-peu-près à parties égales, forme la *soudure* dont se servent les Plombiers : c'est de tous les alliages d'étain celui dans lequel la ductilité est le moins altérée.

La *Table des affinités de M. Gellert* donne pour celles de l'étain, le fer, le cuivre, l'argent & l'or : *voyez* pour les alliages de l'étain, *les mots* ALLIAGE, AMALGAME & AIRAIN.

L'étain est fort peu usité en Médecine, & c'est avec raison; car il paroît par une Dissertation fort détaillée de M. *Margraf* sur ce métal, qu'il y a très peu d'étain qui ne contienne une quantité plus ou moins grande de matiere arsenicale, ce qui lui vient sans doute de ses mines, qui contiennent toutes de l'arsenic : *voyez*

MINES, & TRAVAUX DES MINES. C'est sur-tout par la voie humide & par la dissolution dans les acides, que M. *Margraf* a découvert la partie arsenicale de l'étain, quoiqu'il en ait retiré aussi par la voie seche. On se sert cependant de la chaux blanche de ce métal pour la composition de l'*antihectique*, de la *poterie*, & du *lilium de Paracelse;* mais cette chaux est indissoluble & sans vertu : d'ailleurs il paroît qu'elle ne fournit rien dans le lilium.

En récompense l'étain est d'un très grand usage dans beaucoup d'Arts, comme on en peut juger par ce qui a été dit des différentes préparations de ce métal.

ETAMAGE DU CUIVRE ET DU FER. L'étamage est une opération par laquelle on applique & on fait adhérer une couche d'étain fort mince à la surface de plusieurs métaux, & particuliérement du cuivre & du fer. Les pratiques pour l'étamage de ces deux métaux sont différentes. Le cuivre s'étame lorsqu'il est tout fabriqué en ustensiles, & par les Chaudronniers qui fabriquent ces ustensiles de cuivre. A l'égard du fer, on l'étame en feuilles ou plaques minces qu'on nomme de *la tôle* ou du *fer noir*, & il prend le nom de *fer blanc* lorsqu'il est étamé. Ce travail se fait dans les Manufactures particulieres, en France, en Allemagne, & dans quelques autres endroits. Les Ouvriers qu'on nomme à Paris *Ferblantiers*, ne font donc que fabriquer différens ustensiles avec ces lames de fer étamé, ou fer-blanc, qui leur viennent de ces Manufactures.

Les procédés & les différentes manœuvres pour l'étamage du fer & du cuivre sont fondés, premiérement, sur la facilité qu'a l'étain de s'unir avec ces métaux; elle est telle que, quoique lorsqu'on étame, il n'y ait que l'étain qui soit fondu, le cuivre & le fer ne l'étant pas, il s'incorpore assez considérablement avec ces métaux, dissout en quelque sorte leur surface, & forme avec elle une espece d'alliage, du moins quand l'étamage est bon & bien fait.

En second lieu, toutes les manœuvres auxquelles on a recours pour faire réussir l'étamage, sont fondées sur ce que les métaux ne peuvent s'unir véritablement qu'entre eux lorsqu'ils sont dans l'état métallique, &

qu'ils refusent de s'unir avec toute matiere terreuse, même avec leurs propres terres ou chaux, lorsqu'elles ont perdu leur phlogistique avec leurs propriétés métalliques.

Il suit de là, que tout l'art de l'étamage consiste à appliquer de l'étain fondu, mais dont la surface soit bien nette, bien métallique, & ne soit recouverte d'aucune parcelle de cendre ou de chaux d'étain, à la surface du cuivre ou du fer aussi parfaitement nette, parfaitement métallique, & sur laquelle il n'y ait pas la moindre chaux ni rouille.

Pour cela, comme la surface du cuivre s'altere continuellement par la seule action de l'air, immédiatement avant de l'étamer, les Chaudronniers enlevent par le moyen d'un outil ou racloir d'acier, toute la superficie de cuivre qu'ils vont étamer, & la raclent jusqu'au vif; ils placent ensuite le vaisseau de cuivre qui va recevoir l'étamage sur du charbon allumé, pour le chauffer jusqu'à un certain point; aussi-tôt qu'il est chaud, ils frottent l'endroit chauffé avec de la poix résine, & tout de suite ils y appliquent l'étain fondu, qu'ils étendent par le moyen d'une poignée d'étoupes: ce n'est pas ordinairement de l'étain pur, mais un mélange de deux parties d'étain sur une partie de plomb, dont les Chaudronniers se servent pour leur étamage.

La poix résine dont on se sert dans cette opération est absolument nécessaire, parceque le degré de chaleur qu'on donne au cuivre suffit pour calciner un peu sa surface; & cette altération, quelque légere qu'elle soit, seroit capable d'empêcher l'étain de s'y unir solidement, si par le moyen de la poix résine, on ne lui rendoit du phlogistique dans le moment même où l'étain s'y applique. Cette même poix résine empêche aussi la légere calcination qui se feroit à la surface de l'étain, ou revivifie les petites parties de cendre d'étain qui auroient pu se former pendant cette opération.

A l'égard de l'étamage du fer, on commence d'abord par nétoyer parfaitement, & jusqu'aux vif, les lames de fer noir, ce qui se fait en les écurant avec du grais, & en les faisant tremper dans des eaux aciſules, cela s'appelle *décapper* le fer noir ; on les eſſuie après cela, on les ſeche promptement & parfaitement, puis on les plonge verticalement dans un vaſe qui contient de l'étain fondu, dont la ſurface eſt recouverte de graiſſe ou de poix réſine. Ces corps gras couvrant la ſurface de l'étain, & lui fourniſſant continuellement du phlogiſtique, empêchent d'une part qu'il ne s'y forme de la chaux qui s'oppoſeroit à l'adhérence de l'étain ſur le fer ; & d'une autre part, comme le fer paſſe au travers de cette matiere inflammable, lorſqu'on le plonge dans l'étain, elle ne peut que rendre auſſi la ſurface de ce même fer plus propre à recevoir l'étain. Les lames ou plaques de fer noir n'ont beſoin que de paſſer ainſi dans de l'étain fondu pour être bien étamées, & transformées en fer blanc.

On emploie auſſi avec ſuccès le ſel ammoniac dans l'étamage du fer & du cuivre, & toujours par la même raiſon : d'une part, l'acide de ce ſel nétoie & décappe parfaitement la ſurface des métaux à étamer, & de l'autre part, la matiere huileuſe, contenue dans ce même ſel, fournit le phlogiſtique néceſſaire dans cette opération, & les frottant avec du ſel ammoniac, on peut y appliquer l'étain immédiatement après, il s'y attache très bien. Il eſt très poſſible d'étamer auſſi des uſtenſiles de fer tout fabriqués, tels que la batterie de cuiſine, des armes & autres. Cette ſorte de fer étamé eſt même préſentement aſſez en uſage.

Les avantages qu'on retire de l'étamage ſont très conſidérables : l'étain, métal mou & fuſible, ne peut former ſeul que des vaiſſeaux & uſtenſiles d'un très mauvais ſervice, très ſujets à ſe déformer par le moindre choc, & ſe fondant au plus léger degré de chaleur ; mais lorſqu'il eſt appliqué à la ſurface du cuivre & du fer, métaux durs, & de très difficile fuſion, on en fabrique une infinité d'uſtenſiles, d'autant plus commodes, que l'étain dont ils ſont recouverts garantit ces métaux de la rouille, à laquelle ils ſont extrêmement ſujets. Il eſt vrai qu'on reproche avec aſſez de fondement aux vaiſſeaux de cuivre étamés de n'être pas aſſez bien recouverts d'étain pour être abſolument exempts de contracter du verd-de-gris. Ce reproche aſſez bien fondé est grave, sur-tout pour les vaisseaux de cuivre étamé dans lesquels on prépare & on conserve les alimens. Il seroit donc à propos de ne pas employer le cuivre, même étamé, à ces sortes d'usages, d'autant plus que l'étain lui-même n'est pas exempt de reproche du côté de la salubrité, puisque M. *Murgraf* a découvert qu'il n'y en a presque point qui ne contienne de l'arsenic, & que d'ailleurs, dans l'étamage du cuivre, on emploie aussi du plomb, autre métal très malfaisant; mais cela n'empêche point qu'on ne se serve du cuivre étamé pour une infinité d'autres usages. On peut d'ailleurs perfectionner beaucoup l'étamage du cuivre & du fer, & l'on y parviendra certainement si l'on veut avoir les attentions convenables, & sur-tout faire attention aux principes fondamentaux de cet art, qu'on a exposés dans cet article.

ETAMAGE DES GLACES. L'étamage des glaces consiste à appliquer une amalgame d'étain & de mercure sur une de leurs surfaces, ce qui les rend infiniment plus propres à réfléchir les rayons de la lumiere, & par conséquent à représenter d'une maniere très vive & très nette, les images des objets.

Cette propriété de l'étamage des glaces est fondée sur ce que les substances métalliques, étant les corps les plus opaques de la nature, laissent passer à travers leur substance infiniment moins de rayons de lumiere, & par conséquent, en réfléchissent beaucoup davantage que toute autre matiere.

La méthode d'étamer les glaces, ce qui s'appelle les *mett e au tain*, consiste à les glisser horisontalement sur des feuilles d'étain recouvertes d'une plus grande quantité de mercure qu'il n'en faut pour former une amalgame solide. Les tables sur lesquelles ont fait cette opération, sont disposées de maniere qu'on puisse y retenir le mercure surabondant, tant qu'elles sont bien de niveau, & que ce même mercure puisse s'écouler peu-à-peu à mesure qu'on donne de l'inclinaison à la table. On laisse séjourner les glaces sur l'amalgame pendant un certain tems; en les chargeant même de quelques poids, après quoi, on fait écouler lentement le mercure surabondant, en augmentant peu-à-peu

l'inclinaison,

l'inclinaison, & enfin on parvient à poser la glace verticalement, & on la laisse s'égoutter entiérement dans cette derniere situation. Par cette manœuvre, il ne reste de mercure que la portion qui s'est véritablement amalgamée avec la couche d'étain. Comme cette amalgame a un contact parfait avec la surface de la glace, attendu que cette surface est très polie; cet enduit métallique y adhere à raison de ce contact exact, & la partie amalgamée du mercure ne s'écoule point, parcequ'elle est retenue par l'adhérence qu'elle a contractée avec l'étain.

La réussite de cette opération dépend beaucoup de la netteté de la surface de la glace; car il est certain que la moindre ordure, les parcelles de poussiere interposées entre l'amalgame & la surface de la glace, empêcheroient absolument l'adhérence de contact entre ces deux corps.

Comme les matieres vitrifiées, telles que sont les glaces, ne peuvent point s'unir intimement avec les substances métalliques, il s'en faut beaucoup que l'adhérence de l'étamage des glaces, soit aussi forte que celle de l'adhérence de métaux sur métaux, telle qu'elle se trouve dans l'étamage du cuivre & du fer: dans ce dernier, il y a dissolution, pénétration, union intime de l'étain avec la surface du métal étamé; dans celui des glaces, au contraire, il n'y a que l'adhérence de simple contact, ou de juxtaposition exacte qui peut avoir lieu entre les corps quelconques, quoique de nature hétérogene, par l'application immédiate & juste de leurs surfaces polies. Aussi le tain des glaces est il fort sujet à s'enlever; il faut, si l'on veut le conserver, qu'il soit à l'abri de l'humidité, & des frottemens mêmes les plus légers. C'est par cette raison, qu'il est très essentiel, lorsqu'on met les glaces au tain, de ne faire écouler le mercure surabondant que fort doucement & fort lentement, autrement cette matiere séroit capable d'entraîner avec elle presque tout l'étamage par son seul poids.

ETHER. L'éther est une liqueur blanche, diaphane, d'une odeur particuliere, très pénétrante. L'éther est très volatil; exposé au feu dans les vaisseaux à distiller, il passe en entier dans la distillation, sans laisser aucun résidu, & sans éprouver aucune décomposition ni alteration sensible. Cette liqueur est plus volatile & plus inflammable, que l'esprit de vin rectifié : sa flamme ressemble assez à celle de l'esprit de vin ; mais elle est sensiblement plus grande, plus blanche, & plus lumineuse ; elle est d'ailleurs accompagnée d'une légere fuliginosité que n'a point celle de l'esprit de vin. L'éther ne se mêle point avec l'eau dans toutes proportions comme l'esprit de vin, mais seulement en petite quantité, puisqu'il faut environ dix parties d'eau pour dissoudre une partie d'éther ; cette liqueur a d'ailleurs une action marquée sur tous les corps gras & de nature huileuse.

Il paroît, par ces propriétés essentielles de l'éther, que c'est une substance qui tient exactement le milieu, entre l'esprit ardent & l'huile.

L'éther n'est bien connu que depuis ces derniers tems ; on trouve, à la vérité, des passages dans plusieurs anciens livres de Chymie, dont on peut inférer que cette substance n'étoit pas absolument inconnue à leurs Auteurs ; mais ils n'en ont pas parlé clairement, & ne sont point entrés dans des détails suffisans, ni sur les propriétés de l'éther, ni sur la maniere de le faire ; c'est ce qui est cause qu'on n'y faisoit aucune attention. C'est un Chymiste Allemand, nommé *Frobénius*, nom qu'on croit néanmoins supposé, qui, ayant publié dans les Transactions philosophiques, année 1730, les expériences qu'il avoit faites sur cette liqueur singuliere, à laquelle il a donné le premier le nom d'éther, a excité la curiosité des Chymistes. Depuis ce tems un fort grand nombre de Chymistes ont travaillé sur cette matiere : on est parvenu à faire de l'éther, d'abord difficilement, & en petite quantité, & ensuite facilement & abondamment, surtout depuis que M. *Hellot* a communiqué à plusieurs Artistes un procédé qu'il tenoit lui-même d'un Artiste étranger. Ce procédé a été imprimé dans l'Encyclopédie, avec l'agrément de M. *Hellot*.

Celui de tous les Chymistes, qui, depuis ce tems, a le plus travaillé sur l'éther, est M. *Baumé* ; il a publié les détails de toutes ses expériences & de toutes ses recherches, non-seulement sur l'éther proprement dit, mais sur tous les produits qu'on peut obtenir par la distillation du mélange de l'esprit de vin avec l'acide vitriolique; ce qui forme la Dissertation la plus étendue qu'on ait eue jusqu'à présent sur cette matiere.

L'acide vitriolique n'est pas le seul dont le mélange avec l'esprit de vin produise de l'éther; on a découvert successivement que l'acide nitreux, l'acide marin, & l'acide du vinaigre étoient capables de former aussi, avec l'esprit de vin, des liqueurs qui ont les propriétés essentielles de l'éther, quoiqu'elles different de l'éther proprement dit, ou de l'éther vitriolique, par quelques propriétés qui sont particulieres à chacune d'elles. On va parler successivement de ces différens éthers, en commençant par le vitriolique, qu'on a coutume de nommer simplement éther, parcequ'il est le principal & le plus anciennement connu; voici donc le meilleur procédé, publié jusqu'à présent pour faire cet éther.

Mettez dans une cornue de verre deux livres d'esprit de vin, parfaitement rectifié; versez pardessus, tout à la fois, deux livres d'acide vitriolique bien concentré; cet acide infiniment plus pesant que l'esprit de vin, va d'abord au fond sans se mêler: remuez la cornue doucement, & à plusieurs reprises, afin de mêler peu-à-peu les deux liqueurs; ce mélange bouillonnera, & s'échauffera considérablement; il en sortira des vapeurs accompagnées d'un sifflement assez fort, & d'une odeur suave très pénétrante; le mélange prendra une couleur jaune, rougeâtre. Placez la cornue sur un bain de sable, échauffé à-peu-près au même degré qu'elle; lutez-y un ballon percé d'un petit trou sur le côté, & distillez ce mélange par un feu de charbon assez fort pour faire bouillir promptement la liqueur, & pour l'entretenir toujours bouillante. Il passera d'abord dans le ballon un esprit de vin très suave, après lequel viendra l'éther, qu'on reconnoît à des especes de stries, qui se forment à la voûte de la cornue; continuez la distillation au même degré de feu, en débouchant de tems en tems le petit trou du ballon, jusqu'à ce qu'en portant le nez à ce petit trou, vous sentiez une odeur suffoquante d'acide sulfureux volatil ; délutez alors le ballon, & versez promptement la liqueur qu'il contient dans un flacon de crystal, que vous boucherez bien ; il y en aura à peu-près dix-huit onces : c'est un mélange d'une portion d'esprit de vin très déphlegmé, & d'une odeur suave & pénétrante qui a passé d'abord, de l'éther qui s'est formé pendant la distillation, d'un peu d'huile, & d'un peu d'acide sulfureux, qui passent assez souvent avec les dernieres portions d'éther, surtout si l'on a un peu trop prolongé la distillation. Pour séparer l'éther d'avec ces autres substances, mettez le tout dans une cornue de verre, avec ce qu'il faut d'alkali fixe en liqueur, pour absorber & retenir l'acide sulfureux, & distillez très lentement, au bain de sable, à un feu de lampe très doux, jusqu'à ce que vous ayez fait passer à-peu-près la moitié de la liqueur ; ce qui aura monté dans cette distillation, qu'on nomme aussi *rectification*, c'est l'éther. Ce qui reste dans la cornue après la distillation des premiers produits dans lesquels est mêlé l'éther, est un composé de la plus grande partie de l'acide vitriolique & des débris de la décomposition de l'esprit de vin. On peut en séparer presque tout l'acide vitriolique, le concentrer & le rendre propre à produire de nouvel éther par un procédé tout semblable au premier.

Mais sans se donner toute cette peine, il suffit de reverser de nouvel esprit de vin sur ce résidu, tel qu'il est, & de procéder à la distillation : on obtient facilement une nouvelle quantité d'éther, & après celui-ci, en ajoutant encore de l'esprit de vin & distillant, on retire encore facilement & abondamment de nouvel éther. Enfin ces nouvelles additions d'esprit de vin sur le résidu, peuvent se réitérer un très grand nombre de fois, en diminuant cependant à chaque fois la quantité d'esprit de vin, parcequ'elles fournissent toujours une nouvelle quantité d'éther. C'est ce qu'a prouvé M. *Cadet* dans un Mémoire lu, sur cet objet, à l'Académie en 1774. C'est là certainement une très bonne pratique, en ce qu'elle augmente presque sans frais le produit de l'éther, & quelle tend par conséquent à faire diminuer le prix de cette liqueur.

Avant que M. le Comte *de Lauraguais* eût fait connoître aux Chymistes, que l'éther est miscible avec l'eau dans certaines proportions, on étoit dans l'usage de mettre l'éther après cette distillation, dans une fiole avec de l'eau distillée, d'agiter ces deux liqueurs; on voyoit l'éther se séparer, & monter rapidement à la surface, on l'obtenoit ainsi, nageant sur l'eau, dont on pouvoit ensuite le séparer par l'entonnoir, comme une huile. Mais c'est là une manœuvre qui a quelques inconvéniens, car l'eau avec laquelle on mêle ainsi l'éther, en dissout tout ce qu'elle en peut dissoudre: c'est-à dire, jusqu'à saturation, ce qui va à-peu-près à la dixieme partie du poids de l'eau, & que cette portion d'éther, d'autant plus grande qu'on a mis plus d'eau, est en pure perte. En second lieu, par la même raison que l'eau dissout une certaine quantité d'éther, l'éther se charge aussi d'une certaine quantité d'eau; ce qui le rend foible & aqueux, en comparaison de celui qui n'a point été mêlé avec l'eau: aussi M. *Baumé* avoit-il fait observer dans sa dissertation sur l'éther, que ce dernier a des propriétés différentes, attendu qu'il est plus pur & plus fort; & de cette observation il s'ensuivoit assez naturellement que l'éther n'étoit point totalement immiscible avec l'eau. On peut cependant donner à l'éther même, après qu'il a été mêlé à de l'eau, le plus grand degré de force & de pureté, il suffit pour cela de le rectifier à une chaleur très douce, & de mettre à part les premieres portions qui passent dans la distillation.

La production de l'éther est un des phénomenes des plus beaux & des plus instructifs de la Chymie. Toutes les propriétés de l'esprit de vin indiquent que cette substance, en même-tems très inflammable, & miscible avec l'eau dans toutes proportions, differe d'une huile quelconque, proprement dite, par une quantité d'eau beaucoup plus considérable qui entre dans sa composition, comme principe, ou partie constituante & essentielle. Cela posé, si l'on parvient à enlever à l'esprit de vin la quantité de principes aqueux, par laquelle il differe des huiles ; il doit prendre les caracteres de l'huile, & se rapprocher d'autant plus de la nature huileuse, qu'il aura été dépouillé d'une plus grande quantité de l'eau principe qui le constitue esprit de vin, & qui le fait différer d'une huile. Or, c'est précisément ce qui arrive dans la production de l'éther & dans l'analyse de ce qui reste du mélange après qu'il est formé.

L'acide vitriolique concentré, qu'on mêle & qu'on distille avec l'esprit de vin, a, comme on le sait, la plus grande activité pour se saisir de l'eau par-tout où il la trouve ; il commence par s'emparer de toute l'eau que l'esprit de vin peut contenir par surabondance. Son action néanmoins se borneroit là, & il ne toucheroit point à l'eau principe de l'esprit de vin, si on ne soumettoit le mélange à la distillation ; car il paroît constaté qu'on ne peut point retirer d'éther de ce mélange, sans le secours de la distillation. Mais lorsqu'on vient à le distiller, l'acide vitriolique acquiert un degré de chaleur & de concentration, qui ne font qu'augmenter la tendance qu'il a à se combiner avec l'eau, il devient donc alors capable de s'emparer de l'eau même principe de l'esprit de vin ; mais comme cela se fait par degrés, à mesure que la distillation avance, ce qui monte de l'esprit de vin pendant toute cette distillation, doit porter une empreinte graduée des altérations successives, & de plus en plus fortes, que l'esprit de vin éprouve par l'action de l'acide vitriolique.

C'est aussi ce qui arrive très exactement, & d'une maniere marquée : la premiere liqueur qui monte dans cette distillation, est une portion d'esprit de vin, à la vérité très pénétrant, très volatil, & très déphlegmé, mais qui cependant n'a rien perdu de son eau principe, & qui a toutes les propriétés essentielles d'esprit de vin.

La liqueur qui monte ensuite, est de l'esprit de vin, auquel l'acide vitriolique a déja enlevé une partie de son eau principe : c'est par conséquent un esprit de vin altéré dans son essence, & qui se rapproche de la nature huileuse, à proportion de la quantité du principe aqueux qu'il a perdu. C'est l'éther, qui differe de l'esprit de vin, en ce qu'il n'est plus miscible avec l'eau en toutes proportions, & que sa flamme, plus blanche & plus brillante, est accompagnée d'un peu de fumée fuligineuse.

Ces propriétés, par lesquelles l'éther differe de l'esprit de vin, caractérisent si bien sa nature huileuse, que la plupart des Chymistes regardent cette liqueur comme une espece d'huile très volatile. Il paroît cependant qu'il est plus exact de regarder l'éther comme tenant en même tems de la nature de l'esprit de vin & de la nature de l'huile, & par conséquent, comme un être moyen entre ces deux substances. C'est principalement la dissolubilité notable de l'éther par l'eau, qui doit le faire envisager sous ce point de vue : car quelle est l'huile, proprement dite, que l'eau puisse dissoudre comme elle dissout l'éther ?

Si l'on continue la distillation du mélange après que l'éther est monté, l'acide vitriolique, continuant aussi à agir toujours de la même maniere sur l'esprit de vin déja altéré, avec lequel il reste mêlé, lui enleve enfin toute la quantité de principe aqueux par laquelle il differe d'une véritable huile ; d'où il suit qu'alors l'esprit de vin doit être converti en huile : aussi voit-on monter, après l'éther, une huile bien décidée, à laquelle il ne manque aucune des propriétés essentielles des huiles proprement dites ; elle n'est point miscible avec l'eau : elle brûle avec fumée fuligineuse ; elle laisse un résidu charbonneux, &c. Cette huile artificielle, & créée en quelque sorte, dans cette opération, est connue sous le nom impropre d'*huile douce de vitriol*.

Il suit de tout cela, que si l'on prend de l'éther tout formé, qu'on le mêle, & qu'on le distille avec de l'acide vitriolique concentré, on doit le dénaturer & le transformer en huile douce de vitriol ; c'est aussi ce qu'a observé M. *Baumé*, qui a fait cette expérience, & qui en donne le détail dans sa Dissertation sur l'éther.

Dans le tems où la distillation du résidu de l'éther

eſt parvenue au point de produire de l'huile douce de vitriol, l'acide vitriolique agit auſſi d'une maniere ſenſible ſur le phlogiſtique de ce qui reſte de l'eſprit de vin, & s'unit à une partie de ce principe inflammable; de là vient qu'on voit paſſer en même-tems une grande quantité d'acide ſulfureux, très volatil & très ſuffoquant; mais comme l'acide vitriolique, qui le forme, eſt alors chargé de toute l'eau qu'il a enlevée à l'eſprit de vin, ce premier acide ſulfureux, quoique très vif & très pénétrant, eſt très aqueux, & a fort peu d'acidité.

Le reſte de cette diſtillation continuée à un feu gradué, juſqu'à ſiccité parfaite, ne fournit plus que de l'acide ſulfureux, qui devient de plus en plus fort en acidité, du ſoufre concret, qui ſe ſublime au col de la cornue ſur la fin de la diſtillation; & il reſte enfin un réſidu abſolument fixe & charbonneux, ce qui doit être; car ce ſont préciſément les mêmes produits qu'on obtient lorſqu'on diſtille juſqu'à ſiccité le mélange d'une *huile* quelconque avec l'acide vitriolique concentré.

Il réſulte de tout ce qui vient d'être dit ſur la nature & ſur les propriétés de l'éther, que cette ſubſtance n'eſt autre choſe que de l'eſprit de vin, dépouillé par l'acide vitriolique d'une partie de ſon eau principe, & rapproché par-là de la nature d'une huile. Quelques Chymiſtes ont cru qu'une partie de l'acide vitriolique entroit elle-même comme partie conſtituante dans la combinaiſon de l'éther. Cette opinion, quoiqu'elle ne ſoit pas démontrée, n'eſt cependant pas deſtituée de toute vraiſemblance, & mérite d'être examinée par des expériences; car il paroît d'une part, qu'il y a dans les huiles quelconques un acide plus abondant & plus marqué que dans l'eſprit de vin; & d'une autre part, les propriétés particulieres qu'ont les éthers formés par les acides nitreux, marin & acéteux, ſemblent indiquer que ces éthers ne doivent les propriétés qui les font différer de l'éther vitriolique, qu'à une portion des acides par leſquels ils ont été formés, comme on le verra à l'article de ces éthers. Ainſi il eſt très probable que l'éther contient moins d'eau principe & plus l'acide que l'esprit de vin, & qu'une portion de l'acide qu'on emploie, entre, comme la partie constituante, dans la combinaison de cette liqueur.

L'éther n'est point encore employé dans les Arts, quoiqu'il paroisse qu'on pourroit s'en servir utilement dans plusieurs cas, & sur-tout pour la dissolution de certaines matieres huileuses concretes dans les vernis ; mais sa chereté est un obstacle considérable à son introduction dans les Arts.

Comme l'éther est la plus volatile & la plus évaporable de toutes les liqueurs connues, & qu'en général les liqueurs produisent, en s'évaporant, un degré de froid proportionné à leur évaporabilité, ainsi que l'ont observé plusieurs Physiciens, il s'ensuit qu'on peut produire un très grand degré de froid artificiel par le moyen de l'éther, c'est aussi ce qui arrive. M. *Baumé* rapporte qu'il a fait descendre le thermometre de M. *de Réaumur* jusqu'à 40 degrés au dessous du terme de la glace, par le moyen de linges imbibés d'éther, dont il enveloppoit la fiole. L'éther est un grand & puissant dissolvant de toutes les matieres huileuses ; il dissout toutes celles auxquelles l'esprit de vin ne touche pas : telles que la copale, la résine élastique de Cayenne, &c. & sa grande volatilité lui permet de s'évaporer ensuite en entier, & de laisser les matieres huileuses auxquelles il étoit uni sans la moindre altération dans aucunes de leurs propriétés. Ces qualités le rendent une liqueur qui peut être employée avec le plus grand succès, dans l'analyse par les menstrues, dans l'art des vernis & autres. Ce n'a été qu'avec l'éther le plus rectifié, que j'ai pu parvenir à dissoudre la résine élastique de Cayenne, de maniere qu'elle peut ensuite reprendre toute sa sécheresse & toute son élasticité. (Mémoire de l'Académie, année 1768).

L'éther a, comme toutes les matieres huileuses très atténuées & très volatiles, la propriété d'enlever l'or de sa dissolution dans l'eau régale ; mais comme il est plus subtile qu'aucune autre de ces matieres, il produit aussi cet effet mieux que tout autre : il suffit de verser de l'éther sur une dissolution d'or par l'eau régale & de mêler les deux liqueurs par quelques secousses qu'on donne à la fiole qui les contient. Aussi-tôt que le mélange est en repos, on voit l'éther se débarrasser d'entre l'eau régale, & la surnager. Dès ce moment l'eau régale, dépouillée d'or, est devenue blanche, tandis que l'éther, de très blanc qu'il étoit, devient jaune, à cause de l'or dont il s'est chargé. C'est-là un moyen de faire très promptement une teinture d'or, ou un or potable; mais il est bon de savoir que l'or, quoique passé ainsi dans l'éther, est encore uni à une assez grande quantité de son premier dissolvant.

L'éther est usité en Médecine: en qualité de matiere inflammable fort atténuée & volatile; il a une action marquée sur le genre nerveux, comme toutes les matieres de ce genre. *Fréderic Hoffman*, est un des premiers Médecins, qui, sans pourtant connoître précisément l'éther, l'ait employé comme calmant & antispasmodique: la fameuse liqueur minérale anodine de ce Médecin, n'est que de l'esprit de vin qui tient en dissolution une certaine quantité d'éther & d'huile douce de vitriol; & c'est à l'éther qu'elle doit toute sa vertu.

Depuis que l'éther est plus commun & plus connu, bien des Médecins l'ordonnent seul, à la dose de sept ou huit gouttes sur un morceau de sucre qu'on fait manger, ou qu'on dissout dans quelque liqueur appropriée pour l'avaler; on le fait prendre dans des coliques venteuses, les hoquets opiniâtres, les affections hystériques convulsives, & autres maladies de cette espece. Il n'est pas douteux qu'il produit assez souvent de très bons effets: mais il en est de ce remede comme de tous les autres antispasmodiques; c'est-à-dire, que quelquefois il ne fait rien du tout.

Plusieurs personnes ont annoncé que l'éther appliqué extérieurement sur la nuque du cou, ou sur les tempes, dissipoit, comme par enchantement, les douleurs de tête & les migraines; je l'ai essayé sur moi-même dans plusieurs occasions, en petites & en grandes doses, pour ces sortes de maux, & il ne m'a jamais procuré le moindre soulagement. On n'en doit pas conclure qu'il ne puisse avoir plus d'effet sur d'autres tempéramens.

ETHER ACÉTEUX. Depuis la découverte de l'éther, dont on a parlé dans l'article précédent, les Chymistes ont tenté de séparer une pareille liqueur de l'esprit de vin par l'intermede de tous les autres acides, & on a trouvé effectivement les moyens de produire de l'éther, d'abord par l'acide nitreux, ensuite par l'acide du vinaigre, & enfin par l'acide marin : on va parler successivement de ces différens éthers.

C'est à M. le Comte *de Lauraguais* qu'on doit la découverte de la production de l'éther, qu'on obtient par l'intermede de l'acide du vinaigre, & qu'il a nommé, par cette raison, *éther acéteux*. Le procédé consiste à mêler ensemble, parties égales d'esprit de vin rectifié, & de l'acide concentré du vinaigre retiré par la distillation des crystaux de Vénus ; c'est l'acide qui est connu sous les noms d'*esprit de Vénus*, ou de *vinaigre radical*. On soumet ce mélange à la distillation comme pour l'éther, par l'intermede de l'acide vitriolique, & on en retire une assez grande quantité d'une liqueur qui a toutes les qualités essentielles de l'éther, dont on a parlé dans l'article précédent, mais qui a en même-tems de l'acidité & une odeur marquée de vinaigre radical. En mêlant cet éther avec de l'alkali fixe en liqueur, & le soumettant à une seconde distillation, ou rectification, au feu de lampe, on obtient l'éther acéteux dépouillé d'acide surabondant, & beaucoup plus semblable au véritable éther. Il conserve néanmoins toujours l'odeur, non de l'acide du vinaigre, mais de la partie inflammable de cet acide.

Il est à remarquer que, par ce procédé, on obtient une plus grande quantité d'éther, que par la distillation avec l'acide vitriolique ; ce qui indique que l'acide du vinaigre est essentiellement plus propre à produire l'éther que ne l'est l'acide vitriolique : ne seroit-ce point à de l'esprit ardent que plusieurs bons Chymistes soupçonnent être un des principes de l'acide du vinaigre, & qui est peut-être déja très voisin de l'état d'éther, qu'on doit attribuer cette différence ?

ETHER MARIN. La découverte du vrai procédé

pour faire de l'éther par l'intermede de l'acide marin, doit être regardée comme la plus récente qui ait été faite sur cette matiere : elle est due à M. le Marquis *de Courtenvaux*, qui a communiqué son procédé à l'Académie des Sciences.

La difficulté qu'a en général l'acide marin à se combiner intimement avec les matieres inflammables, a été ce qui a le plus retardé la découverte de l'éther marin ; car il est certain, qu'en prenant l'acide du sel commun pur, & en le traitant avec l'esprit de vin comme les autres acides, on n'obtient point d'éther, quelque fort & concentré que soit cet acide. Les plus habiles Artistes, & en particulier M. *Rouelle* & M. *Baumé*, avoient essayé sans succès de distiller l'acide marin le plus fumant, avec de l'esprit de vin. Il est vrai que M. *Baumé* avoit donné, dans sa Dissertation sur l'éther, un procédé par le moyen duquel il assure avoir obtenu un peu d'éther marin. Ce procédé consiste à faire rencontrer dans un même récipient les vapeurs de l'esprit de vin très rectifié, avec celles de l'acide marin le plus fumant. Mais la quantité d'éther obtenue par ce moyen, étoit très petite ; & d'ailleurs ce procédé est embarrassant, & même imparfait, ainsi que M. *Baumé* l'a annoncé lui-même ; il ne s'étoit déterminé à le publier dans cet état d'imperfection, que parcequ'on lui avoit nié la possibilité du fait. On peut voir ce qu'il dit à ce sujet dans sa Dissertation sur l'éther.

D'autres Chymistes, & particuliérement des Allemands, avoient essayé de se servir de l'acide marin uni à quelque substance métallique, tel qu'il l'est, par exemple, dans le beurre d'antimoine, & avoient observé des phénomenes singuliers dans ces mélanges. M. le Marquis *de Courtenvaux* a réussi parfaitement, en se servant de la liqueur fumante de *Libavius*, laquelle est un acide marin très concentré, retiré du sublimé corrosif par l'intermede de l'étain, & chargé lui-même d'une quantité d'étain assez considérable. Cette liqueur fumante, mêlée à parties égales, & distillée avec l'esprit de vin, produit donc facilement une bonne quantité d'une liqueur qui a toutes les propriétés essentielles de l'éther, & qu'on peut regarder, à juste titre, comme un véritable éther marin. L'étain de la liqueur de *Libavius* se sépare & se précipite dans cette opération, sous la forme d'une poudre blanche. Cet éther a besoin, comme tous les autres, d'être rectifié pour avoir son plus grand degré de pureté. On trouvera quelques réflexions sur sa nature à la fin de l'article suivant.

ETHER NITREUX. On obtient de l'éther par le mélange de l'acide nitreux avec de l'esprit de vin, mais avec des circonstances différentes de celles de la production de l'éther par l'intermede des autres acides, ainsi qu'on va le voir.

On trouve dans les écrits des anciens Chymistes des indices de l'éther nitreux, comme des autres; mais ces indices ne sont ni plus claires, ni plus précis. Le premier qui a fait connoître cette liqueur d'une maniere satisfaisante, & indiqué le vrai moyen de l'obtenir, est M. *Navier*, Médecin à Châlons-sur-Marne, & Correspondant de l'Académie des Sciences; il a communiqué son procédé à l'Académie en 1742 : ce procédé est fort simple, puisqu'il ne consiste qu'à mêler ensemble de l'esprit de vin & de l'esprit de nitre dans une bouteille qu'on bouche très exactement, & qu'on laisse en repos jusqu'à ce que l'éther se soit formé, & rassemble comme une huile à la surface de la liqueur. Cet éther peut se faire, comme on le voit, sans le secours de la distillation.

Depuis que M. *Navier* a publié sa découverte, plusieurs Chymistes se sont exercés à perfectionner le procédé. On en trouve un très bon dans l'Encyclopédie, qu'on attribue à M. *Rouelle*; & M. *Baumé* en a aussi publié un dans sa dissertation sur l'éther, qui est très exact, il est le résultat d'un grand nombre de tentatives & de recherches. Voici le procédé de M. *Baumé*.

Mettez six onces d'esprit de vin très rectifié dans une bouteille de gros verre de Seves, capable de contenir une livre d'eau; placez cette bouteille dans un seau d'eau bien fraîche, ou, pour le mieux, dans laquelle vous aurez mis trois ou quatre livres de glace en petits morceaux; versez sur l'esprit de vin, en quatre ou cinq reprises, quatre onces d'esprit de nitre fumant, & concentré au point qu'une fiole qui contient juste une once d'eau, contienne une once & demie de cet esprit de nitre. Observez en versant l'esprit de nitre, que l'esprit de vin sur lequel il tombera, soit dans un mouvement perpétuel de rotation: aussi-tôt que le mélange sera achevé, bouchez promptement la bouteille avec un bon bouchon de liege que vous taperez, & qui doit être recouvert & assujetti avec un morceau de peau en double & bien ficelé: laissez le tout en repos dans l'eau fraîche, qu'il faut renouveller de tems en tems.

Deux ou trois heures après, la liqueur perd un peu de sa transparence, par l'interposition d'une infinité de petites gouttes d'éther qui se dégagent indifféremment dans toutes les parties de cette liqueur; cet éther se rassemble peu-à-peu, & vient nager à la surface: au bout de vingt-quatre heures le mélange se sera éclairci, & l'on pourroit séparer ce qu'il y aura d'éther de formé; il s'en trouve alors environ deux onces: mais comme il s'en reproduit encore, il vaut mieux laisser le mélange sept à huit jours en repos avant de séparer l'éther; ce tems passé, il ne s'en forme plus. Percez alors le bouchon avec un poinçon de fer, il sortira avec sifflement une assez grande quantité d'air gaseux qui s'est dégagé pendant la production de l'éther, & qui se trouve comprimé dans la bouteille. Quand cet air sera sorti, débouchez entiérement la bouteille & versez promptement ce qu'elle contient dans un entonnoir de verre, afin de séparer aussi-tôt l'éther d'avec son résidu; il y en aura environ quatre onces, & le résidu pesera cinq onces & demie, ce qui fait une demi-once de perte pendant ces manipulations. Cet éther doit être mis dans un flacon de crystal bien bouché.

L'éther nitreux en cet état a une odeur approchante de celle de l'éther vitriolique, mais plus forte & moins agréable; il a une légere couleur citrine; & aussi-tôt qu'on vient à déboucher le flacon qui le contient, on le voit entrer dans une sorte de bouillonnement & d'effervescence; & lorsque le bouchon n'est que légérement engagé dans le goulot du flacon, on voit ce bouchon sautiller & retomber perpétuellement, par l'effet des vapeurs qui s'échappent de l'éther. Tous ces effets sont dus à une assez grande quantité d'air gaseux, qui se produit ou qui se dégage pendant l'opération, qui reste interposé entre les parties de l'éther; car quand tout ce gas a été une fois dégagé de l'éther nitreux, il ne présente plus ces phénomenes.

L'éther nitreux en cet état, ne peut pas être regardé comme absolument pur; il retient une forte impression de l'acide qui a servi à le produire; on l'en dépouille facilement, en le mêlant avec un peu d'alkali fixe, & le soumettant à la rectification au feu de lampe, il souffre dans cette rectification un déchet considérable, & d'à-peu-près moitié. Si après cela on observe ses propriétés, on trouve qu'il brûle avec une flamme un peu plus lumineuse que l'éther vitriolique; que cette flamme est accompagnée d'une quantité de suie plus sensible; qu'après sa combustion il laisse un vestige de résidu charbonneux; qu'enfin, si on le laisse s'évaporer de lui-même à la surface de l'eau à l'air libre, il laisse sur l'eau un peu d'huile, comme l'éther vitriolique, mais en quantité un peu plus grande. A ces différences près, qui indiquent un caractere plus huileux dans l'éther nitreux que dans le vitriolique, ces deux éthers se ressemblent en tout. Ce sont en effet des substances très analogues entre elles, de même que tous les autres éthers.

Une circonstance remarquable dans l'opération de l'éther nitreux, ce sont l'activité & la violence avec lesquelles l'acide nitreux agit sur l'esprit de vin; l'action de cet acide est infiniment supérieure à cet égard à celle de l'acide vitriolique; cela va au point, qu'il est impossible de mêler & de contenir parties égales d'esprit de vin & d'acide nitreux concentré, comme il a été dit dans le procédé; car malgré toutes les précautions qu'on peut prendre pour modérer & retarder la réaction de ces deux liqueurs, elles se mêlent avec tant de violence & de promptitude, quand on emploie ces doses, qu'en un instant tout s'échauffe presque jusqu'à l'inflammation, se réduit en vapeurs, & brise les vaisseaux avec une explosion épouvantable. On peut voir dans la *Dissertation de M. Baumé sur l'éther*, les tentatives qu'il a faites sur cet objet, & les phénomenes qui en ont résulté.

En second lieu, lorsqu'on mêle l'esprit de nitre & l'esprit de vin dans des proportions, & avec les précautions convenables, on obtient de l'éther sans le secours de la distillation, ce qui n'arrive avec aucun autre acide : ces effets particuliers à l'acide nitreux, ne viennent que de la grande action qu'a cet acide, non-seulement sur le principe aqueux, mais encore sur le principe inflammable de l'esprit de vin. Il y a donc tout lieu de croire que l'acide nitreux convertit l'esprit de vin en éther, non-seulement en s'emparant de son principe aqueux, mais encore en agissant d'une maniere particuliere sur son principe inflammable, avec lequel il se combine lui-même; ou peut-être auquel se joint son propre principe inflammable. Cela est si vrai, qu'on peut faire de l'éther nitreux avec de l'esprit de nitre non fumant, & en quelque sorte saturé d'eau : il ne s'agit que d'en mêler une plus grande proportion avec l'esprit de vin : or, il est certain, que si l'acide nitreux ne convertissoit l'esprit de vin en éther, qu'en lui enlevant une partie de son principe aqueux, cet acide affoibli & aqueux ne devroit point agir de même que concentré & fumant, d'autant plus qu'il ne peut pas se concentrer pendant l'opération, puisqu'elle se fait sans distillation. Comme c'est d'ailleurs l'acide nitreux, qui de tous les acides, a la plus grande affinité avec le principe inflammable, & qui en contient le plus lui-même; il n'est pas étonnant qu'il produise de l'éther sans le secours de la distillation, & plus facilement qu'aucun autre. L'acide marin, au contraire, étant celui de tous qui a la moindre disposition à s'unir au principe inflammable, & qui paroît en contenir le moins, est aussi celui qui produit de l'éther le plus difficilement; il n'en produit pas même, à proprement parler, lorsqu'il est trop peu concentré, mais quand il a été combiné avec quelqu'une des substances métalliques, qui peuvent perdre & transmettre facilement leur phlogistique, telles que sont l'étain & le régule d'antimoine, & par le moyen desquelles il peut être amené au plus haut degré de concentration : alors il

est

est dans l'état le plus favorable à la production de l'éther ; & c'est vraisemblablement parcequ'ayant déja commencé à s'unir au principe inflammable des matieres métalliques, ou s'étant même chargé d'une partie de ce principe, il n'en devient que plus propre à se combiner avec celui de l'esprit de vin, ou à lui transmettre ce qu'il a reçu.

Ces considérations portent à croire que dans la production de l'éther, les acides agissent en même tems sur le principe aqueux & sur le principe inflammable de l'esprit de vin ; en lui enlevant le premier, & en se combinant en partie avec le second, ou en augmentant sa proportion, & en le rapprochant par là de la nature huileuse.

Il est certain, au reste, que tous les acides, & singuliérement les acides minéraux, éprouvent eux mêmes des altérations singulieres & des especes de transmutations ou de décompositions, quand ils sont traités par la distillation jusqu'à siccité avec une suffisante quantité d'esprit de vin. M. *Pott*, dans sa Dissertation sur l'acide du nitre vineux, dit que cet acide combiné avec l'esprit de vin, quitte l'odeur désagréable qui lui est particuliere, pour en prendre une qui est pénétrante & agréable, qu'il ne monte plus sous la forme de vapeur rouge, qu'il s'éleve à un degré de chaleur moindre que quand il est pur, & qu'il agit d'une maniere moins vive sur les alkalis fixes, & sur les terres absorbantes. Il ajoute qu'on retire de la distillation de ce mélange, de l'huile & un résidu charbonneux, & que si l'on sature avec un alkali fixe de l'esprit de nitre combiné précédemment avec l'esprit de vin, il en résulte un sel, qui, au lieu d'être susceptible de détonnation, comme le nitre, ne fait que brûler comme un sel huileux, sans fuser en aucune maniere.

M. *Pott* pense avec grande raison que cette expérience peut fournir des vues pour les transmutations des acides, & il croit que dans l'expérience qu'on vient de rapporter, l'acide nitreux ne perd sa propriété de détonner, & la plupart de ses autres propriétés essentielles, que parceque le phlogistique, qui entre dans sa composition, comme principe, se joint & se confond avec la matiere inflammable de l'esprit de vin.

L'acide marin paroît éprouver moins d'altération dans ses combinaisons avec l'esprit de vin : car le même M. *Pott* dit dans sa dissertation sur l'acide du sel vineux, qu'ayant saturé, par un alkali, de l'acide marin qui avoit été traité avec de l'esprit de vin, il a obtenu un sel commun régénéré, qui possédoit toutes les propriétés essentielles de ce sel. Cependant M. *Pott* ayant distillé jusqu'à siccité la matiere épaisse qui reste après qu'on a retiré ce qu'il y a de plus fluide & de plus volatil d'un mélange d'acide marin & d'esprit de vin, a obtenu un résidu noir, charbonneux & fixe, ce qui prouve qu'une partie de l'acide du sel, contracte dans cette expérience une union, même très intime, avec les principes de l'esprit de vin : car il est certain que l'acide marin & l'esprit de vin, distillés seuls, ne laissent jamais un pareil résidu, ni même de résidu d'aucune espece.

Depuis la premiere édition de cet ouvrage, M. *Bogues* a communiqué à l'Académie un procédé pour obtenir de l'éther nitreux par la distillation. Le vrai moyen de rendre pratiquable cette opération, dont on étoit bien fondé à craindre le danger, étoit de ralentir le plus qu'il étoit possible la trop grande action de l'esprit de nitre & de l'esprit de vin l'un sur l'autre, & le dégagement trop prompt & trop instantané de l'énorme quantité de *gas* qui en est la suite, & qui fait tout le danger de l'opération, & M. *Bogues* y est parvenu en employant de l'esprit de nitre moins concentré, ou une plus grande proportion d'esprit de vin, ce qui concoure au même but. Il mêle une livre d'acide nitreux foible & autant d'esprit de vin rectifié ; il distille ce mélange dans une cornue de huit pintes, & il obtient six onces de liqueur citrine, qui est de l'éther nitreux presque pur. Mais malgré ces expédiens bien entendus, cette distillation demande à être conduite avec prudence, car elle est toujours sujette à explosion à cause du développement de l'*air gaseux*.

La quantité surprenante de ce fluide élastique qui sort avec tant d'impétuosité dans la production de l'éther nitreux, mérite une attention particuliere. Aucune des propriétés de l'esprit de vin n'indique que cette liqueur contienne une matiere gaseuse interposée ou combinée. Mais il n'en est pas de même de l'acide nitreux, les expériences de M. *Priestley*, dont nous parlerons plus particuliérement aux articles des *gas*, prouvent que cet acide contient une partie volatile, très expansible de la nature du vrai *gas*, ou très disposée à en former. Il paroît donc vraisemblable que c'est cet acide qui fournit dans l'opération dont il s'agit, toute la vapeur expansible qui y joue un si grand rôle, soit que cet acide ne puisse se combiner avec l'esprit de vin, de maniere a former l'éther sans se dépouiller d'un gas qu'il contient, peut être tout formé & peu adhérent, soit que ce même gas étant une des parties constituantes de l'acide nitreux, cet acide éprouve dans l'acte même de la combinaison de l'éther, une décomposition qui lui fait changer de nature en le dépouillant de son gas principe, ce qui paroît assez probable : car il est certain par les expériences de M. *Pott* & de M. *Baumé*, qu'une partie au moins de l'acide nitreux qui agit sur l'esprit de vin, change de nature & perd ses caracteres spécifiques D'un autre côté la raison pour laquelle ce gas fait de si grands effets dans cette opération, c'est qu'il devient totalement libre, & qu'il n'est plus lié, ni avec l'acide nitreux, dont il a été séparé, ni avec l'éther nitreux, entre les parties duquel il n'est qu'interposé, puisqu'il s'en débarrasse de lui-même avec une si grande facilité, ainsi que je l'ai fait remarquer. Cela se rapporte d'ailleurs très bien au peu de disposition que l'esprit de vin, les éthers & les huiles ont à se combiner avec le gas. Les Physiciens qui ont commencé à examiner les propriétés des substances gaseuses, ont remarqué qu'elles ne s'unissoient point avec les matieres inflammables que je viens de nommer, & je puis dire que je me suis assuré moi-même de cette vérité par des expériences très exactes & très multipliées. Si donc l'éther nitreux, avant qu'il ait été rectifié, a tous les caracteres d'une liqueur extrêmement aërée & gaseuse, c'est précisément parceque le *gas* dont il est tout plein, ne lui est point combiné, & fait un effort continuel pour se dissiper en vertu de sa grande volatilité & de sa grande expansibilité.

M. le Duc *d'Ayen*, auquel nous avons dû nombre d'expériences & de découvertes importantes dès les premiers pas qu'il a faits dans la carriere de la Chymie, vient de communiquer à l'Académie des Sciences les recherches qu'il a faites sur la nature de ce fluide élastique, qui se dégage en si grande abondance & avec tant de danger dans la production de l'éther nitreux. Il résulte de ses expériences, que ce fluide élastique est un mélange d'éther nitreux même, dont une portion est sous forme de gas, & miscible à l'eau, & d'un véritable *gas nitreux*, non miscible à l'eau, ni aux alkalis, & qui ne devient acide nitreux que par son mélange avec l'air commun : en un mot du même gas que M. *Priestley* a obtenu des dissolutions des corps combustibles par l'acide nitreux, & qu'il a nommé *air nitreux*.

ETHIOPS MARTIAL. L'éthiops martial est du fer extrêmement divisé par la seule action de l'eau, & réduit en parties d'une très grande finesse.

Cette préparation a été mise en vogue & proposée pour l'usage de la Médecine par M. *Lémery* le fils, qui lui a donné le nom d'éthiops, à cause de sa couleur noire. Pour faire l'éthiops martial, on prend la limaille de fer bien nette & non rouillée ; on la met dans un vase de verre ; on verse dessus de l'eau pure, de maniere qu'elle surpasse la limaille de trois à quatre travers de doigts : on remue de tems en tems la limaille avec une spatule, jusqu'à ce qu'on s'apperçoive que la limaille soit réduite en parties si fines, qu'en les agitant elles restent long-tems suspendues dans l'eau : cette division se fait par degrés & demande un tems considérable, il faut vingt ou trente jours avant qu'il y ait assez de fer divisé pour pouvoir en retirer les premieres portions. On décante cette eau toute trouble, on la laisse déposer ; on seche & on porphyrise ce dépôt : c'est l'éthiops martial.

Le fer est un des métaux qui se laissent attaquer par le plus grand nombre de dissolvans ; l'action combinée de l'air & de l'eau, ou peut-être du gas contenu dans l'air, altere ſenſiblement ſa ſurface, la corrode en quelque ſorte, lui fait perdre beaucoup de ſon principe inflammable, & la réduit en une eſpece de terre ou de chaux, connue ſous le nom de rouille; mais il eſt à obſerver que ces deux élémens doivent concourir & agir enſemble pour produire cet effet : car ſi l'on expoſe du fer bien net à un air qui ſoit parfaitement ſec, ce métal n'en reçoit aucune altération, & il ne ſe forme aucune rouille à ſa ſurface : de même ſi l'on tient du fer plongé dans l'eau, bien exempte de *gas*, de maniere qu'il en ſoit entiérement recouvert, & qu'il ſoit abſolument garanti du contact de l'air, il ne contracte qu'une petite rouille imparfaite.

Il paroît néanmoins par l'opération de l'éthiops martial, que l'eau, ſans le concours de l'air, eſt capable d'agir juſqu'à un certain point ſur le fer, puiſqu'avec le tems elle le diviſe en parties d'une ſi grande fineſſe, & même qu'elle le rouille un peu. Il reſte à ſavoir, ſi cet effet n'eſt pas dû à quelques matieres hétérogenes contenues, ſoit dans l'eau, ſoit dans le fer même. Quoi qu'il en ſoit, le fer réduit en éthiops martial eſt bien différent de la rouille; il eſt noir, il eſt attirable par l'aimant, & ſe diſſout facilement dans tous les acides, ce qui prouve qu'il n'a perdu que très peu de ſon principe inflammable. La rouille, au contraire, n'a aucune de ces qualités : ou ne les a que dans un degré beaucoup moindre.

C'eſt à cauſe de ces propriétés de l'éthiops martial, que M. *Lémery* ſon auteur, l'a propoſé comme un médicament, infiniment ſupérieur à toutes les autres préparations de mars. Il eſt vrai que c'eſt-là une très bonne maniere de préparer le fer pour l'uſage de la Médecine, & qu'on ne peut faire aucun reproche à l'éthiops martial; mais M. *Lémery* a ſans doute été beaucoup trop loin, en déclamant contre toutes les autres préparations de fer indiſtinctement, & en conſeillant de les bannir entiérement de l'uſage de la Médecine. Il a prononcé cet arrêt de proſcription générale, ſans une connoiſſance ſuffiſante de la matiere; il eût probablement été plus indulgent, s'il eût ſu que pluſieurs ſafrans de mars, tel en particulier que celui qu'on nomme apéritif, & qui n'est que de la rouille, sont capables de reprendre avec la plus grande facilité, & par la voie humide, tout le phlogistique dont ils ont besoin pour recouvrer toutes les qualités de l'éthiops martial; que cela leur arrive lorsqu'on les fait prendre intérieurement, à cause des matieres grasses qu'ils trouvent dans l'estomac, dans les intestins, dans les alimens, & dans les sucs qui servent à la digestion. On a une preuve bien démonstrative de cette vérité, dans la noirceur des excrémens de ceux qui font usage de ces safrans de mars.

M. *Lémery* n'avoit pas non plus examiné, sans doute, la nature des précipités qu'on retire des dissolutions du fer dans les acides, & particuliérement dans les acides vitriolique & marin, lorsqu'on en sépare le fer par l'intermede d'un alkali qui contient un peu de phlogistique; car il auroit remarqué que l'alkali transmet assez de phlogistique au précipité ferrugineux, pour lui donner une couleur plus ou moins sombre & noirâtre, avec une parfaite dissolubilité dans tous les acides, & que par conséquent ces précipités, qui sont au moins aussi fins que l'éthiops martial, lui sont d'ailleurs égaux par leur dissolubilité, & préférables par la facilité & la promptitude avec lesquelles on peut les préparer.

Il est essentiel, lorsqu'on veut avoir ces précipités bien pourvus de tout leur phlogistique, de les faire sécher dans les vaisseaux clos, & par la distillation; manipulation qui n'est pas moins nécessaire pour l'éthiops martial, quoique son auteur n'en parle point, attendu que le fer de toutes ces préparations, étant humide & très divisé, se rouille avec la plus grande facilité par le contact de l'air.

L'éthiops martial, & les précipités & safrans de mars, dont on vient de parler, s'emploient avec grand succès en Médecine, comme de très bons toniques & fortifians. *Voyez* à ce sujet FER.

ÉTHIOPS MINÉRAL. L'éthiops minéral est une combinaison de mercure avec une assez grande quantité de soufre; la couleur de ce composé est noire, & c'est ce qui lui a fait donner le nom d'éthiops.

L'éthiops minéral se fait, ou par la fusion, ou par la simple trituration & sans fusion.

Pour faire l'éthiops minéral par la fusion, on fait fondre du soufre dans un vaisseau de terre non vernissé : aussi-tôt qu'il est fondu, on y mêle promptement autant de mercure bien pur qu'il y a de soufre, en retirant le vaisseau de dessus le feu. On agite le mélange avec une spatule, jusqu'à ce qu'il soit refroidi & figé ; il reste après cela une masse noire & friable, qu'on broie & qu'on tamise : c'est l'éthiops.

Pour faire cette même préparation sans feu, on triture dans un mortier de verre ou de marbre deux parties de mercure pur, avec trois parties de fleurs de soufre, jusqu'à ce que le mercure soit parfaitement éteint & devenu invisible.

Le mercure & le soufre ont beaucoup de disposition à s'unir l'un à l'autre ; il suffit pour cela que leurs parties intégrantes soient juxta posées : elles contractent ensemble un degré d'adhérence sensible, mais non pas aussi forte qu'elle est capable de le devenir.

La couleur noire ou sombre de l'éthiops, est celle que prend toujours le mercure lorsqu'il est très divisé & mêlé avec quelques matieres inflammables ; il ressemble à cet égard à l'argent, au plomb, & aux autres métaux qui prennent la noirceur par l'union superficielle qu'ils peuvent contracter avec le soufre ou d'autres matieres phlogistiques.

Quoique l'union du mercure avec le soufre dans l'éthiops ne soit pas aussi forte & aussi complette que dans le cinnabre, il ne faut pas croire pour cela qu'elle soit nulle, & qu'il n'y ait dans l'éthiops qu'un simple mélange ou interposition des parties des deux substances ; il y a adhérence & combinaison réelle. La preuve en est, qu'on ne peut les séparer l'une de l'autre sans un intermede : les matieres capables de procurer cette séparation sont les mêmes que pour la décomposition du *cinnabre*. M. *Baumé* a remarqué d'ailleurs, que l'éthiops fait sans feu, devient plus noir avec le tems.

Lémery observe dans son cours de Chymie, que lorsqu'on fait l'éthiops par le feu, il se perd à-peu-près la moitié des substances employées ; mais il est difficile de ſavoir dans quelle proportion l'une & l'autre de ces ſubſtances ſe diſſipe. Il eſt certain ſeulement qu'il ſe perd plus de ſoufre que de mercure ; malgré cela, il y a dans l'un & dans l'autre éthiops beaucoup plus de ſoufre qu'il n'en faut pour la ſaturation parfaite du mercure, comme il eſt facile de s'en convaincre par l'opération du *cinnabre*.

La grande diſpoſition du ſoufre à s'unir avec le mercure, eſt cauſe que cette union peut commencer à ſe faire par une ſimple trituration à froid, & de plus devenir très intime par la voie humide, & par la précipitation qui arrive, lorſqu'on mêle une diſſolution de foie de ſoufre volatile, avec des diſſolutions de mercure, comme l'a obſervé M. *Hoffmann*, & depuis M. *Baumé*. Il ſe forme alors des précipités noirs ou rouges & de vrai cinnabre.

L'action du mercure & du ſoufre, l'un ſur l'autre, eſt encore la cauſe d'un phénomene remarquable qu'ont obſervé pluſieurs bons Chymiſtes, & en particulier M. *Rouelle*, dans l'opération de l'éthiops minéral fait par le feu ; c'eſt que, quoiqu'on ne faſſe éprouver à ce mélange que la chaleur douce néceſſaire pour entretenir le ſoufre fondu, au bout d'un certain temps, même après qu'on l'a retiré de deſſus le feu ; il arrive un moment où la combinaiſon du ſoufre & du mercure ſe renouvelle ou acheve de ſe faire d'une maniere plus intime, & ce moment eſt très marqué par un gonflement, par une ſorte d'effervescence, par une fumée beaucoup plus abondante, & même par une grande inflammation.

Quand l'éthiops s'eſt ainſi enflammé de lui-même, l'union du mercure avec le ſoufre, eſt auſſi complette & auſſi intime qu'elle l'eſt dans le *cinnabre*. C'eſt même de vrai cinnabre qui n'a beſoin que d'être ſublimé pour avoir toute ſa perfection.

L'uſage de l'éthiops minéral, eſt principalement pour la Médecine : on peut le donner depuis ſix grains juſqu'à un demi-gros, incorporé avec d'autres médicamens appropriés ; c'eſt principalement comme fondant qu'on l'emploie dans l'aſthme, dans les écrouelles, les obſtructions & autres maladies d'engorgement, d'épaississement d'humeurs. Quelques Médecins le font prendre aussi dans les maladies vénériennes. Il y en a d'autres qui prétendent que l'éthiops est absolument sans vertus ; cependant il est certain qu'il occasionne quelquefois la salivation, quoique rarement : *voyez* MERCURE.

ÉVAPORATION. L'évaporation est une opération de Chymie, par laquelle, à l'aide d'un certain degré de chaleur, & de l'air, on sépare des substances volatiles d'avec des substances fixes, ou moins volatiles.

L'effet de l'évaporation est essentiellement le même que celui de la distillation, avec cette différence qu'on emploie presque toujours la distillation pour séparer & recueillir la substance volatile, au lieu que l'évaporation est toujours mise en usage pour séparer & recueillir uniquement la substance fixe ou moins volatile, la plus volatile étant nécessairement perdue dans cette opération.

L'évaporation se fait donc toujours à l'air & dans des vaisseaux ouverts : comme l'air contribue infiniment à la volatilisation des corps, & que même l'évaporation ne se fait jamais qu'à leur surface ; il s'ensuit que les regles générales de cette opération sont de mettre le corps dont on veut faire évaporer quelques parties volatiles, dans un vaisseau large, plat, évasé ; ensorte que ce corps présente à l'air la plus grande surface possible, & de diriger même un courant d'air à la surface de ce corps.

Il est très important dans toute évaporation, de proportionner le degré de chaleur à la volatilité de la substance qui doit s'évaporer, & encore plus au degré de fixité de la substance qui doit rester, de même qu'à son adhérence à la substance volatile ; c'est-à dire, que moins la substance qui doit rester, est fixe, & plus elle est adhérente avec celle qu'on veut enlever par évaporation, plus la chaleur doit être douce & lente. Par exemple, si l'on veut obtenir la portion d'huile qui se trouve dans l'esprit de vin & dans l'éther rectifiés, il faut, comme l'a fait M. *Baumé*, laisser évaporer ces liqueurs à la surface de l'eau à l'air libre, & sans le secours d'aucune autre chaleur, que celle de l'atmosphere : car, pour peu qu'on presſât l'évaporation de ces liqueurs par une chaleur un peu plus forte, la volatilité de cette petite portion d'huile differe ſi peu de celle de l'eſprit de vin & de l'éther, qu'elle s'exhaleroit entiérement avec ces liqueurs, ſans s'en ſéparer, comme cela arrive dans leur rectification.

Il y a des cas au contraire, où l'évaporation peut être paſſée par un degré de chaleur fort, & même par un courant d'air dirigé à la ſurface du corps; cette pratique a lieu, quand la partie qui doit s'évaporer eſt peu volatile, & qu'elle exige un fort degré de chaleur pour s'exhaler, & que la ſubſtance qui doit demeurer eſt très fixe, & peu adhérente à la premiere : telle eſt, par exemple l'évaporation du régule d'antimoine dans la *purification de l'or par l'antimoine*.

Les vaiſſeaux qui ſervent aux évaporations ſont des capſules, des baſſines, des têts, des creuſets; & ces vaiſſeaux ſont de verre, de métal ou de terre, ſuivant la nature des corps ſur leſquels on opere. Les évaporations les plus ordinaires ſont celles des diſſolutions des ſels dont on enleve l'eau ſurabondante, pour les diſpoſer à la cryſtalliſation. Cette évaporation doit être plus ou moins lente, ou pouſſée plus ou moins loin, ſuivant la nature des ſels. Les vaiſſeaux évaſés, dans leſquels on doit la faire, ſe nomment des *évaporatoires*.

EXCRÉMENS LIQUIDES DES ANIMAUX : *voyez* URINE.

EXCRÉMENS SOLIDES DES ANIMAUX. Les Alchymiſtes qui ont cherché par-tout la matiere du grand œuvre, ont beaucoup travaillé en particulier ſur les excrémens de l'homme & des autres animaux; mais la Chymie phyſique ne peut tirer preſque aucune lumiere de tous ces travaux alchymiques, à cauſe de l'obſcurité avec laquelle leurs Auteurs en ont rendu compte. A l'égard des Chymiſtes Phyſiciens, ils ont fort peu examiné les excrémens des animaux. Il n'y a guere que *Homberg* qui ait fait une analyſe & un examen particulier de la matiere fécale humaine : encore étoit-ce pour ſatisfaire aux vues alchymiques d'un de ſes amis, qui prétendoit qu'on devoit tirer de cette matiere une huile blanche & ſans mauvaiſe odeur, avec laquelle on pouvoit fixer le mercure en argent fin. L'huile fut effectivement trouvée par *Homberg*, mais le mercure ne fut point fixé.

Le travail de ce Chymiste n'est pas néanmoins devenu inutile, comme ceux des Alchymistes, parceque cet habile homme a rendu compte, d'une maniere fort claire, dans les Mémoires de l'Académie des Sciences, des expériences qu'il avoit faites sur cette matiere. Ces expériences sont curieuses, & apprennent plusieurs choses essentielles sur la nature des excrémens : en voici le résultat très abrégé.

La matiere fécale humaine & fraîche, distillée au bain marie jusqu'à siccité, ne fournit qu'une liqueur aqueuse, claire, insipide, & d'une odeur désagréable, mais qui ne contient point d'alkali volatil, preuve certaine que cette matiere, quoique dans un état voisin de la *putréfaction*, n'est cependant point putréfiée : car toute substance en putréfaction véritable, contient & fournit à ce degré de chaleur, un alkali volatil tout développé.

Le résidu sec de l'expérience précédente, distillé dans une cornue à un feu gradué, fournit de l'esprit & du sel alkali volatils, une huile fétide, & laisse un résidu charbonneux ; ce sont les mêmes principes qu'on retire de toutes les substances animales.

La matiere fécale humaine, délayée & lessivée dans l'eau, fournit par la filtration & l'évaporation de cette eau, un sel huileux de nature nitreuse, qui fuse comme le nitre sur les charbons ardens, & qui prend feu dans les vaisseaux clos, lorsqu'il est chauffé jusqu'à un certain point.

Cette même matiere a fourni à *Homberg* qui l'a traitée par une fermentation ou putréfaction complette, excitée par une digestion de quarante jours à une chaleur douce du bain marie, & qui l'a ensuite distillée, une huile sans couleur & sans mauvaise odeur, telle qu'il la cherchoit ; mais qui, comme on l'a dit, n'a pu fixer le mercure en argent fin.

Il est à remarquer que la matiere fécale humaine sur laquelle *Homberg* a fait ce travail, provenoit d'hommes qui n'étoient nourris que de pain de Gonesse & de vin de Champagne, matieres entiérement végétales. Et, comme les excrémens solides ne sont que la partie la plus épaisse & la plus grossiere des alimens, ils doivent différer entre eux, peut-être même beaucoup, comme le remarque fort bien M. *Pœner*, suivant la nature des alimens dont ils proviennent.

EXPRESSION. L'expression est un moyen méchanique, par lequel on obtient les sucs de la plupart des plantes, & les huiles douces non volatiles de plusieurs substances qui en contiennent de surabondantes & de non combinées : telles que sont toutes les semences émulsives, certains fruits comme les oranges, citrons, limons, les olives, &c. On tire aussi de l'huile des jaunes d'œufs par l'expression.

L'expression se fait ordinairement, en soumettant à la presse les substances sur lesquelles on opere, après les avoir pilées & écrasées.

Les plantes dont on veut tirer les sucs n'ont besoin, après avoir été pilées dans un mortier, que d'être enfermées dans une toile forte & serrée, & soumises ensuite à la presse pour fournir leur suc ; celles qui sont trop peu succulentes, ou trop mucilagineuses, pour fournir leur suc par expression, ont besoin qu'on les mêle avec une certaine quantité d'eau en les pilant.

A l'égard des graines, on les pile aussi avant de les soumettre à la presse pour en tirer l'huile, jusqu'à ce qu'elles soient réduites en une pâte grasse au toucher, & dont l'huile suinte, pour ainsi dire, d'elle-même : on les enferme, comme les plantes, dans un sac de toile forte & serrée, & on les soumet à la presse. Ceux qui veulent retirer une plus grande quantité d'huile, mettent à la presse entre deux plaques de fer chaudes, les graines ou amandes pilées, mais cette pratique est condamnable pour les huiles destinées à l'usage de la médecine : telle que l'est celle d'amandes douces, parceque cette chaleur donne de l'âcreté à l'huile. Tout ce que l'on peut faire, & ce qui est même nécessaire pour un grand nombre de graines & amandes, c'est de les sécher parfaitement avant de les piler & de les soumettre à la presse.

Les jaunes d'œufs ont besoin d'être durcis par la cuisſon, & même torréfiées juſqu'à un certain point, pour fournir leur huile par expreſſion.

EXTRAIT. Si l'on vouloit prendre ce mot dans le ſens le plus général dont il eſt ſuſceptible, il déſigneroit les ſubſtances ſéparées d'un corps compoſé quelconque, par un menſtrue approprié. Mais on n'entend le plus ordinairement par le nom d'*extrait*, que les ſubſtances ſéparées des végétaux, par le moyen de l'eau.

Pour faire l'extrait d'une ſubſtance végétale, on la fait infuſer ou bouillir, ſuivant ſa nature, dans une ſuffiſante quantité d'eau, pour en extraire en effet tous ceux de ſes principes que ce menſtrue eſt en état de diſſoudre. Si la matiere végétale dont on veut faire l'extrait, eſt ſucculente & aqueuſe par elle-même, alors on n'a pas beſoin de la ſoumettre à l'infuſion, ni à la décoction : on en exprime le ſuc qui contient toute la matiere de l'exrait, parceque l'eau que contient naturellement la plante, tient lieu de celle qu'on emploie pour l'infuſion ou la décoction.

On fait enſuite évaporer l'infuſion, la décoction ou le ſuc de la plante, juſqu'à ce que ces matieres ſoient réduites à une conſiſtance plus ou moins molle ou ferme ; car il y a des extraits auxquels on ne donne qu'une conſiſtance de pâte : on les nomme *extraits mous*. Il y en a d'autres qu'on fait évaporer juſqu'à ſiccité : ces derniers ſe nomment *extraits ſecs ou ſolides*.

La liqueur dont l'évaporation doit former l'extrait, eſt preſque toujours chargée d'une plus ou moins grande quantité de matieres féculentes, réſineuſes ou terreuſes, qui en troublent la tranſparence, parcequ'elles ne ſont point diſſolubles dans l'eau. On eſt dans l'uſage d'en ſéparer ces matieres, en la clarifiant avec du blanc d'œuf ou autrement, avant que de la faire évaporer en conſiſtance d'extrait. L'avantage qu'on trouve à ſéparer la matiere féculente ; c'eſt qu'alors les extraits mous ſont moins ſujets à la fermentation & à la moiſiſſure ; mais, comme l'intention qu'on a eue en faiſant les extraits, eſt d'y conſerver, le plus qu'il eſt poſſible, des principes de la plante ; il paroît qu'il ſeroit mieux de ne point clarifier la liqueur de l'extrait,

& de la faire plutôt évaporer jusqu'à ficcité, pour garantir l'extrait de toute altération.

Comme les extraits doivent ressembler, le plus qu'il est possible, au végétal même dont ils sont tirés, on doit ne les faire évaporer qu'à une chaleur douce, & au bain marie; parcequ'une forte chaleur altere toujours beaucoup les principes délicats & fort composés des végétaux. Mais, pour éviter l'inconvénient d'une évaporation prolongée pendant un trop long-tems, & qui pourroit occasionner une fermentation dans la matiere de l'extrait, il est à propos d'accélérer cette évaporation, le plus qu'il est possible; on y parvient facilement, en distribuant la liqueur sur un assez grand nombre de vaisseaux plats & évasés, & en la réduisant de cette façon presque toute en surface. C'est de cette maniere que M. le Comte de *la Garaye* préparoit ce qu'il nommoit ses *sels essentiels*, qui ne sont que des extraits solides, mais les meilleurs & les plus parfaits qu'on puisse avoir.

Il suit de ce qui vient d'être dit sur les extraits, que ces préparations sont un assemblage de tous les principes prochains des végétaux, & principalement de ceux que l'eau est en état de dissoudre, & qui ne sont point assez volatils, pour se dissiper au degré de chaleur de l'eau bouillante. Ils contiennent donc, ou doivent contenir, lorsqu'ils sont bien faits, tout ce que le végétal avoit de matiere gommeuse & mucilagineuse, de substance amere ou sucrée, de matiere savonneuse, c'est-à-dire, huileuse, rendue dissoluble dans l'eau par son union avec une substance saline; enfin tout ce que le végétal contenoit de sels essentiels, acides ou autres, ou tout ce qu'il avoit de matieres dans l'état salin. On doit même trouver aussi, dans les extraits bien faits, la portion des principes huileux, résineux & terreux qui, quoiqu'indissolubles dans l'eau, ont été entraînés dans le suc, dans l'infusion ou dans la décoction du végétal: à moins que, dans certains extraits, on n'ait des raisons particulieres pour en exclure ces matieres ou d'autres. Il paroît même que, si l'on vouloit faire des extraits qui possédassent réellement, le plus qu'il est possible, des propriétés & des vertus des plantes, on ne devroit pas se contenter de faire l'extraction par l'eau seule ; mais qu'il faudroit la faire aussi par l'esprit de vin, & confondre ensemble les substances extraites par ces deux dissolvans.

La saveur de presque tous les extraits est amere ou salée, ils ont aussi presque toujours un arriere-goût de caramel ou de brûlé ; mais cette derniere qualité est un défaut ; elle vient de ce que les extraits ont été réduits en consistance convenable par une chaleur trop forte, qui ne peut qu'altérer considérablement, & même détruire les substances que contiennent les extraits.

Plusieurs extraits secs ou sels essentiels de M. le Comte de *la Garaye* s'humectent considérablement à l'air & même s'y résolvent en liqueur. Cette propriété leur vient de ce que les parties salines de ces extraits se trouvent séparées des principes résineux & terreux du végétal, & sont mises par-là presque entiérement à nud. Ces sortes d'extraits doivent être conservés dans des bouteilles bien bouchées.

Ce qui reste d'une plante ou d'une partie de végétal, après qu'on en a fait l'extrait à l'eau, contient principalement ceux des principes du végétal, dont l'eau n'est pas le dissolvant, & qui n'ont pu en être séparés dans l'opération de l'extrait, ou par l'action de quelque intermede ; ce sont principalement les principes terreux, résineux, huileux & une certaine *matiere glutineuse* qui paroît répandue dans tout le regne végétal, dont je parlerai à l'article farine, & qui n'est dissoluble, ni dans l'eau, ni dans l'esprit de vin. Ce dernier menstrue appliqué au résidu du végétal épuisé par l'eau, en feroit encore une espece d'extrait par la dissolution des principes sur lesquels il a de l'action ; mais il ne dissoudroit pas tout. Pareillement, si on l'appliquoit à l'extrait fait par l'eau, il en enleveroit plusieurs matieres salines & savonneuses également dissolubles dans les menstrues aqueux & dans les spiritueux, & ce qui resteroit alors de l'extrait aqueux pourroit être regardé comme la matiere vraiment & purement extractive aqueuse, elle seroit composée principalement de certaines especes de substances salines, mucilagineuses ou gommeuses. Mais toutes ces distinctions, qu'il seroit cependant très utile de faire dans les extraits préparés pour l'usage de la Médecine, ne sont cependant point usitées, elles appartiennent à l'*analyse par les menstrues*, qui est à peine ébauchée, ainsi que celle du regne animal; mais plusieurs bons Chymistes modernes, particuliérement M. *Rouelle*, commençant à s'en occuper avec zele, nous avons lieu d'espérer de voir ces analyses faire bientôt des progrès considérables. Les différences qu'on a entrevues dans les extraits faits à l'aide de différens dissolvans, n'ont guere encore, jusqu'à ces derniers tems, influé dans la Pharmacie, que par quelques extraits qu'on a prescrit de faire avec le vin, le vinaigre & autres menstrues différens de l'eau pure. Mais combien ne faut-il pas encore de travail & de recherches pour connoître clairement la nature, & la quantité des principes prochains des végétaux & des animaux qui se trouvent dans les extraits qu'on en fait ou qu'on en peut faire, par différens menstrues, ainsi que les nouvelles combinaisons ou séparations de ces substances qui se trouvent mêlées & confondues dans les extraits, & qui doivent varier beaucoup, suivant la nature de l'excipient ou dissolvant, & à raison du degré & de la durée de la chaleur qu'on emploie pour amener les extraits à leur consistance?

EXTRAITS DE MARS. On a donné ce nom en Pharmacie à une préparation qui n'est point, à proprement parler un extrait, puisque ce n'est que la combinaison du fer avec l'acide tartareux, qu'on nomme la *teinture de mars*, réduite par l'évaporation en consistance d'extrait : *voyez* TEINTURE DE MARS.

F.

FAIENCE. La faïance est une poterie de terre cuite, recouverte d'un enduit d'émail, qui lui donne le coup-d'œil & la propreté de la porcelaine.

Il y a des faïances qui different beaucoup les unes des autres, soit par le plus ou moins de facilité qu'elles ont de pouvoir être chauffées promptement, sans se casser, soit par la beauté & la régularité des formes, de la couverte, & de la peinture dont elles sont ornées.

En général, les faïances fines & belles, celles qui approchent le plus de la beauté de la porcelaine, sont en même-tems celles qui résistent le moins bien au feu brusque. Les faïances qu'on peut chauffer très promptement, sans qu'elles se cassent, sont toutes grossieres, & se rapprochent plus ou moins des poteries de terres communes.

La base de la faïance est de l'argille que l'on mêle, lorsqu'elle est trop grasse, avec une quantité de sable telle que cette terre conserve assez de liant, pour pouvoir se travailler, se mouler & se tourner facilement, & qu[illegible] cependant assez amaigrie pour ne point [illegible] prendre une trop grande retraite en se séchant ou à la cuite.

On fait sécher très lentement les vases formés de cette terre, pour éviter les fentes : on les met ensuite au four pour leur donner une premiere cuite foible, & seulement capable de leur faire prendre une certaine consistance. Après cela, on les met en couverte, ce qui consiste à verser sur les vases ainsi préparés, de l'émail qui a été broyé très fin au moulin, & qui est délayé & suspendu dans de l'eau.

Comme les vases sur lesquels on applique la couverte sont peu cuits, ils boivent promptement l'eau dans laquelle l'émail est suspendu, & il reste une couche de ce dernier, appliquée à leur surface : ont peint ensuite, si l'on veut, ces vases avec des couleurs composées de chaux métalliques, mêlées & broyées avec un verre fusible: on les laisse sécher parfaitement; enfin on les met au four, enfermés dans des étuis de terre cuite qu'on nomme des *gasettes*, & on leur fait éprouver un degré de feu capable de faire fondre uniformément l'émail qui leur sert de couverte. Le degré de feu qu'on donne pour faire fondre l'émail de la faïance, étant beaucoup plus fort que celui qui a donné d'abord de la consistance aux vases; c'est ce degré de feu de couverte qui acheve de faire cuire la faïance. Le four, & les couleurs dont on se sert pour cette poterie, sont les mêmes que pour la *porcelaine*.

A l'égard de la couverte, ce n'est autre chose que de l'émail blanc qui doit être assez opaque, pour ne point laisser voir la terre qui est dessous. On trouve un grand nombre de recettes pour faire cet émail, dans le Traité de la Verrerie de Neri avec les notes de *Kunckel*, & dans l'Encyclopédie: on peut les consulter à ce sujet. On dira seulement ici en général, que tous ces émaux pour la faïance sont composés de sable ou de cailloux, de sels vitrifians, de chaux de plomb, & de chaux d'étain: que le sable qui y entre, doit être amené à une vitrification parfaite; ensorte qu'il forme un verre passablement fusible. Or le sable, pour être vitrifié par les sels, demande un peu moins que partie égale de sel alkali ou autre; & pour être bien fondu par la chaux de plomb, il lui en faut aux environs du double de son poids. A l'égard de la chaux d'étain, comme elle ne doit point être vitrifiée, mais qu'elle est destinée à donner le blanc mat, on ne doit pas la compter dans les matieres à fondre, on la fait entrer dans l'émail environ dans la proportion d'un quart à un cinquieme au total de la masse.

Il est facile, d'après ces principes généraux, de composer des émaux pour la faïance, & l'on peut varier les ingrédiens, pour les avoir fusibles & blancs, suivant la nature de la terre à laquelle on a affaire.

Pour faire cet émail, on mêle ensemble le plomb & l'étain, dans la proportion de trois ou quatre parties de plomb sur une d'étain, & on les fait calciner à un feu fort, mais cependant incapable de vitrifier ensemble les chaux de ces deux métaux, on *fritte* aussi le sable avec le sel ou les cendres, on broie & mêle bien le tout : on place cette matiere sous le four, elle s'y fond & s'y vitrifie pendant la cuite de la faïance; ensuite on la broie au moulin, &c. *Voyez* ARGILLE, ÉMAIL, POTERIES, PORCELAINE & VITRIFICATION.

FARINE. La farine est une substance qui tient beaucoup de la nature de la gomme ou du mucilage, mais qui est sensiblement plus savoureuse, plus fermentescible, & plus nourrissante.

Cette matiere est abondante dans le regne végétal, & y est distribuée dans différentes parties de certains végétaux. Quelques especes de racines, telles que celles de brione, les pommes de terre, celle dont on tire la cassave, le selep & autres, contiennent beaucoup d'une espece de fécule blanche qui a les caracteres de la farine. Mais la plus grande quantité de cette matiere, si précieuse, puisqu'elle est la principale nourriture de l'homme & d'un nombre infini d'animaux, réside dans les graines qui, par cette raison, portent le nom de farineuses, telles sont celles du blé, du seigle, de l'orge, de l'avoine, du ris, & d'autres plantes analogues. Elle est déposée dans ces graines pour le même usage, que le mucilage & l'huile douce dans les semences nommées *émulsives*, c'est à-dire, pour servir à la nutrition & à l'accroissement du germe de la plante, dans les premiers tems de son développement, c'est une nourriture toute préparée, & pour ainsi dire, toute digérée par la mere plante, pour le soutien des commencemens de la vie des êtres qu'elle doit reproduire : c'est l'aliment du premier âge où ces êtres naissans sont encore trop foibles, pour extraire directement de la terre & des autres élémens les matériaux qu'ils doivent par la suite transformer, par leur action organique, en leur propre substance, de même que la matiere émulsive laiteuse de beaucoup d'autres semences, celle du jaune d'œuf, & enfin le lait des animaux, sont visiblement destinés à procurer aux embrions, fœtus ou petits de tous ces êtres, une nourriture déja à moitié assimilée d'une digestion facile & proportionnée à la foiblesse de leurs organes.

De tous tems les animaux granivores parvenus à l'âge où ils peuvent aller à la quête de leurs alimens, ont recherché avec activité & préféré par instinct les graines farineuses à toutes les autres matieres végétales, pour les manger. L'homme lui même, quoique pouvant se nourrir de presque tous les végétaux & animaux, a de tems immémorial, reconnu aussi par une espece d'instinct dans ces mêmes graines, un aliment analogue à sa nature, & préférable à une infinité d'autres. Peut être a-t-il commencé par broyer ces graines sous ses dents, & par s'en tenir, comme les animaux brutes, à celles qui naissoient d'elles-mêmes çà & là sur la surface de la terre. Mais les facultés intellectuelles qui le distinguent de tous les autres animaux, & qu'il tient de l'auteur de son être, ont dû lui apprendre bientôt à multiplier ce précieux aliment par la culture, à écraser entre des pierres les graines farineuses pour en séparer la farine, & enfin à donner à cette partie nutritive des préparations qui la rendent plus agréable au goût, & d'une digestion plus facile. Ce qu'il y a de certain, c'est que de toute antiquité les hommes cultivent les plantes farineuses, & préparent les farines qu'ils en retirent pour en faire la base de leur nourriture.

Mais ce qui doit paroître bien étonnant, c'est que ce n'ait été que depuis un assez petit nombre d'années, & par conséquent un tems infini après la naissance d'une multitude d'arts, de sciences & de la Chymie en particulier, qu'on ait pensé à connoître plus particuliérement la nature & les principes d'une substance à laquelle nous devons, pour ainsi dire, notre existence. M. *Beccari* en Italie, & M. *Kessel-Meyer* en Allemagne, paroissent être les premiers Physiciens ou Chymistes qui aient fait des expériences pour acquérir des connoissances nouvelles sur les parties constituantes de la farine. Leurs travaux n'ont point été infructueux; nous leur devons la découverte d'une substance inconnue jusqu'alors, dont les propriétés sont très curieuses, relativement à la Chymie, & très intéressantes par l'influence qu'elles doivent avoir sur les qualités du pain. Un autre avantage encore très grand de ces premieres recherches, c'est qu'elles ont excité l'attention de plusieurs excellens Chymistes qui, après avoir répété les expériences de MM. *Beccari* & *Kessel-Meyer*, les ont portées, & les porteront sans doute encore plus loin.

La farine délayée & étendue dans l'eau froide, la rend blanche & laiteuse, sans par conséquent, s'y dissoudre véritablement; si l'on fait prendre un certain degré de chaleur à cette eau, alors la farine s'y dissout réellement; le blanc mat disparoît & il en résulte une liqueur presque transparente, collante, qui tient en même tems d'un mucilage & d'une gelée d'autant plus épaisse, qu'il y a plus de farine: cette colle peut se dessécher par l'évaporation de l'eau, elle se réduit en une matiere demi-transparente, assez fragile lorsqu'elle est mince, mais qui a à-peu-près la consistance d'une gomme solide quand elle est en masses plus épaisses. Cette même colle desséchée peut se ramollir, se redélayer & même se redissoudre dans l'eau comme les gommes, mais un peu plus difficilement & moins complétement.

Lorsque la dissolution, ou même le simple *dilutum* de la farine dans l'eau, ne se desseche point promptement, il s'y établit en assez peu de tems un mouvement de *fermentation* très sensible, qui est d'abord celui de la fermentation spiritueuse, si la viscosité de la farine a été détruite préalablement par les préparations qu'on donne aux graines farineuses lorsqu'on en veut faire du vin de grain ou de la biere; mais cette fermentation spiritueuse, n'est presque rien & passe tout de suite à l'acide & de là à la moisissure, à une sorte de putridité, si la matiere farineuse a toute sa viscosité, comme on le voit, par l'exemple de la colle, de l'empois & de la pâte, qui subissent ces altérations quand un desséchement assez prompt, ou un froid assez grand ne les en garantissent pas.

Lorsqu'on ne délaie la farine qu'avec une quantité d'eau beaucoup moindre, il en résulte une pâte matte

& ductile qu'on peut pétrir, & en l'exposant tout de suite à un degré de chaleur convenable pour la cuire, cela forme ce que l'on nomme de la *galette*. Au moyen de cette préparation, la farine acquiert une saveur plus agréable, sur-tout dans la partie extérieure ou la *croûte* de la galette, parceque cette croûte reçoit par l'action du feu un degré de desséchement, & même de torréfaction, qui développe & exalte considérablement les parties savoureuses. A l'égard de l'intérieur ou de la *mie* de la galette, on la trouve lisse, compacte, plus transparente que n'étoit la pâte avant la cuisson; c'est en un mot une vraie colle de farine fort épaisse, fort lourde, d'une saveur assez fade, qui se laisse difficilement délayer par la salive, & que l'estomac a beaucoup de peine à digérer.

Mais lorsqu'avant que de faire cuire la pâte de farine, on lui laisse éprouver jusqu'à un certain point le mouvement de fermentation *spirituoso-acide*, dont elle est susceptible, ou qu'on détermine plus promptement cette altération, en y mêlant ce qu'on nomme du *levain* ou de la *levure*, alors la pâte se gonfle par le dégagement de la substance volatile gaseuse de la fermentation, la viscosité diminue par le mouvement intestin & par la division des parties qui en est l'effet, & en profitant de cet état avantageux de la pâte pour la faire cuire dès qu'elle y est parvenue, on en forme ce que l'on nomme le *pain*, dont la mie au lieu d'être compacte, lourde & fade, comme celle de la galette, est légere, toute poreuse, d'une saveur plus agréable & d'une digestion beaucoup plus facile. L'état de pain est en un mot, & sans contredit le meilleur & le plus salubre auquel on puisse amener les matieres farineuses, pour les rendre propres à la digestion & à la nutrition.

Toutes ces propriétés de la farine sont si connues de tout le monde & depuis si long-tems, qu'il auroit été inutile de les rappeller, s'il n'étoit nécessaire de les avoir présentes à l'esprit, pour les lier d'une maniere convenable avec les découvertes qui ont été faites depuis un certain tems sur les parties constituantes de la farine. Je ferai seulement observer encore, que si on ajoute à cela quelques autres choses qui étoient connues des Chymistes, savoir, que les farines ne sont pas plus dissolubles que les gommes dans les menstrues spiritueux ou huileux, & qu'étant distillées au degré de chaleur supérieur à celui de l'eau bouillante, le seul qui puisse les décomposer, comme toutes les autres matieres végétales, qui n'ont pas une plus grande volatilité, on n'en retire que les mêmes principes que fournissent tous les corps susceptibles de fermentation spiritueuse, il étoit assez naturel de croire qu'on connoissoit cette sorte de substance à-peu-près aussi bien qu'on la pouvoit connoître. Mais cette matiere que tout ce qu'on en savoit pouvoit faire regarder comme homogene, ne l'est pas, & c'est à en avoir séparé & distingué une substance toute différente de la partie blanche féculente qui domine dans la farine, qu'a consisté la découverte.

On conçoit aisément que cette substance différente de la matiere muqueuse & féculente nommée *amidon*, mais qui dans l'état naturel est intimement mêlée avec cet amidon, & qui n'étoit sensible dans aucune des opérations connues, par les raisons que nous dirons bientôt, ne pouvoit en être distinguée & séparée que par quelque opération d'une autre nature, & c'est aussi ce qui est arrivé.

Je ne puis dire si c'est M. *Beccari* qui s'est avisé le premier de laver dans de l'eau froide de la pâte de farine de froment récemment faite, & qui n'avoit subi ni fermentation, ni cuisson, & de continuer ce lavage en changeant d'eau à plusieurs reprises, & rassemblant toujours le reste de la pâte, jusqu'à ce que l'eau des lavages, qui se blanchit d'abord par la partie amilacée de la farine, restât enfin claire & limpide; & que ce qui restoit de cette pâte après ce lavage, pût être reconnu pour une substance toute différente de la partie amilacée que l'eau avoit délayée & emportée. Je suis très porté à croire que cette pratique n'étoit point absolument inconnue, & qu'elle étoit usitée par quelques particuliers ou gens d'art qui s'en servoient pour extraire de la pâte de farine une espece de colle ou de mastic beaucoup plus solide que la colle ordinaire ou l'empois, & qui l'employoient à divers usages, comme par exemple, à recoller des porcelaines cassées; mais ce qui me paroît certain, c'est que si cette matiere étoit connue de la sorte avant M. *Beccari*, ceux qui la préparoient au besoin, ne la regardoient que comme la partie la plus forte & la plus collante de la farine, & ne soupçonnoient pas qu'elle fût d'une nature essentiellement différente; ce Physicien est donc le premier qui ait excité l'attention des Chymistes sur cette matiere, en publiant dans les Mémoires de l'Institut de Bologne, une suite d'expériences qu'il avoit faites, pour en reconnoître la nature.

Quelque tems après M. *Kessel-Meyer* en fit le sujet d'une these soutenue dans l'Université de Strasbourg (1), & bientôt plusieurs autres Chymistes en firent aussi l'objet de leurs recherches; ces recherches ne pouvoient manquer de nous procurer une analyse beaucoup plus exacte de la farine, que celles qu'on avoit faites jusqu'alors, M. *Rouelle* est un des premiers qui s'en soit occupé, & avec le plus de zele. Je dois rendre témoignage ici, que, comme il le dit dans le Journal de Médecine, Mars 1773, dès l'année 1770, & ensuite en 1771 & 1772, après avoir changé de concert avec moi tout l'ordre du cours de Chymie, dont nous sommes chargés tous les ans au Jardin du Roi, il donna l'analyse du bled d'après les travaux de MM. *Beccari* & *Kessel-Meyer*. J'y vis avec tous nos auditeurs, les différens produits de l'analyse du bled faite par M. *Rouelle*, & en particulier une grande quantité de cette matiere glutineuse, différente de l'amidon qui avoit été préparée exprès pour en démontrer les propriétés en public. M. *Baumé*, M. *Malouin* & M. *Parmentier*, en ont parlé aussi dans leurs ouvrages. Enfin, M... Auteur de l'édition françoise de la Pharmacopée de Londres, a repris déja depuis plusieurs années cette matiere dans le plus grand détail, & m'a fait l'honneur de m'inviter à coopérer avec lui à la nombreuse suite d'expériences qu'il a entre-

(1) *Dissertatio de quorumdam vegetabilium principio nutriente.* Argentorati, 1759, *in*-4°.

prises pour vérifier toutes celles qui avoient déja été faites, & en ajouter une grande quantité d'autres. Les Savans recueilleront le fruit de ce travail important dans le troisieme & dernier volume de la Pharmacopée de Londres, que les deux premiers font desirer certainement avec la plus grande impatience.

Tout ce que j'ai à dire ici sur les nouvelles analyses de la farine, est donc dû aux Chymistes que je viens de nommer. Ce sont des faits bien constatés, par leurs travaux, & en particulier par ceux de l'Auteur de la Pharmacopée de Londres, qui, comme je l'ai dit, a tout vérifié avec le plus grand soin, & qui veut bien me permettre de parler par anticipation des principaux résultats de ces nouvelles recherches.

Lorsqu'on lave, par la méthode de M. *Beccari*, de la pâte de farine de froment, nouvellement faite, & avant qu'elle ait subi ni fermentation, ni cuisson, après que l'eau n'en tire plus aucune partie blanche de la nature de l'amidon, ce qui reste, est la partie glutineuse, nommée le *gluten* ou *la matiere végéto-animale*.

La quantité qu'on en retire varie beaucoup, & cette différence vient probablement des qualités que la farine tient de l'espece de bled dont elle provient, & de celles qu'elle doit à la terre & à l'état de l'athmosphere plus ou moins favorable à la végétation du bled. Cette quantité va depuis un cinquieme jusqu'à un tiers, & même plus, suivant M. *Beccari*; mais il paroît qu'on n'en tire guere moins d'un quart, & rarement plus d'un tiers de cette matiere dans son état de mollesse. Au surplus que cette matiere soit plus ou moins abondante, cela n'influe point sensiblement sur ses qualités.

La maniere même dont il faut nécessairement s'y prendre pour l'obtenir pure & séparée de l'amidon, prouve qu'elle n'est ni dissoluble, ni même délayable par l'eau, & sa grande ténacité & ductilité font conconnoître que ses parties ont la propriété de se bien joindre & de se bien lier entre elles. Cela forme une masse qui a à-peu-près la même mollesse que la pâte de farine, une couleur un peu plus grise, & beaucoup plus de ténacité & d'élasticité; on peut en en tirant un morceau par ses deux extrémités, le rendre douze ou quinze fois plus long qu'il n'étoit, sans qu'il se divise, & lorsqu'on cesse de le tirer, il reprend de lui-même & assez promptement à-peu-près ses premieres dimensions. On peut l'étendre aussi en large, & l'amincir beaucoup par ce moyen sans qu'il se déchire; cette matiere présente alors une surface lisse, qui ressemble beaucoup pour le coup d'œil aux parties membraneuses des animaux, telles que le tissu cellulaire & l'épiploon; son odeur, lorsqu'elle est bien fraîche, est exactement la même que celle que l'on sent dans les moulins à bled. Sa saveur est très fade, & elle ne se laisse nullement délayer dans la salive par l'effet de la mastication. Pour lui conserver sa mollesse & son extensibilité, il faut la conserver dans l'eau, elle s'attache & se colle fortement à toutes les matieres seches, ensorte que pour pouvoir la manier & lui faire prendre les différentes formes qu'on veut, on est oblgé de se mouiller continuellement les mains; sans cette précaution, elle s'y attache de tous les côtés, & se déchire plutôt que de quitter les endroits où elle s'est collée.

Cette matiere glutineuse se desseche assez facilement, & quand la dessication est assez prompte, elle en est garantie suivant la regle générale de tout mouvement de fermentation; elle devient plus brune en se desséchant, elle acquiert la demi-transparence de la colle forte, & à-peu-près la même solidité; elle se casse de même très nette & avec bruit lorsqu'on la fait plier jusqu'à un certain point. Ce sont ces qualités qui la rendent propre à servir de gluten, ou d'une colle très forte pour lier & unir ensemble des morceaux de verre, de porcelaine, de bois, & même de métal. Pour la bien employer, il faut que les endroits de ces corps solides auxquels on veut l'appliquer soient secs, elle y adhere alors très facilement, & après qu'elle est desséchée, elle tient fortement, résiste à des efforts assez considérables, & est inaltérable, si ce n'est par les liqueurs qui sont capables de la dissoudre : l'eau, sans la dissoudre, la ramene néanmoins avec le tems à son premier état de mollesse.

Lorsqu'on lui fait éprouver un desséchement prompt à l'aide d'une chaleur seche, la plus forte qu'elle puisse éprouver sans se décomposer, telle qu'est, par exemple, celle d'un four chauffé au degré convenable pour cuire de menues patisseries, elle se gonfle extrêmement, & jusqu'à un volume quinze ou vingt fois plus considérable que celui qu'elle avoit étant molle ou crue, & ce renflement si considérable, ne paroît dû qu'à des vapeurs aëriennes ou autres, qui se raréfient dans l'intérieur, & forment dans chaque masse beaucoup de grandes cavités, comme cela arrive à l'espece de pâtisserie qu'on nomme *échaudés*. Par cette espece de cuisson elle acquiert un peu plus de saveur & d'odeur, mais qui ne sont dues qu'à la légere torréfaction extérieure qui forme la croûte, & qui accompagne ordinairement cette cuisson seche. Au surplus, elle n'en est pas plus mangeable, elle est très *coriace* & refuse de se délayer par la salive encore plus que celle qui n'est pas cuite.

Si l'on fait bouillir cette matiere glutineuse dans de l'eau, au lieu de la mettre au four, elle y éprouve aussi une espece de cuisson, sans aucun gonflement, elle acquiert un peu plus de solidité, perd presque toute sa ténacité, son extensibilité, sa qualité collante, & ne conserve qu'à-peu-près le degré de souplesse & d'élasticité d'une morille, sans devenir plus savoureuse, ni plus mangeable ; l'eau de la décoction évaporée jusqu'à siccité, ne laisse aucun résidu différent de celui de l'eau pure.

Dans la combustion à l'air libre, ainsi que par la distillation à feu nud à la cornue, cette substance glutineuse offre exactement les mêmes effets & les mêmes produits que les matieres purement animales, & rien qui ressemble en aucune maniere aux substances végétales. Un morceau de ce gluten sec mis dans la flamme d'une bougie, pétille, s'y noircit, s'y gonfle, s'y liquéfie à moitié, s'y enflamme enfin exactement comme une plume, ou comme un morceau de corne ou de colle forte, l'odeur de brulé désagréable qui s'en exhale est aussi parfaitement semblable à celle des matieres animales qui éprouvent ce même degré de chaleur. Par la distillation à la cornue, on n'en retire aussi que de l'esprit & du sel alkali volatil concret, & une huile fétide empyreumatique à laquelle il ne manque aucun des caracteres de l'huile animale; enfin le charbon qui provient, soit de la combustion à l'air libre, soit de la distillation à la cornue, ne differe non plus en rien de ceux des matieres animales; il n'est pas plus combustible, ni plus capable de fournir une quantité sensible d'alkali fixe, par l'incinération.

Le caractere animal de cette partie glutineuse de la farine se soutient complétement dans les effets de la fermentation. Lorsqu'on la garde dans son état de mollesse, pendant un certain tems plus ou moins long, suivant la température de l'air, & sur-tout, suivant la remarque de M. *Baumé*, que je crois juste, lorsqu'elle n'a pas été entiérement dépouillée de toute la partie amilacée, elle prend l'odeur & la saveur du fromage de Gruyere ou de Hollande, fait & affiné. J'ai vu & mangé de cette espece de fromage que M. *Rouelle* avoit préparé, & qu'il a présenté à un de nos cours du Jardin du Roi; il étoit si semblable pour l'odeur & la saveur au fromage de lait, que s'il eut été salé, & qu'on n'eût point su d'où il provenoit, on auroit pu s'y tromper. Mais il paroît, comme je viens de le dire, que c'est à un reste d'amidon que cette qualité est due, car lorsque le gluten en est parfaitement dépouillé, & qu'on le conserve sous l'eau dans un lieu ou dans un tems chaud, il passe assez promptement à une putréfaction entiere, & prend une odeur cadavéreuse des plus fétides

Il est donc assez probable que le mélange d'une certaine quantité d'amidon, qui tend à une fermentation spirituoso-acide, suspend & arrête le progrès de la putréfaction du gluten, & l'entretient, du moins pendant un tems assez considérable dans la demi-putréfaction du fromage affiné. Il est à remarquer que, quand le gluten est parvenu à cet état de fromage, il se délaie bien dans la salive & est très mangeable ; changement qui n'est dû certainement qu'à la fermentation.

Nous n'avons pu dissoudre le gluten frais, par l'intermède du jaune d'œuf, ni par le sucre : M. *Kessel-Meyer* a cru cependant que ces substances avoient de l'action sur lui. Ni les huiles, ni l'esprit de vin, ni même l'éther, ne peuvent non plus le dissoudre ; cependant l'esprit de vin en sépare à l'aide de la digestion, une petite quantité d'une substance qui a les caracteres d'une huile résineuse. L'esprit de vin rectifié appliqué au gluten frais en quantité assez considérable, ne lui occasionne pas d'abord de changement considérable ; mais à la longue, il le rend très dur, sans doute par une espece de desséchement ; mais il est à observer que le gluten ainsi durci & desséché par l'esprit de vin, conserve la couleur blanchâtre opaque qu'il a, lorsqu'il est frais & mou, & ne prend point l'apparence de colle forte qu'il acquiert par le desséchement à l'air libre.

L'alkali fixe en liqueur a quelque peine à agir à froid sur le gluten, & c'est apparemment ce qui a fait croire à M. *Kessel-Meyer*, qu'il résistoit à l'action de ce dissolvant ; mais par le secours de l'ébullition, nous avons vu cette dissolution se faire assez bien. La liqueur alkaline après avoir agi, étoit un peu trouble & ne pouvoit se filtrer qu'avec beaucoup de difficulté & de lenteur. Après la filtration nous en avons séparé par l'addition d'un acide, une quantité sensible de gluten qui avoit été dissous, mais il n'avoit plus son élasticité.

Toutes les expériences qui ont été faites jusqu'à présent par différens Chymistes, concourent à établir que les acides végétaux huileux, tels que la crême de tartre & le vinaigre, sont les substances qui dissolvent le mieux le gluten, & qui lui causent le moins d'altération ; & en effet dans nos expériences, j'ai vu que cette dissolution se faisoit facilement par le vinaigre distillé ou non distillé : la liqueur étoit néanmoins toujours trouble, un peu laiteuse & presque impossible à filtrer. L'addition de l'alkali fixe en liqueur a rendu ce vinaigre chargé de gluten plus trouble & plus laiteux, & le gluten s'en eſt ſéparé en forme d'écume ; il avoit encore après cette ſéparation ſon élaſticité & les autres principales propriétés qui le caractériſent.

Lorſqu'on a fait évaporer à une chaleur douce cette diſſolution de gluten par le vinaigre, ſans aucune addition ; il s'eſt ſéparé des pellicules indiſſolubles dans l'eau, & il s'eſt formé au fond une eſpece de matiere mucilagineuſe, gélatineuſe & collante ; on ſentoit pendant toute cette évaporation une odeur d'acide du vinaigre très vive & très pénétrante. Comme cette combinaiſon de gluten avec l'acide du vinaigre eſt trouble, ainſi que je l'ai fait remarquer, il y a lieu de croire que ce trouble n'eſt dû qu'à une portion du gluten qui n'eſt pas en parfaite diſſolution, & c'eſt probablement cette partie non diſſoute qui ſe ſépare pendant l'évaporation ſous la forme de pellicules indiſſolubles, tandis que la partie entiérement combinée avec l'acide, ſe retrouve ſous la forme de la matiere mucilagineuſe qui occupe le fond.

A l'égard de l'action des acides minéraux ſur le gluten, il s'eſt trouvé une différence entre les expériences de M. *Keſſel-Meyer* & les nôtres. Suivant le premier, ces acides ne diſſolvent point le gluten : nous avons vu au contraire que les trois acides minéraux concentrés, ont agi efficacement ſur cette ſubſtance fraîche ou ſeche ; le réſultat des expériences réitérées que M... a faites ſur cet objet, a été que l'acide nitreux a agi avec plus de promptitude & d'effervescence que le vitriolique & le marin ; la diſſolution par l'acide nitreux, a toujours été d'une couleur jaune foncée ; celle par l'acide vitriolique, d'une couleur brune preſque noire, & celle par l'acide marin, auſſi d'une couleur très brune, tirant ſur le violet. Je ne rapporterai point ici les détails des expériences auſſi nombreuſes qu'intéreſſantes que M... a faites ſur ces combinaiſons des acides minéraux avec le gluten ; c'eſt à lui à en faire part aux Chymiſtes ; je dirai donc ſeulement qu'il y a lieu de croire d'après toutes ces expériences, que les acides minéraux concentrés en diſſolvant le gluten, en décompoſent au moins une certaine quantité. Ce qui paroît confirmer cette conjecture, c'eſt que dans ces combinaisons, il s'est séparé une certaine quantité d'une substance qui sembloit huileuse, & qui avoit l'odeur & la consistance des huiles grasses lorsqu'elles ont éprouvé l'action des acides minéraux, & que d'ailleurs, après un grand nombre de dissolutions dans l'eau ou dans l'esprit de vin, de filtrations, de digestions & d'évaporations à l'air libre, dont plusieurs ont duré des années entieres, M.... a obtenu enfin, sans le secours du feu, de la dissolution nitreuse, un sel ammoniacal nitreux, & de celle par l'acide marin, un sel ammoniac bien caractérisé, & que nous nous sommes assurés de la présence & de la nature de ces sels ammoniacaux par les épreuves les plus décisives de la Chymie, dont une partie a même été faite avec MM. d'*Arcet* & *Rouelle*. Il résulte de ce beau travail une connoissance bien importante : savoir que, quoique par l'application de l'alkali fixe ou gluten frais, nous n'ayons observé aucun dégagement ni aucune odeur d'alkali volatil, cette derniere matiere saline existe néanmoins toute formée dans le gluten, & doit être regardée comme une de ses parties constituantes. En est-il de même de l'alkali volatil que fournissent les matieres animales, soit par la distillation, soit par la putréfaction, & avec lesquelles la partie glutineuse de la farine a, comme on l'a vu, une si grande ressemblance? c'est ce qu'on ne pourra connoître que par une suite d'expériences analogues à celles que M... a faites sur le gluten, & qu'il a déja commencé à faire sur les matieres animales. Pour nous en tenir quant à présent à la nouvelle analyse de la farine de froment, je dois exposer ce qu'on a découvert de la nature & des propriétés de ses autres parties ; la plus considérable, celle qui en fait la base, est la fécule mucilagineuse blanche, qui est connue sous le nom d'*amidon*.

On a vu que pour obtenir la partie glutineuse, il falloit laver dans beaucoup d'eau la pâte crue & récente de farine. Ce lavage en sépare la partie amilacée qui se distribue & se tient suspendue dans l'eau froide sans s'y dissoudre, & par cette raison lui donne un blanc mat laiteux, tant qu'elle y reste suspendue. Mais comme elle est spécifiquement plus pesante que l'eau, elle se dépose peu-à-peu & forme un sédiment blanc qui est l'amidon. Mais il est très essentiel de remarquer, que, comme M... s'en est assuré par l'expérience, cet amidon qui se dépose ainsi avant qu'il y ait eu dans la liqueur aucun mouvement de fermentation, est grisâtre, & manque absolument de la blancheur éclatante de celui que font les Amidonniers. On sait que ceux-ci ne recueillent leur amidon, qu'après que la liqueur au fond de laquelle il doit se déposer, a éprouvé une fermentation acide, portée même jusqu'à un commencement de putréfaction. Après cette fermentation, la partie la plus pesante, celle qui se dépose la premiere est la plus blanche, & le plus bel amidon; de là vient que les Amidonniers enlevent soigneusement la partie supérieure de leurs dépôts; comme elle manque de blancheur, ils la nomment *gros* ou *noir*; celle qui est dessous est plus blanche, & c'est ce qui forme l'amidon commun; enfin la partie du dépôt qui occupe le fond du vaisseau, est l'amidon le plus beau & le plus blanc.

M... a imité dans son travail ces manipulations des Amidonniers, une partie de l'eau blanche provenant du lavage de la pâte de farine, a été conservée à part pour lui laisser éprouver toute la fermentation dont elle étoit susceptible; elle s'est aigrie fortement, il s'est formé à sa surface un croûte de moisissure en forme de peau épaisse, toute chargée de petites végétations ou mousses de différentes couleurs, mais particuliérement de plusieurs nuances de verd. Le dessus du dépôt qui s'étoit formé au fond de cette liqueur étoit gris & sale, mais le dessous étoit d'une grande blancheur, & après qu'il a été recueilli avec soin, bien lavé & séché à l'air libre; il s'est trouvé du plus beau blanc, ni acide, ni alkali, insipide, ne faisant pas de pâte liante avec l'eau, comme le fait la farine; en un mot semblable en tout au plus bel amidon du commerce.

Il résulte de ces propriétés de la partie féculente ou amilacée de la farine, qu'indépendamment de ce qu'elle n'est point dissoluble dans l'eau froide, elle ne s'y dissout pas même à l'aide de la fermentation, &

qu'elle reste intacte dans une liqueur, où la fermentation acide & même la moisissure passent par tous leurs degrés; il résulte aussi de ces mêmes expériences. 1°. Que le mouvement fermentatif que subit l'eau blanche des lavages de la pâte de farine, n'est dû, ni à la matiere glutineuse, puisqu'elle en est séparée par ce lavage même, ni à la partie féculente amilacée, puisque cette derniere se retrouve intacte après toute cette fermentation. Pour connoître quelle étoit la substance qui subissoit cette fermentation, M.... a fait évaporer à une douce chaleur, une quantité suffisante de cette eau de lavage après qu'elle a eu formé son dépôt, & avant qu'elle eût commencé à s'aigrir; le résidu de cette évaporation a été une matiere d'un jaune brun, visqueuse, collante, poissante, d'une saveur très foiblement sucrée, laquelle dans la combustion & dans la distillation a présenté tous les produits & effets du sucre, & que M... nomme avec raison matiere *mucoso-sucrée*.

Tous ces faits importans font connoître assez la cause des différences qui se trouvent entre les dépôts amilacés & les raisons des manipulations dont se servent les Amidonniers, pour obtenir le plus bel amidon. On conçoit aisément, que l'amidon qui se dépose avant la fermentation, entraîne avec lui une partie de la matiere mucoso-sucrée, qui s'y attache par sa viscosité & le salit par sa couleur, tandis que celui qui ne se dépose qu'après que cette matiere a été atténuée, & comme détruite par la fermentation, doit se déposer plus facilement dans la liqueur qui n'a plus de viscosité, & devenir beaucoup plus pur & plus blanc, en ce que la matiere hétérogene colorante a perdu cette même viscosité qui la lui fait adhérer avant la fermentation.

Au surplus, comme l'amidon est la base & la partie dominante de la farine; il étoit très important de connoître quelle espece de pain pourroient fournir les deux sortes d'Amidon dont je viens de parler, (le gris & le blanc) c'est ce qui a engagé M.... à faire faire du pain avec l'un & avec l'autre.

Le Boulanger chargé de faire ces pains, a observé

que ces amidons ne pouvoient faire une pâte liante & tenace, comme celle de la farine, que celles-ci étoient très difficiles à pétrir, se fendoient continuellement, qu'il étoit presque impossible d'en former des pains bien liés, & que malgré la levure de biere qu'il avoit ajoutée à ces pâtes en quantité assez considérable, elles n'avoient pas levé à beaucoup près aussi bien que la pâte de farine; les qualités de ces pains, après qu'ils ont été cuits, se sont trouvées telles qu'on devoit les attendre d'après ces premiers effets; leur saveur à l'exception d'une très légere amertume que nous avons attribuée à la levure de biere, n'avoit rien de désagréable, ni de bien différent de celle du pain ordinaire, mais la croûte de ces pains étoit beaucoup fendue; ils étoient sensiblement moins bien levés, ils manquoient de la légereté & du moëlleux des pains de farine; ils avoient au contraire quelque chose de dur & de sec qui en rendoit la mastication moins prompte & moins facile, & tous ces défauts étoient encore plus marqués dans celui d'amidon blanc, que dans celui d'amidon gris.

L'amidon du commerce le plus blanc & le plus pur, soumis à la distillation à la cornue, ne fournit qu'un esprit acide, huileux, empyreumatique de couleur brune foncée, & de l'huile empyreumatique très-épaisse sur la fin de la distillation.

La différence qu'il y a entre ces produits de l'amidon & ceux de la matiere glutineuse, c'est que cette derniere ne donne, comme on a vu, que les produits des substances parfaitement animalisées, au lieu que l'amidon ne fournit exactement que les principes des matieres purement végétales. M. *Rouelle*, (Journal de Médecine, Mars 1773), fait observer que l'huile empyreumatique de l'amidon, est pesante, tandis que celle de la matiere glutineuse, nage constamment sur l'esprit alkali volatil.

La farine de froment entiere, & le pain de pure farine de froment distillés de même à la cornue par M... n'ont fourni pendant toute la distillation qu'un esprit salin huileux, qui ne donnoit que les indices d'acidité & de l'huile empyreumatique. L'alkali volatil du gluten ne s'est point rendu sensible dans ces analyses, parcequ'il étoit combiné avec l'acide prédominant de l'amidon ; mais en ajoutant dans le produit de ces distillations assez d'alkali fixe pour saturer tout l'acide, nous avons obtenu cet alkali volatil par une nouvelle distillation de ce mélange, & il est remarquable qu'il a paru moins abondant & moins sensible dans les produits du pain que dans ceux de la farine.

Il résulte de tout cet examen de la farine de froment, que cette matiere n'est point du tout homogene, & qu'elle contient trois substances très distinctes & séparables l'une de l'autre.

La premiere & la plus abondante, est l'amidon pur, fécule blanche, indissoluble dans l'eau froide, dissoluble dans l'eau chaude, & de la nature des substances muqueuses qui forment des colles aqueuses par leur dissolution ; substance qui est alors susceptible de fermentation sur tout acide & de moisissure, qui enfin ne fournit dans l'analyse que de l'esprit acide & de l'huile empyreumatique pesante & acide.

La seconde, est le gluten dont on a vu les propriétés, matiere singuliere qui, quoiqu'indissoluble dans l'eau froide & dans l'eau chaude, & s'attachant fortement comme les résines à tous les corps qui ne sont point mouillés, n'a cependant rien autre chose de commun avec les résines ou autres substances huileuses concretes, & semble se rapprocher de la nature des gommes par la maniere dont elle résiste à l'action de l'esprit de vin, des huiles, des menstrues savonneux même, & de l'éther ; ainsi que par la propriété qu'elle a de coller fortement, & qui cependant n'est rien moins qu'une gomme, comme cela est prouvé par son indissolubilité absolue dans l'eau, & par les principes tout différens qu'elle fournit dans son analyse à la cornue : comme ces principes sont exactement les mêmes que ceux des matieres parfaitement animalisées, & que d'ailleurs les effets de la fermentation dont elle est susceptible, ont aussi une grande analogie avec ceux que présentent à cet égard les matieres animales, c'est sans contredit à ce genre de mixtes qu'on doit rapporter celui-ci, & parmi ces derniers, c'est, comme la fort bien vu M. *Rouelle*, le fromage ou la partie caséeuse du lait, avec lequel elle a le plus de propriétés communes.

Enfin la troisieme substance qui se trouve dans la farine, est douce, poissante, parfaitement dissoluble à l'eau froide, de la nature des matieres sucrées extractives & muqueuses, susceptible de la fermentation spiritueuse. Cette derniere substance ne se ttouve qu'en quantité assez petite dans la farine, du moins dans celle de froment, car il est très possible qu'elle soit en plus grande proportion dans les farines de quelques autres grains.

On ne peut guere douter que ce ne soit de l'union & de la juste proportion de ces trois parties constituantes de la farine de froment, que dépende la supériorité de cette farine sur toutes les autres pour faire le pain le mieux levé, le plus léger, le plus moëlleux, en un mot le plus agréable & le plus salutaire à tous égards: car il est prouvé d'abord par l'expérience de M... sur le pain d'amidon, que cette farine elle-même ne peut fournir qu'un pain de qualité très inférieure, quand elle a été dépouillée de sa partie glutineuse, & encore moindre après qu'on lui a enlevé aussi sa partie mucoso-sucrée.

Il est constant d'ailleurs, que les farines de tous les autres grains avec lesquelles on ne peut faire que du pain, beaucoup moins bon que celui de la farine de froment, ou ne contiennent que beaucoup moins de gluten, ou même n'en contiennent point du tout, car l'expérience a prouvé, qu'en les traitant comme la farine de froment, on n'en peut point séparer une quantité sensible de cette matiere glutineuse, & il est presque démontré par ces seules observations, que c'est à cette substance de nature animale que la farine de froment doit la propriété qu'elle a, comme nous l'avons dit, de fournir le plus excellent pain.

On a demandé si le gluten de la farine étoit une matiere nutritive; & quelques uns des Chymistes qui l'ont examiné, semblent même s'être décidés pour la négative; mais ça été sans doute faute d'avoir fait assez d'attention à sa nature: car puisque c'est un mixte parfaitement semblable aux matieres animales, pourquoi ne seroit-il pas capable de nourrir aussi bien qu'elles. Il est bien vrai, que lorsque le gluten est pur, séparé des autres parties de la farine, & qu'il n'a encore subi aucun mouvement de fermentation, sa glutinosité & sa ténacité extrême, le rendroient un aliment mal-sain & presque impossible à digérer; mais il en est tout autrement, lorsqu'il est distribué en parties infiniment fines dans toute la substance de la farine, & que ses parties sont séparées les unes des autres par l'interposition de celles des substances amilacées & mucoso-sucrées, comme il l'est en effet dans la farine: car M... s'est assuré par l'expérience, que cette matiere n'est point placée dans le son plus abondamment que dans la farine même, & qu'au contraire le son en contient infiniment moins. Or le gluten est si dissoluble dans cet état de division & de distribution, qui est celui où la nature le produit, que le simple degré de chaleur de la cuisson, ou même la légere fermentation du *dilutum* ou de la pâte de farine, suffisent pour combiner le gluten avec l'amidon & avec la matiere mucoso-sucrée, de maniere qu'il n'y a plus ensuite aucun moyen de l'en séparer. Dès que le *dilutum* de farine a été cuit, soit en bouillie avec le lait, soit en colle avec l'eau, on ne peut plus en extraire le gluten; il en est de même de la galette ou pain azime, de la pâte de farine, même crue, quand elle a commencé à fermenter, & à plus forte raison du pain levé & cuit. Plusieurs de ces épreuves ont été faites par MM. *Beccari*, *Kessel-Meyer*, & quelques autres Chymistes; mais il n'y en a aucune que nous n'ayons réitérée avec le plus grand soin, ensorte qu'on doit regarder comme une vérité démontrée que la cuisson & la fermentation mettent les parties amilacées & muscoso-sucrées de la farine en état de dissoudre parfaitement sa partie glutineuse.

Telles sont les connoissances nouvelles dont nous sommes redevables aux Savans estimables que j'ai cités sur les parties constituantes de la farine de froment; elles sont assurément bien intéressantes en elles mêmes ; mais ne pourroient-elles pas le devenir encore infiniment davantage, s'il étoit possible d'en faire des applications utiles à un objet d'une aussi grande importance que le pain. La farine de froment n'est point la seule, comme on sait, avec laquelle on prépare cet aliment, presque universel & de premiere nécessité, pour la plus grande partie des hommes : on fait aussi du pain avec les farines de beaucoup d'autres grains inférieurs. Mais le pain qui provient de tous ces autres grains, quoique peut-être essentiellement aussi nourrissant que celui de froment, est de l'aveu de tout le monde, moins bon, moins léger, moins aisé à digérer, & comme toutes ces especes de pains inférieurs à celui de froment, sont à un prix moindre, ils deviennent par-là presque la seule nourriture des pauvres, & sur-tout des pauvres habitans de nos campagnes. Quel avantage ne seroit-ce donc pas que d'améliorer beaucoup cette nourriture, s'il étoit possible de le faire, sans en augmenter sensiblement le prix ? S'il y a quelque moyen de parvenir à un si grand bien, les connoissances déja acquises sur la nature de la farine de froment, & un examen aussi exact de toutes les autres matieres farineuses, sont assurément ce qu'il y a de plus propre à nous mettre sur la voie de le trouver. Ce gluten qui existe en quantité assez considérable dans la premiere, & qui paroît manquer totalement ou presque totalement dans toutes les autres, n'est-il pas la cause principale de la différence de bonté entre les différentes especes de pain, car la blancheur plus ou moins grande, ne doit influer en rien sur les qualités essentielles du pain. D'un autre côté la proportion & la nature de ce gluten sont parfaitement connues. Son caractere animal bien avéré, ne nous indique-t-il pas qu'on peut trouver son équivalent dans quelques substances animales à bas prix, telles que la partie caséeuse du lait, les gelées ou colles qu'on peut tirer des os, des cartilages, des tendons, &c. ou même dans certains végétaux très communs, tels que les choux, les navets qui fournissent dans l'analyse les mêmes principes que les matieres animales ?

Combien n'y a-t-il pas d'expériences & de recherches à faire sur tous ces objets ?

M. *Parmentier*, que j'ai déja cité dans cet article, s'est adonné particuliérement à ce genre de travail, & paroît être un de ceux qui le suivent avec le plus de constance : il communique assez fréquemment à l'Académie des Sciences les recherches qu'il fait habituellement sur la farine de froment, & elles ne sont point sans succès. On voit dans les Mémoires de ce Chymiste, qui, au moment où j'écris ceci, ne sont pas encore tout imprimés, qu'il a fait une attention particuliere à la partie amilacée de la farine ; il a fort bien remarqué d'après les effets connus du travail des Amidonniers, que cette substance qu'il regarde avec raison comme très alimentaire, étoit beaucoup moins susceptible d'altération & de corruption que les autres parties de la farine. On sait en effet depuis long-tems que les Amidonniers extraient facilement des bleds & farines gâtés, des amidons très beaux, très sains, & aussi propres à faire de l'empois, de la colle, &c. que la meilleure farine ; mais ce dont on doit savoir beaucoup de gré à M. *Parmentier*, c'est d'avoir cherché à faire des applications utiles de ces connoissances importantes. Sans avoir eu aucune communication des expériences de M. P. auxquelles j'ai participé, & qui n'étoient point publiées : M. *Parmentier* en a fait d'analogues, dont le but étoit de reconnoître d'abord quelle espece de pain on pourroit faire avec l'amidon seul, & ensuite de trouver les matieres dont le mélange seroit le plus propre à donner à ce pain qui s'est trouvé mal lié, sec, mat & insipide, les bonnes qualités qui lui manquent. Les expériences de M. *Parmentier* lui ont fait découvrir *qu'avec des pommes de terre converties en pâte, de la levure, & quelques grains de sel, on peut faire dans tous les tems du pain qu'il dit être excellent, salubre, très nourrissant, & qui en cas de disette, peut sans inconvénient remplacer le pain de froment, de seigle, d'orge & d'avoine.* C'est déja un très grand pas de fait ; il est très important de savoir qu'avec de l'amidon qu'on peut tirer des bleds & farines gâtés, & qui se conserve facilement sans altération pendant fort long-tems, on peut faire un pain bien levé & savoureux; j'ai mangé, ainsi que plusieurs autres membres de l'Académie, de ce pain d'amidon fait par le procédé de M. *Parmentier*, & je l'ai trouvé en effet assez bien levé & d'une saveur d'abord assez agréable, mais à cette saveur il succédoit une amertume sensible, qu'il est à desirer qu'on puisse lui enlever. Les connoissances déja acquises sur la nature de la farine de froment & de ses parties constituantes, donnent tout lieu d'espérer qu'on portera facilement le pain d'amidon, & même ceux de toutes les farines inférieures à celle de froment, au plus haut point de perfection. Ces connoissances sont même actuellement si avancées, qu'on peut en quelque sorte regarder le problême, comme déja résolu. Tout le monde convient en effet que c'est à la matiere glutineuse qu'est due la grande supériorité du pain de la farine entiere de froment, sur celui d'amidon & de toutes les autres farines; la nature de cette matiere précieuse est parfaitement connue, il ne lui manque aucun des caracteres des matieres animales. On trouve ses analogues & ses équivalens abondamment dans tout le regne animal, & même dans plusieurs végétaux. M. *Parmentier* a déja rencontré dans les pommes de terre une substance qui remplace le gluten jusqu'à un certain point; mais les pommes de terre sont-elles le meilleur de tous les supplémens qu'on puisse donner à ce gluten de la farine de froment? c'est ce qui n'est pas à présumer, & c'est ce qu'on ne saura qu'après qu'on aura soumis à des expériences exactes toutes celles des substances végétales & animales, dont l'analyse aura fait connoître la plus parfaite ressemblance avec la matiere glutineuse de la farine de froment. La cariere est très vaste, sans doute, mais elle est belle & d'autant plus intéressante à parcourir, que ce meilleur supplément du gluten étant connu, le problême se trouvera résolu dans toute la généralité dont il est susceptible: c'est-à-dire, qu'on pourra faire du pain aussi parfait que celui de la farine de froment, avec toutes les farines de quelques especes quelles soient.

FAUSSE GALENE. C'est un minéral qui a quelque

ressemblance, pour le coup-d'œil, à la galêne ou vraie mine de plomb, mais dont on ne tire point de métal.

FAUX PRÉCIPITÉ. On appelle faux précipité, une matiere qui a l'apparence d'un précipité, mais qui n'a pas été réellement séparée d'un dissolvant par un intermede & par la précipitation. Tel est le mercure réduit en poudre rouge sans addition, & par la simple chaleur, qu'on nomme improprement précipité *per se*, c'est-à-dire, mercure précipité par lui-même : tel est aussi le *précipité rouge* qui n'est autre chose que du mercure dissous d'abord, à la vérité, dans de l'esprit de nitre, mais auquel on a enlevé la plus grande partie de cet acide, par la seule action du feu, & sans le secours d'aucun intermede. L'argent, le plomb, le mercure séparés de l'acide nitreux par les acides ou sels vitrioliques & marins, sont regardés aussi communément comme des précipités, & le sont en effet, en ce qu'ils sont réellement séparés d'avec une substance par l'intermede d'une autre substance ; mais, comme cette séparation ne se fait qu'autant que le métal précipité s'unit avec l'acide précipitant, ces sortes de précipités doivent être distingués de ceux qui ne sont autre chose que la matiere précipitée toute seule. *Voyez* PRÉCIPITÉS & PRÉCIPITATION.

FÉCULES DES PLANTES. On peut donner en général le nom de *fécule* à toutes les matieres qui se séparent ou se déposent, soit dans les sucs exprimés des plantes, soit dans l'eau avec laquelle on les broie, ou on les fait infuser.

Les fécules sont encore fort peu connues, & les connoissances que nous commençons à avoir sur cet objet sont toutes récentes. Toutes les *farines* & *amidons* doivent être regardés comme des fécules : on trouvera à l'article *farine* les principaux résultats des recherches qui ont été faites jusqu'à présent sur ces matieres.

La partie verte de presque toutes les plantes, forme une autre espece de fécules ; elle se trouve ordinairement divisée & distribuée dans les sucs exprimés de chaque plante ; elle les rend verds & troubles avant qu'il aient été clarifiés, ce qui prouve qu'elle n'y est point dissoute, mais seulement suspendue, aussi l'en sépare-t-on facilement par la clarification, par le dépôt ou par la filtration. Cette partie verte de la plupart des plantes, quoique susceptible de se séparer en forme de fécule, comme les amidons, en differe cependant essentiellement, en ce qu'elle est totalement indissoluble dans l'eau, même à l'aide de la chaleur de l'ébullition, au lieu que les amidons se dissolvent dans l'eau chaude avec laquelle ils forment des colles & des empois.

Il paroît par une note que M. *Rouelle* a fait imprimer dans le Journal de Médecine (Mars 1773), que feu M. son frere est le premier qui ait commencé à examiner cette matiere verte répandue presque universellement dans tout le regne végétal, la propriété qu'elle a de ne se point dissoudre dans l'eau & de céder au contraire à l'action de l'esprit de vin, de l'éther, des huiles, avoit fait conclure à feu M. *Rouelle*, qu'elle étoit de nature résineuse, & cette conlusion est juste à certains égards. Mais M. *Rouelle* le jeune, en poussant plus loin cet examen, a découvert que la totalité de ce qui se sépare des plantes sous la forme d'une fécule verte, n'est point pure résine, & qu'il s'y trouve, au contraire, une autre matiere de nature toute différente, en ce qu'elle fournit, par l'analyse à la cornue, les mêmes principes que les substances animales, c'est-à-dire, l'alkali volatil & l'huile fétide animale, principes qu'on n'obtient d'aucune résine proprement dite; cette substance en quelque sorte animale des fécules vertes, n'étant d'ailleurs point dissoluble dans l'eau, même à l'aide de la chaleur, paroît fort analogue à la *partie glutineuse* de la farine, c'est l'idée de M. *Rouelle*, & assurément elle a toute la vraisemblance possible. Au surplus cette découverte mérite bien d'être suivie, & elle le sera, sans doute, avec tout le soin qu'elle exige, ne pouvant être en de meilleurs mains que celles du très habile Chymiste auquel nous en sommes redevables.

L'expérience prouve que la couleur verte des plantes s'altere facilement, & même se change en un fauvebrun par une espece de fermentation qui survient aux plantes, après qu'elles ont été cueillies, à moins qu'on ne prévienne cette fermentation par une dessiccation très prompte. Je ferai observer à ce sujet que, quoique cette couleur verte se change & disparoisse même ainsi totalement, elle n'est pourtant point détruite pour cela, & qu'on peut, par le moyen des menstrues, séparer & extraire la partie verte des plantes seches qui n'ont plus la moindre apparence de verd. Du moins, dans un examen que j'ai eu occasion de faire de plusieurs especes de tabacs, avec MM. *Cadet*, *Demoret* & *Mitouard*, il est arrivé qu'ayant appliqué de l'éther à du tabac que nous avions totalement épuisé par l'eau, & qui n'avoit d'autre couleur que le brun-fauve qu'on lui connoît; cet éther en a tiré une très belle teinture verte.

Il est assez vraisemblable qu'il y a dans le regne végétal, & même dans le regne animal, d'autres especes de matieres féculentes, peut-être même en assez grand nombre. Il seroit intéressant de les examiner & de les bien connoître. La plupart des parties colorantes des drogues qu'on emploie en teinture, pourroient bien n'être que des fécules; l'*indigo*, par exemple, en est une de couleur bleue & bien caractérisée, l'indigo differe néanmoins de la fécule verte commune de toutes les plantes, non seulement par sa couleur, mais encore en ce qu'il résiste à l'action des dissolvans spiritueux & huileux, & ne peut être rendu soluble que par les substances salines, ou par une sorte de fermentation putride. Il est aisé de sentir que c'est-là un objet de recherches des plus neufs & des plus importans. Chaque végétal ou animal est un tout dans l'ordre des êtres; mais ce tout est lui-même un assemblage admirable d'un grand nombre de mixtes fort hétérogenes & de différens ordres; c'est à séparer ces mixtes les uns des autres, & à bien reconnoître la nature & les propriétés de chacun d'eux, que la Chymie doit travailler.

FER. Le fer, nommé aussi *mars*, est un métal d'une couleur blanche, livide, sombre, & tirant sur le gris; il est le plus dur des métaux; il est aussi celui qui a le plus d'élasticité, & le plus difficile à fondre, à l'exception de la *platine*.

Ce métal est, après l'or, celui dont les parties ont le plus de *ténacité :* un fil de fer d'un dixieme de pouce de diametre est en état de soutenir un poids de 450 livres avant que de se rompre.

Après l'étain, le fer est le plus léger des métaux, il perd dans l'eau entre un septieme & un huitieme de son poids. Un pied cube de fer forgé, pese 580 livres.

Le fer bien pur est assez ductile pour être tiré en fils aussi fins que des cheveux; mais il faut observer que toutes ces propriétés du fer sont sujettes à varier beaucoup en plus ou en moins, suivant les différentes especes de fer: ce qui vient, non pas de ce qu'il y a plusieurs especes de fer essentiellement différentes, mais de ce que ce métal renferme souvent entre ses parties, une quantité plus ou moins grande de terre non métallique ou non métallisée, à cause de la difficulté qu'on a à fondre sa mine parfaitement : *voyez* MINES DE FER, & TRAVAUX DES MINES.

Le fer est la seule substance, connue dans la Nature, qui soit attirable par l'aimant, & qui puisse devenir lui-même un aimant capable d'attirer d'autre fer. Cette propriété sert à le faire reconnoître dans des mélanges où il est d'ailleurs peu sensible, & même à le séparer, lorsqu'il n'est qu'interposé avec d'autres corps, & point adhérent. Il conserve cette propriété, quoiqu'allié avec quelques autres métaux. *Henckel* dit dans sa *Pyrithologie*, que le fer, même allié avec deux parties de cuivre, est encore attirable par l'aimant; il l'est même en proportion infiniment moindre; car les Physiciens qui ont fait des observations exactes sur les boussoles, se sont convaincus qu'elles étoient rarement bien justes, quand l'aiguille aimantée étoit renfermée & suspendue dans une boîte de métal. Au surplus le soufre combiné avec le fer détruit sa vertu magnétique.

Le fer est un métal très destructible, l'action combinée de l'air & de l'eau, & probablement du *gas* contenu dans ces fluides, convertit promptement sa surface en une rouille ou chaux jaunâtre, privée de presqué tout son phlogistique, qui n'est plus qu'une terre dépourvue des propriétés métalliques, & qui ne peut les recouvrer qu'en se recombinant de nouveau avec le principe inflammable. Tout le monde sait combien le fer est détruit par la rouille, lorsqu'il est exposé à un air humide. La rouille du fer, ainsi que toutes les autres chaux de ce métal, se nomme *safran de mars*.

L'eau seule, même sans le secours de l'air, paroît capable d'agir jusqu'à un certain point sur le fer, sans le dépouiller à la vérité de son principe inflammable; mais elle le divise & l'atténue considérablement. *Voyez* ETHIOPS MARTIAL.

Peut-être aussi que la substance gaseuse contenue dans l'air, & dont l'eau n'est pas entiérement exempte, est pour beaucoup dans ces altérations du fer qu'on attribue à l'action de l'air & de l'eau; mais on ne pourra connoître bien au juste ce qui en est, que par des expériences difficiles & assez délicates.

Le fer résiste au feu le plus fort des fourneaux ordinaires, sans se fondre; mais il se brûle & se calcine facilement; il se change en une matiere terreuse, plus ou moins rougeâtre ou noirâtre, qu'on nomme *safran de mars astringent*: ce safran de mars n'est que la terre propre de fer dépouillée de la plus grande partie de son phlogistique, par la combustion ou calcination.

Lorsque ce métal est chauffé le plus qu'il est possible, c'est-à-dire, jusqu'au blanc le plus éclatant, & prêt à couler, il a toute l'apparence d'un corps combustible pénétré d'une flamme vive & brillante: & en effet le principe inflammable de ce métal, chauffé jusqu'à ce point-là, brûle réellement d'une maniere sensible; une grande quantité d'étincelles vives & brillantes s'en élancent de toutes parts, & brûlent avec une espece de décrépitation. J'ai exposé du fer au foyer d'un grand miroir ardent, il s'est fondu promptement en bouillonnant, il s'en exhaloit une fumée ardente qui, dans sa partie inférieure, étoit une vraie flamme, il s'est trouvé transformé à la fin en une espece de scorie noirâtre & vitrifiée, & nous avons vu depuis tous ces effets d'une maniere encore beaucoup plus sensible au grand *verre ardent* de *M. de Trudaine*. On sait que les étincelles qui partent d'un caillou frappé avec l'acier, ne sont que des parcelles de fer enflammées par la violence du frottement, & que, reçues sur du papier, & vues au microscope, elles paroissent comme des *scories de fer* ou du *machefer*.

Tous les acides dissolvent le fer, & présentent avec ce métal des phénomenes particuliers.

Si l'on met de la limaille de fer dans un matras, qu'on verse pardessus une suffisante quantité d'acide vitriolique affoibli, pour en faire la dissolution, on verra cette limaille se dissoudre avec chaleur & effervescence: l'acide vitriolique, en dissolvant le fer de cette maniere, lui enleve une grande quantité de son principe inflammable; car les vapeurs qui s'élevent de cette dissolution, sont tellement chargées de phlogistique, qu'elles sont elles-mêmes très inflammables. On peut faire une expérience qui rend cette vérité sensible aux yeux. Qu'on bouche avec le doigt l'ouverture du matras pendant trente ou quatante secondes, qu'on approche ensuite une chandelle allumée de l'ouverture du matras; aussi-tôt qu'on le débouchera, on verra sur-le-champ tout l'intérieur du matras se remplir de flamme en un instant, & faire en même-tems une explosion très forte. Cette explosion ne manqueroit pas même de faire sauter le matras en éclats, si on faisoit l'expérience sur une quantité de matiere un peu considérable, comme de huit à neuf onces de limaille, & que le col du matras ne fût ni trop étroit, ni trop large. On peut réitérer cette inflammation & cette explosion un grand nombre de fois de suite, tant que la dissolution se fait avec une certaine activité, & si on laisse le matras débouché après l'explosion, & qu'on rallume la vapeur, elle continue de brûler à l'ouverture de ce vaisseau avec une flamme bleuâtre & tranquille, tant que dure la dissolution. Cette vapeur inflammable, qu'on peut dégager aussi de plusieurs autres métaux, & par l'acide marin, par celui du vinaigre, & par tous les autres, excepté le nitreux, est un vrai *gas*.

Il résulte de la dissolution du fer par l'acide vitriolique, un sel vitriolique à base métallique, qui, par l'évaporation & le réfroidissement, se coagule en crystaux verds de figure rhomboïdale : on nomme ce sel *vitriol de mars*, *vitriol verd* ou *couperose verte*. Quoique, lorsqu'on veut dissoudre le fer dans l'acide vitriolique, par la méthode ordinaire, cet acide doive être affoibli avec de l'eau, M. *Monnet* rapporte, dans son Traité de la Dissolution des Métaux, une expérience par laquelle il dit s'être assuré que cet acide, quoique très concentré, peut dissoudre le fer. Le moyen qu'il a employé, & qui est connu des Chymistes, pour faire un grand nombre d'autres dissolutions difficiles, a été de distiller l'acide vitriolique concentré sur le fer, & de pousser cette distillation à-peu-près jusqu'à siccité. C'est le moyen qui est en usage depuis long-tems, pour la dissolution directe du mercure, de l'argent, du plomb, &c. par l'acide vitriolique. Dans celle du fer, M. *Monnet* a observé une sublimation.

L'acide nitreux dissout le fer avec la plus grande activité, & la plus grande violence : cet acide ne peut en quelque sorte se saturer de ce métal ; car, lorsqu'il en a dissout une très grande quantité, & qu'il en paroît même saturé jusqu'au point d'en laisser déposer une partie sous la forme d'un safran de mars, si on lui en présente de nouveau, il le dissout encore, & laisse précipiter à mesure celui qu'il tenoit déja en dissolution.

La cause de ce phénomene, c'est que, d'une part, l'acide nitreux enleve au fer une grande partie de son phlogistique en le dissolvant, & que, d'une autre part, le fer a d'autant moins d'adhérence avec l'acide nitreux, qu'il est plus dépouillé de phlogistique : il arrive de-là que, lorsqu'on présente à de l'acide nitreux, déja chargé de fer à demi-déphlogistiqué, un nouveau fer pourvu de tout son phlogistique, cet acide, très avide de principe inflammable, quitte le fer qu'il tenoit déja en dissolution, pour dissoudre le nouveau qu'on lui présente.

Les vapeurs de l'acide nitreux qui dissout le fer, sont toujours très rouges, & d'une odeur, plus désagréable, & qui paroissent plus volatiles que lorsqu'il est seul ; on peut dire même que cela arrive à cet acide, toutes les fois qu'il dissout une substance métallique quelconque, susceptible de perdre son principe inflammable : ces qualités lui viennent de la surabondance de phlogistique, dont il se charge dans toutes ces dissolutions. Il seroit curieux, étoit-il dit dans la prémiere édition, d'essayer si les vapeurs qui s'exhalent dans cette dissolution, & dans celles de plusieurs autres métaux très abondans en phlogistique, seroient inflammables, comme celles de la dissolution du fer par l'acide vitriolique; mais ceux qui voudroient faire ces expériences, doivent user de précautions, & se tenir en garde contre les explosions.

Cette expérience intéressante qui, autant que je sache, n'avoit point encore été faite, lors de la premiere édition du Dictionnaire de Chymie, a été exécutée depuis, de la maniere la plus exacte, & avec toute l'intelligence qu'elle exigeoit, par M. le Duc d'*Ayen* : on en trouvera les détails dans les bons Mémoires que ce Seigneur a communiqués à l'Académie Royale des Sciences *sur les effets des combinaisons des acides avec les matieres métalliques*. On voit dans ces Mémoires, que M. le Duc d'*Ayen* a constaté, par une expérience faite en grand, que les vapeurs abondantes & très rouges qui s'élevent de la dissolution du fer par l'acide nitreux, ne sont nullement inflammables, quoiqu'étant chargées de phlogistique, pour le moins autant que celles de l'acide vitriolique & de l'acide marin, lorsque ces deux derniers dissolvent le même métal; il étoit naturel de croire, comme j'avoue que je le soupçonnois fort, qu'elles s'enflammeroient avec encore plus de rapidité. Cependant l'expérience a démontré le contraire, ce qui confirme bien que la grande utilité de l'analogie est de suggérer des expériences, mais qu'il en faut nécessairement attendre le résultat, si l'on ne veut pas tomber dans l'inconvénient de tirer des conséquences précipitées & erronées. L'expérience de M. le Duc d'*Ayen* est d'autant plus importante qu'elle tend à nous donner de nouvelles connoissances sur la nature de l'acide nitreux, & sur les caracteres spécifiques qui le font différer des acides vitriolique & marin. Ces vapeurs nitreuses chargées du principe inflammable des métaux, méritent assurément un examen particulier. M. *Priestley* les a déja soumises à plusieurs belles expériences dont nous parlerons à l'article GAS.

L'acide marin dissout aussi le fer avec facilité, & même avec activité; mais il ne lui enleve point son principe inflammable aussi efficacement que l'acide nitreux, & même que le vitriolique, quoiqu'il ne le laisse point sans altération à cet égard : *Stahl* avoit avancé même que l'acide marin traité avec le fer peut, en se chargeant du phlogistique de ce métal, acquérir les propriétés de l'acide nitreux.

Mais il n'en est rien, ce fait a été vérifié d'abord par M. *de Machy*, & ensuite avec encore beaucoup plus de détails & plus en grand par M. *le Duc d'Ayen*; ce travail particulier a été même ce qui a donné occasion à M. *le Duc d'Ayen*, qui a voulu généraliser & approfondir son objet, de faire la nombreuse suite de belles expériences qui sont exposées dans les quatre excellens Mémoires que je viens de citer, & auxquels je regrette d'être forcé de renvoyer pour une infinité de détails intéressans. Je dirai donc simplement ici en général, puisque l'occasion se présente de les annoncer aux Chymistes, que le titre seul fait connoître l'étendue de ce travail; elle est telle que M. *le Duc d'Ayen*, malgré le zele bien peu commun dont il est animé, n'a pu encore remplir dans toute son étendue la tâche qu'il s'étoit imposée. Les quatre Mémoires dont nous parlons, roulent sur les combinaisons de l'acide nitreux, de l'acide marin, de l'eau régale & de l'acide du vinaigre avec le cuivre, le fer, l'étain, le plomb & le zinc. Quoiqu'on connût déja plusieurs des effets de ces acides avec ces matieres métalliques, la méthode exacte & malheureusement trop peu usitée que M. *le Duc d'Ayen* a suivie dans son travail, ne pouvoit manquer de lui en faire découvrir un beaucoup plus grand nombre de nouveaux. Les acides & les métaux ont été employés dans leur plus grande pureté, les combinaisons ont été faites sur des quantités de matiere beaucoup plus grandes que celles qu'on emploie communément dans les laboratoires pour des expériences de recherche. Tout a été pesé avec la plus grande exactitude, le degré de concentration des acides, les phénomenes de leur action sur chaque métal, la quantité du métal dissous par chaque acide, tout cela a été reconnu avec beaucoup de soin. Enfin les différens degrés d'adhérence des acides aux métaux ont été déterminés par le meilleur moyen que fournisse la Chymie; c'est la décomposition des sels à base métallique à l'aide d'une chaleur graduée. En distillant chacune de ses combinaisons dans des cornues, d'abord au bain de sable, & ensuite à feu nu, M. *le Duc d'Ayen* a jugé, tant par le degré de concentration ou d'affoiblissement de l'acide qu'il retiroit, que par le poids de ce qui restoit dans la cornue, de la quantité de chaque acide qui restoit uni à chaque métal à un même degré de chaleur, & ces expériences intéressantes ont prouvé encore plus complétement qu'on ne l'avoit fait jusqu'alors, qu'en général l'acide marin tient beaucoup plus fortement aux métaux que l'acide nitreux, & qu'il les altere beaucoup moins dans leur composition.

Mais indépendamment de ces résultats généraux, les mêmes expériences ont offert à M. *le Duc d'Ayen* un grand nombre de phénomenes particuliers, très curieux, & qui ouvrent des routes nouvelles & très propres à conduire à des découvertes importantes. Par exemple, pour en revenir à la combinaison de l'acide marin avec le fer, dont il s'agit dans le présent article. La décomposition du sel marin martial qui résulte de l'union de ces deux substances, a fourni aux différens degrés de chaleur de la distillation & de la calcination des produits des plus singuliers, & que cette expérience seule pouvoit faire connoitre. A une chaleur modérée, il n'a passé d'abord dans la distillation qu'une espece de flegme qui à peine donnoit quelques légeres marques d'acidité; ce qui prouve que l'acide marin, en cela bien différent du nitreux, tient assez fort au fer, pour résister à l'action du feu nécessaire pour lui enlever tout son phlegme, d'où il arrive qu'il peut se concentrer jusqu'à siccité dans ce sel marin martial; mais lorsque M *le Duc d'Ayen* a appliqué à cette combinaison une chaleur beaucoup plus forte, il en a résulté des effets bien différens; une partie de l'acide marin concentré a été enlevée, & comme c'est assez le propre de cet acide, il a enlevé avec lui une portion du fer, sous la forme d'un sel roux ochreux très stiptique & très déliquescent, parmi lequel il y avoit cependant aussi quelques crystaux roux non déliquescens; ce qu'il y a de bien remarquable, c'est qu'il s'est sublimé en même tems à la voûte de la cornue, une matiere crystalline, extrêmement légere, ayant la forme de lames de rasoirs d'une blancheur & d'uue transparence parfaite, & décomposant la lumiere comme les meilleurs prismes, ensorte que suivant le sens dans lequel ils étoient exposés au jour, on y voyoit dominer avec les autres couleurs de l'iris, un bleu, un jaune, un verd, ou un rouge magnifique.

Ce qui restoit au fond de la cornue après la sublimation de cette matiere étoit encore un sel marin martial stiptique & déliquescent, mais bien singulier par sa couleur brillante, & par sa forme toute feuilletée qui le faisoient ressembler si parfaitement au *talc de Moscovie*, qu'il falloit le toucher pour se convaincre que ce n'en étoit pas.

Enfin ce sel talqueux martial exposé à un plus grand feu dans une cornue de grais, a fourni encore un autre sublimé aussi singulier dans son genre que le sublimé crystallin l'est dans le sien, mais d'une espece toute différeute; ce dernier s'est présenté sous la forme d'une matiere métallique en molécules extrêmement petites & très brillantes, qui tapissoient la partie supérieure des vaisseaux; la petitesse de ces molécules métalliques, est telle qu'on ne peut distinguer à la vue simple, ni même avec la loupe si elles ont une forme réguliere; mais en les examinant avec un bon microscope, on découvre aisément que ce sont autant de petits corps réguliers, fort opaques, figurés la plupart très exactement comme des tranches plates de prismes exagonaux; c'est-à-dire, comme les carreaux de terre cuite dont on se sert pour garnir les planchers des chambres. Ces especes de crystaux de fer, dont les faces ont la couleur & le brillant de l'acier le mieux poli, ne paroissent point être dans l'état salin, c'est le fer même qui apparemment est sublimé de la sorte par l'action du feu & des dernieres portions de l'acide ma-

marin : ce qu'il y a de certain, c'est que le barreau aimanté les attire assez fortement.

On peut juger par ce simple exposé très abrégé de ce qui concerne la seule combinaison du fer avec l'acide marin dans le travail de M. *le Duc d'Ayen*, combien de semblables recherches, même sur les matieres qu'on croit les mieux connues en Chymie, peuvent faire découvrir de choses aussi neuves que curieuses & instructives. J'aurai occasion de citer encore plusieurs autres découvertes, non moins intéressantes, qui sont le fruit de ces premiers travaux de M. *le Duc d'Ayen* sur la Chymie. La méthode qu'il a suivie est assurément la plus capable de conduire à de vraies découvertes. Ce n'est point celle d'un simple amateur qui ne cherche qu'un amusement frivole en effleurant les objets, sans rien approfondir de ce qui ne lui paroît pas brillant ; c'est encore moins celle de ces prétendus Chymistes, dont les yeux sans cesse éblouis par le faux merveilleux, ou aveuglés par la cupidité, sont incapables de voir autre chose que ce qui leur semble flatter leurs espérances chymériques : c'est celle des vrais Physiciens, dont la marche suivie & reglée conduit d'expériences en expériences, non pour forcer la nature à prononcer des oracles conformes à leurs idées & à leurs desirs, mais pour recevoir les réponses précises & justes qu'il est impossible qu'elle ne fasse pas, quand elle est interrogée comme elle le doit être.

Le sel marin martial fait par la simple dissolution du fer dans l'esprit de sel, est dissoluble dans l'esprit de vin. Quoique très déliquescent, il peut cependant se crystalliser, lorsqu'on le fait beaucoup réduire par l'évaporation, & qu'on le laisse ensuite refroidir, la forme de ses crystaux est en très petites aiguilles entassées confusément les unes sur les autres, il se fond, suivant la remarque de M. *Monnet*, à une très douce chaleur.

Les acides végétaux ont aussi de l'action sur le fer : on voit dans les Mémoires de M. *le Duc d'Ayen*, cités plus haut, que le vinaigre radical dissout la limaille de fer à l'aide de la chaleur, mais avec beaucoup moins d'activité que les acides minéraux ; que cet acide a très peu d'adhérence avec le fer, puisqu'on peut l'en séparer facilement par la distillation; que dans cette opération aucune partie du fer n'est sublimée par l'acide du vinaigre, & que le fer en est si peu altéré qu'il conserve après cette opération toute sa vertu magnétique.

M. *Monnet* qui a fait la même combinaison de son côté sans avoir eu connoissance des Mémoires de M. *le Duc d'Ayen*, qui ne sont point encore imprimés, dit dans son Traité de la dissolution des métaux, que celle du fer par le vinaigre radical, lorsqu'elle fut bien saturée, se trouva rouge comme du sang, qu'elle passa difficilement par le filtre & laissa déposer un peu d'ochre, qu'elle n'a pas à beaucoup près la même stipticité que les combinaisons du fer avec les acides minéraux; que, par l'évaporation, il en a fait séparer encore de l'ochre, & qu'il en a obtenu par le refroidissement de petits crystaux bruns & longuets; que ce sel mis sur les charbons ardens, perd facilement tout son acide, & s'y réduit en une chaux de mars de couleur de tabac d'Espagne, qui est redissoluble dans les acides & attirable à l'aimant: ce qui s'accorde fort bien avec tous les effets observés par M. *le Duc d'Ayen*.

Le tartre agit aussi sur le fer, & même d'une maniere assez marquée; mais tout ce qui se passe dans la combinaison de ces deux substances, n'est pas encore connu bien clairement, parceque le tartre est une substance fort composée, dont les principes prochains éprouvent des altérations & des désunions, quand il agit sur diverses matieres; il y a long-tems que l'on a fait des combinaisons du tartre avec le fer pour l'usage de la Médecine, telles que *la teinture de mars tartarisée*, *l'extrait de mars*, *le tartre martial soluble*, *la boule de mars*; mais faute de connoître assez distinctement les diverses parties constituantes du tartre, on n'a pas pu se former des idées justes de ce qui arrive dans ces différentes combinaisons. Depuis que MM. *Duhamel*, *Margraf* & *Rouelle*, ont reconnu dans le tartre un alkali fixe tout formé, & uni aux autres principes de ce composé salin, cela a fait naître différentes idées ſur les combinaiſons du tartre. M. *Monnet* penſe d'après quelques expériences qui lui ſont particulieres, que l'acide du tartre eſt l'*acide marin* déguiſé par des matieres huileuſes & terreuſes auxquelles il eſt uni dans le tartre ; cela peut être, mais en cas que cela ſoit ainſi, il reſte à ſavoir, comment cet acide marin déguiſé ſe comporte dans les diverſes combinaiſons du tartre, tant relativement à la portion d'alkali fixe qui fait partie du tartre même, que par rapport aux autres ſubſtances ſur leſquelles le tartre porte ſon action ? & c'eſt ce que je crois qu'on eſt encore fort éloigné d'avoir débrouillé. A la vérité M. *Monnet* prétend avoir expliqué fort clairement, dans ſon Traité de la diſſolution des métaux, depuis la page 77, juſqu'à la page 90, tous les effets compliqués qui ont lieu dans ces combinaiſons ; mais j'avoue qu'après avoir lu & relu nombre de fois avec toute l'attention dont je ſuis capable, l'explication que cet habile Chymiſte donne à ce ſujet, il m'a été impoſſible d'avoir une idée nette de ce qu'il a voulu dire. Je laiſſe à décider à ceux qui voudront lire tout cet article du livre de M. *Monnet*, ſi c'eſt faute de pénétration de ma part, ou parcequ'il ne s'eſt pas exprimé aſſez clairement ſur cet objet. Au ſurplus j'expoſerai le mieux que je pourrai à l'article *tartre*, ce qu'on connoît juſqu'à preſent de cette matiere ſaline, qui eſt certainement très compoſée, & que M. *Monnet* dit avoir été une énigme inexplicable pour tous les Chymiſtes, juſqu'à l'explication qu'il en a donnée dans ſon Mémoire ſur le tartre, & dans l'endroit que je viens de citer.

M. *Monnet* a fait auſſi quelques expériences ſur la combinaiſon du ſel ſédatif avec le fer, & il en a réſulté que ces deux matieres peuvent s'unir & former un ſel en très petits cryſtaux jaunâtres, ſoyeux & opaques, qui exige pour ſa diſſolution quatre fois plus d'eau que le ſel ſédatif pur.

L'eau régale diſſout le fer avec beaucoup d'impétuoſité, & préſente des phénomenes qui participent de ceux de la diſſolution de ce métal dans les acides nitreux & marin ſéparément.

Le fer forme, avec les acides nitreux & marin, séparément ou conjointement, des sels à base métallique, de nature déliquescente.

Lorsque les dissolutions de fer par un acide minéral quelconque, sont avec beaucoup d'excès d'acide, elles ont une couleur plus ou moins verte, & restent claires sans rien laisser déposer; & au contraire, lorsque ces dissolutions sont beaucoup chargées de ce métal, elles ont une couleur plus ou moins jaune ou rougeâtre, & laissent toujours déposer par le séjour une certaine quantité de terre ferrugineuse jaunâtre, nommée *ochre* ou *safran de mars*. Ces différences viennent de ce que le fer a besoin d'une quantité d'autant plus grande d'acide pour se tenir en dissolution, qu'il est privé d'une plus grande partie de son principe inflammable.

Enfin, lorsqu'on fait chauffer les dissolutions de fer bien chargées de ce métal, & sur-tout étendues dans de l'eau, elles se troublent & laissent déposer en un instant une grande quantité d'ochre, qu'elles n'auroient déposée qu'à la longue, si on ne les eût pas fait ainsi chauffer; cela arrive, parceque l'acide de la dissolution travaille beaucoup plus promptement sur le phlogistique du métal, lorsqu'il est aidé par la chaleur.

Les ochres ou safrans de mars qui se déposent dans les dissolutions de fer, n'ont plus la même dissolubilité que le fer; ils exigent une beaucoup plus grande quantité d'acide, ou même ne peuvent s'y dissoudre de nouveau, sur-tout dans l'acide nitreux, que par des procédés particuliers. M. *Monnet* a très bien observé que la terre du fer, combinée avec l'acide vitriolique, forme un sel déliquescent qui est la matiere de l'*eau-mere* du vitriol martial.

Les acides végétaux dissolvent aussi le fer: l'acide tartareux, singuliérement, forme, avec ce métal, une sorte de sel végétal métallique, ou de tartre soluble, & même déliquescent, qu'on nomme *teinture de mars tartarisée*: c'est aussi par le mélange de l'acide tartareux avec la limaille de fer, qu'on fait la préparation de la *boule de mars* ou *vulnéraire*, laquelle fournit dans l'eau un véritable tartre martial soluble, ou teinture de mars tartarisée.

Le fer dissous dans un acide quelconque, pour l'ordinaire peut en être séparé par l'intermede des terres absorbantes, & des sels alkalis, comme tous les métaux. Mais ce métal, comme tous les autres, présente, dans sa précipitation par l'alkali fixe, des phénomenes différens, suivant l'état particulier de l'alkali.

Si l'alkali qu'on emploie pour précipiter le fer est autant déphlogistiqué qu'il puisse l'être, le précipité ferrugineux est de couleur de rouille : si cet alkali contient du phlogistique surabondant, une partie de ce phlogistique se transmet au fer pendant sa précipitation, & lui donne une couleur olivâtre, plus ou moins foncée : ce précipité se redissout très facilement en entier, & dans un instant, en renversant dessus assez d'acide pour saturer l'alkali, & le dissoudre lui-même : ce même précipité, séché avec les précautions convenables, forme un excellent safran de mars pour l'usage de la Médecine. Enfin, si l'on se sert, pour précipiter le fer, d'un alkali très chargé, ou encore mieux, saturé de principe inflammable, le précipité est bleu : c'est du *bleu de Prusse*.

Les alkalis ont de l'action sur le fer, comme sur tous les autres métaux, & sont même capables de le dissoudre parfaitement, lorsqu'ils peuvent le saisir dans un état de division suffisante, ainsi que *Stahl* l'a découvert : il faut, pour cela, verser de la dissolution de fer par l'acide nitreux dans de bon alkali résous en liqueur ; il paroît d'abord un précipité de couleur presque rouge, qui, en agitant la liqueur, se redissout sur-le-champ, en lui communiquant sa couleur : on peut, par ce moyen, faire dissoudre ainsi à l'alkali une quantité considérable de fer : lorsqu'il en est bien chargé, on le nomme *teinture martiale alkaline de Stahl*. Il faut néanmoins remarquer que cette opération ne peut réussir parfaitement, sans certaines circonstances particulieres.

Lorsque cette teinture est bien chargée de fer, elle en laisse déposer une partie, par la suite, sous la forme d'un safran de mars très fin, d'un jaune briqueté, & elle perd en même-tems de l'intensité de sa couleur : on peut en séparer promptement tout le fer sous la même forme, en saturant cet alkali par un acide quelconque. Ce précipité ferrugineux se nomme *safran de mars de Stahl*. Il est assez dissoluble dans les acides, à cause du phlogistique que lui a transmis l'alkali.

Le fer précipite les métaux dissous dans les acides, & ces métaux précipités par l'intermede du fer, sont sous leur forme & sous leur brillant métallique, comme cela arrive en général à tous les métaux séparés des acides par d'autres métaux, à cause du phlogistique que le métal précipitant fournit, soit à l'acide, soit au métal précipité, & de la séparation exacte que ce phlogistique occasionne des matieres salines ou gaseuses, d'avec le métal précipité. Mais, d'un autre côté, le fer peut être séparé lui-même d'avec les acides par le *zinc*, & par quelques autres substances : toutes les substances végétales astringentes, telles que la noix de galle, l'écorce de grenade, & autres de ce genre, forment de l'*encre* ou une espece de précipité noir, avec les dissolutions de fer quelconques. Ces mêmes substances précipitent aussi les dissolutions des autres métaux, sous différentes couleurs, comme l'a observé M. *Monnet*.

Le fer est, de tous les métaux, celui qui a la plus grande affinité avec le soufre ; de là vient qu'on peut l'employer pour séparer, par la fusion, la plûpart des métaux d'avec le soufre ; & le soufre, en s'unissant au fer, en augmente considérablement la fusibilité : *voyez* ESSAIS DES MINES, & RÉGULE D'ANTIMOINE MARTIAL.

Si l'on fait chauffer à blanc une barre de fer, & qu'on applique ensuite une bille de soufre à une de ses extrémités ; le soufre, en s'unissant au fer, le fait entrer en fusion avec une telle efficacité, que ce métal coule aussi-tôt en gouttes ardentes. On doit faire cette expérience au-dessus d'une terrine remplie d'eau, pour recevoir le fer & le soufre fondus & enflammés qui coulent abondamment, pour en éviter les éclaboussures, & pour éteindre ces matieres à mesure qu'elles tombent. On trouve, après cela, dans la terrine, des parties de *soufre* pur, qui s'est fondu sans s'être combiné avec le fer, & qui est ramolli ; & d'autres parties de fer fondu

& combiné avec le soufre ; ces dernieres sont fragiles : c'est du fer minéralisé artificiellement, ou mis dans l'état *pyriteux* par le soufre : il a de la ressemblance avec la scorie du régule d'antimoine martial.

Le soufre & le fer ont une si grande action l'un sur l'autre, qu'ils peuvent se dissoudre, en quelque sorte, réciproquement, même par la voie humide : si l'on mêle cinq ou six livres de limaille de fer, avec autant de soufre réduit en poudre, qu'on humecte le mélange avec assez d'eau pour le réduire en une espece de pâte très liquide, on voit qu'au bout d'un certain tems, ce mélange se gonfle, s'échauffe, se fend, qu'il s'en exhale beaucoup de vapeurs, & même qu'il s'enflamme : cette expérience est de M. *Lemery* le pere. Ce qui reste après cette opération, fournit du vitriol martial, par le transport de l'acide du soufre sur le fer. Il arrive dans cette occasion exactement la même chose que dans la décomposition, l'efflorescence & l'inflammation des pyrites ferrugineuses. Il y a dans cette expérience une absorbtion d'air très remarquable.

Comme le phlogistique du fer est abondant & développé, ce métal, réduit en limaille, & bien chauffé, est susceptible de faire, avec le nitre, une détonnation vive & brillante : on prétend que les Chinois font entrer, par cette raison, de la limaille de fer dans plusieurs de leurs artifices.

Après cette détonnation, le fer se trouve réduit en chaux rougeâtre, qu'on nomme *safran de mars de Zwelser*.

De quelque maniere qu'on traite & qu'on calcine le fer, il paroît que les chaux, les ochres, les rouilles, & les précipités de ce métal sont toujours colorés ; & les couleurs de la terre ferrugineuse dans ces différens états, sont, depuis le jaune-pâle de rouille, jusqu'au brun-rouge ou même au brun-noirâtre. Cela donne lieu de croire que la terre martiale ne se dépouille jamais entiérement de tout son principe inflammable : c'est aussi vraisemblablement par la même raison, que toutes ces préparations de fer sont susceptibles de reprendre très facilement du phlogistique, & même par la voie humide ; car, en général, toutes les chaux métalliques reprennent d'autant plus facilement du phlogistique, qu'elles en sont moins dépouillées.

Ces couleurs, que retiennent les chaux de fer, les rendent propres à faire des peintures, non seulement pour être employées à l'huile, mais aussi qui sont capables de soutenir le degré de feu nécessaire pour fondre les verres tendres; de là vient qu'on les fait servir pour les verres colorés ou pierres précieuses artificielles, & pour peindre différentes nuances de rouges sur la faïance, sur les émaux & sur la porcelaine.

Le fer peut s'allier avec tous les métaux, excepté avec le plomb & avec le mercure, auxquels on n'a pu jusqu'à présent trouver le moyen de l'unir: *voyez* ALLIAGE & ÉTAMAGE.

Enfin, & ceci est une des propriétés les plus intéressantes du fer, ce métal est susceptible de se combiner, soit par la fusion, soit par la cémentation, avec une quantité plus abondante de phlogistique, de se transformer par là en un fer perfectionné, qu'on nomme *acier*, lequel est capable d'acquérir, par la trempe, une dureté très grande qui le rend infiniment précieux pour des usages essentiels & sans nombre: *voyez* ACIER.

Les affinités du fer sont, suivant la table des affinités de M. *Geoffroi*, dans l'ordre suivant: le régule d'antimoine, l'argent, le cuivre & le plomb; ces trois derniers dans une même case. Il faut observer, au sujet de ce dernier métal, qu'il ne devroit point s'y trouver, attendu qu'il n'a aucune affinité avec le fer; mais comme, lorsque le fer est uni avec de l'argent, il en est séparé sur-le-champ par l'addition du plomb, qui s'unit à l'argent, & force le fer à venir nager à la surface de ce nouvel alliage, apparemment M. *Geoffroi* a voulu indiquer cet effet dans cette colonne de sa table, ce qui est néanmoins peu exact; car cette expérience prouve seulement que l'argent quitte le fer pour s'unir au plomb. La table des dissolutions de M. *Gellert* donne, pour les affinités du fer, l'or, l'argent & le cuivre. On pourroit ajouter le plomb & le mercure dans le bas de cette colonne, à la place où M. *Gellert* met les ſubſtances qui ne peuvent s'unir avec celle qui eſt à la tête.

Les uſages du fer ſont trop connus & trop nombreux, pour qu'on croie devoir les expoſer ici en détail; il ſuffit de dire qu'il n'y a pas de métal auſſi utile, & d'un uſage plus étendu; il eſt, en quelque ſorte, l'ame de tous les Arts : aucun d'eux ne peut s'en paſſer.

Ce métal fournit auſſi à la Médecine des médicamens très efficaces, & d'une vertu bien conſtatée par les obſervations de la pratique. Il eſt, en quelque ſorte, le ſeul qui n'ait rien de virulent; il peut être pris intérieurement en ſubſtance, pourvu qu'il ſoit bien diviſé en chaux ou ſafran, ou uni même avec quelque acide, & ſous la forme ſaline, ſans aucun danger; il n'occaſionne jamais aucun accident fâcheux, quand il eſt adminiſtré en doſe convenable, & à propos.

La grande propriété médicinale du fer, eſt d'être un excellent fortifiant & tonique : il fait ſur les fibres une ſorte d'irritation douce & légere, dont l'effet eſt de faire rentrer ſur elles-mêmes les parties organiques ſenſibles, ſur leſquelles il agit; d'en diminuer les dimenſions, & d'en augmenter la force & l'élaſticité.

L'action du mars ſe porte particuliérement ſur les fibres, & ſur les vaiſſeaux de l'eſtomac & des inteſtins; de là vient qu'il produit de très bons effets dans toutes les maladies qui ont pour cauſe l'inertie & la laxité des organes qui ſervent à la digeſtion, comme ſont les crudités, les mauvaiſes digeſtions accompagnées de cours de ventre, les flatuoſités, les coliques venteuſes, &c. & dans celles qui ſont une ſuite de celles-ci, comme les migraines, pluſieurs affections hyſtériques, hypochondriaques & mélancoliques, les fievres intermittentes, tierce, quarte, &c.

Le mars a toujours été regardé auſſi, & adminiſtré par les meilleurs Praticiens, comme un médicament fondant & apéritif. *Stahl* néanmoins, & pluſieurs autres bons Médecins & Chymiſtes modernes, ſemblent ne reconnoître dans ce métal d'autre vertu que d'être fortifiant & tonique. Si leur ſentiment eſt bien fondé, il y a lieu de croire que, quand le fer produit un effet fondant & apéritif, c'eſt dans les cas où les engorgemens, & le défaut de sécrétions & d'excrétions, ont pour cause la foiblesse & le relâchement des fibres & des vaisseaux, plutôt que l'épaississement des humeurs, comme dans les pâles couleurs, dans certaines jaunisses, & autres maladies du même genre.

Les personnes qui font usage du mars, rendent ordinairement des excrémens noirâtres, ou même noirs, ce qui vient du mélange de ce métal dissous avec les alimens.

Quoique cette observation indique que la plus grande partie du fer ou de ses préparations qu'on prend intérieurement, sort du corps avec les gros excrémens; il est certain qu'il en passe aussi une portion dans les vaisseaux sanguins. Les belles observations & expériences que M. *Menghini* a publiées dans les Mémoires de l'Institut de Boulogne, ne laissent aucun doute à ce sujet. On savoit déja par les expériences de M. *Geoffroy* le Médecin, & d'autres Chymistes, qu'il n'y a guere de cendres d'animaux ou de végétaux, qui ne contiennent plus ou moins de particules de fer; plusieurs Savans avoient même regardé ce métal, comme la principale cause de la couleur rouge du sang & des fleurs des végétaux; mais M. *Menghini* a répandu par ses expériences un nouveau jour sur cet objet intéressant; dans l'examen qu'il a fait des matieres animales, il a trouvé que le sang contient plus de fer que les autres substances dont le corps est composé, & que sa partie rouge en contient beaucoup plus que ses parties lymphatique & fibreuse: il a reconnu aussi que cette partie rouge étoit sensiblement plus chargée de fer dans le sang des hommes & des animaux qui avoient pris pendant un certain tems des préparations de ce métal; enfin ses observations & expériences lui ont prouvé que les préparations de mars qui passent le plus facilement & le plus abondamment dans le sang, sont celles qui approchent le plus du fer dans son état de parfaite métallisation. Les Médecins avoient observé depuis long-tems les bons effets du fer dans la maladie nommée pâles couleurs, où la pâleur qui la caractérise, n'est causée que par le défaut de rougeur dans le sang, le travail de M. *Menghini* découvre sensiblement une des principales causes de cet effet, & confirme l'utilité du remede que l'observation avoit indiqué aux bons Médecins praticiens. Comme un des principaux effets médicinaux du fer, est aussi de changer peu-à-peu le ton, la tension & le ressort des parties solides du corps, & que son action est douce & modérée; il s'ensuit qu'il ne peut produire cet effet d'une maniere constante & durable, qu'autant qu'on insiste long tems sur son usage, sans quoi il ne peut guere procurer qu'un soulagement passager, qui est bientôt suivi des mêmes maladies auxquelles il sembloit d'abord avoir remédié.

Les autres usages du fer pour presque tous nos arts, sont si étendus, & d'ailleurs si connus, qu'il est inutile d'en faire ici l'énumération; mais il n'en est pas de même des différentes qualités que peut avoir ce précieux métal, suivant la maniere dont il est traité. Quoiqu'on ne puisse douter qu'il doive être essentiellement d'une seule espece & toujours le même, comme les autres métaux, chacun dans son genre, lorsqu'ils sont bien purs, la dureté, le peu de fusibilité, la destructibilité de celui-ci, jointes à la grande adhérence qu'il est capable de contracter avec des matieres hétérogenes, le font varier dans ses qualités, presque d'une infinité de manieres différentes; il seroit bien à desirer qu'on pût connoître avec certitude les causes particulieres de toutes ces différences, & ce seroit bien ici le lieu de les exposer; mais malgré les recherches savantes & une grande quantité de belles expériences faites depuis un certain tems par MM. *de Réaumur*, *de Buffon*, *de Morveau*, *de Montbelliard*, *Tronson du Coudrai*, & de plusieurs autres bons Physiciens, qui commencent à répandre beaucoup de lumieres sur cette importante matiere, il est aisé de sentir par la contrariété des opinions, & même de plusieurs expériences, qu'il reste encore bien du travail à faire pour éclaircir entiérement tout ce qui concerne les variations étonnantes qui font différer le fer d'avec le fer, relativement à sa pesanteur spécifique, à sa fusibilité, à sa dureté, à sa malléabilité, à sa ténacité, à sa force, à son grain, à sa conversibilité en acier, à son magnétiſme, en un mot par rapport à toutes ſes propriétés, même les plus eſſentielles. Il faudroit un volume entier pour expoſer ſeulement & diſcuter tout ce qui a été fait ſur cet objet, ainſi nous ne pouvons que renvoyer aux ouvrages des Phyſiciens qui viennent d'être cités.

FERMENT. On entend par ferment, une ſubſtance actuellement en fermentation, ou qui a la plus grande diſpoſition à fermenter, & dont on ſe ſert pour déterminer & exciter la fermentation d'un autre corps. Telles ſont l'écume ou la lie de la biere qui fermente, un morceau de pâte de farine bien levée, & qui ſert de levain, ou de ferment, pour en faire lever une plus grande quantité avec laquelle on la méle; les raffles ſur leſquelles on a fait fermenter le vinaigre, & autres ſubſtances de cette nature.

FERMENTATION. La fermentation eſt un mouvement inteſtin, qui s'excite de lui-même, à l'aide d'un degré de chaleur & de fluidité convenables, entre les parties intégrantes & conſtituantes de certains corps très composés, & dont il réſulte de nouvelles combinaiſons des principes de ces mêmes corps.

Toutes les matieres végétales & animales, dans la compoſition deſquelles il entre une certaine quantité d'huile & de terres ſubtiles, rendues parfaitement diſſolubles dans l'eau par l'intermede d'une matiere ſaline, lorſqu'elles ſont étendues dans une ſuffiſante quantité d'eau pour avoir de la liquidité, ou au moins de la molleſſe, qu'elles ſont expoſées à une chaleur, depuis quelques degrés au deſſus du terme de la glace, juſqu'à vingt-cinq & au-delà, & que la communication avec l'air ne leur eſt point abſolument interdite, éprouvent d'elles-mêmes un mouvement de fermentation qui change entiérement la nature & la proportion de leurs principes.

Mais cette fermentation & les nouveaux compoſés qu'elle produit, different beaucoup, tant par leurs propriétés que par leurs proportions, ſuivant l'eſpece particuliere de ſubſtance dans laquelle la fermentation a eu lieu, & ſuivant les circonſtances qui ont accompagné cette fermentation.

On diſtingue trois eſpeces particulieres de fermentation, ou, ſi l'on veut, trois degrés de fermentation, relativement aux trois principaux produits qui en réſultent.

La premiere s'appelle *fermentation vineuſe* ou *ſpiritueuſe*, parcequ'elle change en vin les liqueurs qui l'éprouvent, & qu'on retire de ce vin un eſprit inflammable & miſcible à l'eau, qu'on nomme *eſprit de vin*.

La ſeconde eſpece de fermentation eſt appellée *acide*, ou *acéteuſe*, parceque le produit en eſt un acide, ou un vinaigre.

La troiſieme eſt déſignée par le nom de *fermentation putride*, ou de *putréfaction*. On pourroit la nommer auſſi *fermentation alkaline*, parcequ'il ſe développe beaucoup d'alkali volatil dans les ſubſtances qui l'éprouvent.

Toutes les matieres qui ſont ſuſceptibles de la fermentation ſpiritueuſe, peuvent éprouver ſucceſſivement l'acide & enſuite l'alkaline; mais il y a des ſubſtances qui, n'étantpoint ſuſceptibles de la fermentation ſpiritueuſe, ſe portent d'abord à l'acide, & de là à l'alkaline; & d'autres enfin qui ne ſont preſque ſuſceptibles que de la putréfaction. De même une ſubſtance qui, après avoir éprouvé la fermentation ſpiritueuſe, a paſſé à l'acide, ne peut point éprouver de nouveau la ſpiritueuſe, mais paſſe néceſſairement à la putréfaction. Il en eſt de même de celles qui ſe portent d'abord à la fermentation acide; elles ne ſont ſuſceptibles, après cela, que de la putréfaction, & non de la fermentation ſpiritueuſe; & de celles qui paſſent d'abord à la putréfaction, elles ne peuvent éprouver, du moins d'une maniere ſenſible, la fermentation acide, & encore moins la ſpiritueuſe; enfin, aucune matiere ſuſceptible de fermentation ſpiritueuſe ne peut ſe porter à la putréfaction, qu'après avoir paſſé d'abord par les fermentations ſpiritueuſes & acides.

Ces conſidérations ont engagé la plupart des Chymiſtes, & en particulier le grand *Stahl*, à regarder ces fermentations, moins comme trois opérations diſtinctes & indépendantes l'une de l'autre, que comme trois degrés principaux & marqués d'un ſeul & même mouvement

vement fermentatif, par lequel la nature tend à résoudre & à mettre, dans un état commun & semblable, tous les corps les plus composés, dans la combinaison desquels entre le principe huileux, c'est-à-dire, toutes les substances végétales & animales.

On peut ajouter que tant que les substances végétales & animales, susceptibles de fermentation, font partie du végétal ou de l'animal vivant, elles ne subissent la fermentation que foiblement, lentement, & d'une maniere insensible, parcequ'elles en sont préservées par le mouvement vital, & que cette lenteur est nécessaire pour l'économie des végétaux & des animaux. Mais après la cessation de la vie des êtres organisés, alors rien ne suspendant plus dans leurs sucs & dans leurs principes prochains, la disposition qu'ils ont à changer de nature, & à se décomposer, toutes ces substances prennent le mouvement fermentatif sensible, chacune au degré où elles en sont, & en parcourent, plus ou moins rapidement, & réguliérement, les périodes qui leur restent à subir, suivant le concours des circonstances qui favorisent en général la fermentation.

En suivant cette idée, la fermentation entiere, & prise dans tout son ensemble, ne seroit autre chose que la putréfaction, à laquelle tendent naturellement & continuellement tous les végétaux & tous les animaux, lentement & insensiblement pendant leur vie, mais d'une maniere sensible & marquée après leur mort.

On a vu au commencement de cet article quelles sont les conditions nécessaires pour qu'un corps puisse éprouver la fermentation, & de là il est facile de déduire les moyens propres à l'empêcher, ou à la suspendre : ces moyens sont le grand froid, la privation de l'air & de l'eau; enfin une disproportion dans les principes du corps fermentescible.

Les liqueurs les plus susceptibles de fermentation, tels que les sucs des raisins & des autres fruits parvenus à la maturité, ne fermentent point lorsqu'elles sont exposées à un trop grand froid : le sang & les chairs des animaux sont préservés de la corruption par la gelée ; la même chose arrive à ces substances, lorsqu'on les conserve sous le récipient de la machine pneumatique, dont on a pompé l'air, ou lorsqu'on les a privées de toute humidité surabondante, par une dessication parfaite ; on peut sur-tout, par ce dernier moyen, les conserver aussi long-tems qu'on veut, sans qu'elles éprouvent la moindre altération.

Il est à remarquer, au sujet de ce moyen d'empêcher la fermentation dans les substances qui en sont susceptibles, que lorsque l'on n'a employé que le juste degré de chaleur nécessaire pour les priver de leur eau surabondante, & que par conséquent on n'a point altéré leur composition, on peut, en les remêlant, quand on le veut, avec la quantité d'eau convenable, les rendre tout aussi propres à la fermentation qu'elles l'étoient avant leur dessication ; ce qui est vrai, sur-tout des matieres susceptibles du premier & du dernier degré de la fermentation : & l'on en doit conclure que, quoique les produits des fermentations spiritueuse & alkaline soient plus volatiles que l'eau, les substances fermentescibles ne contiennent néanmoins aucun principe libre qui ne soit moins volatil que l'eau.

Le dernier moyen d'empêcher, ou de retarder la fermentation dans les matieres qui en sont susceptibles, c'est, comme on l'a dit, de changer la proportion de leurs principes prochains, ce qui se fait commodément, en les mêlant avec quelque autre substance qui puisse s'unir à ces principes, & qui ne soit point elle-même susceptible de fermentation ; tels sont, l'esprit de vin, les acides, & même toutes les substances salines. C'est par cette raison qu'on conserve le vin dans l'état où il se trouve, en le pénétrant d'acide sulfureux ; & qu'on préserve les matieres animales de la corruption, en les mêlant avec de l'esprit de vin, du sel commun, ou d'autres sels quelconques.

Il n'y a que les substances végétales & animales dans la composition desquelles il entre de l'huile, qui soient susceptibles de la fermentation proprement dite ; on ne trouve rien dans la réaction des minéraux, ou de leurs principes, les uns sur les autres, ni même dans celle des principes des végétaux & des animaux décomposés, qui puisse être regardé comme une véritable fermentation, à moins qu'en donnant un sens beaucoup plus étendu au mot de fermentation, on ne veuille y rapporter le mouvement spontané & intestin des pyrites qui se décomposent & dans lesquelles il se forme de nouveaux sels, l'altération des métaux imparfaits par l'action de l'air & de l'eau, la rancidité des huiles, & autres changemens qui paroissent différer cependant du mouvement fermentatif des végétaux & des animaux.

A l'égard des effervescences qui arrivent entre des substances peu composées lorsqu'elles se dissolvent mutuellement, telles que celles qu'on apperçoit dans l'union des terres, des alkalis & des métaux avec les acides, elles sont encore infiniment plus éloignées de la vraie fermentation, & n'ont jamais été confondues que de nom avec elle, si ce n'est par quelques Physiciens auxquels la Chymie étoit absolument inconnue.

On peut juger par ce qui vient d'être dit sur la fermentation en général, combien cette matiere est importante pour la connoissance des substances végétales & animales; mais on ne peut en avoir une idée juste & suffisante, qu'en réfléchissant attentivement sur les phénomenes particuliers que présentent les différentes especes, ou les différens degrés de fermentation: c'est pourquoi il est essentiel de consulter à ce sujet les articles REGNE VÉGÉTAL, REGNE ANIMAL, VIN, ESPRIT DE VIN, TARTRE, VINAIGRE, & PUTRÉFACTION.

FEU. Les Chymistes considerent le feu, ainsi que les autres élémens, sous deux aspects fort différens: savoir, comme entrant réellement, en qualité de principe ou de partie constituante, dans la composition d'une infinité de corps; & comme étant libre, pur, ne faisant partie d'aucun composé, mais ayant une action très marquée, & très forte sur tous les corps de la nature, & singuliérement comme un agent très puissant dans toutes les opérations de la Chymie. C'est sous ce dernier point de vue qu'on va l'envisager dans cet article; on le considérera comme principe au *mot* PHLOGISTIQUE.

Le feu pur, libre, & non combiné, paroît un assemblage de particules de matiere très subtile, & toutes les propriétés de cet élément indiquent que ses particules sont infiniment petites & déliées : qu'elles n'ont ensemble aucune cohérence sensible ; enfin qu'elles sont mues par un mouvement continuel très rapide.

Il paroît, par cette définition, que le feu est un corps fluide par essence ; tout semble même prouver qu'il est le seul corps fluide par lui-même, par conséquent la cause de la fluidité de tous les autres, & que sans lui, rien ne contrebalançant la tendance générale que toutes les autres parties de la matiere ont les unes vers les autres, elles seroient unies toutes ensemble, & que tout ce qui existe de matiere, ne formeroit qu'une seule masse immense de la dureté la plus grande dont la matiere soit susceptible.

Ce qu'il y a de plus difficile à concevoir dans la nature du feu, c'est cette fluidité essentielle, cette incohérence de ses parties intégrantes & la rapidité de leurs mouvemens qui le mettent hors de la classe des agrégés, ou qui en font une substance différente de toute autre espece de matiere, en ce que les parties agrégatives des corps quelconques qui ne sont point du feu, obéissent manifestement à l'attraction universelle, & se joignent les unes aux autres avec plus ou moins de force ; au lieu que celles du feu semblent se fuir au contraire, & se repoussent même continuellement avec la plus grande violence.

Cette maniere d'être du feu, qui est indiquée par tout ce que nous connoissons de ses effets & de ses autres propriétés, ne peut absolument se comprendre dans l'hipothese de l'attraction ; à moins que de supposer, comme un Géometre très connu croit l'avoir trouvé par le calcul, que l'attraction ne fait tendre les parties de la matiere les unes vers les autres, que jusqu'à ce qu'elles soient arrivées à une certaine limite de proximité passé laquelle l'attraction devient négative, & se change en répulsion ; ou bien en disant avec M. *le Comte de Buffon*, que les parties du feu sont douées d'un ressort infiniment supérieur à celui des parties de tous les autres corps, d'où il arrive que, lorsqu'elles sont portées les unes vers les autres par la force attractive commune à toute la matiere, au lieu de s'unir & d'adhérer les unes aux autres, suivant la loi commune, elles rejaillissent en vertu de leur ressort parfait, par le choc qu'elles éprouvent au point de contact, & sont repoussées en sens contraire avec une violence égale à celle avec laquelle elles se précipitoient les unes sur les autres, effet du ressort que M. *de Buffon* nomme *force expansive*, & qui, quoique dérivée de la *force attractive*, détruit cependant, ou plutôt combat continuellement l'effet de cette derniere, & devient un antagoniste nécessaire à l'entretien du mouvement de de toutes les particules de la matiere.

Ces deux idées me paroissent également d'accord avec la nature du feu, & dès qu'elles établissent une force propre à contrebalancer celle de l'attraction, ou plutôt sa direction, elles peuvent servir l'une & l'autre à expliquer d'une maniere satisfaisante les grands effets que le feu ne cesse de produire dans la nature.

Les plus sensibles de ces effets, sont d'exciter en nous les sensations de chaleur & de lumiere ; ce sont même en quelque sorte les seuls par lesquels la plupart des hommes qui ne sont point Physiciens, jugent de la présence ou l'absence du feu en action, ensorte qu'on ne regarde communément comme du feu que ce qui échauffe & ce qui éclaire. Mais pour la Physique & pour la Chymie, on ne peut absolument se dispenser d'approfondir davantage cette matiere, & malheureusement il s'y trouve de grandes difficultés.

La principale, c'est que lorsque l'on vient à examiner avec attention tous les effets connus du feu, & à les comparer, on se trouve embarrassé à décider si la chaleur & la lumiere appartiennent à une seule & même substance ou à deux substances différentes. Il y a en effet des raisons très fortes pour & contre l'une & l'autre de ces opinions. Comme il n'arrive jamais qu'une lumiere d'une très grande intensité soit portée sur aucun corps sans l'échauffer à proportion, & qu'un corps quelconque échauffé jusqu'à un certain point, devient toujours lumineux, il semble qu'on peut inférer de là que c'est une seule & même matiere, dont les manieres d'être excitent en nous les sensations de chaleur & de lumiere ; mais d'un autre côté ces deux sensations ne sont pas toujours proportionnées l'une à l'autre. Dans certaines circonstances, nous éprouvons de la part de certains corps un dégré de chaleur qui nous paroît fort, quoique nous n'y appercevions aucune lumiere sensible, & d'autres corps nous renvoient beaucoup de lumiere sans nous paroître avoir aucune chaleur plus grande que celle des corps environnans. L'eau bouillante, par exemple, nous paroît très chaude, & cependant nous n'y pouvons découvrir aucune lumiere ; de même la clarté de la lune & celle de quelques substances phosphoriques nous semblent très lumineuses, quoiqu'on n'y découvre aucune chaleur, & ce sont là des raisons assez fortes pour présumer que ces deux sensations sont excitées en nous par deux matieres distinctes, & seulement dépendantes l'une de l'autre.

Mais parmi les effets du feu en action, il y en a d'autres qui, à mon avis, nous permettent encore moins de confondre la lumiere avec la chaleur : c'est qu'elles agissent sur les corps d'une maniere absolument différente. Il est constant en effet qu'il n'y a aucuns corps impénétrables à la chaleur, de quelque nature qu'ils soient, au lieu que la lumiere ne pénetre que les corps nommés diaphanes, & est réfléchie plus ou moins complétement par tous les autres. Or, deux êtres qui se comportent si différemment à l'égard de certains autres mêmes corps, sont nécessairement distincts, il faut les considérer avec plusieurs bons Physiciens, & en particulier avec M. *le Comte de Buffon*, comme différens. Je sais bien qu'on peut dire que la chaleur & la lumiere ne sont qu'une même substance diversement modifiée ; que le feu lui-même avec toutes ses propriétés, n'est qu'une maniere d'être d'une matiere quelconque ; que la terre, l'eau, l'air, en un mot toutes les substances matérielles peuvent devenir du feu, de même que le feu peut se changer en air, en terre, &c. & qu'ainsi tous les élémens sont transmuables de l'un en l'autre, l'impossibilité de ces transmutations ne peut en effet être démontrée, parceque nous manquons & que nous manquerons toujours des connoissances nécessaires pour savoir de quoi la matiere est, ou n'eſt pas ſuſceptible : mais le véritable objet de la Phyſique n'eſt pas de connoître ce qui peut être, mais ce qui eſt; & nous ne pouvons regarder comme exiſtantes que les choſes dont l'exiſtence nous eſt prouvée: or, cette tranſmutabilité de toutes les eſpeces de ſubſtances de l'une en l'autre, non ſeulement n'eſt point prouvée, mais encore ceux qui la ſoutiennent ne peuvent adminiſtrer le moindre fait bien conſtaté qui lui ſoit favorable: il eſt donc inutile de s'occuper de ces idées trop vagues, & je n'en dis même ici un mot que parcequ'on les renouvelle de tems en tems, & qu'on les retrouve dans des écrits très modernes. Je me hâte de revenir aux effets bien avérés de la chaleur & de la lumiere.

Comme ces effets ſont différens, il en réſulte, ainſi que je l'ai dit, que la lumiere & la chaleur ne ſont point une même choſe; mais ſont-elles chacune une ſubſtance exiſtante à part & diſtincte, non ſeulement l'une de l'autre, mais encore de toutes les autres ſubſtances matérielles? C'eſt-là une nouvelle queſtion qui n'eſt point facile à réſoudre: la nature du feu nous eſt trop peu connue pour eſpérer d'avoir des idées bien nettes ſur cet objet. Tout ce que l'on peut faire, c'eſt de propoſer quelques conjectures d'après les effets les plus connus & les plus conſtans, & c'eſt à quoi je me bornerai.

Il faut obſerver d'abord que cette derniere queſtion ne paroît pas devoir concerner la lumiere. On ne peut douter en effet que cet être, par lequel nous voyons tout ce qui eſt viſible, & ſans lequel nous ne voyons rien, ne ſoit une ſubſtance diſtincte de toutes les autres, puiſqu'elle eſt la ſeule qui poſſede cette propriété de nous rendre les corps ſenſibles par la viſion. On eſt d'ailleurs aſſuré par les expériences les plus déciſives, qu'elle a un mouvement progreſſif, dont on connoît même la direction en ligne droite, & la vîteſſe qui eſt énorme, & d'environ quatre-vingt mille lieues par ſeconde. On eſt certain qu'elle eſt parfaitement élaſtique, puiſqu'elle ſe réfléchit de deſſus les corps ſous un angle égal à celui de ſon incidence. On ſait qu'elle s'infléchit en paſſant très près des corps, quelle se réfracte ou change sa direction lorsquelle passe d'un milieu dans un autre milieu d'une densité différente, ce qui vient de ce qu'elle est sujette à la loi de l'attraction comme toute autre matiere. Les expériences de *Newton* ont démontré que la lumiere n'est pas une substance simple, mais qu'elle est composée de plusieurs substances qui ont toute la fluidité, la vîtesse, l'élasticité, la réfrangibilité essentielles de la lumiere, mais qui ne possedent pas ces propriétés, & sur-tout la réfrangibilité dans le même degré; d'où il arrive qu'en la faisant réfléchir, infléchir & réfracter, on la décompose en séparant ses parties constituantes qui nous paroissent alors autant de rayons affectés, d'une couleur différente & propre à chacun. Enfin les Chymistes ont prouvé par une infinité d'expériences, comme on le verra à l'article *phlogistique*, que cette même substance peut entrer & entre en effet en qualité de principe & de partie constituante dans la composition d'un très grand nombre de mixtes, de la plupart desquels on peut la séparer pour la combiner dans d'aures mixtes. Or, un être dont on connoît le mouvement, dont on calcule la vîtesse, dont on peut changer la direction, qu'on rassemble, qu'on disperse; dont on sépare ou l'on réunit les parties constituantes qu'on fait entrer dans des composés, & qu'on en sépare, est très certainement une substance bien réellement existante, & qui doit être distinguée de toutes les autres substances matérielles, par les qualités constantes qui lui sont propres, & qu'elle ne partage avec aucune autre espece de matiere.

A l'égard de la chaleur, c'est toute autre chose; il n'est point si facile de décider, si elle est aussi une espece particuliere de matiere ayant la propriété exclusive d'exciter en nous la sensation du chaud, comme la lumiere a celle de nous rendre les corps visibles, & de produire les autres effets que nous lui attribuons, ou si ce n'est qu'une modification, une maniere d'être dont toutes les especes de substances matérielles sont susceptibles indistinctement, quand elles sont affectées d'une certaine maniere.

Les principaux phénomenes de la chaleur consistent

1°. en ce que les corps qui en sont plus ou moins pénétrés, excitent en nous, quand nous les touchons immédiatement ou médiatement, des sensations que nous nommons de chaud, de brûlure, & qui nous sont agréables ou douloureuses, suivant leur force & la disposition actuelle de notre corps.

Secondement, le volume des corps quelconques augmente toujours à proportion qu'ils sont pénétrés d'une plus grande chaleur, mais avec des différences bien grandes, en plus ou en moins, suivant la nature de chacun.

Troisiémement, il n'en est pas de la chaleur comme de la lumiere, relativement à la pénétration ou à la transmission à travers les corps; il y en a un grand nombre au travers desquels cette derniere ne peut passer, comme on vient de le dire; elle ne se transmet qu'à travers de ceux que l'on nomme diaphanes; encore y a-t-il une grande partie de la lumiere tombant sur les substances, même les plus transparentes, qui ne passe pas à travers, & qui se réfléchit, comme en général elle se réfléchit de dessus les corps opaques: ou passe à travers leurs pores; mais en éprouvant tant de chocs & de déviations, qu'enfin elle perd son mouvement, & cesse de nous affecter comme lumiere: mais il en est tout autrement de la chaleur, elle pénetre les corps quelconques les plus opaques, aussi complétement que les plus transparens, & il ne paroît pas qu'il s'en réfléchisse la moindre partie. Il est bien vrai qu'une matiere élastique & échauffée tombant sur un corps quelconque, se réfléchit; & que si cette matiere est invisible comme l'air ou quelqu'autre liquide encore plus transparent, il paroîtra alors que la chaleur se réfléchit; mais je crois que c'est une erreur qui vient de ce que l'on confond la chaleur avec une matiere échauffée ou pénétrée de chaleur, ce qui est bien différent; ce qui me porte à le croire, c'est que:

Quatriémement, la chaleur se distribue & se partage avec une égalité parfaite entre tous les corps qui y sont exposés, quelque différence qu'il puisse y avoir d'ailleurs entre les propriétés de ces corps; qu'ils soient fluides ou solides, durs ou mous, rares ou denses, opaques ou diaphanes, inflammables ou non inflammables, &c. tout cela est absolument indifférent : s'ils sont exposés tous dans un même lieu, à un même degré de chaleur, ils s'échaufferont tous exactement au même point ; ce qui a été constaté par les expériences les plus décisives, & par le secours du thermometre. Ils parviennent à la vérité à cet équilibre de chaleur un peu plus ou moins promptement, suivant leur nature, ainsi que l'ont observé plusieurs Physiciens, & sur-tout M. *Franklin*, mais cette différence est peu considérable, & d'ailleurs cela importe peu à l'objet dont il s'agit, il suffit qu'ils parviennent à cet équilibre, & le fait est très certain. Or, je dis que cet équilibre n'auroit jamais lieu, & seroit même impossible, si la chaleur ne pouvoit passer, comme la lumiere, qu'à travers certains corps, & étoit forcée de se réfléchir de dessus tous les autres, par la même raison que les corps de différente texture, exposés à une même lumiere ne sont pas & ne peuvent pas être également lumineux.

Cinquiémement, le progrès de la chaleur n'est pas tout à fait égal dans les différens milieux, il est moins prompt à travers les milieux denses que dans les rares, il est infiniment moins rapide que celui de la lumiere dans ceux qu'elle peut traverser ; & la chaleur ne paroît susceptible d'aucune décomposition, d'aucune inflexion, d'aucune déviation ; son progrès est absolument uniforme & imperturbable dans un même corps.

Sixiémement, la chaleur diminue la pesanteur spécifique de tous les corps, parcequ'elle augmente leur volume ; mais je crois que c'est sans rien changer à leur poids absolu, ce que ne fait pas la lumiere sans chaleur. Je sais bien que plusieurs Physiciens prétendent avoir reconnu par l'expérience que les corps fortement échauffés, ont un peu plus de poids absolu que lorsqu'ils ne le sont pas ; mais aucune des expériences qu'on allegue en preuve de cette proposition ne le prouve réellement, d'abord parcequ'un aussi grand nombre d'autres Physiciens assurent n'avoir point eu le même résultat des mêmes expériences, & en second lieu, parcequ'on peut dire que véritablement ces expériences n'ont jamais été faites, & sont peut-être même impossibles, par la raison que nous ne connoissons, & qu'il n'y a probablement aucun corps dans la nature qui, exposé à une forte chaleur, ne soit dans le cas d'éprouver des changemens, des altérations, des pertes, des accrétions, qui rendent absolument nuls tous les résultats des expériences qu'on a pu faire, ou qu'on pourra faire sur cet objet. *Voyez* les articles COMBUSTION, CHAUX TERREUSES, CHAUX MÉTALLIQUES, & GAS.

Septiémement, comme il est certain que les corps quelconques en se refroidissant, reprennent exactement le même degré de température où ils étoient avant d'avoir été échauffés, & qu'ils n'acquierent point une plus grande disposition à s'échauffer de nouveau, il s'ensuit qu'ils ne retiennent aucune partie de la chaleur acquise; que la chaleur en un mot s'en sépare de même qu'elle les pénetre sans pouvoir s'y incorporer en aucune maniere, au lieu que la lumiere est susceptible de se combiner dans les corps: ce qui est prouvé par l'inflammabilité des corps combustibles & par les propriétés du *phlogistique*.

Il me semble qu'on ne peut s'empêcher de conclure d'après ces faits, que la chaleur est quelque chose de totalement différent de la lumiere, & qu'elle n'est pas même une substance matérielle distinguée comme la lumiere, par des propriétés qui lui soient particulieres. En effet si la chaleur étoit une matiere, comme il est de l'essence de la matiere d'être impénétrable, il seroit impossible de concevoir que les parties de cette chaleur, quelques petites quelles fussent, ne rencontrassent aucun obstacle, n'éprouvassent aucune réflexion, aucune déviation de la part des particules élémentaires de tous les corps; qu'elles pénétrassent en un mot ces corpuscules, ou derniers atomes qui doivent nécessairement être sans pores & d'une densité absolue: & cette seule considération me paroît démontrer que la chaleur n'est point une substance; que ce n'est au contraire qu'un état particulier, une maniere d'être, dont toute substance matérielle est susceptible, sans cesser cependant en aucune façon d'être ce quelle est, & si l'on peut se livrer à quelques conjectures sur un objet si caché, voici qu'elles seroient mes idées, auxquelles je n'attache aucune prétention, pas même celle de la nouveauté (1), & que je suis tout prêt d'abandonner, pour en adopter de plus satisfaisantes sur les phénomenes du feu, dès qu'elles parviendront à ma connoissance.

S'il est vrai que toutes les parties de la matiere tendent les unes vers les autres, en vertu de l'attraction universelle ou d'une force quelconque, on ne peut douter que les parties élémentaires & agrégatives des corps, ne soient placées les unes auprès des autres, de maniere qu'elles satisfassent à cette tendance le plus qu'il est possible, relativement à leur configuration, à leurs masses & à l'action des corps environnans.

D'un autre côté, aucun Physicien ne doute que dans les agrégés les plus denses, il n'y ait beaucoup de pores ou de vuides, & même infiniment plus que de parties d'une densité absolue, il suit de là que les molécules élémentaires & agrégatives de tous les corps, même les plus durs & les plus denses, ont assez d'espace pour se mouvoir, & qu'elles ne peuvent manquer de se mouvoir en effet, toutes les fois qu'elles reçoivent quelque impulsion ou quelque choc, dont la force est supérieure à celle de l'attraction par laquelle elles sont fixes dans leur position actuelle.

Or, si cela est ainsi, il est évident qu'aucun corps solide ne peut éprouver des frottemens ou des percussions, sans que ses parties ne soient ébranlées & dérangées de leur situation, à proportion de la force de ce choc; mais comme elles sont maîtrisées par une autre force qui les fait tendre sans cesse à cette situation, elles doivent y revenir ou s'en rapprocher le plus qu'il est possible, dès que le mouvement imprimé par la percussion vient à cesser ou à diminuer, & cette alternative s'entretenant par la continuation des frottemens ou des percussions, il en résulte nécessairement

(1) *Bacon* a eu la même idée; c'est aussi celle de plusieurs Physiciens plus modernes; mais je n'en connois point qui l'aient développée.

un mouvement inteſtin d'oſcillations ou de vibrations dans toutes les petites parties du corps frotté ou frappé, & ce mouvement eſt d'autant plus fort, que ces oſcillations ſont plus rapides. Or, il paroît que ce mouvement inteſtin ſuffit pour faire naître dans les corps quelconques, l'état que nous nommons chaleur, & pour rendre une raiſon ſatisfaiſante de tous les effets dont cette chaleur eſt la cauſe, comme on va le voir par les remarques ſuivantes.

1°. Si c'eſt en effet dans ce mouvement inteſtin des parties des corps quelconques, que conſiſte la chaleur, aucun corps ne doit pouvoir éprouver des frottemens & des percuſſions, ſans s'échauffer à proportion de la force & de la promptitude de ces mouvemens; & c'eſt ce que l'expérience confirme en effet de la maniere la plus poſitive, puiſqu'il eſt conſtant que tous les corps s'echauffent d'autant plus, chacun ſuivant ſa nature, qu'on les frotte ou qu'on les frappe avec plus de force & de célérité.

2°. La chaleur dilate les corps, plus ou moins auſſi, ſuivant leur nature, & à proportion de ſon intenſité, cet effet doit néceſſairement avoir lieu, ſi la chaleur conſiſte dans l'ébranlement & les vibrations de leurs parties: car il eſt impoſſible que ces parties ſe meuvent ſans changer de ſituation reſpective, & par conſéquent ſans ceſſer d'être auſſi contigües les unes aux autres, quelles le ſont avant d'avoir acquis ce mouvement.

3°. Le poids abſolu d'aucun corps n'eſt augmenté par la chaleur, quelque grande qu'elle ſoit, & il ne peut l'être en effet, puiſqu'elle n'eſt produite que par le mouvement des parties du corps échauffé, ſans qu'il s'introduiſe aucune nouvelle quantité de matiere dans ce corps.

4°. La chaleur ne ſe réfléchit point, car il n'y a qu'une ſubſtance matérielle, comme la lumiere & autres, qui puiſſent ſe réfléchir, & la chaleur qui n'eſt qu'une maniere d'être d'une ſubſtance matérielle, ne peut par conſéquent ſe réfléchir en tant que la chaleur, c'eſt-à-dire, qu'il n'y a que les matieres échauffées qui puissent se réfléchir, & non pas leur chaleur, en tant que chaleur.

5°. La chaleur des corps se communique aux corps environnans & contigus, se partage entre eux avec égalité, & se met dans une sorte d'équilibre. Or, cet effet doit nécessairement avoir lieu, si la chaleur n'est autre chose que le mouvement des parties propres de chaque corps; elle ne fait que suivre en cela la loi générale de la communication des mouvemens qui se distribuent toujours avec égalité & équilibre entre tous les corps qui se meuvent & qui se choquent à proportion de leur densité.

6°. Il est impossible que la chaleur se fixe dans aucun corps, & l'expérience nous démontre qu'en effet elle ne s'y fixe jamais; l'explication de cet effet est toujours la même. Il n'y a que les substances qui puissent s'unir à d'autres substances : or, par la supposition, la chaleur n'est point une substance, une matiere particuliere, qui possede en propre la qualité chaude; donc elle ne peut se fixer dans aucun corps, aussi les corps ne sont-ils chauds qu'autant qu'ils restent exposés aux causes qui produisent la chaleur, c'est-à-dire, aux frottemens & collisions qui peuvent mettre en mouvement leurs parties élémentaires & agrégatives, & leur chaleur diminue & cesse toujours à proportion que ces causes diminuent & cessent d'agir.

7°. La lumiere qui tombe sur des corps quelconques les échauffe tous d'autant plus fortement qu'elle a plus d'intensité, & c'est là un effet nécessaire de sa nature & de son mouvement violent. La lumiere est une substance matérielle, ses parties sont à la vérité assez petites, pour passer à travers les pores d'un grand nombre de corps, qui sont ceux qu'on nomme diaphanes; mais les parties denses non poreuses de ces mêmes corps, ainsi que celles de tous les autres, ne lui sont point perméables; les parties de la lumiere ne peuvent donc que choquer ces parties denses & se réfléchir, & malgré le peu de masse de ses propres particules, si l'on songe à leur vîtesse prodigieuse, on concevra aisément que ce choc doit être de la plus grande violence, & l'on ne sera pas surpris qu'une certaine quantité de cette matiere concentrée, telle qu'elle se trouve aux foyers des grands verres & miroirs ardens, appliquée à des corps quelconques, ébranle & agite en un instant leurs parties, au point de les pénétrer de la chaleur la plu violente & la plus prompte que nous connoissions.

8°. Tous les corps échauffés jusqu'à un certain point par des collisions, même différentes de celles de la lumiere, deviennent cependant ardens & lumineux à proportion de l'intensité de leur chaleur. C'est-là assurément un effet des plus singuliers & des plus dignes d'attention. Pour en rendre raison, il faut observer que la lumiere ne nous est visible, ou plutôt sensible, que quand elle est lancée directement dans nos yeux par quelque corps, sans quoi elle ne nous fait aucune impression, de maniere que nous ne soupçonnons pas même sa présence: c'est par cette raison que nous ne voyons point de lumiere pendant la nuit, quoique à l'exception des petits cônes de l'ombre de la terre & des autres planetes, toute l'étendue de la sphere du soleil, soit aussi remplie de la lumiere de cet astre pendant la nuit, que pendant le jour. Cela vient de ce que la direction de cette lumiere n'étant point vers nos yeux, elle n'est pour nous que ténebres, & il n'y a d'autres portions de cette lumiere qui puissent nous être sensibles que celles, qui tombant sur des corps capables de la réfléchir, tels que la lune & les autres planetes, est lancée vers nos yeux par cette réflexion; c'est par la même raison que nous ne voyons point les foyers des verres & des miroirs ardens, lorsqu'ils tombent à vuide, qu'oi qu'il y ait incomparablement plus de lumiere dans ces foyers que dans l'espace environnant; car dès qu'on place à ces mêmes foyers quelque corps capable de réfléchir la lumiere vers nos yeux, alors elle nous devient très sensible, & nous en sommes éblouis à proportion de son intensité. Cela posé, comme tout est rempli d'une lumiere que nous ne voyons pas, parcequ'elle n'est dirigée vers nos yeux par aucun corps, il est évident que si un corps passe d'un état qui ne lui permet pas de lancer vers nos yeux la lumiere qui l'environne, à un autre état qui le rende capable de produire cet effet, ce corps de non lumineux qu'il étoit d'abord, nous paroîtra, & sera en effet d'autant plus lumineux, que son nouvel état le rendra propre à lancer vers nos yeux une plus grande quantité de lumiere & avec plus de rapidité. Or, c'est précisément ce qui arrive à des corps froids, lorsqu'ils viennent à contracter beaucoup de chaleur par des frottemens & percussions. Avant qu'ils fussent échauffés, leurs parties élémentaires & agrégatives étoient en repos, ou du moins n'avoient que très peu de mouvement; mais dès qu'elles entrent en de violentes vibrations, comme elles sont imperméables à la lumiere, elles frappent nécessairement & avec violence les parties de cette substance qui leur sont contiguës, les lancent par conséquent de tous côtés, & de là il arrive que ces mêmes corps deviennent tout brillans de lumiere, comme autant de petits soleils, suivant la force des vibrations de leurs parties, ou, ce qui est la même chose, suivant l'intensité de leur chaleur.

On voit par ces deux derniers articles (7 & 8) comment la chaleur & la lumiere s'excitent, ou plutôt se rendent sensibles mutuellement, quoi qu'il n'y ait que la lumiere qui soit une substance matérielle particuliere, & que la chaleur ne soit qu'une modification qui puisse appartenir à tous les corps, de quelque espece qu'ils soient. Si nous observons dans certaines circonstances & dans certains corps un degré de chaleur très sensible, sans que ces corps nous paroissent plus lumineux que d'autres corps moins échauffés, cela vient de ce que la lumiere ne peut faire une impression percerptible sur nos yeux, à moins qu'elle ne soit dirigée & lancée vers eux avec plus de force & de vîtesse que ne peut lui en imprimer le choc des parricules des corps qui n'ont elles-mêmes que peu de mouvement; il faut sans doute que la vîtesse de la lumiere soit proportionnée à la sensibilité & à l'irritabilité de nos organes. On ne peut guere douter qu'il n'y ait des degrés de lumieres que nous n'appercevons pas, mais qui seroient très bien distingués par des animaux, dont les yeux

yeux seroient meilleurs que les nôtres. Il est même très probable, que si on rassembloit un certain nombre d'hommes dans un lieu obscure, & qu'on leur présentât des corps trop peu échauffés pour paroître lumineux à la plupart d'entre eux, il pourroit s'en trouver quelques-uns qui distingueroient plusieurs de ces corps que les autres ne pourroient aucunement appercevoir; expérience qui, je crois, n'a pas été faite, mais qui est certainement très bonne à faire. Il en est de même de certains corps qui nous renvoient plus de lumiere que les autres, sans cependant paroître plus échauffés, ce n'est probablement que faute de thermometres assez sensibles, qu'on ne peut reconnoître la supériorité de chaleur de ces corps foiblement lumineux, (car il n'y a que ceux-là qui soient dans ce cas) sur ceux qui ne le sont point du tout.

Je pourrois ajouter encore ici beaucoup d'autres considérations sur la proportion des effets de lumiere avec ceux de chaleur, que plusieurs circonstances particulieres peuvent faire paroître inégale, quoiqu'elle soit cependant toujours la même. Il est très possible, par exemple, que de deux corps de même volume & de même poids, échauffés au même degré, & qui lancent par conséquent la même quantité de lumiere & avec la même vîtesse, l'un paroisse beaucoup plus lumineux que l'autre: car il suffit pour cela, que par la disposition des parties de ces corps, les rayons de lumiere soient lancés dans une direction parallele ou convergente par l'un, & dans une direction divergente par l'autre. Mais ces explications des phénomenes de la chaleur & de la lumiere, & beaucoup d'autres qui peuvent se présenter tout aussi naturellement, me meneroient trop loin; j'ajouterai seulement ici une réflexion, qui est une conséquence de la théorie que je viens d'exposer sur la nature de la chaleur, c'est que si elle ne consiste que dans les vibrations des parties élémentaires & agrégatives des corps, quelque soit la cause qui les mette en mouvement, il s'ensuit que les parties d'aucun corps ne sont jamais dans un repos parfait, du moins ce repos parfait seroit le cas d'un froid absolu, qui probablement n'existe pas dans la nature, à cause du mouvement de la lumiere, & de l'action continuelle de tous les corps les uns sur les autres.

On voit par tout ce qui vient d'être dit sur la nature & les effets de la lumiere & de la chaleur, que ce que nous nommons *feu libre* ou *feu en action*, n'est que le résultat du mouvement de la lumiere d'une part, & d'une autre part de celui des particules de tous les corps, occasionné, soit par le choc de la lumiere, soit par un autre choc quelconque, & que ce mouvement se communique de son côté à la lumiere, & la lance dans toutes sortes de directions. Ainsi il y a deux causes qui peuvent produire les effets du feu en action: savoir, 1°. l'impulsion de la lumiere, & sur-tout quand elle est animée de toute sa vîtesse, & dans sa plus grande intensité, telle qu'elle l'est aux foyers des verres & miroirs brûlans, & 2°. les frottemens, percussions & collisions des corps quelconques. Les phénomenes du feu en action, sont toujours d'autant plus sensibles que ces deux causes agissent plus fortement; ils diminuent quand elles agissent moins, & cessent quand elles cessent d'agir. C'est-là ce qui arrive en général à tous les corps, dans la composition desquels la matiere du feu, ou plutôt celle de la lumiere n'entre point, du moins en quantité sensible, comme un de leurs principes. Mais il y a dans la nature, & particuliérement à la surface de notre globe, un grand nombre de mixtes qui présentent tous les phénomenes du feu en action d'une maniere plus permanente & plus durable que tous les autres, & qui méritent, par cette raison, une attention particuliere. Ce sont ceux que l'on nomme *corps combustibles* ou *inflammables*. Ce qui caractérise ces derniers, c'est que dès qu'une fois ils sont mis dans le mouvement igné, c'est-à-dire, dès qu'ils sont portés par la chaleur jusqu'à l'incandescence, soit par les collisions des corps quelconques, soit par l'impulsion de la lumiere pure, soit enfin par l'attouchement d'un corps quelconque, qui est lui-même dans le mouvement igné, ils produisent tous les phénomenes du feu en action, deviennent brûlans & lumineux & conservent ces qualités dans le même degré, ou dans un degré qui va en augmentant, sans avoir besoin, comme les corps incombustibles, de l'action continuée des causes qui excitent le feu libre, & qu'ils persévèrent dans cet état d'ignition, jusqu'à ce que toute la lumiere qui étoit fixée dans leur mixtion, en soit entiérement dégagée; après quoi, ce qui reste d'eux rentre, dans la classe des corps non combustibles, & ne peut reprendre & conserver l'état d'ignition, de même que ces derniers, que par l'action soutenue des causes qui excitent le feu libre, ainsi que cela est exposé plus en détail aux articles COMBUSTION & PHLOGISTIQUE.

Comme les corps combustibles produisent, en quelque sorte par eux-mêmes, & tant qu'ils sont en ignition, tous les effets du feu en action, & que nous avons à notre portée une très grande quantité de ces corps, on se sert de leur combustion, & même avec beaucoup plus de commodité & d'avantage que des frottemens & du mouvement de la lumiere pure, pour appliquer l'action du feu aux substances quelconques, dans les opérations des Arts & de la Chymie; ainsi la combustion de ces corps peut être regardée à cet égard, comme une troisieme cause qui met le feu en action, ou plutôt comme le feu lui-même, jouissant de toute sa liberté & de son activité.

Après ces différentes explications de la Nature & des effets du feu libre, il est aisé de se former une idée de la maniere dont il agit sur les différents corps & des changemens qu'il leur fait éprouver. L'expérience prouve qu'il ne leur cause aucune décomposition qu'autant qu'il peut leur imprimer le caractere de la chaleur; ainsi, quoique la lumiere soit réellement la seule substance qu'on puisse regarder comme la *matiere du feu*, ce n'est pas cependant comme lumiere, ou par la propriété qu'elle a de nous rendre les corps visibles qu'elle produit les effets du feu, mais en tant qu'elle peut imprimer par son choc, un grand mouvement aux parties constitutives & agrégatives de tous les corps; mouvement intestin qui paroît, comme je l'ai dit, constituer essentiellement & uniquement l'état que nous nommons chaleur. Cela étant bien entendu, il ne pourra rester, je crois, aucune équivoque sur la maniere dont je conçois les effets du feu en action, & sur les altérations qu'il occasionne aux différents corps soumis à son action.

A proprement parler, tous ces effets se réduisent à un seul, ou n'en sont que des suites nécessaires. Cet effet principal est la dilatation des corps quelconques, & cette dilatation ne peut être attribuée qu'à la chaleur par la raison que j'en ai donnée. Mais il est évident qu'aucun corps ne peut être dilaté, que sa pesanteur spécifique & sa dureté, ou l'adhérence de ses parties, ne soient diminuées en proportion ; & ces deux changemens sont les plus essentiels à considérer relativement à la Chymie ; car il n'y a aucune opération de cet Art qui ne se fasse, ou par la diminution de pesanteur spécifique, ou par la désunion plus ou moins grande des parties des corps, ainsi qu'on va le voir.

Il faut observer d'abord, au sujet de la dilatation des corps par le feu, ou de la diminution de leur pesanteur spécifique, qu'il y a des différences très considérables entre les différentes substances, eu égard à la dilatation qu'elles sont capables d'éprouver, par un même degré de chaleur ; il y a des matieres si dilatables par le feu, que quand elles éprouvent une chaleur, même médiocre, elles semblent perdre toute leur pesanteur spécifique, ou deviennent au moins spécifiquement plus légeres que toutes les substances environnantes. Il arrive de là que ces substances, chauffées jusqu'à un certain point, s'élevent comme des corps qui seroient sans pesanteur. Toutes les substances qui ont cette propriété, se nomment en général *substances volatiles*. D'autres corps, au contraire, sont si peu dilatables par le feu, relativement à leur densité, que la plus grande chaleur dont ils puissent être pénétrés, ne produit qu'une diminution presque insensible dans leur pesanteur spécifique ; & comme ces corps semblent rester sans altération de la part du feu à cet égard, on les nomme en Chymie des *corps fixes*.

Il suit de là, que si on expose à l'action du feu un composé qui contienne des principes volatils, & des principes fixes, les premiers devenant spécifiquement plus légers, doivent s'élever en vapeurs, & se séparer des seconds, qui n'éprouvent point de changement sensible à cet égard. Or, comme presque tous les composés contiennent des principes, dont la volatilité & la fixité different assez sensiblement, pour que les uns puissent s'élever & se sublimer, tandis que les autres restent fixes à un même degré de chaleur donné, il s'ensuit que, par l'action du feu, ou par la seule chaleur, on peut faire une infinité d'analyses & de décompositions. Si on expose, par exemple, un composé de régule d'antimoine, qui est un demi-métal volatil, & d'or, qui est un métal fixe, à un degré de chaleur suffisant, pour que la volatilité du régule d'antimoine puisse avoir tout son effet; ce demi-métal, entraîné & enlevé par sa légéreté acquise, se sublimera en vapeurs, & se séparera de l'or qui restera fixe & pur.

L'observation qu'on vient de faire au sujet des changemens que procure, dans la pesanteur spécifique des corps, la dilatation occasionnée par la chaleur, doit avoir lieu aussi sur la diminution de l'adhérence de leurs parties intégrantes, qui est l'effet de la même cause. Il est évident qu'on ne peut concevoir un corps, forcé par la chaleur d'occuper un plus grand espace, sans que la contiguité, & par conséquent l'adhérence des parties intégrantes de ce même corps, ne soient diminuées. Mais il y a aussi à cet égard une différence très grande entre les différentes substances que nous offre la nature: le feu, en dilatant certains corps, écarte & désunit tellement leurs parties intégrantes, qu'elles semblent n'avoir plus aucune cohérence entre elles: ces corps, s'ils sont naturellement solides, passent à l'état de fluidité toutes les fois qu'ils sont pénétrés d'une suffisante quantité de feu libre, & se nomment *corps fusibles*; ceux au contraire dont un feu très fort ne peut point désunir ainsi absolument les parties intégrantes, se nomment *infusibles*, ou *réfractaires*. Or, comme l'agrégation d'un corps est rompue, du moins en grande partie, quand il est en fusion, & que cette rupture de l'agrégation est une condition nécessaire pour la combinaison des corps les uns avec les autres; il s'ensuit que le feu, en tant que capable de donner de la liquidité aux corps solides, influe, comme agent primitif dans les combinaisons quelconques.

Toutes les opérations de la Chymie se réduisant à des décompositions & à des combinaisons, on voit, par ce qui vient d'être dit, que le feu est, dans la Chymie, comme dans la Nature, un agent universel. On sait assez d'ailleurs que, quoiqu'on puisse faire des décompositions ou analyses par les menstrues, sans qu'il soit besoin d'appliquer aux corps plus de chaleur qu'ils n'en ont naturellement, ces analyses ne se faisant que par des dissolvans qui ne peuvent agir eux-mêmes qu'autant qu'ils tiennent du feu un degré de fluidité convenable, le feu agit dans ces analyses aussi essentiellement, que dans celles qui sont occasionnées par l'application immédiate de la chaleur.

Il est à propos de remarquer, au sujet de la volatilité, de la fixité, de la fusibilité & de l'infusibilité des corps, premiérement, que toutes ces qualités ne sont, à proprement parler, que relatives. Aucun corps sans doute n'est absolument fixe & infusible; & ceux que nous regardons comme tels se réduiroient en vapeurs, comme les corps volatils, ou se fondroient comme les matieres fusibles, s'ils étoient exposés à une chaleur infiniment plus forte que celle que nous pouvons leur faire éprouver : ainsi tel corps paroîtra fixe ou fusible, si on le compare avec des substances très volatiles & très fusibles, qui sera réputé lui-même volatil ou fusible, relativement à des substances beaucoup plus fixes & moins fusibles que lui.

En second lieu, comme la volatilité & la fusibilité sont les effets d'une seule & même cause, savoir de la dilatation qu'occasionne la présence d'une certaine quantité de feu libre & en action dans les corps, ces deux qualités ne sont, à proprement parler, que la même, dans des degrés plus ou moins marqués; &, dans ce sens, la volatilité ne doit être considérée que comme le plus haut degré de la fusibilité : aussi est-il certain que les substances qui sont habituellement liquides, & qu'on doit regarder par cette raison comme les plus fusibles, sont toutes très volatiles, & s'élevent en vapeurs aussi-tôt qu'on leur applique la moindre chaleur; tandis qu'au contraire les matieres les plus dures, les moins dilatables, celles en un mot dont l'agrégation est la plus ferme & la plus difficile à rompre, & qui, par cette raison, sont les moins fusibles, sont en même tems les plus fixes.

L'agrégation de tout corps réduit en vapeurs ou fondu, est rompue; mais elle l'est davantage dans le corps réduit en vapeurs, que dans celui qui est en simple fusion : aussi le plus efficace de tous les moyens que la Chymie puisse employer pour combiner ensemble les substances les plus difficiles à unir, celles qui refusent de se joindre, tant que l'une ou l'autre conserve un degré d'agrégation sensible, c'est de les réduire en vapeurs, si cela est possible, & de faire rencontrer ces vapeurs.

Tous les effets que le feu produit en qualité d'agent dans les opérations chymiques, se réduisent, comme on voit, en général, à ceux dont on vient de parler. La quantité de lumiere qui est lancée perpétuellement par le soleil, ainsi que les mouvemens de tous les autres corps, & qui se distribue dans toute sa sphere, suffisent pour produire les séparations & les combinaisons que la Nature fait sans cesse sous nos yeux; mais, comme la chaleur qui en résulte, est renfermée dans de certaines limites assez bornées, l'Art chymique se trouveroit lui-même extrêmement borné, & presque réduit à contempler les opérations naturelles, si nous n'avions des moyens de déterminer le feu libre & pur à pénétrer les corps, ou à en sortir en quantité beaucoup plus ou moins grande.

Les moyens d'augmenter la quantité du feu libre, ou de lui donner plus d'action dans les corps, se réduisent, comme il a été dit, à l'impulsion de la lumiere concentrée, aux grands frottemens des corps, & à la combustion des corps combustibles.

L'action de la lumiere la plus forte que nous connoissions, est celle qu'elle a aux foyers des verres & miroirs ardens; la chaleur que ces foyers excitent dans les corps quelconques qui y sont exposés, est même beaucoup trop forte pour la plupart des opérations de la Chymie, & ne doit être appliquée qu'aux corps les plus fixes & les plus réfractaires. Comme ces foyers ſont d'ailleurs fort petits, qu'il eſt très difficile d'y travailler commodément, & que les miroirs & lentilles d'un grand effet ſont extrémement rares & chers, on ſe ſert fort peu de ce feu pour les opérations de la Chymie. Cette Science lui doit néanmoins pluſieurs expériences de la plus grande importance, comme la décompoſition de l'or, publiée par *Homberg*, ſi elle eſt vraie, la fuſion de la platine que j'y ai faite avec M. *Baumé*, & celle de pluſieurs autres corps qu'on n'avoit jamais pu fondre ſeuls à d'autres feux, conſtatées en différens tems par pluſieurs Chymiſtes : *voyez* l'article VERRE ARDENT.

La chaleur qui s'excite par les frottemens & percuſſions, eſt en général proportionnée à la force, à la rapidité, à l'étendue du frottement & de la percuſſion, ainſi qu'à la dureté des corps frottés ou frappés. Cette chaleur eſt auſſi fort peu uſitée dans les opérations chymiques, elle ſe manifeſte néanmoins très fréquemment dans une infinité d'expériences, comme dans les fermentations, les efferveſcences, les diſſolutions; elle a lieu toutes les fois que des corps s'uniſſent enſemble; elle eſt proportionnée à la rapidité & à la force avec laquelle ces corps réagiſſent les uns ſur les autres; elle eſt produite par le frottement & la colliſion de leurs parties, ce qui indique que les parties primitives ſont de la plus grande dureté, même dans les corps dont l'état habituel eſt la liquidité ou la molleſſe : car ces corps, dans leurs diſſolution & réaction, ſont capables de produire autant de chaleur que les ſubſtances les plus dures, & dont l'agrégation eſt la plus ferme; & s'il ſe trouve quelques fluides dont la plus grande agitation ne produit pas de chaleur ſenſible, cela vient, comme le dit M. de *Buffon*, de ce que leurs parties ne peuvent pas ſe toucher ou ſe frapper aſſez immédiatement.

A l'égard de la combuſtion des corps combuſtibles, c'eſt, comme je l'ai remarqué, le moyen le plus commode & le plus avantageux que nous ayons pour appliquer l'action du feu à différens corps.

Les ſubſtances inflammables les plus communes, telles que le bois, le charbon de terre, le harbon de bois & les huiles ſont celles qu'on emploie habituellement dans la Chymie, de même que dans les Arts & dans l'uſage ordinaire de la vie, pour toutes les opérations dans leſquelles on a beſoin de l'action du feu.

Les Chymiſtes ayant beſoin ſinguliérement de tous les degrés de chaleur, depuis la plus foible, juſqu'à la plus forte, ont cherché & trouvé les moyens de ſe les procurer en employant différens intermedes, & encore mieux par la diſpoſition & la conſtruction des *fourneaux*, dans leſquels ſont contenues les matieres combuſtibles, & celles auxquelles ils veulent appliquer l'action du feu.

Ce n'eſt certainement pas ſans fondement que M. le Comte *de Buffon* remarque dans le *premier volume de ſon Introduction à l'Hiſtoire des minéraux*, que *l'action du feu ſur les différentes ſubſtances, dépend beaucoup de la maniere dont on l'applique*. L'expérience prouve en effet que certaines matieres qui ſe fondent aſſez facilement au feu de forge ou des grands fourneaux, réſiſtent davantage aux foyers des verres ou miroirs brûlans, quoique ces derniers faſſent couler en un inſtant d'autres matieres que le feu des mêmes forges, ou grands fourneaux, ne peut point fondre, ou ne fondent que difficilement & en beaucoup de tems. Pour expliquer ces effets, M. *de Buffon* penſe *qu'on doit conſidérer le feu dans trois états différens, le premier relatif à ſa viteſſe, le ſecond à ſon volume, & le troiſieme à ſa maſſe. Sous chacun de ces points de vue*, ſuivant cet homme illuſtre, *cet élément ſi ſimple, ſi uniforme en apparence, paroîtra, pour ainſi dire, un élément différent*. M. *de Buffon* explique enſuite comment on peut augmenter la vîteſſe, le volume, & la maſſe du feu, & lui faire produire des effets différens, ſuivant qu'on augmente ſon activité par l'un ou l'autre de ces moyens. Je ne puis qu'applaudir avec tous les bons Phyſiciens aux idées neuves que cet homme de génie propoſe ſur cet objet, & qui me paroiſſent pour la plupart très bien fondées ; cependant, comme chacun a ſa maniere de voir, & que pour me ſervir des expreſſions mêmes de M. *de Buffon*, l'empire de l'opinion eſt aſſez vaſte pour que tout le monde puiſſe y errer à ſon gré, ſans froiſſer perſonne. Je haſarderai de dire ici en peu de mots ce que je penſe de ces différences des effets du feu, d'après les idées que j'ai expoſées dans cet article ſur la nature de cet agent ſi puiſſant.

Le feu n'a réellement d'action ſur les corps & ne peut leur cauſer aucune altération, qu'autant qu'il excite en eux de la chaleur, & la chaleur n'eſt autre choſe que le mouvement des parties conſtitutives & agrégatives des corps échauffés.

Si ces deux propoſitions ſont vraies, on en peut conclure ſurement, que la meſure de l'action du feu eſt le produit de la maſſe des corps échauffés par la vîteſſe des vibrations ou élancemens de leurs parties; & cela poſé, il eſt évident que, comme nous n'avons aucun moyen d'augmenter la vîteſſe des parties de la lumiere qui nous eſt lancée par le ſoleil, nous ne pouvons augmenter ſa chaleur ou ſon action échauffante qu'en augmentant ſa denſité, comme elle l'eſt en effet aux foyers dioptriques & catoptriques, ſuivant la remarque très juſte de M. *de Buffon*. Je crois qu'on doit ajouter que par la même raiſon, lorſque nous échauffons des corps par des frottemens ou percuſſions & indépendamment de l'action de la lumiere, nous ne pouvons augmenter leur chaleur par ce moyen qu'en augmentant la vîteſſe oſcillatoire de leurs parties, en les frottant ou percutant plus fortement & plus rapidement, puiſqu'il eſt évident que les frottemens ni les percuſſions ne peuvent changer en rien la maſſe des corps frottés ou percutés. Voilà donc deux cas où l'on peut augmenter l'action du feu; dans le premier, bien évidemment par l'augmentation de la maſſe, & dans le ſecond, tout auſſi évidemment par celle de la vîteſſe; mais ces deux ſortes de feux, & ſur-tout le ſecond, ne ſont preſque d'aucun uſage pour les opérations des Arts & de la Chymie, par les raiſons que j'en ai données. Le feu qu'il nous importe le plus de bien connoître & de bien appliquer, eſt celui qui provient de la combuſtion des corps combuſtibles. Il eſt certain que les effets de cette eſpece de feu peuvent être rendus beaucoup plus forts, & même juſqu'à un point indéfini par le concours de l'air & par le grand volume des matieres en combustion. Mais comme ce feu résulte du dégagement de la lumiere, & du mouvement intestin des parties des corps embrasés, il n'est pas si facile de connoître, si c'est par l'augmentation de sa masse ou par celle de sa vîtesse, qu'il est rendu plus énergique; peut-être l'augmentation de la vîtesse a-t-elle lieu jusqu'à un certain point, par la communication & l'augmentation des mouvemens d'un grand nombre des parties ignescentes & voisines ou contiguës: mais autant que j'en puis juger, cet effet n'est que secondaire & occasionnelle dans l'un & l'autre cas; & voici mes raisons.

Je conviens d'abord qu'un feu de matieres combustibles qui devient infiniment plus chaud & plus lumineux à proportion qu'il est excité par le vent violent des soufflets, ou par tout autre courant d'air très rapide, a bien l'apparence d'un feu dont l'activité est augmentée par un nouveau degré de vîtesse; imprimé par le courant d'air; mais, ou je me trompe fort, ou ce n'est là qu'une apparence tout-à-fait trompeuse. En effet l'impulsion de l'air sur un corps embrasé, ne peut augmenter la vîtesse du feu, qu'en augmentant celle des parties des corps mises en mouvement par la combustion, ou celle de la lumiere qui se dégage dans cette combustion: or, il me paroît que la plus forte impulsion de l'air ne peut produire ni l'un ni l'autre de ces effets; car, premiérement, il est constant par l'expérience que le choc de l'air poussé sur un corps quelconque avec la plus grande violence qui soit connue, ne peut point ébranler les parties de ce corps assez fortement, pour qu'il en résulte une chaleur sensible. On n'a jamais vu le vent naturel le plus impétueux, ni celui des soufflets les plus forts occasionner le moindre changement dans la température actuelle d'aucun corps; & en second lieu, l'impulsion de l'air peut encore moins accélérer la vîtesse de la lumiere, non-seulement parceque l'air dans sa plus grande rapidité, marche à pas de tortue en comparaison de la lumiere, mais encore parcequ'il n'a pas même de prise sensible sur les parties de cette substance: ce qui est encore démontré par une expérience très connue. On sait en effet que le soufle le plus violent dirigé ſur le foyer d'un verre ou d'un miroir ardent, n'y occaſionne aucun changement ; qu'il n'augmente, ni ne diminue en rien ſon activité, non plus qu'il ne change abſolument en rien ſa direction.

Mais, pourra-t-on demander, par quel moyen un courant d'air augmente-t-il donc ſi conſidérablement l'activité de toute eſpece de feu qui provient de la combuſtion ? le voici.

Tous les Phyſiciens conviennent que l'air eſt un ingrédient, ou un agent abſolument néceſſaire à la combuſtion ; que les corps les plus combuſtibles ne peuvent brûler, ſans ſon concours & même ſans ſon contact immédiat, & que plus ce contact eſt complet, plus la combuſtion eſt active & énergique. Cela poſé, il eſt évident, que ſi l'on augmente la quantité d'air qui peut toucher les parties d'un corps combuſtible, auxquelles il ne manque que le contact de cet élément pour ſe mettre en feu, on augmentera à proportion la quantité de ces parties qui s'embraſeront à la fois, & que par conſéquent la combuſtion doit augmenter dans la même proportion ; mais comme tout ce qui réſulte de cet effet, c'eſt que la quantité des parties *igneſcentes* ſe trouve plus grande dans le même eſpace, il s'enſuit clairement que c'eſt alors la maſſe du feu, & non pas ſa vîteſſe qui eſt augmentée.

A l'égard de l'augmentation des effets du feu, par l'augmentation de ſon volume, elle exige d'autres conſidérations. La chaleur n'étant réellement autre choſe que le mouvement des parties des corps échauffés, tous les phénomenes de la chaleur ne peuvent différer en rien des phénomenes des corps en mouvement ; & il ſuit de là que la communication de la chaleur d'un corps à un autre, doit être exactement ſemblable à la communication du mouvement d'un corps à un autre corps. Or, cette communication ſe fait ſelon certaines loix, qui varient à la vérité ſuivant la dureté, la molleſſe & l'élaſticité des corps qui ſe choquent ; mais il eſt certain, qu'en général, quelques ſoient la vîteſſe & la denſité des corps en mouvement qui en choquent d'autres en repos, ces qualités étant déterminées & reſtant les mêmes, les corps choqués reçoivent d'autant plus de mouvement de ceux qui les choquent, que ces derniers les surpassent davantage par leur nombre ou par leur volume, & *vice versa*; ensorte, que si une quantité considérable de matiere en repos n'est choquée que par une très petite quantité de matiere en mouvement, elle n'en sera pas mue sensiblement, au lieu que son mouvement deviendra très grand & très sensible, si c'est le contraire. Il suit de là que pour qu'il se produise un mouvement déterminé dans une quantité de matiere quelconque, par le choc d'une quantité de matiere en mouvement, dont la vitesse & la densité sont fixées, il faut nécessairement que la quantité ou le volume de cette matiere mouvante, soient proportionnés à la quantité ou au volume de la matiere à mouvoir, & que pour obtenir ce degré de mouvement déterminé, dans la matiere qui doit être mue, il suffit quelle soit choquée par une quantité ou par un volume convenable de celle qui doit lui imprimer ce mouvement. Or, en faisant l'application de ces principes incontestables, à la communication de la chaleur, on verra qu'elle suit exactement les mêmes loix que celles de la communication du mouvement. En effet, si la chaleur n'est elle-même autre chose que le mouvement des parties des corps échauffés, ainsi que je le suppose, il s'ensuit que pour produire une chaleur déterminée dans un corps quelconque, telle, par exemple, que celle qui est nécessaire à la fusion de ce corps, il ne faut que l'exposer à l'action d'une autre matiere dans le mouvement igné, mais dont la quantité ou le volume soient proportionnés à la quantité ou au volume de ce corps à fondre. Une expérience bien simple & bien commune, mais qui n'en est pas moins décisive, prouve incontestablement cette vérité. Il est constant qu'on peut fondre du verre & du fer à la flamme tranquille d'une seule chandelle, tout aussi bien & même plus promptement que dans les fournaises les plus grandes & les plus ardentes. & que cela dépend uniquement du rapport du volume de la matiere à fondre avec celui du feu qui doit le faire fondre, de maniere que le volume du fil de verre ou de fer qu'on expose à la flamme d'une chandelle, étant plus petit par rapport à celui de cette flamme, que le volume d'une grande masse de plusieurs quintaux de ces mêmes matieres ne l'est par rapport à celui du feu de la fournaise, la fonte sera plus complette & plus prompte dans le premier cas que dans le second.

Ces faits me paroissent une nouvelle preuve de l'analogie entiere qu'il y a entre les phénomenes de la communication de la chaleur, avec ceux de la communication du mouvement; & il en résulte que de quelque maniere que le feu soit appliqué à un corps quelconque, que son activité soit augmentée par l'augmentation de sa vîtesse, de sa masse, ou de son volume, ses effets sont toujours exactement les mêmes sur un même corps, quand le degré de chaleur qui lui est communiqué, est le même; & que si les corps blancs & diaphanes, par exemple, résistent davantage au feu des foyers dioptriques ou catoptriques, qu'à celui qui provient de la combustion, cela vient de ce que ces corps s'échauffent réellement moins à ces foyers, qui ne sont composés que d'une lumiere pure qu'ils ont la propriété de réfléchir ou de laisser passer, qu'au feu de la combustion, dans lequel, outre les parties de la lumiere pure, les parties propres des corps ignescens qui ont probablement plus de densité que celles de la lumiere, les frappent par conséquent avec plus de force. J'ai fait derniérement des expériences bien simples que j'ai communiquées à l'Académie; elles ont consisté à exposer au foyer du grand verre ardent de M. *de Trudaine*, plusieurs lames de verre de différens degrés de blancheur & d'épaisseur, sans support & en les tenant en l'air au bout d'une pince. A épaisseur égale, les verres les moins blancs ont fondu plus facilement & plus promptement; ce qui s'accorde très bien à ce qui étoit déja connu, que les corps colorés s'échauffent plus vîte & plus fort aux rayons du soleil, que ceux qui sont blancs; mais ce qu'il y a de plus remarquable & de plus important dans ces expériences, c'est qu'à blancheur & transparence égales, les verres les plus épais se sont toujours beaucoup plus promptement fondus que les plus minces. Cela a été au point qu'une lame de verre, mince comme une feuille de papier, qui pouvoit se fondre en un instant dans la flamme d'une chandelle, a résisté tant que j'ai voulu, sans même se ramollir, à ce foyer, qui fond en un instant d'assez gros morceaux de fer, & leur fait lancer des gerbes d'étincelles enflammées à plus d'un pied de distance.

Cette expérience me paroît démontrer de la maniere la plus sensible, que les corps exposés à la seule action de la lumiere, contractent d'autant moins de chaleur, qu'ils ont la propriété de réfléchir sans s'en laisser pénétrer une plus grande quantité de rayons, comme on le savoit déja; mais que de plus leur chaleur est aussi d'autant moindre, qu'ils donnent un plus libre passage à ces mêmes rayons de lumiere: & il suit de là bien évidemment que les corps capables de s'échauffer le plus fortement par l'action ou le choc de la lumiere, sont ceux qui en réfléchissent le moins, en absorbent le plus & en transmettent ou laissent passer la moindre quantité. Or, comment concevoir la production de la plus violente chaleur dans ces derniers, si ce n'est en ne considérant la chaleur que comme l'ébranlement & le mouvement oscillatoire des plus petites parties de ces corps, occasionné par le choc de celles de la lumiere? Pourquoi faut-il que la lumiere puisse pénétrer abondamment dans l'intérieur de ces corps, & qu'il soit encore nécessaire qu'elle n'en puisse sortir promptement, librement & facilement? Assurément, on n'en peut imaginer d'autre raison que les collisions des parties de la lumiere contre celles des corps qu'elle échauffe, ces collisions étant d'autant plus multipliées, que d'une part la lumiere pénetre en plus grande quantité dans l'intérieur des corps, tandis que d'une autre part, elle rencontre plus d'obstacles à son mouvement en ligne droite, ce qui la force à se réfléchir, à se détourner de mille manieres dans l'intérieur même de ces corps, avant d'en pouvoir sortir, & en perdant d'autant plus de son mouvement, qu'elle en communique davantage par toutes ces collisions. Ne résulte-t-il pas enfin assez clairement de tout cela que la lumiere ne peut échauffer les corps qu'à proportion qu'elle communique son propre mouvement à leurs parties, & que par conséquent la chaleur n'est autre chose que l'ébranlement & le mouvement des particules des corps quelconques qui sont échauffés ?

J'ai pensé jusqu'à présent, j'en conviens, avec la plupart des Physiciens, que la chaleur étoit une espece particuliere de matiere assez subtile pour pénétrer tous les corps, écarter & séparer leurs parties, quand elle étoit mise en action par la lumiere & les percussions; que cet être étoit la vraie matiere du feu; mais les réflexions que je viens de présenter, m'ont fait naître des idées toutes différentes. Il y a certainement une matiere du feu; c'est celle de la lumiere la plus pure; substance matérielle dont l'existence est sensible, & ne peut point être révoquée en doute; mais il n'en est pas de même de la chaleur, les causes qui l'excitent, & les effets qu'elle produit, ne prouvent ni ne supposent même, comme on l'a vu, l'existence d'une matiere particuliere; tout concourt au contraire à indiquer que ce n'est qu'un accident, une modification dont les corps quelconques sont susceptibles, & consistant uniquement dans le mouvement intestin de leurs parties agrégatives & constitutives, & qui peut être produit, non seulement par l'impulsion & le choc de la lumiere, mais en général par tous les frottemens & percussions des corps quelconques: *voyez* l'article VERRE ARDENT, & tous ceux qui ont quelque rapport au feu, comme CALCINATION, CAUSTICITÉ, CHAUX, COMBUSTION, PHLOGISTIQUE & autres.

FIEL DES ANIMAUX. Le fiel des animaux qu'on nomme aussi la *bile*, est une liqueur plus ou moins jaune, verdâtre, amere, d'une odeur fade, nauzéabonde, un peu musquée dans certains animaux. Cette liqueur se prépare & se filtre dans le foie qui est un gros viscere glanduleux; & dans le plus grand nombre des animaux, elle est conduite & mise en réserve dans une vessie qu'on nomme la *vésicule du fiel*.

La bile de la vésicule du fiel est plus concentrée & plus forte que celle du foie; c'est à cause de cela & de la facilité qu'on a à s'en procurer la quantité qu'on veut, que les Chymistes qui ont commencé à examiner cette liqueur, ont choisi cette bile de la vésicule du fiel, pour le ſujet de leurs expériences : elle a un certain degré de conſiſtance & d'onctuoſité, juſqu'au point de filer, preſque comme un ſyrop.

Cette liqueur ſe diſſout entiérement dans l'eau, ſans troubler ſa tranſparence, & ſans former aucun dépôt, à moins qu'elle ne contienne des concrétions pierreuſes qui ſont ſujettes à s'y former.

Elle ſe diſſout de même parfaitement bien dans l'eſprit de vin ; mais il ſe ſépare de cette diſſolution une certaine quantité d'une matiere gélatineuſe, de même nature que la *gelée animale* qui n'eſt point diſſoluble dans l'eſprit de vin.

Le fiel provenant d'un animal ſain, lorſqu'il eſt récent, & avant qu'il ait éprouvé aucune altération par la putréfaction à laquelle il eſt fort ſujet, ne fournit rien dans l'analyſe, à un degré de chaleur qui n'excede point celui de l'eau bouillante, qu'un phlegme qui peut cependant être mêlé d'un peu d'une ſorte de partie odorante ou d'*eſprit recteur*, ſur-tout dans certains animaux.

A meſure que le fiel perd ſon phlegme il s'épaiſſit & prend la conſiſtance d'un extrait de couleur brune, & qui eſt tenace & comme poiſſeux ; quand il eſt tout à fait deſſéché, il attire un peu l'humidité de l'air ; mais, en le tenant enfermé, on peut le conſerver tant qu'on veut, ſans qu'il éprouve aucune altération ; il ſe rediſſout enſuite dans l'eau & dans l'eſprit de vin, comme avant d'avoir ſubi ce deſſéchement.

Par la diſtillation à feu nu à la cornue, le fiel ou ſon réſidu deſſéché fourniſſent exactement les mêmes principes que les matieres parfaitement animaliſées, c'eſt-à dire de l'eſprit alkali volatil, de l'huile animale empyreumatique, de l'alkali volatil concret, accompagné d'huile empyreumatique plus épaiſſe, & laiſſe dans la cornue un *caput mortuum* charbonneux, mais qui differe des charbons de la plupart des autres matieres animales ; en ce qu'il eſt plus ſalin, & que par l'incinération, on en retire une quantité ſenſible d'alkali fixe, de la nature de celui du ſel marin, qu'on n'obtient pas du moins en même quantité des autres matieres animales. Cette partie fixe du fiel contient auſſi de la *terre animale*. Un ſel que M. *Cadet* à qui nous devons ces premieres connoissances sur les principes du fiel, regarde comme étant de la nature du sel de lait, & une petite quantité de fer.

Il y a long-temps qu'on a reconnu dans le fiel une qualité détersive & décidément savonneuse, & qu'elle est employée par les Dégraisseurs pour enlever les taches de graisse & d'huile de dessus les étoffes. Mais indépendamment de cela, plusieurs Médecins, & entre autres *Verreyen*, *Baglivi*, *Burgrave*, *Hartman*, avoient fait quelques expériences qui indiquoient la présence d'un alkali dans le fiel. On savoit aussi que les acides mêlés avec le fiel, le troubloient & occasionnoient la séparation d'une matiere huileuse, comme quand on les mêle dans une dissolution de savon. Enfin on trouve dans un ouvrage moderne rempli de recherches faites avec un très grand soin & intitulé, *Essai pour servir à l'histoire de la putréfaction*, plusieurs expériences faites sur la bile, par lesquelles il est prouvé que les sels à base métallique, sont précipités par cette liqueur.

Tous ces faits indiquoient assez la présence d'un sel alkali dans la bile, & s'accordoient très bien avec son caractere savonneux; mais il restoit à connoître l'espece & la nature de cet alkali, & c'est ce que M. *Cadet* a déterminé dans un très bon Mémoire qu'il a lu à l'Académie des Sciences sur cet objet, & imprimé dans les Mémoires de l'Académie, année 1767. M. *Cadet* s'est assuré par l'examen ultérieur qu'il a fait de la bile, dans laquelle il avoit mêlé les acides marin, nitreux, & du vinaigre, que le fiel traité avec l'acide marin, fournissoit par la crystallisation un sel marin bien caractérisé; que, de celui dans lequel il avoit mêlé de l'acide nitreux, il obtenoit du nitre quadrangulaire, & qu'enfin, il retiroit un sel neutre acéteux crystallisable de la bile, dans laquelle il avoit ajouté de l'acide du vinaigre: expériences qui démontrent clairement que le fiel contient un alkali, & que cet alkali est le même que celui du sel marin. D'ailleurs, M. *Cadet* a retrouvé ce même alkali bien caractérisé dans les cendres de la bile, comme je l'ai déja dit, ainsi il ne peut plus y avoir aucun doute sur cet objet.

Il résulte des connoissances acquises jusqu'à présen

sur la nature du fiel, que cette liqueur est une matiere parfaitement animalisée & essentiellement composée, comme toutes les autres substances animales; mais qu'elle a un caractere qui lui est propre, & qu'elle doit à un vrai savon composé d'alkali fixe minéral uni à une suffisante quantité d'huile, pour qu'il en résulte un mixte savonneux.

Il se forme assez fréquemment dans la vésicule du fiel de l'homme, du bœuf & de plusieurs autres animaux, des concrétions pierreuses qu'on nomme *pierres biliaires*, ou *pierres de la vésicule du fiel*: ces pierres contiennent une assez grande quantité d'huile pour être inflammables, mais celles de l'homme contiennent de plus une substance singuliere, & qu'il paroît qu'on ne trouve point dans les pierres biliaires des autres animaux, du moins bien certainement dans celles du bœuf. Cette substance est une espece de sel, dont nous devons la connoissance au savant Auteur de l'édition françoise de la Pharmacopée de Londres. L'esprit de vin est le dissolvant propre de cette matiere saline. L'auteur que je cite ayant fait digérer des pierres biliaires humaines dans de bon esprit de vin, a remarqué d'abord que ce dissolvant prenoit un peu de couleur; mais il s'est apperçu au bout de quelque tems qu'il étoit tout rempli de particules minces, très brillantes, & qui nageoient de tous côtés dans la liqueur. Cette matiere rassemblée & soumise à différentes épreuves, s'est trouvée être un sel huileux ayant quelque analogie, non par l'odeur, mais par plusieurs autres qualités, avec celui qu'on connoissoit sous le nom de fleurs de Benjoin. Il y a lieu d'espérer que l'Auteur en donnera des connoissances plus détaillées dans le troisieme volume de la Pharmacopée de Londres, que les deux premiers font desirer avec impatience.

FIEL DE VERRE. On appelle ainsi une matiere ou espece d'écume saline qui, dans les pots des verreries, se sépare du verre fondu.

Cette matiere est composée principalement du sel commun, du tartre vitriolé, du sel de Glauber, ou d'autres sels neutres qui ne peuvent entrer dans la vitrification, & qui étoient originairement contenus dans les alkalis ou dans les cendres qu'on a fait entrer dans la composition du verre., ou qui s'y sont combinés. On se sert du fiel de verre pour faciliter la fonte des mines dans certain cas, & sur-tout dans les essais; mais on sent bien que cette matiere doit varier beaucoup suivant les especes d'alkalis ou de cendres dont elle vient.

FILONS. C'est le nom qu'on donne aux veines des métaux dans l'état minéral, lorsqu'elles se distribuent en long dans l'intérieur de la terre : *voyez* MINES.

FILTRATION ET FILTRES. La filtration est une opération par laquelle on sépare des parties hétérogenes mêlées dans une liqueur, ou bien qui sert à débarrasser certaines matieres d'un liquide inutile. La filtration s'exécute en général par le moyen des filtres. Un amas des parties fines de quelques substances, telles que le sable, par exemple, peut servir aussi à la filtration dans certain cas.

Les regles de la filtration sont fort simples; les principales sont, que le filtre ne puisse rien fournir à la liqueur qu'on y fait passer, qu'il ne puisse être attaqué ou corrodé par cette liqueur, & que ses pores soient plus petits que les particules de la substance qu'on veut séparer de la liqueur.

La filtration ne peut réussir, à moins que la liqueur n'ait un degré de fluidité & de subtilité convenables & proportionnées aux pores du filtre : les liqueurs visqueuses, épaisses, comme celles qui sont syrupeuses ou mucilagineuses, celles qui sont très denses, comme des dissolutions extrêmement chargées de certains sels, se filtrent mal & ne passent point, ou ne passent que très difficilement à travers des filtres, dont les pores paroissent d'ailleurs suffisamment grands par proportion à la finesse de leurs parties; cela vient de l'adhérence qu'ont entre elles ces mêmes parties. La chaleur favorise beaucoup en général la filtration de ces sortes de liqueurs; les dissolutions bien chargées des sels qui se dissolvent en grande quantité dans l'eau, comme le nitre, le sel de Glauber & autres, demandent à être filtrées toutes bouillantes.

Lorsque les parties d'une matiere dispersée dans une

liqueur ont de l'adhérence avec cette liqueur ; on ne peut les en séparer par la filtration ; il faut nécessairement commencer par détruire cette adhérence. Par exemple, plusieurs sucs tirés des plantes par expression, sont chargés d'une matiere résineuse, terreuse, très divisée, qui adhere au suc & en trouble la transparence : le petit-lait séparé du fromage, après la premiere coagulation, est trouble & blanchâtre à cause d'une assez grande quantité de parties fromageuses très fines qui adherent aux parties propres du petit-lait : & ce seroit en vain qu'on essaieroit de clarifier ces sortes de liqueurs par la filtration, si elles n'y étoient pas d'abord disposées convenablement ; car elles ne passeroient point du tout par les pores d'un filtre assez serré pour retenir les particules hétérogenes qui troublent leur transparence ; & si on les mettoit dans un filtre assez ouvert pour les laisser passer, elles passeroient aussi troubles qu'elles étoient d'abord.

On dispose ces sortes de liqueurs à la filtration, en coagulant & rassemblant les parties hétérogenes, & l'on y parvient par l'ébullition, & encore mieux à l'aide du blanc d'œuf, qu'on mêle & qu'on fait cuire dans ces liqueurs troubles. Ce blanc d'œuf en se coagulant, ramasse & agglutine les parties hétérogenes, qui paroissent après cela en molécules beaucoup plus grosses, & nagent librement dans la liqueur sans y adhérer : alors cette liqueur est en état d'être filtrée, elle passe très claire, & ce qui la troubloit reste sur le filtre. Les parties caséeuses fines qui troublent le petit-lait, y sont si bien mêlées, qu'indépendamment du blanc d'œuf, on est obligé d'y mêler un peu de crême de tartre, pour procurer leur coagulation.

Les matieres dont on se sert le plus ordinairement pour filtrer, sont des étoffes de laine à poil, les toiles plus ou moins serrées, & le papier sans colle : la forme des filtres varie suivant la qualité & la quantité des liqueurs qu'on veut filtrer. Il y en a qui représentent un cône creux renversé : on les nomme *chausses*, ils servent plus dans la Pharmacie & dans l'Office, que dans la Chymie : on y filtre les syrops & les ratafiats. Le filtre chymique le plus ordinaire, est le papier non collé. Lorſqu'on n'a qu'une petite quantité de matiere à filtrer, on plie le papier en entonnoir, & on le place dans un entonnoir de verre, en mettant des pailles entre le filtre & les parois de l'entonnoir, pour empêcher ce filtre de s'appliquer immédiatement & dans toute ſon étendue ſur l'entonnoir, lorſqu'il vient à être chargé & mouillé.

Lorſqu'on a beaucoup de matiere à filtrer, on attache une toile aux quatre angles d'un chaſſis de bois, en obſervant que cette toile ne ſoit point tendue & puiſſe prêter; on garnit de papier l'intérieur de la toile; & l'on verſe par deſſus la liqueur qu'on veut filtrer.

Il arrive preſque toujours que les premieres portions de liqueur, qui paſſent par les filtres, ſont plus ou moins troubles; c'eſt pourquoi il eſt à propos de les reverſer dans le filtre, & même à pluſieurs repriſes, ſi cela eſt néceſſaire, juſqu'à ce qu'on voie que la liqueur paſſe parfaitement claire. Cela arrive, parceque les pores du filtre trop ouverts d'abord ſe reſſerrent peu après par le renflement qu'occaſionne l'humidité, ou ſe bouchent en partie par le dépôt qui s'applique deſſus.

FIXITÉ. La fixité eſt dans un corps la propriété qu'il a de réſiſter à l'action du feu, ſans s'élever & ſe diſſiper en vapeurs : c'eſt la qualité oppoſée à la volatilité.

Le point juſqu'où un corps doit réſiſter au feu ſans ſe ſublimer, pour être réputé fixe, n'eſt point déterminé; enſorte que les ſubſtances ſont dites ou réputées fixes preſque toujours par comparaiſon avec d'autres qui le ſont moins qu'elles.

Comme nous ne connoiſſons point les derniers degrés de l'activité du feu, nous ne pouvons ſavoir s'il y a des corps dans la nature qui puiſſent réſiſter à cette activité extrême ſans ſe ſublimer, qui aient par conſéquent une fixité abſolue. Les Chymiſtes regardent néanmoins communément comme ſubſtances abſolument fixes, celles qui ne perdent rien lorſqu'elles ſont expoſées à la plus grande chaleur qu'ils puiſſent produire; tel eſt ſinguliérement le principe terreux le plus ſimple & le plus pur : cette ſubſtance eſt peut-être même la seule qu'on puisse regarder comme fixe de sa nature, & principe de la fixité de toutes les autres.

L'usage des Chymistes est, ainsi qu'on l'a dit, d'appeller *fixes* beaucoup de substances qui ne méritent cependant ce nom, qu'autant qu'on les compare avec d'autres qui le sont beaucoup moins : c'est dans ce sens, par exemple, que l'acide vitriolique est nommé quelquefois un *acide fixe*, ce qui signifie seulement qu'il est moins volatil que les autres. Par la même raison, le régule d'antimoine & les autres demi-métaux pourront être considérés comme des substances fixes, si on les compare aux huiles essentielles & à l'éther, surtout dans des opérations où ils resteront fixes en effet, à un degré de chaleur qui enlevera entiérement l'huile essentielle ou l'éther, quoique ces mêmes demi-métaux soient regardés comme volatils, lorsqu'on les compare aux métaux proprement dits.

A l'égard de la cause de la fixité des corps, il paroît certain qu'elle ne vient que de leur peu de dilatabilité par l'action du feu, ce défaut de dilatabilité venant lui-même de l'attraction ou de l'adhérence qu'ont entre elles les parties intégrantes de ces mêmes corps : *voyez* FEU.

FLAMME. La flamme est un assemblage des vapeurs des corps combustibles actuellement brûlans, qui sont elles-mêmes dans le mouvement de la combustion.

Comme les corps ne peuvent brûler qu'autant qu'ils ont un contact immédiat avec l'air, & que par cette raison ils ne brûlent jamais qu'à leur surface, la flamme, qui est la seule partie vraiment brûlante des corps qui paroissent dans la combustion actuelle, est toujours à leur surface ; elle est lumineuse & ardente jusque dans son intérieur, parcequ'elle n'est qu'un amas de parties inflammables voisines, mais disjointes ; & que touchant à l'air par tous leurs côtés, elles brûlent toutes ensemble, & dans toute leur substance.

Aucun corps combustible ne brûle réellement sans flamme : à la vérité, ceux dont le principe inflammable est étroitement combiné avec une grande quantité de matiere non combustible, tels que sont les charbons ou cendres presque totalement brûlés, & la plupart des métaux, semblent se consumer sans flamme sensible; mais cette apparence n'a point lieu pour un Observateur exact Le coup d'œil d'un corps qui brûle réellement est tout différent de celui d'un corps qui n'est que rouge, & pénétré d'un feu étranger, sans brûler lui-même. Que l'on compare une barre de fer avec un caillou qu'on aura retiré du feu après les avoir échauffés a blanc, l'un & l'autre au même degré, la surface du métal paroîtra toute couverte d'une petite flamme, à la vérité fort basse, mais très brillante & même scintillante, & l'on ne verra rien de semblable à la surface du caillou; d'ailleurs ce dernier perdra son rouge blanc beaucoup plus vîte que le premier. Si l'on jette les yeux sur du plomb qui se scorifie dans une coupelle sous la moufle, on verra d'une maniere frappante, que le métal sera infiniment plus ardent & plus lumineux que la coupelle même, quoique ces deux corps soient exposés l'un & l'autre exactement au même degré de chaleur: or, cette difference ne vient très certainement que de sa petite flamme qui accompagne nécessairement la combustion du métal, tandis que la coupelle, qui ne contient aucun principe combustible, & qui par conséquent ne peut brûler, ne présente point un pareil phénomene.

Il paroît donc certain que tous les corps qui brûlent réellement, brûlent avec flamme; mais il y a de grandes différences dans la flamme des divers corps combustibles; ces différences dépendent de la nature de ces corps, & sur-tout de l'état particulier où se trouve leur phlogistique. Je ne sais s'il y a des corps combustibles dont la flamme soit absolument pure: une telle flamme ne seroit autre chose que le phlogistique lui-même, séparé de toute autre substance, dans sa plus grande simplicité, réduit en vapeurs, & dans l'ignition actuelle; ce ne seroit que de la lumiere qui, devenant libre, cesseroit d'être le phlogistique. Les flammes qui paroissent les plus pures de toutes, sont celles de l'esprit de vin rectifié, & des charbons parfaits, parcequ'elles ne sont accompagnées d'aucune espece de fumée, ni d'aucune matiere fuligineuse; encore celle de l'*esprit de vin* est-elle accompagnée de beaucoup d'eau ; toutes les autres ſont viſiblement mêlées de ſubſtances hétérogenes qui ſe manifeſtent par différentes qualités.

La moins pure de toutes les flammes, eſt celle des huiles & de toutes les matieres huileuſes, parcequ'elle vient de corps très composés. Cette flamme eſt toujours mêlée, non ſeulement de tous les principes volatils de l'huile, ou du corps dont elle procede, mais encore d'une quantité notable de ſes principes fixes qui ſont enlevés par l'effet de la déflagration. D'ailleurs, quoiqu'elle ſoit belle & aſſez lumineuſe, tout le phlogiſtique qu'elle contient ne ſe brûle point ; il en reſte une portion de combiné dans l'état charbonneux avec de la terre : de-là vient que toute flamme huileuſe eſt toujours accompagnée d'une fumée fuligineuſe qui noircit les corps auxquels elle touche. Comme cette propriété appartient à la flamme des huiles & matieres huileuſes quelconques, & qu'elle n'appartient qu'à la flamme de ces ſortes de matieres, elle devient un des caracteres auxquels on peut reconnoître ſi le phlogiſtique d'un corps qu'on examine, eſt dans l'état huileux ou non.

La flamme des *métaux* eſt auſſi accompagnée d'une fumée ſenſible, & même très conſidérable & très épaiſſe dans certains métaux ; mais cette fumée, à la différence de celle de la flamme des huiles, ne noircit point, parceque le principe inflammable des ſubſtances métalliques n'eſt point du tout dans l'état huileux.

Enfin, la flamme du *ſoufre* ſeroit très pure ſans l'acide vitriolique qui lui eſt mêlé en très grande quantité. Peut-être cependant la flamme de ce composé, mêlé avec de l'alkali fixe pour abſorber & retenir ſon acide à la maniere de *Stahl*, & brûlant aſſez foiblement pour ne point allumer les corps combuſtibles, eſt-elle une des plus pures.

Il y a, comme on voit, très peu de flammes qui ſoient pures ; elles ſont preſque toujours plus ou moins mêlées d'une certaine quantité de particules non inflammables ou non enflammées, qu'on nomme *fumée*, & la matiere des fumées s'attachant pour l'ordinaire aux corps ſolides qu'elle rencontre à ſa portée, s'y accumule en masses plus ou moins sensibles, & prend alors le nom de *suie*.

On ne donne communément les noms de *fumée* & de *suie*. qu'à celle des matieres non enflammées qui sortent de la flamme, de maniere à être sensibles à la vue ; cependant, si l'on vouloit mettre beaucoup de rigueur & d'exactitude dans ces dénominations, on donneroit le nom de *fumée* même à celles des matieres non enflammées & invisibles qui sortent de différentes especes de flamme, telles que l'*eau*, les *gas*, les *acides*, qui se séparent de la flamme de beaucoup de corps ; alors la flamme de l'esprit de vin, par exemple, auroit une fumée & une suie, qui seroit de l'eau, celle du soufre auroit pour fumée & pour suie, de l'acide vitriolique, & l'on pourroit dire la même chose de beaucoup d'autres flammes qui sont réputées n'avoir ni fumée, ni suie. Mais il vaut encore mieux s'en tenir aux dénominations connues & usitées, à moins que pour ne pas confondre par des noms semblables plusieurs substances absolument différentes, & qui n'ont rien de commun que la maniere dont elles sont séparées des corps dans la combustion, on ne réservât les noms de *fumée* & de *suie*, à celles qui proviennent de la combustion des matieres huileuses, en donnant celui de *fleurs* & de *cadmie* à celles des métaux, des charbons & autres corps analogues, & en affectant le nom de *vapeurs* aux matieres incombustibles qui se dégagent de la flamme des substances inflammables, dont la flamme n'est mêlée que de matieres incombustibles & insensibles à la vue.

J'observerai en finissant cet article, que M. *Pœrner* remarque avec raison dans ses notes, que la flamme des matieres huileuses fait d'autant plus de fumée & de suie, qu'elle entraîne & enleve avec elle une plus grande quantité des parties terreuses, comme cendres & autres ; la cause de cet effet, qui est très vrai, est sensible & bien d'accord avec la théorie de la combustion, c'est que ces parties terreuses ne peuvent être mêlées dans la flamme, sans que, par leur contact avec les parties de cette même flamme, elles ne diminuent d'autant celui de l'air absolument nécessaire à la combustion, & n'augmentent en conséquence le nombre des parties inflammables, qui ne s'enflamment point, c'est-à-dire, la fumée & la suie. La preuve en est que, si l'on introduit au milieu d'une flamme huileuse bien animée & peu fumante, un corps solide incombustible, tel qu'un morceau de pierre ou de verre, on verra sortir aussi-tôt de cette flamme une quantité considérable de fumée; & il suit de là que, s'il étoit possible de réduire de l'huile toute en vapeurs à l'air libre avant son inflammation, dès qu'on viendroit à allumer ces vapeurs huileuses, elles brûleroient toutes à la fois en un instant & sans aucune fumée fuligineuse; il ne résulteroit de cette combustion que quelques parcelles de cendres blanches provenant de la terre principe de l'huile.

FLEGME. Les Chymistes ont donné en général le nom de *flegme* à la partie la plus aqueuse qu'on retire de différens corps par la distillation ou autrement.

Il faut observer au sujet du flegme, que souvent il n'est que de l'eau mêlée par surabondance, & non combinée dans les composés dont on le retire; tels sont les flegmes qu'on peut retirer par la distillation au bain-marie de toutes celles des matieres végétales & animales qui ne contiennent aucun principe assez volatil pour s'élever à un degré de chaleur moindre que celui de l'eau bouillante. Ces flegmes, qui ne proviennent que d'un simple desséchement, ne sont que de l'eau à-peu-près pure c'est l'eau de la végétation. Mais il n'en est pas de même de l'eau qui étoit combinée dans les corps, telle qu'est, par exemple, celle qu'on obtient dans la distillation des huiles: il s'en faut beaucoup que ce flegme soit de l'eau pure; elle est encore mêlée & même unie avec une partie sensible des principes du mixte, & demande des opérations ultérieures, & principalement le secours des intermedes, pour en être entiérement séparée.

On doit dire la même chose de l'eau surabondante, & en même-tems adhérente, à certaines substances, sur-tout lorsquelles sont volatiles; telle est celle dans laquelle sont résous les alkalis volatils & la plupart des acides. On peut, par le secours de la distillation, séparer de ces matieres ſalines une bonne partie de leur flegme ou eau ſurabondante, ce qui s'appelle les *déflegmer;* mais ce flegme qu'on leur enleve n'eſt jamais de l'eau pure, il contient toujours une certaine quantité des matieres ſalines avec leſquelles il étoit d'abord mêlé.

On voit par-là que le mot *flegme* déſigne en général la partie la plus aqueuſe ſéparée de différens corps, mais que c'eſt rarement de l'eau pure, & que les flegmes different les uns des autres, ſuivant la nature des ſubſtances dont ils ont été tirés.

FLEURS On déſigne en général par ce nom en Chymie, des corps réduits en parties très fines, ſoit ſpontanément, ſoit par quelque opération de l'art : mais il eſt affecté plus particuliérement aux ſubſtances ſolides volatiles, réduites en parties très fines, en une eſpece de farine, par la ſublimation.

Certaines fleurs ne ſont autre choſe que le corps même qui s'eſt ſublimé, ſans avoir ſouffert aucune altération ni décompoſition ; & d'autres ne ſont qu'une des parties conſtituantes du corps ſoumis à la ſublimation, ainſi qu'on le verra dans les articles ſuivans, par la définition des principales matieres connues ſous le nom de *fleurs*.

FLEURS D'ANTIMOINE. L'antimoine, qui eſt un minéral compoſé *de ſoufre* & du demi-métal nommé *régule d'antimoine*, eſt entiérement volatil & capable de ſe ſublimer en fleurs.

Pour faire les fleurs d'antimoine, on ſe ſert d'un pot ou eſpece de grand creuſet de terre, percé d'une ouverture à ſa partie latérale & ſupérieure ; on place ce pot dans un fourneau ; on adapte deſſus trois ou quatre aludels ; on chauffe le pot juſqu'à le faire rougir ; on y projette, par l'ouverture latérale, de l'antimoine réduit en poudre, & on laiſſe faire la ſublimation ; on réitere ces projections juſqu'à ce qu'on juge que l'intérieur des aludels ſoit garni de la quantité qu'on veut avoir de fleurs d'antimoine ; on détache enſuite ces fleurs avec une plume.

Il eſt eſſentiel que l'appareil des vaiſſeaux dont on ſe ſert pour cette ſublimation ne ſoit point exactement efos, parceque le concours de l'air favorise & accélere beaucoup la sublimation en général, & celle-ci en particulier. *Lemery* remarque fort bien qu'on abrege beaucoup l'opération, si l'on dirige le vent d'un soufflet sur la surface de l'antimoine. En second lieu, c'est que, si tout étoit exactement fermé, l'expansion des vapeurs ou de l'air ne manqueroit pas de faire crever les vaisseaux.

Quoique les fleurs d'antimoine soient composées de régule & de soufre, comme l'antimoine même, elles en different cependant essentiellement à plusieurs égards; elles n'ont plus le brillant métallique; elles ont différentes nuances de blanc, de gris & de jaune; elles sont de plus fort émétiques. Ces différences prouvent que l'antimoine reçoit une altération considérable dans cette sublimation. Cette altération consiste principalement en ce que dans les fleurs d'antimoine, la connexion du soufre avec le régule, n'est plus la même que dans l'antimoine crud.

La diversité des nuances qu'on observe dans les fleurs d'antimoine, vient de ce que l'air & la chaleur n'agissent point uniformément sur ce minéral pendant toute l'opération. Il y a tout lieu de croire que ces fleurs ont aussi différens degrés d'éméticité, suivant leurs nuances; mais, comme ce remede n'est point usité à cause de son infidélité, on n'a pas occasion de remarquer ces différens degrés d'éméticité.

FLEURS ROUGES D'ANTIMOINE. *Lemery* donne un procédé pour faire ces fleurs rouges; il consiste à mêler ensemble huit onces d'antimoine & quatorze onces de sel ammoniac ou de fleurs de sel ammoniac, ce qui revient au même; on procede ensuite à la distillation; il passe un peu d'alkali volatil du sel ammoniac, & il se sublime des fleurs rouges.

La portion d'alkali volatil, qui monte dans cette opération, est dégagée par la partie réguline de l'antimoine; & une partie de cet alkali volatil agissant en même-tems sur le soufre & sur le régule de l'antimoine, il se forme du tout une sorte de foie de soufre volatil antimonié. Ces fleurs rouges d'antimoine ne sont donc autre chose qu'une espece de kermès, lequel differe du kermès ordinaire, par son alkali, qui est volatil, au lieu d'être fixe. Ces fleurs rouges sont émétiques, purgatives, diaphorétiques, incisives, &c. comme le kermes, & aux mêmes doses; mais elles ne sont guere usitées. Il peut se faire néanmoins qu'un kermès bien fait par l'alkali volatil, eût des vertus qui lui fussent particulieres, & méritât l'attention des Médecins; mais dans ce cas, il paroît qu'il conviendroit de le préparer, par un procédé plus sûr, en se servant de l'alkali volatil tout dégagé.

FLEURS ARGENTINES DE REGULE D'ANTIMOINE. Pour faire ces fleurs, on met du régule d'antimoine dans un pot de terre non vernissé, & d'une certaine largeur; on place ce creuset dans un fourneau, de maniere que son fond puisse bien rougir, tandis que sa partie supérieure aura beaucoup moins chaud; on couvre le creuset d'un couvercle, sans le luter; on chauffe alors, pendant une bonne heure, ou même plus; on trouve dans le creuset, après qu'il est refroidi, des fleurs blanches en belles aiguilles transparentes, très brillantes, attachées aux parois du creuset & à la surface de ce qui reste du régule: on ramasse ces fleurs avec une plume. On peut procéder après cela à une seconde sublimation, précisément comme la premiere fois, & continuer ainsi jusqu'à ce qu'on ait réduit tout son régule en fleurs; ce qui est fort long.

Lemery prescrit de placer dans l'intérieur du pot un petit couvercle ou diaphragme de terre, assujetti à trois ou quatre travers de doigt au dessus du régule; mais il paroît que cela est inutile. M. *Baumé* ne met point ce second couvercle, il se contente d'incliner le creuset de maniere que toute la partie supérieure soit hors du fourneau; il en chauffe le fond très fortement; il retire une bonne quantité de fleurs.

Ces fleurs ne paroissent être autre chose, que la terre du régule d'antimoine dépouillée de presque tout son phlogistique: elles n'ont aucune vertu émétique ni purgative; elles sont très peu volatiles, & difficiles à réduire en régule; elles sont dissolubles dans l'eau régale: tout cela, joint à ce qui leur reste de volatilité, indique qu'elles contiennent un peu de principe inflammable. Elles ont d'ailleurs un caractere salin remarquable. Non-seulement elles ont toute l'apparence d'un sel crystallisé, mais encore elles sont dissolubles en entier dans l'eau, suivant l'observation de M. *Baume* : il est vrai qu'il faut beaucoup d'eau, & même d'eau bouillante, pour dissoudre une fort petite quantité de ces fleurs, c'est-à-dire, que huit onces d'eau bouillante ne peuvent guere dissoudre qu'un demi-grain de ces fleurs; mais enfin elles s'y dissolvent. Cette propriété pourroit faire soupçonner que le régule d'antimoine contient une matiere saline, comme une de ses parties constituantes, ce qui se rapporteroit au sentiment de plusieurs Chymistes, au sujet des sels, des métaux : cependant, si l'on fait attention que le régule d'antimoine peut n'être point exactement dépouillé de tout le soufre auquel il étoit originairement uni, il ne paroîtra pas impossible qu'une partie de l'acide de ce soufre, se portant sur la terre du régule d'antimoine, ne donne aux fleurs de cette substance métallique les qualités salines dont on vient de parler.

FLEURS D'ARSENIC. Les fleurs blanches d'arsenic ne sont que l'arsenic blanc même, qui, comme matiere volatile, inaltérable par la sublimation, s'éleve en substance, & sans avoir changé de nature.

Les fleurs d'arsenic se font, comme toutes les autres, en sublimant ce minéral. Il faut seulement observer à leur sujet, qu'elles ne sont parfaitement blanches, que quand on les fait avec un arsenic bien dépouillé de phlogistique, & qui est lui-même parfaitement blanc. Si l'arsénic qu'on fait sublimer est mêlé d'un peu de soufre, les fleurs qu'on en obtient sont plus ou moins jaunes ou rougeâtres, suivant la quantité de soufre qui se sublime avec elles. Si l'arsenic est en régule, ou phlogistiqué jusqu'à un certain point, les fleurs sont plus ou moins grisâtres ou brunes : c'est à cause de cela qu'on voit des veines de ces différentes couleurs dans l'arsenic qui se trouve dans le commerce, & qui est retiré par sublimation dans les travaux en grand qu'on fait sur les minéraux arsenicaux.

Comme l'arsenic est très fusible, lorsque ces fleurs s'attachent à un endroit qui est échauffé jusqu'à un certain point, elles éprouvent une ſorte de fuſion, & s'agglutinent les unes avec les autres, en formant des maſſes denſes, compactes, peſantes & luiſantes, telles qu'on les trouve chez les Droguiſtes. Au reſte, la nature & les propriétés des fleurs d'arſenic ne different point de celles de l'*arſenic*.

FLEURS DE BENJOIN. Pour faire les fleurs de benjoin, on met la quantité qu'on veut de cette réſine dans une terrine de terre verniſſée; on couvre cette terrine d'une autre terrine de grais renverſée; les bords de ces deux terrines doivent avoir été uſés & dreſſés ſur un grais, afin qu'ils ſe joignent bien: on les lute enſemble avec du papier collé; on place la terrine qui contient le benjoin ſur un feu doux, & incapable de faire monter l'huile du benjoin; on laiſſe faire la ſublimation: quand les vaiſſeaux ſont refroidis, on les délute très doucement, & en prenant garde d'y donner des ſecouſſes. Si la ſublimation a été bien faite, on trouvera la terrine ſupérieure toute garnie de belles fleurs très brillantes, ſemblables à un ſel très pur cryſtalliſé en aiguilles applaties. On trouve auſſi ordinairement une bonne quantité de ces fleurs, qui ne ſont point enlevées, & qui couvrent la ſurface du benjoin; on les enleve toutes, doucement, avec la barbe d'une plume.

La réuſſite de cette opération dépend du juſte degré de chaleur & du tems néceſſaire pour la ſublimation. Si l'on chauffe trop fort, on fait monter avec les fleurs une partie de l'huile du benjoin, & alors elles ſont jaunies & ſalies par cette huile; il faut, dans ce cas, les ſublimer une ſeconde fois à une chaleur moindre. Si, au contraire, on n'a point donné aſſez de chaleur, ou qu'on n'ait pas continué le feu aſſez longtems, on n'obtient point toutes les fleurs que peut fournir la quantité de benjoin qu'on a employée: le même benjoin, remis à ſublimer fournira alors de nouvelles fleurs.

Le procédé, anciennement uſité pour faire ces fleurs, conſiſte à mettre le benjoin dans un pot de terre, ſur lequel on ajuſte un chapiteau de papier ou de carton fait en cône fort élevé; mais la méthode qu'on vient de décrire, & qui eſt celle de M. *Baumé*, eſt préférable;

parceque

parceque les chapiteaux de papier, ou de carton, absorbent beaucoup de fleurs qui les pénetrent, & qui sont par conséquent en pure perte, & que d'ailleurs le benjoin présente beaucoup plus de surface dans une terrine que dans un pot, ce qui est toujours favorable à la sublimation.

Les fleurs de benjoin sont un vrai sel essentiel concret, huileux & volatil de benjoin; elles ont l'odeur du benjoin, & sont inflammables, à cause de la portion d'huile essentielle de benjoin, qui entre dans leur composition. Elles sont dissolubles dans l'eau & dans l'esprit de vin, ce qui prouve suffisamment leur nature saline. Aussi M. *Geoff oi* a-t-il remarqué qu'on peut obtenir cette espece de sel en traitant le benjoin avec l'eau, & pat la crystallisation.

Le benjoin n'est vraisemblablement pas la seule résine dont on puisse retirer un sel essentiel de la nature de celui-ci, peut-être même toutes les résines en contiennent-elles, mais plus ou moins, & celle-ci est certainement une de celles qui en fournit le plus abondamment.

Les fleurs de benjoin sont d'usage en Médecine; on les regarde comme incisives, divisantes, propres à favoriser l'expectoration : c'est pourquoi on les fait prendre dans l'asthme visqueux. On peut les donner depuis six grains jusqu'à douze ou quinze.

FLEURS DE SEL AMMONIAC. Les fleurs de sel ammoniac ne sont autre chose que le sel ammoniac même sublimé; car ce sel demi-volatil est du nombre des substances qui n'éprouvent point, ou que très peu de décomposition dans la sublimation. Le procédé pour faire ces fleurs, n'a rien de particulier; c'est une sublimation toute simple, si ce n'est qu'on mêle ordinairement ce sel avec partie égale de sel commun décrépité, pour le diviser & pour faciliter la sublimation. Cette sublimation peut purifier le sel ammoniac des fuliginosités & autres matieres avec lesquelles il est ordinairement mêlé; mais on le purifie encore mieux, & plus commodément, par la dissolution, filtration & crystallisation; car ce sel a la propriété d'enlever avec lui des matieres très fixes en se sublimant, comme on le voit par l'exemple des fleurs de sel ammoniac martiales & cuivreuses, nommées *ens martis*, & *ens veneris*; lesquelles ne sont que du sel ammoniac sublimé avec du fer & avec du cuivre.

FLEURS DE SOUFRE. Les fleurs de *soufre* sont le soufre même qu'on sublime dans l'appareil des aludels. Le soufre est une substance qui ne se décompose point sans intermede dans les vaisseaux clos; c'est pourquoi, à la division près, les fleurs de soufre n'ont point d'autres propriétés que le soufre pur en masse. Ces fleurs, comme la plupart des autres, sont de petites masses crystallisées & d'une forme réguliere.

FLEURS DE ZINC. Les fleurs de zinc sont la terre métallique de ce demi-métal, privée de presque tout phlogistique, & enlevée en forme de flocons légers, pendant la déflagration du zinc.

Pour faire ces fleurs, on met la quantité qu'on veut de zinc dans un grand creuset découvert; on le place dans un fourneau qui pousse bien; on le chauffe jusqu'au blanc : alors le zinc s'allume & brûle avec une flamme blanche, très vive & éblouissante. Cette flamme est accompagnée d'une quantité considérable de fumée blanche, & cette fumée se condense en flocons blancs & légers, qui voltigent de tous côtés dans le laboratoire. La plus grande partie de ces flocons s'attache néanmoins aux parois du creuset & à la surface du zinc; on ramasse ces flocons, qui sont ce qu'on nomme les *fleurs de zinc*, ou *nihil album*, ou *pompholix*.

Quoique ces fleurs s'élevent en fumée dans cette opération à la maniere d'une substance très volatile, on se tromperoit néanmoins beaucoup, si on les regardoit comme telles : elles sont au contraire très fixes, de même que toutes les terres métalliques bien déphlogistiquées; & ce seroit inutilement qu'on essaieroit de les sublimer une seconde fois : elles résistent à la violence du feu, & se fondent plutôt que de se sublimer. Si donc elles sont enlevées en forme de fumée pendant la déflagration, c'est l'activité avec laquelle le zinc brûle, qui est la seule cause de cet effet; & c'est par la même raison qu'on trouve dans la suie du bois & de la plupart des autres matieres combustibles, des substances charbonneuses & terreuses extrémement fixes par elles-mêmes.

Les fleurs de zinc se dissolvent dans les acides à-peu-près comme le *zinc* même; ce qui vient peut-être de ce qu'il leur reste un peu de phlogistique. Mais elles sont très difficiles à réduire en zinc; on les a même crues irréductibles jusqu'à M. *Margraff*, qui a donné le moyen de les réduire, en les traitant à grand feu avec une substance inflammable dans les vaisseaux clos.

On trouve dans le creuset dont on s'est servi pour faire les fleurs de zinc une assez bonne quantité de ces mêmes fleurs qui se sont attachées à ses parois & à la surface du zinc qui ne s'est pas brûlé; lorsqu'il en reste, ces secondes fleurs sont beaucoup moins blanches & moins légeres que les premieres; ce sont celles qui proviennent des portions de zinc qui ont brûlé avec le moins d'activité. Leur couleur est grisâtre & est due à une certaine quantité de phlogistique qu'elles contiennent encore.

On retire aussi des fourneaux, dans lesquels on fond en grand des minéraux qui contiennent du zinc, & singuliérement le minéral de *Rammelsberg*, des fleurs de zinc qui s'élevent en grande quantité dans leur partie supérieure, & qui s'attachent à leurs parois; mais comme ces fleurs éprouvent une chaleur des plus violentes, elles se fondent à demi; elles s'agglutinent ensemble & forment des masses qu'on est obligé d'enlever de tems en tems, pour dégager les fourneaux. Les fleurs de zinc, dans cet état, se nomment *cadmie des fourneaux*, ou *pompholix*; elles sont propres à faire le *cuivre jaune* ou *laiton*.

FLUIDITÉ. La fluidité est l'état d'un corps dont les parties intégrantes sont assez désunies & assez incohérentes pour qu'il n'oppose point de résistance bien sensible à sa division dans tous les sens, ensorte néanmoins qu'il reste à ces mêmes parties assez d'attraction entre elles pour qu'elles demeurent voisines, jusqu'au point que le corps puisse paroître sous la forme d'agrégé sensible.

Il suit de là, que la fluidité est un état moyen entre la

solidité, dans laquelle les parties intégrantes des corps adherent ensemble d'une maniere fixe, & le défaut total d'agrégation, dans lequel les parties intégrantes d'un corps sont dans un tel degré de séparation & d'éloignement les unes des autres, que leur attraction mutuelle n'est plus sensible.

Un corps peut être fluide de deux manieres: premiérement par la figure de ses parties primitives intégrantes; telle que ces parties ne puissent se toucher entre elles que par un point, ou un côté infiniment petit, & par conséquent, n'avoir entre elles qu'une adhérence infiniment petite, ou point d'adhérence. On sent bien qu'un tel corps est fluide nécessairement & par sa nature: & de tous les corps que nous connoissons, le *feu* ou plutôt la lumiere semble être le seul qui ait cette fluidité essentielle.

La seconde maniere dont un corps puisse être fluide, c'est lorsque ses parties intégrantes sont diminuées de contact, désunies, ou même tenues dans un certain degré d'éloignement les unes des autres, par l'interposition d'un fluide. Il est clair que tous les corps qui ne peuvent être fluides que de cette maniere, ne sont point essentiellement fluides; qu'ils sont au contraire plus ou moins durs, solides de leur nature, & qu'ils ne peuvent avoir qu'une fluidité médiate ou secondaire. Or, tels paroissent être tous les corps de la nature, à l'exception du feu. Il suit de là que, sans le feu, il n'y auroit aucun fluide, que tous les corps seroient cohérens entre eux, ne formeroient qu'une seule masse solide, & que le feu est le principe de toute fluidité. Mais lorsqu'un corps est mis dans l'état de fluidité par le feu, il peut servir à son tour à rendre d'autres corps fluides: l'eau, par exemple qui, bien certainement, ne tient sa fluidité que du feu, peut en s'interposant entre les parties intégrantes des gommes & des sels, les mettre dans un état de fluidité, semblable, à certains égards, à celui où elle est elle-même.

Il est essentiel de ne pas confondre l'état d'un corps rendu fluide directement par le feu, avec celui d'un corps qui doit sa fluidité à toute autre substance rendue fluide elle-même par le feu. Il y a des substances qui ne peuvent recevoir de fluidité directement par le feu, mais seulement par un corps que le feu a déja rendu fluide : telles sont les gommes, que la seule action du feu décompose, plutôt que de les rendre fluides, mais qui se résolvent très bien par l'eau. D'autres corps peuvent être rendus fluides, soit directement par le feu, soit secondairement par quelqu'autre substance qui est dans l'état de fluidité : les sels, par exemple, sont de cette espece ; ils deviennent fluides lorsqu'ils sont exposés seuls directement à l'action du feu, & sont capables aussi d'être résous en liqueur par l'eau.

La principale différence qu'il y a entre un corps rendu fluide par la seule action du feu, & celui qui n'est tel que par l'interposition d'une autre substance, c'est que les parties intégrantes de ce dernier ont un certain degré d'adhérence avec celles de la substance interposée ; & que ce n'est même qu'en vertu de l'affinité qu'ont entre elles les parties de la substance résolvante, & celles de la substance résoute, que cette derniere est mise dans l'état de fluidité : ainsi cette fluidification secondaire, ou par intermede, n'est, à proprement parler, qu'une dissolution. A l'égard de celle qui ne s'opere que par l'effet de la chaleur, elle porte en Chymie le nom de *fusion* : c'est pourquoi on doit dire qu'un sel se dissout ou se résout dans l'eau, & non pas qu'il s'y fond. Cette derniere expression est impropre, quoiqu'employée assez communément.

Ces différences marquées & importantes, qui sont entre le feu essentiellement fluide par lui-même, entre les corps fluidifiés ou fondus par la seule action du feu, & enfin entre ceux qui ne sont rendus fluides que secondairement & par quelque corps fondu, mériteroient bien qu'on désignât toutes ces especes de fluidités par des noms différens ; mais jusqu'à présent il n'y a point d'expressions justes & reçues pour les désigner : on pourroit appeller *fluides*, les corps habituellement fondus, & *liquides*, ceux qui n'ont qu'une fluidité secondaire ; mais quel nom donnera-t-on alors à la fluidité primitive & essentielle du feu ?

Ce défaut d'expressions prouve bien le peu d'attention que les Physiciens, & même les Chymistes, ont donnée jusqu'a présent à la fluidité & à la fluidification. Faute d'avoir assez réfléchi sur les propriétés du feu & sur les effets qu'il produit sur les autres corps, nous avons regardé comme fluides ou liquides par elles-mêmes, les substances que nous n'avons jamais vues que dans l'état de fluidité, ou plutôt de fusion; tels que l'air, les liqueurs éthérées, l'esprit de vin, le mercure, & même l'eau & les huiles, quoique nous voyons si souvent ces dernieres substances passer de la fluidité à la solidité par le refroidissement. Le figement du mercure, par un froid suffisant, soupçonné possible dans les élémens de Chymie théorique, & réalisé depuis par MM. de l'Académie des Sciences de Petersbourg, est néanmoins bien propre à faire présumer qu'il n'y a aucun corps dont l'état naturel ne soit la solidité ou la dureté, & que tout ce qui est fluide, à l'exception du feu seul, ne l'est que par le feu.

Quoi qu'il en soit, aucun corps, ne pouvant être fluide ou liquide, sans que son agrégation ne soit rompue ou beaucoup diminuée, il est évident que la fluidité est l'état le plus favorable pour former de nouvelles unions & même qu'il faut nécessairement qu'une substance passe par cet état pour se combiner avec une autre: c'est pourquoi il est d'une extrême importance dans la Chymie, d'avoir des idées justes & suffisamment étendues sur la fluidité & sur la fluidification.

FLUOR. Ce terme se dit adjectivement des substances qui sont habituellement fluides, ou qu'on ne peut réduire sous la forme concrete, pour les distinguer des matieres du même genre, qui sont habituellement concretes, ou qu'on peut rendre telles. Les acides, par exemple, qui sont ainsi habituellement fluides, tels que les acides minéraux & certains acides végétaux se nomment *acides fluors*, pour les distinguer de l'acide tartareux & des sel essentiels acides qui sont naturellement en forme concrete. De même l'alkali volatil, altéré par la chaux & par les terres métalliques, de maniere qu'il est toujours en liqueur & non crystallisé, se nomme *alkali volatil fluor*, pour le distinguet de celui qui, n'ayant point reçu une pareille altération, est susceptible de se crystalliser & de paroître en forme concrete.

On appelle aussi *fluor*, mais substantivement, des matieres pierreuses, fusibles, ou qui peuvent aider la fusion; ce sont particuliérement la plupart des *spaths*, qu'on nomme ainsi: en parlant, par exemple, d'un spath blanc ou coloré, qui se trouve dans la gangue d'une mine, on dira que cette gangue est mêlée d'un fluor blanc, verd ou jaune, &c. *voyez* SPATH.

FLUX. Cette expression s'emploie quelquefois comme synonime de fusion: on dit, par exemple, qu'une mine, ou toute autre matiere, est en flux très liquide; ce qui est la même chose que si on disoit qu'elle est en fusion parfaite.

On nomme aussi en général flux, les matieres salines qu'on mêle avec des substances difficiles à fondre, & singuliérement avec les mines, pour en faciliter la fusion dans les essais & dans la réduction. Les alkalis fixes, le nitre, le borax, le tartre & le sel commun, sont les matieres salines qui entrent le plus ordinairement dans la composition des flux. Mais le nom de flux est affecté encore plus particuliérement à des mélanges de différentes proportions de nitre & de tartre seuls; & on donne à ces flux des noms particuliers, suivant les proportions & l'état des matieres qui les composent, comme on le verra par les articles suivans.

FLUX BLANC. Le flux blanc est le résultat du mélange de parties égales de nitre & de tartre, qu'on mêle & qu'on fait détonner ensemble pour les alkaliser; ce qui reste après cette détonnation, est un alkali composé de celui du nitre & de celui du tartre, lesquels sont absolument de même nature. Comme la proportion du nitre qu'on fait entrer dans ce mélange, est plus que suffisante pour consumer entiérement toute la matiere inflammable du tartre; l'alkali qui reste après la détonnation, est entiérement blanc; & c'est par cette raison qu'il se nomme *flux blanc*. Et comme c'est un alkali qui est fait sur-le-champ, on l'appelle aussi quelquefois *alkali extemporanée*. Lorsqu'on ne fait en même-tems qu'une petite quantité de flux blanc, comme de quelques onces de chacun des sels, il y reste toujours un peu de nitre qui n'a point été décomposé, & un peu de matiere inflammable du tartre, qui roussit, ou même noircit quelques endroits du flux : mais cela n'a point lieu, lorsqu'on fait détonner ensemble beaucoup de nitre & de tartre à parties égales, parcequ'alors la chaleur est infiniment plus considérable ; cette petite portion de nitre & de matiere inflammable, qui reste assez souvent dans le flux blanc, n'est point nuisible pour la plupart des fontes métalliques, dans lesquelles on emploie ce flux. Si cependant on vouloit que ce flux en fût entiérement exempt, il seroit facile de s'en débarrasser en le faisant calciner fort & long-tems, mais sans le faire fondre.

FLUX CRUD. On nomme *flux crud* le mêlange du nitre & du tartre dans des proportions quelconques, tant qu'on ne l'a point fait détonner ; ainsi le mêlange de parties égales des deux sels pour le flux blanc, & celui d'une partie de nitre sur deux de tartre pour le flux noir, sont l'un & l'autre du flux crud avant la détonnation. Comme le flux crud, c'est-à-dire, lorsqu'on ne l'a point fait détonner, est blanc, quelques personnes le nomment aussi *flux blanc* ; mais cela peut le faire confondre avec le flux qui ne doit sa blancheur qu'aux proportions des sels & à leur alkalisation; il vaux mieux, par cette raison, lui donner le nom de *flux crud*, qui lui convient parfaitement.

On sent bien que le flux crud détonne & s'alkalise dans les fontes & réductions dans lesquelles on l'emploie, & qu'il s'y change en flux blanc ou en flux noir, suivant les proportions dont il est composé. Mais, en se précautionnant contre le gonflement & l'extravasation qui peuvent résulter de cette détonnation ; ce flux n'en produit d'ailleurs que mieux les effets qu'on en attend. Ainsi le flux crud peut être employé avec succès dans plusieurs opérations ; c'est ce flux, par exemple, dont on se sert dans l'opération du régule d'antimoine ordinaire.

FLUX NOIR ou RÉDUCTIF. Le flux noir est le résultat du mêlange de deux parties de tartre, & d'une partie de nitre, qu'on fait détonner ensemble. Comme la quantité de nitre qui entre dans la composition de ce flux n'est point suffisante pour consumer toute la matiere inflammable du tartre, l'alkali qui reste après que ce flux a détonné, est chargé de beaucoup de matiere charbonneuse & noire ; & c'est par cette raison qu'on le nomme *flux noir.*

C'est à dessein qu'on prépare ce flux, de maniere qu'il contienne ainsi une certaine quantité de matiere charbonneuse & inflammable ; car alors ce flux est non seulement capable de faciliter la fonte des terres métalliques, comme le flux blanc, mais il peut encore ressusciter ces métaux, à cause du phlogistique qu'il contient : cette propriété lui a fait donner aussi le nom du *flux réductif.* On doit donc se servir du flux noir ou de flux crud proportionné de maniere qu'il doive se changer en flux noir, toutes les fois qu'il s'agit de fondre & de réduire en même-tems des matieres métalliques, ou même quand on fond des métaux destructibles qui exigent qu'on leur fournisse perpétuellement du phlogistique pour prévenir leur calcination. Tous ces flux ne sont usités que pour les essais de mines & autres opérations en petit, car ils sont beaucoup trop chers pour les fontes en grand.

FOIE D'ANTIMOINE. Le foie d'antimoine est le résultat de la détonnation de ce minéral avec son poids égal de nitre. On mêle ensemble ces deux matieres réduites en poudre ; on les met dans un grand creuset ; on met le feu à la matiere, & on laisse faire la détonnation. Quand elle est achevée, on pousse à la fonte, après quoi on laisse refroidir la matiere. Lorsqu'on casse le creuset, on trouve au fond deux matieres distinctes, & qu'on peut séparer l'une de l'autre par un coup de marteau. La matiere supérieure est une scorie saline, à-peu-près de même nature que la scorie du régule d'antimoine simple, c'est un vrai foie de soufre antimonié, mêlé d'une certaine quantité de tartre vitriolé. La matiere inférieure est plus pesante ; elle est compacte, opaque, cassante & rougeâtre, c'est le foie d'antimoine : & c'est sa couleur & son coup d'œil qu'on a crus trouver semblables à ceux du foie d'un animal, qui lui ont fait donner ce nom.

Le foie d'antimoine est composé principalement de la partie métallique de l'antimoine, à demi-désoufrée & déphlogistiquée par le moyen du nitre.

Quelques Chymistes regardent le foie d'antimoine, comme étant lui-même encore un foie de soufre antimonié; d'autres au contraire avancent que ce n'est que la terre métallique de l'antimoine, fondue, à l'aide de la portion de soufre & de phlogistique qui lui reste, en une substance qui tient le milieu entre l'antimoine & son verre; il peut se faire qu'il soit, tantôt dans un état, tantôt dans l'autre, suivant que la matiere aura été plus ou moins long-tems au feu, & plus ou moins bien fondue. Il seroit facile de s'assurer de la véritable nature de cette substance, en la soumettant à un examen convenable; mais, cette préparation qui étoit regardée comme importante, & à laquelle on faisoit beaucoup d'attention dans le tems où l'on a commencé à introduire l'usage des remedes antimoniaux dans la Médecine, ne mérite guere à présent qu'on s'en occupe: car le foie d'antimoine n'est d'aucun usage dans la Chymie proprement dite, & cesse aussi d'être employé dans la Médecine, depuis qu'on a le *kermès minéral* & le *tartre émétique*: médicaments qui, par la sureté de leurs effets, lorsqu'ils sont bien préparés, l'emportent infiniment sur tous les autres remedes antimoniaux, & avec lesquels on obtient facilement tous les effets qu'on peut attendre des autres préparations quelconques d'antimoine, en les faisant prendre séparément ou différemment dosés ensemble, suivant les indications qu'on a à remplir.

Le plus grand usage que l'on fasse du foie d'antimoine, est dans la Médecine vétérinaire; on s'en sert assez fréquemment dans les maladies des chevaux; & c'est ce qui en fait, à proprement parler, la seule consommation. Celui qui est dans le commerce, n'est point fait par le procédé que je viens de décrire, qui est celui de *Rulland*; mais, par un moyen plus économique. Ce n'est que de l'antimoine qui a été désoufré par la calcination, jusqu'à un certain point que l'expérience apprend à connoître. L'antimoine calciné à ce degré se fond ensuite assez facilement en une masse opaque d'un brun rougeâtre, caſſante comme du verre, liſſe & brillante dans ſa fracture, & reſſemblant aſſez à un émail brun. Ce foie d'antimoine des boutiques n'a point de ſcories, comme celui de *Rulland*, & n'en peut point avoir, puiſqu'il ſe fait ſans aucun intermede.

Dans le tems qu'on employoit ces ſortes de préparations en Médecine : on lavoit & on broyoit le foie d'antimoine fait par le nitre, & il prenoit alors le nom de *crocus metallorum*, ſafran des métaux.

FOIE D'ARSENIC. Le foie d'arſenic eſt une combinaiſon de l'arſenic blanc avec l'alkali fixe végétal en liqueur, ou par la voie humide.

L'arſenic a beaucoup de diſpoſition à s'unir en général avec les alkalis. Dans les Mémoires que j'ai publiés ſur ce minéral, j'ai fait connoître une eſpece de ſel neutre d'une nature ſinguliere, qui réſulte de l'union de l'arſenic avec la baſe alkaline du nitre, en décompoſant le nitre, & dégageant ſon acide, dans les vaiſſeaux clos, par l'intermede de l'arſenic; j'ai donné à ce ſel le nom de *ſel neutre arſenical*. La combinaiſon dont il s'agit à préſent, & que j'ai fait auſſi connoître, quoique compoſée d'arſenic & d'alkali fixe, comme le ſel neutre arſenical, en eſt cependant bien différente.

L'opération pour faire le foie d'arſenic eſt ſimple & facile : il s'agit de faire chauffer de l'alkali fixe en liqueur, mais fort & concentré, & d'y mettre de l'arſenic blanc en poudre fine; cet arſenic diſparoît & s'y diſſout facilement : on en ajoute juſqu'à ce que l'alkali en ſoit ſaturé, ou qu'il ait perdu par cette union les propriétés alkalines, quoiqu'il en puiſſe prendre beaucoup par ſurabondance. A meſure que l'alkali diſſout de l'arſenic dans cette opération, il acquiert une couleur un peu brune, il prend une odeur particuliere & déſagréable, qui n'eſt pourtant point celle de l'arſenic pur chauffé & réduit en vapeurs; enfin ce mélange prend une conſiſtance de plus en plus épaiſſe, & devient comme une colle. Cette matiere n'eſt point ſuſceptible de ſe cryſtalliſer, comme le fait le ſel neutre arſenical; elle ſe décompoſe facilement par l'action du feu, qui fait partir l'arsenic, ce qui n'arrive point au sel arsenical ; enfin tous les acides purs peuvent séparer l'arsenic du foie d'arsenic, de même qu'ils séparent le soufre du foie de soufre ; au lieu que le sel neutre arsenical ne peut être décomposé que par le moyen de l'affinité réunie des acides & des substances métalliques, ce qui prouve que l'arsenic peut être combiné de deux manieres bien différentes l'une de l'autre, avec l'alkali fixe.

J'ai donné à la combinaison dont il s'agit à présent, le nom de *foie d'arsenic*, pour le distinguer de mon sel neutre arsenical, & par imitation du nom de *foie de soufre*, par lequel les Chymistes désignent la combinaison du soufre avec l'alkali fixe.

FOIE DE SOUFRE. Le foie de soufre est la combinaison du soufre avec les matieres alkalines. On peut faire le foie de soufre ordinaire, ou la combinaison du soufre avec l'alkali fixe, ou par la *voie seche* ou par la *voie humide*.

Pour faire le foie de soufre par la voie seche ou par la fonte, on mêle ensemble parties égales de sel alkali fixe & de soufre ; on met ce mélange dans un creuset, & on le fait fondre promptement pour éviter la dissipation & la combustion du soufre. Il n'est pourtant pas nécessaire d'employer dans cette fonte une chaleur bien forte, parceque le soufre qui se fond très aisément, facilite beaucoup la fusion de l'alkali, en s'unissant avec lui. Lorsque ce mélange est parfaitement fondu, on le coule sur une pierre qu'on a eu soin de graisser d'abord avec de l'huile, le foie de soufre se fige en une matiere de couleur brune. Si on veut le conserver sec & solide, il faut le rompre promptement en petits morceaux, & le mettre tout chaud dans une bouteille qu'on bouchera bien, parcequ'il s'humecte très promptement à l'air.

Pour faire le foie de soufre par la voie humide, on fait bouillir ensemble de l'alkali fixe en liqueur, mais bien concentré, avec du soufre réduit en poudre très fine, jusqu'à ce que l'alkali en ait dissous tout ce qu'il en peut dissoudre ; après quoi on filtre cette liqueur, &

on la fait évaporer. Cette seconde méthode de faire le foie de soufre, n'est guere usitée, parcequ'elle est beaucoup plus longue & moins avantageuse que la premiere.

Le foie de soufre est une combinaison importante dans la Chymie, parcequ'il est en général un très grand dissolvant. Ce composé participe, suivant la regle générale, des propriétés des deux substances qui entrent dans sa combinaison; le soufre, par son union avec l'alkali, paroît moins volatil, moins combustible, que lorsqu'il est seul, & peut se dissoudre en entier dans l'eau par l'intermede de ce même alkali, & cet alkali saturé de son côté par le soufre, ne laisse paroître que beaucoup moins foiblement ses propriétés alkalines.

Comme le soufre est composé d'acide vitriolique & de phlogistique, on pourroit douter si c'est par son principe acide ou par son principe inflammable, qu'il s'unit, & qu'il tient à l'alkali fixe; mais pour peu qu'on fasse attention aux propriétés du foie de soufre, on se convaincra aisément que le soufre est combiné avec l'alkali dans toute sa substance, & qu'il y tient en même tems par l'un & l'autre de ses principes. En effet, si l'on fait dissoudre du foie de soufre dans l'eau, & qu'on verse dans cette dissolution un acide quelconque, le foie de soufre sera décomposé en un instant, par cet acide qui s'unira avec l'alkali, & en séparera le soufre sous la forme d'une poudre blanche. Or, cette poudre séchée & soumise aux épreuves convenables, se trouve être du soufre absolument tel qu'il étoit auparavant.

Quoique l'acide vitriolique qui est contenu en grande quantité dans le soufre, soit en général le plus fort des acides, le soufre est cependant separé d'avec l'alkali par tous les acides, même par les plus foibles, tel, par exemple, que celui du vinaigre; or ce phénomène est une seconde preuve de ce qui vient d'être avancé au sujet de la maniere dont le soufre est combiné avec l'alkali: car, si l'union du principe inflammable du soufre ne faisoit pas un obstacle considérable à l'adhérence que l'acide de ce même soufre est capable de contracter avec l'alkali fixe, il est bien certain que les acides les plus foibles ne feroient pas capables de l'en séparer. Ces effets ont lieu en conséquence de ce principe général, que moins les corps sont simples, & moins l'adhérence qu'ils sont capables de contracter avec d'autres corps est forte.

Le foie de soufre présente encore un autre phénomene bien digne d'attention, & qui dépend aussi, comme on le verra, du même principe; c'est que la connexion du phlogistique & de l'acide, est bien moindre dans le soufre uni à l'alkali, que dans le soufre pur; cela est prouvé par l'odeur du foie de soufre, qui est très forte & très fétide, même lorsqu'il n'est point chauffé, tandis que le soufre même, lorsqu'il n'est point chauffé, n'a presque point d'odeur en comparaison, & que cette odeur est toute différente.

Cette odeur du foie de soufre, qui ressemble beaucoup à celle des œufs vieux, & qui commencent à se corrompre, devient encore infiniment plus forte, lorsqu'on le décompose par le moyen d'un acide. Elle est très certainement occasionnée par l'évaporation d'une matiere phlogistique du soufre: car elle produit exactement tous les effets d'un gas chargé de matiere inflammable. Elle affecte singuliérement le cerveau & le genre nerveux; elle cause des étourdissemens, de l'ivresse, des syncopes, & peut même faire mourir en un instant les hommes & les animaux, lorsqu'elle est abondante. Tous ces effets sont les mêmes que ceux que produisent la vapeur des charbons & celles des substances en fermentation spiritueuse ou putride. M. *Cartheuser*, en parlant de la maniere de décomposer le soufre avec l'alkali, pour en obtenir l'acide sans combustion sensible, suivant le procédé de *Stahl*, remarque expressément que la vapeur qui s'exhale pendant cette opération porte à la tête, & cause des étourdissemens. M. *Baumé* ayant voulu décomposer à la fois une grande quantité de foie de soufre par un acide, fut frappé par la vapeur au point de tomber en foiblesse & de perdre connoissance.

D'ailleurs les émanations du foie de soufre, qu'il faut bien distinguer de celles du soufre brûlant, parceque ces dernieres sont de l'acide vitriolique phlogistiqué, ces émanations, dis-je, du foie de soufre, sont inflammables : M. *Rouelle* les allume tous les ans à notre cours du Jardin du Roi ; elles se portent facilement sur tous les corps disposés à recevoir le principe inflammable, & se combinent plus ou moins intimement avec ces corps, suivant leur nature & leur état actuel. Si l'on expose, par exemple, de l'argent à la vapeur du foie de soufre, ou encore mieux, qu'on le plonge dans une dissolution de foie de soufre un peu échauffée, la surface de ce métal se ternit & se noircit aussi-tôt par l'effet des émanations phlogistiques, dont il est très avide, & dont il se charge par surabondance. De même, si l'on précipite les dissolutions d'argent, de mercure, de plomb, de bismuth, par le foie de soufre, tous ces précipités, au lieu d'être blancs, comme ils le seroient, si on se servoit d'un alkali pur, sont bruns, noirs ou plombés par l'effet du phlogistique qui se porte dessus ; & c'est en conséquence de ces effets, que les dissolutions de ces métaux deviennent des encres de sympathie qu'on rend visibles par le foie de soufre ou par sa vapeur, & qu'on se sert utilement du foie de soufre pour découvrir le plomb contenu dans du vin falsifié, & réciproquement que ces métaux, leurs dissolutions ou leurs chaux, sont propres à faire reconnoître la présence du soufre dans les eaux minérales ou autres liqueurs. Au reste, il est à remarquer que, quand la vapeur du foie de soufre se porte sur une assez grande quantité de matiere métallique, pour fixer tout ce qu'elle a de parties inflammables, elle perd aussi-tôt toute son odeur ; je crois avoir fait le premier cette observation, en examinant l'eau sulfureuse de Montmorency, par des expériences dont j'ai rendu compte à l'Académie. On voit dans le rapport que j'ai fait de cette eau, que, l'ayant mêlée avec de la dissolution d'argent qui fut noircie, je remarquai que la forte odeur de foie de soufre que cette eau a naturellement, cessa aussi-tôt entiérement. *Voyez* ENCRE DE SYMPATHIE, EAUX MINÉRALES & VIN.

Toutes ces propriétés du foie de soufre qu'on vient de rapporter, démontrent bien clairement que l'adhérence du phlogistique & de l'acide du soufre, est infiniment diminuée par l'union du soufre avec l'alkali ; & comme le phlogistique est infiniment plus volatil que l'acide, c'est celui des principes du soufre qui se sépare le plus facilement de cette combinaison. L'odeur & les émanations du foie de soufre prouvent même qu'il se fait une dissipation continuelle du principe inflammable de ce composé. Mais il faut remarquer que cette partie phlogistique & inflammable du foie de soufre, est encore elle-même une espece de composé, sans quoi ce ne seroit que de la lumiere. On peut donc regarder le soufre réduit en foie de soufre, comme se décomposant peu-à-peu ; sur-tout lorsqu'il est dissous dans l'eau: aussi est-il certain que, si l'on conserve du foie de soufre en liqueur dans un vase qui ne soit pas bouché, la quantité du soufre diminue de plus en plus, & que le foie de soufre se change peu-à-peu en tartre vitriolé.

On trouvera une explication de cette diminution de la connexion des principes du soufre réduit en foie de soufre, si l'on suppose, premiérement que les corps n'ont tous qu'un certain degré de force déterminé pour adhérer les uns aux autres, ce qui est très vraisemblable, & même indiqué par tous les phénomenes de la Chymie ; &, en second lieu, que dans le soufre l'acide vitriolique & phlogistique ont épuisé l'un sur l'autre, presque toute leur tendance ou leur force de combinaison : car il est clair alors que ces deux principes, ou ne pourront plus se combiner avec un troisieme corps, tel que l'alkali, ou que, s'il s'y combinent, cette nouvelle union ne pourra se faire qu'aux dépens de celle qu'ils avoient entre eux, laquelle par conséquent en sera diminuée d'autant ; & il paroît que c'est aussi là la vraie raison pour laquelle les corps les plus simples sont toujours ceux qui sont en état de contracter les unions les plus fortes, & réciproquement.

Le foie de soufre est un grand dissolvant des substances métalliques ; il n'y en a aucune qu'il n'attaque surtout dans la fusion, si ce n'est le zinc, selon quelques Chymistes ; il paroît même qu'il dissout l'*or* encore plus efficacement que les autres métaux. Ce composé dissout aussi les charbons, même par la voie humide, suivant l'observation de M. *Rouelle*. Cette dissolution est de couleur

couleur verte ; & , lorſque le foie de ſoufre a diſſous du charbon par la fuſion , il eſt d'une couleur infiniment plus rouge que lorſqu'il eſt pur , ainſi qu'on a occaſion de le remarquer dans l'opération du ſoufre artificiel de *Stahl*.

On peut former des eſpeces de foies de ſoufre particuliers, par la combinaiſon de l'alkali volatil , de la chaux & des terres abſorbantes qui attaquent le ſoufre plus ou moins facilement. Les propriétés de ces différens foies de ſoufre ſe rapportent en général à celles du foie de ſoufre ordinaire modifiées par les propriétés qui caractériſent les alkalis volatils , cauſtiques & non cauſtiques ; mais on n'a point fait encore ſur ces foies de ſoufres volatils , ni même ſur ceux qui ſont faits par les alkalis fixes & par les terres , toutes les recherches propres à faire bien connoître ces différens compoſés.

Pour faire les foies de ſoufre volatil , on emploie la décompoſition du ſel ammoniac par la diſtillation.

On mêle , par exemple , avec ce ſel , la quantité d'alkali fixe ou de chaux vive , qu'il faut pour dégager tout ſon alkali volatil , & on fait entrer dans ce même mélange aſſez de ſoufre pour ſaturer cet alkali volatil ; on procede à la diſtillation , comme pour les diſtillations ordinaires des alkalis volatils. Ce qui paſſe dans le récipient eſt un foie de ſoufre à baſe d'alkali volatil. Celui qui eſt fait par l'intermede de la chaux , a la propriété de fumer continuellement , & ſe nomme *liqueur fumante de Boyle*.

FONDANT. On donne en Chymie le nom de *fondant* aux ſubſtances qui facilitent la fuſion des autres : la terre calcaire , par exemple , qui procure la fuſion des argilles par ſon mélange , eſt regardée comme le fondant des argilles. Quelquefois auſſi , ſur-tout dans les Arts chymiques , le nom de *fondant* eſt ſynonyme avec celui de *fuſible*. En Médecine , on appelle *fondans* les médicamens propres à réſoudre les obſtructions , tel eſt celui qu'on nomme *fondant de Rotrou* , dont la baſe eſt l'antimoine diaphorétique non lavé.

FONTE. C'eſt l'état d'un corps naturellement ſolide, & rendu fluide par l'application immédiate de la chaleur. Le terme de *fonte* est par conséquent synonyme à celui de *fusion :* cependant on s'en sert aussi quelquefois pour désigner une matiere qui a été fondue, quoiqu'elle ne soit plus actuellement en fusion : c'est dans ce sens qu'on nomme *fonte de fer*, ou simplement *fonte*, le fer qu'on a tiré de sa mine par la seule fusion, pour le distinguer du fer forgé.

FORGE. On appelle ainsi en général l'appareil d'un soufflet, par le moyen duquel on excite l'action du feu qu'on veut appliquer à différens corps.

La forge ordinaire n'est qu'un soufflet, dont la tuyere est dirigée sur une aire toute unie, sur laquelle on met les charbons. La tuyere du soufflet peut être aussi dirigée dans le bas d'un fourneau de forme quelconque, pour exciter la combustion des charbons qu'on y met, ce qui forme par conséquent une espece de forge. On a communément dans les laboratoires un petit fourneau cylindrique d'une seule piece, ouvert par le haut, lequel n'a à sa partie latérale inférieure qu'un seul trou destiné à recevoir la tuyere du soufflet à deux vents. Ces especes de petits fourneaux de forge sont très commodes pour les fusions ; on y fond promptement, & avec peu de charbon. On peut placer dans sa partie inférieure, deux pouces au-dessus du trou de la tuyere, une plaque de fer de même diametre, soutenue sur deux barres horisontales, & percée, près de sa circonférence, de quatre trous diamétralement opposés. Au moyen de cette disposition, le vent du soufflet, poussé avec effort sous cette plaque, sort en même-tems par ces quatre ouvertures : cela procure l'avantage de distribuer également l'ardeur du feu, & d'en envelopper le creuset de tous les côtés. Cette méchanique est observée dans les fourneaux à forge de fondeurs en cuivre, ces fourneaux ne different de celui-ci que parcequ'ils sont quarrés, ce qui est absolument indifférent.

Comme le vent des soufflets excite fortement & rapidement l'action du feu, la forge est très commode lorsqu'on veut appliquer promptement un très grand degré de chaleur ; mais elle ne vaut rien dans toutes les opérations qui exigent que la chaleur croisse & ne soit appliquée que par degrés.

On se sert de la forge ou du vent des soufflets pour certaines opérations en petit, dans les laboratoires, comme pour fondre les sels, les métaux, les mines, &c. On en fait aussi beaucoup d'usage dans les travaux en grand qui exigent une grande chaleur, sans qu'il soit nécessaire que cette chaleur soit ménagée, & principalement dans les fontes & les travaux des mines & matieres métalliques.

FOURNEAUX. Les Fourneaux sont des instrumens de Chymie qui servent à contenir les matieres dont la combustion doit procurer les degrés de chaleur nécessaires pour les différentes opérations, ainsi que les substances mêmes auxquelles la chaleur doit être appliquée.

Comme les Chymistes ont besoin de tous les degrés de chaleur possibles, depuis la plus foible jusqu'à la plus violente, & que la structure des fourneaux contribue infiniment à produire les différens degrés de chaleur, ils ont imaginé une infinité de fourneaux, de forme & de construction différentes; mais tous ces fourneaux peuvent se rapporter à un petit nombre de dispositions générales dont on va parler.

Le *fourneau simple* est une espece de tour creuse, cylindrique ou prismatique, à laquelle il y a deux portes, ou principales ouvertures, l'une tout en bas, qu'on appelle la *porte du cendrier*, & l'autre immédiatement au-dessus de celle-ci: cette seconde se nomme la *porte du foyer*. Entre l'une & l'autre de ces portes, le fourneau est traversé horisontalement dans son intérieur par une grille qui le divise en deux parties ou cavités; la partie inférieure s'appelle *cendrier*, parcequ'elle reçoit les cendres qui tombent continuellement du foyer, la porte de cette cavité sert à donner entrée à l'air nécessaire pour entretenir la combustion dans l'intérieur du fourneau: la cavité supérieure se nomme le *foyer*, parcequ'elle contient les matieres combustibles. La porte du foyer sert à y introduire de nouveau charbon, à mesure que celui qui a été mis d'abord, se consume.

Ce fourneau simple, assez semblable à ceux dont on se sert dans les cuisines, est suffisant pour une infinité d'opérations de Chymie: on peut placer dans son foyer, au milieu des charbons, des creusets pour y fondre des substances très fusibles, telles que le plomb, l'étain, le bismuth, &c. ou pour y calciner des matieres qui ne demandent que peu de chaleur pour leur calcination, telles que l'alkali pour le bleu de Prusse, le bezoard minéral, &c.

On peut placer aussi sur ce fourneau des bassines pour les évaporations, des alambics pour distiller au bain-marie, des capsules remplies de sables pour des digestions & distillations, tant à l'alambic, qu'à la cornue, qui doivent se faire au bain de sable, & à une douce chaleur.

Comme plusieurs des opérations qui se font sur ce fourneau sont quelquefois très longues, & qu'il exige un soin perpétuel pour remettre du charbon, les Chymistes ont imaginé d'y ajuster un magasin de charbon en forme de tour creuse fermée par en haut, & disposée de maniere qu'à mesure que le charbon se consume dans le foyer, celui de la tour y tombe pour le remplacer : ce fourneau ainsi disposé, porte le nom d'*Athanor* ou de *fourneau des paresseux*.

Le *fourneau de lampe* est une espece d'athanor, dans lequel la chaleur est produite & entretenue par la flamme d'une lampe qu'on introduit dans son intérieur. On sent bien que celui-ci n'a besoin, ni de cendrier, ni de grille, ni de foyer; il n'a qu'une seule ouverture par en bas, par laquelle on introduit la lampe & une espece de petite cheminée pratiquée dans la partie latérale & supérieure, pour faire circuler l'air, entretenir la flamme de la lampe, & donner issue à la fumée. Ce fourneau est commode pour les distillations ou digestions qui ne demandent que fort peu de chaleur : on peut y ajuster un bain-marie, une capsule à bain de sable : il est sur-tout très utile pour les digestions.

Le *fourneau de réverbere* n'est que le fourneau simple, dont le foyer est surmonté d'une bande de même diametre & de même forme, laquelle est ordinairement cylindrique : cette piece est traversée, dans sa partie inférieure, par deux barres de fer assujetties horisontalement & parallelement l'une à l'autre, & elle a à son bord supérieur une échancrure demi-circulaire. Cette piece forme par conséquent une troisieme cavité; on la nomme le *laboratoire*, parcequ'elle est destinée à contenir les cornues qui renferment la matiere sur laquelle il s'agit d'opérer. L'échancrure demi-circulaire d'en haut est faite pour donner passage au col de la cornue, lequel, comme on l'a dit au mot *distillation*, doit être incliné sous un angle de quarante-cinq degrés. Les deux barres qui sont au fond du laboratoire servent à soutenir le vaisseau qu'on y place.

Au-dessus de la piece dont on vient de parler, on place une quatrieme piece qui a la forme d'une calotte sphérique, ou d'un dôme surbaissé, figure qui lui a fait donner en effet le nom de *dôme*. Ce dôme, de même diametre que la piece sur laquelle il doit s'ajuster, a aussi dans son bord inférieur une échancrure demi-circulaire, qui doit répondre à celle de dessous, & avec laquelle elle forme par conséquent une ouverture totalement circulaire. Le dôme a dans son sommet une autre ouverture en forme d'un bout de tuyau, qui donne passage à l'air, & qui sert de cheminée.

L'usage du dôme est d'entretenir la chaleur tout-autour de la cornue qui est placée dans le fourneau, & d'appliquer un certain degré de chaleur à la partie supérieure ou voûte de la cornue, en la faisant réfléchir ou réverbérer; de-là vient qu'on lui donne aussi le nom de *réverbere*. Par cette disposition, les vapeurs qui s'élevent dans la cornue sont déterminées plus efficacement à enfiler son col.

On peut juger, d'après cette description, que le fourneau de réverbere ne sert que pour les distillations à la cornue, dans lesquelles même on a besoin d'un degré de chaleur d'une certaine force.

On distille dans le fourneau de réverbere, soit à feu nu, en plaçant la cornue directement sur les barres; soit au bain de sable, en plaçant sur ces mêmes barres une capsule de fer, échancrée aussi en demi-cercle à son bord supérieur. On met un ou deux travers de doigt de sablon au fond de cette capsule; on y place la cornue, ensuite on acheve de l'emplir de sable, jusque sur la voûte de la cornue. Si l'on a besoin que la chaleur soit d'une certaine force, il faut avoir soin que la capſule à bain de ſable ſoit d'un diametre moindre que l'intérieur du fourneau, enſorte qu'il reſte environ l'eſpace d'un doigt de vuide entre l'un & l'autre, excepté du côté du col, où les échancrures du fourneau & de la capſule qui ſe répondent doivent ſe joindre exactement.

Le *fourneau de fuſion*, qu'on nomme auſſi *fourneau à vent*, eſt deſtiné à produire le plus grand degré de chaleur poſſible, ſans le ſecours des ſoufflets. La conſtruction de ce fourneau doit donc être telle qu'il ſe forme un courant d'air déterminé à traverſer perpétuellement le foyer; & l'on ſent bien que plus ce courant d'air ſera fort & rapide, & plus la chaleur ſera conſidérable dans l'intérieur du fourneau.

Le grand moyen pour produire cet effet, c'eſt de ménager, dans la partie ſupérieure du fourneau, un eſpace fermé de tous les côtés, excepté par en haut & par en bas, parceque l'air contenu dans cette cavité, étant raréfié & chaſſé par la chaleur que produiſent les matieres qui brûlent dans le fourneau, il ſe forme dans cet endroit un vuide que l'air extérieur rend néceſſaire à occuper en vertu de ſa peſanteur.

Cela poſé, on ſent bien que le fourneau doit être diſpoſé de maniere que l'air extérieur ſoit forcé d'entrer par le cendrier, & de traverſer le foyer pour aller remplir le vuide qui ſe forme continuellement, tant dans l'intérieur du fourneau, que dans ſa cavité ſupérieure.

Il faut obſerver à ce ſujet que la colonne d'air qui répond à la partie ſupérieure du fourneau étant un peu plus courte, & par conſéquent un peu moins peſante que celle qui répond à la partie inférieure, l'air paroît déterminé naturellement à entrer par le bas, & à ſortir par le haut du fourneau, en ſorte que, ſi ce fourneau étoit un cylindre creux, d'égale ouverture par en bas & par en haut, & que le foyer fût au milieu, il y a lieu de croire que l'air le traverſeroit de bas en haut, mais que cette différence des deux colonnes étant preſque infiniment petite, la vîteſſe du courant d'air ſeroit auſſi très peu conſidérable. Mais ſi, au lieu d'être ainſi diſpoſé, le fourneau ſe rétrecit par le haut; & dégénere en un tuyau d'un moindre diametre, alors l'air raréfié se trouve forcé d'accélérer considérablement son cours, en passant par cet espace plus étroit, & surmonte avec beaucoup plus d'avantage la pression de l'air supérieur : il suit de là, que l'air qui s'introduit par la partie inférieure du fourneau, pour remplir le vuide qui se forme continuellement dans la partie supérieure, passe d'autant plus rapidement à travers le foyer, qu'il trouve moins d'obstacle par le haut ; & que par conséquent cette disposition du fourneau détermine nécessairement un courant d'air fort & rapide, à le traverser de bas en haut.

Il est aisé de sentir, d'après ce qui vient d'être dit, que plus l'espace où l'air se raréfie dans la partie supérieure du fourneau de fusion est grand, & plus le courant d'air extérieur, qui est forcé d'entrer dans le fourneau pour remplir ce vuide, est fort & rapide ; & plus par conséquent le charbon qu'il contient doit brûler avec activité. De là vient que ces fourneaux produisent d'autant plus de chaleur, que le tuyau qui est à leur partie supérieure, & que je nomme *tuyau d'aspiration*, est long. Mais une observation essentielle à faire ; c'est que, quoique ce fourneau doive son activité, en très grande partie, au rétrecissement de sa partie supérieure, ou à son tuyau, ce seroit cependant un très grand inconvénient que ce tuyau fût trop étroit ; parcequ'apparemment l'air raréfié & forcé de sortir par le haut, ne peut prendre qu'un certain degré de vîtesse déterminé ; d'où il suit que, si ce tuyau, par où doit sortir l'air raréfié, étoit assez étroit pour que cet air ne pût y passer sans prendre une vîtesse supérieure à celle dont il est susceptible, alors cet air, trouvant un obstacle de ce côté, seroit forcé à se refouler en partie vers le bas, & que par conséquent ce trop grand rétrecissement en rallentiroit nécessairement le cours, bien loin de l'augmenter. Aussi l'expérience m'a-t-elle appris qu'un fourneau de fusion, auquel on adapte un tuyau d'aspiration trop étroit, quelle que soit d'ailleurs la longueur de ce tuyau, ne produit presqu'aucun effet, en comparaison de celui qu'il peut produire, lorsqu'il a un tuyau d'un diametre suffisant. Je me suis même assuré par l'expérience que, quand le tuyau d'aspiration est trop étroit, plus il a de hauteur, moins le fourneau a de tirage.

Il suit de là qu'il faut nécessairement qu'il y ait un certain rapport entre le diametre du tuyau d'aspiration, la capacité intérieure & l'ouverture du cendrier, ou du bas du fourneau de fusion; j'ai éprouvé que le diametre de ce tuyau doit être à celui du fourneau à-peu-près comme 2 à 3, c'est-à-dire qu'il en doit être les deux tiers, sur-tout lorsqu'on donne une longueur suffisante à ce tuyau. A l'égard de l'ouverture du bas du fourneau, elle peut être presque de toute l'étendue du corps même du fourneau. On peut cependant la rétrecir, si l'on veut que l'air entre dans le foyer, & en frappe avec plus de force & de rapidité, l'endroit auquel elle répond.

D'après tous ces principes, voici quelle est la construction d'un bon fourneau de fusion. Le corps de ce fourneau ne differe point de celui du fourneau simple, si ce n'est qu'il peut être ouvert entiérement ou presque entiérement par-dessous, & soutenu sur des piliers & sur une espece de trépied qui, dans ce cas, lui sert de cendrier. On lui donne ordinairement une courbure ellyptique, dans l'intention de mieux concentrer la chaleur; le haut de ce fourneau est terminé par un dôme plus élevé que celui du fourneau de réverbere; ce dôme se nomme la *chape:* cette chape a deux ouvertures, l'une latérale & antérieure, qui doit être grande, & pouvoir se fermer exactement par une porte; & l'autre au sommet: celle-ci doit avoir la forme d'un tuyau d'un diametre convenable, sur lequel on puisse ajuster d'autres tuyaux d'une longueur indéterminée.

Ce fourneau n'a point de laboratoire, ou plutôt son laboratoire n'est que le foyer même; car c'est dans le foyer, & au milieu des charbons, qu'on place les matieres auxquelles on veut appliquer la chaleur.

Le fourneau de fusion peut avoir une porte à son foyer, mais cette porte doit être toujours fermée, quand le fourneau travaille; elle ne sert que pour pouvoir examiner plus commodément, au besoin, l'état des creusets ou autres matieres contenues dans le fourneau, & non pour y introduire du charbon ; c'est la porte de la chape qui est destinée à cet usage : elle doit être fort large, afin qu'on puisse y jetter a la fois, & promptement, une bonne quantité de charbon, attendu qu'il se consume très rapidement, & que, pour ne point déranger le courant d'air qui traverse ce fourneau, il ne doit rester ouvert latéralement que le moins de tems qu'il est possible.

Lorsqu'un pareil fourneau a 12 à 15 pouces de diametre en dedans, qu'il est surmonté d'un tuyau d'aspiration de huit à neuf pouces de large, & de dix-huit ou vingt pieds de haut, & qu'il est bien servi avec de bon charbon cassé à-peu-près de la grosseur d'un petit œuf de poule, il produit une chaleur extrême : en moins d'une heure son feu est absolument blanc & éblouissant comme le soleil ; c'est le degré du plus fort feu des fours de verreries ; & en moins de deux heures on peut y fondre tout ce qu'il est possible de fondre dans les fourneaux. Il est bon de remarquer que l'endroit le plus chaud de ce fourneau est à la hauteur depuis environ quatre pouces jusqu'à six au-dessus de la grille qui est au bas de son foyer.

C'est une opinion assez généralement répandue parmi les Chymistes, qu'on augmente beaucoup l'activité du fourneau de fusion, quand on lui pratique un cendrier très grand & très haut, ou qu'on y amene l'air qui doit entrer par le bas, au moyen d'un long tuyau qui le prend à l'extérieur. Cependant les avantages qu'on peut tirer de cette disposition, ou sont absolument nuls, ou se rapportent entiérement au vuide formé dans la partie supérieure du fourneau. Il est bien vrai que, si l'on place un fourneau de maniere que l'ouverture de son cendrier réponde à l'ouverture d'une grande cavité, telle, par exemple, qu'une cave dont on aura percé la voûte, & qu'il n'y ait pas d'autre ouverture que celle-là dans le bas du fourneau, il se déterminera un courant d'air très fort, qui passera de la cave à travers le fourneau, quand même ce fourneau n'auroit ni chape, ni tuyau d'aspiration ; mais il faut observer à ce sujet, premiérement que ce courant d'air sera toujours plus fort si le fourneau est garni de sa chape &

de ſon tuyau ; & en ſecond lieu, que, ſi l'air eſt déterminé à paſſer de la cave à travers du fourneau, même ſans chape & ſans tuyau; cela ne vient que de ce que la chaleur du fourneau même, raréfiant beaucoup l'air du lieu dans lequel il eſt placé, c'eſt une néceſſité que l'air, beaucoup plus condenſé de la cave, aille remplacer celui que le fourneau raréfie, ce qu'il ne peut faire qu'en paſſant à travers du fourneau, puiſque ce fourneau ſe trouve placé préciſément dans la communication entre la piece inférieure & la ſupérieure ; mais alors il eſt évident que c'eſt la chambre même dans laquelle ſe trouve le fourneau, qui fait fonction de la chape & du tuyau : c'eſt ce qui arrive dans les fours de verreries ; ces fours ſont établis ſur des ſouterrains voûtés qui leur ſervent de cendriers. La capacité intérieure de ces fours eſt très grande, & n'eſt occupée qu'en petite partie, tant par les matieres combuſtibles, que par les pots qui contiennent le verre ; d'où il arrive que l'air du cendrier s'y introduit continuellement pour remplir ce vuide. D'ailleurs la chaleur eſt toujours très grande dans les halles, ſous leſquelles ſont les fours de verrerie ; l'air y eſt par conſéquent continuellement raréfié, en ſorte qu'elles ſervent comme de chapes & de tuyaux, pour aſpirer auſſi l'air des ſouterrains.

A l'égard du tuyau qu'on adapte au cendrier du fourneau de fuſion, pour y amener l'air extérieur, il ne contribue abſolument en rien à faire tirer davantage ce fourneau, ſi ce n'eſt dans le cas où le fourneau ſeroit placé dans un laboratoire fort petit, & exactement clos ; car alors l'air de ce laboratoire, étant bientôt échauffé & raréfié, ſeroit moins propre à donner de l'activité au feu du fourneau, que l'air plus frais que le tuyau dont il s'agit, tire de l'extérieur.

Le fourneau qu'on nomme *fourneau d'eſſai* ou de *coupelle*, eſt de figure priſmatique quadrangulaire ; il ſert principalement à faire les eſſais du titre de l'argent, ou ceux des mines tenant argent. Ce fourneau eſt compoſé d'un cendrier, d'un foyer & d'une eſpece de chape qui le termine par le haut en une pyramide quadrangulaire tronquée, le foyer & le cendrier du fourneau d'eſſai ne ſont point, à proprement parler, ſéparés l'un de l'autre, parcequ'il n'y a pas de grille dans ce fourneau ; en ſorte que le charbon qu'il contient tombe juſques dans le bas : il a trois petites portes dans ſa partie inférieure, deux latérales & une antérieure. Au-deſſus de celle de devant, il y a une quatrieme porte, placée comme celle du foyer du fourneau ſimple, & au bas de cette porte, ſont deux barres de fer placées horiſontalement & parallelement l'une à l'autre, dans l'intérieur du fourneau ; ces barres ſont deſtinées à ſoutenir une moufle, dont l'ouverture répond exactement à celle de la porte, & c'eſt dans cette moufle qu'on place les coupelles & autres vaiſſeaux qui contiennent la matiere à laquelle on veut appliquer la chaleur.

La chape de ce fourneau eſt tronquée par le haut, ainſi qu'on l'a dit, & cela lui forme une ouverture aſſez grande, par laquelle on introduit le charbon. Quelques-uns de ces fourneaux ont un œil à la partie antérieure de leur chape, par lequel on peut introduire une branche de fer, pour faire deſcendre le charbon, & obſerver l'intérieur. Il y en a auſſi dont la chape ſe termine à ſon ſommet par une piece qui dégenere en un bout de tuyau : cette piece a ſa commodité dans certaines occaſions ; car, quoique la capacité intérieure de ce fourneau, y compris celle de ſa chape, le faſſe tirer ſuffiſamment pour ces ſortes d'opérations, il peut arriver qu'on ait beſoin d'augmenter beaucoup la chaleur, & on y parvient aiſément en ajuſtant un tuyau d'aſpiration à la chape.

Il y a des opérations qui doivent ſe faire, ſoit dans le fourneau à moufle, ſoit dans celui de réverbere, & qui demandent le degré de feu de fuſion le plus fort. La diſtillation du phoſphore de *Kunckel*, par exemple, exige une chaleur bien ſupérieure à celles des fourneaux qui ſervent aux diſtillations ordinaires, quoiqu'elle ne ſoit pas à beaucoup près auſſi conſidérable que l'ont cru les premiers Chymiſtes qui ont fait du phoſphore en France ; de même les eſſais de porcelaine & de vitrification, qu'on doit faire très proprement, & par cette raiſon ſous une moufle, exigent une chaleur très violente, qu'on ne peut obtenir dans le fourneau d'eſſai ordinaire. On peut, dans ces cas, ajuſter, ſoit au fourneau à distiller, soit au fourneau à moufle, une chape & un tuyau d'aspiration, semblables à ceux du fourneau de fusion; & par ce moyen, on obtient facilement une chaleur aussi forte qu'on le desire.

Les Chymistes ont imaginé un très grand nombre d'autres fourneaux, & même de très compliqués, pour remplir des vues particulieres; mais ils sont la plupart embarrassans, mal entendus & même inutiles: on peut assurer qu'il n'y a point d'opérations de Chymie qu'un Artiste intelligent ne puisse exécuter parfaitement avec les seuls fourneaux dont on vient de donner la description sommaire.

Tous ces fourneaux peuvent se faire, ou portatifs construits en terre cuite, cerclés de fer, revêtus de tôle, si l'on veut les rendre plus durables, ou fixes ou stables, maçonnés en brique & en tuileau; cela dépend de leur grandeur & de la disposition particuliere du laboratoire; mais en général, les fourneaux portatifs sont beaucoup plus commodes pour les laboratoires particuliers, où l'on ne fait que des expériences de recherches.

La matiere de tous les fourneaux chymiques est toujours une argille qui en général doit être de bonne qualité. Il n'y a aucune difficulté pour tous ceux de ces fourneaux qui ne sont pas destinés à produire un degré de chaleur très violent, les argilles communes peuvent être employées à leur construction; ils durent ordinairement assez long-tems. Mais il n'en est pas de même de ceux où l'on doit faire les opérations au plus grand feu. La violence de la chaleur tourmente, fait fendre & détruit les fourneaux, souvent même avant que l'opération soit achevée, à moins qu'ils ne soient construits avec une argille des plus pures & des plus réfractaires: *voyez* celles qui conviennent à cet usage, au mot ARGILLE.

Il ne faut point penser à mettre dans ces fourneaux des barres ou autres supports de fer, parceque ce métal est fondu, calciné & détruit très promptement. Tous les supports de l'intérieur de ces fourneaux qui alors sont des briques ou des tuileaux, doivent être de la même argille, dont le fourneau est construit. Comme la chaleur est beaucoup moindre dans le tuyau d'aspiration que dans le corps du fourneau, il est assez ordinaire que ce tuyau soit de tôle, comme ceux des poëles, excepté dans sa partie inférieure, où il doit toujours être de terre. Ces tuyaux de tôle ont plusieurs avantages, ils sont maniables & légers; ils ont aussi un grand inconvénient, c'est que leur surface intérieure se calcine, ce qui est cause qu'aussi-tôt que la flamme les traverse, il s'en détache une grande quantité d'écailles avec bruit: or ces parties de fer, tombant dans le fourneau, s'appliquent sur les creusets & sur les moufles, & en occasionnent la fonte & la destruction; parceque le fer est un très grand fondant des argilles: c'est pourquoi il vaut mieux que le tuyau d'aspiration soit de terre dans toute sa longueur.

Lorsque ce tuyau est long, il a besoin d'être maintenu dans sa situation par quelques anneaux ou crochets de fer; mais il faut les arranger de maniere que le tuyau puisse avoir du jeu en tous sens, parcequ'il s'allonge, & se raccourcit, suivant le degré de chaleur qu'il éprouve, & que, s'il étoit fixé de maniere qu'il ne pût se prêter à ces allongemens & raccourcissemens, il démonteroit & fendroit le fourneau, ou se briseroit lui-même.

Les fourneaux décrits dans cet article, sont ceux qui servent & qui sont nécessaires dans les laboratoires pour les différentes opérations de Chymie: il y en a plusieurs autres usités dans les Arts, dans les Manufactures & dans les travaux en grand; tels que les fours de verreries, de faïance & de porcelaine, les fourneaux des fonderies des mines. On trouvera ce qui concerne en particulier chacun de ces fours ou fourneaux, aux articles des Arts, dans lesquels on les emploie: d'ailleurs leur structure se rapporte toujours aux principes généraux établis dans le présent article.

FOYER. On désigne en général par ce nom l'endroit où le feu en action est rassemblé pour y produire de la chaleur; ainsi le foyer d'un verre ou d'un miroir ardent, est le lieu où les rayons du soleil co-incidens & réunis, excitent la plus grande chaleur; le foyer d'un fourneau est la cavité de ce fourneau, qui renferme le charbon ou autres matieres combustibles. *Voyez* FOURNEAUX & VERRE ARDENT.

FRITTE La fritte est le mélange des différentes substances qui doivent être fondues ensemble pour en former du verre ou du crystal. Ordinairement après avoir bien mêlé ces matieres, on les expose pendant un certain tems à un degré de chaleur plus ou moins fort, mais incapable de les fondre complétement; cette opération a pour but, ou de commencer à les unir, ou de les purifier d'un reste de phlogistique ou autres substances hétérogenes par une espece de calcination : *voyez* VITRIFICATION.

FROMAGE. Le fromage est la partie mucilagineuse ou gélatineuse du lait. Comme le lait de tous les animaux, est une véritable émulsion, c'est la partie fromageuse de cette liqueur qui sert d'intermede pour tenir la partie huileuse ou butireuse distribuée, suspendue, & nageante dans la sérosité : ainsi le fromage est dans le lait ce que le mucilage est dans les émulsions ou sucs laiteux des végétaux ; mais quoiqu'il ait quelques propriétés communes avec les mucilages, il en differe aussi à plusieurs égards, & singuliérement en ce qu'il n'a pas la même viscosité ou ductilité, & en ce qu'il est susceptible de se coaguler par l'action de la chaleur & des acides.

Le lait est, comme tout le monde sait, un assemblage des trois substances très différentes les unes des autres, qui sont le beurre, le fromage & le petit-lait; ces substances ne sont, pour ainsi dire, qu'intimement mêlées, sans être combinées & adhérentes entre elles, puisqu'elles se séparent d'elles-mêmes par une espece d'analyse spontanée. Mais cette séparation n'est point entiere & exacte, à moins qu'on ne la procure par des moyens particuliers à chacune de ces substances: *voyez* BEURRE, LAIT & PETIT-LAIT.

Pour avoir le fromage le plus pur qu'il est possible, il faut, après avoir bien écrémé le lait récent d'un animal en santé, le faire cailler promptement par de la presure ou de la crême de tartre, l'égoutter exactement de tout son petit-lait, & le laver ensuite à plusieurs reprises dans beaucoup d'eau très pure.

Si, après cela, on le soumet à la distillation à une chaleur graduée, on n'en obtient d'abord au degré de chaleur qui n'excede point celui de l'eau bouillante, que du flegme qui a une légere odeur de lait ou de fromage, & qui ne donne aucune marque d'acidité, ni d'alkalinité; en poussant la chaleur plus fort, on fait monter un esprit huileux & salin; communément la partie saline de cet esprit est de l'alkali volatil, ensuite il vient une assez petite quantité d'huile empyreumatique d'abord fluide, & ensuite de plus en plus épaisse & fétide. Il monte aussi dans cette distillation de l'alkali volatil concret; & enfin lorsque la cornue, étant bien rouge, il ne monte plus rien, il y reste une matiere charbonneuse très abondante; ce charbon est du nombre de ceux qui ne se brûlent qu'avec la plus grande difficulté.

On voit par cette analyse du fromage, laquelle ressemble à celles de toutes les matieres animales, que cette substance est la partie du lait la plus animalisée; car le beurre & le petit-lait fournissent des principes différens, & sur-tout beaucoup d'acide. Cependant il est essentiel d'observer qu'il peut arriver aussi qu'on retire de l'acide, au lieu d'alkali volatil, dans la distillation du fromage venant des animaux frugivores, tel que celui dont il est question dans cet article: cela dépend, peut-être, de la nature des alimens que prennent les animaux dont est tiré le lait, & encore plus, sans doute, de leur tempéramment, de leur disposition actuelle, & de la nature de leur digestion. Car en général, l'état de l'acide & sa disposition plus ou moins grande à se transformer en alkali volatil, sont très variables dans le regne animal, sur-tout dans les animaux qui ne vivent que de végétaux, & dans leur lait, qui est encore si voisin de la nature végétale.

M. *Rouelle* a trouvé beaucoup d'analogie entre le fromage & la matiere glutineuse de la farine; cette analogie est en effet très sensible, elle mérite d'être constatée de plus en plus par le moyen des menstrues.

FULIGINOSITÉ. On appelle ainsi une matiere noire qui accompagne la flamme de toutes les huiles & matieres huileuses, c'est la même chose que la *suie*, que forme la *flamme* de ces substances.

FUMÉE. On désigne par ce nom les vapeurs non enflammées qui s'exhalent d'un corps quelconque. On sent bien que la fumée est de différente nature, suivant les corps dont elle sort. Si le corps ne se décompose point en fumant, la fumée n'est pas autre chose que ce corps même, réduit en vapeurs : telle est la fumée de l'esprit de nitre & de l'esprit de sel fumans; elle est de l'esprit de nitre & de l'esprit de sel purs. Si, au contraire, le corps qui fume est composé de principes fixes & de principes volatils ; ce sont ces derniers qui forment la fumée, du moins pour la plus grande partie. Quelquefois cependant, sur-tout lorsque la fumée est occasionnée par une combustion violente & à très grand feu, la fumée n'est composée presque que de principes très fixes, enlevés par la force de la déflagration; telle est la fumée du zinc, qui n'est autre chose que la terre très fixe de ce demi-métal : *voyez* FLAMME.

FULMINATION. La fulmination est l'explosion, l'inflammation subite & violente de quelques corps qui, par cette raison, sont nommés *fulminans*. Telle est l'explosion de la poudre fulminante & de l'or fulminant. L'explosion de ces matieres est nommée *fulmination*, à cause qu'elle se fait avec un fracas qui la fait ressembler au bruit du tonnerre.

FUSIBILITÉ. La fusibilité est une qualité qui rend les corps susceptibles de devenir fluides lorsqu'ils sont exposés à un certain degré de chaleur. La fusibilité est opposée à la qualité réfractaire; ensorte que moins il faut de chaleur à un corps pour devenir fluide, & plus il a de fusibilité.

Il y a de très grandes différences entre les degrés de fusibilité des différens corps. Quelques-uns, comme l'air & le mercure, sont si fusibles, qu'il y a toujours assez de chaleur dans l'athmosphere pour les tenir fluides, même dans les plus grands froids naturels. D'autres, comme l'eau & certaines huiles, qui sont naturellement concrets au degré de froid indiqué par zero dans le thermometre de M. *de Réaumur*, se fondent aussi-tôt aussi-tôt qu'ils éprouvent une chaleur un peu supérieure. D'autres, tels que le plomb, l'étain, le bismuth, &c. sont habituellement solides dans les plus grandes chaleurs naturelles, mais se fondent avec beaucoup de facilité & à une chaleur inférieure à celle qui est nécessaire pour les faire rougir. D'autres enfin exigent le degré de chaleur capable de les faire rougir, & même quelques-uns jusqu'à blanc, pour se fondre; tels sont l'argent, l'or, le cuivre, le fer, le verre, &c.

Comme la fusion d'un corps n'a lieu que par l'effet de la chaleur, qui désunit & tend à détruire l'adhérence des parties des corps : on ne peut guere imaginer d'autres causes de la fusibilité plus ou moins grande, que le contact plus ou moins intime, & l'adhérence plus ou moins forte des parties des différens corps ; dispositions qui paroissent dépendre elles-mêmes de la figure de ces mêmes parties : *voyez* l'article FEU.

FUSION. La fusion est l'état d'un corps rendu fluide immédiatement par l'action du feu.

G.

GALENE. C'est un nom particulier qu'on donne à l'espèce de mine de plomb, dont les parties sont disposées en cubes : *voyez* MINES DE PLOMB.

GALERE. On appelle ainsi des fourneaux de réverbere, dans lesquels on peut placer plusieurs cornues ou *cuines*, les unes à côté des autres sur une même ligne. Comme ces fourneaux ont une forme alongée, & qu'ils ont des ouvertures latérales, placées les unes à côté des autres, cela leur donne une espece de ressemblance avec les vaisseaux à rames qu'on appelle des *galeres* ; & c'est pour cela qu'on a donné ce même nom à ces fourneaux.

GANGUE. On nomme ainsi les matieres pierreuses & terreuses, dans lesquelles est enclavée la substance des mines, & qui font partie de leurs filons.

La gangue peut être formée de toutes sortes d'especes de pierres & de terres ; mais le plus souvent ce sont des spaths & des quartz qui la forment : *voyez* MINES.

GAS. Les Chymistes ont donné ce nom aux parties volatiles invisibles qui émanent d'elles-mêmes de certains corps, & que l'on ne peut retenir & recueillir, ou du moins que dans des appareils de vaisseaux particuliers. Ainsi, les vapeurs meurtrieres qui s'exhalent du charbon lorsqu'il brûle, celles des matieres qui subissent la fermentation spiritueuse ou putride, la partie volatile des eaux minérales spiritueuses, l'esprit recteur même de certaines substances, peuvent être appellés le *gas* de tous ces corps.

Les vapeurs minérales malfaisantes, qu'on nomme *mofettes*, peuvent être mises aussi au nombre des gas, celles au moins qui sont invisibles.

Comme toutes les substances qui portent, ou qui peuvent porter le nom de gas, ont une diaphanéité, une blancheur, une invisiblité, une compressibilité, une expansibilité, une élasticité, & une pesanteur spécifique qui s'éloignent peu de celle de l'air, je crois qu'on peut mettre dans la classe des substances gaseuses toutes ces matieres aëriformes, & alors l'air lui-même devroit être regardé comme un vrai gas, comme le plus simple & le plus pur des gas.

Cette derniere considération peut justifier le nom d'air que, depuis les expériences du célebre *Hales*, de M. *Priestley*, & de plusieurs autres Physiciens, on a donné en général à toutes les matieres aëriformes, qu'on a retirées de différens composés, & dont on a commencé à reconnoître les principales propriétés; de là sont venus les noms d'*air fixe*, ou *fixé*, ou *fixabl*, d'*air inflammable*, d'*air nitreux*, d'*air marin*, d'*air acide*, d'*air alkali*, d'*air déphlogistiqué*.

Cependant, comme parmi ces substances si différentes les unes des autres, il y en a qui sont véritablement de l'air, plus ou moins mêlé des matieres hétérogenes, tandis qu'il y en a d'autres qui, malgré quelques propriétés communes avec l'air, en different néanmoins si essentiellement par d'autres propriétés constantes, qu'on peut affirmer qu'elles ne sont point de l'air, que ce sont des composés différens de l'élément que nous nommons air, il m'a paru beaucoup plus exact & plus avantageux de comprendre toutes ces substances aëriformes, sans en excepter l'air lui-même, sous le nom commun de *gas*, qui est celui que *Vanhelmont* & d'autres Chymistes antérieurs à *Hales*, avoient donné en général aux substances volatiles expansibles, qu'on ne pouvoit retenir dans les appareils ordinaires des distillations & autres opérations chymiques.

Si l'on pouvoit disposer du nom françois *esprit*, pris dans le sens physique, ce seroit, je crois, le meilleur qu'on pût donner en commun à toutes les substances dont il s'agit. Mais un grand nombre d'autres substances qui n'ont presque rien de commun avec l'air, sont tellement en possession de ce nom dans la Chymie, qu'il n'est plus possible de le leur ôter, & je me détermine d'autant plus volontiers pour celui de gas, que c'est un nom barbare qui ne désigne rien dans notre langue, ni, je crois, dans aucune autre, & qui, à cause de cela même, peut signifier avec exactitude, tout ce qu'on voudra lui faire signifier.

Quoique la découverte des gas puisse être regardée comme toute récente, & qu'elle ne soit pas même achevée, puisque nombre de Physiciens du premier mérite, cultivent avec le plus grand zele cette nouvelle Chymie aërienne, & nous font connoître presque chaque jour quelques nouveaux faits des plus importans : les premieres notions qu'on a eues de l'existence & de quelques propriétés de ces fluides volatils & élastiques, remontent assez haut.

Les Chymistes ou Alchymistes antérieurs à *Paracelse*, sans distinguer ces fluides, les ont indiqués sous le nom commun de *spiritus sylvestre*, esprit des bois, esprit sauvage.

Vanhelmont, qui a substitué le nom de *gas* à celui d'esprit, en lui conservant l'épithete de *sylvestre*, paroît être le premier qui ait senti combien il importoit d'acquérir des connoissances sur la nature de ces fluides & sur leurs effets, tant dans les opérations de Chymie, que dans l'économie animale. En lisant avec attention les ouvrages de ce Chymiste, son Traité *de Lithiasi*, son *Tumulus pestis*, mais sur-tout son Traité *de Flatibus*, on est étonné du nombre & de la justesse des connoissances qu'il avoit acquises sur ces objets qui étoient tout neufs de son tems.

Il avoit observé qu'il se dégageoit un gas de toutes les matieres en fermentation, & que ce gas, quoiqu'ayant toutes les apparences de l'air de l'athmosphere, loin de pouvoir, comme ce dernier, entretenir la respiration & la vie des animaux, les faisoit périr au contraire très promptement; découverte capitale, comme on le verra par la suite de cet article.

Le célebre Physicien *Boyle*, qui a fait une grande quantité d'expériences sur la pesanteur, l'élasticité, & les autres propriétés de l'air, en vérifiant la plupart de celles de *Vanhelmont* sur le gas, a observé comme lui, qu'il s'en dégageoit une grande quantité de beaucoup de mixtes; & lui a donné le nom d'*air factice*, ou *artificiel*. Mais il paroît être le premier qui ait fait la découverte importante de la destruction de l'élasticité de l'air commun, ou de son absorbtion par l'effet de la combustion.

Le digne successeur de *Boyle*, dans ces recherches intéressantes, a été l'ilustre *Hales*. On trouve parmi les nombreuses expériences exposées dans le sixieme chapitre de la *statique des végétaux* de cet excellent Physicien, le germe de presque toutes les découvertes, qui depuis ont étonné les Chymistes par leur singularité, & par la grande influence qu'elles ont sur toute la théorie de leur science.

Le but principal que *Hales* s'est proposé dans le plus grand nombre de ses expériences, a été de multiplier beaucoup des expériences du même genre que celles de *Vanhelmont* & de *Boyle*, & sur-tout de donner à ces expériences un nouveau degré de précision & de justesse, en déterminant avec exactitude les quantités d'air ou de matieres aëriformes, dégagées ou absorbées dans ces expériences. Il a imaginé & exécuté pour cela un appareil très propre à remplir ses vues, & dont je parlerai incessamment.

Les opérations chymiques dans lesquelles les fluides aëriformes se dégagent ou s'absorbent, sont l'analyse par la *distillation*, la *fermentation*, les *dissolutions* & *combinaisons*, la *combustion*. *Hales* a appliqué son appareil à un très grand nombre de différentes substances soumises à ces différentes opérations, & a déterminé avec soin les quantités d'air ou de matieres aëriformes dégagées ou absorbées dans cette multitude d'expériences. M. *Lavoisier* a fait des tables très utiles des résultats de toutes ces expériences dans la partie historique de ses *Opuscules chymiques & physiques*, dont je tire cet exposé succint des découvertes sur les gas.

Quand les expériences de *Hales* se seroient bornées à faire connoître avec beaucoup plus de précision qu'on ne le savoit avant lui, les quantités de substances aëriennes dégagées & absorbées dans presque toutes les opérations de la Chymie, elles auroient été infinimenr utiles à cette science; mais cet excellent Physicien n'a pas borné là ses recherches: il a reconnu des propriétés singulieres dans l'air dégagé de différentes substances & par différentes opérations; il a vu qu'il y en avoit qui avoient la propriété de s'enflammer, que d'autres, sans être inflammables, ne pouvoient servir à la respiration des animaux & les faisoient périr très promptement ; il a annoncé le premier que l'air qui se joignoit aux chaux métalliques, contribuoit à l'augmentation de leur poids ; en un mot on trouve, comme je l'ai dit, dans ses expériences & dans les conséquences qu'il en tire, le germe de presque toutes les découvertes qui ont été faites depuis lui & de nos jours.

Cette considération & les justes éloges dus aux travaux de l'illustre *Hales*, ne doivent cependant rien diminuer du mérite des Physiciens qui lui ont succédé dans ces recherches. Il a défriché un champ naturellement fertile, mais d'autres l'ont cultivé & y ont fait les plus belles récoltes. C'étoit beaucoup d'avoir prouvé par quantité d'expériences neuves & importantes, que l'air entroit dans la composition de presque tous les corps, qu'il étoit privé de son ressort dans ces combinaisons, qu'il le reprenoit quand on l'en séparoit ; qu'il se chargeoit dans bien des occasions de matieres hétérogenes, par lesquelles plusieurs de ses propriétés étoient changées, qu'enfin, dans bien des circonstances l'air libre étoit absorbé & perdoit son ressort. C'étoit beaucoup, sans doute, que d'avoir acquis toutes ces connoissances fondamentales qui sont dues à *Hales* ; mais ce n'étoit point assez, il falloit qu'un autre homme de génie fit une heureuse application de toutes ces belles connoissances à la grande théorie de la Chymie, c'est-à-dire, à celle de la *causticité* & de la *saturation*, & c'est ce qu'a fait le premier le Docteur *Black*, Médecin d'Edimbourg, en prouvant par les expériences les plus décisives que la chaux & les alkalis, perdent ou acquierent leur causticité, leur action dissolvante, à proportion qu'ils sont ou ne sont pas saturés de la substance aërienne gaseuse qu'il nommoit *air fixe* ; découverte lumineuse & capitale, que M. *Jacquin*, Professeur de Chymie à Vienne, a achevé de démontrer & de dévolopper par un travail digne du premier inventeur, & dont M. *Macbride* a fait des applications, plus ou moins heureuses, à plusieurs points de l'économie animale, à la putréfaction, &c.

Comme mon intention n'est point de faire ici l'histoire complette des découvertes sur les gas, pour laquelle je [illegible] à l'ouvrage de M. *Lavoisier*, déja cité; mais que je veux seulement resserrer les objets principaux dans un tableau très abrégé, & servant d'introduction à ce que j'ai à dire sur cette matiere, je me borne à ce court exposé historique des faits principaux, sans entrer pour le présent dans les détails des recherches particulieres qu'ont occasionnées le desir d'étendre les découvertes, & celui d'établir, de soutenir, ou de combattre différentes opinions sur la théorie, que ne peuvent manquer de faire naître une grande multitude de faits aussi curieux que nouveaux. J'ai déja fait mention de plusieurs de ces détails, tous très intéressans, dont aucun n'est à négliger, aux articles ALKALIS, CAUSTICITÉ, CHAUX MÉTALLIQUES, CHAUX TERREUSES, &c. Je parlerai des autres, soit à l'occasion des différentes especes de gas, soit aux articles qui y ont du rapport. Je me contenterai donc de nommer ici simplement MM. *Meyer*, *le Comte de Saluces*, de Turin, *Cavendish*, *Crans*, *de Smith*, *Priestley*, *Rouelle*, *Bucquet*, *Lavoisier*, *le Duc d'Ayen*, *le Duc de Chaulnes*, *de Lasonne*, *l'Abbé Fontana*, M. *Berthollet*, comme les principaux Chymistes dont nous avons des expériences, soit en faveur, soit contre les gas; en faisant observer que, s'il y a eu partage d'opinions, ç'a été beaucoup moins sur le fait de l'air combiné & dégagé, & sur l'existence réelle de plusieurs substances gaseuses, que personne ne peut contester, que sur la nature même de ces substances, & sur les effets qui résultent de leurs combinaisons & de leurs dégagemens dans les différentes opérations de Chymie.

Avant d'entrer dans les détails de ce qui concerne chaque espece de gas, je crois devoir décrire l'appareil qu'on a imaginé d'après, les expériences *de Hales*, pour recueillir, mesurer, mêler, &c. toutes ces matieres aëriformes. Cet appareil, tel que les Chymistes l'emploient maintenant, & dont M. *Priestley* est le principal inventeur est aussi simple, aussi commode qu'il puisse l'être, & je crois qu'on peut l'entendre facilement sans le secours des figures.

Les pieces qui composent cet appareil sont : 1°. un baquet oblong ou oval en forme de baignoire, de bois simple, ou doublé de plomb, ou de cuivre étamé, de 18 à 20 pouces de profondeur, & autant de largeur, & de 3 à 4 pieds de longueur. Ce baquet étant destiné à contenir de l'eau qui doit être quelquefois renouvellée, doit être garni dans sa partie la plus basse d'un robinet, par le moyen duquel on puisse facilement le vuider de fond ; & pour la commodité de celui qui opere, il doit être supporté sur des pieds qui mettent sa partie supérieure à peu près à la hauteur des mains.

2°. A un pouce & demi ou deux pouces du bord supérieur de ce baquet ou de cette grande cuvette, on doit assujettir une glace, ou une planche de bois ou de cuivre étamé, bien dressée, & bien horisontale, dont la surface ne soit que le tiers ou la moitié au plus de celle de la cuvette, afin qu'il reste un espace libre & assez étendu pour manœuvrer commodément de la maniere que je dirai ci-après. Cette espece de plancher doit être percé à douze ou quinze lignes près de son bord, qui répond à la partie libre de la cuvette, de plusieurs trous placés à trois ou quatre pouces l'un de l'autre, & à chacun desquels soit bien luté ou soudé, par dessous, un entonnoir à court tuyau, & aussi évasé que la place peut permettre.

3°. Les choses étant ainsi disposées, on emplit la cuvette d'eau de riviere propre & claire, de maniere que la surface de l'eau atteigne presque le bord supérieur de la cuvette, & couvre par conséquent la planche ou la tablette dont on vient de parler, de quinze à dix-huit lignes.

4°. Il faut avoir un certain nombre plus ou moins grand, suivant la quantité d'expériences qu'on veut faire de vaisseaux cylindriques de verre ou de crystal, de douze, ou quinze pouces, ou même un peu plus de hauteur, fermés par un bout, entiérement ouverts par l'autre. On peut avoir de ces vases ou récipiens de différentes grandeurs & dimensions, suivant les expériences qu'on veut faire ; mais il faut observer que le diametre de leur ouverture, soit au moins de la cinquieme ou sixieme partie de leur hauteur, parcequ'ils doivent être placés debout sur la tablette, par cette ouverture qui leur sert de base, & que si elle n'avoit que très peu d'étendue par rapport à la hauteur du vase, il seroit très sujet à se renverser, quand on le laisseroit posé sans l'assujettir, comme cela arrive dans le cours des expériences.

5°. Lorsqu'il s'agit de travailler; si l'on veut, par exemple, recueillir le gas qui se dégage de l'effervescence d'une terre calcaire ou d'un alkali avec un acide, on commence par plonger entiérement dans l'eau de la cuvette le récipient dans lequel on veut enfermer ce gas, de maniere qu'il soit entiérement plein de cette eau, & qu'il n'y reste aucune bulle d'air: c'est pour pouvoir faire commodément cette opération qu'il faut qu'il y ait un espace libre dans la cuvette, & qu'elle ait la profondeur convenable: on l'éleve ensuite, l'ouverture en bas, jusqu'à une ligne ou deux au dessus du niveau de la tablette, & on le glisse sur cette tablette par un mouvement horisontal, en prenant garde que son ouverture ne sorte de l'eau, sans quoi l'eau qu'il contient en sortiroit, l'air y rentreroit, & il faudroit recommencer. Quand il est placé ainsi, il reste entiérement plein d'eau, par l'effet de la pesanteur de l'air de l'athmosphere qui presse la surface de l'eau de la cuvette, & soutient celle dont le récipient est plein. On amene ce récipient sur un des trous garnis d'entonnoirs par dessous, & il est alors disposé à recevoir le gas qu'on y veut introduire.

Comme le gas qui sert ici d'exemple, ne se dégage que dans le moment de l'action des acides sur les alkalis salins ou terreux, on doit faire cette combinaison dans une bouteille qui, outre son gouleau ordinaire, ait une seconde ouverture dans sa partie latérale supérieure; on adapte à celle-ci par le moyen d'un lut, un tuyau ou siphon d'une longueur & d'une courbure convenable, pour qu'on puisse en engager commodément le bout dans le trou de la tablette sur lequel est posé le récipient.

Tout étant ainsi disposé, & avant d'engager le siphon sous le récipient, on verse sur l'alkali ou sur la craie qu'on a eu soin de mettre d'abord au fond de la bouteille, l'acide qui doit être fort affoibli avec de l'eau pour éviter une dissolution & effervescence trop prompte & trop violente ; on bouche aussi-tôt la bouteille, on laisse sortir les premieres vapeurs qui s'échappent par le siphon pour évacuer la portion d'air commun dont la bouteille étoit pleine, & quand on juge que cet air est sorti, on engage le bout du siphon dans l'ouverture qui répond au récipient.

La dissolution continuant à se faire, le gas qui s'en dégage s'échappe avec rapidité par le bout du siphon ; & comme il est beaucoup plus léger que l'eau, il s'éleve en bulles, toutes semblables à celles de l'air, passe à travers l'eau du récipient, se rassemble dans sa partie supérieure, & en vertu de son élasticité, il fait baisser l'eau du récipient, à proportion qu'il s'y introduit : on continue à recevoir ainsi ce gas, en agitan un peu de tems en tems la bouteille, quand cela est nécessaire pour faire continuer la dissolution ; & dès que l'eau du récipient est baissée jusque près de la surface de celle de la cuvette, on dégage le bout du siphon.

Si l'on n'a pas obtenu par cette premiere opération la quantité de gas qu'on veut avoir, on peut en recommencer une seconde pareille, en se servant du même récipient, s'il n'est pas plein de gas, ou d'un second, d'un troisieme, &c. tant qu'on le juge à propos.

Les gas des dissolutions métalliques, & ceux en général de toutes les dissolutions qui en fournissent, se recueillent, par le même procédé qui vient d'être décrit. Ceux des réductions métalliques & autres opérations qui exigent qu'on applique un certain degré de chaleur aux matieres dont le gas doit se dégager, ne different du procédé général que par la forme & la nature du vaisseau dans lequel sont contenues les matieres ; pour la plupart de ces dernieres, on se sert assez commodément d'une petite cornue de verre, au bout du col de laquelle est luté ou soudé un siphon de forme & de grandeur convenable ; la chaleur de la simple flamme d'une bougie qu'on tient sous le ventre de la cornue, suffit pour la plupart de ces opérations, telles que le dégagement des acides & de l'alkali volatil sous forme de gas & autres de ce genre. Pour la réduction des chaux de mercure avec ou sans addition de phlogistique, dont il se dégage aussi des gas, on peut se servir assez commodément d'un très petit fourneau portatif qu'on approche assez de la cuvette pour y placer le corps de la cornue; mais pour la réduction des chaux des autres métaux, & pour le dégagement du gas par la calcination des terres calcaires qui exigent une chaleur beaucoup plus forte, on ne peut mieux faire que de se servir, en guise de cornue, d'un canon de fusil, comme la pratiqué *Hales*, au bout duquel, après qu'il est chargé de la matiere sur laquelle on veut opérer, on peut faire souder un siphon de cuivre.

Pour plus grande commodité, & pour avoir la facilité de faire plusieurs opérations à la fois, il est avantageux, comme l'ont fait M. *le Duc de Chaulnes*, & d'autres Physiciens, de pratiquer des deux côtés de la tablette plusieurs échancrures, sur lesquelles on peut placer des récipiens, & par le moyen desquelles on peut engager sous ces récipiens les siphons des cornues dont on se sert, & qui peuvent être, ainsi que leurs fourneaux, placés & soutenus des deux côtés de la cuvette, par des guéridons, tablettes, & autres moyens qu'il est aisé d'imaginer.

Comme il y a plusieurs gas qui se mêlent avec l'eau, l'appareil à l'eau qui vient d'être décrit, ne peut point servir à recueillir exactement ces sortes de gas, à moins qu'on ne couvre la surface de l'eau d'une couche d'huile, ainsi que l'ont pratiqué MM. *Priestley* & *Lavoisier*, pour le *gas méphytique* ou *air fixe*; mais cet expédient, quoique pouvant servir à la rigueur pour cette espece de gas qui n'agit point sur l'huile, & ne se mêle à l'eau qu'en certaine proportion, est incommode, & d'ailleurs ne conviendroit pas probablement à plusieurs autres.

Le mercure ayant toute la fluidité convenable, est très propre à remplacer l'eau dans toutes ces expériences où l'on ne peut se servir de l'eau: on a imaginé pour cela un autre appareil, qu'on peut nommer *appareil au mercure*. La disposition de ce dernier est fondée entiérement sur les mêmes principes que celle de l'appareil à l'eau; mais le prix, l'action dissolvante, & l'énorme pesanteur du mercure, obligent à faire quelques changemens dans son appareil. On en réduit communément beaucoup le volume, & on se contente d'une cuvette qui puisse contenir quatre-vingt à cent livres de mercure. Cette cuvette doit être de pieces d'un bois compact, solidement & parfaitement bien assemblées, ou d'une seule piece de faïance ou de porcelaine. Le peu d'espace que l'on a pour manœuvrer dans un pareil vaisseau, ne permet guere d'y établir une tablette servant de support aux récipiens, aussi étendu à proportion que l'est celle de l'appareil à l'eau, ni d'y pratiquer les trous, entonnoirs, échancrures, & autres commodités de l'appareil à l'eau. La grandeur des récipiens devant être proportionnée à celle de la cuvette, ceux-ci sont beaucoup plus petits que ceux qu'on a la liberté d'employer avec l'appareil à l'eau. Mais malgré tous ces désavantages, avec un peu d'habitude & d'adresse, & à l'aide de quelques expédiens, on parvient, sans trop de difficulté à y faire toutes les mêmes opérations, que dans l'appareil à l'eau. Au lieu de la grande tablette de l'appareil à l'eau, on se contente pour celui-ci, d'établir le long des côtés de la cuvette, deux especes de banquettes ou de paillasses qui s'élevent jusqu'à un pouce près du bord de la cuvette, & qui n'ont qu'à-peu-près assez de largeur pour soutenir les petits récipiens propres à cette sorte d'appareil. Par le moyen de cette disposition, ces supports occupent le moins d'espace qu'il est possible, & laissent le milieu de la cuvette libre, ce qui donne la facilité d'y plonger entiérement les récipiens, de les emplir de mercure & de les poser sur leurs supports. Lorsqu'on veut introduire un gas dans un de ces récipiens, on l'avance horisontalement vers l'endroit libre de la cuvette, jusqu'à ce que son orifice inférieur déborde assez le support, pour qu'on puisse y insinuer le bout du siphon du vaisseau, dont sort le gas; & quand le récipient est suffisamment chargé de ce gas, on le replace sur son support, en prenant bien garde, comme dans l'appareil à l'eau, que l'ouverture du récipient sorte jamais du mercure; mais à cause de l'extrême pesanteur de cette matiere, les récipiens pleins de gas, ne peuvent se tenir verticalement, si on les abandonne à eux-mêmes; il faut les fixer dans cette situation, soit en les tenant à la main, soit par quelque invention méchanique, comme la pratiqué M. *le Duc de Chaulnes*, dans un très joli appareil de mercure, qu'il a présenté à l'Académie des Sciences : chacun peut imaginer sur ces objets les expédiens qui lui paroîtront les plus avantageux.

Quand on s'occupe à faire des recherches & des suites d'expériences sur les gas, il arrive souvent qu'on est obligé d'emplir successivement plusieurs récipiens d'un même gas ou de plusieurs gas de nature différente, de les faire passer d'un récipient dans un autre, de les mêler les uns avec les autres dans des proportions différentes & connues. Les opérations qu'il faut faire pour cela, occasionnent nécessairement de l'embarras & souvent des méprises. Quoiqu'il soit facile d'imaginer les moyens d'éviter ou de diminuer ces inconvéniens, je vais exposer ces moyens en peu de mots en faveur de ceux auxquels ce genre d'expériences n'est point familier.

1°. Lorsqu'on travaille sur plusieurs especes différentes de gas dans un même appareil, il est absolument nécessaire de coller une étiquette, contenant le nom du gas sur chaque récipient, aussi-tôt après qu'il est chargé de son gas.

2°. A mesure que les récipiens sont pleins, on peut, en les coulant horisontalement, les ôter de dessus le trou par lequel on les a emplis, & les ranger en différentes places sur la tablette, mais souvent la place manque, & il y auroit de la confusion. On peut éviter très facilement cet inconvénient de la maniere suivante. On emplit de la liqueur de la cuvette une soucoupe, une assiette, ou une jatte platte; on la coule jusqu'auprès du support, en observant qu'elle soit toujours submergée par la liqueur de la cuvette; puis on glisse dessus le récipient plein de gas dont on veut débarrasser la tablette : on enleve le tout, c'est-à-dire, le récipient placé de bout sur l'assiette qui lui sert alors de support particulier, & on le place par-tout où l'on veut; on peut en transporter ainsi ailleurs tel nombre qu'on juge à propos, & conserver sa tablette libre, ce qui est toujours avantageux.

3°. Quand on est dans le cas d'emplir successivement plusieurs récipiens de la liqueur de la cuvette, comme cela est indispensable, pour les mettre en état de recevoir le gas qu'on leur destine. On doit observer que la liqueur de la cuvette baisse, à proportion de la quantité des récipiens qu'on emplit, & comme il est très essentiel que sa surface soit toujours au dessus de la tablette ou du support des récipiens, il faut absolument avoir sous la main une provision d'eau ou de mercure, dont on reverse dans la cuvette une quantité à-peu-près égale à celle que les récipiens enlevent. Et par la raison contraire, quand la tablette est chargée d'un certain nombre de récipiens pleins de liqueur & disposés à recevoir les gas, à mesure qu'on les emplit, leur liqueur s'écoule & se mêle avec celle de la cuvette, ce qui la feroit déborder, si l'on n'avoit pas l'attention d'en retirer à mesure à-peu-près autant d'eau ou de mercure, que lui en fournissent les récipiens.

4°. Lorsqu'on veut faire passer un gas d'un récipient dans un autre, on doit avoir recours aux mêmes manipulations, que pour introduire dans un récipient un gas quelconque, lors de son dégagement, avec cette seule différence, que comme dans ce cas-ci le gas est tout dégagé & contenu dans un vase, on n'a pas besoin de siphon ou de tuyau de conduite, & qu'il suffit d'incliner sous l'entonnoir du récipient, celui qui contient le gas qu'on veut y introduire, & de l'incliner jusqu'à la situation horisontale, ou même un peu par de là, en observant de n'abaisser son fond que peu-à-peu, & seulement autant qu'il est nécessaire pour que le gas monte par bulles, sans trop de vîtesse, de peur qu'il n'y en ait plusieurs qui ne s'échappent de dessous l'entonnoir & ne soient perdues.

5°. S'il s'agit de mettre un gas en bouteilles, pour pouvoir en transporter une provision au loin & sans embarras, le procédé est encore fort simple; il ne faut pour cela qu'avoir des bouteilles à gouleau, comme les bouteilles à vin & autres qui puissent se bien boucher avec un bouchon de liége. On emplit entiérement une de ces bouteilles du fluide de la cuvette, on introduit dans son gouleau un entonnoir de verre qu'on tient assujetti avec les doigts ; on met cette bouteille dans une situation verticale le gouleau en bas : on engage dans l'entonnoir l'ouverture du vase qui contient le gas qu'on veut mettre en bouteille, on l'incline peu-à-peu, comme dans l'opération précédente ; le gas monte en bulles du vase dans la bouteille, on la laisse s'emplir ainsi, jusqu'à un pouce près de l'orifice de son gouleau ; on ôte l'entonnoir & on bouche la bouteille avec un bon bouchon qu'on a eu soin de tenir tout prêt, en observant bien que toutes ces opérations se fassent dans le fluide même de la cuvette, & sans aucune communication avec l'air extérieur. La bouteille étant bien bouchée, on la retire du fluide, dans sa même situation verticale, c'est-à-dire, le gouleau en bas, & on la place dans la même situation dans le panier qui doit servir à la transporter : on en emplit de même une seconde, une troisieme, en un mot la quantité qu'on veut, & on peut les porter par-tout où l'on en a besoin, comme tout autre fluide.

6°. Pour mêler des gas de nature différente les uns avec les autres dans des proportions déterminées, il faut avoir une fiole ou un petit vase de verre cylindrique dont on connoisse la capacité, & pour le mieux, qui contiennent juste un volume déterminé, comme, par exemple, un ou plusieurs pouces cubiques : on l'emplit par les méthodes exposées ci-dessus d'un des gas qu'on veut mêler, & on fait passer ce gas dans le récipient qu'on a préparé pour faire le mélange ; on en met une seule mesure, ou le nombre qu'on juge à propos ; après quoi, on introduit de la même maniere & dans le même récipient, le nombre qu'on veut des mêmes mesures, d'un ou de plusieurs des autres gas qu'on veut mêler. Quand l'air de l'athmosphere est une des matieres gaseuses dont on veut faire des mélanges, l'opération est encore plus simple, car tous les vaisseaux qui ne contiennent point quelque liqueur, étant naturellement remplis de cet air, il ne s'agit pour en introduire la quantité qu'on veut dans un des récipiens, que de plonger dans la liqueur de la cuvette, verticalement & l'orifice en bas, le vase servant de mesure ; la liqueur n'y entre pas parcequ'il est plein d'air ;

on l'engage donc dans l'orifice du récipient où on veut l'introduire, & en l'inclinant convenablement, on fait monter tout l'air qu'il contient dans le récipient où l'on veut l'enfermer.

Tels sont les appareils & les manipulations générales les plus simples & les plus commodes qu'on a imaginés pour recueillir, conserver, transporter, mêlanger les différentes substances gaseuses. Comme toutes ces substances sont aëriformes & miscibles à l'air commun, on ne peut absolument se dispenser de leur interdire toute communication avec l'air de l'athmosphere ; on se sert pour cela de quelque liquide plus pesant que l'air, & sur lequel le gas n'ait point d'action ; l'eau commune & le mercure sont les deux liquides qui se sont trouvés les plus propres à remplir cet objet, du moins on n'a découvert aucun gas, pour lequel l'un ou l'autre de ces deux liquides ne fût très convenable ; ils servent à intercepter toute communication avec l'air extérieur, & c'est pour cela que les vaisseaux dans lesquels on veut recevoir les gas doivent être entiérement pleins du liquide dans lequel on opere, & que toutes les manipulations, qui ont été décrites ci dessus, doivent se faire dans le liquide même de la cuvette, sans qu'il y ait jamais dans tout ce travail, aucune communication avec l'air extérieur.

La gravité spécifique de tous les gas connus jusqu'à présent étant beaucoup moindre que celle de l'eau & du mercure, & approchant plus ou moins de celle de l'air, il en résulte que dans toutes les opérations sur les gas qui se font dans ces milieux, la situation des vaisseaux & la direction des gas, sont dans le sens contraire à celui des liquides qu'on verse dans l'air d'un vaisseau dans un autre ; ainsi quand on transvase un liquide quelconque dans l'air, le vaisseau dans lequel on l'introduit, a toujours l'ouverture en haut, & le liquide tombe dans ce vaisseau, dont il va constamment occuper le fond ou la partie la plus basse, au lieu que dans les opérations sur les gas, l'ouverture des récipiens & entonnoirs, est toujours en bas, & que le gas qu'on transvase, monte toujours & va occuper aussi le fond

fond du récipient, mais qui est ici sa partie la plus élevée.

Il y a plusieurs opérations sur les gas, comme celles par lesquelles on peut déterminer leur compressibilité, leur dilatabilité, leur pesanteur spécifique, & autres de ce genre, qui exigent d'autres appareils & instrumens que ceux qui ont été décrits ci-dessus; mais les instrumens propres à ces expériences étant les mêmes que ceux qui sont connus & usités en Physique pour faire toutes les expériences sur les propriétés de l'air, je ne m'arrêterai point à en faire ici la description, & je renvoie pour cela aux Mémoires des Chymistes qui ont commencé à faire des recherches sur ces objets, & en particulier à ceux de M. *le Duc d'Ayen*, de M. *le Duc de Chaulnes*, & autres que j'aurai occasion de citer dans les articles suivans.

Comme tout ce qui concerne les gas est absolument neuf en Physique & en Chymie, & que l'on fait tous les jours des découvertes importantes, qui en annoncent un grand nombre d'autres prêtes à éclorre, je ne puis espérer que cet article sera complet, même fort peu de tems après la publication de cet ouvrage; mais étant forcé de prendre les choses en l'état où elles sont au moment où j'écris ceci, je tâcherai d'exposer au moins avec exactitude tout ce qu'il y a de plus essentiel & de mieux constaté jusqu'à présent, en m'attachant principalement aux phénomenes qui me paroîtront avoir le plus de liaison avec l'ensemble de la Chymie, du moins tel que je le conçois.

Les principales especes de substances gaseuses ou aériformes connues jusqu'à présent, sont l'air lui-même considéré comme se combinant avec d'autres substances, & pouvant en être séparé dans un état de pureté & de simplicité, je le désignerai par le nom de *gas* ou d'*air déphlogistiqué;* le gas des terres calcaires, des alkalis, tant fixes que volatils, des fermentations, de la combustion, qui paroît un des plus universellement répandus, celui sur lequel on a fait les premiers & les plus grands travaux, auquel on a donné presque généralement le nom d'*air fixe*, & auquel je crois devoir affecter celui de *gas méphitique*, le *gas inflammable*, le *gas nitreux*, les *gas acides vitriolique*, *marin*, *acéteux*, le *gas alkali volatil*, le *gas* ou *acide spathique*.

Je parlerai de chacun de ces gas sous leur nom particulier, sans cependant m'astreindre à l'ordre alphabétique, parceque je regarde ces différens articles particuliers, comme ne faisant ensemble qu'un même article commun, sous le nom général de gas.

GAS ou AIR DÉPHLOGISTIQUÉ. Je désignerai par ce nom l'air lui-même, le plus simple & le plus pur, en le considérant en tant que séparé des composés, dont il étoit devenu un des principes; & comme on connoît maintenant beaucoup de substances qui ont l'apparence & plusieurs propriétés de l'air, j'avertis, que je ne regarde comme air pur, que celles de ces matieres qui ont la propriété d'entretenir la vie des animaux & la combustion.

On ne peut plus douter depuis les expériences de *Hales*, vérifiées, confirmées & multipliées ensuite par beaucoup d'excellens Physiciens, que l'air n'entre en qualité de partie constitutive dans la composition d'une infinité de corps, même des plus denses & des plus solides. On sait que cet air tant qu'il reste combiné dans les corps dont il est un des principes, & qu'on pourroit nommer le *principe pneumatique*, ou simplement le *pneumatique*, comme on a nommé phlogistique la matiere du feu combiné, ne jouit ni de son expansibilité, ni de son ressort, ni d'aucune des autres propriétés qu'il ne doit qu'à la nature de son *agrégation* lorsqu'il est libre: on sait que cet air dégagé des liens de la combinaison, soit par l'analyse au feu, soit par l'action des intermedes décomposans, reprend avec son état d'agrégé, son expansibilité, son ressort, sa pesanteur spécifique & toutes les autres propriétés qui le caractérisent dans cet état. Mais malgré toutes ces connoissances, on a ignoré jusqu'à ces derniers tems, si l'air pouvoit être combiné dans les corps dans toute sa pureté & sa simplicité. *Hales* avoit bien vu à la vérité que les fluides élastiques qu'il retiroit des corps, avoient les principales propriétés de l'air, & ne doutoit point qu'ils ne fussent de l'air, du moins pour la plus grande partie; mais il étoit trop exact pour n'avoir point remarqué, que cet air différoit aussi à plusieurs égards de l'air pur; il s'étoit assuré par l'expérience que cet air étoit quelquefois inflammable, qu'il ne pouvoit point servir à la respiration des animaux, &c. & il attribuoit ces différences à des matieres hétérogenes dont il étoit mêlé, & dont il a même essayé de le séparer par la filtration. Plusieurs autres Physiciens ont depuis pensé, & pensent encore de même; mais il est bien clair, qu'en s'en tenant ainsi à la seule apparence, cette opinion n'a que de la vraisemblance, & n'est appuyée sur aucune preuve solide, & l'on est d'autant plus fondé à la regarder comme telle, qu'un grand nombre d'expériences nouvelles semblent démontrer, que la plupart des fluides élastiques, qui ont toutes les apparences de l'air, & qu'on retire de différens corps, ne sont pourtant point de l'air, & conservent d'une maniere constante les propriétés qui les font différer de cet élément, & quoi qu'il soit très probable que l'air est une des parties constituantes de ces composés, cela cependant n'a pas encore été démontré par aucune expérience décisive, & par conséquent on n'avoit point de preuve directe, que l'air pur & simple fût capable de se combiner dans les corps en qualité d'une de leurs parties constitutives; mais maintenant, il ne peut plus rester sur cela aucun doute raisonnable. Nous devons à MM. *Priestley* & *Lavoisier*, la plus importante découverte qu'on pût faire en Chymie sur cet objet.

Il est prouvé par tous les phénomenes de la combustion & de la calcination, que les *chaux métalliques* faites par l'action combinée de la chaleur & de l'air, sont dans le même état que les résidus des combustions quelconques; que l'augmentation de leur poids est due à une matiere gaseuse qui s'y combine pendant la calcination, & qui s'en sépare pendant leur réduction; que la préparation du mercure qu'on nomme *précipité per se*, ou *mercure calciné sans addition*, est une vraie chaux de mercure, c'est-à-dire, un mercure privé d'une partie de son principe inflammable, & chargé d'une matiere gaseuse qui en occupe la place, & qui augmente son poids; MM. *Priestley*, *Bayen* & *Lavoisier*, ont recueilli dans l'appareil pneumato-chymique le gas qui se dégage des chaux métalliques pendant leur réduction à l'aide du concours d'une matiere inflammable. Ce gas & celui du mercure, comme les autres, ne s'est point trouvé être de l'air pur, mais une substance aëriforme, tuant les animaux, éteignant la flamme, précipitant l'eau de chaux, dissoluble en grande quantité par l'eau pure, en un mot, une matiere fort différente de l'air, & fort analogue au gas des terres calcaires, des alkalis, &c. c'est-à-dire à celui qu'on avoit nommé *air fixe*. Mais la chaux de mercure a la propriété de se réduire en mercure coulant dans les vaisseaux clos, sans aucune addition. Il étoit bien important de faire cette réduction dans l'appareil pneumato-chymique, pour reconnoître s'il s'en dégageroit un gas, & si ce gas seroit ou ne seroit pas de même nature que celui des réductions ordinaires, faites avec addition d'une matiere phlogistique.

L'opération a été faite par MM. *Priestley* & *Lavoisier*; il s'est dégagé une grande quantité de gas; & ce qui est bien remarquable, c'est que ce gas s'est trouvé totalement différent de celui qui avoit été obtenu de la même réduction, par l'intermede d'une matiere inflammable: il pouvoit servir à la respiration des animaux, à l'entretien de la flamme; il ne précipitoit point l'eau de chaux; il ne se mêloit pas plus à l'eau commune, que l'air ordinaire: & ce qui est bien plus surprenant encore, c'est qu'il s'est trouvé posséder toutes ces propriétés qui le rapprochent autant de la nature de l'air pur, qu'elles l'éloignent de celle de l'air fixe, dans un degré beaucoup plus marqué que le plus pur air commun que nous connoissions.

Il a été constaté par les Auteurs de la découverte, qu'un animal vit dans cet air cinq ou six fois plus longtems, sans qu'on le renouvelle, que dans un pareil volume du meilleur air de l'athmosphere: que la flamme d'une bougie qu'on y enferme, loin de s'y éteindre, devient aussi-tôt qu'elle en est touchée étonnamment plus grande, plus vive, plus ardente, plus lumineuse, & que la combustion s'y fait cinq ou six fois plus rapidement que celle d'une pareille bougie brûlant dans l'air ordinaire. J'ai été témoin moi-même, nombre de fois, de ces magnifiques expériences, avec la plus grande admiration. Elles me paroissent démontrer avec la derniere évidence, que ce gas retiré de la réduction du mercure sans addition, non seulement est véritablement de l'air & de l'air très pur, mais encore qu'il est beaucoup plus pur que celui de l'athmosphere que nous respirons.

Comme la chaux de mercure, en se réduisant, perd l'augmentation de poids qu'elle tenoit de son état de chaux, c'est une des preuves que les chaux métalliques ne doivent l'augmentation de leur poids qu'à de l'air, & seulement à la partie la plus pure, à la seule partie véritablement air, du fluide athmosphérique; & il suit de là, 1°. qu'on ne peut faire la réduction d'aucune chaux métallique, sans qu'il s'en dégage un gas; 2°. que, si cette réduction peut se faire, comme celle de la chaux de mercure sans aucune addition, le gas qu'on obtient alors n'est autre chose que de l'air, & de l'air même beaucoup plus pur que celui de l'athmosphere; c'est aussi ce que l'expérience confirme, & ce qui ne manque pas d'arriver.

Quoiqu'on ne puisse pas réduire le minium ou la chaux de plomb aussi facilement, aussi complettement que celle du mercure; M. *Priestley* est cependant parvenu, en exposant cette chaux à l'action du feu, dans un canon de fusil, à en retirer sans addition une portion de gas qui s'est trouvé être aussi de l'air très pur; & il y a lieu de croire qu'on en pourra retirer aussi de toutes les autres chaux métalliques, du moins une petite quantité.

Ces réductions des chaux de mercure & de plomb se font beaucoup plus facilement & promptement, lorsqu'on y mêle quelque matiere inflammable; on obtient aussi alors une grande quantité d'un gas, d'un fluide aëriforme qui ne differe en rien pour le coup d'œil de l'air commun; mais dans la réalité, c'est un être tout différent. Ce dernier ne peut servir, comme l'air, ni à la combustion, ni à la respiration des animaux; il a toutes les propriétés du fluide aëriforme, qu'on a nommé *air fixe*, & que j'appelle *gas méphitique*.

Des différences si marquées ont certainement une cause; mais, dans l'état actuel de nos connoissances, cette cause n'est pas facile à déterminer. Le parti le plus prudent seroit sans doute d'attendre un plus grand nombre de nouveaux faits, propres à nous éclairer sur cette matiere ; cependant je hasarderai de donner ici mes idées, mais comme de simples conjectures destinées, comme toutes les autres, à être confirmées ou détruites par les expériences à venir.

Tout me paroît prouver, comme je l'ai dit aux articles CHAUX MÉTALLIQUES, COMBUSTION, FEU PHLOGISTIQUE & autres analogues, que la combustion & la calcination des métaux par le feu, n'est autre chose que le dégagement de la matiere de la lumiere ; & que ce dégagement ne peut se faire que par l'intermede de l'air seul qui est son précipitant & qui prend sa place.

Cela posé, on ne doit trouver dans les chaux métalliques, à la place de la matiere du feu ou de la lumiere qu'elles ont perdue par leur combustion, que l'air pur qui a dégagé cette matiere du feu, & a pris sa place ; il n'est donc pas étonnant que, dans celles des réductions de chaux métalliques qui peuvent se faire, sans aucune addition, on ne retire que de l'air le plus simple & le plus pur.

Mais il n'en est pas de même, quand on fait ces réductions avec addition, de quelque matiere inflammable ; alors quelque petite quantité de cette matiere qu'on mêle à la chaux métallique, elle fournit toujours plus de phlogistique qu'il n'en faut pour la simple réduction, puisque cette derniere peut se faire à la rigueur sans cette addition, & cette surabondance de principe inflammable se combine probablement avec l'air de la chaux métallique, en altere la pureté, ou plutôt forme avec lui le nouveau mixte aëriforme nommé *air fixe* ou *gas méphitique*.

Il s'ensuivroit, à la vérité, de là que l'air fixe ou le gas méphitique seroit un composé d'air & de feu fixe, & j'avoue que nous sommes encore bien éloignés d'avoir des preuves suffisantes que ce gas ne soit en effet qu'un pareil composé ; cependant on verra à son article qu'aucune de ses propriétés ne répugne à cette idée.

On demandera sans doute comment la chaux de mercure, n'étant que le métal même privé d'une partie de son principe inflammable, dont l'air a pris la place, elle peut se réduire sans l'addition d'aucune matiere propre à lui rendre ce qu'elle avoit perdu de ce principe? A cela, je réponds que le phlogistique n'étant que la matiere de la lumiere combinée; & tous les corps étant perméables à la lumiere, lorsqu'ils sont échauffés au point d'être rouges, la matiere du feu passant au travers des vaisseaux dans lesquels on fait la réduction sans addition, peut se combiner avec la chaux de mercure en assez grande quantité, pour lui rendre sa forme métallique, à cause de la grande disposition qu'a cette chaux à s'unir avec le principe de l'inflammabilité.

On demandera encore pourquoi, dans ce dernier cas, la matiere du feu qui passe à travers les vaisseaux pour réduire le mercure, ne se combine pas aussi avec l'air de la chaux de ce métal, pour les transformer en gas méphitique, & le laisse s'échapper dans son état d'air très simple & très pur? Cette question est encore très bien placée & mérite une réponse. Pour la trouver, il faut considérer que le principe inflammable des matieres combustibles, avec lequel on opere la réduction des chaux métalliques, est dans l'état de phlogistique, c'est-à-dire que c'est la matiere du feu liée & combinée; qu'au contraire, la matiere du feu qui procure la réduction du mercure, lorsque l'on fait cette réduction, sans addition, est le feu libre, ou la pure matiere de la lumiere, laquelle ne devient phlogistique qu'autant qu'elle se combine avec la chaux de mercure. Or il est prouvé par une multitude de faits bien connus des Chymistes, que le feu fixé dans l'état de phlogistique, peut entrer très facilement dans d'autres combinaisons, & passer d'un composé dans un autre, tandis que le feu libre ne peut au contraire se combiner que difficilement avec un très petit nombre de matieres. Le principe de l'inflammabilité des charbons & de plusieurs métaux, par exemple, quitte facilement ces composés pour s'unir à l'acide vitriolique, avec lequel il forme un nouveau composé inflammable, qui est le soufre; mais de quelque maniere qu'on applique le feu libre à ce même acide vitriolique, on ne parvient jamais à lier ces deux substances l'une à l'autre, de maniere qu'il en résulte du soufre ; & pour ne point prendre d'autre exemple que celui des chaux métalliques, il y en a plusieurs, telles que celles de l'étain, du régule d'antimoine, calcinés en blancheur, & d'autres, qu'il est impossible de réduire, tant qu'on ne leur applique que le feu libre, & qu'on réduit avec une grande facilité, en leur appliquant le feu combiné, c'est-à-dire, un corps bien pourvu de phlogistique. Ces différences dépendent de l'aptitude plus ou moins grande qu'ont les diverses especes de terres métalliques à se combiner avec la matiere du feu. Cette aptitude est si grande dans la Chaux du mercure, qu'elle peut saisir même le feu libre, & en lier une assez grande quantité pour se réduire totalement dans son état métallique. Peut-être celles de l'argent & de l'or ont-elles cette même propriété dans un degré même beaucoup plus marqué. La chaux du plomb paroît, après celle du mercure, une des plus disposées à se combiner avec une certaine quantité de feu libre ; mais il y a lieu de croire qu'elle n'en peut lier & retenir assez pour se réduire totalement dans son état métallique ; de là vient qu'on peut tirer une certaine quantité de gas aërien pur du *minium*, sans addition de matiere réductive ; mais qu'on ne peut en faire une réduction complette, sans cette addition. Il en est à-peu-près de même des chaux & rouilles de fer assez dépouillées de principe inflammable, pour n'être plus sensibles à l'action de l'aimant, il suffit de les exposer à l'action du feu libre & pur, au foyer d'un verre ardent, & sur un support exempt de phlogistique, pour qu'elles se réduisent au point d'être très attirables à l'aimant ; mais on ne peut, par ce seul moyen, les convertir en fer complet & malléable, il leur faut nécessairement, pour parvenir à une réduction entiere ; le contact du phlogistique, c'est-à-dire, du feu déja fixé & combiné dans quelque corps.

Il résulte de tous ces faits & de beaucoup d'autres qu'il seroit trop long de rapporter, que le feu fixé dans l'état de phlogistique, peut se combiner avec un beaucoup plus grand nombre de corps, & plus facilement & en plus grande quantité que le feu libre, & cela posé, on concevra, sans difficulté, comment il arrive que, quand la chaux de mercure se réduit par le seul contact du feu libre, son gas aërien est dégagé dans l'état d'air pur; c'est que l'air n'a pas la même aptitude que la chaux de mercure, à se lier avec le feu libre, & qu'il ne peut se combiner avec cet élément, que quand il le rencontre déja tout fixé, & dans l'état de phlogistique, comme cela lui arrive, lorsqu'on fait la réduction de cette chaux par l'intermede de quelque corps inflammable. D'ailleurs est-il impossible que l'air lui-même qui se trouve uni aux chaux métalliques, soit lié avec une certaine quantité de principe inflammable, comme il paroît l'être, lorsqu'il est dans l'état que l'on nomme *air fixe* ou *gas méphitique?* Et, si cela est, quelle difficulté y auroit-il à concevoir que certaines chaux métalliques, & en particulier celles du mercure, du plomb, du fer, se ressuscitent à l'aide de ce phlogistique du gas? Ce gas décomposé alors par l'intermede de la chaux métallique, & séparé du principe inflammable, redeviendroit de l'air pur, & le nom d'*air déphlogistiqué* que M. *Priestley* lui a donné, lui conviendroit parfaitement.

Indépendamment de ces effets très remarquables, que l'on observe dans la réduction de la chaux de mercure, elle fournit encore la matiere de plusieurs autres observations qui me paroissent de la plus grande importance.

On doit remarquer d'abord que, lorsque cette réduction se fait sans addition de matiere combustible, & par la seule application du feu libre, c'est une opération exactement inverse de celle de la calcination métallique: dans cette derniere, c'est l'air qui sépare la matiere du feu, & qui prend sa place; dans la premiere, au contraire, c'est la matiere du feu qui fait quitter prise à l'air, & qui le remplace auprès de la chaux de mercure; & il résulte de là que l'air & le feu sont les précipitans l'un de l'autre, & qu'ils peuvent s'exclure alternativement & réciproquement comme cela arrive à d'autres substances dans d'autres opérations de la Chymie. Ce sont là de ces effets de décompositions ou d'*affinités réciproques* qui dépendent de circonstances particulieres ; quelquefois très cachées ; mais, par cela même, très intéressantes à déterminer. On ne conçoit pas trop, par exemple, pourquoi la chaux de mercure qui s'est faite à un certain degré de chaleur, reprend son phlogistique & se réduit en mercure coulant, par le seul effet de cette même chaleur. L'unique moyen de trouver la cause de cette contrariété apparente d'effets, c'est d'en examiner jusqu'aux moindres détails, & avec la plus scrupuleuse attention. Quels sont donc les circonstances de la calcination & de la réduction du mercure sans addition ? c'est ce qu'il s'agit de bien déterminer.

Il est certain premiérement que le mercure exposé à l'action du feu dans des vaisseaux clos, & d'une petite capacité ne se calcine point. La fameuse expérience des cinq cents distillations d'une même quantité de mercure, faite par *Boerhaave*, sans que ce mercure ait reçu aucune altération, est la preuve la plus décisive de cette proposition.

D'un autre côté, il est prouvé par l'expérience journaliere des Chymistes, que, lorsqu'au lieu d'exposer le mercure à l'action du feu, dans des vaisseaux clos, comme dans l'expérience de *Boerhaave*, on lui fait éprouver la plus grande chaleur qu'il puisse supporter dans des vaisseaux où l'air puisse avoir quelque accès, cette matiere métallique éprouve une altération sensible, & perd peu à peu sa forme de mercure coulant, pour prendre tous les caracteres d'une chaux métallique.

Ces deux faits indubitables sont parfaitement analogues à ceux qui s'observent dans la calcination des autres métaux : aucun métal calcinable ne se peut calciner, dans le vuide, dans les vaisseaux parfaitement clos, en un mot, sans le concours & l'entremise de l'air commun ; tous au contraire prennent la forme & le caractere de *chaux métalliques*, quand ils éprouvent un degré de chaleur convenable dans des vaisseaux qui ne sont pas entiérement clos, & où l'air peut avoir accès. Les seules différences qu'on puisse observer dans toutes ces calcinations, ne sont que du plus au moins : ce sont des opérations essentiellement de même espece,

& qui dépendent des mêmes circonstances ; mais certains métaux demandent que les moyens de calcination, c'est-à-dire le concours de la chaleur & de l'air leur soient appliqués plus fort ou plus long-tems, tandis que d'autres n'exigent ni tant de chaleur, ni tant de tems, pour parvenir au même degré de calcination. Le mercure est sans contredit un de ceux dont la calcination est la plus longue, la plus difficile & la moins complette ; mais, à cela près, elle est exactement la même que celle de tous les autres.

Il en est de même de la réduction ; la chaux d'aucun d'eux ne reprend sa forme & son état métallique, qu'autant que la chaleur dégage l'air qui leur est uni, aidée de l'action de la matiere du feu, qui se substitue à la place de cet air ; mais ces opérations se font pour tous les métaux, avec beaucoup plus ou beaucoup moins de facilité, suivant la nature de chaque espece de métal ; le mercure est de toutes les substances métalliques susceptibles d'une calcination marquée, celle dont la chaux a la plus grande aptitude à se réduire, & qui exige par conséquent le moins, de la part des moyens de réduction ; l'action d'une chaleur très médiocre, aidée du contact de la matiere de la lumiere ou du feu libre, lui suffit, tandis que les chaux des autres métaux ne se réduisent qu'à l'aide d'une chaleur plus forte, & par le contact de la matiere du feu fixé dans l'état de phlogistique ; mais les conditions essentielles à toute réduction n'en sont pas moins, pour cela, les mêmes pour les chaux de mercure, que pour celles de toutes les autres chaux métalliques. La principale, c'est l'interdiction du contact de l'air ; & la raison de la nécessité absolue de cette condition est bien sensible, car la réduction étant une opération précisément inverse de la calcination, & le contact de l'air étant une condition nécessaire pour cette derniere, il s'ensuit que la privation de ce contact doit être une condition nécessaire pour la premiere.

C'est-là, à ce que je pense, tout le nœud de la dispute qui s'est élevée entre M. *Cadet* & M. *Baumé*, au sujet de la réduction sans addition du *précipité per se*, & de sa sublimation en crystaux rouges non réduits. Ces deux Chymistes avoient raison l'un & l'autre, M. *Baumé* prétendoit que cette chaux de mercure pouvoit supporter un assez grand degré de chaleur pour se sublimer en crystaux rouges, & sans se réduire en mercure coulant; M. *Cadet* soutenoit au contraire que cela ne se pouvoit pas, & que la chaux de mercure se réduisoit toujours; & en effet, l'Académie des Sciences ayant nommé des Commissaires, du nombre desquels j'étois, pour voir l'expérience que M. *Cadet* demandoit à faire sur du précipité *per se* préparé & fourni par M. *Baumé*; nous vîmes que cette chaux de mercure mise dans une petite cornue de verre très propre, garnie de son récipient, & chauffé au point de faire monter le mercure, passoit tout en mercure coulant, & réduit sans addition, à l'exception cependant d'une petite quantité de matiere rouge qui se sublimoit sur la fin à la racine du col de la cornue. D'un autre côté, M. *Baumé* montroit un sublimé rouge de mercure en crystaux & en masses assez considérables, qu'il assuroit avoir sublimé de la sorte, sans aucune addition; j'ai vû moi-même plusieurs fois chez M *Baumé* de ce sublimé qui étoit de la plus grande beauté.

Il y a eu à ce sujet des écrits polémiques de part & d'autre. Au moment que j'écris ceci, la dispute n'est point encore terminée, parceque diverses circonstances ont empêché M. *Baumé* de faire sa derniere réponse; mais, dans une conversation que je viens d'avoir avec lui, il m'a dit qu'il faisoit son sublimé dans un matras, au haut duquel il laissoit une petite ouverture.

Je ne sais si M. *Baumé* pensera, comme moi, sur la théorie de ces opérations & de leurs différences; mais, à mon avis, cette petite ouverture du haut du col du matras explique tout parfaitement bien : en effet la chaux de mercure, exposée à la chaleur dans un pareil vaisseau, est précisément dans les mêmes circonstances où l'on met le mercure que l'on veut calciner; le contact de l'air ne lui est pas absolument interdit dans les matras à calciner le mercure, sans quoi il n'y auroit pas de calcination; il faut donc que la chaux de mercure que l'on chauffe avec les circonstances requises pour la calcination, conserve son état de chaux, ou le reprenne au moins très facilement, & se sublime sous cette forme, comme cela arrive dans l'opération de M. *Baumé*, ou se recalcine de nouveau, après la sublimation, ainsi que le pense M. *Cadet*; & au contraire, lorsqu'on chauffe cette même chaux de mercure dans un appareil de vaisseaux clos, & par forme de distillation, l'air ne pouvant avoir alors, avec le mercure, le contact nécessaire pour le mettre ou l'entretenir dans son état de chaux, il n'est point du tout étonnant que cette chaux se révivifie & se réduise en mercure coulant. La très petite portion de sublimé rouge qu'on a toujours observée à la fin des opérations de M. *Cadet*, confirme cette théorie; elle est due à la portion d'air contenue dans les vaisseaux, & sa quantité est en effet proportionnée à celle de l'air que peuvent renfermer les vaisseaux; &, si cette portion de chaux de mercure ne se sublime qu'après que tout le mercure coulant a passé, c'est qu'en général les chaux des métaux ont plus de fixité que les métaux dont elles proviennent, & que celle du mercure ressemble par cette propriété, comme par toutes les autres, aux chaux de toutes les autres matieres métalliques.

La préparation de mercure qu'on nomme *précipité rouge* est encore une chaux de mercure tout-à-fait analogue au *précipité per se*, ou mercure calciné sans addition; on observe exactement les mêmes phénomenes dans la réduction, & cette conformité prouve encore la théorie que je viens d'exposer.

Le précipité rouge n'est autre chose que du mercure dissous d'abord dans l'acide nitreux, & dont on a séparé ensuite cet acide par la seule action de la chaleur. Ce qui reste du mercure, après ces opérations, est une masse rouge, pesante & friable, fort approchant pour le coup d'œil du mercure calciné par la seule action de la chaleur & de l'air; il a aussi entiérement les mêmes propriétés, quand il est parfaitement dépouillé d'acide nitreux.

Si on l'expose à l'action du feu dans un matras qui ne soit point bouché, on observe d'abord qu'il lui faut une plus grande chaleur qu'au mercure dans son état métallique, pour s'élever en vapeurs: &, suivant la remarque de *Lemery*, *ces vapeurs forment un sublimé rouge qui s'attache à la partie supérieure du matras* (1). Ce mercure peut donc se sublimer dans son état de chaux, & sans se réduire en mercure coulant; mais il faut absolument, comme je l'ai vérifié, pour obtenir ce sublimé, que l'opération se fasse dans un vaisseau où l'air puisse avoir accès; car, si l'on chauffe le précipité rouge dans une cornue garnie de son récipient, de maniere que l'air extérieur ne puisse avoir accès dans les vaisseaux, le mercure ne manque pas de se révivifier en mercure coulant, exactement comme cela arrive au précipité *per se* traité de la même maniere.

J'ai voulu voir si, à force de cohober de nouvel acide nitreux sur le précipité rouge, je ne pourrois pas le calciner assez pour lui donner la propriété de résister à l'action du feu dans les vaisseaux clos, sans se réduire; j'ai cohobé pour cela douze ou quinze fois de l'acide nitreux en assez grande quantité, & en employant chaque fois de nouvel acide sur une même quantité de précipité rouge, dont j'enlevois aussi chaque fois tout l'acide avant d'en remettre de nouveau, & après tout ce travail, ma chaux de mercure, traitée au feu dans des vaisseaux clos, s'est réduite en mercure coulant, sans aucune addition, & avec la même facilité que le précipité rouge ordinaire.

Ces traits de ressemblance entre la chaux de mercure faite sans addition, & celle qui a été faite par l'acide nitreux, sont, comme on voit, très exacts & très marqués; mais ils ne sont pas les seuls, l'analogie se soutient jusqu'au bout par la conformité entiere des phénomenes que l'on observe dans les réductions de ces deux chaux de mercure. En effet, lorsque l'on chauffe le précipité rouge dans les vaisseaux clos, il se réduit sans addition en mercure coulant; cette réduction est accompagnée, comme celle du *précipité per se*, du dégagement d'un gas, & ce gas, soumis à toutes les épreuves, est de l'air aussi pur que celui qui provient de la réduction du précipité *per se*, sans addition, & si

(1) Cours de Chymie de *Lemery*, derniere édit. *in-4°*. p. 242.

l'on aide la révivification par le mélange de quelque matiere inflammable; elle se fait plus promptement, plus facilement; il s'en dégage pareillement beaucoup de gas; & ce gas n'est point alors de l'air pur, mais de l'*air fixe* ou le *gas mephitique*.

Il n'y a, comme on voit, aucune différence entre le précipité rouge parfaitement dépouillé d'acide, & le mercure calciné, sans addition; on peut se servir indifféremment de l'une ou de l'autre de ces chaux de mercure, pour obtenir le gas déphlogistiqué, ou l'air le plus pur que nous connoissions; & comme la premiere de ces deux chaux est beaucoup plus prompte, plus facile à préparer, & pat cette raison, d'un prix beaucoup moindre: on peut, sans aucun scrupule, lui donner la préférence; *Voyez*, à ce sujet, l'article GAS NITREUX.

Je ne quitterai point cette espece de digression sur les calcinations & réductions de mercure, avec ou sans addition, sans faire encore quelques remarques qui me paroissent importantes, à cause d'une certaine bisarrerie qui accompagne ces opérations. M. *Cadet* assure dans les Mémoires qu'il a publiés sur cette matiere, & dont les faits ne peuvent être révoqués en doute, qu'ayant chauffé même dans un matras qui *n'étoit point fermé par le bout*, du sublimé rouge de chaux de mercure préparé & fourni par M. *Baumé*, le mercure a commencé par se révivifier en se sublimant, & a formé un enduit métallique au haut du matras, & pense que ce n'est que, par la continuation de la chaleur, que le mercure peut prendre le caractere d'un sublimé rouge, & en se récalcinant de nouveau à la place où il s'est d'abord arrêté.

Quoique *Lemery* ne fasse aucune mention de cette réduction momentanée du mercure, dans son opération du sublimé rouge, elle peut avoir lieu néanmoins, puisque M. *Cadet* l'a observé; mais cela ne contredit point la théorie que j'ai exposée sur ces objets; il résulte seulement de l'observation de M. *Cadet*, que la chaux de mercure a une si grande disposition à se révivifier, même sans addition; que, quand on l'expose à l'action du feu, il ne faut que des circonstances très geres & très peu sensibles, pour faciliter ou empêcher la réduction. Il est à croire en effet que, dans la calcination du mercure sans addition; il arrive continuellement que des portions du mercure se calcinent & se réduisent alternativement un grand nombre de fois, & que ces deux effets contraires se succedent sans cesse, quoique dans un même vaisseau & dans des circonstances où il n'y a aucune différence apparente; c'est-là sans doute la vraie cause de la longueur de l'opération du *précipité per se*, la réduction d'une partie du mercure détruisant continuellement l'effet produit par sa calcination. S'il en est ainsi, comme je n'en doute pas, il faut bien que les circonstances ne soient pas toujours exactement les mêmes dans le cours de l'opération, quoiqu'il n'y ait aucun changement apparent; & en effet, il n'est guere possible que le degré de chaleur & la communication avec l'air extérieur dont dépendent entiérement la calcination & la réduction du mercure, soient absolument invariables. La calcination va bien, tant que le mercure éprouve le degré de chaleur nécessaire, & que sa communication avec l'air, reste libre; mais, lorsque la chaleur vient à augmenter assez pour pousser une partie du mercure dans le tube, & intercepter ainsi plus ou moins le concours de l'air, alors, au lieu de calcination, il doit y avoir de la réduction, & cette alternative ne peut guere manquer d'avoir lieu très fréquemment pendant tout le cours de l'opération.

Il résulte de là que tout ce qu'il y a d'embarrassant & de bisarre en apparence dans la calcination & la réduction du mercure, sans addition, vient de ce que ces deux états de cette substance métallique, quoique tout-à-fait opposés, sont pourtant infiniment proches & voisins l'un de l'autre, & ces considérations me ramenent à l'explication de la réciprocité des effets du feu & de l'air sur le mercure, dont le détail des faits m'avoit écarté.

Il s'agit donc de savoir comment il peut se faire que l'air qui, dans la calcination du mercure, sépare la matiere du feu, & se substitue à sa place, en soit séparé à son tour dans la réduction par cette même matiere

tiere du feu qui se recombine, à son exclusion, avec ce même mercure.

Pour cela, il faut faire une supposition, mais qui est si bien d'accord avec les faits, qu'ils lui servent même de preuve; c'est que l'air & la matiere du feu ont une affinité presque égale avec la terre du mercure. Il arrive de là que, quand ce métal se trouve exposé à l'action des causes qui favorisent son union avec l'une ou avec l'autre de ces deux matieres, c'est celle dont l'union est favorisée par ces causes, qui se combine ou qui reste combinée avec le mercure, plutôt que l'autre.

Ainsi, quand le mercure est exposé en même tems à l'action de la chaleur & à celle de l'air, il y a calcination; l'air aide la chaleur à dégager une partie du principe inflammable, & prend sa place. Quand, au contraire, la chaux de mercure est soumise à l'action du feu dans des vaisseaux clos, où l'air extérieur ne peut pénétrer, pour seconder ou remplacer celui que la chaleur tend à séparer de la chaux de mercure, alors c'est la matiere du feu libre dont cette chaux est toute pénétrée; & l'affinité avec la terre du mercure, secondant l'effort que fait la chaleur pour en séparer l'air, détermine cette séparation, la matiere du feu reprend sa place, & occasionne la réduction.

Telle est du moins la seule maniere dont je conçoive que puissent s'exécuter les calcinations & réductions alternatives du mercure, sans addition. Et, comme tous les phénomenes de la combustion & de la calcination des métaux, me paroissent prouver qu'il n'y a que l'air le plus pur qui, en sa qualité d'air, puisse séparer la matiere du feu, & prendre sa place, il s'ensuit que l'air qui se dégage dans les réductions, sans addition, telles que celle du mercure, doit être aussi le plus pur que nous connoissions dans la Nature; ainsi toutes les propriétés de ce gas aërien ne different en rien de celles de l'air commun le plus pur. La découverte très importante de cet air beaucoup plus pur que celui de l'athmosphere, & que je nomme *gas aërien*, est toute nouvelle; nous la devons entiérement aux belles expériences que j'ai exposées dans ces articles. Les articles suivans vont en offrir, qui ne sont pas moins intéressantes.

GAS MÉPHYTIQUE ou AIR FIXE. La substance aëriforme que je désigne par le nom de *gas méphytique* est la même que la plupart des Chymistes & Physiciens ont nommée *air fixe*, & que le Savant M. *Bergman* appelle *acide aërien*.

Aucune de ces dénominations, sans en excepter celle que j'ai adoptée, ne convient parfaitement au gas dont il s'agit, celle d'air fixe, moins que toute autre; parce-que ce n'est point de l'air, & qu'il n'est pas plus fixe que l'air lui-même. On verra que ce gas est acide; &, comme il est sous forme d'air, & même naturellement mêlé en assez grande quantité avec l'air commun de l'athmosphere, le nom d'*acide aërien* lui conviendroit beaucoup mieux; mais presque tous les acides pouvant se présenter sous la forme d'air, & plusieurs même étant susceptibles de conserver cette forme dans leurs mélanges avec l'air commun, le nom d'*acides aëriens*, leur convient vient à cet égard aussi bien qu'à celui dont il s'agit; & c'est un inconvénient. Il en est de même de la dénomination de *gas méphytique*; tous les gas connus jusqu'à présent, excepté l'air commun, sont méphytiques, c'est-à-dire malfaisants, meurtriers, incapables d'entretenir la respiration des animaux, & la combustion des corps combustibles; ainsi, à cet égard, le nom de *gas méphytique* ne peut servir à mieux distinguer ce gas, que celui d'acide aërien, & par cette raison j'aurois volontiers adopté ce dernier; mais une considération m'en a empêché, c'est qu'il peut signifier *acide de l'air*, & qu'il n'exprime point assez que cet acide soit dans l'état de gas, c'est-à-dire dans l'état d'un fluide élastique aëriforme; or il me paroît très essentiel de conserver ce nom commun de *gas* à toutes les substances qui sont dans ce même état; ainsi, tout considéré, & ne pouvant trouver, pour le prétendu *air fixe*, un nom qui le distingue parfaitement de tous les autres gas, je crois ne pouvoir mieux faire que de le nommer *gas méphytique*, tant parcequ'il est en effet bien véritablement gas & méphytique, que parcequ'étant beaucoup plus abondant, plus répandu dans la Nature, & pouvant, dans les opérations chymiques, se retirer d'un beaucoup plus grand nombre de composés, qu'aucun des autres gas ; la dénomination générale semble lui convenir mieux qu'à tout autre, & que d'ailleurs tous les autres gas méphytiques peuvent facilement être spécifiés par des épithetes particulieres, tels que celles d'*inflammables*, de *nitreux*, de *spathique*, qui sont déja adoptées, & avec raison ; parcequ'elles expriment, ou l'origine, ou quelque qualité éminente & distinctive dans chacun de ces gas, tandis qu'on ne sauroit trouver aucune épithete particuliere qui puisse distinguer ainsi le gas dont il s'agit : au surplus, les noms sont indifférens, pourvu qu'on s'entende & qu'on en convienne. J'ai dit les raisons qui m'ont déterminé à rejetter le nom d'*air fixe*. & à lui substituer celui de *gas méphytique* ; comme il n'est pas aussi exact que je le desirerois, si quelqu'un en trouve un plus convenable, je suis tout prêt à l'adopter, je m'accommoderois fort du nom de *fluide élastique*, par lequel M. *Lavoisier* l'a désigné ; mais, comme ce nom est encore plus général, en ce qu'il convient à tous les gas, sans excepter même l'air pur, celui de gas méphytique me paroît préférable, du moins en ce qu'il ne peut pas convenir à l'air.

Le gas méphytique est un fluide élastique, transparent, sans couleur, miscible à l'air en toute proportion, d'une pesanteur spécifique, infiniment moindre que celle d'aucune liqueur, même des plus légeres. Il ne differe de l'air commun par aucune de ces propriétés : il ne differe non plus d'aucun autre gas par ces mêmes propriétés, parceque ce sont celles qui appartiennent en général à toutes ces substances, & qui les constituent fluides aëriformes.

Mais ce gas differe de l'air premiérement, en ce que sa pesanteur spécifique est plus grande ; il paroît par les expériences de M. le Duc d'*Ayen*, & par celles de M. le Duc de *Chaulnes*, qu'elle est presque double.

Secondement, en ce qu'il est incapable d'entretenir la vie & la respiration des animaux ; aussi-tôt qu'on introduit un animal dans un récipient rempli de gas méphytique, il périt dans le même instant en convulsion, & sa mort est d'autant plus subite, que le gas est plus pur & plus parfaitement exempt du mélange d'air commun.

Troisiémement, le gas méphytique ne peut entretenir la combustion d'aucun corps combustible, parceque cette faculté, de même que celle d'entretenir la vie des animaux terrestres, est propre & particuliere à l'air, exclusivement à toute autre substance. Aussi non seulement on ne peut allumer dans le gas méphytique aucun corps combustible qui ne fournit point d'air; mais les corps les plus inflammables allumés d'abord dans l'air, & plongés dans le gas méphytique, dans le tems même de leur inflammation la plus vive, s'y éteignent aussi complettement & aussi subitement, que si on les plongeoit dans l'eau, avec cette seule différence que l'extinction dans le gas méphytique bien pur se fait sans aucun bruit ni frémissement, & que, comme il ne mouille point les corps, ils peuvent être rallumés aussi-tôt dans l'air commun.

Ces expériences des corps enflammés dans le gas méphytique peuvent se faire assez commodément, parcequ'il a une pesanteur spécifique, plus grande que celle de l'air commun; cette circonstance dispense d'une manipulation difficile qui, sans cela, seroit pourtant nécessaire, & qui consisteroit à faire passer une bougie allumée à travers la liqueur de l'appareil pneumato-chymique, pour l'introduire dans le récipient rempli de gas méphytique; au lieu de cette manœuvre qui, sans être impossible, est très embarrassante, on peut tout simplement enlever le récipient de dessus son support, boucher son ouverture dans la liqueur, le retirer, mettre son orifice en haut, le déboucher à l'air, & introduire aussi-tôt une bougie allumée, ajustée au bout d'un gros fil de fer, de maniere qu'elle soit toujours dans sa situation verticale ordinaire. Le gas méphytique étant plus pesant que l'air de l'athmosphere, ce dernier peut reposer pendant un certain tems à sa surface, sans le déplacer & & sans s'y mêler en quantité sensible. On peut éteindre de cette maniere une bougie cinq ou six fois de suite dans le même gas, en la descendant successivement dans le récipient, après l'avoir rallumée chaque fois; mais, comme l'air de l'athmosphere se mêle peu-à-peu avec le gas, il faut chaque fois enfoncer la bougie plus avant ; il arrive même, après quelques extinctions, & lorsque la meche de la bougie, dont on se sert, est longue & charbonneuse, qu'on peut donner aux assistans un spectacle assez singulier. Dès que la bougie a atteint sa surface du gas, sa flamme est séparée de son lumignon ; mais, comme alors ce lumignon ne s'éteint point totalement, parceque le gas commence à être mêlé d'air commun, il reste rouge & fumant, & sa fumée, qui n'est que fumée dans le gas, continue d'être flamme à sa surface contiguë à l'air ; en sorte qu'en plongeant davantage la bougie, sa flamme peut être séparée de sa meche par un intervalle assez considérable ; j'ai vu des expériences dans lesquelles la flamme de la bougie étoit à plus de six pouces au dessus de sa meche, & si alors on fait remonter la bougie dans la direction de sa fumée, dès que la meche parvient jusqu'à la surface du gas, elle reprend sa flamme ; elles se rejoignent l'une à l'autre, & la bougie continue à brûler dans l'air, comme si la flamme ne l'avoit point quittée. Ces effets peuvent se déduire si facilement de la théorie de la *combustion*, qu'il est inutile de s'y arrêter.

La quatrieme propriété qui distingue le gas méphytique de l'air commun, c'est de se mêler & même de se combiner avec l'eau en quantité beaucoup plus grande que l'air pur. On sait que l'air & l'eau peuvent se dissoudre mutuellement, mais c'est en petite quantité ; au lieu que le gas méphytique se mêle à l'eau en volume égale. C'est à cause de cela que l'appareil pneumato-chymique à l'eau n'est pas convenable, quand on veut mesurer exactement la quantité de ce gas qu'on peut retirer des corps ou des opérations qui en fournissent ; il y en a toujours alors une bonne partie d'absorbée. On ne peut, par la même raison, conserver ce gas dans cet appareil ; il s'absorbe peu-à-peu, & enfin il disparoît entiérement. Cette circonstance, comme l'observe fort bien M. *Lavoisier*, a trompé *Hales* dans plusieurs de ses expériences, où il a cru que l'air étoit absorbé.

Il suffit, comme on voit, pour imprégner l'eau de gas méphytique, de mettre ces deux substances en contact l'une avec l'autre, & d'attendre que l'eau cesse de faire diminuer le gas, s'il y a une quantité de ce dernier plus que suffisante pour la saturation, ou d'en refournir de nouveau, s'il ne s'en trouve pas assez. Mais cette méthode est extrêmement longue; on peut l'abréger beaucoup en aidant cette dissolution par de légeres agitations, de même que dans toutes les autres dissolutions. Ainsi, quand on a empli un récipient de gas méphytique dans l'appareil à l'eau, si l'on veut en imprégner une partie de cette eau, il faut enlever le récipient, l'ouverture en bas, dans une jatte ou terrine qui contienne la quantité d'eau qu'on veut rendre gaseuse, & agiter ce récipient dans cette eau, sans lui donner aucune communication avec l'air; dès les premieres agitations, on voit l'eau monter presque jusqu'au haut du récipient: on introduit une nouvelle quantité du même gas dans le récipient; on l'agite de nouveau, l'eau absorbe encore ce gas, & monte dans le récipient, mais moins que la premiere fois, on continue cette manœuvre jusqu'à ce que l'eau commence à refuser d'absorber le gas; elle en est alors presque saturée; je dis presque, parcequ'il est très difficile de l'en saturer entiérement, attendu que l'union de ce gas avec l'eau est si légere, que les secousses & le seul contact avec l'air extérieur suffisent pour en séparer une partie; mais on peut par ce moyen approcher beaucoup du point de saturation de l'eau.

Il est à remarquer que toutes les fois que l'on combine ainsi du gas méphytique avec de l'eau, il reste toujours dans le haut du récipient une certaine quantité de matiere aëriforme que l'eau refuse d'absorber, quoiqu'elle soit encore bien éloignée d'être saturée de gas, comme on en a la preuve en introduisant dans le récipient une nouvelle quantité de gas méphytique, dont la plus grande partie est sur-le-champ absorbée par l'eau. Cette substance aëriforme que l'eau ne dissout point, n'est autre chose que de l'air, dont il paroît difficile que le gas méphytique ne contienne toujours une certaine quantité plus ou moins grande; mais cet air, quoique beaucoup moins méphytique que le gas, & commençant à être propre à la respiration & à la combustion, n'est cependant point de l'air pur : la plupart des Physiciens le nomment *air phlogistiqué*.

Lorsque l'eau a été ainsi bien imprégnée de gas méphytique, elle est ce que l'on nomme *eau gaseuse* ou *aërée ;* sa saveur est piquante, aigrelette & comme spiritueuse ; elle pétille quand on la transvase, forme beaucoup de bulles & de petits jets ; & enfin si on l'agite ou qu'on la laisse exposée à l'air dans des vaisseaux ouverts pendant un certain tems, elle perd tout le gas dont elle étoit imprégnée, & redevient telle qu'elle étoit auparavant. *Les eaux minérales* qu'on a nommées spiritueuses ou acidules, ont exactement toutes ces mêmes propriétés, & il est prouvé maintenant qu'elles ne les doivent qu'à du gas méphytique, dont elles se trouvent naturellement imprégnées.

On ne peut douter qu'il n'y ait une combinaison, une union réelle du gas ave l'eau, puisque ce gas perd sa forme d'air élastique pour prendre avec l'eau celle de liqueur non élastique ; puisqu'il est absorbé par l'eau & diminué considérablement de volume, & que même la pesanteur spécifique de l'eau est augmentée, comme l'ont observé Messieurs les Commissaires de la Faculté de Médecine pour l'examen de l'eau & de l'yvette. Par une expérience qui a été vérifiée avec beaucoup de précision, & constatée par M. *Lavoisier*, il a trouvé que la pesanteur de l'eau gaseuse est à celle de l'eau distillée comme 1000332 est à 1000000 : ce n'est donc point ici un simple mélange, une simple interposition des parties du gas avec celles de l'eau, & il y a adhérence réelle entre les parties intégrantes de ces deux substances ; mais cette combinaison est très légere & très foible, puisque quelques secousses, une foible chaleur, & même la seule exposition à l'air, suffisent pour dégager le gas & le séparer d'avec l'eau. C'est à cette séparation si facile que sont dus tous les phénomenes de *spirituosité* des eaux gaseuses. Une observation qu'il est bon de faire, c'est que, quoique le gas méphytique fasse mourir en un instant les animaux qui le respirent, on peut boire de l'eau qui en est toute remplie, sans aucun danger, sans en ressentir même la moindre incommodité, & qu'au contraire elle est salutaire & propre à guérir plusieurs maladies. Cela prouve bien que ce n'est pas par aucune qualité caustique ou corrosive particuliere que ce gas tue les animaux si subitement; mais plutôt, parceque n'étant pas de l'air, il ne peut tenir lieu de ce fluide, le seul qui soit propre à la respiration, ainsi qu'à la combustion.

Cinquiémement, le gas méphytique differe de l'air, en ce qu'il a des caracteres d'acidité que l'air pur n'a point. M. *Bergman* a constaté par des expériences très exactes, que ce gas exempt de tout mélange d'acide étranger, rougissoit la teinture de tournesol. (Mém. de l'Acad. de Stokolm, Avril, Mai, Juin, 1773). A-peu-près dans le même tems, ou un peu avant, M. *Sage*, en avançant que ce gas étoit de l'acide marin, volatil ou volatilisé par le phlogistique, lui a attribué ainsi la qualité d'un acide; mais toutes les autres propriétés de ce gas, connues déja depuis du tems, & particuliérement son action combinatoire sur un grand nombre de substances, devoient le faire ranger par tous les Chymistes dans la classe des acides. En effet il se comporte comme tous les acides foibles avec l'eau, avec les acides, l'esprit de vin, les huiles, les alkalis, les terres, & les métaux: c'est-à-dire, qu'il ne se combine que très légérement avec l'eau; point, ou presque point avec les acides, les huiles & l'esprit de vin, & qu'il contracte au contraire des unions très fortes avec les alkalis, les terres calcaires & les métaux.

On a vu combien l'union du gas méphytique avec l'eau est foible: la couche d'huile dont on couvre l'eau avec succès, pour enfermer & retenir ce gas dans l'appareil pneumato-chymique à l'eau, prouve qu'il n'est point absorbé par l'huile. J'ai fait nombre de tentatives, pour unir l'esprit de vin avec ce même gas, & de quelque maniere que je m'y sois pris, j'ai toujours vu qu'il ne contractoit aucune union avec cette substance. Mais il en est tout autrement avec les matieres alkalines & absorbantes; toutes les terres calcaires en sont naturellement remplies, & quoiqu'il soit un acide des plus foibles, il y est si intimement combiné, qu'on ne peut l'en séparer, qu'à l'aide d'une chaleur très forte & très long-tems soutenue, ou par l'intermede de quelque acide plus fixe & plus puissant. *Hales*, est le premier qui, ayant exposé au feu de calcination des coquilles & des terres calcaires dans des vaisseaux clos, ait reconnu qu'il en sortoit pendant la calcination, une matiere aëriforme qu'il a prise pour de l'air, mais qui est bien certainement le gas méphytique, l'air pur ne pouvant être combiné de cette maniere avec les terres à chaux, & constituer avec elles le mixte *terreo-gaseux*, qu'on nomme terre calcaire ou calcinable. C'est principalement au Docteur *Black* & à M. *Jacquin*, que nous devons la vraie théorie de la calcination terreuse, ainsi que le l'ai expliqué en plusieurs endroits ; mais surtout & en grand détail aux articles CAUSTICITÉ & CHAUX TERREUSES.

On sépare & on recueille bien plus commodément ce gas des terres calcaires, par l'intermede d'un acide quelconque : car il paroît qu'il n'y a aucun acide connu, qui n'ait plus d'affinité avec la terre de chaux, que cet acide gaseux. Dès qu'on applique un acide à une terre calcaire non calcinée, c'est-à-dire, qui contient tout son gas ; cette terre s'unit à l'acide qu'on lui applique. Cette union est toujours accompagnée d'une grande effervescence, & elle est due uniquement au dégagement du gas ; par l'intermede de l'acide qui le chasse & prend sa place ; & si l'on fait cette opération dans des vaisseaux clos & dans un appareil pneumato-chymique au mercure : on obtient facilement tout le gas qui étoit contenu dans la terre calcaire ; mais si l'on veut que ce gas soit le plus pur qu'il est possible, il faut d'abord laisser évacuer tout l'air commun qui étoit contenu dans les vaisseaux, & faire ensorte qu'il ne passe avec lui dans le récipient aucune portion de l'acide qui sert à la dégager ; ce à quoi on peut parvenir en faisant passer le gas à mesure qu'il se dégage, à travers un second vase rempli de terre calcaire délayée dans de l'eau, avant qu'il parvienne dans le récipient qui lui est destiné : cela est facile à faire par le moyen des tuyaux ou syphons de communication entre ces différens vases. Par ce moyen

& en observant que la dissolution de la terre calcaire se fasse avec lenteur dans le premier vase, s'il arrive qu'il s'éleve avec le gas un peu de l'acide dissolvant, il ne peut manquer d'être absorbé & retenu par la terre calcaire qu'il est obligé de traverser avant de parvenir jusque dans le récipient. C'est-là du moins la méthode que j'imagine comme la plus sure, pour obtenir le gas méphytique très pur.

Ce gas, ainsi conditionné, a toutes les propriétés qui le caractérisent, & par lesquelles il differe de l'air & des autres gas, & singuliérement celle de se recombiner avec la terre de chaux, de lui enlever sa causticité, en la saturant, & de reconstituer avec elle le même mixte terreo-gaseux, qu'elle étoit avant sa calcination.

Cette réunion du gas méphytique avec la chaux se fait très commodément, en présentant ces deux substances l'une à l'autre, la premiere dans son état de gas libre, & la seconde dissoute dans l'eau, comme elle l'est *dans l'eau de chaux*. Si donc on introduit dans de l'eau de chaux du gas méphytique, de quelque maniere qu'il ait été extrait & préparé, ou qu'on y mêle de l'eau chargée de ce même gas, on voit aussi-tôt cette eau se troubler, & laisser déposer en forme de poudre blanche, toute la terre de chaux qu'elle tenoit en dissolution. Dès lors, si l'on a ajouté la quantité de gas convenable pour la juste saturation relative des deux substances, l'eau de chaux a perdu toute sa saveur & sa causticité, elle n'est plus eau de chaux : elle n'est pas non plus eau gaseuse, parceque tout le gas s'est combiné avec la chaux. Cette chaux ainsi saturée de gas, a toutes les propriétés qu'avoit la terre calcaire, avant sa calcination ; elle est insipide, indissoluble dans l'eau ; elle peut reprendre les qualités de chaux vive, par une nouvelle calcination qui lui enleve son gas, & si au lieu de la calciner, on lui applique un acide, elle s'y unit avec une grande effervescence due au dégagement de ce même gas.

Ces faits qui ont été constatés nombre de fois, & que chacun peut vérifier avec la plus grande facilité, prouvent démonstrativement que le gas méphytique, s'unit comme tout autre acide avec la terre de chaux, & présente avec cette substance, les phénomenes généraux de l'union & de la séparation des acides, avec les substances absorbantes & alkalines. Ce qu'il y a de plus remarquable dans la combinaison, dont il s'agit maintenant, c'est l'intimité de l'union que le gas contracte avec la terre de chaux; elle est telle que, quoique cet acide soit probablement le plus expansible, le plus volatil & le plus foible qui soit connu, il faut cependant, comme je l'ai dit, l'action d'un feu très fort & très long, pour l'enlever entiérement à la terre de chaux, & que d'ailleurs le composé qu'il forme avec cette terre, est encore moins dissoluble dans l'eau que la sélénite qui résulte de l'union de l'acide vitriolique avec la même terre.

L'analogie du gas méphytique avec les acides, n'est pas moins sensible dans les phénomenes de combinaison & de séparation qu'il présente avec toutes les substances salines alkalines. Les alkalis fixes quelconques retirés par la combustion des substances végétales, sont unis en général à une quantité plus ou moins grande de gas méphytique: on en a la preuve, en ce qu'ils n'ont pas toute la causticité dont ils sont susceptibles; en ce qu'on augmente leur causticité par une longue calcination, qui les dépouille de plus en plus de leur gas; en ce que dans leurs combinaisons avec des acides, il se fait une effervescence d'autant plus grande, qu'ils sont moins caustiques; en ce que la matiere de cette effervescence retenue dans un appareil pneumato-chymique, se trouve être une substance aëriforme qui éteint le feu, qui tue les animaux, qui rend l'eau commune gaseuse, qui précipite de l'eau de chaux, une terre calcaire, insoluble, insipide, & effervescente, en un mot à laquelle il ne manque aucune des propriétés d'une terre calcaire non calcinée.

Il paroît qu'une longue calcination à l'air libre, enleve aux alkalis fixes une partie de leur gas, car elle les rend plus caustiques & moins effervescens; mais on ne peut, par ce seul moyen, les en dépouiller entiérement & les amener, comme la chaux, au point de ne plus faire aucune effervescence avec les acides, & d'avoir leur plus grande causticité ; mais on parvient à les rendre tels par l'intermede de la chaux elle-même parfaitement calcinée : car cette terre a plus d'affinité que les alkalis salins avec le gas méphytique, & même probablement avec tous les autres acides ; il suffit donc d'appliquer de la chaux vive, en quantité suffisante & pour le mieux dans les vaisseaux clos aux alkalis fixes les moins caustiques & les plus effervescens, pour leur enlever tout leur gas, & pour les rendre, par conséquent, non effervescens avec les acides, & aussi déliquescens & caustiques qu'ils le puissent être. La preuve sensible que c'est en enlevant le gas aux alkalis, que la chaux les rend tels qu'on vient de le dire, c'est que la chaux, après avoir servi à cette opération, se trouve combinée elle-même avec tout le gas qu'elle a enlevé à l'alkali ; elle est d'autant moins caustique, d'autant moins dissoluble dans l'eau, & d'autant plus effervescente avec les acides, qu'elle a rendu caustique une plus grande quantité d'alkali ; ensorte que, si l'on n'a pas pour but de communiquer à l'alkali sa plus grande causticité, mais seulement de détruire le plus qu'il est possible celle de la chaux en la saturant du gas de l'alkali, il suffit d'appliquer une suffisante quantité d'alkali effervescent, à de la chaux vive : on parvient à la priver de toutes ses qualités de chaux, & à la ramener à l'état de terre calcaire non calcinée, c'est-à-dire, à celui de chaux saturée de gas méphytique.

Ces expériences peuvent se faire très commodément par le moyen de l'eau de chaux, & d'une dissolution d'alkali fixe non caustique. En versant goutte à goutte de cette derniere, dans l'eau de chaux, on la voit aussitôt se troubler & former un dépôt insoluble, qui n'est que la terre de chaux saturée du gas méphytique de l'alkali, & dont on peut séparer ce même gas, pourvu de toutes ses propriétés, soit par la calcination, soit en le dégageant par l'intermede d'un acide.

Si, d'un côté, les alkalis fixes extraits par la combustion à l'air libre, ne sont jamais entiérement dépourvus de gas, comme on vient de le voir, ils n'en contiennent pas d'un autre côté, toute la quantité dont ils sont capables d'être chargés, ils en contiennent d'autant moins, qu'ils ont été plus exactement purifiés & calcinés, & qu'ils sont plus âcres & plus déliquescens; mais il est très facile de les en saturer, comme de tout autre acide : il ne s'agit pour cela que de leur appliquer une suffisante quantité de gas, soit sous sa forme d'air, s'ils sont en liqueur, soit uni à l'eau; alors les alkalis, même les plus caustiques, deviennent beaucoup plus doux, crystallisables, comme les sels neutres, non déliquescens, & sur-tout très effervescens, avec les acides, qui ont la propriété de séparer ce gas des alkalis, de même que des terres calcaires.

Tous ces phénomenes de séparation & de combinaison du gas méphytique & des alkalis fixes, sont exactement les mêmes avec l'alkali volatil; l'application en est si facile à faire aux états de causticité & de non causticité de ces dernieres substances salines, suivant qu'elles sont ou ne sont point unies au gas; & j'en ai d'ailleurs parlé avec tant de détail aux aux articles Causticité, Esprit volatil, alkali caustique du Sel ammoniac & autres, qu'il seroit entiérement superflu de rien ajouter ici sur ces objets.

Le caractere acide du gas méphytique se manifeste encore par l'action dissolvante qu'il exerce sur plusieurs substances, sur lesquelles les autres acides ont aussi de l'action, telles que sont principalement les terres calcaires & les matieres métalliques. Il est assez remarquables que, quoique ce gas uni à la chaux jusqu'au point de saturation, forme, comme je l'ai dit, un mixte terreo-gaseux indissoluble dans l'eau, l'excès de gas en fait dissoudre néanmoins une quantité assez considérable : car, si après avoir troublé de l'eau de chaux en y introduisant du gas, on continue à y en ajouter une quantité excédente à la saturation & précipitation de la chaux en terre calcaire, l'eau s'éclaircit & la terre se redissout; ou, ce qui est la même chose, de l'eau rendue gaseuse dissout une certaine quantité de craie que l'eau pure ne dissout pas; mais c'est encore là une conformité de plus du gas avec les acides. L'acide vitriolique présente en effet le même phénomene avec la terre calcaire; il est certain qu'il forme avec cette terre une *sélénite* qui n'est que très peu dissoluble à l'eau; mais il ne l'est pas moins, qu'en ajoutant un excès d'acide à la sélénite, on en fait dissoudre par l'eau une quantité beaucoup plus grande.

Il y a lieu de croire que le gas méphytique peut dissoudre & rendre dissoluble dans l'eau plusieurs substances métalliques; mais le fer est jusqu'à présent le seul des métaux sur lequel on en ait fait l'expérience. Plusieurs bons Chymistes, M. *Lane*, & sur-tout M. *Rouelle*, en faisant séjourner de l'eau imprégnée de gas méphytique sur de la limaille, ou sur des mines de fer, l'ont rendue ferrugineuse comme plusieurs *eaux martiales naturelles*. *Voyez* l'article EAUX MINÉRALES.

Il résulte de tous les faits qui viennent d'être exposés, qu'il ne manque au gas méphytique aucune des propriétés qui caractérisent les acides; mais il y a d'autres faits relatifs à cette substance, dont il est important de faire mention.

Les propriétés du gas méphytique, dont j'ai parlé jusqu'à présent, se réduisent à constater sa nature de gas & d'acide; mais les substances alkalines & absorbantes des acides, ne sont pas les seules avec lesquelles la nature ait combiné ce gas, ou dont il puisse se dégager; il en sort une quantité considérable de toutes les substances qui subissent la fermentation vineuse: c'est par le dégagement de ce gas que les lieux clos, ou dans lesquels l'air de l'athmosphere n'a pas un assez libre accès, & dans lesquels il y a une grande quantité de matieres qui subissent la fermentation spiritueuse, deviennent pernicieux à ceux qui y entrent imprudemment. Les exemples des personnes qui sont mortes subitement en entrant dans de pareils endroits, ou seulement en descendant dans des cuves remplies de ce gas, ne sont malheureusement que trop communs.

La partie qui paroît vuide d'une cuve contenant une liqueur en fermentation vineuse, telles que celles où l'on fait fermenter le vin de raisin, la biere ou le cidre, ne l'est point du tout; elle est à la vérité presque totalement vuide d'air commun, mais elle est toute pleine de gas méphytique qui l'occupe presque en entier, parcequ'il est plus pesant que l'air. Ce gas ne pouvant au simple coup d'œil se distinguer de l'air ordinaire, n'est nullement sensible, à moins qu'on n'y fasse les épreuves propres à manifester celles de ses propriétés qui le distinguent de l'air. Le Docteur *Priestley* a trouvé que la couche de ce gas qui repose à la surface d'une liqueur fermentante, donne la facilité d'y faire commodément un grand nombre de différentes expériences, aussi curieuses qu'instructives.

L'eau commune y devient en peu de tems acidule & gaseuse : si l'on descend dans cette couche de gas un vase ouvert & rempli d'eau de chaux, elle se trouble aussi-tôt par la séparation & la précipitation de la chaux changée en terre calcaire douce & effervescente, par l'union que le gas contracte avec elle.

Les alkalis caustiques, tant fixes que volatils, s'y adoucissent & s'y crystallisent en peu de temps, parcequ'ils se joignent au gas qui les sature autant que sa nature le permet ; ce qui leur enleve leur causticité, leur déliquescence, & les rend très effervescens.

Un animal introduit & assujetti dans cette région du gas, y meurt presque en y entrant.

L'expérience la plus frappante c'est d'y introduire un tison ou un flambeau allumé, ils s'y éteignent subitement en entrant ; mais ce gas a la propriété de s'unir à leur fumée, de la retenir, & de l'empêcher de se mêler avec l'air extérieur ; il arrive de-là que cette fumée se distribuant dans toute la couche du gas, la rend visible sous la forme d'une couche d'un brouillard épais & blanchâtre, qui se distingue parfaitement de l'air environnant, parceque ce dernier conserve toute sa transparence. Cette fumée ne se mêle point d'abord très promptement & très également avec le gas ; on la voit pénétrer inégalement dans cette couche où elle forme des appendices & des figures bisarres comme des nuages. Lorsqu'elle est parfaitement mêlée, la région du gas paroît nette, uniforme, bien tranchée & distincte de l'air par une surface bien horisontale & bien unie ; mais si on vient à l'agiter, alors elle forme des ondes, des vagues quelquefois assez hautes, pour furmonter les bords de la cuve. C'est dans cette circonstance, que l'excès de la pesanteur du gas sur celle de l'air, devient bien sensible : car on le voit alors se répandre & tomber perpendiculairement jusqu'à terre, le long de la cuve.

C'est cet excès de pesanteur du gas méphytique sur celle de l'air, qui l'empêche de s'y mêler & de s'y dissiper très promptement, sur-tout quand l'un & l'autre fluide ne sont point agités. C'est-là la vraie raison pour laquelle un lieu, où il se dégage tranquillement une grande quantité de gas méphytique, se remplit enfin entiérement de ce gas, quoique l'air même puisse y avoir accès : l'air étant plus léger, est forcé de céder peu-à-peu la place au gas, qui définitivement remplit tout le lieu où se fait l'opération dont il se dégage.

Comme le gas, lorsqu'il est pur, ou du moins quand il n'est point mêlé de quelque vapeur, telle que la fumée, qui puisse le rendre sensible, est absolument aussi invisible que l'air, on peut, par son moyen, & en profitant de son excès de pesanteur, faire des expériences tout-à-fait surprenantes, & qui paroissent avoir quelque chose de magique. Telles sont celles que M. *le Duc de Chaulnes* a faites dans quelques assemblées de l'Académie des Sciences. M. *de Chaulnes* a fait apporter, pour ses expériences, une grande quantité de gas méphytique; sa provision étoit dans de grandes cruches de grais bouchées d'un simple bouchon de liége luté; elles avoient été emplies, en les tenant ouvertes pendant quelque tems dans la région gaseuse d'une cuve de biere en pleine fermentation. Lorsqu'il s'est agi de faire l'expérience de la qualité méphytique de ce gas, il a débouché une de ces cruches, en a incliné l'orifice sur celle d'un grand bocal de verre au fond duquel étoit une souris, & en élevant peu-à-peu le fond de la cruche, précisément comme quand on verse une liqueur d'un vaisseau dans un autre, le gas tomboit de la cruche dans le bocal, & faisoit refluer l'air dont il prenoit successivement la place. Tout cela se faisoit sans qu'il fût possible d'appercevoir à l'œil la moindre chose de ces effets; ensorte que si ces expériences eussent été faites en présence de gens peu instruits

truits de la Physique, ce versement dans lequel on ne voyoit rien couler ni tomber, n'auroit pu être regardé que comme un tour de gobelets, uniquement destiné à frapper les spectateurs d'une apparence de merveilleux, pour détourner leur attention de quelque manœuvre qu'on auroit eu intérêt de leur cacher. Cependant à mesure que le bocal où étoit la souris se remplissoit de gas, elle éprouvoit des symptomes qui prouvoient combien elle souffroit, & enfin elle tomba prompte[illegible] dans un état de mort, où elle seroit restée, si [illegible] de l'examiner ne l'eût fait retirer un peu trop tôt.

Tous les autres effets du gas méphytique furent produits de la même maniere par M. *le Duc de Chaulnes*, & il fit observer qu'ayant mis de l'alkali volatil caustique dans un vase rempli de gas, qu'on pouvoit boucher ensuite exactement, à mesure que ce sel se crystallisoit, il s'y faisoit un vuide, comme si l'on eût pompé l'air, ou plutôt la substance aëriforme, dont il étoit d'abord tout plein, ce qui est une conséquence nécessaire de l'union du gas avec l'alkali, dans un vaisseau qui n'a point de communication avec l'air extérieur (1).

(1) On avoit déja commencé à imprimer cet article, lorsque M. le Duc de *Chaulnes* que j'eus l'honneur de voir, eut la bonté de me proposer de me communiquer un extrait de son Mémoire contenant plusieurs détails importans que j'avois omis, faute d'avoir eu ce Mémoire sous les yeux. On sera certainement satisfait de trouver ici cet extrait, tel que l'Auteur a eu la complaisance de me le donner ; je n'y ai rien changé q[illegible] qui convenoit dans la forme, attendu que c'est moi qui en re[illegible] compte, & non M. le Duc de *Chaulnes*.

M. le Duc de *Chaulnes* a fait à l'Académie, la lecture d'un Mémoire sur le gas méphytique, où il rend un compte plus exact, qu'on ne l'avoit fait encore, des phénomenes que ce gas occasionne, lorsqu'il se dégage des végétaux par la fermentation.

Il a choisi, pour exemple, celui que fournit la décoction de l'orge, (la biere) que les Brasseurs font fermenter au fond d'une grande cuve. Il observe que l'athmosphere de gas qui émane de cette liqueur, s'éleve successivement, sans se mêler avec l'air extérieur, jusques au bord de la cuve, quelque profonde qu'elle soit. Si ses bords sont élevés de quatre pieds au dessus de la liqueur, comme dans la cuve où M. de *Chaulnes* a fait ses expériences, il se trouve une couche de gas de quatre pieds d'épaisseur, qui ne differe en rien, à la vue, de l'air commun, mais dont les effets

La fermentation spiritueuse produit, comme on le voit, une quantité considérable du même gas méphy-

---

sont bien différens. Voici quelques-unes des principales expériences de M. de *Chaulnes*.

M. de *Chaulnes* plonge un bocal dans la couche de gas (comme on plonge un vase dans l'eau d'un bassin), & il le retire si exactement rempli de ce gas, qu'une lumiere qui brûle jusqu'au fond du bocal, lorsqu'il est plein d'air ordinaire, s'éteint alors au niveau de ses bords; il verse ensuite doucement ce gas dans un bocal de capacité pareille, qui est placé sur la même table, à côté du premier. Le gas descend de l'un dans l'autre, par cette opération aisée; de telle sorte qu'une lumiere qui s'éteignoit à l'entrée du premier, & brûloit jusques au fond du second, s'éteint alors en entrant dans ce dernier, & brûle librement dans le premier. L'excès de pesanteur du gas sur l'air commun, n'avoit pas encore été démontrée jusqu'à ce jour, par une expérience aussi simple & aussi frappante.

On trouve, dans les Mémoires de M. le Duc de *Chaulnes*, la phrase suivante qui donne une idée fort juste de cette expérience étrange.

Elle présente, dit-il, *le spectacle assez extraordinaire de verser rien, quand à l'apparence optique, avec un bocal où il n'y a rien, dans un bocal où il n'y a rien, en prenant même beaucoup de précautions pour ne pas répandre, & de voir cependant en peu de secondes un animal périr, dans ce dernier bocal, s'il y en a un; une lumiere s'y éteindre, & un sel s'y crystalliser, comme on le verra bientôt.*

Si M. de *Chaulnes* veut conserver une provision de son gas, il ne fait que plonger une cruche, au lieu d'un bocal, dans la couche de gas; & après l'avoir ainsi puisé, il scelle ensuite le vaisseau avec de la cire molle & un bouchon. C'est un moyen facile & peu dispendieux, de transporter & de conserver le gas de la fermentation dont on a reconnu l'utilité dans les maladies putrides, & qui peut, comme on voit, être d'une grande ressource pour les Hôpitaux.

M le Duc de *Chaulnes* a fait encore beaucoup d'autres expériences neuves & intéressantes sur le gas de la fermentation : nous nous contenterons de rapporter trois des principales; ceux qui voudront connoître les autres, pourront consulter son Mémoire qui s'imprime à présent, par ordre de l'Académie, dans le volume des Savans étrangers, qui va paroître.

La premiere consiste à mettre dans un bocal de l'huile de tartre par défaillance, & à la faire couler sur les parois du vaisseau pour en garnir tout l'intérieur, ensuite il verse du gas dans ce bocal par son premier procédé : le tems de la transvasion suffit, ou une minute au plus, pour que tous les parois du vase soient couverts de crystaux qui se forment à vue d'œil. Par ce moyen simple, M de *Chaulnes* s'est procuré, en deux heures de tems, jusqu'à une livre de ce sel crystallisé. Il emploie pour cet effet douze grands bocaux, au fond

tique que celui qui est naturellement combiné dans les terres calcaires; car il ne manque au gas de cette fermentation aucune des propriétés qui caractérisent celui de la craie & des alkalis; il est même assez pur & assez fort, quoique toujours mêlé d'un peu d'air commun. C'est ce gas de la fermentation vineuse, qui, lorsqu'il est retenu dans le vin, la biere, le cidre & autres liqueurs vineuses, les rend mousseuses, pétillantes & piquantes : *voyez* à ce sujet l'article VIN.

Ce qui reste de l'air dans lequel la combustion a cessé faute de renouvellement, paroît être du moins jusqu'à un certain point, dans l'état du gas méphytique; il est

---

desquels il met de l'alkali, & qu'il suspend dans la couche d'air de la cuve : un domestique a soin, pendant ces deux heures, d'aller d'un bocal à l'autre, pour faire passer successivement la liqueur du fond des bocaux sur leurs parois.

L'action du gas sur l'alkali végétal, avoit déja été reconnue par MM. *Black* & *Macbride*, dans celui qui est produit par la craie & par les acides; ils s'étoient procuré, avec ce gas, de très petites quantités de ce sel; mais ils ne pouvoient, de cette maniere, en obtenir assez pour en faire l'histoire, & le soumettre à des expériences en grand, comme l'a fait M. le Duc de *Chaulnes*.

On trouvera toutes ses observations, dans son Mémoire, & par extrait à l'Article SEL de ce Dictionnaire.

L'action très prompte du gas sur l'alkali, a naturellement conduit M de *Chaulnes* à une seconde expérience neuve & importante. Il a mis de l'alkali végétal, en liqueur bien saturée, dans un bocal cylindrique, y a suspendu un baromètre tronqué, l'a rempli de gas, & l'a scellé avec une plaque de verre & de la cire; le sel s'est formé dans l'alkali & sur le tour du bocal, mais sans forme crystallisée, & le mercure s'est abaissé jusqu'à 22 lignes de son niveau.

La troisieme expérience de M. de *Chaulnes* sur le gas, & qui est bien intéressante, c'est celle-ci :

Il a pris deux gros d'alkali du tartre le plus pur, qu'il a mis dans un verre de montre, après l'avoir pulvérisé; il a mis dans un verre pareil deux gros du même alkali saturé de gas dissous ensuite dans de l'eau distillée, recrystallisé & pareillement réduit en poudre; il a fait chauffer fortement les deux sels, sur le même bain de sable, puis les ayant mis dans deux verres séparés, il a trouvé qu'en versant successivement des mesures d'un gros, d'un acide fait avec du vinaigre radical, affoibli par huit parties d'eau, il ne lui falloit que huit de ces mesures pour dissoudre le premier alkali, & y faire cesser toute effervescence, pendant qu'il lui en a fallu jusqu'à dix-huit pour obtenir les mêmes effets avec l'alkali saturé de gas.

nuisible aux animaux, éteint la flamme, précipite l'eau de chaux en terre calcaire; adoucit les alkalis caustiques, &c. c'est par cette raison qu'il est si dangereux d'être renfermé, ou d'entrer dans des endroits où la combustion d'un corps inflammable quelconque se fait actuellement, ou s'est faite antérieurement, sans que l'air puisse suffisamment se renouveller. M. le Duc de *Chaulnes* rapporte à ce sujet, dans son Mémoire sur le gas méphytique, une de ses expériences qui frappent par une démonstration [illegible]; il a mis de l'alkali fixe végétal en liqueur dans un vase où il présentoit beaucoup de surface à l'air. Ce vase a été enfermé dans un cabinet de six pieds en quarré, bien clos, à l'autre bout duquel étoit placé un fourneau rempli de charbon allumé; une grande boîte vuide étoit placée entre le fourneau & le vase à l'alkali, seulement pour garantir ce dernier de la trop grande chaleur: en 25 minutes l'alkali s'est trouvé totalement crystallisé: *voyez* l'art. CHARBON

L'air qui a servi à la respiration des animaux; celui dans lequel s'est fait la putréfaction; celui dans lequel se sont répandues les émanations de la peinture à l'huile, d'un mélange de limaille de fer & de soufre, & qui n'ont point été renouvellés, deviennent plus ou moins gaseux & méphytiques, & sur-tout pernicieux aux animaux. Mais, comme ces fluides aëriformes sont plus ou moins mêlés d'air commun & des émanations de plusieurs substances hétérogenes, ils different à plusieurs égards, du véritable gas méphytique ou *air fixe* le plus fort & le plus pur. On trouvera les détails de ces différences dans les Ouvrages des Physiciens qui ont fait des recherches suivies sur ces objets, & particuliérement dans ceux du Docteur *Priestley* & de M. *Lavoisier*, auxquels je suis forcé de renvoyer, pour ne point trop étendre cet article.

Quoiqu'on n'ait pas encore fait toutes les expériences convenables, pour reconnoître la nature des gas souterrains qu'on nomme *mophetes*; comme ces gas sont des substances aëriformes, & qu'il y en a un qui éteint le feu, qui tue les animaux, & qui ne s'enflamme point, il y a tout lieu de croire que ce dernier est le même gas méphytique que celui des pierres calcaires, de plusieurs spaths & minéraux métalliques, spatiques, tels que les mines de fer spathiques, les mines de plomb blanches, vertes, &c. & des eaux minérales gaseuses Si enfin on fait attention à la quantité immense des animaux qui respirent continuellement l'air de l'athmosphere, à celle des matieres végétales & animales qui subisent la fermentation, la putréfaction, la combustion, toutes opérations qui produisent du gas méphytique, ou qui en donnent le caractere à l'air commun, on ne pourra guere s'empêcher de reconnoître que l'air de l'athmosphere, sur-tout près de la surface de la terre, & dans les lieux les plus peuplés d'hommes & d'animaux, ne soit toujours mêlé d'une quantité assez considérable de gas méphytique. Aussi le seul contact de l'air de l'athmosphere suffit-il pour produire les effets de ce gas sur les substances qui en sont susceptibles.

L'eau de chaux que l'on peut conserver si long-tems qu'on veut, dans des bouteilles bien bouchées, se décompose successivement, lorsqu'elle est exposée à l'air, & uniquement par sa surface contiguë à l'air; la chaux qu'elle tient en dissolution, & à laquelle elle doit sa causticité, se combine peu-à-peu avec le gas méphytique de l'air de l'athmosphere, & se sépare à mesure de l'eau, sous la forme d'une pellicule de terre calcaire, indissoluble, non caustique & effervescente, précisément de même nature que la terre calcaire qu'on précipite en un instant de l'eau de chaux, dans laquelle on introduit du gas méphytique. Il en est de même des alkalis caustiques qui ne conservent leur causticité qu'autant qu'ils sont défendus du libre contact de l'air extérieur, & qui, quand ils sont exposés pendant un certain tems, y deviennent doux, crystallisables & trés effervescens.

Je suis très tenté de croire que les effets singuliers qu'on voit produire par le contact de l'air de l'athmosphere, sur beaucoup de corps, & particuliérement sur leurs couleurs, tels que ceux de noircir la teinture noire, de bleuir le verd de la cuve d'indigo, de rougir la liqueur du *murex*, de faire reparoître le violet de de la teinture d'orseille, d'affoiblir & d'effacer même un grand nombre de couleurs, de blanchir les toiles, & autres effets de cette espece, sont dus bien plutôt à la portion de gas méphytique, mêlé à l'air de l'athmosphere, qu'à l'air lui-même en tant qu'air. La lumiere produit aussi de très grands effets dans ces opérations singulieres; mais on ne peut rien assurer de positif sur ces objets, que d'après des expériences que je n'ai pu faire encore, que je ferai, dès qu'il me sera possible, & sur lesquelles, en attendant, je serois très satisfait de me voir prévenu par d'autres qui auroient plus de tems que je n'en ai pour le présent.

On peut conclure de tout ce que j'ai exposé jusqu'ici sur le gas méphytique, dit *air fixe*, que cette substance est très universellement & très abondamment répandue dans toute la Nature, & qu'elle y joue un très grand rôle. Nous connoissons déja un assez grand nombre de ses propriétés essentielles, pour être assurés que c'est un mixte permanant, constant dans son espece, un acide *sui generis*, distingué de tous les autres par des propriétés qui le caractérisent, & qu'il conserve toutes les fois qu'après avoir été combiné comme principe dans différens composés, il en est ensuite séparé, en reprenant exactement la même forme d'agrégation qu'il avoit avant d'avoir été uni avec d'autres substances. Il est prouvé par un nombre infini d'expériences bien constatées & des plus faciles à vérifier, que le gas méphytique qui forme avec l'eau, avec la chaux, avec les alkalis différens composés, peut en être séparé, se représenter sous la forme qu'il avoit auparavant, pourvu de toutes ses mêmes propriétés, se recombiner de nouveau avec les mêmes substances, avec lesquelles il reforme les mêmes composés, en un mot qu'il en est de cet acide gaseux, comme de l'acide vitriolique, de l'acide marin, ou de tout autre acide permanant dans sa nature, nonobstant les combinaisons & les séparations qu'on peut lui faire subir. Il n'est donc plus permis à aucun Chymiste de ne le regarder que comme de l'air commun, impur & mêlé seulement de quelques matieres hétérogenes, nuisibles aux animaux, mais accidentelles, variables, non combinées, simplement interposées, & ne formant pas avec lui un composé permanant dans son espece.

Le gas méphytique, quoique constant dans sa nature, & même composé de principes assez étroitement combinés, pour résister à des combinaisons & à des séparations, ainsi qu'on l'a vu, n'est cependant point inaltérable, ni même, à ce qu'il paroît, indécomposable. M. *Priestley* considérant qu'il s'en forme, ou qu'il s'en dégage continuellement des quantités immenses par tous les moyens que j'ai exposés ci-dessus, a très bien vu qu'à la fin l'air de l'athmosphere s'en trouveroit chargé à tel point qu'il deviendroit mortel à tous les animaux, si la Nature n'avoit d'autres moyens aussi continuellement existans, soit pour l'absorber & le lier, soit même pour le décomposer. Entre autres expériences qu'il a faites sur le gas, il a voulu voir s'il seroit aussi nuisible aux végétaux qu'aux animaux; il a enfermé, pour cela, différentes plantes bien vivantes & végétantes, sous des récipiens remplis de gas méphytique, & qui n'avoient aucune communication avec l'air extérieur; il a observé dans ces expériences différens phénomenes curieux & importans, pour les détails desquels je renvoie à son Ouvrage: je me contente d'en rapporter les résultats qui me paroissent être 1°. qu'en général les plantes végetent moins bien dans le gas méphytique, qu'à l'air libre; 2°. que la plupart ne laissent pourtant point que d'y vivre & même d'y croître assez fortement & vigoureusement; 3°. enfin que le gas, dans lequel les plantes ont végété ainsi pendant un certain tems, a changé de nature; qu'il perd par-là ses qualités de gas méphytique, en se rapprochant de plus en plus de la nature de l'air commun; & qu'il parvient enfin au point d'être capable d'entretenir la vie des animaux & la combustion, à-peu près aussi bien que l'air de l'athmosphere: & ce bon Physicien a conclu, avec beaucoup de vraisemblance, de cette observation importante, que la végétation étoit un des principaux moyens dont la Nature se servoit pour absorber ou décomposer habituellement le gas méphytique, & entretenir la salubrité de l'air de l'athmosphere.

Mais ce moyen n'est pas le seul ; on a vu qu'une des propriétés du gas méphytique est de se combiner avec l'eau, cet élément qui est répandu en si grande quantité à la surface de la terre, & même dans toute la masse de l'air, doit donc absorber continuellement une grande quantité de ce gas, & en débarrasser l'atmosphere ; il est vrai que, si l'eau ne procuroit que cet effet, toute l'eau, à la longue, devroit se trouver gaseuse, & que l'observation prouve qu'excepté certaines eaux minérales qui ne sont qu'un très petit objet, le reste de l'eau n'est point gaseux, du moins sensiblement. Il faut donc que l'eau ait non seulement la propriété d'absorber le gas, mais même celle de le détruire & de le décomposer, & ceci paroît être confirmé par d'autres belles expériences de M. *Priestley* & de la plupart des Physiciens qui ont travaillé sur cet objet. Il résulte en effet de ces expériences, qu'à force d'agiter du gas méphytique dans de l'eau, & sur-tout dans une grande quantité d'eau qu'on renouvelle, il ne reste plus enfin que de l'air propre à la respiration & à la combustion, & qui approche de la salubrité de l'air commun, ce qui prouve que l'eau a la propriété non seulement d'absorber, mais même de décomposer le gas méphytique ; & si la végétation convertit aussi ce gas en air commun salubre, il me paroît très vraisemblable que c'est par le moyen de l'eau qui est un de ses grands instrumens & des plus nécessaires. Je crois devoir faire observer au surplus que cette conversion du gas méphytique en air commun salubre, par l'intermede de l'eau seule, ne peut favoriser en aucune maniere le sentiment de ceux qui refusent à ce gas la qualité d'un être particulier dans son espece, d'un composé permanant; parcequ'un composé quelconque, pour être décomposable, n'en est pas moins un composé, & qu'on en connoît beaucoup qu'aucun Chymiste ne refuse de reconnoître pour des composés constans, identiques & permanans, & qui se décomposent encore plus promptement & plus complettement que le gas méphytique par l'intermede de l'eau seuel ; tel est le vitriol de mercure : on pourroit même dire que tous les composés qui ont pour principes des matieres salines unies à des métaux, & beaucoup d'autres sont dans le même cas, c'est-à-dire décomposables par l'eau seule.

Ce seroit ici le lieu de parler de la nature des parties constitutives du gas méphytique ; mais malheureusement nous sommes encore bien éloignés d'avoir des connoissances certaines sur cet objet ; à peine même peut-on former à ce sujet de simples conjectures revêtues d'un certain degré de vraisemblance ; cela au reste n'a rien de bien étonnant, car il faut convenir que nous ne sommes pas plus avancés à cet égard sur les acides, les alkalis & sur beaucoup d'autres substances dont nous ne connoissons point du tout les parties composantes, quoiqu'elles soient depuis bien long-tems entre les mains des Chymistes, en comparaison du gas méphytique, dont la découverte est toute récente.

On a déja fait néanmoins quelques conjectures sur sa nature. M. *Priestley* qui, par la multitude d'expériences qu'il a faites sur cette matiere, semble avoir plus de droit que tout autre, de faire des conjectures sur le gas, en a fait en effet plusieurs qu'on peut voir dans différens endroits de ses Ouvrages. Je ne les discuterai point ici, parceque les idées de ce bon Physicien ne me paroissent point assez fixes & assez déterminées sur cet objet.

Quelques autres Chymistes semblent regarder le gas méphytique, comme analogue au *causticum* ou *acidum pingue* de *Meyer*; mais c'est assurément sans aucun fondement ; car, quand même l'existence de ce *causticum* seroit aussi bien démontrée qu'elle l'est peu, les propriétés que son inventeur, & ceux qui ont embrassé son sentiment, lui attribuent, sont directement contraires à celles du gas. Le prétendu *causticum* est, suivant M. *Meyer*, un principe qui donne de la causticité aux composés dont il fait partie, & le gas au contraire est une substance saturante, & qui, comme toutes les autres, fait disparoître la causticité des corps auxquels elle se combine.

M. *Sage* qui avoit avancé que les mines de fer & de plomb spatiques étoient minéralisées par l'acide marin; après que tous les Chymistes lui eurent démontré, par chant de la simplicité de l'air ordinaire, suivant les circonstances de l'opération, & par la disposition plus ou moins grande qu'ont les chaux métalliques à retenir ou à laisser aller le principe de l'inflammabilité, & qu'au contraire toutes les fois qu'on fait la réduction de ces chaux en vaisseaux clos avec addition d'un corps combustible quelconque, le gas qu'on obtient toujours abondamment pendant la réduction, est constamment le gas méphytique (*air fixe*).

Cette théorie est sur-tout parfaitement bien développée & établie par toutes les preuves dont elle est susceptible dans l'excellent Ouvrage de M. l'Abbé *Fontana* que je viens de citer. On explique assez bien par-là pourquoi l'air phlogistiqué, le gas méphytique & les autres gas qui paroissent encore plus phlogistiqués, ne peuvent servir, comme l'air pur ou non phlogistiqué à l'entretien de la combustion & de la vie des animaux: il faut seulement supposer pour cela que c'est en s'unissant au principe inflammable des corps combustibles, & de celui des émanations de la respiration des animaux, que l'air est nécessaire à la combustion & à la respiration; parcequ'en effet, en regardant l'air comme déja saturé de phlogistique, il est bien clair qu'il n'est plus propre à en recevoir & à en absorber une plus grande quantité. Nous ne pouvons pas savoir encore au juste ce qui en est, relativement à la respiration; mais nous sommes un peu plus avancés pour ce qui concerne la combustion; & il est bien essentiel de ne pas perdre de vue qu'après la combustion ou calcination d'un métal, on ne manque jamais de retrouver dans la chaux une quantité d'air, qu'on en retire plus ou moins pur dans sa réduction, mais qui est toujours proportionnée à la quantité de principe inflammable que le métal avoit perdu, & qu'il reprend pour sa réduction; & qu'ainsi il paroît certain que, si l'air se charge d'une partie du phlogistique des corps combustibles pendant leur combustion, ce que je ne nie point, & qui me paroît même assez vraisemblable, ce n'est point là sa principale fonction dans cette opération; mais que la plus grande partie du phlogistique des corps en combustion étant séparée sous forme de feu absolument libre, & qui n'est plus lié par aucun corps, pas même par l'air, c'est constamment de l'air qu'on retrouve dans le corps brûlé, à la place de la matiere du feu qui est devenue libre; il suit de là, comme je l'ai exposé aux Articles COMBUSTION, FEU & autres, que la grande & principale fonction de l'air dans la combustion, c'est de servir d'intermede décomposant des corps combustibles dont, aidé par le mouvement de la chaleur, il sépare & dégage la [illegible] du feu, en se substituant à sa place. Mais [illegible]tions sont peut-être trop sublimes, eu égard à [illegible]l de nos connoissances.

Je terminerai cet article du gas méphytique par quelques réflexions sur ses usages dans les Arts & dans la Médecine; j'ai déja dit que je soupçonnois que cette substance singuliere pouvoit produire de grands effets sur les couleurs; mais on n'a encore fait aucune expérience pour les reconnoître: c'est une carriere toute neuve, & qui paroît intéressante à parcourir. On n'est pas encore beaucoup plus avancé pour ses usages médicinaux, M. *Macbride*, M. *Priestley*, M. *Hey*, M. *Percival*, & plusieurs autres, ont cru d'après plusieurs expériences, reconnoître au gas méphytique une qualité antiputride très marquée, & même la vertu de faire, en quelque sorte rétrograder la putréfaction. Il y a déja long-tems qu'on emploie avec succès les eaux minérales gaseuses. M. *Macbride* a annoncé que les liqueurs en fermentation spiritueuse, & toutes remplies de leur gas, pouvoient être d'un grand secours, contre le scorbut & autres maladies des gens de mer, qu'on regarde comme tendant plus ou moins à la putridité. On trouve dans le premier volume de l'ouvrage de M. *Priestley* une lettre de M. *Hey*, & des observations du Docteur *Percival*, sur les bons effets qu'ils ont observés du gas méphytique administré en lavement, en vapeurs dans plusieurs maladies putrides. Tout récemment, un Chirurgien Anglois a fait part à l'Académie des Sciences du traitement qu'il fait à présent d'un cancer ouvert auquel il applique le gas méphytique, & dont l'état, suivant lui, devient meilleur de jour en jour.

Ces observations peuvent donner des espérances, & méritent assurément d'être suivies ; mais dans de pareilles circonstances, il est bien essentiel de se garantir d'une sorte d'enthousiasme auquel on est très porté naturellement sur les premieres apparences de succès dans des objets de grande importance : souvent cet enthousiasme fascine les yeux, fait voir les objets autrement qu'ils ne sont, & peut faire négliger trop tôt les anciennes méthodes de curation, auxquelles il manque l'attrait de la nouveauté, mais qui en revanche, ont pour elles une expérience solide & constante. Cette réflexion ne tend nullement à désapprouver les tentatives que l'on fait pour trouver de nouveaux secours en Médecine, & notamment celles par lesquelles on cherche à reconnoître les effets que peuvent produire sur l'économie animale des substances aussi singulieres, aussi nouvellement connues, & aussi actives que tous les gas en général paroissent l'être. La seule forme d'air, qui est commune à tous les gas, les fait différer totalement des autres substances employées jusqu'à présent comme médicamens, & quand il n'y auroit que cette différence, elle vaudroit la peine qu'on s'assurât par de bonnes observations des effets qu'elle peut produire. Mais d'ailleurs, pour ce qui concerne en particulier le gas méphytique, ses propriétés déja bien connues & bien constatées, ne permettent point de douter qu'il ne soit très propre à émousser la causticité alkaline des matieres quelconques. Comme il paroît que l'air pur est un ingrédient ou un agent aussi nécessaire à la putréfaction qu'à la combustion, & que ce gas n'est point de l'air, il est très croyable que les matieres putrescibles qu'on y enferme de maniere qu'elles n'aient aucune communication avec l'air extérieur, doivent être garanties de la putréfaction, comme les corps combustibles y sont garantis de la combustion, ou même que le contact immédiat du gas supprime la putréfaction déja commencée, & l'arrête dans l'état où elle est, de la même maniere, & par la même raison que ce gas supprime & arrête la combustion ; mais on a avancé à ce sujet des choses beaucoup plus fortes, & c'est peut-être là un effet du premier enthousiasme dont je parlois tout à l'heure.

M. *Macbride*, & plusieurs autres depuis lui, ayant exposé à l'action du gas méphytique, des matieres animales dans un état de putréfaction déja avancée, disent avoir obsevé que ce gas a, non seulement arrêté cette putréfaction, mais qu'il l'a même fait rétrograder, & qu'il a ramené des chairs corrompues à l'état de fraîcheur qu'elles avoient avant le tems de leur altération. Or, j'avoue que ce fait ne me paroît pas croyable, ni même possible. Il est prouvé, en effet, que le principal effet de la *putréfaction*, est d'occasionner une décomposition totale des corps qui la subissent, & ce qu'il y a de plus remarquable, c'est que la plus grande partie des principes des corps décomposés par cette opération, disparoissent, se dissippent, & ne se retrouvent plus dans ce qui reste de fixe après la putréfaction; or, comment concevoir qu'un gas ou tout autre agent, puisse recombiner des principes qui ont été séparés, & même enlevés, & qui n'y sont plus? C'est certainement faute d'avoir fait attention à la nature & aux effets de la putréfaction, & d'après quelques apparences imposantes, qu'on a pu croire que le gas méphytique avoit la vertu de rétablir ce que la putréfaction avoit détruit. Ce gas, n'étant point de l'air, supprime & arrête la putréfaction, cela me paroît très vrai, comme je l'ai dit. En qualité d'acide très volatil, pénétrant & aëriforme, il sature & émousse les principes alkalescens & exhaltés par la putréfaction, fait disparoître en conséquence la mauvaise odeur; il peut changer la lividité des chairs corrompues en une couleur vermeille. Tout cela est très croyable & paroît même confirmé par l'expérience; mais quoique la chair putride à laquelle tous ces changemens sont arrivés par l'application du gas, paroisse, après avoir été lavée, dans le même état qu'avant la putréfaction, il ne s'ensuit pas du tout pour cela qu'il y ait eu aucune rétrogradation: ce qui reste de la chair après cette espece de métamorphose n'est, & ne peut être rien autre chose que les parties de cette même chair qui n'avoient point encore réellement subi la putréfaction. On a donc été beaucoup trop loin sur cet objet: c'est là le cas de rétrograder soi-même & de se tenir dans de justes limites, au delà desquelles on est presque toujours porté par l'impression des choses nouvelles qui ont quelque chose d'étonnant & de merveilleux.

On peut dire à-peu-près la même chose de l'opinion qu'on a avancée depuis les découvertes de *Halles*, & qui étoit même celle de cet homme célebre, sur l'effet de la combinaison de l'air ou des substances aëriformes dans les corps solides. On a regardé l'air, ou les matieres qui lui ressemblent, comme la cause de la solidité des corps, comme le lien & le gluten de leurs parties, parcequ'on a vu que la plupart des composés dont on retiroit ces principes aëriens, perdoient par ces opérations la cohésion de leurs parties, & qu'on retiroit plus d'air ou de gas de certains corps durs que des autres. Mais si l'air possédoit en effet cette propriété agglutinante des parties de tous les corps solides, à l'exclusion de toute autre espece de matiere, il seroit assurément l'agent universel le plus puissant, & même le seul agent de la nature, car sans la cohésion des parties des corps solides, l'univers n'existeroit point, la masse entiere de la matiere ne seroit que le cahos d'un fluide immense.

Mais il est bien évident qu'en avançant l'opinion dont il s'agit : on a conclu du particulier au général, avec une précipitation & une inattention bien singuliere. De ce que les parties d'une pierre calcaire perdent leur cohésion à proportion qu'on sépare l'air combiné dans cette pierre ; on pourra en inférer à la vérité que l'air contribue à la liaison des parties de cette pierre, mais en conclure que ce fluide est le lien des parties de tous les autres corps solides de la nature, n'est-ce pas comme si on attribuoit la même propriété à l'eau, à cause que celle qui est combinée dans les crystaux de certains sels neutres, contribue à la liaison & à l'union des parties de ces mêmes crystaux, qui se désunissent dès qu'on l'en sépare ? Je ne m'arrêterai pas à réfuter une opinion si peu vraisemblable & si dénuée de preuves : on peut voir ce que j'ai dit à ce sujet aux articles *causticité*, *pesanteur*, & dans beaucoup d'autres articles;

articles; mais ce qui m'étonne, c'est que cette erreur se soit en quelque sorte accréditée, & n'ait été réfutée jusqu'à ces derniers tems par aucun Physicien. Je ne connois que M. *Bertollet*, Docteur en Médecine, qui l'ait relevée, dans un petit ouvrage intitulé *Observations sur l'air*, qui vient de paroître (1), il contient un grand nombre d'expériences importantes & de vues intéressantes, dont j'aurai occasion de faire mention dans plusieurs des autres articles sur les gas.

GAS INFLAMMABLE. Il y a long-tems que les Chymistes avoient observé que les vapeurs qui s'élevoient dans certaines dissolutions métalliques, étoient capables de s'enflammer, & même avec explosion, quand on en approchoit une chandelle allumée. On connoissoit aussi les *mophetes* inflammables, de certaines grottes, de certaines eaux minérales ou putrides, & le *feu brisou* des souterreins des mines, qui s'allume aux lampes des mineurs, avec une détonnation épouvantable & meurtriere. Personne ne doutoit que ces effets ne fussent dus à une matiere inflammable, volatile, réduite en vapeurs & mêlée avec l'air; mais ce n'est que depuis que les expériences & les découvertes sur les gas se sont multipliées, c'est-à-dire, depuis très peu de tems, qu'on a commencé à examiner cette curieuse matiere d'une maniere suivie, & avec l'attention qu'elle méritoit.

Hales étant parvenu, par le moyen de son appareil pneumato-chymique, à recueillir, & à garantir du mélange avec l'air extérieur, l'air ou les substances aëriformes qu'il retiroit dans les analyses des matieres végétales & animales, qui contiennent toutes le principe de l'inflammabilité, a reconnu que dans ces décompositions à feu nud & poussées vivement, l'air s'en dégageoit en plus grande abondance, & avoit lui-même le caractere de l'inflammabilité.

M. *Cavendish*, M. *Priestley*, & tous les autres Chymistes, qui depuis ont travaillé sur cette matiere, ont reçu dans des récipiens, les gas inflammables qu'on peut extraire de différentes dissolutions & analyses,

---

(1) A Paris, chez *Didot*, le jeune, Quai des Augustins, 1776.

& les ont soumis à plusieurs expériences. Quoique ces gas paroissent se ressembler tous, non-seulement par l'inflammabilité, mais encore par plusieurs autres propriétés qui leur sont communes, ils n'ont pas encore été examinés en assez grand détail pour qu'on sache s'il n'y en a point qui different essentiellement l'un de l'autre; ou s'il n'y a qu'une seule substance aëriforme inflammable, distincte de toutes les autres matieres par des propriétés constantes & univoques, comme paroît l'être le *gas méphytique*. On verra qu'il est assez probable que cela est ainsi; mais ce qu'il y a de certain, c'est que les gas inflammables tirés de la décomposition des corps surcomposés, & qui contiennent plusieurs principes volatils, sont mêlés de matieres hétérogenes, que peut-être on en peut séparer ensuite plus ou moins facilement par différens moyens.

On verra qu'en faisant dissoudre plusieurs especes de métaux, par la plupart des acides dans un appareil pneumato-chymique, on obtient des gas inflammables; mais celui qu'on retire, par exemple, de la dissolution du fer, par l'acide vitriolique, est-il exactement le même que celui qu'on obtient de la dissolution de ce même métal par l'acide du sel? c'est ce qu'on ne sait pas encore au juste: il en est de cela à-peu-près comme des *éthers*; tous les mélanges des différens acides avec l'esprit de vin, fournissent l'espece de liqueur qui porte en général le nom d'éther, parce-qu'elles ont des propriétés essentielles & communes à toutes; mais on n'a point encore déterminé s'il n'y a qu'une seule espece d'éther; c'est-à-dire, si en prenant, par exemple, l'éther vitriolique le plus pur qu'on puisse avoir, pour modele & objet de comparaison, on pourroit par des purifications suffisantes, amener les autres éthers *nitreux*, *marin*, *acéteux*, au point de ne différer absolument en rien de cet éther, ou s'ils persisteroient à conserver chacun un caractere spécifique, dépendant de la nature de l'acide qui a contribué à leur production.

En attendant qu'on ait poussé les recherches assez loin pour éclaircir ces doutes, il me paroît qu'il faut prendre sur les gas inflammables, le même parti qu'on a pris sur les éthers, c'est-à-dire, regarder celui de ces gas qui paroîtra le plus simple & le plus pur, ou comme le gas inflammable unique, ou comme le prototype auquel tous les autres doivent être comparés & rapportés. Je suivrai donc cette méthode, & sans décider, s'il n'y a qu'une seule espece de gas inflammable, ou s'il y en a de plusieurs especes; je prendrai pour modele celui qu'on retire de la dissolution du fer par l'acide vitriolique, lequel en effet paroît être le plus simple & le plus pur, & j'exposerai ce que l'on connoît jusqu'à présent des propriétés de ce gas.

Le moyen de l'obtenir, & même très pur, est simple & facile: on reçoit dans un récipient plein d'eau, & posé sur la tablette de l'appareil pneumato-chymique à l'eau, la vapeur qui se dégage de la dissolution de petits clous ou de grosse limaille de fer, par de l'acide vitriolique affoibli de deux ou trois parties d'eau, dans une bouteille, ou une cornue tubulée à laquelle est ajusté un syphon propre a porter cette vapeur dans le récipient. A mesure que la dissolution se fait, le gas monte à travers l'eau sous la forme de bulles d'air, qui emplissent peu-à-peu le récipient en faisant abaisser l'eau de plus en plus.

Ce gas a, de même que les autres, l'élasticité & toutes les apparences de l'air; mais il en differe, ainsi que de tous les autres gas, par des qualités permanentes qui n'appartiennent qu'a lui.

Il differe de l'air, en ce qu'il est incapable d'entretenir la vie des animaux, & la combustion, quoiqu'il soit inflammable lui-même.

Un animal introduit dans ce gas y périt aussi subitement que dans le gas méphytique; un corps enflammé introduit dans le gas inflammable, en allume la portion qui est en contact avec l'air commun; mais le tout s'éteint en un instant, dès que la communication avec l'air est supprimée.

L'inflammabilité de ce gas, qui est sa qualité caractéristique, est soumise aux mêmes loix que celle de toutes les autres substances combustibles de la nature; son inflammation ne peut avoir lieu sans le concours & le contact immédiat du véritable air, & elle est d'autant plus vive, plus prompte & plus instantanée, que les parties de ce gas ont des contacts plus multipliés avec les parties du véritable air.

De là vient que lorsque l'on fait dissoudre de la limaille de fer par de l'acide vitriolique affoibli, dans un vase quelconque, ouvert & ayant communication avec l'air extérieur, si l'on approche une bougie allumée de l'ouverture du vase dans le tems de la plus grande effervescence, le gas inflammable, qui s'en dégage alors en grande abondance, & qui est mêlé d'air, s'enflamme tout à la fois, en faisant d'abord une explosion plus ou moins forte, suivant la forme du vase. Si c'est un vaisseau dont l'ouverture présente une grande surface à l'air, comme, par exemple, un verre à boire, ou une capsule, l'explosion de l'inflammation subite est très foible à cause de la liberté qu'ont les parties enflammées de *s'épandre* dans l'air environnant, presque sans résistance, & après cette premiere explosion, la vapeur continue à brûler avec une flamme assez tranquille à la surface du vase, parceque le gas inflammable qui ne se produit que successivement, à proportion du progrès de la dissolution, ne s'enflamme aussi que successivement, & à mesure qu'il est produit. Si au contraire on fait cette dissolution au fond d'une bouteille à gros ventre, & dont l'ouverture soit étroite, à proportion de sa capacité; que dans le tems de la plus grande effervescence, on bouche pendant un moment l'ouverture de cette bouteille, pour donner lieu au gas inflammable mêlé d'air, de s'amasser & de se condenser un peu dans l'intérieur, & que débouchant la bouteille, on approche aussi-tôt de son ouverture une bougie ou un papier allumé, alors tout le gas inflammable enfermé & resserré dans la bouteille s'enflamme à la fois, & fait une explosion d'autant plus violente, qu'il a été resserré en plus grande quantité & avec la meilleure proportion d'air commun nécessaire à son inflammation. Au moment même où cette explosion se fait, on voit tout l'intérieur de la bouteille rempli de flamme jusqu'à son fond, & après cette premiere inflammation, totale, subite & bruyante, la flamme de l'intérieur de la bouteille disparoît, parcèque l'air commun qui étoit mêlé de gas, a été employé a son inflammation ; mais le gas continuant toujours à se dégager, s'échappe par l'ouverture de la bouteille, & comme il est à sa sortie en contact avec l'air de l'atmosphere, il continue à brûler avec une flamme tranquille, comme celle d'une chandelle, tant que l'acide continue à dissoudre du fer.

Tous ces phénomenes d'inflammation & d'explosion, qu'on donne depuis long-tems en spectacle dans les cours de Chymie, prouvent d'une maniere sensible, que le gas inflammable, quoiqu'ayant toutes les apparences de l'air, n'est cependant point de l'air, & ne contient pas même d'air pur & libre, puisqu'il ne peut brûler, comme toutes les autres substances combustibles, que par le concours & le contact immédiat du véritable air ; si donc ce gas se présente sous la forme d'agrégation aërienne, & avec les apparences de l'air, & même plusieurs de ses propriétés, on n'en peut pas conclure que ce n'est que de l'air ordinaire avec lequel est simplement mêlée quelque matiere inflammable fort atténuée & très volatile ; car, s'il en étoit ainsi, cette matiere inflammable étant supposée mêlée d'air commun, auroit toutes les conditions nécessaires à son inflammation, & n'auroit aucun besoin du concours de l'air extérieur pour s'allumer ; or c'est ce qui n'arrive pas, comme on vient de le voir, & toutes les expériences qu'on peut faire dans les vaisseaux & appareils des gas, le démontrent d'une maniere encore plus sensible.

Comme le gas inflammable n'est point miscible à l'eau : on peut s'en procurer facilement une bonne quantité, de très pur & de très fort par le moyen de l'appareil à l'eau.

Il ne s'agit, pour cela, que de laisser évacuer l'air commun, contenu dans le vaisseau, où se fait la dissolution du fer par l'acide vitriolique, avant que d'en engager le syphon, sous le récipient plein d'eau, dans lequel on veut retenir le gas. S'il est accompagné de quelques substances hétérogenes, telles que d'une portion d'acide vitriolique, ou de gas méphytique ; l'eau, à travers laquelle il passe, le débarrasse de ces matieres dont elle est le dissolvant : on peut même le faire passer ainsi plusieurs fois dans l'eau, & l'y agiter légérement, pour le purifier exactement ; mais il ne faut pas que cette agitation soit portée trop loin, car on a observé qu'à la longue, l'eau seule a la propriété de décomposer ce gas, comme elle décompose le gas méphytique & tous les autres.

C'est avec ce gas ainsi purifié du mélange de l'air commun & autres matieres hétérogenes, qu'on peut s'assurer encore plus positivement, qu'il ne peut ni servir à la combustion d'aucun corps, ni s'enflammer lui-même ; il ne s'agit pour cela que d'en faire les expériences avec le foyer d'un verre ardent. M. *Priestley* a fait passer cet air un grand nombre de fois par un tuyau de fer rouge brûlant, sans qu'il y en ait eu la moindre portion de brûlée, ni même qu'il ait reçu aucune altération. Il est vrai que ce Physicien a fait brûler de la poudre & un papier imbibé d'une dissolution de cuivre par l'acide nitreux, dans le gas inflammable & dans les autres gas, sans communication avec l'air extérieur ; mais, ce qui est bien remarquable, c'est que le gas inflammable dans lequel cette combustion a été faite, ne s'est point enflammé lui-même ; & l'on verra à l'article du GAS NITREUX que l'acide nitreux se décomposant & fournissant de véritable air, présente des phénomenes qui lui sont particuliers, en ce qui concerne la combustion.

Pour en revenir au gas inflammable tout pur, il est très aisé de le faire brûler dans les vaisseaux clos avec une très grande violence & avec des explosions terribles ; mais le seul moyen qu'on puisse employer pour cela, est une preuve des plus complettes que ce gas n'est point de l'air, ni même une substance inflammable mêlée d'air, mais que c'est une matiere combustible qui a seulement la forme & l'agrégation de l'air, & qui n'a pas moins besoin du mélange & du concours du véritable air pour s'enflammer, que tous les autres corps combustibles quelconques. L'expérience consiste à mêler de l'air commun avec le gas inflammable, sans aucune communication avec l'air extérieur, & dans une proportion suffisante pour faire brûler en entier ce qu'il y en a de contenu dans le récipient. MM. *Priestley*, *Lavoisier* & d'autres se sont assurés que cette quantité étoit de deux parties d'air ordinaire sur une du gas inflammable. Si le mélange de ces deux substances est renfermé dans un vase d'une ouverture convenable, c'est-à-dire étroite; dès qu'on vient à en approcher une bougie allumée, il s'enflamme non simplement à l'orifice du vaisseau, avec une flamme tranquille, comme il fait, quand on n'y a pas mêlé d'air, mais tout à la fois, jusques dans le fond de la bouteille, & avec une explosion proportionnée à la quantité de gas qui y est contenue.

La même expérience peut se faire encore d'une maniere beaucoup plus frappante: il est constant que l'air de l'athmosphere, celui que nous respirons, n'est point pur, qu'il est mêlé avec d'autres matieres aëriformes, qui n'ont pas, comme l'air proprement dit, la propriété de servir à la respiration & à la combustion; & il suit de-là qu'il n'y a que la portion du fluide athmosphérique, qui est de véritable air, qui serve réellement à ces deux opérations, & notamment à la combustion: par conséquent, lorsque l'on mêle dans un vaisseau clos une quantité déterminée du fluide athmosphérique avec le gas inflammable, on y introduit nécessairement avec l'air, des substances hétérogenes qui ne peuvent servir à l'inflammation, & dont la présence diminue, sous un volume déterminé, la quantité de parties inflammables, mises par l'air en état d'être enflammées; mais on a vu à l'article GAS, ou AIR DÉPHLOGISTIQUÉ, qu'il est possible d'avoir de l'air beaucoup plus pur que le fluide athmosphérique, & qui, sous un même volume, contienne beaucoup plus de parties de véritable air propre à la combustion; il résulte de-là bien évidemment que, si au lieu de mêler du fluide athmosphérique, ou de l'air commun avec le gas inflammable, on y mêle de cet air beaucoup plus pur, il faudra une moindre quantité de ce dernier que du premier, pour mettre toutes les parties du gas inflammable dans l'état d'inflammabilité, & que par conséquent il y aura sous un même volume de ce nouveau mélange, beaucoup plus de parties inflammables

& disposées à l'inflammation, que dans celui avec l'air commun, & enfin par une suite nécessaire, l'inflammation & l'explosion seront beaucoup plus violentes; c'est aussi ce qui ne manque pas d'arriver, & même avec un effet qui surprend toujours par sa violence. M. *Priestley* ayant cherché combien il falloit d'air très pur pour mettre une quantité déterminée de gas inflammable en état d'être enflammé en entier, a trouvé qu'au lieu de deux parties d'air ordinaire, contre une de ce gas, qui sont nécessaires pour le faire brûler en entier, il ne faut au contraire qu'une partie d'*air déphlogistiqué* très pur, contre deux de gas inflammable; & en faisant les deux expériences successivement dans le même vaisseau, il a estimé que l'explosion de celle avec l'air très pur étoit quarante ou même cinquante fois plus forte qu'avec l'air ordinaire. J'ai fait moi-même, & vu faire plusieurs fois ces expériences par MM. *Lavoisier*, *de Lassonne*, le Duc de *Chaulnes* & d'autres; la différence de l'effet des deux airs n'a jamais manqué d'être aussi sensible. La détonnation par le mélange de l'air très pur, est si forte qu'il seroit très imprudent de la tenter sur des quantités de gas inflammable un peu considérables: on ne peut guere passer sans risque le volume d'une chopine de ce mélange, encore faut-il avoir la précaution d'envelopper d'un linge épais la bouteille de gros verre dont on a coutume de se servir pour ces expériences. M. *Priestley* remarque que, dans cette fulmination, quand on tient la bouteille dans sa main, on sent d'une maniere très sensible la commotion & la chaleur subite qu'elle excite. A en juger par les effets du volume d'une chopine, si l'on faisoit l'expérience sur douze ou quinze pintes, la détonnation seroit au moins égale à celle d'une grosse piece d'artillerie, & il faudroit, pour y résister, des vaisseaux de fer ou d'airain, de même force que les canons & les mortiers.

Comme le gas inflammable & l'air conservent dans leur mélange la même élasticité & compressibilité que l'air pur; il s'ensuit qu'on pourroit, par la machine à comprimer l'air, resserrer ce mélange sous un volume beaucoup plus petit, & que, par ce moyen, on augmenteroit encore infiniment l'effet de l'explosion; elle approcheroit probablement beaucoup alors de celles de la *poudre à canon*, de la *poudre* & de l'*o fulminants*, dont les effets sont si terribles, & peut être même produits par une cause toute semblable.

Il est à remarquer que, lorsque l'on mêle l'air commun ou l'air très pur avec le gas inflammable, il n'y a aucun changement sensible dans les apparences de ces deux substances, ni dans leur mélange; le tout ne se présente exactement que sous la forme de l'air ordinaire, & qu'on peut conserver pendant plusieurs années, pendant un tems très long & indéterminé, soit le gas inflammable tout pur, soit le même gas mêlé de la quantité d'air nécessaire à son inflammation, sans qu'il perde rien de son inflammabilité, ni d'aucunes de ses autres propriétés, ensorte qu'on peut avoir une provision de ce gas tout prêt à détonner, enfermé dans des bouteilles qui paroissent absolument vuides, mais qu'il ne s'agit que de déboucher & d'allumer, pour leur faire faire une fulmination bien étonnante & incompréhensible pour des spectateurs qui ne sont point initiés dans la Chymie.

Le gas inflammable ne paroît pas recevoir plus d'altération de son mélange avec tous les autres gas. M. *Priestley* & quelques autres Physiciens, font mention de plusieurs expériences dont il semble résulter que le mélange du gas méphytique (air fixe) avec le gas inflammable n'empêche point ce dernier de s'enflammer. Comme ce fait seroit absolument contraire à la théorie de la combustion, s'il étoit bien constaté, j'ai cru devoir le vérifier avec beaucoup d'exactitude, & je puis assurer que, dans ces expériences, pour lesquelles M. *Sigaut de Lafond* a bien voulu me seconder, & qui ont été bien réitérées, nous avons toujours vu que le mélange du gas méphytique avec le gas inflammable, bien exempt du mélange de l'air commun, ne pouvoit absolument s'allumer; mais il faut, pour l'exactitude & la réussite de cette épreuve, qu'elle se fasse dans une bouteille à goulot étroit, comme les bouteilles à vin; car, si l'on se sert d'un vase à large ouverture, comme le gas inflammable est plus léger que l'air commun, ce dernier entre assez promptement & en assez grande quantité dans le vaisseau, pour procurer l'inflammation, quelque diligence qu'on mette dans l'expérience. Je me suis assuré aussi, en interposant une sous-coupe de porcelaine blanche dans la flamme du gas inflammable, brûlant tranquillement à l'orifice d'une bouteille, que cette flamme n'est accompagnée d'aucune fumée fuligineuse; car l'endroit de la sous-coupe que léchoit la flamme, est resté parfaitement blanc; il s'est trouvé seulement mouillé de gouttelettes assez sensibles d'une liqueur blanche comme de l'eau, & qui ne nous a paru en effet n'être que de l'eau pure.

La dissolution du fer par l'acide vitriolique, n'est pas à beaucoup près la seule opération par laquelle on puisse retirer du gas inflammable : j'ai déja dit que *Hales*, M. *Priestley* & plusieurs autres Physiciens, ont retiré des gas inflammables, de toutes les substances végétales & animales, combustibles, par leur analyse à feu nud, & sur-tout lorsqu'elle est faite rapidement.

La dissolution de plusieurs autres métaux que le fer, tels que l'étain & le zinc (ce dernier, beaucoup mieux que le premier,) fournissent aussi une grande quantité de gas inflammable. La dissolution des mêmes métaux par l'acide marin & par les acides végétaux, du vinaigre, du tartre, fournissent le même gas. En un mot, il paroît que ces métaux abondans en phlogistique, & qui en laissent échapper assez facilement une portion assez considérable, produisent du gas inflammable par leur dissolution dans les acides quelconques.

L'*acide nitreux* est le seul qui fasse une exception à cette regle qui paroît générale, & cette exception est un fait qui, joint à plusieurs grandes découvertes nouvelles sur d'autres propriétés de cet acide, est de la plus grande importance à remarquer, comme on le verra à l'article du GAS NITREUX.

A mesure qu'on multiplie les expériences sur les gas, cette matiere, si neuve, si féconde en phénomenes aussi surprenans qu'intéressans, donne lieu chaque jour aux plus belles découvertes. En voici plusieurs, relatives à la production ou au dégagement du gas inflammable, dont les unes viennent d'être publiées par M. *Priestley*, & dont les autres m'ont été confiées par M. de *Lassone* (1).

Ce Savant a découvert que l'*alkali volatil* en liqueur, préparé par l'alkali fixe, dissolvoit le *zinc* en limaille, & que, lorsque l'on fait cette dissolution à froid, ou à un degré de chaleur très foible, & dans l'appareil pneumato-chymique à l'eau, on en retire un gas inflammable, & qui fulmine, lorsqu'il est mêlé avec une portion d'air commun.

Il a obtenu un semblable gas de la dissolution du *zinc* en limaille par l'*alkali fixe minéral caustique* en liqueur, à l'aide de la chaleur de l'ébullition.

La limaille de fer, quoique beaucoup moins dissoluble que celle de zinc, par ces deux mêmes alkalis, a fourni néanmoins à M. de *Lassone* des gas tout aussi inflammables & aussi détonnans que les précédens; mais ni l'un, ni l'autre de ces métaux, n'ont pu être dissous efficacement par l'alkali fixe non caustique; il s'est cependant dégagé de ces mélanges à l'aide de l'ébullition une substance aërienne; mais cette substance soumise aux épreuves convenables par M. de *Lassone*, s'est trouvée n'être que de l'air ordinaire.

La dissolution du zinc & de ses fleurs par l'alkali volatil non caustique, a produit des especes de sels ammoniacaux qui se sont réduits en petits crystaux soyeux, dont M. de *Lassone* expose les propriétés dans d'autres

(1) L'expression de mes sentimens pour cet illustre & savant Médecin, n'ajouteroit rien à l'estime & à la considération générale que son génie & son zele pour l'avancement de la Médecine & de toutes les Sciences qui y sont relatives, lui ont si justement acquises; mais je ne dois pas laisser ignorer que, sachant que M. de *Lassone* travailloit actuellement à une grande suite d'expériences sur les gas, dont il n'avoit tout récemment communiqué qu'une partie à l'Académie, je l'ai prié de me faire part des découvertes qu'il avoit faites depuis, & avant même qu'il eût eu le tems de les publier; je ne surprendrai personne en disant qu'il s'est prêté de la maniere la plus obligeante à m'accorder cette demande qui auroit pu paroître indiscrette à beaucoup d'autres; les expériences de M. de *Lassone* que je vais citer, seront peut-être publiées avant la fin de l'impression de mon ouvrage; mais je déclare que la plupart ne le sont point encore au moment où j'en fais usage, en rédigeant le présent article & les suivans (8 Octobre 1776), & que c'est à sa bienveillance que j'en ai l'entiere obligation.

Mémoires ; mais, pour ce qui concerne l'objet des gas, il a observé qu'ayant soumis ces sels à la distillation au feu de réverbere, & dans l'appareil pneumato-chymique, la substance aëriforme qu'il en a retirée, avoit toutes les propriétés du *gas méphytique*, & absolument rien d'inflammable.

Une autre découverte de M. de *Lassone* qui mérite la plus grande attention, en ce qu'elle paroît très importante pour la théorie des gas, c'est qu'il y a de ces substances qui, quoique capables de s'enflammer & de brûler très bien, ne font cependant aucune fulmination, même après qu'on les a mêlées avec la quantité d'air qui fait détonner avec tant de violence le gas inflammable pur; tel a été celui que M. de *Lassone* a retiré de la réduction, dans un canon de pistolet, d'une demi once de chaux de zinc avec un gros de poudre de charbon, quoiqu'il s'enflammât rapidement. Ce gas se mêloit facilement à l'eau, ce que ne fait pas le gas inflammable pur, & proprement dit. Tel a été aussi celui dont M. de *Lassone* a obtenu trente-quatre pouces cubiques, de deux gros de *bleu de Prusse*, soumis à l'action d'un feu de forge dans un canon de pistolet, qui s'est enflammé sans détonner, & avec une belle flamme bleue.

Mais ce qu'il y a de plus remarquable dans ces belles expériences de M. de *Lassone*; c'est qu'il a constaté que les gas les plus inflammables qu'il avoit obtenus par l'action réciproque du zinc, du fer, de l'alkali volatil non caustique, de l'alkali fixe caustique, de la crême de tartre, du vinaigre radical, qui tous étoient très fulminans par le mélange de l'air, ont perdu cette propriété de détonner, & ne sont plus restés qu'inflammables, quoique mêlés avec l'air, dès qu'il y mêloit une certaine quantité de *gas nitreux* : les gas inflammables tirés du zinc & du fer par l'acide vitriolique, font seulement, suivant l'observation de M. de *Lassone*, une légere restriction à ce phénomene, en ce que leur mélange avec l'air commun conserve encore la propriété de faire une légere explosion dans leur inflammation, malgré l'addition du gas nitreux : mais comme leur propriété fulminante en est considérablement diminuée & affoiblie, ce n'est-là, comme je l'ai dit, qu'une restriction ; & l'effet important du *gas nitreux* sur les gas inflammables, dont la découverte est due à M. de *Lassone*, n'en paroît pas moins général.

Depuis les découvertes de *Stahl* sur le phlogistique & sur le soufre, les Chymistes ne doutoient nullement que la vapeur qui émane continuellement de la combinaison du soufre avec les alkalis, & dont l'odeur est si fétide, ne fût une matiere très phlogistiquée; ils avoient même des preuves de la présence du principe inflammable dans cette vapeur, par l'effet de réduction qu'elle produit sur la plupart des chaux métalliques; mais MM. *Meyer* & *Rouelle* ont découvert que cette même vapeur étoit susceptible de s'enflammer. M. *Rouelle* l'enflamme tous les ans dans notre cours du Jardin du Roi.

Enfin, M. *Priestley* vient de publier dans son second volume, les expériences par lesquelles il est parvenu à tirer du gas inflammable de plusieurs métaux, non seulement sans l'intermede d'un acide, ni d'aucune autre matiere saline, mais même sans intermede quelconque. Il y a réussi en appliquant la chaleur seule aux métaux, soit dans un canon de fusil, adapté à l'appareil pneumato-chymique, soit par le moyen du foyer d'un verre ardent, qu'il faisoit tomber sur ces substances dans le vuide, ou dans des vaisseaux clos, pleins de mercure. Les métaux dont il a obtenu du gas inflammable sans intermede, ont été les mêmes que ceux qui en fournissent le plus facilement par leur dissolution dans les acides & dans les alkalis, c'est-à-dire, le zinc, le fer & l'étain; il n'en a pu retirer des autres substances métalliques, non plus que des chaux & des sels métalliques; ces dernieres substances ne lui ont fourni que du gas méphytique, ce qui s'*accorde* parfaitement avec les expériences que M. de *Lassone* a faites sur les sels résultant de l'union de l'alkali volatil avec le zinc & les fleurs de zinc.

Les conséquences qu'il paroît qu'on peut tirer de tous ces faits, relativement à la nature du gas inflammable, c'est que les acides qui servent à le produire ou à le dégager, n'entrent point dans sa composition, & ne sont que des intermedes qui facilitent sa séparation des corps combustibles qui le contiennent ou qui contiennent les matériaux propres à le former. Le gas inflammable des métaux que M. de *Lassone* a obtenu par les alkalis purs, & celui que M. *Priestley* a retiré de ces mêmes substances, sans aucun intermede, semblent des preuves assez claires, que ce gas n'a besoin du concours d'aucun acide pour exister avec toutes ses propriétés.

Il me paroît qu'on peut inférer aussi de-là, que le gas inflammable est une substance constante, toujours la même, déterminée dans sa nature, & dont il n'y a qu'une seule espece; car, s'il y en avoit de plusieurs sortes, on auroit remarqué des différences sensibles entre ceux qui ont été tirés par tant d'intermedes & tant de moyens très différens, & il ne paroît pas qu'on ait observé de différence essentielle entre aucuns de ces gas inflammables. Je ne connois que celle dont M. de *Lassone* a fait la découverte, & qui consiste, comme je l'ai dit, à être fulminant ou non fulminant dans l'inflammation par le mélange avec l'air commun; mais, quoique cette différence soit notable & frappante, elle peut beaucoup moins dépendre d'une différence essentielle de nature entre les gas qui ont l'une ou l'autre de ces propriétés, que du mélange de quelque matiere hétérogene; cela est d'ailleurs assez indiqué par les belles expériences dans lesquelles M. de *Lassone* a trouvé que le mélange du *gas nitreux* fait disparoître totalement, ou diminue au moins considérablement la détonnation des gas inflammables les plus fulminans. Au surplus, c'est là une matiere qui exige encore bien des recherches; elles doivent avoir pour but, comme celles de M. de *Lassone*, & comme le feront toujours tous ceux qui ont le génie de la Chymie, de trouver tous les moyens d'obtenir le gas ou les gas inflammables, de les purifier, le plus exactement qu'il sera possible, du mélange de toute matiere hétérogene, sur-tout gaseuse, & de comparer toutes les propriétés de ces gas ainsi purifiés. Mais relativement à l'état actuel de nos connoissances, je persiste à penser qu'il n'y a qu'une seule espece de gas inflammable, comme il n'y a qu'une seule espece de véritable air, une seule espece de gas méphytique, une ſeule eſpece d'acide vitriolique, &c. La Nature, quoique multipliant & nuançant ſes productions à l'infini, eſt cependant conſtante & limitée dans ſes opérations; elle a produit pluſieurs eſpeces de métaux, mais non pas pluſieurs eſpeces d'or, d'argent, de cuivre; & les Philoſophes qui ſavent l'obſerver, verront toujours qu'il en eſt ainſi de tous ſes autres Ouvrages.

Quoique le gas inflammable ne ſoit pas plus propre à la reſpiration, ni à la combuſtion que le gas méphytique, il en differe néanmoins très eſſentiellement, non ſeulement par ſon inflammabilité, mais encore en ce qu'il n'a pas le même caractere acide, la même action diſſolvante & combinatoire. M. *Prieſtley* a bien trouvé qu'en l'agitant long-tems dans beaucoup d'eau, on en diminuoit la quantité, & que ce qui reſtoit, n'étoit plus inflammable; mais il ne réſulte rien autre choſe de cette expérience, ſinon que l'eau a la propriété de décompoſer ce gas, comme elle décompoſe tous les autres; car, outre qu'il faut beaucoup de tems pour faire diſparoître ainſi une certaine quantité de gas inflammable, l'eau qui a ſervi à cette opération, n'eſt point du tout aërée ni gaſeuſe, comme celle qui a abſorbé du gas méphytique; preuve ſenſible que le gas inflammable n'a pas avec l'eau, la même action combinatoire, que le gas méphytique. On n'a pas obſervé non plus que le gas inflammable bien pur, & ſur-tout bien exempt du mêlange du gas méphytique, eût la propriété, comme ce dernier, de précipiter l'eau de chaux, ni de faire cryſtalliſer, & d'adoucir les alkalis cauſtiques. Ce gas n'eſt donc pas une ſubſtance ſaturante de tous ces cauſtiques alkalins. Il s'agiroit de ſavoir bien au juſte ce que c'eſt; mais c'eſt toujours là la grande difficulté. Il faut prendre à ce ſujet le même parti que nous ſommes forcés de prendre ſur une infinité d'autres agens de la Nature, que nous voyons bien être des corps compoſés, mais dont nous ne connoiſſons pas mieux les parties compoſantes. Tout ce que nous voyons de plus clair ſur les principes du gas inflammable, c'eſt que la matiere du feu entre en grande proportion dans ſa compoſition; ſa ſeule inflammabilité eſt, ſuivant moi, une preuve ſenſible de cette vérité, mais elle n'est pas la seule, car il est certain que ce gas ressemble à beaucoup d'autres matieres combustibles, sur tout en vapeurs, en ce qu'il peut, comme elles, rendre du phlogistique aux chaux métalliques, & en faire par conséquent la réduction, le tout sans aucune combustion, ni inflammation. Travaillant ensemble, M. de *Montigny*, de l'Académie des Sciences, & moi, sur cet objet, nous nous sommes assurés par beaucoup d'expériences, que le gas inflammable très pur, tiré du zinc ou du fer, par l'acide vitriolique, appliqué à des dissolutions d'argent, de mercure, de plomb & de plusieurs autres métaux, leur communiquoit très promptement & très fortement la couleur brune & noire qui annonce la combinaison du principe inflammable avec les terres métalliques, & leur disposition prochaine a la réduction qui ne demande plus qu'un très léger degré de chaleur pour devenir intime & sans addition d'aucune autre matiere inflammable. Il est bien évident que le gas inflammable ne peut produire cet effet sur les dissolutions & chaux métalliques, sans éprouver lui-même une altération considérable, & qu'il est très intéressant de déterminer; mais cela exige beaucoup de nouvelles expériences qui seront probablement suivies par M. de *Montigny*, & qui assurément ne peuvent être en de meilleures mains.

Les recherches de toutes les propriétés & de la nature des parties constituantes du gas inflammable sont d'autant plus importantes, qu'elles ne peuvent manquer de répandre de nouvelles lumieres sur la théorie du *phlogistique*; car, ou il n'existe point de principe de l'inflammabilité, ou ce gas en contient certainement une quantité considérable, & qui en même-tems y paroît lié d'une maniere beaucoup moins forte que dans tous les autres corps combustibles, & dans un état beaucoup plus voisin de celui de la matiere du feu libre & pure, état qu'il est très essentiel de saisir. Je finis cet article en faisant remarquer que les métaux les plus propres à fournir du gas inflammable, par un moyen quelconque, savoir le zinc, le fer & l'étain, sont en même tems ceux qui, par les phénomenes qu'ils présentent

présentent dans toutes les autres opérations de Chymie, ont été regardées jusqu'ici comme les plus abondamment pourvus de principe inflammable, le moins intimement lié avec leurs autres principes, & qui en peuvent perdre le plus facilement une grande quantité, par la déflagration, par l'action des substances salines & autres moyens de décomposition des matieres métalliques.

GAS NITREUX. Le gas nitreux est, comme tous les autres, un fluide élastique, diaphane, sans couleur, invisible, qui a toutes les apparences & plusieurs des propriétés essentielles de l'air; aussi n'a-t-on pas manqué de lui donner le nom d'*air nitreux*, quoiqu'assurément, sauf quelques qualités apparentes & propres à en imposer aux yeux, aucun gas ne differe plus essentiellement du véritable air que celui dont il s'agit: on va le voir par l'énumération de ses propriétés, & par la maniere dont il se produit, l'épithete de *nitreux* quon lui a donnée & que je lui conserve, lui convient & le caractérise parfaitement, parcequ'on ne l'obtient jamais que par le concours de l'*acide nitreux*, & qu'il peut toujours être réduit ou transformé en acide nitreux.

La découverte de ce gas qui est un des plus singuliers & des plus intéressans, est due à M. *Priestley*, & suivant ce qu'il en dit dans son premier volume d'*Expériences & d'Observations sur différentes especes d'air*, elle est du 4 Juin 1772.

Le célebre *Hales*, comme le remarque très bien M. *Priestley*, avoit vu ce gas, & avoit même observé une de ses plus importantes propriétés, en mêlant de l'air commun avec la substance aëriforme, qu'il avoit obtenue dans son appareil pneumato-chymique, de la dissolution, de certaines *pyrites* de *Walton* par l'acide nitreux; *Hales* avoit remarqué que ce mélange devenoit trouble & rouge, & qu'il y avoit une partie de l'air d'absorbé; mais quoique ce soit-là un caractere spécifique du gas nitreux, on ne peut pas dire que *Hales* en ait fait véritablement la découverte, parcequ'il n'a pas donné à ce phénomene, observé une seule fois & sur un seul mélange, l'attention & la suite qu'il méritoit; cela vient sans doute, de ce que

Hales ne croyoit, ne ſoupçonnoit même pas, que d'autres ſubſtances que l'air, proprement dit, puſſent ſe préſenter ſous la forme & avec toutes les apparences de ce fluide. Quoi qu'il en ſoit, il eſt juſte de convenir avec M. *Prieſtley*, que cette obſervation, iſolée, avoit fait ſi peu d'impreſſion ſur les Chymiſtes & ſur *Hales* lui-même, que, juſqu'au moment où M. *Prieſtley* a publié ſes expériences, perſonne n'avoit entendu parler d'un fluide élaſtique, différent de l'air, qu'on pût obtenir des diſſolutions d'un grand nombre de corps par l'acide nitreux, & que ce fluide n'avoit pas même de nom, ce qui a obligé M. *Prieſtley* à lui en donner un de ſon choix; il l'a déſigné par celui d'*air* nitreux qui paroît très impropre, en ce que cette ſubſtance n'eſt point du tout de l'air : au ſurplus, ce célebre Phyſicien convient lui-même que ce nom d'*air* ne convient pas au gas nitreux, & dit que c'eſt faute d'en avoir pu trouver un autre, qu'il a adopté celui-là. Un nom différent de celui d'*air*, celui de *gas*, par exemple, par lequel on peut déſigner en un ſeul mot, tout fluide élaſtique aëriforme, auroit évité ces inconvéniens de nomenclature, dont l'inexactitude répand néceſſairement de la confuſion & de l'obſcurité, & c'eſt, comme je l'ai dit, ce qui m'a déterminé à m'en ſervir, malgré la difficulté qu'il y aura peut-être à le faire paſſer, à cauſe de ces noms d'*airs* donnés d'abord inconſidérément par MM. *Hales*, *Black*, *Macbride*, *Prieſtley* lui même, & qui ſemblent avoir été adoptés & conſacrés par le plus grand nombre des Phyſiciens qui ont fait & qui font encore tous les jours quantité d'expériences curieuſes & importantes, depuis ces premiers Inventeurs.

Après cette explication que j'ai crue encore néceſſaire, indépendamment de ce que j'ai déja dit à ce ſujet au commencement de ces articles des gas, j'entre en matiere ſur le gas nitreux, dont il s'agit préſentement.

Il y a long-tems que les Chymiſtes ont obſervé que l'acide nitreux agit en général avec plus de force & de violence ſur tous les corps qui contiennent le principe de l'inflammabilité, ſur-tout lorſque ce principe eſt peu étroitement combiné, que sur les corps qui n'en contiennent point du tout, ou seulement très peu, ou de très fortement combiné. On avoit observé aussi que cet acide, après avoir exercé toute son action sur les corps abondamment pourvus d'un phlogistique peu adhérent, laissoit ces corps dans un état d'altération très remarquable, c'est-à-dire privés d'une partie plus ou moins considérable de leur principe inflammable, & à-peu-près comme si ce principe leur eût été enlevé par la combustion; on savoit que les autres acides ou matieres salines produisoient aussi ce même effet, mais d'une maniere sensiblement plus foible & moins efficace que l'acide nitreux; enfin l'altération qu'éprouve l'acide nitreux lui-même, en agissant, sans combustion, sur les corps combustibles, n'avoit point échappé entiérement aux Chymistes; ils avoient très bien vu que les vapeurs de cet acide devenoient dans ce cas, beaucoup plus colorées, plus rutilantes, plus expansibles, & d'une odeur sensiblement plus forte, que quand il dissolvoit des corps dépourvus, ou ne contenant que très peu du principe de l'inflammabilité. Mais il y avoit bien loin de toutes ces observations à la découverte de la substance connue maintenant sous le nom de *gas* ou d'*air nitreux*. Il me semble même que cette découverte ne pouvoit, en quelque sorte, être faite par un Chymiste, j'avoue du moins en mon particulier que, voyant que toutes les fois que l'acide nitreux agissoit sur un corps combustible, il se dissipoit par la continuation de la chaleur, jusqu'à la derniere portion en vapeurs rouges, ayant tous les caracteres de l'acide nitreux, & singuliérement sa miscibilité avec l'eau, il ne me seroit probablement jamais venu dans l'idée de faire passer ces vapeurs à travers de l'eau pour les recevoir dans un récipient, bien persuadé qu'elles se seroient unies à l'eau, & ne seroient pas parvenues en état de fluide aëriforme jusque dans le récipient. C'étoit cependant ce qu'il falloit faire; c'est ce qu'a fait M. *Priestley* qui ne s'étoit point jusqu'alors occupé de Chymie, & c'est à cette expérience qu'il a dû l'importante découverte du gas dont il s'agit; tant il est vrai que, quoiqu'en général les connoissances conduisent à d'autres connoissances, il arrive pourtant qu'elles peuvent nous faire manquer des découvertes, quand on fait trop de fond sur les conséquences qui semblent en résulter.

Quoi qu'il en soit, il est très certain que, quand on fait dissoudre par l'acide nitreux un corps quelconque abondant en principe inflammable; & que l'accès de l'air n'est point totalement interdit à la dissolution, l'acide nitreux s'exhale continuellement en vapeurs rouges, acides, miscibles à l'eau dans laquelle elles se condensent en reprenant la forme & tous les caracteres d'acide nitreux phlegmatique; mais il en arrive tout autrement, quand on fait, comme M. *Priestley*, la même opération dans un appareil qui ne permet aucune communication des vapeurs qui s'élevent de la dissolution, avec l'air de l'athmosphere. Les premieres vapeurs qui s'élevent de ces dissolutions, sont à la vérité des vapeurs d'acide nitreux, qui se mêlent à l'eau des vaisseaux, & ne parviennent point jusque dans le récipient sous la forme de vapeurs, ou plutôt de gas; mais dès que l'air qui étoit contenu dans le vaisseau où se fait la dissolution, & celui qui pouvoit être contenu dans l'eau de l'appareil qui sert à intercepter la communication avec l'air extérieur, a été absorbé, comme je le dirai tout à l'heure; alors tout change d'une maniere étonnante. Quoique la dissolution continue à se faire avec la même activité, les vapeurs rouges d'acide nitreux disparoissent totalement; on n'en voit plus dans les vaisseaux : il en existe cependant, & même en grande quantité; mais celles-ci ne sont pas plus visibles que l'air pur dont elles ont toute l'apparence; elles traversent l'eau de l'appareil comme l'air, en forme de bulle, & vont remplir le récipient de haut en bas à la maniere de tous les autres gas.

Ce fluide élastique qui remplit alors le récipient, & qu'il est impossible de distinguer à l'œil d'avec l'air le plus pur, n'est pourtant point de l'air, & est même bien éloigné d'en être : c'est le gas nitreux.

Ce gas est méphytique, comme tous les autres, il fait périr les animaux en un instant; il y a lieu de croire qu'il n'est point propre non plus à la combustion; du moins ce qui donne lieu de le présumer, c'est une expérience rapportée dans le premier volume de M. *Priestley*, & dont il résulte qu'il n'a pu calciner dans le gas nitreux les métaux les plus calcinables, tels que le plomb & l'étain. Une autre expérience du même Physicien, semble cependant indiquer que ce gas n'empêche point la combustion : il dit en avoir mêlé avec du gas inflammable, & que ce mélange a brûlé avec une belle flamme verte, (tome premier, trad. franç. page 152). Au surplus, il ne me paroît pas qu'on ait encore fait toutes les expériences qui seroient nécessaires pour constater si le gas nitreux peut, ou ne peut point servir à la combustion, ce qui est pourtant très essentiel à connoître. Il est vrai que ces expériences sont difficiles & délicates à cause du changement total que le moindre mélange d'air commun occasionne à ce gas, & que d'ailleurs tout ce qui concerne l'acide nitreux présente des phénomenes particuliers sur la combustion dans les vaisseaux clos, & sans le concours de l'air extérieur.

Le gas nitreux très pur ne paroît point acide, en ce qu'il ne se mêle point promptement avec l'eau comme le gas méphytique & tous les autres acides, soit en liqueur, soit même dans l'état gaseux; il ne sature point non plus les alkalis, si ce n'est très peu & très lentement; M. *le Duc de Chaulnes* a fait, en présence de l'Académie, une expérience très ingénieuse, & qui prouve que, lorsque le gas nitreux est très pur, & avant qu'il ait eu le tems de recevoir aucune altération, il n'a aucune propriété acide. M. *de Chaulnes* a introduit dans un récipient rempli de ce gas bien conditionné, de la teinture de tournesol contenue dans un petit vase qui en étoit entiérement plein, & fermé de maniere que cette liqueur ne pouvoit avoir aucune communication avec l'air extérieur, & qu'on pouvoit l'ouvrir après son introduction dans le gas nitreux. Cette teinture, qu'on sait être si sensible à l'action des acides, exposée de cette maniere au contact du gas nitreux, y est restée tant qu'on a voulu, sans que sa couleur ait été altérée en rien, & ait pris la moindre teinte de rouge.

M. *Priestley* s'est assuré par des expériences rapportées dans le premier volume de son Ouvrage, que ce gas est encore plus antiputride que le *gas [illegible]hytique*, ce qui n'a rien de surprenant, attendu qu[illegible] ces gas ne sont point de l'air, & que tous les faits bien observés jusqu'à présent, tendent à prouver que l'air, proprement dit, est aussi nécessaire à la putréfaction qu'à la combustion.

Mais, de toutes les propriétés de ce gas singulier, la plus étonnante, la plus importante, & dont la découverte est due aussi à M. *Priestley*, c'est celle qu'il a de redevenir acide nitreux très pur & très franc, par son seul mélange avec le véritable air.

On ne peut voir, sans en être émerveillé, que ce gas invisible, sans couleur, sans vapeurs sensibles, sans action, sur l'eau, sur les alkalis, sur la teinture de tournesol, dès qu'on introduit une portion de véritable air dans le récipient où il est contenu, change de nature en un instant. Le mélange se trouble aussi-tôt, le récipient se remplit de vapeurs rouges, rutilantes, d'autant plus épaisses que le gas nitreux & l'air qu'on y mêle, sont plus purs & dans les plus justes proportions. Ce mélange se fait avec une sorte d'effervescence, & sur-tout avec une chaleur très forte. Enfin c'est de l'acide nitreux en vapeurs, le plus fort, le plus fumant; qui s'absorbe aussi-tôt dans l'eau, si l'expérience se fait dans un appareil à l'eau; qui se met à dissoudre le mercure, si c'est dans l'appareil au mercure; qui fait avec les alkalis des nitres détonnans; c'est un acide nitreux, en un mot, auquel il ne manque aucun des caracteres qu'il avoit avant d'avoir été mis sous la forme & dans l'état de gas.

Cette métamorphose de gas nitreux, en acide nitreux, par le mélange de l'air, est accompagnée de plusieurs circonstances qui méritent la plus grande attention. Non-seulement le gas disparoît entiérement pour se présenter sous la forme d'acide nitreux, quand on lui a mêlé la juste quantité d'air qui lui est nécessaire pour cela; mais l'air lui-même disparoît aussi, il se trouve absorbé & lié dans la nouvelle combinaison, de maniere, que du mélange de deux fluides élastiques très rares, sans couleur & invisibles, il résulte une substance beaucoup plus dense, en vapeurs très rouges & très visibles ; or, comme cette vapeur n'est que de l'acide nitreux qui jouit de toute sa causticité, de toute son action dissolvante, & qui est dans le plus grand degré de concentration possible, il est aussi-tôt absorbé par l'eau avec laquelle il forme de l'acide nitreux ordinaire & en liqueur ; il ne reste plus ni air, ni gas, & l'eau, en absorbant l'acide qui résulte de leur union, remplit par conséquent aussi-tôt tout l'espace du récipient qui étoit d'abord occupé par ces fluides élastiques & gaseux.

Mais, dans cette étonnante transmutation, il se présente encore un phénomene que je regarde comme le plus remarquable & le plus important de tous, à cause de la très grande utilité qu'on en peut retirer, & des connoissances précieuses qu'il nous procure sur l'état & la nature du véritable air, & sur celle des gas qui ne sont point de l'air, & qui n'en ont que l'apparence. Voici le phénomene dont il s'agit.

On se doute bien que, comme dans la transmutation du gas nitreux en acide nitreux par le mélange de l'air, ces deux fluides élastiques s'absorbent réciproquement & se combinent l'un à l'autre, il doit y avoir un point de *saturation* dans cette combinaison, & que, si la quantité de l'un des deux fluides est excédente à la juste proportion dans laquelle ils peuvent se combiner réciproquement, la quantité excédente de ce fluide n'entrera point dans le nouveau mixte, & restera par conséquent dans son état de gas nitreux, si c'est ce gas qui est excédent, ou d'air, si c'est l'air ; c'est aussi ce qui ne manque pas d'arriver, & alors il est facile de parvenir au point de saturation, comme dans toutes les autres combinaisons chymiques, en rajoutant de la substance, qui est en moins, ce qu'il en faut pour la saturation de celle qui est en plus.

Les Physiciens qui ont fait ces recherches, sur-tout M. *Priestley* & M. *Lavoisier* (1), après les tatonne-

(1) Mémoire sur l'existence de l'air dans l'acide nitreux, & sur

mens inévitables dans de pareilles expériences, ont trouvé que la quantité d'air de l'athmosphere nécessaire à la saturation, étoit de seize parties, contre sept parties & un tiers de gas nitreux. Après que le mélange a été fait dans ces proportions, il ne reste plus de gas nitreux, il est transformé en entier en acide nitreux; mais ce qu'il faut bien remarquer, environ les trois quarts de l'air employé, restent dans le récipient sous la forme d'air, qui ne produit plus d'acide nitreux par une nouvelle addition de gas nitreux, & qui, séparé & soumis aux épreuves convenables, se trouve n'être point de l'air; mais un gas auquel il ne manque aucune des propriétés de celui que je nomme *gas méphytique* (*air fixe*); & ce qui ne mérite pas une moindre attention, c'est que, si au lieu de se servir de l'air commun de l'athmosphere, pour faire la transmutation du gas nitreux en acide nitreux; on emploie l'air plus pur que l'air commun, dont j'ai parlé sous le titre de *gas* ou *d'air déphlogistiqué*, alors les proportions de la saturation sont bien différentes: car d'après les expériences très exactes de M. *Lavoisier*, il ne faut que quatre parties de ce bon air contre les sept parties & un tiers de gas nitreux, pour la transformation totale de ce dernier en acide nitreux, & il ne reste, après la combinaison complette, que la trente-quatrieme partie du volume originaire des deux fluides élastiques; ce reste est un gas qui n'agit plus sur le gas nitreux, & qui est sans doute aussi du gas méphytique.

Ces expériences capitales indiquent assez que le gas méphytique n'a pas, comme le véritable air, la propriété d'agir sur le gas nitreux; aussi M. *Priestley* & les autres se sont-ils bien assurés par toutes les épreuves convenables que, lorsque l'on mêle du gas nitreux avec du gas méphytique bien pur & dans quelque pro-

---

les moyens de décomposer & de recomposer cet acide, par M. *Lavoisier*, de l'Académie Royale des Sciences, imprimé à la fin du Recueil de Mémoires & d'Observations sur la formation & sur la fabrication du salpêtre, par les Commissaires de l'Académie; à Paris, chez *Lacombe*, Libraire, rue de Tournon, 1776.

portion que ce soit, ces deux gas se mêlent paisiblement, mais sans aucune apparition de vapeurs rouges, sans la moindre diminution du volume total, & par conséquent sans aucune réaction, sans aucune combinaison de l'un avec l'autre. La preuve complette de cette vérité, c'est qu'on peut les séparer après cela l'un de l'autre, en absorbant le gas méphytique par l'eau, ou par l'eau de chaux, & qu'on les retrouve l'un & l'autre tels qu'ils étoient avant leur mixtion. Il en est de même du mélange du gas nitreux avec le gas inflammable, & avec tous les autres gas bien purs & bien exempts, sur-tout, d'aucune partie de véritable air.

Il résulte de tous ces faits aussi importans, que bien constatés, que l'air commun, l'air de l'athmosphere que nous respirons n'est point de l'air pur, mais qu'il est mêlé d'une quantité considérable de fluides élastiques d'une nature toute différente, qui n'en ont point été distingués jusqu'à présent, parcequ'ils lui ressemblent parfaitement par plusieurs de ses propriétés les plus sensibles & les plus apparentes, mais qui n'en existent pas moins, & qui ne sont point de l'air propre à la respiration. Je suis à cet égard du sentiment de M. *Lavoisier*, qui dit dans le Mémoire que j'ai cité, » qu'il paroît prouvé que l'air que » nous respirons ne contient qu'un quart de véritable » air; que ce véritable air est mêlé dans notre athmos» phere à trois ou quatre parties d'un *air* (gas ou sub» stance aëriforme, nuisible,) d'une espece de *mophete* » qui feroit périr le plus grand nombre des animaux, » si la quantité en étoit un peu plus considérable. Les » funestes effets de la vapeur du charbon sur l'air, & » d'un grand nombre d'autres émanations, prouvent » encore combien ce fluide est près de la limite, au» delà de laquelle il deviendroit mortel pour les ani» maux. Cet Académicien ajoute qu'il espere bientôt » être en état de discuter cette idée, & de mettre sous » les yeux de l'Académie les expériences sur lesquelles » elle est appuyée. On ne peut assurément que desirer » avec grande impatience des expériences faites par un » homme du mérite de M. *Lavoisier*, & sur un objet » d'une si grande importance «.

En attendant la suite des découvertes capitales qu'on a tout lieu d'espérer de la continuation des travaux de nos meilleurs Chymistes, plusieurs des faits déja connus & constatés, & notamment sur les propriétés du gas nitreux, présentent un objet d'une très grande utilité, qui n'a pas échappé à la sagacité de M. *Priestley*; c'est qu'on peut, par le moyen du gas nitreux, déterminer le degré de pureté & de salubrité de l'air, avec beaucoup plus de facilité & de précision que cela n'a été possible jusqu'à la découverte de ce gas, & c'est cet effet du gas nitreux que j'ai annoncé comme le plus important de tous, à cause de sa grande utilité.

On vient de voir qu'il a la propriété de s'unir avec l'air, de l'absorber & de se transformer avec lui en acide nitreux; on a vu aussi qu'il ne produit cet effet avec aucune des especes de fluides élastiques, aëriformes, connus jusqu'à présent, qui ne sont point de l'air, & qui ne peuvent servir à la respiration; nous devons ajouter que, dans quelque proportion que le véritable air respirable soit mêlé avec les gas quelconques, cela ne l'empêche aucunement de produire son effet ordinaire sur le gas nitreux, parceque le véritable air, quoique miscible à tous les gas, comme ils le sont entre eux, reste libre & ne contracte aucune union avec eux; c'est du moins ce qui est prouvé par toutes les expériences qui ont été faites en grand nombre jusqu'à présent sur cette matiere; & il résulte de tout cela que, lorsque l'on applique le gas nitreux à de l'air plus ou moins inquiné par le mélange des autres especes de gas quelconques, il n'y a que l'air pur, & proprement dit, de ces mélanges, qui soit absorbé & transformé en acide nitreux par le gas nitreux, tout ce qui n'est point air respirable dans ces mélanges, n'éprouve aucune absorbtion, aucune diminution de volume, aucune altération dans sa nature, par l'action du gas nitreux, & reste sous sa forme d'air dans le récipient où se fait l'expérience.

Ainsi, lorsqu'on applique le gas nitreux bien pur à une substance aëriforme quelconque, si l'on ne voit paroître aucune vapeur rouge, & que le mélange continue à occuper dans le récipient le même volume qui doit résulter du volume du gas nitreux, ajouté à celui de la substance aëriforme qu'on éprouve, on peut être assuré que cette derniere n'est qu'un gas qui a seulement l'apparence de l'air, mais qui n'est point réellement de l'air, qui n'est pas même mêlé d'air, & qui doit immanquablement éteindre le feu, & tuer les animaux. Si, dans une pareille épreuve, on remarque quelques vapeurs nitreuses, & quelque diminution de volume dans le mélange, alors on peut être assuré que la substance aëriforme qu'on éprouve, contient une certaine quantité de véritable air, propre à la respiration & à la combustion; & ce qu'il y a de plus remarquable & de plus utile, c'est que, comme l'on a déterminé la quantité d'air absolument pur, nécessaire à la transformation totale d'une quantité donnée de gas nitreux en acide nitreux, & que l'on sait que le volume de pur air & de gas nitreux nécessaire à leur saturation réciproque, devient nul par l'absorbtion dans l'eau de l'acide nitreux qui en résulte; il s'ensuit qu'on peut juger très exactement par la diminution du volume, de la quantité d'air pur mêlé dans une substance aëriforme quelconque, & de la quantité de gas qui n'est point de l'air respirable, qui peut se trouver mêlé avec l'air, soit de l'athmosphere, soit d'un lieu quelconque, dont on veut reconnoître le degré de bonté & de salubrité. On se sert pour cela de récipiens calibrés & divisés en tel nombre de degrés qu'on juge à propos, mais dont chaque degré doit répondre juste à une mesure, avec laquelle on mêle les gas dans le récipient, en telle proportion qu'on veut, & dont on doit, pour le mieux, connoître la capacité.

Comme l'air pur, & proprement dit, est la seule substance connue jusqu'à présent dans la nature qui ait la propriété de pouvoir entretenir la vie des animaux & la combustion des corps combustibles, avant la découverte des gas, on pouvoit jusqu'à un certain point éprouver le degré de pureté & de salubrité d'un air quelconque, par le tems que pouvoit brûler un corps combustible, ou vivre un animal, dans une quantité déterminée de l'air qu'on vouloit éprouver; & la durée de la vie des animaux de même espece, étoit le moyen dont M. *Priestley* se servoit pour ces épreuves, avant qu'il eût découvert le gas nitreux ; mais on voit dans son ouvrage que depuis qu'il a eu fait cette découverte importante, il a senti tout l'avantage qu'avoit l'épreuve par le gas nitreux, sur celle de la vie des animaux, cette derniere étant sujette à de grandes variations & incertitudes, malgré la précaution qu'on peut prendre, en choisissant des animaux de même espece, à cause de la diversité de l'âge, & sur-tout du tempérament & de la disposition actuelle de ces animaux au moment de l'expérience, & tous les Physiciens ont suivi avec raison, l'exemple de M. *Priestley*.

Cette épreuve a servi avec avantage pour reconnoître de grandes différences entre les fluides élastiques mêlés d'une plus ou moins grande quantité de véritable air, & provenant de différentes expériences sur les gas ; mais on n'en a pas encore tiré toute l'utilité qu'elle promet, par sa précision & sa sensibilité, pour déterminer les différences de bonté entre les airs, qu'on est dans le cas de respirer, & qui, quoique moins considérables, n'en sont pas moins importantes par la grande influence qu'elles ne peuvent manquer d'avoir sur la santé & la vie des hommes & des animaux.

On sait que l'air de l'athmosphere n'est point de l'air pur, & qu'il est naturellement mêlé, comme je l'ai fait remarquer, d'une quantité considérable de gas méphytique : on sait aussi que la proportion du gas méphytique, mêlé à l'air de l'athmosphere, n'est pas la même dans tous les lieux & dans toutes les circonstances ; il y a des observations & des expériences décisives, qui prouvent que la proportion du gas méphytique avec le véritable air, augmente toujours d'autant plus que l'air a été respiré par un plus grand nombre d'animaux, ou plus long-tems par un même animal ; qu'il a servi à la combustion d'une plus grande quantité de matieres combustibles, ou à la fermentation d'une plus grande quantité de matieres fermentescibles ; soit que cette augmentation de la partie méphytique de l'air vienne de ce que les émanations de la respiration, de la combustion, de la fermentation, se combinent avec l'air & le transforment en gas méphytique, comme le pense

M. *Priestley*; soit que l'air le plus pur du fluide athmosphérique, soit absorbé & combiné dans ces mêmes opérations, comme je le pense; soit enfin que la bonté de l'air s'altere & par l'un & par l'autre de ces moyens, ce qui peut fort bien être; le fait principal & très certain, c'est que par ces mêmes opérations, la quantité du gas méphytique augmente de plus en plus dans le fluide athmosphérique, & au point qu'il peut être totalement transformé en gas méphytique, éteignant le feu & tuant les auimaux. Or, d'après ces observations, il est bien clair que l'air des Eglises, des Salles de bal & de spectacle, qui est respiré par un grand nombre d'hommes, & consumé par une grande quantité de cierges, de bougies, de chandelles; celui des prisons, des hôpitaux, & la calle des vaisseaux, se détériore toujours d'autant plus, qu'il est moins renouvellé.

La qualité mal saine & malfaisante de ces airs ainsi altérés, étoit, comme depuis long-tems, & bien avant la découverte des gas, par les nombreux accidens qu'ils ont toujours occasionnés; mais ce n'étoit que d'une maniere vague, sans qu'on sût précisément en quoi consistoit cette qualité pernicieuse de l'air, & on étoit d'ailleurs bien éloigné d'en pouvoir mesurer les différens degrés. On a déja acquis sur cet objet intéressant des connoissances beaucoup plus étendues & plus précises, & qui peuvent être portées encore bien plus loin. Il paroît que la principale cause de la détérioration de l'air, que nous sommes dans le cas de respirer, c'est l'augmentation de la quantité du gas méphytique, & peut-être de quelques autres, du mélange desquels l'air de l'athmosphere n'est jamais entiérement exempt. Or, par le moyen de l'épreuve avec le gas nitreux, on est en état de déterminer, avec une très grande précision, la proportion du véritable air & de gas, dont le mélange forme le fluide athmosphérique que nous respirons, & de calculer en quelque sorte le risque que l'on court à respirer telle ou telle espece d'air, pendant un tems donné.

M. *Priestley* ayant comparé, par le moyen de cette épreuve, l'air de son laboratoire, que plusieurs personnes avoient respiré pendant un certain tems, avec celui du dehors, y a apperçu une différence sensible. Je me suis trouvé derniérement chez M. *Sigaud de la Fond*, très habile Démonstrateur de Physique dans l'Université de Paris, au moment où il soumettoit à l'épreuve du gas nitreux, l'air d'une des salles de l'Hôtel-Dieu, & nous vîmes que ce gas absorboit moins de cet air, que celui de son cabinet, dans la proportion d'environ une douzieme partie d'un des degrés de sa jauge, qui étoient assez grands. M. l'Abbé *Fontana* a publié en italien la description d'un appareil de son invention, par le moyen duquel on peut mesurer ainsi avec beaucoup d'exactitude, les différens degrés de pureté de l'air, en lui appliquant le gas nitreux.

Le point essentiel, quand il s'agit de reconnoître & de mesurer de petites différences, c'est d'avoir, pour faire le mélange, un récipient servant de jauge, qui soit bien calibré, & dont les divisions soient petites & très justes; du reste l'opération est très facile. Il n'est point du tout nécessaire de se transporter avec ses instrumens dans le lieu dont on veut examiner le degré de pureté de l'air; le Physicien peut faire très commodément cet examen dans son cabinet; il n'a besoin que d'une bouteille pleine de l'air qu'il s'agit d'éprouver; &, pour avoir cet air, l'opération est des plus simples. On doit avoir une bouteille bien nette, avec un bon bouchon de liege, propre à la boucher très exactement; on emplit cette bouteille d'eau très pure jusqu'à son orifice, & on se transporte avec dans le lieu de l'air duquel on veut prendre un échantillon; par exemple, dans une salle de spectacle, vers la fin, un peu avant que les spectateurs en sortent; on vuide entiérement la bouteille de l'eau qu'elle contient; l'air du lieu remplit entiérement cette bouteille, à mesure que l'eau s'en écoule: on la bouche après cela bien exactement avec son bouchon, avant de sortir. On peut transporter cette bouteille, où l'on veut, quand ce seroit à deux mille lieues: & comme en faisant l'expérience, l'air de la bouteille n'a aucune communication avec celui du lieu où l'on opere, on est sûr de connoître au juste la qualité de l'air du lieu qu'on veut éprouver.

On n'a encore fait, comme je l'ai dit, qu'un très

petit nombre de ces épreuves & de ces comparaisons d'air ; mais il est aisé de sentir combien elles promettent de connoissances intéressanres , & l'on ne peut trop exhorter les Chymistes à les multiplier. La découverte du gas nitreux a occasionné celle de la propriété qu'a l'air pur , & en tanr qu'air , de se transformer avec ce gas en acide nitreux , qualité qu'il paroît posséder aussi exclusivement à toute autre substance , que celle d'être nécessaire à la respiration , à la combustion , &c. C'est-là une de ces connoissances précieuses qui ne peuvent manquer d'avoir de grandes suites & d'en procurer beaucoup d'autres, non seulement sur la nature de l'air, mais encore sur celle de l'acide nitreux , & peut-être de tous les autres , comme l'a déja promis M. *Lavoisier*, & comme l'annonce aussi M. *de Lassone* , dans les notes qu'il a eu la bontéde me communiquer , d'*après des faits intéressans & bien positifs* , qu'il n'a pas encore publiés , & dont on doit desirer impatiemment la connoissance.

J'ai dit au commencement de cet article du gas nitreux, qu'on pouvoit le retirer par l'action de l'acide nitreux , sur presque tous les corps contenant du phlogistique. En effet M. *Priestley* dit en avoir obtenu du *fer* , du *cuivre rouge* , du *cuivre jaune* , de l'*étain*, de l'*argent* , du *mercure* , du *bismuth* & du *nikel* par l'acide nitreux seul , & de l'*air* & du *régule d'antimoine* par l'*eau régale*. Il paroît même par la suite des expériences de cet Auteur , qu'il a retiré du gas nitreuxpar l'action de l'acide nitreux sur toutes les substances métalliques , excepté le *plomb* & le *zinc* , qui ne lui en ont fourni que très peu ou de très foible. Je vois par les notes manuscrites de M. *de Lassone* , qui a réitéré avec soin toutes les expériences de M. *Priestley* , qu'il n'a point obtenu de gas nitreux de la dissolution du zinc par l'acide nitreux , mais plutôt du gas mephytique , & par la décomposition ultérieure du nitre à base de zinc , de l'air très pur d'abord , & à la fin de l'air impur ou mêlé de gas, qui n'étoit pas propre à la combustion. M. *de Lassone* dit dans le même manuscrit, qu'il a retiré de l'action de l'acide nitreux sur l'étain un fluide élastique , qui n'étoit pas du gas nitreux, mais de l'air plus pur que l'air commun, qui est devenu encore plus pur à un feu plus fort, sur la fin de l'opération. Comme M. *Priestley* ne donne point le détail de ses opérations, il y a lieu de croire que ces différences, & plusieurs autres encore, viennent de quelques circonstances qu'il n'a point remarquées, & qui cependant influent beaucoup sur la nature des produits, comme, par exemple, le différent degré de chaleur, qui, dans tous les gas, pour le dégagement desquels elle est nécessaire, occasionne des différences étonnantes. C'est, sans doute aussi par la même raison, que l'on trouve dans plusieurs expériences de M. *Priestley* des différences & même des contradictions apparentes, dont il est difficile de découvrir la cause, faute de connoître tous les détails de chacune; mais ces objets étant tout neufs, il faut nécessairement encore du tems & du travail, pour l'éclaircissement de beaucoup de choses qui, pour le présent, sont encore très obscures. M. *Priestley* qui a publié ses expériences à mesure qu'il les a faites, & qui n'a d'autre but que de découvrir la vérité, convient lui-même de ces inconvéniens, & a eu le soin très louable d'en prévenir ses Lecteurs.

Au surplus, à mesure que les expériences se multiplient, elles paroissent établir de plus en plus, comme une regle générale, que l'acide nitreux appliqué aux corps quelconques contenant du phlogistique, produit toujours du gas nitreux dans l'appareil pneumato-chymique, mais plus ou moins facilement & abondamment, suivant la nature des corps auxquels on l'applique, & suivant les circonstances de l'opération.

M. *Priestley* vient de publier, dans son second volume, une suite d'expériences, qu'on peut regarder comme complette, & dont il résulte que l'action de l'acide nitreux, sur l'esprit de vin, sur tous les éthers, sur toutes les huiles, sur les résines & gommes, sur les charbons & sur tous les végétaux ou parties des végétaux en nature, produit toujours abondamment du gas nitreux.

Ce laborieux Physicien a fait la même suite d'expé-

riences

riences ſur les matieres animales, & ſon zele a été récompenſé par une obſervation qui paroît mériter la plus grande attention ; c'eſt qu'en général toutes les matieres animales, excepté la graiſſe, qui, comme l'on ſait, donne dans ſon analyſe des principes entiérement analogues à ceux des huiles végétales, ne lui ont point, ou preſque point, fourni de gas nitreux, en comparaiſon des ſubſtances végétales. Comme cette différence s'eſt ſoutenue conſtamment dans un grand nombre d'expériences : on ne peut guere douter qu'elle ne dépende de la nature des parties conſtituantes des ſubſtances animaliſées, & par conſéquent cette obſervation fournit de nouveaux moyens de parvenir à une connoiſſance plus exacte des matieres animales que nous connoiſſons encore ſi peu, quoique nous ayons un ſi grand intérêt à les bien connoître.

Mais je reviens au gas nitreux, conſidéré en lui-même, cet être ſi ſingulier & ſi nouveau qui mérite aſſurément la plus grande attention de la part des Chymiſtes. Qu'eſt ce qu'une ſubſtance aëriforme, qui non ſeulement n'a aucune des propriétés de l'acide nitreux, mais qui n'a même, à proprement parler, aucune propriété acide, qu'on ne peut jamais obtenir que par le concours de l'acide nitreux, & qui redevient acide nitreux parfaitement caractériſé par ſon ſeul mélange avec une quantité d'air déterminée ? C'eſt la réponſe à cette difficile & importante queſtion que M. *Lavoiſier* a eué pour but dans le Mémoire que j'ai déja cité. Pour y parvenir, cet Académicien éclairé a ſuivi la meilleure de toutes les méthodes, celle de faire des expériences avec la plus grande exactitude. Çà été en faiſant la combinaiſon de l'acide nitreux avec le mercure, & en décompoſant cette même combinaiſon, juſqu'à la parfaite révivification de cette matiere métallique, le tout depuis le commencement de ces opérations, juſqu'à la fin, dans des appareils pneumato-chymiques, propres à retenir tout ce qui pouvoit en ſortir, ſans aucune communication avec l'air extérieur, & ſans aucune addition.

Il a réſulté de cette belle expérience de M. *Lavoiſier*, que, tant que l'acide nitreux a agi, comme diſſolvant ſur le mercure, il a paſſé dans le récipient un gas qui étoit du gas nitreux bien caractériſé, & qu'enſuite, par le progrès de l'opération, & à proportion que le mercure qui avoit pris la forme de précipité rouge, ſe réduiſoit en mercure coulant, il s'eſt dégagé une nouvelle quantité de fluide élaſtique, qui, reçu dans un autre récipient, s'eſt trouvé de véritable air beaucoup plus pur que l'air commun, c'eſt-à-dire, de cet air que M. *Prieſtley* a nommé *air déphlogiſtiqué*. M. *Lavoiſier* a obſervé, dans le cours de cette opération intéreſſante, après le dégagement de preſque tout le gas nitreux, & dans le tems où le mercure transformé en précipité rouge, par l'abſtraction de ce gas & du flegme de l'acide employé, l'air pur commençoit à ſe dégager; qu'il s'eſt élevé une petite quantité d'acide nitreux en nature & en vapeurs rouges. M. *Lavoiſier* obſerve avec raiſon, que cette petite quantité d'acide nitreux provenoit du mélange des dernieres portions du gas nitreux, avec les premieres de l'air déphlogiſtiqué, mélange qu'on ſait en effet former toujours de l'acide nitreux. L'inſtant où ces vapeurs rouges viennent à ceſſer, eſt celui où il faut changer de récipient, pour recevoir l'air très pur qui ſe dégage enſuite juſqu'à la fin de l'opération.

Le but qu'avoit M. *Lavoiſier* dans cette expérience, étant de déterminer, avec la plus grande préciſion, les quantités reſpectives de tous les produits qu'il en obtiendroit; après avoir eſtimé, d'après les proportions qu'il connoiſſoit déja, que 12 pouces cubiques d'air un peu meilleur que l'air commun, qui s'étoient dégagés pendant la ſortie des vapeurs rouges, étoient le réſidu de 24 pouces de gas nitreux & d'autant d'air déphlogiſtiqué; il s'eſt trouvé qu'après la réduction du mercure, à une très petite quantité près de *ſublimé rouge*, qui ne s'eſt pas réduit, tous les produits de l'opération entiere n'ont été que du gas nitreux, du phlegme qui s'eſt confondu avec l'eau de l'appareil, de l'air déphlogiſtiqué, & du mercure révivifié; & M. *Lavoiſier* ayant eu l'attention de recevoir ces produits dans des récipiens calibrés & gradués, il a été en état de connoître, à très peu près, les quantités de chaque produit. Le poids du mercure, y compris la petite portion de sublimé rouge, s'est trouvé le même que celui qui avoit été employé, c'est-à-dire, de deux onces. Les volumes du gas nitreux & de l'air très pur, provenus de l'action de l'acide nitreux, qui avoit été employé aussi à la dose de deux onces, & légérement fumant, étoient (toute réduction & estimation faite) celui du gas nitreux de 196 pouces cubiques, & celui de l'air très pur de 246 pouces cubiques; le reste étoit le phlegme de l'acide nitreux qui s'étoit confondu avec l'eau de l'appareil. M. *Lavoisier* conclud, avec beaucoup de vraisemblance, de cette expérience, qu'*elle est un moyen de décomposer l'acide nitreux, & d'y démontrer l'existence de l'air, ou plutôt*, ajoute-t-il, *d'un air plus pur, &*, s'il est permis de se servir de cette expression, *plus air que l'air commun*; & cette conséquence à laquelle on ne pouvoit parvenir que par des expériences aussi exactes que celles de M. *Lavoisier*, doit, par cette raison, être regardée comme une découverte qui lui appartient bien légitimement.

Il passe ensuite à la recomposition de l'acide nitreux, par la réunion des principes mêmes qu'il avoit séparés; & en effet ayant trouvé, comme je l'ai dit, par des expériences antérieures, qu'il falloit quatre parties d'air déphlogistiqué très pur, pour convertir totalement en acide nitreux sept parties un tiers de gas nitreux, il a mêlé dans cette proportion le gas nitreux & l'air très pur qu'il avoit obtenus dans son expérience, & a reproduit par ce mêlange un acide nitreux qui ne différoit en rien, par ses qualités, de celui qu'il avoit employé.

Les conclusions que M. *Lavoisier* tire en général de tout ce travail très exact, sont que l'acide nitreux se décompose en agissant sur le mercure & autres substances; qu'il se divise en deux de ses parties constituantes, dont l'une est le gas nitreux, & l'autre est l'air très pur; que le gas nitreux n'est point de l'acide nitreux, mais seulement une substance propre à former de l'acide nitreux, par sa combinaison avec une suffisante quantité d'air très pur, & que c'est à cette union avec l'air que le gas nitreux doit le caractere qu'il prend, non ſeulement d'acide nitreux, mais encore juſqu'à ſon acidité eſſentielle : cela paroît très poſſible ; j'ajouterai même que je ſuis très porté à croire que l'air proprement dit, eſt une des parties conſtituantes de l'acide nitreux & de tous les autres, parceque beaucoup d'expériences déja publiées ſont très favorables à cette opinion, & que j'ai la plus grande confiance à celles que MM. *de Laſſonne* & *Lavoiſier* annoncent qu'ils publieront bientôt ; mais il ne me paroît pas moins d'un autre côté que toutes les conſéquences que M. *Lavoiſier* tire de ſes expériences, ne ſont point démontrées dans toute leur étendue ; &, comme je ne crains point d'offenſer un ami de la vérité, tel que l'eſt M. *Lavoiſier*, en expoſant ce qui me ſemble vrai, je vais dire avec franchiſe ce que je penſe des importans phénomenes dont il s'agit.

On ne peut diſconvenir d'abord que le gas nitreux n'ait point les propriétés de l'acide nitreux, & qu'il ne contienne tout ce qu'il faut pour former de l'acide nitreux, uniquement par ſon mélange avec l'air ; cela eſt démontré en toute rigueur par les expériences de M. *Lavoiſier* ; ou plutôt cette propoſition n'eſt elle-même qu'un fait qui s'eſt confirmé conſtamment, qui n'a jamais ſouffert aucune variation, aucune exception dans les recherches du grand nombre des excellens Chymiſtes & Phyſiciens qui l'ont vérifié depuis la découverte de M. *Prieſtley* ; mais ce fait démontre-t-il, comme le penſe M. *Lavoiſier*, que le gas nitreux ne contient point d'acide nitreux, ou, ce qui eſt la même choſe, que l'acide nitreux n'exiſte point en nature d'acide dans le gas nitreux ? C'eſt-là ce qu'il s'agit d'examiner ; il faut faire pour cela les réflexions ſuivantes.

Je commence par convenir que, s'il étoit prouvé que tous les acides en général ſe décompoſent & ceſſent par conſéquent d'être acides par la ſéparation de quelqu'une de leurs parties conſtitutives, toutes les fois qu'ils s'uniſſent avec une ſubſtance quelconque, juſqu'au point de la ſaturation ; & que, quand on vient à les dégager de la ſubſtance avec laquelle ils étoient combinés, ils ne puſſent plus reparoître avec leur acidité, à moins qu'ils ne ſe recombinaſſent avec celle de leurs parties constitutives, qui s'en seroit séparée dans la combinaison; je conviens, dis-je, qu'alors l'opinion de M. *Lavoisier* seroit, comme démontrée, ou du moins qu'on ne pourroit lui opposer aucune objection décisive. Mais on est encore bien éloigné de connoître aucun fait qui prouve que les choses se passent ainsi: car, en supposant même que l'air est une des parties constitutives de tous les acides, l'exemple du gas & de l'acide nitreux paroît prouver que, s'il y a une portion de cet acide qui se décompose par la séparation d'une partie de son air principe, la plus grande portion de cet acide n'est pourtant point décomposée, & conserve dans l'état même de gas nitreux, la quantité d'air combiné qui lui est nécessaire pour être acide. La preuve en est que ce gas étant susceptible lui-même d'une décomposition ultérieure & totale par son agitation dans l'eau, au point qu'il ne peut plus former un seul atôme d'acide nitreux avec le véritable air, comme l'expérience l'a prouvé à M. *Priestley*, à M. l'Abbé *Fontana* & à plusieurs autres; ce qui reste, après cette décomposition qui se fait sans aucune communication avec l'air extérieur, se trouve n'être plus que de l'air qui s'approche d'autant plus de l'état d'air commun, que la décomposition du gas nitreux a été plus complette. Donc, doit-on en conclure, le gas nitreux est composé en grande partie d'air, comme tous les autres; donc ce n'est point l'air qui manque à l'acide nitreux dans l'état de gas nitreux, pour être, ou plutôt pour paroître acide, & l'air dont le mélange rend sensibles les propriétés acides de ce gas, y produit quelque autre effet que celui de sa simple combinaison.

Il est prouvé par toute la Chymie, que non seulement les acides, mais toutes les substances en général qui ont de la *causticité*, de l'action dissolvante, c'est-à-dire une tendance forte & marquée à se combiner avec d'autres substances, perdent leur acidité, leur causticité quelconque, dès qu'ils peuvent satisfaire la tendance qu'ils ont à l'union, en s'unissant en effet avec quelque autre matiere, lors même que cette derniere est aussi dans l'état de causticité, & que, dans ce cas, l'acidité des acides, par exemple, disparoît d'autant plus complettement, que l'union qu'ils contractent est plus forte & plus intime, comme je l'ai amplement expliqué aux Articles CAUSTICITÉ, PESANTEUR, SATURATION & autres qu'il faut consulter à ce sujet; mais, ce qu'il faut bien remarquer, c'est que, dans ce cas, l'acidité ou la causticité quelconque, quoique devenue insensible, n'est nullement détruite; elle existe au contraire toujours absolument dans son entier, avec toute son énergie, & ne devient insensible que parceque la force en quoi elle consiste, ne cesse pas un instant de s'exercer sur la substance à laquelle le caustique s'est uni. Le caustique est alors exactement comme un corps pesant, dont la pesanteur agit, se repose sur ceux qui le soutiennent, & devient nulle pour tous les autres, quoiqu'elle ne perde essentiellement rien de son énergie par ce repos; c'est-là la cause unique de la dureté des corps, de l'union & de l'adhérence des parties constitutives de tous les composés, dans l'état de leur repos respectif, que l'on nomme *saturation*. Aussi, dès qu'une force supérieure vient à détruire ce repos, c'est-à-dire à séparer les parties des caustiques de celles de la substance sur laquelle elles épuisoient leur tendance à l'union; cette tendance, ou la causticité, reparoît dans toute son énergie, & aussi prête à s'exercer, qu'elle l'étoit auparavant, sur la même substance dont on l'a séparée, ou sur une autre, par la même raison qu'on sent tout le poids d'un corps qu'on enleve de dessus son support, & qu'il se précipite avec impétuosité, soit sur le même support, soit sur une autre quelconque, dès qu'on le lâche. Je ne connois point d'autre principe général que celui-là pour toute la théorie de la Physique & de la Chymie. J'avoue que, sans lui, la Physique entiere ne me paroît qu'un cahos de faits qu'il est impossible de lier, & auxquels on ne peut rien comprendre. De quelque façon qu'on les considere, il en faut toujours revenir à la théorie de la pesanteur, de l'attraction, de la causticité, de la saturation; & je n'insiste si souvent sur ces principes fondamentaux, que parceque, malgré tout ce que j'en ai dit, dans la premiere édition de cet Ouvrage, il paroît qu'ils n'ont point été assez sentis, même par des Physiciens &

des Chymistes de la réputation la plus grande & la mieux méritée.

Il est donc très possible que l'acide nitreux existe non décomposé & avec toute son acidité essentielle dans le gas nitreux ; il suffit pour cela que cette acidité soit masquée & rendue insensible, par l'union de l'acide avec quelque substance qui le mette dans cet état d'inaction apparente qu'on nomme *saturation*, & qu'il n'ait besoin que d'être séparé plus ou moins complettement, par un intermede convenable, de la substance qui le sature, pour reparoître avec son acidité, & toutes les autres propriétés qui le caractérisent lorsqu'il est libre.

M. *Priestley*, M. l'Abbé *Fontana*, & la plupart des Chymistes regardent le gas nitreux, comme de l'acide nitreux, surchargé d'une quantité de phlogistique, qui le met dans un état de saturation, propre à masquer son acidité, & dans cette hypothèse, qui paroît très conforme à tous les autres phénomenes analogues que la Chymie nous offre en grand nombre, on conçoit bien facilement, que si la connexion du principe inflammable avec l'acide nitreux, vient à être détruite, ou même seulement beaucoup diminuée par le mélange de quelque intermede convenable, l'acide nitreux, n'étant plus lié, comme il l'étoit dans le gas nitreux, doit reparoître aussi-tôt dans sa nature d'acide. Il y a lieu de croire que l'eau seule peut procurer, du moins en partie, la désunion dont il s'agit : car, suivant l'observation de M. *Priestley* & de M. l'Abbé *Fontana*, celle qui sert à la décomposition du gas nitreux, devient acide ; mais l'eau ne peut produire cet effet que foiblement, difficilement & lentement, peut-être même ne le produit-elle que par des particules d'air, dont on peut soupçonner qu'elle n'est jamais entiérement exempte ; mais on ne peut méconnoître l'air pur, comme l'agent le plus efficace & le plus puissant dans cette désunion ; c'est cet élément qui est le véritable précipitant de la matiere du feu dans toutes les opérations de la nature, & dans celle-ci, comme dans toutes les autres, telles que la combustion, la calcination, peut-être même la fermentation & la respiration. Rien n'empêche donc qu'on ne puisse regarder, avec M. *Priestley* & M. l'Abbé *Fontana* & plusieurs autres, le gas nitreux comme de l'acide nitreux, dont l'acidité est saturée par son union avec une grande quantité du principe de l'inflammabilité, & l'effet de l'air, qui lui rend son acidité, comme celui d'un intermede précipitant, qui en même tems qu'il se combine, sépare quelqu'une des parties constitutives du mixte auquel il s'unit, ou diminue au moins notablement l'intimité de l'ũnion de cette partie constitutive. Dans le cas présent celle des parties constitutives du gas nitreux que l'air sépare, ou dont il dimiuue la connexion, c'est le principe de l'inflammabilité. Il se passe donc ici quelque chose d'assez analogue à la *combustion*, dans laquelle le phlogistique du corps combustible est dégagé & rendu feu libre par l'intermede de l'air qui prend sa place. La différence qu'il y a, c'est que dans la vraie combustion, la matiere du feu est totalement séparée & remise en pleine & entiere liberté par l'intermede de l'air, au lieu que dans la transformation du gas nitreux en acide nitreux, la connexion de la matiere du feu avec les principes du gas & de l'acide nitreux, n'est pas totalement détruite, mais seulement relâchée, par une espece de demi-combustion, dans laquelle la matiere du feu ne devient point totalement libre, & reste encore combinée en état de phlogistique avec les autres principesde l'acide nitreux; mais en moindre quantité relative, & d'une maniere beaucoup moins intime que dans le gas nitreux. Telles sont du moins les idées que j'ai de la nature de ce gas & de sa transformation en acide nitreux.

Tout ceci suppose, comme l'on voit, que la matiere du feu a une grande influence dans tous les phénomenes que présente l'acide nitreux; je ne m'arrêterai point ici à rappeller les faits qui indiquent que cette matiere est elle-même un des principes de l'acide nitreux; que cet acide a la plus grande disposition à se combiner, même par surabondance & jusqu'à saturation, au principe de l'inflammabilité, qu'il a une action dissolvante & décomposante, infiniment plus forte & plus marquée que celle des autres, sur tous les corps qui contiennent ce principe. Ces faits sont trop nombreux & trop connus, ils sont d'ailleurs exposés dans mille endroits de cet ouvrage, qu'on peut consulter : mais comme il s'agit ici d'éclaircir un objet tout nouveau, des plus curieux, & qui touche immédiatement à la grande théorie de la Chymie, les découvertes récentes sur l'acide nitreux méritent une attention particulieres. Il faut voir si la belle expérience de M. *Lavoisier*, qui est sans contredit, la plus exacte & la plus détaillée qu'on ait encore publiée sur cette matiere, est contraire ou favorable aux idées adoptées presque généralement en Chymie depuis les écrits de *Stahl*.

On vient de voir que le fait principal de la transformation de l'acide nitreux en gas nitreux, par la séparation de l'air, & celle du gas nitreux en acide nitreux par la réunion de cet air, ne démontre pas que cet acide soit réellement décomposé en entier par cette séparation & recomposé par cette réunion, sans que la matiere du feu ait aucune influence dans ces transformations, puisqu'au contraire on peut les expliquer très naturellement en admettant cette matiere comme un des agens de ces transformations. Mais comme les faits ne prouvent réellement rien que par l'ensemble de toutes leurs circonstances ; il est très essentiel, pour tirer des conséquences justes de l'expérience de M. *Lavoisier*, de ne pas séparer le fait principal d'avec aucune des circonstances dont il est accompagné. Or, il y en a plusieurs de très essentielles, dont la découverte appartient entiérement à ce savant Académicien, & qu'il a exposées avec l'exactitude & l'amour de la vérité qui rendent ses travaux sur les sciences infiniment précieux.

Ces circonstances sont, 1°. que dans la production du gas nitreux & de l'air très pur, par la dissolution & la réduction du mercure, M. *Lavoisier* a obtenu un peu plus d'air très pur que de gas nitreux ; 2°. que la quantité de gas nitreux qu'il avoit obtenue, n'a pu prendre qu'un peu plus de *moitié* de l'air très pur qu'il avoit retiré dans son procédé, pour sa transformation totale en acide nitreux ; & 3°. qu'il lui a été impossible de réformer par la réunion de ces deux substances *la même quantité* d'acide nitreux qui existoit avant la dissolution, ensorte qu'il s'est trouvé sur l'acide nitreux un *deficit* de près de *moitié*.

Des circonstances de cette nature méritent assurément la plus grande attention ; M. *Lavoisier* dit avec candeur qu'il ignore à quoi elles tiennent ; & en effet il est impossible d'en découvrir, d'en imaginer même seulement la cause, dans le sentiment que M. *Lavoisier* semble avoir adopté, c'est-à-dire, que la matiere du feu n'est pour rien dans tout ceci. Ces faits démontrent avec la plus grande évidence, qu'il y a une partie considérable de l'acide nitreux qui se décompose par la séparation absolue d'une portion d'un de ses principes qui disparoît pendant les opérations, & qui se trouve de moins, quand il s'agit de remettre l'acide nitreux sous sa premiere forme : or, quel peut être celui des principes de cet acide, dont une partie si considérable, disparoît ainsi dans le cours d'une opération qui se fait du commencement jusqu'à la fin, dans des vaisseaux clos, sans aucune communication avec l'air extérieur, & qu'on ne retrouve, ni dans le résidu de l'opération, qui n'est que du mercure tout pur, ni dans la liqueur de l'appareil, ce dont on est assuré, quand l'opération se fait dans l'appareil au mercure ? Ce n'est pas de l'air, car sans compter que l'air est coërcible en entier dans l'appareil dont on se sert, il s'en trouve, comme on a vu, dans les produits de l'opération, une fois plus qu'il n'en faut pour rétablir le gas nitreux en acide nitreux. Ce ne peut être le gas nitreux lui-même, car outre qu'il est coërcible comme l'air dans le même appareil, à une infiniment petit près, que l'eau peut absorber, s'il s'en échappoit quelque chose hors des vaisseaux & dans l'air extérieur, on s'en appercevroit bien vîte par l'état des fumées d'acide nitreux qu'il prendroit aussi-tôt ; ce qui n'est point arrivé dans les opérations de M. *Lavoisier*.

Ce principe de l'acide nitreux qui se perd, est donc nécessairement une matiere toute différente, & de l'air, & du gas nitreux, & comme aucune matiere ne s'anéantit, il faut de toute nécessité que celle-ci soit assez déliée pour passer à travers les vaisseaux, quand elle est devenue libre, & qu'elle n'est plus retenue dans les liens d'aucune combinaison. Or, de tous les êtres qui nous sont connus, qu'il nous est permis de soumettre à des expériences, ou qui du moins nous sont sensibles par quelques-uns de leurs effets, il n'y a que la matiere du feu, dans laquelle on ait pu reconnoître cette propriété; donc celle des parties constitutives de l'acide nitreux, dont une portion devient libre, & se perd pendant ces opérations, n'est, & ne peut être que la matiere du feu. Loin donc que l'expérieuce de M. *Lavoisier* prouve que cette substance n'influe en rien dans les phénomenes que présente l'acide nitreux, cette expérience capitale, considérée avec les circonstances qui l'accompagnent, est une preuve toute nouvelle & des plus décisives, qu'on peut ajouter à toutes celles qui indiquoient déja que la matiere du feu est une des parties constitutives de l'acide nitreux.

Il seroit, sans doute, bien intéressant de connoître au juste tous les principes de cet acide; l'altération qu'il éprouve, lorsqu'il agit sur les corps phlogistiqués, & sur ceux qui ne le sont pas; les effets que produit la matiere du feu, & ce qu'elle devient dans les différentes décompositions & transformations qu'éprouve bien certainement cet acide en agissant sur les corps, ainsi que les changemens qu'il occasionne à ces mêmes corps. On a tout lieu d'espérer que les magnifiques découvertes qui viennent d'être faites sur plusieurs des propriétés essentielles de cet acide singulier, conduiront à des recherches propres à répandre de grandes lumieres sur tous ces objets intéressans; mais dans l'état actuel de nos connoissances, malgré le grand nombre d'expériences nouvelles déja faites sur cette matiere, on peut dire que les faits nous manquent encore, pour nous conduire d'un pas assuré vers les sublimes spéculations qui commencent à se présenter en perspective. Il vaudroit mieux, sans doute, laisser amasser tous les faits propres à servir de preuves à une théorie solide & lumineuse, que de se livrer prématurément à des conjectures, qui ne peuvent être encore que vagues & incertaines; mais comme elles peuvent aussi avoir au moins l'avantage de suggérer de nouvelles idées d'expériences, ou des opinions plus conformes à la vérité ; je vais exposer, comme je l'ai fait sur beaucoup d'autres objets, ce qui me semble résulter des faits les mieux constatés jusqu'à ce jour.

Aucun vrai Chymiste ne doutoit avant la découverte du gas nitreux, que la matiere du feu ne fût une des parties constitutives de l'acide nitreux, & il paroît que tous les phénomenes de la production de ce gas & ceux de sa réduction à son premier état, loin de détruire cette opinion, ne font au contraire que la confirmer en y ajoutant de nouvelles preuves, comme je l'ai déja dit ; mais, quoique les circonstances de la déflagration du nitre, sans le concours de l'air extérieur, la décomposition, au moins partielle, de l'acide nitreux dans cette déflagration, & le dégagement d'une grande quantité de fluide élastique aëriforme, qui étoient très connus, indiquassent assez que l'air étoit aussi un des principes de l'acide nitreux, & que plusieurs Chymistes l'eussent même énoncé assez positivement, il faut convenir que l'opinion de l'air principe de cet acide, n'étoit point aussi développée, ni aussi accréditée que celle de son principe phlogistique, parcequ'on n'y avoit point donné la même attention, & sur-tout parceque les expériences nouvelles sur le gas & l'acide nitreux, & celles de l'air déphlogistiqué n'étoient point connues : mais maintenant qu'il est prouvé par les faits les plus certains & les plus concluants, que l'acide nitreux s'altere, se décompose plus ou moins complettement, lorsqu'il s'unit à différents corps ; qu'on retire de ces combinaisons une quantité d'air très pur, d'autant plus grande qu'il y a plus d'acide nitreux décomposé, & qu'on peut dans un certain sens, rétablir ce qui reste de cet acide, en lui rendant l'air qui en avoit été séparé, il me paroît démontré, en toute rigueur, que l'air est aussi un des principes, une de parties constituantes de cet acide.

Cette derniere découverte de laquelle nous avons la principale obligation à M. *Lavoisier*, est un grand pas de fait dans la connoissance de la nature de l'acide nitreux ; c'est beaucoup que de savoir, que le principe inflammable & l'air entrent dans sa composition. Il y a lieu d'espérer même qu'on pourra parvenir à connoître la proportion de ces deux substances : le vrai moyen d'y réussir, c'est de faire des expériences exactes & précises dans le genre de celles de M. *Lavoisier*. Mais n'entre-t-il que de l'air & du feu dans la composition de l'acide nitreux ? C'est l'opinion de plusieurs bons Physiciens & Chymistes modernes qui n'ont pu appercevoir que ces deux substances dans la décomposition de cet acide. Cependant ce n'est-là qu'une conjecture, & qui ne cessera de l'être que quand on sera parvenu à faire de l'acide nitreux, uniquement par l'union de ces deux principes, ce dont il y a apparence qu'on est encore très éloigné. Pour moi je suis porté à croire qu'une certaine quantité d'eau, & sur-tout de matiere terreuse, doivent concourir aussi à la production de l'acide nitreux ; mais j'avoue en même tems, qu'excepté les motifs qui ont fait penser à *Stahl* que ces deux derniers principes sont la base de tous les acides, & en général & de toutes matieres salines, je n'ai aucune autre preuve à apporter de mon opinion, que je ne donne, par cette raison, que comme un simple soupçon.

L'air & la matiere du feu existent dans l'acide nitreux, comme parties constituantes, au moins cela me paroît prouvé ; il s'agit de voir, ou plutôt de chercher à voir du mieux que l'on peut, pour le présent, ce qui arrive à ces deux substances dans les décompositions & transformations de l'acide nitreux.

En réfléchissant sur toutes les expériences de M. *Priestley*, & sur celles qu'on a faites depuis lui sur la production du gas nitreux, je remarque premiérement, qu'on n'a jamais retiré ce gas que des mélanges ou combinaisons dans lesquels on a fait entrer l'acide nitreux en nature ; secondement, que c'est en général quand cet acide agit sur des corps combustibles ou abondans en principe inflammable, qu'on en retire le plus facilement & le plus abondamment le gas nitreux ; troisiémement, qu'après que l'acide nitreux a épuisé son action sur des corps de nature quelconque, inflammables ou non, en exposant ces corps à un degré de feu convenable dans l'appareil pneumato-chymique, on en retire toujours une quantité plus ou moins grande de cet air beaucoup meilleur que l'air commun, de cet air très pur qu'on a nommé *air déphlogistiqué*, avec cette circonstance, que quand les corps sur lesquels l'acide nitreux a agi sont phlogistiqués, le dégagement de cet air déphlogistiqué, est en général précédé par la sortie d'une certaine quantité de gas nitreux, ce qui ne paroît pas avoir lieu dans les expériences où l'on n'emploie que des corps maigres, incombustibles, dépourvus de principe inflammable, du moins Messieurs *Priestley* & *de Lassone*, qui ont retiré une grande quantité d'air déphlogistiqué & des plus purs, de la combinaison, de l'acide nitreux avec les *fleurs de zinc* bien blanches & bien calcinées, avec la *craie*, avec la *chaux*, & même avec la *terre siliceuse* de la liqueur des cailloux, enfin avec d'autres matieres incombustibles dépourvues de principe inflammable, ou qui n'en contiennent qu'infiniment peu, n'ont point obtenu de gas nitreux dans ces expériences; mais seulement dans plusieurs occasions du *gas méphytique*, soit avant, soit après le dégagement de l'air déphlogistiqué.

Les conséquences qui semblent résulter de ces faits, sont que toutes les fois que l'acide nitreux se combine avec une matiere quelconque, & qu'on expose à la chaleur dans l'appareil pneumato-chymique, ce qui reste de la combinaison, il y a une portion plus ou moins considérable de cet acide qui se décompose par la séparation de son phlogistique, lequel devient feu libre, & peut dès-lors se dissipper en passant à travers les vaisseaux, tandis que la portion d'air qui étoit liée dans l'acide nitreux avec ce principe de l'inflammabilité se combine avec la substance sur laquelle l'acide a porté son action; mais que quand c'est un corps abondant en principe inflammable sur lequel agit l'acide nitreux, alors en même tems que l'air principe de cet acide est séparé de son propre phlogistique, & qu'il se porte sur le corps dissous, il dégage aussi une quantité plus ou moins grande du phlogistique de ce corps, & en prend aussi-tôt la place par un méchanisme fort analogue à celui de la combustion. On n'a apperçu, à la vérité, jusqu'à présent aucun signe sensible du dégagement de la matiere du feu dans ces opérations; mais qui sait si la portion de phlogistique, tant de l'acide dissolvant, que du corps dissous qui se dissipe en feu libre, ne pourroit pas devenir sensible sous la forme de lumiere dans ces curieuses expériences, si l'on se donnoit la peine de les répéter toutes, & de les varier de différentes manieres dans l'obscurité? Les effets remarquables de plusieurs especes de phosphores, mais sur-tout ceux du phosphore de *Balduinus* (Baudoin), composé d'*acide nitreux* & de craie, ne semblent-ils pas même prouver que la matiere du feu, lorsqu'elle passe de l'état de phlogistique, ou de feu combiné à celui de feu libre, peut dans beaucoup de circonstances, & en particulier dans celles dont il s'agit, devenir très sensible sous la forme de lumiere, qui est son état naturel de pureté, de simplicité & de liberté, comme je l'ai expliqué à l'article FEU?

Quoi qu'il en soit, le changement de l'acide nitreux en gas nitreux [illegible] assez que le principe inflammable qui se sépare soit des matieres phlogistiquées sur lesquelles il agit, soit de cet acide lui-même, par la décomposition qu'il éprouve en partie, ne se dissipe point tout entier en feu libre; mais qu'il y en a une bonne partie qui demeure [illegible] par surabondance & jusqu'à saturation, à ce qui reste d'acide nitreux non décomposé, & qui le met par cette saturation dans l'état de gas nitreux, ainsi que je l'ai expliqué.

S'il en est ainsi, le gas nitreux, n'est que de l'acide nitreux, qui contient trop de phlogistique & trop peu d'air, pour que les propriétés d'acide soient sensibles, il est acide nitreux, en ce qu'il contient tous les principes dont l'union constitue l'acide nitreux; mais il n'a pas sa causticité acide, parceque ces principes ne sont pas entre eux dans la proportion & dans le juste degré d'union nécessaires pour qu'il ait cette causticité. Tout est néanmoins disposé de maniere que, dès qu'il peut être en contact avec une nouvelle quantité de celui de ses principes qui est en défaut, c'est-à-dire, avec l'air, il saisit aussi-tôt la portion de cet élément qui lui manque, & reprend toute son acidité, toute son action dissolvante, non-seulement parcequ'alors la juste proportion qui doit être entre les parties constitutives de l'acide nitreux, pour qu'il soit acide, est rétablie, mais encore parceque la présence & l'union de cette nouvelle quantité d'air diminue, suivant une des loix des plus générales des combinaisons, la connexion trop intime de la matiere du feu, en quoi consiste l'espece d'état de saturation, si sensible dans le gas nitreux.

Telles sont mes idées que j'ai déja exposées, & que je rappelle ici, peut-être mal-à-propos, sur le gas & l'acide nitreux. Ce ne sont, je le repete, que de simples conjectures, mais elles portent sur un objet si important & qui semble tant promettre, qu'elles auront rempli toutes mes vues, si elles peuvent servir à lier les faits deja connus, & sur-tout occasionner de nouvelles expériences, soit pour les confirmer, soit pour les détruire. Ces idées sont, comme on le voit, entiérement d'accord avec la théorie chymique ancienne, & qui m'avoit paru la meilleure, avant les découvertes récentes sur l'air & sur les gas; elles supposent que toute la doctrine du feu combiné, ou du phlogistique, est bien fondée, sans quoi j'avoue que celle-ci ne méritoit pas même le nom de simples conjectures.

Quoique M. *Lavoisier* semble porté à croire que son expérience tend à renverser entiérement cette théorie, il est cependant trop éclairé, pour l'assurer positivement & d'une maniere tranchante; il pense, à la vérité, *qu'il n'y a pas d'apparence que le mercure perde & reprenne du phlogistique dans sa calcination & réduction en vaisseaux clos;* mais il n'affirme pourtant pas qu'il soit impossible que la matiere du feu passe à travers les vaisseaux dans ces opérations. (Voyez à ce sujet l'article du *gas* ou *air déphlogistiqué*). M. *Lavoisier* assure seulement que ce seroit là *admettre une espece particuliere de phlogistique différente de celle de Stahl & de ses disciples*, *que ce seroit revenir au feu principe, au feu combiné dans les corps; systême beaucoup plus ancien que celui de Stahl, & qui*, suivant M. *Lavoisier*, *est fort différent.*

Il faudroit ici une discussion très longue & très déplacée des écrits de *Stahl*, pour examiner si en effet le phlogistique de ce Chymiste est très différent *du feu combiné* de l'ancien systême. Je me contenterai donc de dire, qu'en mon particulier, après avoir bien lu & médité ce qu'a écrit ce profond Chymiste sur le feu combiné qu'il a nommé *phlogiste*, (*phlogisteon*), que nous rendons par le nom de *phlogistique*, je n'ai pu appercevoir d'autre différence entre l'ancienne idée du feu combiné dans les corps, & celles de *Stahl*, si ce n'est celle qui se trouve nécessairement, entre une assertion en l'air, absolument gratuite & dénuée de toute espece de preuve, & une théorie solidement fondée sur un des plus grands & des plus beaux *ensemble* de faits positifs qu'on pût réunir pour lui servir de base. Il est bien aisé, sans doute, d'avancer d'une maniere vague, que le feu est un des principes des corps, comme les anciens Philosophes l'ont dit, bien long-tems avant qu'on eût la moindre idée de Physique. Mais le prouver, c'est autre chose; il falloit pour cela qu'il parût un homme de génie, un aussi grand Chymiste que *Stahl*, qui pût en considérer toutes les preuves d'un coup-d'œil géneral dans le détail immense des faits chymiques connus jusqu'alors, augmenter le nombre de ces preuves par une grande quantité de ses propres expériences, & mettre enfin le comble à la démonstration, par la découverte à jamais mémorable de la production artificielle du soufre. Ce qu'il y a dans les travaux de *Stahl* sur le phlogistique, de plus satisfaisant pour les Chymistes qui ont vraiment l'esprit de leur science, c'est cette abondance de preuve qu'il a su réunir, & dont l'ensemble porte la lumiere avec la conviction. Je ne connois point, je l'avoue, d'autre Chymie que celle-là, & je ne pourrai jamais croire qu'un seul fait, tout nouvellement vu, & ordinairement dénué de ses circonstances les plus essentielles, puisse renverser une théorie fondée sur tous les faits constatés depuis long-tems, & vérifiés avec tous leurs détails, dans une science expérimentale aussi étendue que l'est la Chymie.

Stahl a, non-seulement fourni les preuves les plus

nombreuses & les plus convaincantes d'une vérité qu'on avoit avancée anciennement sans preuves, savoir que la matiere du feu, est une des parties constitutives d'un grand nombre de composés, & sur-tout des corps combustibles & des métaux ; mais il a démontré de plus, que ce principe igné, semblable en cela aux autres principes des corps composés, peut passer, & passe en effet d'une combinaison dans une autre, sans devenir libre, sans reparoître dans son état de feu actif : & en occasionnant des changemens notables, tant dans le corps dont il se sépare, que dans celui auquel il s'unit, & c'est en suivant, pour ainsi dire, ainsi pas à pas le feu combiné dans les différens mixtes, que ce Chymiste est parvenu à faire connoître de la maniere la plus satisfaisante, les grands effets que produit cet élément, lorsqu'il est lié avec différentes especes de substances. C'est en considérant le feu dans cet état de combinaison, & pour le distinguer du feu libre & non combiné, qu'il a donné au principe igné des corps le nom de *Phlogistique*. Il suffit de lire avec attention les ouvrages de *Stahl*, pour être convaincu qu'il n'a désigné par ce nom de phlogistique, que la substance du feu le plus simple, ou même la matiere la plus pure de la lumiere, considérée comme combinée dans les composés, & passant d'un mixte dans un autre, sans devenir feu libre. *Stahl* n'a jamais dit, ni fait entendre qu'il y eût deux matieres du feu d'espece différente, dont l'une fût capable de se lier dans les combinaisons des mixtes, & l'autre ne le fût pas ; son feu combiné, ou, si l'on veut, son phlogistique, est essentiellement la même matiere que celle de la lumiere, & cet élément n'est différent de lui-même aux yeux de *Stahl* & de tous les Chymistes auxquels son sentiment paroît bien fondé, qu'autant qu'on le considere dans son état de combinaison ou dans celui de liberté ; & cela étant, comme je ne crains point de l'affirmer, il est impossible de concevoir ce que ce peut être qu'un *phlogistique de Stahl & de ses Disciples, très différent du feu combiné.*

J'observerai au sujet de cette expression de *disciples de Stahl* & de celles de *Stahliens*, dont s'est servi ici

M *Bayen* qui pense, comme M. *Lavoisier*, sur le phlogistique, que, quoique je sois intimement convaincu que ces deux Savans, honnêtes & estimables, n'aient pas eu la moindre intention de désigner, par des noms défavorables, les Chymistes dont ils ont combattu l'opinion: il auroit été à souhaiter pourtant qu'ils eussent évité ces dénominations, parceque, quand on les donne à ceux dont on combat le sentiment, elles ne peuvent guere se prendre qu'en mauvaise part, en rappellant l'idée de ces anciens suppôts de l'école, qui juroient *in verba Magistri*, & se faisoient un ridicule point d'honneur de soutenir indistinctement tout ce qu'avoit dit leur Docteur, & ses erreurs les plus manifestes, encore plus opiniâtrement que ses opinions les plus raisonnables. Heureusement, nous ne connoissons plus, du moins en Physique & en France, une maniere si déraisonnable & si préjudiciable à l'avancement des Sciences; les noms par lesquels on désignoit ces anciens champions, commencent à devenir, parmi nous, gothiques; ils ne conviennent plus à aucuns de nos Physiciens modernes & doivent être réservés à ceux qui le méritoient dans le tems passé. Le nom de *Sthaliens* n'est pas plus honnête maintenant pour ceux de nos Chymistes qui sont du sentiment de *Sthal* sur le phlogistique, que celui de *disciples de Newton* ne le seroit pour MM. *Bernoullis*, *Euler*, *d'Alembert*, *de la Grange* & autres grands hommes de cet ordre, qui sont du sentiment de *Newton*, sur l'attraction universelle. Mais, pour revenir à ce que l'on a jugé à propos d'appeller le *phlogistique de Stahl*, il est vrai que ce Chymiste a dit ou fait entendre, que le principe de l'inflammabilité des corps ne pouvoit passer à traver les vaisseaux, comme le feu libre; & en cela, il a avancé un fait qui pouvoit passer pour vrai, en général dans un tems où l'on ne connoissoit pas encore la *matiere électrique* (1).

(1) La matiere de l'électricité n'a point encore été examinée chimiquement, & a grand besoin de l'être, si l'on veut acquérir sur sa Nature des connoissances plus étendues & plus précises que celles que l'on a, quant à présent. Celles de ses propriétés qu'on a observées, semblent indiquer que c'est, non pas le phlogistique,

Mais qui ne voit que cette différence du phlogistique avec le feu pur, dont parle *Stahl*, n'est point celle d'un être avec un autre être, mais seulement celle du même être dans deux états différens, dans l'état de combinaison, & dans celui de liberté. Le phlogistique des corps ne peut passer à travers les vaisseaux; cela signifie & ne peut signifier autre chose, dans l'idée de *Stahl*, sinon que le feu combiné dans les corps, ne peut passer à travers les vaisseaux, tant qu'il y reste combiné, ou qu'il ne les quitte que pour se combiner avec un autre; mais il ne s'ensuit pas de là que, quand il arrive que le phlogistique d'un corps se dégage de sa combinaison, en devenant & restant feu libre, il ne passe alors avec une très grande facilité à travers ces mêmes vaisseaux, qu'il ne pouvoit traverser, tant qu'il étoit phlogistique: c'est ce qui arrive à une partie de ce-

---

comme quelques Physiciens l'ont cru; mais une substance combustible qui contient par conséquent, comme tous les autres composés de ce genre, la matiere du feu, liée dans sa combinaison. Or, quoique le feu que contient le fluide électrique, soit lié dans l'état de phlogistique, la plupart des phénomenes de l'électricité paroissent prouver que le fluide électrique, passe à travers les corps, même les plus opaques & les plus denses, tels que les métaux; & il faut convenir que si cela étoit démontré, il en résulteroit que la matiere du feu peut passer à travers les corps, non seulement lorsqu'elle est libre, mais encore, contre ce que *Stahl* a pensé, lors même qu'elle est dans un certain état de combinaison phlogistique, comme elle paroît l'être dans le fluide électrique. Mais on doit observer à ce sujet, premiérement, que, quand même *Stahl* se seroit trompé sur cet objet particulier & accessoire, sa théorie du feu combiné ou du phlogistique n'en recevroit aucune atteinte; il n'en seroit au contraire que plus facile d'expliquer plusieurs phénomenes, telle que la réduction de certaines chaux métalliques en vaisseaux clos, sans addition; & en second lieu, quoique je ne me sois jamais occupé spécialement des recherches sur l'électricité, autant que j'en puis juger par les faits les plus connus de tout le monde; il me paroît qu'aucun de ces faits ne démontre que le fluide électrique passe réellement à travers les corps qui lui servent de conducteur; ne pourroit-il pas occasionner tous les phénomenes qui lui sont propres, en supposant qu'il ne fît que s'appliquer à la surface de ses conducteurs, & la suivre, & la parcourir avec rapidité? Pour moi, je suis très porté à le croire; mais c'est aux Physiciens qui s'occupent de l'électricité à décider cette question, qui paroît de nature à mériter leur attention.

lui de l'acide nitreux, dans toutes les opérations où cet acide se décompose & produit de l'air déphlogistiqué; il en est de même du feu libre qui peut entrer dans les vaisseaux clos, & devenir phlogistique, en se combinant avec quelque matiere enfermée dans ces mêmes vaisseaux; comme tout indique que cela arrive dans la réduction du mercure en vaisseaux clos, sans addition d'aucune matiere qui puisse lui fournir du phlogistique ou du feu déja tout combiné, & l'on conçoit parfaitement que, dans toutes ces opérations, c'est la même substance, la même matiere du feu, qui tantôt libre, tantôt combiné, devient phlogistique, ou cesse de l'être, en conservant essentiellement sa nature, & ne faisant que changer de maniere d'être, comme cela s'observe dans toutes les autres opérations de Chymie, & pour toutes les autres substances qui sont capables d'entrer dans des combinaisons, ou d'en être séparées. *Voyez* l'article PHLOGISTIQUE.

Les expériences sur le gas nitreux, sur l'air déphlogistiqué, & les autres que j'ai exposées dans cet article & les précédens, ne sont pas, à beaucoup près, les seules dont nous soyons redevables aux travaux de nos Chymistes modernes : on en trouve dans leurs écrits une grande quantité d'autres, dont je n'ai pu faire mention, soit parcequ'il auroit fallu faire, pour cela, sur le seul article des gas, un ouvrage aussi volumineux que tout le reste du livre, soit parcequ'il y a un assez grand nombre de ces expériences qui rentrent dans celles dont j'ai parlé, & beaucoup d'autres qui n'ont pas encore été assez variées & observées dans leurs détails, pour qu'on puisse y compter absolument, quant à présent, & qui ne feroient que répandre de la confusion & de l'obscurité sur des objets déja obscurs & fort compliqués par eux-mêmes. Tout ce qui reste ainsi en souffrance, attend des recherches ultérieures qui probablement ne manqueront pas, puisqu'un grand nombre de Chymistes du premier mérite, en ont senti toute l'importance, & y travaillent avec le plus grand zele. J'ai pris les choses dans l'état où je les ai trouvées, & j'en ai exposé tout ce qui m'en a paru de plus clair & de plus propre à fournir de nouvelles vues pour les travaux qui restent à faire. Il y en a beaucoup, & de très importans en particulier sur l'acide nitreux, comme l'a très bien senti & très bien dit M. *Priestly*; mais ils ne sont pas encore dans leur point de maturité. Je rappellerai donc seulement, en terminant cet article, que dans les nouvelles recherches qui seront occasionnées par celles qui sont déja faites, il ne faut pas perdre de vue une propriété très remarquable, & qui paroît caractéristique de ce singulier acide. Si l'on examine l'état de la plupart des corps phlogistiqués, sur lesquels il a porté son action, on reconnoîtra toujours, soit que l'opération ait été faite dans les vaisseaux clos ou non, qu'il a enlevé une quantité plus ou moins considérable du phlogistique de ces corps, & a laissé à sa place une quantité, aussi plus ou moins grande, d'air combiné : on observe le même effet de l'action des autres acides sur les mêmes corps, mais moindre que par l'acide nitreux ; &, ce qu'il y a de remarquable, c'est que, dans ces dissolutions qui ne sont point faites par l'acide nitreux, les substances gaseuses qu'on en peut retirer, sont du gas inflammable, ou des matières aëriformes, approchant plus ou moins de la nature de ce gas, & l'on conçoit que, sans connoître au juste ses parties constitutives, il est lui-même un corps combustible, contenant par conséquent une portion du phlogistique détaché des composés, dont il a été tiré. Ces effets entre lesquels il y a des analogies & des différences, conduisent naturellement a une comparaison du gas inflammable avec le gas nitreux ; je la crois d'autant plus intéressante, qu'elle pourra faire naître quelques idées d'expériences dans les recherches ultérieures qu'on fera probablement sur l'acide nitreux. Il faut, pour cela, se rappeller les faits suivans

1°. On peut obtenir le gas inflammable du plus grand nombre de corps combustibles, non seulement par l'action des acides sur sur ces corps, mais encore par celle de plusieurs autres matieres salines, & particuliérement des alkalis, comme le prouvent les découvertes de M. de *Lassone*, & même sans aucun autre agent que la chaleur, comme l'ont fait MM. *Hales* & *Priestley*, au lieu qu'on ne retire jamais de gas nitreux d'aucune combinaiſon ou opération quelconque, ſans l'intermede & l'action de l'acide nitreux.

2°. Quand on s'eſt ſervi des acides quelconques, autres que l'acide nitreux, pour retirer du gas inflammable, les corps qui ont éprouvé l'action de ces acides, paroiſſent, à certains égards, dans le même état que ceux ſur leſquels on a fait agir l'acide nitreux, pour en retirer le gas nitreux; ils ſont tous dépouillés d'une partie plus ou moins conſidérable de leur phlogiſtique; mais ceux qui ont éprouvé l'action de l'acide nitreux, le ſont plus que les autres.

3°. Ce phlogiſtique, dans l'un & dans l'autre cas, eſt ſéparé ſans combuſtion, c'eſt-à-dire, ſans devenir feu libre, ou du moins, s'il s'en diſſipe une partie de cette ſorte, ce n'eſt que la plus petite; la plus grande partie demeure combinée en qualité de phlogiſtique dans le gas inflammable, comme le prouve aſſez ſon inflammabilité même, & dans le gas nitreux, comme l'indiquent, par analogie, l'origine, ainſi que les propriétés de ce gas.

4°. Mais, quoique tout tende à prouver que le gas nitreux eſt chargé d'autant, & peut-être même de plus de principe de l'inflammabilité, que le gas inflammable; non ſeulement ce gas nitreux n'eſt point inflammable, mais même, ſuivant la découverte importante de M. de *Laſſone*, ſon ſeul mélange avec les gas plus ou moins inflammables, en diminue notablement l'inflammabilité, ce qui vient probablement de ce que le gas nitreux s'empare de l'air néceſſaire à la détonnation du gas inflammable.

Voila une différence très eſſentielle, & qui mérite aſſurément la plus grande attention; il eſt aiſé de ſentir que, ſi l'on en pouvoit découvrir la cauſe, j'entends celle qui empêche que l'air, ſaiſi par le gas nitreux, ne contribue à l'inflammation; cette connoiſſance répandroit probablement de nouvelles lumieres ſur la nature & les parties conſtitutives de l'acide nitreux, & l'on a d'autant plus lieu de l'eſpérer, qu'il eſt démontré par l'expérience de M. *Lavoiſier*, ainſi que je l'ai fait voir, que, dans la production du gas nitreux, il y a une portion conſidéable de l'acide nitreux, qui est décomposée, de maniere qu'il est impossible de le rétablir dans sa nature d'acide nitreux.

Pour se former une idée de la cause des différences entre le gas inflammable & le gas nitreux, il faut considérer d'abord que, quoiqu'on ne connoisse point au juste les parties constituantess du gas inflammable, on sait cependant qu'il contient du feu combiné, soit avec de l'air, soit encore avec d'autres substances, mais que ces substances ne sont point les acides, ni les autres matieres salines, par l'action desquelles on l'obtient, puisque, d'une part, on n'a pas reconnu de différence sensible entre le gas inflammable, obtenu par un intermede salin quelconque, quand il est bien purifié du mélange de toute matiere hétérogene; & que, d'une autre part, on peut obtenir le même gas inflammable d'un grand nombre de corps combustibles par la seule action de la chaleur, & sans aucun intermede.

On doit observer en second lieu, que le gas nitreux, qu'on n'obtient jamais que par l'intermede de l'acide nitreux, contient très certainement, soit l'acide nitreux lui-même dans un état de saturation, par le principe de l'inflammabilité, soit au moins toutes les parties constitutives de cet acide, moins l'air, puisque, dès qu'on lui applique cet élément, il cesse aussi-tôt d'être gas nitreux, pour redevenir acide nitreux.

Or, en supposant que la matiere du feu combiné, soit, comme je le pense, un des principes, tant du gas inflammable, que du gas nitreux; il est aisé de concevoir que cette matiere du feu étant combinée avec des substances totalement différentes dans ces deux gas, & d'une maniere beaucoup plus, ou beaucoup moins intime, le phlogistique du gas inflammable peut être aussi disposé à la combustion, que celui du gas nitreux l'est peu, & il en résulte que l'acide nitreux ou ses parties constitutives, ont le pouvoir de lier la matiere du feu, beaucoup plus fort que les autres substances, ce que la plupart des Chymistes étoient déja très portés à croire, par l'observation & la comparaison des caracteres distinctifs de l'acide nitreux.

Ces considérations peuvent donc être regardées comme de nouvelles preuves de l'opinion des Chymistes qui regardent la matiere du feu, comme un des principes de l'acide nitreux; j'avoue avec franchise, qu'elles ne répandent que bien peu de lumiere sur la nature & les proportions des parties constituantes de l'acide nitreux; mais du moins elles semblent fournir un but vers lequel on peut diriger les recherches qui restent à faire.

Quoique, dans l'expérience de M. *Lavoisier*, où une partie considérable de l'acide nitreux est décomposée, on ne retrouve, pour tous débris de cette décomposition, que de l'air, & tout au plus du phlogistique devenu feu libre; j'ai peine à croire, comme je l'ai dit, que cet acide ne soit que le résultat de l'union de la matiere du feu, avec de l'air pur, & qu'il n'entre point dans sa composition & dans celle de tous les autres, une certaine quantité d'eau, & sur-tout quelque matiere terreuse. Je ferai observer à ce sujet, que M. *Priestley* & les autres qui ont travaillé sur les gas, ont fait mention d'une circonstance qui me paroît de grande conséquence, dans le dégagement, tant du gas nitreux, que de l'air déphlogistiqué. C'est que, quand ces matieres gaseuses sont très pures, & sont poussées dans le récipient avec une certaine impétuosité, elles se présentent d'abord en forme de nuages blancs opaques, & que ces fluides élastiques ne reprennent la transparence qui leur est propre, qu'après que la matiere, probablement terreuse, qui les accompagne & qui les trouble, s'en est séparée par le dépôt. Il est vrai que cette matiere opaque peut n'être qu'une portion de la substance sur laquelle on fait agir, & dont on sépare l'acide nitreux, enlevée méchaniquement & par une sorte de trusion; M. l'Abbé *Fontana* a trouvé, par des expériences, que cette matiere blanche, du moins celle qui accompagne le gas nitreux, est acide, ou contient de l'acide; mais, comme il y a toujours une partie notable de l'acide nitreux qui se décompose dans ces opérations, cette même matiere qui paroît terreuse, pourroit fort bien n'être aussi qu'une des parties constitutives de la portion d'acide nitreux qui est décomposée, & cela mérite bien assurément un examen particulier.

M. *Priestley* n'a pas négligé de faire mention, encore d'un autre phénomene qu'il a observé dans certaines circonstances, après qu'il a eu tiré tout l'air déphlogistiqué qu'il pouvoit obtenir par la seule action de la chaleur, de quelques combinaisons de l'acide nitreux avec d'autres substances. Ça été sur-tout après l'extraction de l'air déphlogistiqué des combinaisons de l'acide nitreux, avec les fleurs de zinc, & avec le marbre, qu'il a observé le phénomene dont il s'agit, & qui a consisté en ce que les résidus de ces opérations se sont tellement gonflés, qu'ils ont fait crêver les vaisseaux dans lesquels ils étoient contenus. Or assurément ces matieres terreuses, & sur-tout les fleurs de zinc, n'ont pu éprouver une dilatation si considérable, que par la réaction de quelque substance qui leur est resté combinée, & qu'il importe beaucoup de connoître.

En général, dans toutes les nouvelles recherches sur les gas, on a considérablement multiplié les expériences dont on a cru pouvoir retirer des fluides aëriformes, & l'on a très bien fait; mais il me paroît qu'on a beaucoup trop négligé, les résidus de ces expériences, qui sont cependant très essentiels à connoître, sur-tout dans celles où il y a une décomposition manifeste de quelque substance, comme cela s'observe dans la production du gas nitreux, & de l'air déphlogistiqué; car, en bonne Chymie, ne point chercher à connoître par tous les moyens que l'Art indique, les résidus des opérations de cette nature, c'est ne faire, à proprement parler, que la moitié d'un travail, & quelquefois même rien du tout. Si donc l'on veut tirer des expériences sur la production du gas nitreux, & de l'air déphlogistiqué, toutes les connoissances que ces belles découvertes semblent promettre, on ne peut se dispenser de recommencer toutes les expériences qui ont été faites, & d'en examiner tous les produits, & sur-tout les résidus, par les moyens que pourra suggérer la Chymie la plus éclairée.

L'espece de *caput mortuum*, par exemple, qui reste dans les vaisseaux, après qu'on a tiré tout l'air déphlogistiqué d'une combinaison d'acide nitreux, soit avec les fleurs de zinc, soit avec des terres calcaires, soit avec d'autres substances, ne contient-il que les fleurs de zinc, ou la terre à chaux qui ont servi dans l'expérience? L'acide nitreux décomposé y a-t-il laissé ou non quelqu'un de ses principes fixe ou fixé? Et quels peuvent être ces débris de l'acide nitreux! c'est ce qu'on ne sait point du tout; c'est ce qu'il importe beaucoup de savoir; & c'est ce qu'on ne pourra connoître, que par des recherches, infiniment plus étendues & plus difficiles que celles auxquelles on s'est borné jusqu'à présent.

Il s'agit, en général, pour cela, de faire des comparaisons très exactes, des fleurs de zinc, par exemple, qui auront servi au dégagement de l'air déphlogistiqué, par l'entremise de l'acide nitreux, avec les mêmes qui n'auront point servi à une semblable opération, en exposant les unes & les autres dans des vaisseaux clos, & avec les appareils pneumato-chymiques à l'eau & au mercure d'abord seules, à une chaleur beaucoup plus forte, que celle qui dégage l'air déphlogistiqué; ensuite les mêmes matieres dans les mêmes appareils, avec addition de différens intermedes puissans tels que l'acide vitriolique, les alkalis fixes, le charbon, &c. L'application des différentes especes de dissolvans, la fonte au grand feu, sans fondans ou avec les fondans, ouvrent enfin encore de vastes champs d'expériences à faire sur ces résidus, & sur les matieres auxquelles il faut absolument les comparer, si l'on veut les bien connoître; il ne faut pas moins que tout l'appareil de la Chymie, pour porter à leur dernier point, les nouvelles découvertes sur l'acide nitreux, qui, toutes belles & importantes qu'elles sont, ne sont, pour ainsi dire, encore qu'ébauchées.

GAS ACIDE MARIN. Le zele avec lequel M. *Priestley* a multiplié ses expériences, sur toutes les substances, qui peuvent fournir des gas, ou se présenter elles-mêmes sous la forme d'air, nous a procuré la découverte remarquable de l'état gaseux, dans lequel se réduit naturellement l'acide marin, lorsqu'il est concentré le plus qu'il est possible, ou dépouillé de toute eau surabondante à son essence saline.

En faiſant agir l'acide marin ſur pluſieurs matieres métalliques, comme pour obtenir du gas inflammable de ces diſſolutions; mais dans l'appareil au mercure, au lieu de celui à l'eau, M. *Prieſtley* s'eſt apperçu, qu'outre ce dernier, il montoit auſſi dans le récipient une grande quantité d'un autre fluide aëriforme, très différent du gas inflammable, en ce que, non-ſeulement il ne pouvoit s'enflammer, mais encore en ce qu'il perdoit ſa forme d'air en un inſtant par le ſeul contact de l'eau, avec laquelle il s'uniſſoit, & ne formoit plus qu'une liqueur.

M. *Prieſtley*, ſoupçonnant que cette matiere gaſeuſe venoit de l'acide marin, & non du métal, s'eſt convaincu enſuite de la vérité de ce fait, en recevant dans le même appareil au mercure, la vapeur de l'eſprit de ſel tout pur, ce qui lui a procuré exactement le même gas, & enfin, ayant fait l'opération de dégager, toujours dans le même appareil, l'eſprit de ſel le plus fumant, par l'intermede de l'acide vitriolique concentré, il a trouvé que ce dernier procédé étoit le plus avantageux & le plus commode pour obtenir ce gas.

Le fluide élaſtique qu'on obtient par ces moyens, & ſur-tout par le dernier, eſt de même que tous les autres gas, ſans couleur, diaphane, inviſible, incondenſable en liqueur par le froid, & conſerve cet état aërien, tant qu'il reſte pur, & qu'on ne le mêle avec aucune autre ſubſtance. Mais par le mélange de l'air commun, il ſe réduit auſſi-tôt en fumée blanche, comme les vapeurs de l'acide marin concentré, & par le mélange de l'eau, il ſe condenſe auſſi-tôt en liqueur, en s'uniſſant avec elle; il perd par conſéquent ſa forme & ſon état de gas, & le fluide qui réſulte de cette union, ſe trouve n'être que de l'acide marin ordinaire en liqueur, d'autant plus acide & plus fort, que la quantité de l'eau eſt moindre, & que celle du gas qui s'y eſt uni eſt plus grande.

Il eſt demontré par ces effets que l'acide marin, peut être dépouillé de toute eau ſurabondante à ſon eſſence ſaline; que quand il eſt dans ce degré de concentration, il ne peut avoir, ni la forme, ni aucune des qualités d'une liqueur; mais ſeulement celles de l'air élaſtique, état dans lequel il persiste & reste constamment, malgré tous les moyens de condensation, & qu'il ne peut perdre qu'autant qu'il se combine avec quelqu'autre substance. Ces propriétés nouvellement connues de l'acide marin expliquent d'une maniere bien naturelle & bien satisfaisante, pourquoi les Chymistes, depuis qu'ils ont voulu obtenir l'acide marin le plus concentré, en décomposant le sel commun, suivant le procédé de *Glauber*; dans l'appareil ordinaire des distillations, ont éprouvé tant de difficultés dans cette opération; pourquoi on a toujours été réduit dans cette distillation a l'alternative, ou de perdre presque tout l'acide concentré qu'on étoit forcé de laisser sortir en vapeurs, qui, sans cela crevoient immanquablement les vaisseaux, ou d'ajouter, soit dans le récipient, soit dans le mélange, une assez grande quantité d'eau, pour condenser ces vapeurs.

Ces inconvéniens avoient empêché qu'on ne put connoître au juste, le plus grand degré de concentrabilité de l'acide marin en liqueur; mais la découverte de M. *Priestley* en fournit maintenant un moyen assuré, comme il l'observe fort bien lui-même; il s'agit pour cela, de faire la distillation de l'esprit de sel fumant de *Glauber*, dans l'appareil pneumato-chymique au mercure, sans ajouter d'eau au mélange d'acide vitriolique le plus concentré, & du sel marin décrépité; mais on doit introduire sur le mercure dont est rempli le vase qui doit servir de récipient, une quantité d'eau pure, proportionnée à celle de l'acide marin le plus concentré en liqueur, qu'on veut obtenir. Tout l'acide marin qui se dégage dans cette opération, monte dans le récipient, sous forme d'air & en nature de gas; mais trouvant l'eau qui est à la surface du mercure, il s'y unit, s'y condense & forme, avec elle, une liqueur qui devient de plus en plus acide.

Il faut remarquer, à ce sujet, que, quoique l'acide marin gaseux, puisse se combiner avec une quantité d'eau, illimitée & si grande qu'on veut; cette propriété n'est pas réciproque de la part de l'eau, à l'égard de ce gas; elle n'en peut condenser qu'une quantité déterminée & toujours la même, en sorte que, quand elle est parvenue au point de saturation, elle n'en absorbe plus ; alors celui qu'on lui applique par de là, reste au dessus d'elle, en conservant son état de gas : observation très importante, & que nous devons aussi à M. *Priestley*. Il en résulte, qu'en continuant l'opération jusqu'à ce qu'on s'apperçoive, que l'acide marin gaseux, commence à cesser d'être absorbé par l'eau, on est assuré que cette eau, alors a été transformée, en acide marin, le plus fort & le plus concentré qu'il puisse être en liqueur ; ce qui est, comme je l'ai fait remarquer, une nouveauté en Chymie ; mais l'état gaseux de ce même acide, dépouillé du mélange de toute eau surabondante à son essence saline, c'est-à-dire, en siccité absolue, en est une aussi, & qui n'est pas de moindre importance.

Il y a long-tems que les Chymistes ont reconnu que cet acide parfaitement déphlegmé & en vapeurs seches, avoit une puissante action sur beaucoup de corps, auxquels il ne pouvoit point s'unir, ou sur lesquels il n'agissoit que très foiblement & très imparfaitement, quand on le leur appliquoit dans l'état de la liqueur, quelque concentré qu'il pût être. La découverte de M. *Priestley* ouvre donc une vaste & nouvelle carriere d'expériences à faire sur les combinaisons de l'acide marin dans cet état de gas. Ce célebre Physicien a déja fait lui-même quelques-unes de ces expériences, dont je vais exposer les résultats, & par lesquelles on pourra juger, de ce qu'on a lieu d'espérer d'un travail suivi sur cet objet.

Je ferai observer d'abord, que le gas acide marin n'étant pas plus de l'air que les autres gas, ne peut servir, ni à la respiration, ni à la combustion ; il tue les animaux & éteint la flamme ; mais avec la circonstance assez singuliere, que la flamme en entrant dans ce gas, prend, avant de s'éteindre, & dans le moment qu'on la rallume après qu'elle a été éteinte, une belle couleur verte, ou plutôt d'un bleu clair.

Les Chymistes ont toujours cru que le défaut d'une concentration suffisante, étoit principalement ce qui empêchoit l'acide marin en liqueur, d'agir avec autant d'efficacité que les autres acides, sur les corps abondans en phlogiſtique, & on va voir, en effet, par les expériences ſuivantes, que quand il eſt ſec & ſous la forme de gas, ſon action ſur ces corps eſt beaucoup plus marquée, cependant elle ne paroît pas auſſi forte qu'on auroit pu s'y attendre.

L'*eſprit de vin*, dans l'expérience de M. *Prieſtley* a abſorbé le gas acide marin auſſi promptement que l'eau elle-même; il a augmenté de volume par cette abſorbtion, & eſt reſté inflammable. M. *Prieſtley* ne dit autre choſe de l'état de cet eſprit de vin ſaturé de gas acide marin, ſinon qu'il étoit capable de diſſoudre le fer, il ne fait mention d'aucune odeur, ni d'aucune production d'éther marin; il paroît cependant que cette combinaiſon eſt une de celles qui doit en produire le plus facilement & le plus abondamment: c'eſt une expérience qui demande donc à être réitéré & examiné ſous ce point de vue.

L'éther vitriolique abſorba l'acide gaſeux très promptement, & devint d'abord d'une couleur blanche trouble, & enſuite jaune & brune. Ce changement de couleur indique que l'acide commençoit à agir ſur l'éther, comme les autres acides très concentrés, c'eſt à-dire, à en convertir une partie en huile; mais l'expérience n'ayant pas été ſuivie plus loin, on ne [illegible] ſavoir encore au juſte ce qui réſultera de cette combinaiſon. Il y a lieu de croire que dans le tems où M. *Prieſtley* la interrompue, l'acide marin n'avoit reçu lui-même que très peu d'altération: car par le contact & le mélange de l'air commun, il s'eſt réduit en vapeurs blanches, épaiſſes, comme il le fait toujours lorſqu'il eſt libre & très concentré. Les huiles, tant les graſſes & non ſiccatives, que les huiles eſſentielles, ont été attaquées beaucoup plus efficacement par l'acide marin gaſeux, qu'elles ne le peuvent être par ce même acide en liqueur; mais avec les différences qu'on avoit obſervées juſqu'à préſent dans les combinaiſons des huiles, en général, avec les acides. L'huile d'olives n'a abſorbé le gas acide que très lentement; cependant elle eſt devenue preſque noire & gluante, d'une odeur très déſagréable, qui s'eſt diſſipée à l'air en peu de jours. L'huile eſſentielle de térébenthine, abſorba au contraite ce même gas acide très promptement, & acquit la consistance de la thériaque. Il y eut du gas inflammable de produit dans ces combinaisons, & en grande quantité dans celle avec l'éther. M. *Priestley* soupçonne avec raison, qu'il en auroit obtenu une beaucoup plus grande quantité, qu'il n'en a retiré avec les huiles, s'il eût laissé ces mélanges plus long-tems en digestion.

Il paroît qu'en général l'acide marin gaseux est en état d'agir sur tous les composés phlogistiques assez puissamment pour qu'il se produise toujours du gas, plus ou moins inflammable, suivant la force de l'action, car M. *Priestley* en a retiré, quoiqu'en petite quantité, par le séjour du *phosphore*, du *charbon*, & même du *soufre* dans le gas acide marin; mais non pas du foie de soufre, ce qui devoit être, parceque l'alkali de ce composé, a dû saturer le gas acide; aussi M. *Priestley* n'a-t-il obtenu de ce dernier mélange que du *gas méphytique*.

L'acide marin gaseux dissout le fer, & probablement beaucoup d'autres métaux; & de cette dissolution du fer, il se dégage beaucoup de gas inflammable; mais il paroît que, quoique cet acide soit déphlegmé jusqu'à siccité, & dans l'état vaporeux, le plus favorable à la combinaison; il ne dissout pourtant pas tous les métaux, & ceux même avec lesquels il est capable de s'unir le plus fortement dans d'autres circonstances; car M. *Priestley* s'étant servi de l'appareil au mercure pour le recueillir, ne fait aucune mention qu'il ait attaqué cette substance métallique.

Mais un des effets les plus remarquables de ce gas acide, est celui qu'il produit sur le *nitre* & sur l'*alun*.
» Un morceau de salpêtre que M. *Priestley* mit dans ce
» gas, fut entouré à l'instant d'une fumée blanche qui
» remplit bientôt tout le vaisseau, & qui étoit parfai-
» tement semblable à celle qui s'échappe des *bulles du*
» *gas nitreux, lorsqu'il est produit par une effervescence*
» *vigoureuse;* cette fumée, suivant la remarque de
» M. *Priestley*, est la même qu'on voit, lorsqu'on
» mêle le *gas nitreux* avec l'acide marin gaseux; il dit
» que, dans une minute, toute la quantité de gas fut
» absorbée, à l'exception d'une très petite quantité

» qui

» qui n'étoit peut-être autre chose que l'air commun
» qui s'étoit trouvé sur la surface de l'esprit de sel dans
» la fiole (1) «.

» Un morceau d'*alun* mis pareillement dans ce gas
» par M. *Priestley*, devint jaunâtre, l'absorba aussi
» promptement qu'avoit fait le salpêtre, & fut réduit en
» poudre «.

M. *Priestley* conclud de ces deux expériences, que l'acide marin gaseux sépare l'acide nitreux & l'acide vitriolique, de leurs bases. Cela paroît certain à l'égard de l'acide nitreux; car M. *Priestley* dit, dans un autre endroit, que l'acide nitreux, dégagé du nitre, par ce moyen, dissout le mercure de l'appareil, & forme du *gas nitreux*; mais on peut légitimement soupçonner que, dans l'expérience avec l'alun, c'est l'eau très abondante de la crystallisation de ce sel, qui a absorbé le gas acide marin, avec lequel elle a formé un acide marin très concentré en liqueur & incapable d'entrer, en qualité d'eau de crystallisation, dans la composition des crystaux de ce sel, d'où est venue la désunion de ses parties.

A l'égard du nitre, l'action de l'acide marin gaseux, paroît avoir été beaucoup plus marquée sur ce sel dans l'expérience de M. *Priestley*; ce gas a été absorbé avec le nitre, de même qu'avec l'alun; mais, comme le nitre ne contient point d'eau de crystallisation, proprement dite, il est assez probable qu'il a agi sur la propre substance de ce sel. Quel effet est-il capable d'y produire? C'est ce qu'on ne saura qu'après qu'on aura examiné chymiquement, tant la fumée blanche qui paroît dans cette expérience, que l'état du nitre qui aura éprouvé complettement l'action du gas acide marin. Il paroît, par les effets antérieurement connus des acides nitreux & marins, qu'ils ont une action très marquée l'un sur l'autre, sur-tout lorsqu'ils sont très concentrés, & ils le sont ici au plus haut degré. Il est donc très probable que, dans l'expérience dont il s'agit ici, & dans

---

(1) Lorsque M. *Priestley* fit cette expérience, il tiroit le gas acide marin de l'esprit de sel.

celle du mélange du gas acide marin avec le *gas nitreux*, dans laquelle M. *Priestley* a observé les mêmes fumées blanches, l'un des deux acides, & peut-être tous les deux, éprouvent quelque altération, ou même une décomposition plus ou moins complette; c'est ce qu'il est bien important d'examiner: on ne voit ici aucun dégagement d'acide nitreux en vapeurs rouges; mais il y a une analogie bien sensible entre les vapeurs blanches opaques, observées par M. *Priestley*, dans son expérience, & celles qui se manifestent dans les opérations dont il est parlé dans l'article précédent, & dans lesquelles il y a décomposition de l'acide nitreux, avec production d'air déphlogistiqué.

M. *Priestley* n'a pas observé d'action bien sensible dans les mélanges qu'il a faits du gas acide marin, avec les autres gas, ni même avec les acides vitrioliques & nitreux en liqueur; mais il rapporte deux faits qui me paroissent mériter une grande attention; l'un, c'est qu'il a obtenu une petite quantité d'un gas aussi inflammable que le mélange du gas inflammable ordinaire avec une égale quantité d'air, de l'action du gas marin sur des cailloux blanchâtres; & l'autre, c'est qu'il a retiré aussi un pareil gas inflammable de l'action de ce même gas acide marin, sur un morceau de chaux vive: ces expériences méritent d'autant plus d'être vérifiées & étudiées, que M. *Priestley* les ayant réitérées plusieurs fois n'a pas eu constamment les mêmes résultats. D'où pourroit venir le phlogistique qui se manifeste dans ces expériences, sur-tout dans celle avec la chaux vive? S'il n'est guere croyable qu'il puisse être fourni par cette matiere pierreuse absolument brûlée, il s'ensuivroit qu'il viendroit de l'acide marin lui même; qu'il y en auroit par conséquent une partie de décomposée dans cette opération. C'est ce qu'il faudra sans doute examiner; mais bien entendu après que le fait se sera trouvé très constant, & qu'il sera prouvé qu'il ne s'est rencontré aucune matiere inflammable, mêlée accidentellement dans les expériences de M. *Priestley*.

Il est aisé de juger, par l'exposé succinct que je viens de faire, de celles de ces expériences qui m'ont paru les plus essentielles, combien elles exigent encore de travail, avant qu'on en puisse tirer toutes les lumieres qu'elles promettent. Ceci regarde les Chymistes : ce n'étoit point la tâche du célebre Physicien, dont l'objet principal a été de multiplier les découvertes des différentes substances gaseuses, & sur lequel il a si bien réussi ; il ne pouvoit qu'ébaucher, comme il l'a fait, des recherches qui l'éloignoient de son but principal, mais qui auront probablement de plus grandes suites.

La derniere expérience de M. *Priestley* sur le gas acide marin, dont je ferai mention, est nette & précise, tant dans le fait, que dans sa théorie ; c'est celle du mélange de ce gas avec de la glace. » Je mis, dit ce » Physicien, un morceau de glace séche dans une quan- » tité de gas (1) acide marin ; je pris la glace avec une » pince qui, ainsi que le gas lui-même & le mercure, » par lequel il étoit renfermé, avoit été exposée à l'air » libre, pendant une forte gelée. Au moment où la » glace toucha le gas, *elle fut dissoute aussi rapidement* » *que si je l'eusse jettée dans un feu violent*, & le gas » fut absorbé sur le-champ. De nouveaux morceaux » de glace que j'ajoutai à celle qui avoit déja été dis- » soute, le furent aussi dans l'instant, & l'eau qui en » provint ne se gela plus, quoiqu'elle restât exposée » une nuit entiere à une gelée très forte «.

Cette fonte si rapide de la glace, & qui a dû se faire avec chaleur, n'est que l'effet très connu de la grande violence avec laquelle les acides concentrés s'unissent à l'eau, & la liqueur qui a résulté de l'union de ce gas avec la glace, n'étant que de l'acide marin condensé en liquide par l'eau, a résisté à la congélation beaucoup plus que l'eau pure, parcequ'en général les acides, & même la plupart des matieres salines, s'opposent à la congélation de l'eau qui les tient en dissolution.

GAS ACIDE SULFUREUX VOLATIL. Je crois devoir donner ce nom à la substance gaseuse que M. *Priestley* a nommée *air acide vitriolique*, parcequ'en effet, ce

(1) M. *Priestley* le nomme *air*, de même que tous les autres gas ; mais je substitue par-tout celui de *gas*, par les raisons que j'ai dites au commencement de l'article du *gas nitreux*.

n'est point, comme on le va voir, de l'acide vitriolique, qui peut se réduire & être obtenu dans l'état de gas; mais l'espece d'acide que les Chymistes connoissent sous le nom d'*acide sulfureux volatil*.

M. *Priestley*, après avoir mis l'acide marin sous forme d'air, a voulu voir, comme cela étoit naturel, s'il pourroit réduire, sous cette même forme, les autres acides & matieres salines; il a donc essayé de chauffer de l'acide vitriolique pur, dans l'appareil pneumato-chymique au mercure; mais, de quelque maniere qu'il s'y soit pris, tant que cet acide est resté pur dans sa nature d'acide vitriolique, il n'a pu se réduire en forme de gas. M. *Priestley* n'en a pu retirer rien de gaseux, même par un degré de chaleur capable de le réduire en vapeurs.

Mais il en a été tout autrement, quand il a fait agir cet acide sur des corps contenant le principe de l'inflammabilité. Il s'est dégagé, de tous ces mélanges, une substance gaseuse, entiérement semblable à l'air & à tous les gas, quant à son élasticité, à son expansibilité, & à toutes ses autres qualités sensibles à la vue.

On va voir, par les propriétés de ce gas, que ce n'est autre chose que l'acide composé, résultant d'une combinaison particuliere de l'acide vitriolique avec la matiere du feu, & qui est un être tout autre que l'acide vitriolique pur; c'est celui que les Chymistes ont désigné par le nom d'*acide sulfureux volatil*.

Le gas acide sulfureux volatil est exactement à cet acide en liqueur, ce que le *gas acide marin* est aussi à l'acide marin en liqueur, c'est-à-dire que ce n'est que l'acide même, privé de tout mélange d'eau surabondante à sa constitution, & qui, dans cet état de siccité, est naturellement dans l'agrégation aërienne; aussi, dès qu'on lui présente de l'eau, il perd aussi-tôt cette agrégation, pour prendre celle d'une liqueur, avec cette eau à laquelle il s'unit aussi promptement que le gas acide marin; il se comporte aussi de même avec la glace qu'il fait fondre à l'instant; &, quand il est ainsi uni à l'eau, il ne differe plus absolument en rien de l'acide sulfureux volatil, anciennement connu des Chymistes.

Comme cet acide, quoiqu'extrêmement piquant & pénétrant, est naturellement très foible & plus foible même que tous les autres, en qualité d'acide, la différence de son activité, en état de liqueur & en état de gas sec, est peu considérable ; ce qui prouve, pour l'observer, en passant, que c'est beaucoup moins l'union avec l'eau, que celle avec la matiere du feu, qui diminue si fort l'acidité de l'acide vitriolique transmué en acide sulfureux volatil.

Le procédé, pour obtenir le gas acide sulfureux volatil, est fort simple & fort aisé, quoique M. *Priestley*, en le cherchant, y ait éprouvé des difficultés, & même des accidens provenans du dégagement trop abondant & trop impétueux de ce gas, dont il n'étoit pas prévenu. Cet inconvénient ne pouvant avoir lieu, que lorsque l'acide vitriolique agit avec trop de violence & de promptitude sur les corps phlogistiqués, on peut l'éviter entiérement, soit en ne faisant agir l'acide vitriolique que sur une très petite quantité de matiere inflammable, telle que l'huile, par exemple, soit en ne présentant à l'acide vitriolique, que des corps combustibles, sur lesquels il a une action beaucoup moins prompte, comme les charbons, ainsi que l'a pratiqué M. *Priestley* ; mais je ne doute pas qu'on ne puisse parvenir au même but, en se servant d'acide vitriolique affoibli par une assez grande quantité d'eau. Peut-être même ce dernier moyen mériteroit-il d'être tenté, & pourroit-il produire quelque gas différent de l'acide sulfureux volatil ; ce qui me le fait soupçonner, c'est une expérience que j'ai faite, étant fort jeune, & dans le tems que je ne faisois que commencer à travailler à la Chymie. Mon objet étoit alors de reconnoître la nature des composés qui pourroient résulter de la combinaison des acides minéraux avec différentes especes d'huile. Et, pour éviter, le plus qu'il seroit possible, l'altération & la décomposition de ces huiles, mon plan étoit d'affoiblir, par une grande quantité d'eau, les acides minéraux que je devois leur appliquer ; je commencai par l'huile d'olives & l'acide vitriolique ; je mêlai à ce dernier la quantité d'eau pure qu'il falloit pour qu'il n'eût aucune action à froid sur l'huile, &

Je mis ce mélange dans un appareil de vaisseaux distillatoires, dans l'intention de lui appliquer une chaleur graduée, & la moindre qu'il seroit possible, pour faire agir très foiblement l'acide sur l'huile.

Dès la premiere impression de la chaleur la plus douce, & dans le temps même que l'acide commençoit à peine à agir d'une maniere sensible sur l'huile, mes vaisseaux furent crevés avec explosion; cet accident & d'autres occupations qui me survinrent alors, me firent abandonner ce projet de travail, & je négligeai même d'écrire le détail de ce qui étoit arrivé en le commençant. Comme j'étois fort éloigné alors d'avoir la moindre idée de la production ou du dégagement des gas; j'attribuai l'accident à l'expansion de l'air renfermé dans les vaisseaux, & que je n'avois pas laissé évacuer assez-tôt, & j'en doutai d'autant moins, qu'autant que je m'en puis souvenir, je ne sentis alors aucune odeur d'acide sulfureux volatil; je ne doute pas maintenant que le dégagement d'un gas abondant, n'ait contribué, peut-être plus que l'air, à la fracture des vaisseaux; mais l'idée qui m'est restée, qu'il ne se produisoit pas encore alors d'acide sulfureux volatil; me fait soupçonner qu'en réitérant cette expérience dans les appareils pneumato-chymiques, & sur-tout en appliquant aux huiles, de l'acide vitriolique affoibli par une très grande quantité d'eau, on pourroit obtenir un gas qui ne seroit pas de l'acide sulfureux volatil. Ce seroit peut-être du gas inflammable; mais c'est ce que l'expérience seule pourra décider.

Pour revenir aux propriétés du gas acide sulfureux volatil; il paroît, par les expériences de M. *Priestley*,* que, quoique cet acide soit déphlegmé jusqu'à siccité, elles different encore moins de celles que les Chymistes lui avoient reconnues, avant qu'on l'eût examiné dans l'état de gas, que celles du gas acide marin ne different de l'acide marin en liqueur très concentré.

Je ferai observer d'abord qu'en traitant l'acide vitriolique avec différentes matieres phlogistiques, ce gas sulfureux s'est trouvé mêlé de plus ou moins de gas inflammable. quand M. *Priestley* a fait agir l'acide vitriolique sur les substances, telles que le zinc, le fer & autres, dont on retire abondamment & facilement ce dernier gas, circonstance qui mérite une attention particuliere, par les raisons que j'ai exposées à l'article du Gas nitreux, & que je ne répéterai point ici.

Je ne rappellerai point non plus ici les faits qui prouvent que le gas acide sulfureux volatil, quoique sous forme d'air, n'est point de l'air, parcequ'ils sont les mêmes que ceux qui établissent cette vérité pour les autres gas, & sur lesquels je me suis assez étendu dans les articles précédens.

Enfin, pour éviter les répétitions qui ne sont déja peut être que trop fréquentes dans cet Ouvrage, quoiqu'elles puissent être utiles dans des objets fort compliqués, je n'entrerai point non plus dans le détail de toutes les preuves qui établissent que l'acide sulfureux volatil n'est point l'acide vitriolique, mais un acide particulier, & qui differe beaucoup de l'acide vitriolique simple. On peut voir à ce sujet les Articles Acide sulfureux volatil, Acide vitriolique, Acide nitreux, Phlogistique, Soufre & plusieurs autres, où ces preuves sont exposées en détail. Je me bornerai donc dans celui-ci à présenter les résultats des principales expériences que M. *Priestley* a faites sur le gas acide sulfureux volatil.

Ce gas n'est pas plus susceptible que les autres d'être condensé en liqueur ou en corps solide, soit par le froid, soit par tout autre moyen; il éteint la flamme, & tue les animaux: sans contracter d'union complette avec l'air, M. Priestley a trouvé que, par le séjour avec ce gas, l'air en recevoit une altération qui devenoit très sensible à l'épreuve du gas nitreux, après qu'il en avoit séparé par l'eau, tout ce qui restoit de gas acide sulfureux volatil, ce qui s'accorde très bien avec ce qu'avoient remarqué les Chymistes, sur la propriété qu'a l'acide sulfureux volatil, de se décomposer à l'air par la perte de son phlogistique, & de redevenir par là acide vitriolique pur & simple.

Le gas acide sulfureux volatil se mêle avec tous les autres gas, mais sans leur occasionner ni en recevoir d'altération ſenſible; c'eſt du moins ce qui réſulte des expériences de M. *Prieſtley*.

On ne peut douter qu'il ne doive former, ſoit avec les terres calcaires, ſoit avec les alkalis fixes, *des ſels ſulfureux* décompoſables par tous les acides, quoique M. *Prieſtley* ne l'ait pas conſtaté par des expériences; mais il s'eſt aſſuré qu'il forme un pareil ſel neutre en cryſtaux avec l'*alkali volatil*.

Il ſe combine auſſi en général avec les matieres métalliques qui ſe diſſolvent facilement par les acides, comme ſont le fer, le cuivre & autres; mais ce qui eſt très remarquable, il n'en dégage point de gas inflammable, comme le font l'acide vitriolique, l'acide marin, & même le gas acide marin.

Il n'agit point ſur les métaux difficiles à diſſoudre, tels que l'argent, le mercure & autres. Il eſt abſorbé & condenſé facilement par l'eſprit-de-vin, par l'éther, ce qui eſt d'accord avec les obſervations qu'avoient faites les Chymiſtes, de l'eſprit-de-vin & de l'éther très ſulfureux qu'on obtient dans le procédé de l'éther vitriolique.

M. *Prieſtley* ne parle pas de l'effet du gas acide ſulfureux volatil ſur les huiles; il a ſeulement obſervé qu'il diſſout & réduit le camphre en liqueur, comme le font les autres acides; qu'il ne produit d'autre effet ſur le charbon, que de ſe condenſer à ſa ſurface, qu'il rend très acide, mais ſans en rien dégager; qu'il s'empare de l'eau de la cryſtalliſation, de certains ſels qui en contiennent beaucoup, tels que le borax, l'alun & ſans doute les autres; mais qu'au ſurplus il ne décompoſe aucun des ſels neutres, même de ceux dont l'acide eſt beaucoup plus foible que l'acide vitriolique; ce qui eſt encore bien d'accord avec les propriétés de l'acide ſulfureux volatil, antérieurement conſtatées par *Sthal* & par les autres Chymiſtes.

Il réſulte de tous ces faits que le gas acide ſulfureux volatil ne differe preſque pas autrement de ce même acide en liqueur ou en vapeur, tel qu'on l'avoit obſervé précédemment, que par ſa forme aërienne & ſeche.

GAS ACIDE ACÉTEUX. Dans la suite d'expériences que M. *Priestley* a faites pour reconnoître toutes les substances capables de fournir des gas, ou de se présenter elles mêmes sous forme d'air, il a trouvé que l'acide du vinaigre bien fort & bien concentré, & recueilli dans l'appareil au mercure, par l'action de l'acide vitriolique, prenoit comme l'acide marin, & comme l'acide sulfureux volatil, la forme & l'élasticité d'un gas, en cessant, par conséquent, d'être en liqueur, & en se dépouillant pour cela de toute eau surabondante à son essence saline.

L'acide du vinaigre, devenu gaseux de cette maniere, a toutes les propriétés générales des autres gas, c'est-à dire, toutes celles, par lesquelles ces substances ressemblent à l'air, & celles par lesquelles elles different essentiellement de cet élément; au surplus, on voit par les expériences de M. *Priestley*, qu'il conserve toutes ses qualités d'acide du vinaigre, & même que l'action dissolvante ou combinatoire, qu'a cet acide en liqueur bien concentré, n'est presque point augmentée; lorsqu'il l'est jusqu'à siccité dans l'état de gas; il continue d'être moins fort à cet égard, que tous les autres acides, excepté l'acide sulfureux volatil; il ne s'empare pas même de l'eau de la crystallisation du borax, comme le fait le gas acide marin; je ne m'étendrai donc point sur les propriétés du gas acéteux, & je renvoie pour cet objet à l'article ESPRIT DE VÉNUS, ou VINAIGRE RADICAL, & je terminerai celui-ci, par quelques observations & expériences de M. *Priestley*, qui me paroissent mériter attention.

Ce Physicien ayant voulu impregner de l'eau de gas acéteux jusqu'à saturation, pour avoir l'acide du vinaigre en liqueur le plus concentré possible, comme il l'avoit fait avec le gas acide marin, pour avoir l'esprit de sel en liqueur le plus fort; l'expérience ne lui a pas réussi, par une circonstance qu'il rapporte dans les termes suivans) traduction de M. *Gibelin*). » J'avois mis à ce dessein une petite quantité d'eau dans » un tube de verre; mais je ne l'eus pas plutôt introduit dans *l'air acide* à travers le mercure qui le renfermoit, qu'une petite bulle d'air commun, qui

» étoit, à l'extrémité fermée du tube, commença à » s'enfler, & continua de même jusqu'à ce qu'elle eût » fait sortir toute l'eau du tube. La même chose m'ar- » riva avec un tube dont l'extrémité étoit fermée her- » métiquement. J'eus le même résultat avec de l'esprit » de vin que j'introduisis de la même maniere dans » cet *air acide*; l'effet fut seulement beaucoup plus » rapide : avec l'huile de térébenthine, cet effet fut » encore plus prompt; mais il fut beaucoup plus lent » avec l'huile d'olives.

» Cette expérience me fit imaginer, que l'air commun » recevoit une grande expansion par l'effluve de cet » acide végétal, & je me promis en conséquence, » que si j'introduisois une quantité du même acide en » liqueur, dans de l'air commun renfermé par du » mercure, elle le dilateroit, ... mais bien » loin que cela fût ainsi, l'air, au bout de quelque » tems, parut diminué, & éteignit une chandelle, » de sorte qu'il devoit avoir été phlogistiqué par l'a- » cide «.

Ces expériences indiquent qu'il y a action récipro- que entre l'air, & l'acide du vinaigre en vapeurs; mais il en faudra beaucoup d'autres pour déterminer quelle est cet action, & l'effet qui en résulte sur l'une & l'autre de ces substances.

La derniere observation de M. *Priestley* sur l'action du gas acéteux qui paroit mériter d'être suivie, à cause d'une différence très marquée, entre l'effet de cet acide & celui de tous les autres, a pour sujet le mélange du gas acéteux avec l'huile d'olives.

» L'*air acide végétal*, dit ce Physicien, est assez » promptement absorbé par l'huile d'olives, une » quantité de cette huile en absorba environ dix fois » son volume, & de jaunâtre qu'elle est naturelle- » ment, elle devint presque sans couleur, comme » l'eau; ce qui me parut d'autant plus remarquable, » que tous les autres acides, rendent plus foncée la » couleur de toutes les autres especes d'huiles, jus- » qu'à les brunir, & leur donner en même-tems une » viscosité approchante de la consistance des résines; au » lieu que cette huile, dans l'expérience dont je parle,

» devint plutôt moins gluante qu'auparavant. Elle
» approchoit un peu de la limpidité de l'eau, ou pour
» mieux dire, elle ressembloit davantage à une *huile*
» *essentielle* «.

Voilà un effet très remarquable. On ne peut assurément que gagner beaucoup à examiner plus particuliérement l'état de cette huile ainsi altérée par l'acide du vinaigre. Devient-elle par là plus siccative, plus dissoluble par l'esprit de vin & autres menstrues analogues, moins susceptibles d'union avec l'alkali fixe? l'acide du vinaigre lui-même n'éprouve-t-il point de décomposition, ou quelque altération singuliere dans une pareille combinaison? Quels effets peut-il produire dans son état de gas sur toutes les autres especes d'huiles? Il est aisé de sentir que ces questions sont très importantes à résoudre, car sans compter les avantages qui en pourroient résulter pour la peinture, & autres arts, leur solution ne peut manquer de donner de nouvelles lumieres sur la nature des huiles & sur celle de l'acide du vinaigre; ce qui doit encourager encore à faire les expériences nécessaires pour cela, c'est quelles sont la plupart assez simples, & aussi faciles à exécuter qu'à imaginer.

GAS ALKALI VOLATIL. L'alkali volatil peut être mis sous la forme d'air, comme plusieurs autres substances salines; M. *Priestley* a trouvé qu'en chauffant un peu dans l'appareil au mercure, l'alkali volatil, soit caustique, soit même concret, on en dégageoit une grande quantité d'une substance gaseuse aëriforme; mais il observe que quand on se sert de cet alkali non caustique, il s'en dégage en même tems une quantité assez considérable de gas méphytique, qui altere la pureté du véritable gas alkali, & le fait crystalliser au point de boucher l'intérieur du tuyeau de conduite; & il suit de là, que pour obtenir, dans sa plus grande pureté, le gas dont il s'agit ici, il faut employer l'alkali volatil le plus caustique, ou encore mieux, le mélange de trois parties, au moins de chaux éteinte à l'eau, contre une de sel ammoniac; & comme dans ce cas, il s'éleve toujours un peu d'eau, M. *Priestley* prescrit, avec raison, d'ajuster à la partie la plus basse du tuyeau qui transmet la vapeur du mélange de la cornue, dans le récipient, une fiole, dans laquelle puisse tomber la liqueur, qui s'éleve pendant l'opération.

Avec cet appareil, on recueille dans le récipient un gas, qui, comme tous les autres, est indiscernable de l'air, à la simple vue, mais qui en differe infiniment par ses autres propriétés, lesquelles ne sont que celles de l'alkali volatil, le plus pur, le plus caustique, le plus déliquescent, & réduit à l'état aërien sec; c'est-à-dire, privé de toute eau surabondante à son essence saline.

Toutes les substances salines, acides ou alkalines, dans ce dernier degré de concentration, ont une tendance extrême à se combiner en général avec un grand nombre d'autres substances, & en particulier avec l'eau, de là vient leur prodigieuse déliquescence, si elles sont en forme solide, & l'activité singuliere avec laquelle elles se condensent en liqueur par le contact de l'eau: lorsqu'elles sont dans l'état gaseux. Aussi le gas alkali volatil, perd-il très promptement son agrégation aëriene, pour prendre celle d'une liqueur, dès qu'on lui présente de l'eau, par laquelle il est aussi-tôt absorbé.

On voit par les expériences de M. *Priestley*, qu'à cet égard, il en est de ce gas, comme du gas acide marin; c'est-à-dire, qu'il y a un point de saturation dans son absorbtion par l'eau. Cela est même prouvé par la circonstance du procédé, dans lequel, on recueille dans une fiole à part, tout ce qui peut monter d'alkali volatil en liqueur pendant l'opération. Il est évident que cette liqueur, n'est que de l'eau saturée de tout l'alkali volatil qu'elle peut condenser, & que la portion qui passe dans le récipient, dans l'état de gas, n'est que celle de cet alkali, qui est surabondante à la saturation de l'eau, & il suit de-là que cette liqueur est de l'alkali volatil le plus fort & le plus concentré qu'on puisse obtenir dans l'agrégation aqueuse.

Le gas alkali volatil éteint la flamme, comme tous les autres, & sans doute aussi qu'il n'est pas plus propre à la respiration qu'à la combustion; mais en faisant l'expérience de l'extinction de la flamme dans ce gas, M. *Prieſtley* a obſervé un phénomene important, en ce qu'il indique que ce gas a lui-même un certain degré d'inflammabilité, car ce même phénomene s'obſerve auſſi, lorſqu'on éteint la flamme dans le gas inflammable proprement dit; cet effet conſiſte en ce que, dès que la flamme de la bougie entre dans ces gas, elle eſt fort agrandie par l'addition d'une autre flamme d'une couleur jaune pâle, qui l'environne pendant un moment, & qui n'eſt que la portion du gas même qui ſe trouve mêlé d'une petite quantité d'air, ſuffiſante pour la faire brûler.

En général, tous les gas ſalins ſont plus peſans que l'air & que le gas inflammable ordinaire, & le gas alkali, quoiqu'inflammable lui-même, & plus léger que tous les autres gas ſalins, eſt cependant plus peſant que le gas inflammable, proprement dit, ſans doute, par la raiſon qu'il eſt ſalin.

En conſéquence de l'extrême affinité que le gas alkali a avec l'eau, il préſente avec la glace le même phénomene que le gas acide marin & autres de cette nature, c'eſt-à-dire, qu'il la fond auſſi promptement, que ſi on la mettoit dans le feu, & que la liqueur qui provient de liquéfaction de la glace par ces gas, a le pouvoir de liquéfier une quantité conſidérable de nouvelle glace.

Il paroît que le gas alkali volatil n'a point d'action marquée, ni ſur l'air ordinaire, ni ſur le gas inflammable, ni même ſur le gas nitreux, entiérement exempt du mélange d'acide nitreux libre, car après avoir mêlé & laiſſé ſéjourner enſemble ces différentes ſubſtances, M. *Prieſtley* a trouvé que, par le moyen de l'eau, il pouvoit en ſéparer tout le gas alkali volatil, & que ce qui n'étoit pas abſorbé, étoit le gas avec lequel il avoit été mêlé, & qui n'avoit pas reçu d'altération ſenſible.

L'eſprit de vin abſorbe & réduit en liqueur le gas alkali volatil, auſſi efficacement & auſſi promptement que l'eau, par la raiſon que, l'alkali volatil eſt diſſoluble dans l'eſprit de vin.

M. *Prieſtley* a obſervé que l'éther produiſoit preſque le même effet; que ſon union avec l'alkali volatil gaſeux, ne lui donnoit aucune couleur, & que ſon inflammabilité, ni ſon évaporabilité n'en étoient point altérées, ce qui a lieu auſſi avec l'eſprit de vin : mais un fait aſſez remarquable, c'eſt que ce gas, qui eſt l'alkali volatil le plus cauſtique & le plus déphlegmé poſſible, n'ait preſque point d'action ſur les huiles. M. *Prieſtley* en a laiſſé ſéjourner, pendant près de deux jours, ſur de l'huile d'olives, ſans qu'il y ait eu aucune abſorbtion du gas, ni aucune altération dans l'huile. Les huiles eſſentielles, & en particulier celles de térébenthine & de menthe, ont paru avoir un peu plus de diſpoſition à cette union, en ce qu'elles ont abſorbé une petite quantité du gas ; cependant elles n'en ont point reçu non plus d'altération ſenſible. Ces phénomenes ſemblent indiquer, que ſi les huiles ne ſe prêtent point à cette combinaiſon, c'eſt que leur agrégation eſt trop forte, & qu'on pourroit parvenir à l'union de ces ſubſtances, ſi on préſentoit l'huile réduite en vapeurs à l'action du gas alkali volatil, ce qui eſt poſſible, du moins à l'égard des huiles eſſentielles, & encore plus à l'égard des *eſprits recteurs* ; ces derniers probablement pourroient être réduits eux-mêmes en état de gas ; mais ces expériences n'ont pas encore été faites.

Le ſoufre, le nitre, le ſel commun & les cailloux, mis par M. *Prieſtley*, dans le gas alkalin, n'en abſorberent pas un atôme, ce qui n'a rien que de conforme à ce qu'on connoiſſoit déja de l'action de l'alkali volatil, qui ne touche à aucune de ces ſubſtances, excepté au ſoufre, avec lequel il forme *le foie de ſoufre volatil*, nommé *liqueur fumante de Boyle* ; mais il faut, pour parvenir à cette union, que ces ſubſtances ſoient l'une & l'autre réduites en vapeurs.

Les corps poreux, tels que les charbons, les éponges, les chiffons & autres ſubſtances de la même nature, parurent à M. *Prieſtley* condenſer le gas alkali ſur leurs ſurfaces, car il commença à diminuer immédiatement après leur admiſſion, & lorſque M. *Prieſtley* les retira, l'odeur alkaline qu'ils avoient contractée, étoit ſi piquante, qu'on ne pouvoit preſque la ſoutenir, ſur-tout celle de l'éponge.

Cette odeur ſi piquante, prouve que le gas alkali n'avoit point contracté d'union intime avec aucune de ces ſubſtances, & ils n'en ont probablement condenſé une petite portion qu'à la faveur de l'air contenu dans leurs pores, l'air n'étant jamais parfaitement exempt du mélange de toute humidité. Je crois qu'on peut dire à-peu-près la même choſe, de la condenſation du gas acide marin que M. *Prieſtley* a obſervé à la ſurface du charbon, & de quelques autres ſubſtances.

Il en eſt auſſi à-peu-près de même de l'alun, auquel ces deux gas ont enlevé toute ſon eau de cryſtalliſation, en le rendant d'un blanc opaque, mais ſans détruire la forme de ſes cryſtaux, & probablement ſans le décompoſer.

Le mélange du gas alkali volatil avec tous les gas acides, tels que l'acide marin, l'acide ſulfureux volatil, l'acide acéteux gaſeux, a été ſuivi conſtamment, dans les expériences de M. *Prieſtley*, de l'apparition d'un beau nuage blanc, de flocons blancs, de cryſtalliſations aux parois du récipient, & de la diſparition des gas. Ces effets préſentent un beau ſpectacle & qui a paru merveilleux à M. *Prieſtley* dans ſes premieres expériences; cependant il en a enſuite [illegible] & expliqué la cauſe; elle n'eſt autre que la combinaiſon du gas alkali volatil, avec les gas acides, dont il réſulte des ſels neutres ammoniacaux, exactement les mêmes que ceux qu'on obtient par l'union réciproque de ces mêmes ſubſtances en liqueur. Cependant ces expériences ſont dignes d'attention, en ce qu'elles prouvent que les acides & [illegible] alkalis peuvent paſſer directement de l'état de gas, à celui de corps ſolides, par une ſorte de voie ſeche, ſans l'intermede de l'eau, & ſans paſſer par l'état de vapeurs ni de liqueurs, qui ſemblent tenir le milieu, entre l'agrégation aérienne & celle des corps ſolides. Celui de ces ſels ammoniacaux qui paroît mériter le plus d'être examiné, parce-qu'il eſt le moins connu, c'eſt le compoſé de l'acide ſulfureux gaſeux avec l'alkali volatil. L'union des deux principes de ce ſel, doit être très foible, & par conſéquent il eſt probable que ce ſel neutre ammoniacal, doit conſerver de l'action ſur beaucoup de corps, &

produire des effets qu'il est intéressant de connoître.

Au surplus, on peut juger par tout ce qu'on connoît jusqu'à présent sur les gas, qu'il y en a plusieurs, dont l'action dissolvante qu'ils ont dans leur état de gas, differe peu de celles qu'ils ont dans l'état de liqueur, tels sont sur-tout le gas acide sulfureux volatil, & le gas alkali volatil, & il paroît qu'en général, cette différence est d'autant moindre, que ces substances susceptibles d'être réduites en gas, ont naturellement plus de volatilité & d'expansibilité dans leur état de liqueur.

GAS ACIDE SPATHIQUE. La découverte de ce gas, l'un des plus remarquables & des plus singuliers, a été la suite de celle que M. *Scheel*, très habile Chymiste Suédois, avoit faite peu de temps auparavant, de l'acide contenu dans une matiere pierreuse qui se rencontre dans beaucoup de mines métalliques, & qui est connue des Minéralogistes sous les noms de *spath vitreux*, *fluor spathique*, *fausse émeraude*, parcequ'il y en a beaucoup de verd ou de verdâtre, & enfin de *spath phosphorique*, parceque cette matiere, mise en petits fragmens sur une pelle rouge, s'allume & brille pendant quelque tems comme du *phosphore*, propriété qu'elle perd, quand une fois elle a été allumée.

M. *Scheel* ayant voulu, sans doute, faire une analyse complette de ce spath, lui a appliqué dans une de ses expériences, de l'acide vitriolique concentré, & a fait la distillation de ce mélange en vaisseaux clos, par la méthode ordinaire. Il a dû être bien surpris, quand avec l'acide, il a vu passer dans son récipient une grande quantité d'une matiere terreuse ressemblant à du quarts ou à du sable en poudre, beaucoup plus dure, plus fixe & plus réfractaire que le spath même qu'il avoit employé. Cette matiere s'étant manifestée plus promptement & en plus grande abondance, quand M. *Scheel* mettoit dans son récipient de l'eau commune, à la surface de laquelle la croute pierreuse se formoit, à proportion du progrès de la distillation, cela ressembloit assez à une transmutation de l'eau en terre, par son union avec l'acide, comme M. *Scheel* l'a cru d'abord, & cette idée a pu venir

venir à un Chymiste qui observoit pour la premiere fois ce phénomene surprenant. Je reçus le premier avis de cette découverte par une lettre de M. *Bergman*, mon illustre Correspondant en Suede, qui m'envoya même une petite quantité de cette terre. Je la soumis aussi-tôt à toutes les épreuves propres à me donner des lumieres sur sa nature; je trouvai que, quoique d'une très grande finesse, elle ne se lioit pas avec l'eau en pâte comme l'argille; qu'elle usoit & éclaircissoit la surface de l'acier sur lequel je la frottois; qu'elle résistoit assez à l'action des acides, & qu'enfin exposée au plus grand feu, & même au foyer du grand verre ardent de l'Académie, celui de M. *Trudaine* n'étant pas encore fait alors, elle y restoit aussi fixe & aussi infusible que le quarts, le silex & le sable; & je ne doutai plus, que celle-ci ne fût de la nature de la terre quarteuse ou siliceuse. Mais il restoit à découvrir d'où provenoit cette singuliere matiere terreuse, la nature de l'acide avec lequel elle passoit dans la distillation, enfin les différentes parties constitutives du spath dont elle étoit tirée; c'est sur quoi M. *Scheel* a continué de travailler; il a publié en Suédois un Mémoire contenant la suite de ses recherches, & depuis, deux Chymistes François, sous le nom supposé de M. *Boullanger*, ont publié une suite d'expériences des plus exactes & des mieux faites, qui répandent de grandes lumieres sur la nature du spath dont il s'agit, & de l'acide qu'on en tire par l'intermede de l'acide vitriolique. Comme ces différens objets, n'ont qu'un rapport éloigné avec celui du gas dont il s'agit dans cet article, j'en renvoie les détails à l'article du SPATH, & je me bornerai dans celui-ci à l'acide qu'on en dégage, par l'intermede de l'acide vitriolique, en tant qu'il peut être réduit & examiné dans l'état de gas.

M. *Priestley*, qui, dans le tems de la découverte de M. *Scheel*, ou peu après, étoit tout occupé des expériences qui lui ont fait reconnoître le grand nombre de substances, qui sont ou qui peuvent être mises dans l'état gaseux, devoit naturellement soumettre à l'épreuve de l'appareil dont il s'étoit servi avec tant d'avantage, le singulier acide nouvellement découvert, & qui venoit s'offrir comme de lui-même, pour augmenter le nombre des gas, dont on devoit la connoissance à cet excellent Physicien. Aussi dès que M. *Priestley* a pu se procurer le spath nécessaire à cette expérience, ne doutant point que son acide, comme tous ceux qui sont volatils ne pût former un nouveau gas, il n'a pas manqué d'essayer d'obtenir l'acide spathique, dans cet état, en faisant l'opération de M. *Scheel* dans l'appareil au mercure; & dès sa premiere tentative, il a réussi à recueillir dans son récipient une grande quantité de cet acide sous forme d'air ou de gas parfaitement transparent, sec, élastique, &c.

Quand il introduisoit de l'eau dans le récipient, dont ce gas occupoit la partie supérieure au-dessus du mercure; ce même gas, comme tous les autres gas salins, acides, étoit aussi-tôt condensé en liqueur par l'eau; mais avec la circonstance tout-à-fait surprenante, qu'à mesure qu'il perdoit, par cette union, son état de gas, on appercevoit une grande quantité de terre blanche, opaque, qui couvroit les surfaces par lesquelles l'eau & le gas se touchoient.

Cet effet arrivant constamment, mais pouvant se varier beaucoup dans ses apparences, suivant les circonstances, tant lorsqu'on introduit de l'eau dans le gas, que lorsqu'on introduit le gas dans de l'eau, occasionne beaucoup d'autres effets, dont M. *Priestley* fait mention, & qui forment toujours un spectacle frappant même pour ceux qui en sont prévenus: on ne peut se lasser d'admirer cette apparence d'une transmutation d'air & d'eau, en un corps solide terreux ou pierreux, qui se fait en un clin d'œil & dans le moment même du contact; ainsi, par exemple, lorsqu'on introduit une bulle de ce gas, à travers le mercure, dans l'eau qui est au-dessus, dès que la bulle touche à l'eau, elle se transforme en une sphere pierreuse, qui, quelquefois reste attachée à la surface du mercure, quelquefois traverse toute l'eau, au haut de laquelle elle parvient; mais le plus souvent elle se creve, & ses débris se présentent en forme de toiles très fines & très légeres. Il est arrivé à M. *Priestley*, qu'ayant introduit tout juste, sous une de ces spheres pierreuses, successivement pluſieurs nouvelles bulles de gas ſpathique, les ſurvenantes ſe confondoient avec la premiere, & l'allongeoient en forme de cylindre pierreux, plus ou moins haut, juſque vers le fond ſupérieur du récipient, & lorſque cela réuſſiſſoit dans un même récipient ſur un certain nombre de bulles, il en réſultoit un aſſemblage très ſingulier de cylindres ou de tuyaux diſpoſés comme ceux d'un orgue.

M. *Prieſtley* a fort bien vu que l'apparition de cette matiere pierreuſe, n'étoit autre choſe qu'une précipitation de cette même matiere parfaitement diſſoute d'abord par le gas acide ſpathique, & ſéparée enſuite par l'action & l'intermede de l'eau. Ce liquide produit ici une précipitation tout-à-fait analogue à celle qu'il occaſionne de la plupart des métaux diſſous par les acides en liqueur. Mais le phénomene dont il s'agit ici, n'en eſt pas moins un des plus ſurprenans & des plus dignes d'attention; c'eſt un exemple tout neuf & juſqu'à préſent unique, d'une combinaiſon & d'une précipitation de cette eſpece. On voit ici une matiere terreuſe & même pierreuſe, qui par ſa nature ne tend qu'à une agrégation ſolide, des plus dures & des plus fixes, diſſoute en très grande quantité, par un acide raréfié juſqu'au point de l'agrégation aërienne, & ſi bien combinée que non ſeulement elle n'altere, ni la tranſparence, ni la *rarité* (1), ni l'expanſibilité de l'agrégation aërienne du gas; mais encore, que malgré ſa très grande fixité & peſanteur eſſentielle, elle participe à toute la volatilité de ce même gas, avec lequel

(1) Ce mot n'eſt pas françois; mais, comme celui de *rareté* ne l'eſt pas davantage, pour exprimer la qualité oppoſée à la denſité, j'ai cru pouvoir employer celui-ci, en le dérivant de *raritas*, qui, en latin, ſignifie également la qualité d'une choſe peu compacte, ou celle d'une choſe peu commune. J'ai préféré *rarité* à *raritude* qu'on pourroit dériver de *raritudo*, dont Columelle s'eſt ſervi pour déſigner la qualité d'une terre légere & peu compacte, parceque *rarité*, à cauſe de ſon analogie avec *compacité*, *opacité*, *élaſticité*, &c. m'a paru moins mal ſonant & moins étrange que *raritude*, lequel n'a de conſonance qu'avec d'autres mots françois qui n'expriment point, à proprement parler, de qualités phyſiques dans les corps.

elle peut s'élever au-dessus de toutes les liqueurs connues.

Ces effets ne peuvent certainement s'attribuer qu'à l'état de siccité parfaite du gas acide spathique, & c'est un exemple bien frappant de la différence qu'il peut y avoir entre l'action combinatoire de plusieurs substances, par la voie seche & par la voie humide. Car dès que l'eau vient à se mêler à la combinaison de ce gas avec sa partie terreuse, cette derniere est séparée de l'acide dans l'instant même, & ce qu'il y a de plus remarquable, c'est que ce n'est point parceque l'eau affoiblit l'acidité du gas; car il est prouvé par d'autres belles expériences de M. *Priestley*, que l'eau peut être chargée de cet acide jusqu'au point de saturation, & former, par conséquent avec lui, un acide plus fort, plus dense, & dans ce sens, plus concentré, qu'il ne le peut être dans l'état de gas, sans que pour cela, ce même acide en liqueur, puisse tenir en dissolution la matiere terreuse, comme il la tient dans son état sec & de gas.

Il paroît néanmoins, par quelques expériences de M. *Priestley*, que la précipitation de la terre du gas acide spathique, par l'intermede de l'eau, n'est pas absolument complette, & qu'il en reste une petite quantité unie à cet acide, lorsqu'il est réduit en liqueur; mais cette circonstance, qui se rencontre dans presque toutes les autres précipitations & séparations, n'empêche point, que l'eau ne puisse être regardée, comme le précipitant de la matiere terreuse du gas acide spathique.

M. *Priestley* a observé un autre effet qui donne lieu de présumer, que cet acide gaseux, peut, de même que beaucoup d'autre menstrues, tenir en dissolution une plus grande quantité de sa terre à la faveur d'un certain degré de chaleur, que lorsqu'il est froid; il avertit que le tuyau qui le transmet de la cornue dans le récipient, doit être d'un certaine largeur, parcequ'il est sujet à s'obstruer par le dépôt d'une partie de la terre, & il pense avec assez de vraisemblance, que cette séparation partielle, est due au réfroidissement que le gas éprouve en passant dans ce tuyau. Cependant une portion du flegme de l'acide vitriolique, qui se concentre, à mesure qu'il s'unit aux autres parties du spath, peut aussi être la cause de cet effet.

La nature acide de ce gas n'est point équivoque, il ne lui manque aucune des propriétés qui caractérisent les acides en général. On ne peut douter, non plus, que ce ne soit un acide très volatil; mais ce qu'on ne sait pas encore bien positivement, c'est si cet acide differe essentiellement de tous ceux qui sont connus jusqu'à présent. Plusieurs des expériences de M. *Priestley*, semblent prouver que c'est de l'*acide sulfureux volatil.* Mais celles qui ont été publiées sous le nom de M. *Boullanger*, indiquent qu'il a les principaux caracteres de l'acide marin; ces dernieres me paroissent jusqu'à présent plus décisives; cependant c'est un objet qui demande encore des recherches; &, comme nous ne le considérons ici qu'en sa qualité de gas, nous renvoyons à l'article SPATH, ce que nous avons à dire sur sa nature, en qualité d'acide.

Une de ses propriétés les plus remarquables, c'est de dissoudre le verre avec une très grande efficacité: *j'avois soin*, dit M. Priestley, *de choisir, pour l'extraction de ce gas, les fioles les plus épaisses; &, malgré cela, j'en ai rarement trouvé qui aient pu résister plus d'une heure à cette expérience. Très souvent les fioles les plus épaisses que j'avois pu me procurer, étoient usées & percées de part en part, au bout d'un quart d'heure, lorsque la chaleur étoit considérable, & la production du gas, rapide.* M. *Priestley* pense qu'il ne produit cet effet sur le verre, qu'à l'aide de la chaleur, ce qui est assez probable; il est à croire même qu'il faut aussi qu'il soit dans son état de gas sec, quoique les flacons dans lequel on le conserve en liqueur, paroissent entiérement dépolis & corrodés à leur surface: mais ce n'est-là qu'une apparence causée par le dépôt de la propre terre de l'acide spathique; car, si l'on frotte cette surface qui semble corrodée, on enleve facilement cette incrustation terreuse, & la surface du verre se trouve, dessous, aussi polie & aussi intacte qu'elle l'étoit auparavant.

Le gas acide spathique n'est pas plus propre que les

autres à la combustion : M. *Priestley* y ayant introduit une chandelle allumé, elle s'y éteignit, sans présenter dans sa flamme aucune couleur particuliere, comme dans le *gas acide marin*. Il ne reçoit non plus aucune altération par le *gas nitreux*, ni ne lui en occasionne aucune. Après qu'ils ont été mêlés ensemble, sans aucune apparition de vapeurs rouges, ni aucune diminution de volume, on peut en séparer par l'eau tout le gas spathique ; & le gas nitreux se retrouve tel qu'il étoit auparavant. On doit conclure de ces deux faits, que ce gas tueroit les animaux, comme tous les autres, & que par conséquent, il ne ressemble à l'air, que par son agrégation, & qu'il ne possede d'ailleurs aucune des propriétés caractéristiques du véritable air.

Ce gas étant de nature acide, ne pouvoit manquer de se combiner, dans les expériences de M. *Priestley*, avec l'alkali volatil gaseux, & c'est aussi ce qui est arrivé : mais ce Physicien a remarqué que cette union se faisoit moins promptement & moins facilement que celle du même gas alkali avec les autres acides gaseux, & cette circonstance résulte assez naturellement de l'état du gas acide spathique qui n'est point un acide entiérement libre & pur, mais à demi saturé par une quantité assez considérable de matiere terreuse.

J'ai déja parlé de l'union de ce gas avec l'eau, & de l'altération qu'il en reçoit, il paroît, par quelques expériences de M. *Priestley*, que ce liquide est susceptible d'un point de saturation, par l'acide de ce gas, séparé de sa terre ou de la plus grande partie de cette terre. Mais un fait qui est certainement très essentiel à remarquer, c'est que, quoique l'esprit-de-vin absorbe le gas acide spathique aussi promptement que l'eau, & qu'il puisse s'en saturer aussi, M. *Priestley* dit, en propres termes, que l'*esprit de vin saturé de ce gas demeura aussi limpide qu'il l'avoit jamais été* ; & qu'il ne lui parut pas moins inflammable qu'auparavant. Ce fait prouve très décidément que l'esprit-de-vin est le dissolvant complet du gas acide spathique, c'est-à dire de sa combinaison *terreo acide* entiere, & non seulement de sa partie acide, comme l'eau, puisque cette derniere en ſépare la terre en entier, ou en très grande partie. Cette combinaiſon ſinguliere mérite aſſurément un examen particulier.

M. *Prieſtley* a conſtaté que l'*éther vitriolique* & l'*éther nitreux* abſorboient environ vingt fois leur volume du gas dont il s'agit; mais qu'il ne fut pas ſenſiblement altéré par cette union; & que l'huile de térébenthine, n'abſorba pas la moindre partie de ce même gas. Il n'agit point non plus ſur le ſoufre, le ſel commun, le ſel ammoniac, le fer, le foie de ſoufre & la gomme lacque; mais le charbon & la rouille de fer abſorberent une certaine quantité de ce gas, & contracterent par là une odeur très piquante.

A l'égard de l'alun, de la chaux vive, de la craie & du nitre, ils préſenterent, dans les expériences de M. *Prieſtley*, les mêmes effets avec ce gas, qu'*avec le gas acide marin*, ce qui eſt très favorable à l'opinion des Chymiſtes que nous déſignons par le nom de M. *Boullanger*, ſur l'analogie de cet acide ſingulier avec l'acide marin.

TELLES sont les principales découvertes qu'on a faites depuis un assez petit nombre d'années, sur les gas. Quoique j'aie fait mon possible pour en donner des idées justes, &, pour exposer tous les faits qui m'ont paru essentiels & fondamentaux, je ne puis douter que je n'en aie omis plusieurs, même des plus importans, tant à cause du peu de tems que j'ai eu pour traiter une matiere si étendue, si neuve & si compliquée, que par le grand nombre d'expériences que beaucoup de Physiciens du premier mérite ne cessent de faire chaque jour, & qui, en étendant continuellement ces objets, les mettent enfin presque hors de la portée des vues & des conceptions ordinaires.

Je ne doute donc nullement qu'il ne manque dans ces articles une infinité de faits même essentiels, soit parceque, mal-à-propos, je ne les aurai pas regardés comme tels, soit parcequ'ils ne seront pas parvenus à ma connoissance. Ce défaut augmentera encore à coup sûr, d'ici à ce que cet Ouvrage soit fini, & exigera un supplément hors de rang, auquel je prévois que je puis renvoyer dès-à-présent, quoique j'ignore absolument ce qu'il contiendra.

Si j'ai ces inconvéniens à craindre, pour les faits, à bien plus forte raison le sont-ils pour les conséquences, les vues, les hypotheses que j'ai osé en déduire. Je sens mieux que personne, le risque qu'elles courent d'être totalement renversées; mais, si cet accident leur arrive, il y aura peu de mal à cela; leur chûte sera même un avantage, si elle peut nous approcher de la vérité; &, comme je l'ai dit en plusieurs endroits, je n'ai hasardé la plupart de ces idées systématiques, que parceque j'ai bien prévu qu'elles pourroient avoir au moins cette derniere utilité; c'est par le même motif, que je vais terminer cet article, autant que je le puis, dans le moment présent, par quelques courtes réflexions sur les gas en général.

Il me paroît certain qu'avant les découvertes fondamentales du Docteur *Black*, on n'avoit aucune idée juste de la nature des gas ; leur agrégation & leur forme aërienne les faisoit entiérement méconnoître pour ce qu'ils sont réellement : tout le monde les confondoit avec l'air ; l'illustre *Hales* lui-même qui a ouvert le premier cette carriere si féconde en découvertes, & qui a obtenu, dans ses récipiens, plusieurs des gas dont on a reconnu depuis les propriétés, ne les a regardées que comme de l'air chargé & mélangé de plusieurs substances volatiles hétérogenes ; & cette idée, quoique très peu juste, a subsisté, en quelque sorte, jusqu'à présent, puisque la plupart des Physiciens ont donné ou conservé le nom d'*air* à tous les gas connus jusqu'ici.

Il est assez probable, à la vérité, que l'air, proprement dit, entre dans la composition de tous les gas, & est une de leurs principales parties constitutives, puisque, jusqu'à présent, on a toujours retiré une certaine quantité de véritable air, dans toutes les expériences où l'on est parvenu à faire la décomposition plus ou moins complette de quelque gas ; mais il ne s'en suit pas de là que les mixtes gaseux soient de l'air ; ce seroit tout confondre & tout brouiller en Chymie, que de ne pas distinguer les composans d'avec les composés. Comment pourroit-on s'entendre, si l'on donnoit, par exemple, aux sels neutres le nom de leurs acides ? si le vitriol s'appelloit *acide vitriolique*, si le sel commun s'appelloit *acide marin* ? Tout le monde sent aisément l'inconvénient d'une pareille confusion, parceque la différence de l'agrégation des sels neutres d'avec leurs acides, est très frappante ; mais, comme celle des gas n'est pas sensiblement différente de celle de l'air, on ne l'a pas sentie de même ; & c'est de là qu'est venue la confusion dans laquelle on est encore, & dont il est très important de se tirer.

Quelque ressemblance qu'il y ait dans l'agrégation de différens composés, ils n'en different pas pour cela moins essentiellement les uns des autres. L'agrégation des gas est si semblable à celle de l'air, qu'on ne peut les distinguer à la simple vue : qu'on présente en effet au plus habile Physicien de l'*air pur*, du *gas méphytique*, du *gas inflammable*, du *gas nitreux*, du *gas acide marin*, &c. enfermés chacun dans un récipient semblable, sans lui permettre de les examiner autrement que des yeux; il ne pourra dire assurément autre chose, sinon que tout cela lui paroît être de l'air; mais tout le monde conviendra sans doute, qu'il ne se tromperoit pas moins dans ce jugement que, si, après qu'on lui auroit présenté dans des flacons pareilles, de l'*eau pure*, de l'*acide vitriolique rectifié*, de l'*esprit de-vin*, de l'*esprit volatil de sel ammoniac*, de l'*essence de térébenthine rectifiée*, &c. En ne l'en laissant juger que par les yeux, il prononçoit que toutes ces liqueurs ne sont que de l'eau. Quelque peu Chymiste qu'il fût, il seroit assurément bientôt désabusé, dès qu'il auroit la liberté de porter l'examen plus loin; il verroit bien que toutes ces liqueurs differant beaucoup les unes des autres, par des propriétés très marquées & constantes, elles devroient être distinguées par des noms differens; mais que penseroit-on de sa nomenclature, si, persistant à les regarder toutes comme de l'eau, à cause de leur apparence, & même parceque l'analyse pourroit extraire de véritable eau de quelques unes d'entre elles, il leur conservoit à toutes la dénomination générale d'eau, en les distinguant seulement par des épithetes particulieres, & qu'il les nommât *eau acide*, *eau alcaline*, *eau inflammable*, &c.? Assurément les Chymistes ne pourroient se déterminer à admettre ces dénominations qui, en confondant les composés avec un de leurs composants, auroient l'inconvénient de donner une idée très peu juste de leur nature, & ils préféreroient, avec raison, des noms particuliers qui n'auroient point ce défaut, ou, si l'on vouloit donner à toutes ces substances un nom commun qui indiquât ce qu'elles ont en effet de commun par la nature de leur agrégation; ce ne seroit pas le nom propre d'*eau* qu'on devroit adopter, mais quelque nom plus général & plus relatif à la nature de l'agrégation, tel, par exemple, que celui de liqueur, parceque ce dernier ne contribueroit pas du moins à faire naître l'idée très fausse qu'il y a réellement plusieurs especes d'eau, & que tous les corps qui ont une même espece d'agrégation, doivent par cela même être réputés de même nature.

C'est-là, ou je suis bien trompé, la faute capitale que l'on a faite, en donnant le nom d'*air* à tous les gas; je l'ai déja dit plusieurs fois, mais je suis forcé de le répéter encore ici, pour en venir à ce qui me reste à dire en général sur la nature de cette classe de substances, tout nouvellement découverte.

Comme, avant cette découverte, on ne connoissoit réellement qu'une seule substance, savoir l'*air* dont l'agrégation fut d'être un fluide élastique, on n'a pas cru que des substances totalement différentes de ce fluide pussent cependant avoir la même agrégation; & on n'a pas hésité à regarder, comme de l'air, tous les fluides élastiques ou gas qu'on est parvenu à produire, ou à extraire & à recueillir dans des récipiens, sous forme d'air, & c'est-là, du moins, suivant moi, une méprise d'autant plus grande & plus fâcheuse, que si elle subsistoit, il s'ensuivroit qu'il y auroit plusieurs especes d'air, ce que je crois absolument faux.

Toute la Chymie me paroît démontrer qu'il n'y a qu'une seule espece d'*air*, comme il n'y a qu'une seule espece de *feu*, une seule espece d'*eau* & même une seule espece de *terre* primitive, élémentaire, quoique nous ne soyons pas encore assurés de connoître cette derniere dans sa plus grande pureté & simplicité.

Ces quatre sortes de matieres principales, qui peuvent fort bien n'être qu'une seule matiere premiere, diversement modifiée, sont néanmoins chacune dans un état propre qui les fait distinguer très sensiblement les unes des autres, & dans lequel elles tendent à subsister ou à se remettre, même après que cet état a été changé par leurs combinaisons mutuelles. Cet état qui ne consiste que dans la maniere d'être des parties primitives intégrantes les unes à l'égard des autres, & qui ne dépend probablement que de la forme & de la masse de ces mêmes parties, est ce que les Chymistes nomment l'*agrégation*.

Il résulte de-là qu'il y a aussi quatre especes principales d'agrégation, savoir, 1°. celle de la solidité ou dureté qui appartient à l'élément terreux, & dans laquelle il est évident que les parties propres ou intégrantes sont entre elles dans le contact le plus intime, ou dans la plus grande proximité que puisse permettre la forme & la masse des parties de la matiere ; 2°. Celle de la fluidité aqueuse ou non élastique, dans laquelle il est probable que les parties intégrantes, quoique très voisines, n'adherent point sensiblement entre elles, & ne font que glisser ou rouler les unes sur les autres, quand elles sont agitées par une certaine quantité de mouvement, tel que celui de la chaleur ; 3°. l'agrégation de la fluidité aërienne ou élastique, dans laquelle les parties intégrantes sont tellement disposées que, quand elles sont animées d'une certaine quantité du mouvement en quoi consiste la chaleur, elles s'écartent les unes des autres, & se rapprochent au contraire par la diminution de ce mouvement, en quoi consiste le froid ; mais cette diminution n'est jamais assez complette dans la Nature, pour que l'air parvienne à l'état de solidité, comme cela arrive aux agrégés qui ont la fluidité aqueuse ; 4°. enfin l'agrégation de la fluidité ignée, dans laquelle les parties intégrantes non seulement n'ont aucune cohérence entre elles, mais se précipitant continuellement avec violence les unes sur les autres, & se repoussant sans cesse avec une égale force, elles sont animées d'un mouvement essentiel de fluidité & de chaleur qu'elles peuvent communiquer à tous les autres corps.

Mais la Nature combinant & sur-combinant sans cesse, & d'une infinité de manieres, ces principaux agrégés, il en résulte nécessairement une infinité de composés & de sur-composés, dans lesquels les agrégations primitives des composans, ou disparoissent entiérement, ou sont diversement changées & altérées, & deviennent dans les composés, des agrégations propres à chacun d'eux, & plus ou moins ressemblantes aux agrégations primitives de leurs composans. Aussi, malgré le nombre immense des mixtes dont nous pouvons reconnoître les propriétés, & quelques grandes que soient les différences de ces propriétés, observe-t-on que, quand on les considere, relativement à l'agrégation de chacun d'eux, elles se rapportent à l'une des quatre especes principales dont je viens de parler ; mais, en s'en écartant plus ou moins, suivant la nature & la proportion des principes ou élémens dont sont composés ces différens mixtes.

Nous voyons, par exemple, que, dans les corps solides, dont l'agrégation se rapporte manifestement à celle de la terre, il y a une infinité de nuances dans leur solidité, leur dureté, leur densité, témoins les gypses, les spaths, les quarts, les cailloux, les crystaux, les métaux, &c. On reconnoît de même que les substances salines *fluores*, les esprits ardens, la plupart même des huiles, ont en général une fluidité analogue à celle de l'eau, mais qui est modifiée en mille manieres différentes, par la nature & la proportion des parties constitutives de chacun de ces différens composés. Enfin, il en est de même des gas: ce qui les caractérise tous, c'est leur agrégation aërienne, leur fluidité élastique; mais, malgré cette propriété commune, ils n'en different pas moins, & de l'air pur, & les uns des autres, non seulement par des propriétés qui ne dépendent point de l'agrégation, mais encore par cette agrégation même qui n'est dans aucun gas, ni parfaitement semblable à celle de l'air pur, ni exactement la même que celle d'aucun autre gas, comme on a déja commencé à le reconnoître, en comparant leurs densités, & comme on l'observera aussi, sans doute, quand on déterminera leurs différens degrés d'élasticité, & ces différences ne peuvent venir que de la nature & de la proportion des principes dont sont composées ces différentes substances gaseuses ou aëriformes.

Mais un fait qui me paroît bien essentiel à remarquer dans l'objet dont il s'agit, c'est que, de même que l'espece de l'agrégation d'un grand nombre de corps naturellement solides, ou qui tendent à la solidité, peut changer totalement par la simple chaleur, sans qu'ils éprouvent aucune décomposition, comme on le voit par l'exemple de tous les corps solides, fusibles, qui ont alternativement, ou l'agrégation solide de la terre, ou l'agrégation fluide de l'eau, suivant la chaleur qu'ils éprouvent; de même, dis-je, d'autres substances peuvent passer par la seule chaleur, sans décomposition, ni sur-composition, de l'agrégation fluide non élastique de l'eau, à l'agrégation fluide élastique de l'air : on en a la preuve par l'eau elle-même qu'il suffit de chauffer jusqu'à un certain degré, pour la convertir en un fluide aussi élastique que l'air, & peut-être même bien plus ; il est à observer, au sujet de l'eau & des autres substances qui peuvent lui ressembler à cet égard, qu'elles ne conservent cet état de gas qu'autant qu'elles continuent à éprouver le degré de chaleur qui les y réduit, en quoi elles paroissent différer assez sensiblement, & de l'air, & des gas proprement dits, dont l'état de fluide élastique est constant, du moins aux plus grands degrés de froid qui nous soient connus ; mais, quoique cette différence soit très grande & très sensible, ne peut-on pas soupçonner qu'elle n'est pas entiere, absolue, mais seulement du plus au moins ? Et si cela étoit, ne pourroit-on pas présumer aussi que les fluides élastiques ne persistent dans leur état, que parcequ'il entre dans leur composition une certaine quantité de feu combiné qui, sans être assez libre pour les entretenir dans un mouvement de chaleur sensible, leur donne néanmoins, par son élasticité & sa mobilité extrême, une disposition habituelle à ce mouvement, par la même raison qu'en général les corps solides qui contiennent le plus du principe de l'inflammabilité, sont aussi ceux qui ont le plus de fusibilité ?

Un phénomene digne d'attention, que présentent plusieurs gas salins, semble appuyer cette conjecture. Il est constant, par les expériences de M. *Priestley*, dont j'ai fait mention, que, ni l'acide vitriolique, ni l'alkali fixe bien purs ne peuvent être réduits en état de gas permanens ; mais il ne l'est pas moins par les expériences du même Physicien, que l'alkali volatil, & l'acide sulfureux volatil, & même en général toutes les autres matieres salines volatiles, s'obtiennent très facilement dans l'état de gas permanent : or il est presque démontré en Chymie, que toutes ces matieres salines ne different de leurs analogues qui n'ont point la même volatilité, que parcequ'il entre dans leur composition une plus grande quantité de la matiere du feu qui, dans les mixtes, se montre presque toujours comme un principe de fusibilité, de volatilité, d'élasticité & d'expansibilité.

Voici encore un fait trop important, & qui a trop d'analogie avec ceux dont je viens de parler, pour le passer sous silence. L'*esprit-de-vin*, ni les *éthers*, quoique ce soient des liqueurs fort inflammables, volatiles & expansibles, ne peuvent cependant se réduire dans l'état de gas permanens, tant qu'ils sont seuls; mais, comme ces qualités qui tendent à l'agrégation aërienne ou gaseuse, sont plus marquées dans les éthers que dans l'esprit-de-vin; il en résulte, dans les mélanges de ces substances avec les gas, un phénomene remarquable, & qui me paroît une des plus belles découvertes de M. *Priestley*: c'est que tous les éthers, lorsqu'on les mêle avec des gas quelconques, passent à l'état de gas permanens, jusqu'au point de doubler le volume total du mixte gaseux, effet que ne peut produire l'esprit-de-vin le plus rectifié.

Je ne m'arrêterai point à faire ici les applications de ces faits à des spéculations qui sont peut-être prématurées, eu égard à l'état actuel de nos connoissances sur les gas. Ceux qui voudront s'occuper de cette théorie, & la pousser plus loin, sentiront aisément combien il faut éclaircir, confirmer, découvrir même de faits; &, pour en donner quelques exemples, en finissant cet article, je choisirai celui, de tous les gas, qui paroît le plus répandu dans la Nature, qui a été apperçu & examiné le premier, & sur lequel on a fait infiniment plus d'expériences & de recherches, que sur aucun autre, je veux parler du *gas méphytique*, qui a été nommé *air fixe*.

Si l'on se rappelle les circonstances de sa production & de son dégagement, ses principales propriétés, ses altérations & décompositions, il paroîtra très vraisemblable, que ce gas est formé par la combinaison de l'air, avec une certaine proportion de la matiere du feu; de laquelle combinaison, il résulte une sorte d'acide, dont l'agrégation naturelle ressemble beaucoup à celle de l'air. Cet élément lui-même, semble prendre les caracteres de gas méphitique, dans tous les procédés phlogistiques ; tels que la combustion, la respiration, la fermentation, la réduction des chaux métalliques, par l'intermede d'une substance inflammable, &c. Cependant, lorsque l'on vient à examiner en détail, celles des expériences faites jusqu'à présent, qui peuvent confirmer cette conjecture, combien ne trouve-t-on pas d'obscurités & d'incertitudes ? Quand après avoir reconnu, que l'air de l'atmosphere, dans lequel un animal a cessé de vivre, & celui dans lequel un corps combustible a cessé de brûler, faute de renouvellement, précipitent l'un & l'autre l'eau de chaux en terre calcaire effervescente, dont on peut tirer du gas méphitique bien caractérisé ; ne croit-on pas pouvoit conclure, en toute sûreté, que l'air est altéré de la même maniere, & qu'il a pris le caractere de gas méphitique, dans l'une & l'autre de ces expériences ? Cependant, en examinant & comparant toutes celles qui ont été faites sur cette matiere, on en trouve une de M. *Priestley*, qui détruit cette idée, & prouve même tout le contraire : c'est qu'un animal peut vivre dans l'air, dans lequel une chandelle a cessé de brûler, faute de renouvellement, & qu'il y vit même à-peu-près, aussi bien que dans l'air ordinaire.

Cet air, dans lequel une chandelle a cessé de brûler, précipite l'eau de chaux, & ne tue point les animaux, il est donc, & n'est donc pas en même-tems, du gas méphitique ? Assurément, cela ne peut pas être ; il y a immanquablement du gas méphitique dans l'un & l'autre air, & la différence qui a été observée entre eux, ne venant point de la qualité, qui est la même, ne peut avoir d'autre cause que la quantité ; tel est du moins le raisonnement, que doit nécessairement faire tout bon Physicien, qui réfléchira sur ces expériences, pour en tirer des conséquences. Il verra bientôt, que celui de ces deux airs, qui contient le plus de gas méphitique, est celui dans lequel un animal est mort, puisqu'un autre animal n'y peut vivre, & qu'il vit assez bien dans celui dans lequel la chandelle s'est éteinte. Mais ne savoir que cela, sur un objet comme celui-ci, c'est presque ne rien savoir. Pour être en état de tirer de ces faits, des conséquences nettes & générales, il faut découvrir

pourquoi

pourquoi le dernier de ces airs est mêlé d'une moindre quantité de gas méphytique que le premier, & décider en général, si la combustion peut, ou ne peut pas, produire la même quantité de gas méphytique, que la respiration. Or, c'est là une question que ne peut résoudre assurément la seule expérience de la chandelle.

En effet, en supposant qu'on fît les deux expériences dans deux volumes d'air égaux & déterminés, comme cela est indispensable; il est aisé de sentir qu'il pourra se trouver dans les résultats, des différences très grandes & dépendantes des quantités d'air employées; qu'il est trés possible, par exemple, que, si les volumes d'air sont très peu considérables, celui où la chandelle se sera éteinte, se rapproche beaucoup plus, par son altération, de celui où l'animal sera mort, que si la même expérience avoit été faite dans des volumes d'air beaucoup plus grands; & l'on en découvrira facilement la raison, en réfléchissant sur la grande différence qu'il y a entre le méchanisme par lequel l'air est employé à la combustion d'une chandelle, & celui par lequel il est employé à la respiration d'un animal: l'animal, en inspirant & expirant continuellement, donne un mouvement à toute la masse de l'air dans lequel il est enfermé, & en fait passer successivement toutes les parties par ses poumons; mais il n'en est pas de même de la chandelle, qui est un des corps combustibles qui brûle avec le moins d'activité & de mouvement; sa flamme n'emploie que la portion d'air avec lequel elle est en contact, & qui l'environne jusqu'à une certaine distance, ensorte qu'elle peut cesser de brûler, quand elle a vicié cette portion d'air environnant, quoiqu'il reste encore sous le récipient, sur-tout s'il est grand, une quantité considérable d'air qui n'aura pas été altéré, & qui pourra servir à la respiration d'un animal, ou même à la combustion d'une nouvelle chandelle.

On peut conclure de là, que la combustion d'une chandelle, n'est nullement comparable à la respiration d'un animal, quand il s'agit de juger de l'altération que la combustion & la respiration occasionnent à l'air; que par conséquent, les expériences faites jusqu'à présent sur cet objet très important, n'apprennent presque rien, & qu'il en reste bien d'autres à faire, pour décider la question générale dont il s'agit. Au lieu d'une chandelle, par exemple, qui ne brûle que foiblement & tranquillement à sa place, il faut allumer, dans l'air, quelque corps beaucoup plus inflammable, qui, réduit en vapeurs, puisse se mêler avec toutes ses parties, & produire par là, dans toute sa masse, l'effet que produit la combustion sur cet élément.

Il est aisé de sentir aussi, que des corps combustibles, très composés, tels que le sont les graisses, les huiles, les bois, ne sont pas ceux qu'il faut choisir, pour de pareilles expériences, à cause des émanations des matieres hétérogenes qui en sortent, qui se trouvent mêlées, ou même combinées avec l'air, après l'extinction du corps combustible, & qui peuvent changer considérablement le résultat; mais que c'est, au contraire, aux corps inflammables, les plus simples, qu'il est très essentiel de donner la préférence. Faute de toutes ces attentions, les expériences, loin d'éclaircir les objets qu'on cherche à voir, ne font souvent, au contraire, qu'y répandre du louche & de la confusion.

On a trouvé (pour donner encore un exemple) que l'air étoit considérablement altéré, vicié, diminué, après qu'on y avoit enfermé, pendant un certain tems, soit un mélange de limaille de fer, de soufre & d'eau, soit un mélange de chaux de plomb & d'huile, formant une peinture à l'huile. Ces faits sont assurément très bons à connoître; mais qu'en peut-on conclure à présent, autre chose que le fait même? combien ne reste-il pas d'expériences & de recherches à faire, pour connoître clairement, ce qui se passe dans la réaction de ces mélanges de corps si composés, & l'espece, au juste, d'altération que l'air reçoit de leurs émanations? Ce sont donc là de ces faits qui, pour le présent, ne peuvent rien éclaircir, & qu'il faut se contenter de mettre en réserve, pour ne s'en servir, que lorsque des recherches beaucoup plus étendues, donneront lieu d'en faire des applications claires & satisfaisantes, & c'est le parti que j'ai pris dans ces articles au sujet d'un grand nombre d'expériences de ce genre, dont j'ai été comme forcé de ne point faire mention, dans la crainte de compliquer inutilement une matiere déja très compliquée, & d'embrouiller des objets encore trop peu connus.

Je pourrois citer en preuve, beaucoup d'autres expériences qui, quant à présent, me paroissent sujettes à cet inconvénient; mais je me bornerai à une seule, que je tiens de M. *Bucquet*, parceque'elle est capitale, & que c'est une de celles qu'il est le plus important d'éclaircir des premieres; c'est que la crême de chaux, formée spontanément à l'air, produit sur le sel ammoniac, non l'effet de la craie, mais celui de la chaux vive; c'est-à-dire, que l'alkali volatil, qu'elle en dégage, est caustique & fluor, & non concret & doux, comme celui qui est dégagé par la craie. S'il en est ainsi, comme on n'en peut pas douter, puisque ce fait est avancé par un homme aussi éclairé & aussi ami de la vérité que M. *Bucquet*, cette expérience contredit manifestement la théorie, qui paroissoit solidement établie jusqu'à présent, sur la saturation des alkalis caustiques & de la chaux vive, par le gas méphytique, que l'air de l'atmosphere dépose dans ces caustiques, lorsqu'ils y sont exposés pendant un tems suffisant. Mais comme une chose ne peut pas être en même-tems vraie & fausse, & qu'il est très certain que les alkalis caustiques, exposés long-tems à l'air, se saturent de gas méphytique, jusqu'au point de perdre leur causticité, de se crystalliser, &c. il faut donc qu'il y ait, dans la formation de la crême de chaux, par la seule exposition à l'air, quelque circonstance qui occasionne une grande différence dans l'état de cette terre, & dans celui de l'alkali fixe. Or, cette circonstance ne pourra assurément se découvrir, qu'à l'aide du raisonnement & de l'expérience.

En réfléchissant sur la nature de la chaux, & sur celle de l'alkali fixe, on reconnoîtra d'abord facilement, que ces deux substances, dissoutes l'une & l'autre dans l'eau, doivent se comporter à l'air d'une maniere toute différente; & en effet, l'alkali fixe caustique, à cause de la propriété qu'il a, non-seulement de retenir, avec force, l'eau dans laquelle il est dissous, mais encore de s'emparer de celle de l'air qui l'environne, ne peut, lorsqu'il est exposé à l'air libre, se séparer de cette eau, jusqu'au point de prendre la forme concrete, qu'autant qu'il s'unit à quelqu'autre substance, telle, par exemple, que le gas méphytique qui le sature, & diminue sa causticité assez considérablement, pour qu'il puisse perdre sa qualité déliquescente, & se présenter sous une forme concrete & saline; mais il en est tout autrement de la chaux tenue en dissolution dans l'eau, quoiqu'elle adhere à l'eau jusqu'à un certain point, à cause de sa causticité. Comme la seule exposition à l'air libre, suffit pour faire évaporer l'eau de chaux, presque aussi librement que l'eau pure, & comme cette eau est chargée de toute la quantité de chaux qu'elle peut tenir en dissolution, il se sépare nécessairement une quantité de chaux proportionnée à la quantité & au progrès de l'évaporation: mais, ce qu'il faut bien remarquer, c'est que cette chaux, séparée ainsi de l'eau par la seule évaporation, quoique restant unie, dans son espece de crystallisation, avec autant d'eau qu'il s'en trouve dans la terre calcaire non calcinée, conserve néanmoins toute la causticité qu'occasionne à la terre calcaire la privation totale de gas méphytique. C'est une vérité qui a été mise dans tout son jour par M. *Bucquet*, dans un Mémoire qu'il a lu à l'Académie des Sciences en 1773, & que M. *Lavoisier* a établie aussi, d'une maniere très satisfaisante, dans les ouvrages qu'il a publiés sur cette matiere. Or, quoiqu'il soit possible & même vraisemblable que, quand la crême de chaux se forme naturellement sur l'eau de chaux, par la seule exposition à l'air, il s'y joigne un peu de gas méphytique qui contribue à la séparer de l'eau, il paroît cependant que cette crême se forme bien plus par la seule évaporation, que par l'union avec le gas méphytique; cette union, par ce procédé, est très difficile & sur-tout très lente. Il n'est donc pas étonnant que la crême de chaux, formée de cette maniere, participe beaucoup plus de la nature de la chaux vive, privée de gas, que de celle d'une terre calcaire qui en est saturée; qu'elle rende les alkalis caustiques, &c. *Voyez* l'article SATURATION.

Mais ce raisonnement, quoique fondé sur des faits,

& quelque plausible qu'il puisse paroître, ne suffit pas pour dissiper entiérement l'obscurité que la propriété de chaux vive, de la crême de chaux, répand sur la théorie; il faut avoir recours à l'expérience, & s'assurer, par ce moyen définitif, si en effet l'air de l'atmosphere peut déposer dans la chaux, dissoute dans l'eau de chaux, assez de gas méphytique, pour la précipiter en terre calcaire douce. Or, cette expérience peut se faire très facilement, en introduisant dans l'eau de chaux, un courant d'air de l'atmosphere continuellement renouvellé, entretenu pendant un très longtems, & sur-tout dans un appareil qui ne permette aucune évaporation de l'eau.

On pourroit se servir, pour cela, d'un matras à col très long & très étroit, percé, sur le côté, d'une tubulure, par laquelle on introduiroit jusqu'au fond de l'eau, à l'aide d'un tuyau adapté à un soufflet à deux vents, le courant d'air dont on auroit besoin. La longueur & le petit diametre du col du matras, par lequel sortiroit l'air qui auroit passé à travers l'eau de chaux, ne permettroient probablement que peu d'évaporation; cependant il seroit absolument nécessaire de s'assurer de la quantité d'eau qui pourroit s'évaporer dans cette expérience, afin de la remplacer continuellement, par une égale quantité d'eau distillée. Il faudroit probablement faire passer ainsi à travers l'eau de chaux une très grande quantité d'air, pour occasionner la précipitation de la chaux; peut-être même seroit-il important que le courant d'air, loin d'être rapide & violent ne fût que très lent & presque insensible. Il est à croire, qu'en variant ainsi cette expérience, qu'il seroit très bon de faire aussi sur l'alkali fixe caustique, on se décideroit sur le mélange, encore douteux, ou du moins contesté, du gas méphytique dans l'air de l'atmosphere; mais il est encore plus certain qu'on ne saura jamais à quoi s'en tenir sur cet objet & sur beaucoup d'autres concernant les gas, qu'après qu'on aura fait, avec tout le soin & l'intelligence convenables, des expériences telles que celle que je viens de proposer, ou d'autres encore meilleures & plus décisives qu'on pourra imaginer, & cette conséquence est le grand objet que j'ai eu en vue dans ces remarques.

Je me proposois de terminer cet article des gas, en y ajoutant, par forme de supplément, une description de plusieurs procédés, manipulations & ustensiles très commodes & ingénieusement imaginés depuis peu par M. *le Duc de Chaulnes*; mais, comme ces découvertes vont être publiées, soit dans les mémoires des savans étrangers, soit dans l'édition françoise du second volume de M. *Priestley*, par M. *Gibelin*, avec les figures gravées dont elles ont besoin, je ne puis mieux faire que d'indiquer ces livres à ceux qui voudront travailler sur cette matiere; ils gagneront beaucoup en puisant les connoissances dont ils auront besoin, dans l'ouvrage même de M. *le Duc de Chaulnes*.

Tout est disposé maintenant pour continuer à faire de grands progrès dans la nouvelle carriere que la découverte des gas vient d'ouvrir aux Chymistes. J'ai indiqué autant qu'il m'a été possible, à mesure que l'occasion s'en est présentée, les objets de recherches qui m'ont paru les plus importans & les plus pressés; il s'en présentera naturellement un grand nombre d'autres à mesure que le travail avancera. A l'exemple de M. *Priestley* & des autres savans qui ont si bien mérité de la Chymie, par leurs recherches, on ne doit négliger de recueillir, d'examiner, par le moyen des appareils commodes, dont on connoît présentement l'usage, aucune des substances qui se présentent naturellement sous forme d'air, telles que les différentes *mophetes* des mines & souterrains, dont on ne connoît, à proprement parler, que les mauvais effets, ou de celles des substances que leur volatilité, leur expansibilité, annoncent être de nature propre à prendre cette sorte d'agrégation. Il peut se trouver, par exemple, des gas très singuliers, parmi les esprits recteurs d'une infinité de corps odorans des végétaux & des animaux. On a toujours régardé, comme de l'air, le fluide élastique contenu dans l'estomac & les intestins des animaux; ce n'est, peut-être en effet, que de l'air plus ou moins inquiné par le mélange de quelques matieres hétérogenes. Mais quelles preuves en aura-t-on jusqu'à ce qu'on ait soumis ces sortes de fluides élastiques à un examen convenable ? Ne peuvent-ils pas être aussi des gas d'une espece toute particuliere ? Et combien de découvertes importantes, pour la Médecine, n'est-on pas en droit d'espérer des recherches propres à nous faire connoître au juste leur nature ? Il est vrai qu'on ne peut recueillir cet air ou ces gas des intestins, qu'après la mort ; mais aussi l'opération en est alors très facile, & l'examen de leurs propriétés, comparées aux symptomes des maladies dont les hommes ou les animaux seront morts, ou à l'espece des alimens qu'on auroit fait prendre à ces derniers avant leur mort, semblent promettre de nouvelles lumieres, sur les causes ou les symptômes de plusieurs maladies, sur les effets de la digestion, enfin sur plusieurs points essentiels de l'économie animale que nous avons un si grand intérêt de connoître.

GAYAC. Le gayac est le bois très dur, très pésant & très compact, d'un arbre qui croît dans les pays chauds, sur-tout aux îles Antilles, & dans quelques autres endroits de l'Amérique : il est très résineux, & l'on en peut extraire la résine par l'esprit de vin, de même que celle du jalap, du turbith, & autres végétaux de cette nature; *voyez* ANALYSE PAR LES MENSTRUES, & RÉSINES.

Le bois de gayac, mis en distillation à un degré de chaleur qui n'excede point celui de l'eau bouillante, ne se décompose point, à proprement parler, puisqu'il ne fournit qu'un flegme pur, ou presque pur, qui ne paroît être autre chose que de l'eau de végétation surabondante à sa composition ; c'est pourquoi, si l'on veut décomposer, par le feu, ce bois, & tous ceux qui sont inodores comme lui, on est forcé de distiller à feu nud. On réduit donc en copeaux le bois de gayac, ou autre ; on introduit ces copeaux dans une cornue de grès, à laquelle on adapte un grand balon de verre percé d'un petit trou, & on procede à la distillation par un feu gradué. On obtient d'abord une liqueur presque purement aqueuse. En augmentant le feu, cette liqueur devient acide & roussâtre ; elle a une odeur empyreumatique ; elle est bientôt accompagnée d'une premiere portion d'huile fluide & rougeâtre. Ces produits montent en vapeurs blanches, & il se dégage en même-tems une quantité très considérable d'un gas, qui oblige d'ouvrir souvent le petit trou du balon, sans quoi ce gas feroit briser les vaisseaux. On peut aussi recueillir ce gas, si l'on veut, dans l'appareil imaginé pour les gas.

L'acide & l'huile continuent à monter ainsi jusqu'à la fin de la distillation, l'acide devenant de plus en plus fort, empyreumatique & coloré, & l'huile devenant aussi de plus en plus empyreumatique, noire & épaisse, ensorte que ses dernieres portions ont autant de consistance que la térébenthine. Enfin, lorsque la cornue étant entiérement rouge il ne monte plus rien, la distillation est finie. On trouve dans cette cornue les copeaux de gayac réduits en charbons parfaits. Ces morceaux ont conservé exactement leur forme. L'acide, qu'on nomme aussi *esprit*, & l'huile sont ensemble dans le récipient : on peut les séparer l'un de l'autre par le moyen de l'entonnoir. Mais il est à observer que, quoiqu'il ne paroisse point d'alkali volatil dans les produits de cette analyse du gayac, non plus que dans celles de beaucoup d'autres matieres végétales, il s'en dégage néanmoins une certaine quantité qui, étant masquée par l'acide dominant, ne devient sensible que par une seconde distillation des produits, avec addition d'une suffisante quantité d'alkali fixe.

Cette analyse du gayac est fort connue en Chymie, à cause de son hulie empyreumatique, devenue fameuse parcequ'elle est une des premieres qu'on ait enflammée par son mélange avec l'esprit de nitre, & parceque cette même analyse sert ordinairement d'exemple & de modele pour toutes les distillations à feu nud des végétaux, autres bois & matieres végétales qui sont dans le même état.

Toutes les plantes odorantes, par exemple, dont on a retiré l'esprit recteur, l'huile essentielle & les autres principes volatils, par un degré de chaleur qui n'excede point celui de l'eau bouillante, soumises ensuite à la distillation à feu nud, comme cela est nécessaire si l'on veut continuer à les décomposer par le feu, ne fournissent, à la quantité & à la proportion près, que des principes analogues à ceux qu'on retire du bois de gayac.

Ce n'est pas sans raison, qu'on a choisi l'analyse du gayac pour servir de modele ; car, outre qu'elle est très propre à remplir cette vue, il s'y rencontre aussi des phénomenes qui méritent une attention particuliere. La grande quantité d'air gaseux, par exemple, qui se dégage pendant cette distillation est très remarquable ; elle prouve que cet élément est véritablement combiné dans certains corps, & en particulier dans celui-ci, c'est-à-dire, que ses parties intégrantes sont désunies les unes des autres, & adherent numériquement avec quelques unes des parties constituantes du gayac. On en a la preuve par le tems où l'air se dégage du gayac ; car cet élément étant infiniment plus volatil que l'eau, il n'est pas douteux que s'il n'étoit point combiné, adhérent, & retenu par quelque principe plus fixe auquel il est uni, ce seroit lui qui se dégageroit le premier, & à une chaleur bien inférieure à celle qui est nécessaire pour faire monter l'eau même surabondante & non combinée qu'on retire d'abord du gayac : d'ailleurs, cet air paroît privé de son ressort dans ce composé, sans quoi il faudroit que pour être condensé en aussi petit volume, il fût dans un état de compression inconcevable. Or, cette privation du ressort de l'air prouve aussi que son agrégation est rompue, de même que cela arrive au phlogistique, au feu combiné, qui n'a plus ni la lumiere, ni la chaleur, ni la fluidité qui lui sont essentielles lorsqu'il est dans son état d'agrégation. Au surplus, cette substance aériforme qu'on obtient de l'analyse à feu nud de toutes les matieres végétales & animales solides, est inflammable suivant l'observation de MM. *Hales* & *Priestley*, preuve certaine que ce n'est point de l'air pur. Peut-être même n'est-ce point de l'air, mais un composé de cet élément avec quelqu'autre substance ; *voyez* les articles GAS.

L'acide qu'on obtient dans la distillation à feu nud du gayac ; & des autres végétaux semblables, est encore uni & même très intimement à une portion d'huile considérable : on en a la preuve par sa couleur, & surtout par son odeur empyreumatique ; car il est certain qu'il n'y a que l'huile qui puisse contracter cette odeur : d'ailleurs, on peut dépouiller ces sortes d'acides d'une grande partie de cette huile empyreumatique qui leur est étrangere, en employant des opérations ultérieures, & particuliérement en les combinant jusqu'à saturation avec des alkalis, dont on les sépare ensuite par une seconde distillation : l'huile se sépare en grande partie dans l'une & dans l'autre de ces opérations, ce qui forme une rectification de ces acides.

Cette portion d'huile empyreumatique se trouve au reste très-bien combinée avec ces sortes d'acides après la premiere distillation, car elle ne trouble point leur transparence, même lorsqu'on les mêle dans une très grande quantité d'eau, parceque l'acide lui sert d'intermede pour s'y tenir parfaitement dissoute.

Les Chymistes n'ont point poussé jusqu'à présent cette rectification des acides empyreumatiques végétaux jusqu'où elle peut aller, ce qui seroit cependant intéressant.

L'huile qu'on obtient dans la distillation présente est âcre & empyreumatique, parcequ'elle est du nombre de celles qui ne peuvent s'élever qu'à un degré de chaleur beaucoup supérieur à celui de l'eau bouillante ; & que toutes les huiles qui éprouvent ce degré de chaleur, en reçoivent nécessairement de l'altération ; elles contractent une odeur de brûlé ou d'empyreume, & leur acide se développe beaucoup : *voyez* HUILE. On se sert de l'huile de gayac, comme de toutes celles qui ont la même âcreté pour faciliter l'exfoliation des os cariés.

Enfin le charbon qu'on trouve dans la cornue est un charbon parfait, lorsque la distillation a été poussée jusqu'au dernier point, c'est-à-dire, jusqu'à ce que la cornue étant très rouge, il ne sorte absolument rien : sans cette condition, ce qui resteroit dans la cornue contiendroit encore un peu d'huile épaisse & demi-brûlée ; or il est de l'essence du *charbon* de ne pas contenir un seul atôme d'huile. On se sert du gayac en médecine, c'est un des principaux ingrédiens des tisanes sudorifiques. La teinture de sa résine dans l'eau-de-vie a été reconnue par plusieurs bons observateurs, & en particulier par M. *le Comte de Tressan* de l'Académie des Sciences, qui en a fait l'expérience sur lui-même, comme propre à diminuer la violence & la longueur des accès de certaines especes de gouttes non inflammatoires.

GELÉE. Ce mot a deux significations ; il désigne le degré de froid qui convertit l'*eau* en glace, & on le donne aussi aux substances muqueuses ; parceque, par la soustraction d'une certaine quantité de leur eau surabondante, elles acquierent de la consistance, en conservant leur transparence, ce qui leur donne une sorte de ressemblance avec de l'eau gelée.

GELÉE ANIMALE. On retire, de beaucoup de végétaux, des substances muqueuses capables de former des especes de gelées : mais on les appelle plus ordinairement *mucilages* & *gommes*. Le nom de *gelée* ou de *matiere gélatineuse* doit être affecté particuliérement à la substance muqueuse qu'on retire des animaux.

Il paroît que le corps de tous les animaux est composé pour la très grande partie, de matiere gélatineuse ; car si l'on fait bouillir dans de l'eau, les chairs, les os, les membranes, les tendons, les nerfs, les cornes, la peau, en un mot toutes les différentes parties solides ou molles qui composent le corps d'un animal, & qu'on fasse ensuite évaporer cette eau jusqu'à un degré convenable, elle se coagule par le refroidissement en une vraie gelée ; & si l'on pousse cette évaporation jusqu'à siccité, mais à une chaleur incapable de décomposer cette matiere gélatineuse, elle forme d'abord une colle, & ensuite une espece de corne plus ou moins transparente, dure & solide.

On doit conclure de là que la matiere gélatineuse des animaux est la vraie substance animale : elle constitue presqu'en entier le corps des animaux ; c'est elle qui les nourrit, qui les répare, & qui les reproduit : elle est dans le regne animal, ce qu'est dans le regne végétal la matiere muqueuse ou mucilagineuse, dont elle paroît tirer son origine, & à laquelle elle ressemble par un grand nombre de ses propriétés : *voyez* GOMMES & MUCILAGES.

Cette matiere, dans son état naturel, n'a point, ou presque point d'odeur, sa saveur est douce & même fade ; mais lorsqu'elle est étendue dans une suffisante quantité d'eau, & avec le concours des autres circonstances nécessaires à la fermentation, elle la subit facilement aussi-tôt qu'elle est privée du mouvement vital, & même quelquefois pendant la vie de l'animal dont elle fait partie; elle occasionne diverses maladies, & un dérangement notable dans l'économie animale. Elle se porte d'abord à un leger mouvement de fermentation acide, peut-être même d'abord spiritueuse; & puis elle passe promptement à une putréfaction complette, qui la réduit en une espece de sanie très fétide : *voyez* FERMENTATION & PUTRÉFACTION.

Lorsqu'elle est bien fraiche, & qu'on l'expose à un degré de chaleur qui ne surpasse point celui de l'eau bouillante, il ne s'en éleve rien que du phlegme ou de l'eau qu'elle contient par surabondance : à mesure qu'elle perd de cette eau surabondante, elle acquiert une consistance de colle plus ou moins forte, & enfin une solidité qui la fait ressembler à de la corne. Tant qu'elle n'a pas reçu d'autre altération que cette espece de dessication, elle peut se redissoudre dans l'eau, & reprendre l'état gélatineux, ou de colle liquide.

Il y a cependant des matieres animales, telles que la partie blanche & non aqueuse du sang, & le blanc d'œuf qui se coagulent & se durcissent par la chaleur, & qui, quand elles sont une fois bien desséchées, ne peuvent se redissoudre dans l'eau, ou du moins que très difficilement, & par des procédés recherchés. Ces dernieres peuvent être distinguées par le nom particulier de *lymphe*.

Les gelées ou colles qu'on peut tirer des différentes parties des animaux, tels que la peau, les tendons, les cornes & les chairs proprement dites, different, à quelques égards, les unes des autres; elles sont, par exemple, plus ou moins collantes, colorées, savoureuses; mais ces différences particulieres n'empêchent point que toutes ces matieres ne soient essentiellement de même nature, comme les propriétés caractéristiques de chaque espece d'huile, n'empêchent point qu'elles ne soient toutes de l'*huile*.

Les acides & les alkalis attaquent & dissolvent la gelée, mais ces derniers sur-tout avec une très grande facilité. On n'a pas encore bien examiné les résultats de ces combinaisons.

Les substances huileuses paroissent n'avoir aucune attention sur la matiere gélatineuse.

Lorsqu'on expose la matiere gélatineuse seche, à un degré de chaleur supérieur à celui de l'eau bouillante, elle se gonfle, se boursoufle, laisse échapper une fumée âcre, empyreumatique, d'une odeur désagréable, & elle ne prend feu que difficilement, & seulement lorsqu'on lui applique une chaleur très violente. Si on la distille dans une cornue, à un feu gradué, on en retire d'abord un peu de phlegme, & successivement de l'alkali volatil en liqueur, une huile premiere légere & pénétrante, de l'alkali volatil concret, & une huile très empyrameutique, qui devient de plus en plus épaisse. Il reste dans la cornue une quantité considérable de charbon, du genre de ceux qui ne brûlent que difficilement; on ne retire des cendres de ce charbon qu'un vestige d'alkali fixe, & ordinairement un peu de sel commun, ou de sel *fébrifuge de Sylvius*. Ces produits sont exactement les mêmes qu'on retire de toutes les substances vraiment animales: *voyez* les articles LYMPHE, ŒUFS, SANG.

GILLA VITRIOLI. C'est le nom qu'on a donné au *vitriol blanc* ou de zinc, purifié par la crystallisation, & dont on se servoit autrefois à la dose, depuis un demi-scrupule, jusqu'à un gros pour faire vomir. C'est par cette raison qn'on l'avoit nommé aussi *sal vomitivum*; mais on a abandonné, avec raison, l'usage de ce remede, car il est non-seulment vomitif, mais aussi astringent, & d'ailleurs infidele & dangereux, à cause des matieres étrangeres & nuisibles, telles que le *plomb*, dont il est ordinairement mêlé; du moins celui qui est dans le commerce & qui vient de Goslar.

GLACE. On nomme communément ainsi l'eau gelée; on donne aussi ce même nom à de grandes tables de beau crystal blanc factice dont on se sert pour faire des miroirs, des vitres, & à d'autres usages; ce nom vient de la ressemblance extérieure qu'a ce cristal avec la vraie glace ou l'eau gelée.

GLAISE. C'est le nom qu'on donne assez ordinairement, dans les arts, à la plupart des argilles communes,

& particuliérement à celles qui sont colorées : voyez ARGILLE.

GOMMES. Les gommes sont des sucs mucilagineux, qui se séparent d'eux-mêmes de plusieurs especes de plantes ou arbres, & qui ont acquis une consistance solide par l'évaporation de la plus grande partie de leur eau surabondante.

Il paroît qu'on donnoit autrefois le nom de gommes, indistinctement à tous les sucs concrets qu'on recueilloit sur les arbres, quelque fut d'ailleurs leur nature ; de là vient que plusieurs de ces sucs, qui sont en tout ou en grande partie résineux, portent encore aujourd'hui le nom de gommes : telles sont la *gomme copale*, la *gomme elemi*, la *gomme animé*, la *gomme gutte*, & plusieurs autres. Mais les Chymistes & Naturalistes modernes ont jugé à propos, & avec grande raison, de ne regarder comme de vraies & pures gommes, que les mucilages concrets entiérement dissolubles dans l'eau : c'est pourquoi il ne sera question que de ces sortes de gommes dans cet article.

Les gommes ont une consistance ferme & solide, un certain degré d'élasticité & une ténacité assez grande entre leurs parties ; ces dernieres propriétés les font résister, avec une certaine force, à la percussion sans qu'elles se cassent, ce qui les rend difficiles à pulvériser dans le mortier ; elles sont plus ou moins blanches & transparentes ; quelques-unes cependant ont une couleur jaune ou brune, mais les matieres qui les colorent leur sont étrangeres. Les gommes bien pures n'ont point d'odeur, ni presque de saveur, ou n'en ont qu'une très douce, & même fade : elles ne sont dissolubles ni par les huiles, ni par l'esprit de vin, mais l'eau les dissout parfaitement ; & lorsqu'elles sont dissoutes par une médiocre quantité d'eau, il en résulte une liqueur épaisse, visqueuse & transparente ; elles redeviennent alors des mucilages, telles qu'elles l'étoient originairement.

Quoiqu'il y ait un très grand nombre d'arbres & même de plantes d'especes absolument différentes, dont on retire des gommes, toutes les gommes se ressemblent cependant beaucoup, & ne different, à proprement parler, les unes des autres, que par la quantité de mucilage qu'elles sont capables de former avec l'eau, aussi ne distingue-t-on que trois especes principales de gommes : savoir ;

La *gomme adragant* : cette gomme sort d'un arbrisseau épineux qui se nomme aussi adragant, & qui croît en Syrie & autres pays orientaux ; elle est en petits morceaux blancs, luisans dans leur cassure, & tortillés en forme de vers : c'est de toutes les gommes celle qui forme la plus grande quantité de mucilage, aussi est-elle plus chere que les autres.

La *gomme arabique* se tire d'une espece d'acacia, & peut-être de plusieurs autres arbres qui croissent en Arabie & en Afrique : elle est en morceaux à peu près arrondis & raboteux, la belle est très blanche & très transparente.

La *gomme de pays*, est celle qu'on ramasse sur la plupart de nos arbres à fruit : tels que les pruniers, les amandiers, les abricotiers, les cerisiers, &c. Elle est ordinairement moins blanche & moins transparente que la gomme arabique ; cependant il s'en trouve qui est aussi belle. Les droguistes choisissent cette belle gomme de pays, & la vendent comme gomme arabique, ce à quoi il n'y a pas grand inconvénient : car elle n'en differe réellement point.

La gomme & le mucilage n'étant qu'une seule & même substance unie à une plus ou moins grande quantité d'eau surabondante, ces matieres ont absolument les mêmes propriétés, & fournissent les mêmes principes dans leur analyse ; c'est pourquoi on trouvera ce qu'il y a de plus à savoir sur la nature des gommes, au mot MUCILAGE.

GOMMES RESINES. Les gommes résines sont des sucs en partie mucilagineux, & en partie huileux, qui découlent de beaucoup d'especes d'arbres, & qui deviennent concrets par l'évaporation de leurs parties fluides les plus volatiles.

Les parties huileuses & mucilagineuses qui forment les gommes résines, sont intimement mêlées, mais non pas absolument combinées les unes avec les autres ; de là vient que ces concrétions ne se laissent point diffoudre parfaitement, ni par l'eau, ni par les huiles, ni par l'esprit de vin, seuls; il est bien vrai que, lorsqu'on applique un seul de ces menstrues, l'eau, par exemple, à la plupart des gommes-résines, & qu'on aide son action par la trituration, on en fait une sorte de dissolution; la partie gommeuse se dissout entiérement par l'eau, elle forme un mucilage avec cette eau, & la partie résineuse qui étoit originairement très divisée, & intimement mêlée avec la partie mucilagineuse, reste suspendue à la faveur du mucilage, & forme par conséquent une espece de lait & d'*émulsion*; mais il est aisé de sentir qu'alors la partie huileuse n'est que divisée & non dissoute. Cela met la gomme-résine à-peu-près dans l'état où elle étoit originairement: je dis a-peu-près, parceque la substance résineuse a perdu, par la dessication, sa partie la plus fluide & la plus volatile, qu'on ne lui rend point du tout, en la traitant avec de l'eau, comme on vient de le dire.

On peut, en employant des dissolvans, partie aqueux, partie huileux ou spiritueux, tels que le vin, le vinaigre, l'eau-de-vie, faire encore une sorte de dissolutions des gommes-résines; mais cette dissolution est toujours laiteuse, à cause de la présence de l'eau qui empêche la partie spiritueuse de se combiner intimement avec la résine. Il faut donc, si l'on veut dissoudre complettement une gomme-résine, séparer la partie résineuse d'avec la gommeuse, en lui appliquant alternativement un menstrue spiritueux, & un menstrue aqueux.

Ce sont ces propriétés des gommes résines, relatives à leur dissolution, qui ont fait connoître leur vraie nature aux Chymistes: car, si l'on n'en jugeoit que par la plupart de leurs autres propriétés, & sur-tout par leurs apparences extérieures, on les confondroit avec les résines pures, avec lesquelles elles ont une ressemblance tout-à-fait imposante. Il faut remarquer à ce sujet, que la proportion de gomme & de résine n'est point constante dans les différentes gommes-résines, & qu'il s'en trouve dans lesquelles la partie gommeuse est en fort petite quantité, par rapport à la partie résineuse. Il arrive de là qu'à mesure qu'on examine plus

particuliérement

particuliérement les sucs concrets qui sortent des différens arbres, on en range beaucoup dans les classes des gommes-résines, qu'on n'avoit toujours regardées que comme des résines pures, & qu'il reste même quelque incertitude à cet égard sur plusieurs de ces substances. Il paroît cependant que, comme toute gomme résine est un mélange de substances qui ne peuvent point se dissoudre mutuellement, & que par conséquent il doit résulter de ce mélange une matiere toujours plus ou moins opaque, on peut juger au simple coup d'œil, si un suc concret naturel est gommo-résineux ou non. Tous ceux qui sont opaques, ou qui n'ont point une transparence très marquée, peuvent être raisonnablement soupçonnés de nature gommo résineuse ou résino-extractive : car on connoît aussi de ces sortes de sucs : tels sont la *myrrhe*, le *bdellium*, le *sagapenum*, l'*opoponax*, l'*assa-fœtida*, & quelques autres reconnus pour gommes-résines bien caractérisées. Tous ceux au contraire qui ont une transparence belle & bien marquée, peuvent être jugés presque à coup sûr, ou purement gommeux, ou purement résineux, comme on le voit par l'exemple des *gommes adraganth*, *arabique*, & *de pays*, & autres bien transparentes, qui sont de pures gommes, & par celui du *mastich*, du *sandarach*, de la *gomme copale*, & autres substances de ce genre aussi diaphanes, reconnues pour de pures résines, & qui se distinguent d'ailleurs bien facilement des pures gommes, par leur odeur, leur inflammabilité & autres qualités propres aux matieres huileuses.

Cette espece de regle, qui certainement peut être d'un grand secours pour juger facilement & sans travail, de la nature purement gommeuse, résineuse, ou gommo-résineuse, d'un grand nombre de sucs concrets, ne doit cependant pas dispenser de faire les épreuves convenables, & sur-tout l'application des différens menstrues, lorsqu'on veut être absolument certain de la matiere qu'on examine. Ces épreuves sont sur-tout très nécessaires pour ceux de ces sucs qui non seulement ne sont point, ou ne sont que très peu transparens, mais qui de plus sont fortement colorés, tels que la *gomme lacque*, la *gomme gutte*, le *sang dragon*, l'*aloès*, *l'opium*; car ces derniers ſont encore plus composés que les pures gommes-réſines, & contiennent des matieres colorantes & extractives de nature différente. *Voyez* HUILE, MUCILAGE, EXTRAITS, EMULSIONS, GOMMES & RÉSINES.

GRAIN. C'eſt le plus petit poids dont on ſe ſert dans les expériences ordinaires de Chymie : il équivaut à-peu-près à la peſanteur d'un grain de bled, & c'eſt de-là que lui vient ſon nom; le grain eſt $\frac{1}{24}$ d'un ſcrupule, $\frac{1}{72}$ d'un gros, $\frac{1}{576}$ d'une once, &c. Mais, pour les eſſais & autres opérations très délicates qui demandent une grande préciſion dans les poids, on ſe ſert de fractions de grains juſqu'à $\frac{1}{100}$, & même $\frac{1}{1000}$, avec des balances d'une juſteſſe proportionnée à de ſi petits poids.

*GRAINES. On nomme ainſi les ſemences de la plupart des végétaux. On diſtingue deux eſpeces principales de graines dans la Chymie, relativement aux ſubſtances dominantes qu'on en retire : les unes contiennent en même-tems une quantité conſidérable de mucilage & d'huile, qu'on en peut extraire ſéparément, le premier par l'infuſion dans l'eau, & la ſeconde par l'expreſſion, ou enſemble à l'aide de la trituration avec l'eau, & ſous la forme d'*émulſion*. Ces ſortes de graines ſe nomment par cette raiſon *graines ou ſemences émulſives* : de ce genre ſont les amandes & les ſemences de preſque tous les fruits. Les autres graines ſe nomment *farineuſes*, parcequ'elles ne contiennent point d'huile ſurabondante, comme les premieres; mais qu'elles ſont entierement composées d'une ſubſtance ſeche qui ſe réduit aiſément en poudre fine qu'on nomme *farine*, & qui fournit dans l'eau une grande quantité de matiere mucilagineuſe, nutritive, un peu ſucrée & très ſuſceptible de fermentation : de ce genre, ſont les graines de toutes les plantes du genre des gramen & des légumineuſes, dont les fruits ne ſont que des gouſſes qui renferment la graine. *Voyez* FARINE.

GRAIS. Le grais eſt une pierre qu'on met au nombre des vitrifiables, parcequ'elle eſt un aſſemblage de petits grains d'un ſable ou ſablon, lequel eſt une terre vitrifiable.

On diſtingue facilement le grais d'avec toutes les autrès pierres vitrifiables, par son apparence grenue; ces sortes de pierres sont ordinairement en très grandes masses : il y a des grais dont les parties sableuses sont si peu adhérentes entre elles, qu'à la moindre percussion ils se réduisent tout-d'un-coup en sablon. Il y en a d'auttes dans lesquels ces mêmes parties sableuses sont infiniment plus adhérentes, ce qui rend ces sortes de grais trés durs. Ces derniers, sur-tout lorsqu'ils sont bien blancs & bien purs, sont très utiles pour faire différens ustensiles de Chymie, servant à la division des corps, tels que des pierres à porphyriser, des mortiers, des meules, &c. Les propriétés chymiques du grais pur ne sont point différentes de celles du sablon pur. Je dis les grais purs, parcequ'il s'en trouve beaucoup qui sont mêlés de matieres hétérogenes qui alterent leurs propriétés; par exemple, les grais tendres, dont les miroitiers se servent pour user le verre, se fondent & se vitrifient sans addition au foyer du grand verre ardent de M. de *Trudaine*, tandis que le grais pur résiste à ce foyer. On a découvert aussi depuis peu des grais qui sont très bien crystallisés en losanges; mais ces sortes de grais sont visiblement mêlés de matieres hétérogenes, & particuliérement de terre calcaire, car ils se dissolvent en partie dans les acides avec une grande effervescence.

GRAISSE. La graisse est une substance huileuse concrette, qui se dépose en différentes parties du corps des animaux.

Pour obtenir la graisse bien pure, on la coupe par morceaux, on la monde des membranes & vaisseaux qui lui sont mêlés : on la lave dans une grande quantité d'eau pure, pour lui enlever toute la matiere gélatineuse qu'elle peut contenir, c'est-à-dire, jusqu'à ce que l'eau sorte insipide & sans couleur; après cela, on la fait fondre à une chaleur modérée dans un vaisseau propre avec un peu d'eau, & on la tient ainsi fondue jusqu'à ce que l'eau soit entiérement évaporée, ce que l'on reconnoît à la cessation de son bouillonnement qui n'est dû qu'à l'eau, & qui dure jusqu'à ce qu'il n'y en ait plus une seule goutte. On la met, après cela, dans un pot de faïance où elle se fige; elle est alors de la plus grande blancheur, propre aux usages de la Pharmacie, & dans le degré de pureté convenable, pour être examinée chymiquement.

La graisse ainsi purifiée, n'a qu'une odeur extrêmement foible, qui lui est particuliere, & une saveur aussi très foible & même très fade.

Les acides minéraux présentent avec la graisse les mêmes phénomenes qu'avec celles des huiles douces non volatiles des végétaux qui n'ont aucun caractere résineux ni gommeux, qui ne se dessechent point : telles que l'huile de ben, & celle d'olives, & que des Chymistes modernes ont nommées, à cause de cela, *huiles grasses*.

Les alkalis dissolvent aussi la graisse, de même que ces sortes d'huiles, & forment avec elle un savon du même genre : elle ne contient aucun principe assez volatil, pour s'élever au degré de chaleur de l'eau bouillante : elle ne prend feu que quand elle est chauffée à l'air libre, jusqu'au point de s'élever en vapeurs. Enfin, par lavétusté, elle contracte un caractere d'âcreté & de rancidité.

Lorsqu'on soumet la graisse à la distillation à un degré de chaleur supérieur à celui de l'eau bouillante, ce qui doit se faire par conséquent dans une cornue & à feu nud, il en sort d'abord un phlegme acide, & une petite portion d'huile qui reste fluide : à mesure que la distillation continue, l'acide qui monte, devient de plus en plus fort, & l'huile de moins en moins fluide; ensorte même qu'elle se refige dans le récipient. Il ne monte aucun autre principe pendant toute cette distillation; & enfin la cornue étant rouge, il n'y reste qu'une quantité infiniment petite de *charbon* du genre de ceux qui ne se brûlent qu'avec la plus grande difficulté.

Si l'on soumet à une seconde distillation l'huile figée qui se trouve dans le récipient, on en retire encore une nouvelle quantité d'acide & d'huile qui ne se fige plus; en réitérant ainsi ces distillations, on attenue de plus en plus en plus l'huile de la graisse; à mesure qu'on lui enleve de son acide, elle acquiert une odeur de plus en plus pénétrante, & on peut, à force de la distiller ainsi, l'amener au point d'avoir autant de volatilité que les huiles essentielles, & de s'élever au degré de chaleur de l'eau bouillante

On voit par toutes ces propriétés de la graisse, qu'elle est une huile douce, concrette, non volatile, absolument analogue au beurre de lait & à la cire, & qu'elle ne doit sa consistance, de même que ces matieres, qu'à un acide qui lui est si intimement uni, qu'on ne peut l'en séparer que successivement, & par des distillations réitérées.

La graisse, ainsi que toutes les autres matieres huileuses de même espece, ne peut être chauffée suffisamment pour se réduire en vapeurs, sans éprouver une altération considérable, & même sans se décomposer. Les vapeurs qui s'en élevent lorsqu'on la chauffe à l'air libre, sont de même nature que celles qui montent dans la distillation à feu nud : elles ne sont que de l'acide & de l'huile atténuée. Cet acide est d'une pénétration, d'une acrimonie & d'une volatilité singulieres; il irrite & enflamme les yeux, la gorge & le poumon; il fait pleurer, & excite la toux aussi fortement que l'acide sulfureux volatil, quoiqu'il soit d'une nature bien différente.

Lorsque la graisse est dans son état naturel, & qu'elle n'a encore souffert aucune altération, cet acide est si bien combiné avec la partie huileuse, qu'on n'apperçoit aucunes de ses propriétés; aussi la graisse bien conditionnée est-elle très douce, & l'on s'en sert avec beaucoup de succès en Médecine, comme d'un grand adoucissant, sur tout à l'extérieur. Mais, autant cette substance est douce, tant qu'elle n'a pas éprouvé un degré de chaleur capable de la décomposer, ou qu'elle est récente, autant elle devient âcre, irritante & même caustique, lorsque son acide a été développé, & en partie dégagé par le feu & par la vétusté.

La rancidité portée très loin change totalement, non seulement les vertus de la graisse, mais même plusieurs de ses propriétés essentielles, & en particulier celle qu'elle a de résister à l'action de l'esprit de vin : car ce dissolvant qui ne touche point, ou que très peu, à la graisse non altérée, en dissout une portion, lorsqu'elle a été chauffée fortement, ou qu'elle est devenue très rance; effet qui ne vient certainement que du développement qui arrive à l'acide de la graisse dans l'un & l'autre cas : c'est ce que j'ai fait voir dans un Mémoire sur la cause de la différente dissolubilité des huiles dans l'esprit de vin : on en parlera plus amplement au mot HUILE. M. de *Machy*, habile Apothicaire de Paris, Chymiste éclairé & très bon Observateur, a fait à ce sujet une observation qui est bien d'accord avec ce sentiment; c'est qu'on peut enlever toute la rancidité de la graisse, en la traitant avec de l'esprit de vin : car il est visible que dans ce cas cela n'arrive que parceque l'esprit de vin dissout & enleve toute la portion de la graisse dont l'acide est développé, c'est-à-dire toute celle qui est devenue rance; tandis qu'il ne touche point à la partie qui n'a pas encore éprouvé cette altération. Cette pratique peut donc être employée très utilement, pour la conservation ou le rétablissement de certaines especes de graisses d'usage en Médecine, mais qui sont rares, & qu'on ne peut pas toujours se procurer bien récentes. L'eau toute pure pourroit peut-être même dissoudre la partie rance des graisses & des huiles par l'intermede de l'acide développé de cette partie rance; c'est un moyen que propose M. *Pœrner*, comme plus économique que l'esprit de vin. On pourroit essayer même de mêler avec l'eau un peu de terre calcaire ou d'alkali, pour mieux absorber l'acide de la rancidité, & laver ensuite avec beaucoup d'eau pure, pour emporter tout le mixte salin ou savonneux qui auroit pu se former.

La décomposition de la graisse, dont on ne retire que de l'acide, de l'huile, très peu de résidu charbonneux, & pas un seul atome d'alkali volatil, prouve évidemment que cette substance, quoique travaillée dans le corps des animaux dont elle fait en quelque sorte partie, n'a cependant point les caracteres d'une matiere animalisée; ainsi elle est dans une classe à part, elle paroît devoir son origine à celles des parties huileuses des alimens qui n'ont point pu entrer dans la composition du suc nourricier; c'est par conséquent une huile surabondante à la nutrition, que la Nature dépose & met en réserve pour des destinations particulieres. Il y a lieu de croire qu'un des grands usages de la graisse, est de recevoir dans sa composition, d'amortir & d'adoucir une grande partie des acides provenans des alimens, & qui sont de trop pour la composition du suc nourricier dont l'animal a besoin, ou dont la Nature n'a pas pu se débarrasser autrement. Ce qu'il y a de certain, c'est que plus les animaux sains prennent & digerent d'alimens surabondans à leur nutrition & à leur réproduction, & plus ils deviennent gras : de là vient que ceux qui sont châtrés, qui font peu d'exercice, ou qui sont parvenus à un âge de maturité où la déperdition & la production de la liqueur séminale sont moins grandes, & qui prennent en même tems beaucoup d'alimens succulens, s'engraissent ordinairement beaucoup, quelquefois même excessivement.

Quoique la graisse soit fort éloignée du caractere des substances vraiment animales, qu'elle paroisse même fort peu disposée à se changer en suc nourricier, car elle est en général difficile à digérer, & il y a bien des gens, dans l'estomac desquels elle se rancit de même que le beurre, & à qui elle donne des aigreurs considérables; il paroît cependant que, dans certains cas, elle sert à la nutrition & à la réparation du corps. Il est certain que les animaux, dans la disette des alimens, & dans les maladies qui mettent obstacle à la digestion & à la production du suc nourricier, maigrissent & se nourrissent de leur propre graisse, & que, dans ces cas-là, ceux qui sont gras, résistent plus long-tems que ceux qui sont très maigres; la graisse est alors apparemment resorbée par des vaisseaux destinés à cet usage, & transformée en suc nourricier dans les couloirs de l'animal. Il y a même des animaux, tels que les rats & les souris qui mangent avec avidité de la graisse pure & qui par conséquent paroissent pouvoir fort bien s'en nourrir.

Les graisses des différentes especes d'animaux, different en général très peu entre elles; elles ont toutes les mêmes propriétés essentielles, elles ne varient d'une façon marquée que par la consistance: les animaux frugivores, & sur-tout les moutons ont une graisse très ferme; la plupart des reptiles au contraire & des poissons qui sont presque tous carnaciers, ont une graisse très molle, quelques uns même l'ont liquide. *Voyez* BEURRE, CIRE & HUILE.

GRAND-ŒUVRE. C'est le procédé alchymique par lequel on fait, ou plutôt par lequel on prétend faire de l'or.

GRANITE. Le granite est une pierre formée par la cohérence de petites pierres de différentes couleurs & de différente nature: cette disposition la constitue pierre à grains ou grenue, & c'est par cette raison qu'on lui a donné le nom de *granite*.

La plupart des granites sont formés par des parcelles de quarts, de spaths dur, nommé *spathum scintillans*, ou *felts spath*, de sables & de mica ou parties talqueuses de différentes couleurs, de terres métalliques. Comme c'est le quarts & le sable qui dominent ordinairement dans les granites, ces pierres font feu avec l'acier, & sont mises au nombre des pierres dures; il y a néanmoins beaucoup de différences entre les granites, par rapport à cette qualité. Les granites sont en grands bancs & en grandes masses; il y en a de très beaux qu'on taille & qu'on polit. On en travaille maintenant à Paris. Il y en a beaucoup en Bretagne, en Auvergne & dans d'autres Provinces de France, & même de fort beaux; les granites les plus connus & les plus recherchés, sont ceux d'Egypte.

GRANULATION. La granulation est une manœuvre par laquelle on réduit les substances métalliques en grains ou grenailles, pour les dissoudre ou pour les combiner plus facilement avec d'autres corps.

Cette opération est fort simple: lorsqu'on veut granuler un métal, on le fait fondre, & on le verse peu-à-peu dans un vaisseau rempli d'eau qu'on agite pendant ce tems-là avec un balai. On granule aussi le plomb, l'étain, même le cuivre, & autres métaux qui, suivant la remarque de M. *Cramer*, sont très cassans quand ils ont le degré de chaleur de la *presque fusion*: on verse ces métaux fondus dans une boîte qui contient de la craie en poudre, avec laquelle on les secoue fortement en tous sens, Ce qui se passe dans ces opérations est facile à imaginer. On a recours à la granulation, à cause de la ductilité des métaux, qui empêche de les réduire en petites parties par la percussion, &, pour éviter la division, par la lime qui est longue, laborieuse, & qui peut d'ailleurs laisser des particules de fer mêlées avec le métal réduit en limaille.

GRAVELLE. On appelle ainsi la lie de vin desséchée & disposée pour être brûlée & réduite en cendre très riche en alkali fixe : ces cendres se nomment *cendres gravelées* ; elles sont d'usage en plusieurs arts : *voyez* ALKALI FIXE.

GRENAT. Le grenat est une pierre précieuse, transparente, d'un rouge plein & cramoisi. La plupart des Chymistes regardent cette pierre, comme contenant de l'étain, ou comme étant un indice des mines d'étain : mais M. *Bucquet* qui l'a examiné, assure que le grenat ne contient point d'étain, & n'est coloré que par du fer.

GRILLAGE DES MINES. On se sert quelquefois de cette expression pour désigner l'opération par laquelle on enleve aux mines les substances minéralisantes volatiles, & principalement le soufre & l'arsenic. On y parvient en exposant les mines à un degré de chaleur assez fort pour réduire en vapeurs & faire dissiper les substances volatiles qu'elles contiennent, mais trop foible pour les faire fondre elles-mêmes. Cette opération se nomme aussi *rotissage*, *calcination & torréfaction des mines*. *Voyez* TRAVAUX DES MINES.

GYPSE. Le gypse est une matiere pierreuse, tendre, qui se rape facilement, & ne fait point feu avec l'acier. Cette matiere est fort abondante, & se trouve en beaucoup d'endroits de la terre en quantité très considérable, & formant des montagnes & des chaînes de montagnes, ou des collines assez étendues, comme dans les environs de Paris.

Le gypse est toujours crystallisé, ou disposé régulièrement; il affecte plusieurs formes différentes dans sa crystallisation. La premiere est en grandes lames transparentes, très brillantes, très minces, appliquées les unes sur les autres, si exactement, qu'il en résulte des masses, quelquefois presque aussi transparentes que du crystal. Lorsqu'il est sous cette forme, les Naturalistes le nomment *Pierre spéculaire*, à cause de ses grandes faces brillantes, qui ressemblent à des miroirs.

On trouve, en second lieu, une assez grande quantité de gypse crystallisé en filets appliqués, suivant leur longueur, les uns sur les autres : on appelle ce dernier *Gypse strié* ou à *filets*. Enfin il y a une très grande quantité de gypse en petits crystaux irréguliers, agglutinés les uns aux autres, qui forment des masses considérables de pierres grenues demi-transparentes, qu'on nomme ordinairement *pierre à plâtre* & *albâtre gypseux* lorsqu'elles sont bien blanches & bien pures, ce qui leur donne une demi-transparence plus belle & plus décidée.

Tous ces gypses, quoique fort différens pour le coup d'œil, ou la forme extérieure, se ressemblent parfaitement, quant à leurs propriétés chymiques & essentielles.

Lorsqu'on les expose au feu à une chaleur très modérée, ils perdent promptement leur trasparence pour prendre un blanc mat & opaque ; ils perdent aussi la liaison de leurs parties ; ensorte qu'ils sont très friables, & que les lames de la pierre spéculaire se séparent & s'écartent d'elles-mêmes les unes des autres, comme des feuillets. C'est ce caractere qui distingue les vrais gypses de plusieurs pierres spathiques, qui paroissent d'ailleurs composées de principes assez analogues à ceux du gypse.

Le gypse en cet état, mêlé & pêtri avec de l'eau, forme une espece de mortier qui prend corps [illegible] en fort peu de tems, & se durcit assez considérablement sans aucune addition : cette propriété le rend d'un grand usage & d'une commodité infinie pour les bâtimens, à la construction desquels on l'emploie sous le nom de *plâtre*, dans tous les pays où il s'en trouve. Rien n'est si commode, en effet, qu'une espece de pierre à laquelle son état de mollesse, permet de recevoir telle forme qu'on juge à propos, & qui reprenant sa premiere dureté presqu'aussi-tôt après qu'elle a reçu cette forme, la conserve pendant un assez grand nombre d'années, d'une maniere solide & durable.

Les propriétés dont on vient de parler, sont absolument particulieres aux matieres gypseuses ; & les distinguent bien nettement des *talcs*, des *amiantes*, & des *asbestes*, avec lesquels elles ont une ressemblance extérieure assez marquée pour en imposer à ceux qui n'examinent les choses que superficiellement.

Le gypse a quelques autres propriétés qui le font ressembler à la terre calcaire : si, par exemple, lorsqu'il est calciné, on le met dans l'eau, il impregne cette eau d'une substance qui forme à sa surface une pellicule assez semblable à la crême de chaux. Cette même eau verdit le syrop violat, comme l'eau de chaux. Enfin le gypse agit un peu sur le soufre, & lui donne un caractere de foie de soufre terreux, à-peu-près comme la chaux. Mais malgré ces analogies, il faut bien se garder de confondre les pierres gypseuses avec les pierres calcaires.

Le gypse differe de la terre calcaire, en ce qu'il ne se dissout point, comme elle, avec effervescence dans les acides. M. *Pott* a observé que les acides vitriolique & nitreux, traités avec le gypse, ne perdent point leur acidité ; au lieu qu'on sait que ces acides se neutralisent très facilement par la terre calcaire, & qu'ils forment avec elle des sels neutres à base terreuse. M. *Beaumé* a remarqué qu'à la vérité on peut dissoudre en quelque sorte le gypse dans les acides, mais il a observé en même-tems que ce gypse s'en sépare ensuite par cryftallisation, tel qu'il étoit auparavant, sans rien retenir de ces acides : d'ailleurs la chaux, traitée avec l'eau, ne se durcit point autant que le gypse, sans addition de sable ou de ciment.

Quand il n'y auroit que ces différences entre les matieres calcaires & gypseuses, elles seroient bien suffisantes pour constater qu'elles ne sont point de même nature ; mais l'examen plus particulier de la nature du gypse achevera de démontrer cette vérité.

Il paroît que ce n'est que dans ces derniers tems que les Chymistes ont fait les expériences propres à déterminer au juste la nature de cette matiere.

M. *Pott* met, dans sa Lithogéognosie, le gypse au nombre des quatre especes principales de terres auxquelles il rapporte toutes les autres, & le distingue par conséquent très soigneusement des autres, & en particulier de la terre calcaire. Ce Chymiste rapporte dans cet ouvrage, un grand nombre d'expériences faites sur le gypse, lesquelles tendent à bien faire connoître ses propriétés & sa nature. Le gypse, selon lui, ne se fond point seul à la plus grande ardeur du feu des fourneaux. Quelques Chymistes avoient avancé que cette matiere se fondoit au foyer du miroir ardent. M. *Pott* dit qu'il n'a point répété cette expérience. Voici ce qui en est : j'ai exposé de la pierre spéculaire au foyer d'un bon miroir ardent, & j'ai remarqué que tant que ce foyer ne tomboit que sur une des surfaces lisses & plates de cette pierre, elle ne faisoit que se calciner sans se fondre ; mais qu'aussi-tôt qu'on présentoit au foyer la tranche ou le côté du gypse qui est formé par l'extrêmité des lames appliquées les unes sur les autres, ce gypse se fondoit en un moment, avec un bouillonnement considérable.

Il résulte principalement des expériences de M. *Pott*, que le gypse ou l'albâtre gypseux (car c'est cette espece de gypse qu'il a principalement employée) se fond & se vitrifie avec les terres argilleuses, auxquelles il sert de fondant, comme la terre calcaire ; mais il bouillonne & se gonfle beaucoup plus dans cette fonte, que ne le fait la terre calcaire pure.

Cette fusion de l'*argille*, procurée par le gypse, comme par la terre calcaire, de même que toutes les autres propriétés qui sont communes au gypse & à la terre calcaire, viennent de ce que le gypse est réellement composé, pour la plus grande partie, de terre vraiment calcaire ; mais il est démontré présentement que la terre calcaire qui fait partie du gypse, est unie, dans ce composé, avec de l'acide vitriolique. Dans mon Mémoire sur la chaux & sur le plâtre, imprimé dans le Recueil de l'Académie, pour l'année 1747, j'ai fait mention de l'acide vitriolique, comme d'une des parties constituantes du gypse.

M. *Pott* dit dans sa Lithogéognosie, que plusieurs auteurs rangent dans la classe du gypse une composition résultante de l'union de l'acide vitriolique avec une terre calcaire, & qu'ils nomment ce composé *terre sélé-*

nitique, ou *gyps artificiel*, GYPSUM ARTE FACTUM. Quoique M. *Pott* trouve quelques légeres différences entre ce composé & le gypse naturel, il n'en est pas moins vrai qu'il en a toutes les propriétés essentielles. En parlant des eaux dures dans les élémens de Chymie, j'ai dit qu'elles ne sont telles, que parcequ'elles tiennent en dissolution une sélénite gypseuse. Enfin M. *Marggraf* dit, qu'ayant distillé du gypse avec de la poudre de charbon, il en a retiré de l'acide sulfureux volatil, & du vrai soufre; que l'ayant traité avec l'alkali du tartre, par la voie seche & par la voie humide, il en a retiré un tartre vitriolé bien caractérisé; que la terre qui restoit, étoit une terre calcaire; que le gypse est dissoluble en entier dans l'eau, & qu'on peut en composer artificiellement, en combinant de l'acide vitriolique avec de la terre calcaire jusqu'au point de saturation. *Opusc. Chym.* 13 *Dissert.*

On peut donc regarder comme démontré que le gypse n'est autre chose que de la terre calcaire saturée d'acide vitriolique : c'est un sel vitriolique à base de terre calcaire, c'est-à-dire, une vraie *sélénite*.

Toutes les propriétés du gypse sont faciles à expliquer d'après ces connoissances : son peu de dureté, sa transparence, sa crystallisation, sa dissolubilité dans l'eau, viennent de son caractere salin : il ne peut se combiner avec aucun acide, parcequ'il est naturellement saturé d'acide vitriolique; il demande beaucoup d'eau pour sa dissolution, à cause de son caractere séléniteux, c'est-à-dire, de la grande quantité de terre qu'il contient, & de l'intimité de l'union de cette terre avec son acide vitriolique. Sa calcination qui lui fait perdre la transparence & la cohérence de ses parties, n'est autre chose que la soustraction de son eau de *crystallisation*.

Les propriétés de chaux qu'il acquiert aussi par la calcination doivent être attribuées, soit à un peu de terre calcaire surabondante, soit plutôt encore à la soustraction d'une portion de son acide vitriolique qui se dégage pendant sa calcination, principalement par le contact des matieres inflammables qui donnent à cet acide un caractere sulfureux. Enfin l'endurcissement du plâtre calciné & mêlé ensuite avec l'eau, peut venir du mêlange de celles de ses parties qui ont pris un caractere de *chaux vive* pendant sa calcination, avec celles qui n'ont pas pris un semblable caractere, & qui servent de ciment, comme je le conjecture dans le Mémoire que je viens de citer; ou de ce qu'il reprend l'eau de sa crystallisation, & se crystallise de nouveau précipitamment & confusément, comme le pensent plusieurs Chymistes, & en particulier M. *Pott*, qui dit: « Comme » le plâtre mêlé avec l'eau ne se durcit que quand on » laisse reposer toute la masse (car si on le remue trop » long-tems il ne deviendra pas dur), on doit conclure » qu'il se fait dans ce cas une espece de crystallisation » très rapide, qui suppose par conséquent une substance » saline très divisée, & répandue très uniformément » dans le plâtre, comme *Stahl* l'a remarqué: c'est » aussi la raison pour laquelle le plâtre n'est pas propre » à durer long-tems à l'air, parceque l'air attaque & » altere la substance saline dont il est chargé ».

Quelques Chymistes ou Naturalistes ont donné au gypse le nom de *Spath*, ou plutôt distinguent une espece de spath qu'ils appellent *gypseux*, parceque ce spath a effectivement les principales propriétés du gypse.

H.

HÉTÉROGENE, HOMOGENE. Hétérogene signifie de différente nature ; de même qu'homogene signifie de même nature.

HUILE. On peut définir l'huile en général un corps composé, qui n'est point, ou qui n'est que très peu dissoluble par l'eau, qui est susceptible de brûler avec une flamme accompagnée de fumée & de suie, & de laisser un résidu charbonneux après sa distillation.

Toute huile est composée de phlogistique, d'acide, d'eau & de terre ; car tous ces principes se manifestent dans la décomposition des huiles quelconques, comme on le verra bientôt : mais peut-être que l'eau & la terre, qui sont partie des huiles, y sont unies ensemble, & n'existent dans l'huile que sous la forme d'acide.

Il paroît, par ce qu'on vient de dire sur la nature de l'huile, que cette substance est assez composée ; elle est en même tems un des principes prochains de toutes les matieres végétales & animales ; c'est même par leurs parties huileuses que toutes ces substances different essentiellement de celles du regne minréal ; car, au contraire, il n'y en a aucune de ce dernier, dans laquelle on puisse démontrer un seul atome d'huile : *voy.* REGNES.

Toute l'huile qu'on retire des substances végétales & animales, a un certain nombre de propriétés générales qui forment son caractere d'huile ; mais elle se diversifie aussi presqu'à l'infini par un très grand nombre de propriétés particulieres, suivant les différentes especes de matieres végétales & animales dont elle est tirée, ce qui a donné lieu de distinguer plusieurs especes d'huiles. On ne parlera dans le présent article que des propriétés les plus générales de l'huile.

Toutes les huiles en général sont volatiles, c'est-à-dire, qu'il n'y en a aucune qui, exposée à un certain degré de chaleur, ne se réduise & ne s'éleve en vapeurs : la chaleur nécessaire pour faire évaporer les huiles les moins volatiles, n'est pas même fort considérable ; elle est bien inférieure à celle de l'incandescence : ainsi l'huile doit être regardée comme une substance volatile.

Toutes les huiles auxquelles on fait éprouver à l'air libre le degré de chaleur capable de les réduire en vapeurs, s'enflamment facilement par le contact de quelque matiere enflammée, & brûlent avec une flamme blanche, lumineuse & accompagnée de fumée ; les huiles de même que tous les autres corps combustibles, se décomposent entierement par leur inflammation : au reste cette propriété qu'a l'huile de brûler, démontre que le phlogistique est un de ses principes. La propriété inflammable de l'huile a induit en erreur tous les anciens Chymistes. Ils donnoient le nom d'*huile*, au principe inflammable qui entre dans la composition des métaux, du soufre, du charbon, aussi bien qu'à de l'huile proprement dite ; mais il est bien démontré présentement que le principe de l'inflammabilité, qui entre dans la composition de ces corps, n'est lui-même qu'une des parties constituantes de l'huile, & que l'huile ne peut transmettre son principe inflammable à aucun autre corps, sans se décomposer & cesser elle-même d'être de l'huile : *voyez* PHLOGISTIQUE.

Si l'on soumet à la distillation une huile quelconque sans aucun intermede, il s'en éleve par une chaleur graduée, d'abord un peu de phlegme acide ; l'huile monte ensuite elle-même en substance ; & quand il a fallu, pour la faire monter, un degré de chaleur supérieur à celui de l'eau bouillante, elle a toujours un caractere empyreumatique d'autant plus fort, qu'il a fallu plus de chaleur pour la faire monter. Cette huile est toujours accompagnée d'un acide qui devient de plus en plus fort, à mesure que la distillation avance ; il reste enfin dans la cornue une petite quantité de résidu fixe & charbonneux. Ce charbon, de même que la suie de l'huile, est d'une combustion très difficile ; mais enfin on parvient à dégager par la combustion ce qu'ils contiennent de principe inflammable, lequel n'est plus

plus alors dans l'état huileux, & il ne reste plus qu'une cendre qui, étant bien lavée pour lui enlever un vestige d'alkali qu'elle peut contenir, n'est plus qu'une pure terre.

Si l'on examine l'huile qui se trouve dans le récipient après cette distillation, on trouve qu'elle est en moindre quantité qu'avant la distillation ; ce qui prouve qu'il y a eu une portion de l'huile de décomposée par cette opération : l'eau, l'acide & la terre qu'on obtient par cette même expérience, viennent évidemment de cette portion d'huile déomposée ; il est donc vrai que toute huile contient les principes dont on a fait mention dans la définition ; on en est même d'autant plus assuré, qu'en redistillant une seconde fois la même huile, on retire encore les mêmes principes d'une nouvelle portion d'huile qui se décompose, & qu'en réitérant ainsi les distillations de la même huile un assez grand nombre de fois, on la réduit toute en eau, en acide & en terre. A l'égard du phlogistique de cette même huile, il se dissipe dans ces décompositions, & redevient feu libre, c'est-à-dire, lumiere.

Une remarque importante à faire sur ces distillations réitérées des huiles, c'est que la portion d'huile qui n'a pas été décomposée, & qu'on trouve dans le récipient, devient à chaque distillation de plus en plus atténuée & volatile : or, comme c'est singuliérement par le plus ou le moins de ténuité & de volatilité que les huiles different entre elles, il s'ensuit que les distillations réitérées font disparoître de plus en plus les différences spécifiques des huiles, & qu'elles les rapprochent d'un état général & commun à toutes.

On peut accélérer cette décomposition & atténuation des huiles, en les mêlant à chaque distillation avec quelque intermede terreux qui ne puisse fournir aucun principe, tel que le sablon, les briques pilées & autres. Cette pratique est même connue dans les Pharmacies, pour faire les préparations qu'on nomme *huile de briques, huile de Philosophes*; & ce dernier nom indique assez que ces procédés ont été imaginés dans des vues alchymiques. Mais de pareilles expériences, n'ont été suivies assez loin, jusqu'à présent par aucun Chymiste Physicien pour constater s'il seroit possible de mettre par ce moyen les huiles quelconques dans un seul & même état : mais tout porte à croire qu'on y réussiroit ; & dans ce cas, il en faudroit conclure que l'huile, dans son plus grand degré de pureté & de simplicité, & qu'on pourroit nommer alors le *principe huileux*, est identique & essentiellement la même dans toutes les matieres végétales & animales ; & que les différences, quoique très nombreuses & très considérables, qu'on observe entre les différentes especes d'huiles, ne viennent que des matieres étrangeres qui leur sont unies, & par le mélange desquelles leurs propriétés essentielles sont plus ou moins altérées, ou plutôt déguisées.

Il y a cependant une autre considération très importante sur cet objet, à laquelle il faut avoir égard, & qui semble contrebalancer l'opinion qu'on vient d'exposer : c'est que plus les huiles sont naturellement subtiles & volatiles, ou sont rendues telles par les distillations réitérées, moins elles forment de suie en brûlant, moins elles laissent de résidu charbonneux après leur distillation, & plus elles acquierent de disposition à se mêler, ou à se dissoudre dans l'eau ; ensorte qu'il est très probable, qu'en poussant assez loin cette atténuation des huiles quelconques, on les ameneroit à l'état d'éther, & peut-être ensuite à celui d'esprit ardent, qui certainement est essentiellement différent de l'état huileux : or, cela indique que les distillations réitérées des huiles, non seulement les purifient & les simplifient, mais encore qu'elles les alterent essentiellement & les dénaturent.

Toutes les huiles reçoivent aussi des changemens par l'action de l'air, & par le concours des circonstances qui favorisent la fermentation. Leur partie la plus fluide & la plus volatile se dissipe ; d'où s'ensuit un épaississement, & une moindre volatilité dans ce qui reste ; & de plus, l'acide combiné dans ces mêmes huiles, se développe, & se dégage de plus en plus.

Les acides ont en général de l'action sur les huiles quelconques ; mais les effets qu'ils produisent en se combinant avec elles, sont extrêmemeut variés, suivant la nature de l'acide, suivant sa plus ou moins grande concentration, & suivant l'espece d'huile.

Les acides minéraux, même les plus puissans, n'agissent en général que foiblement, ou même point sensiblement, sur les huiles, lorsqu'ils sont étendus dans une grande quantité d'eau; parceque cette eau, dont ils sont suchargés, & avec laquelle ils ont beaucoup d'affinité, les empêche d'agir avec assez d'efficacité sur l'eau & sur le phlogistique, principes de l'huile. Mais il en est tout autrement, lorsqu'ils sont concentrés jusqu'à un certain point; ils s'unissent alors aux principes des huiles avec une force proportionnée à leur degré de concentration, & à l'affinité qu'ils ont chacun, suivant leur nature, avec le principe inflammable & avec l'eau.

L'acide vitriolique concentré saisit avec beaucoup de force tous les principes de l'huile; on apperçoit dans ce mélange un bouillonnement intérieur, un degré de chaleur considérable; il s'en éleve des vapeurs d'une odeur mixte d'empyreume & d'acide sulfureux volatil; l'huile change de couleur, devient brune, rougeâtre ou noirâtre, & acquiert un grand degré d'épaississement.

L'action de l'acide nitreux sur les huiles est encore plus vive, plus prompte & plus marquée que celle de l'acide vitriolique; il s'éleve du mélange une quantité beaucoup plus considérable de vapeurs; l'effervescence est beaucoup plus forte, l'épaississement est plus prompt, & la chaleur est si grande avec le plus grand nombre des huiles, que lorsque l'acide nitreux est bien concentré, elle atteint en un instant le degré dé l'ignition, ensorte que ce mélange s'enflamme subitement: *voyez* INFLAMMATION DES HUILES.

L'action de l'acide marin, même le plus concentré, est bien différente sur les huiles quelconques; elle est infiniment plus foible.

Il est manifeste que la différence des effets de ces trois acides sur les huiles, vient de la différence de leur affinité avec le principe inflammable; car il y a ici de la part de ces acides une gradation tout-à-fait semblable à celle qu'on remarque dans la maniere dont ils agissent sur celles des matieres minérales qui, comme les substances métalliques, contiennent du phlogistique.

Comme les différentes especes d'huiles ont chacune leur caractere & leurs propriétés particulieres, les phénomenes qu'elles présentent avec les acides sont aussi fort différens & fort diversifiés à cet égard. On trouvera quelques détails sur cet objet à l'article des principales especes d'huiles : on fera seulement observer ici en général que les acides vitrioliques & nitreux sont portés à s'unir très intimement avec toutes les huiles atténuées, volatiles & inflammables ; mais ces qualités mêmes de ces huiles les mettent, en quelque sorte, en état d'éluder en grande partie l'action de ces acides, lorsqu'ils sont très concentrés ; car pendant la réaction, elles se dissipent en vapeurs presqu'en entier, quelquefois même en un instant.

Les huiles moins atténuées & moins volatiles, qui sont disposées à s'épaissir d'elles-mêmes par l'évaporation de leur partie la plus subtile, propriété qu'elles doivent à une certaine quantité de matiere résineuse, gommeuse, ou gommo-résineuse qu'elles contiennent, sont par cela même en état d'éprouver l'action des acides dans toute sa force, & c'est par cette raison qu'elles sont aussi les plus propres à être enflammées par le mélange de l'acide nitreux concentré.

Enfin celles des huiles qui ont un certain degré de consistance & d'onctuosité, qui manquent de volatilité, & qui ne sont point disposées à l'épaississement par l'évaporation, résistent davantage à l'action des acides ; elles n'en sont point altérées & à demi-décomposées, comme les précédentes ; elles s'y unissent plus lentement, plus difficilement ; elles ne font que s'épaissir par le mélange de l'acide vitriolique & de l'acide nitreux seuls, & prendre un caractere de savon acide, ou de graisse, comme on le verra à l'article de ces huiles.

Si les huiles reçoivent des altérations de la part des acides, ceux-ci en reçoivent aussi de la part des huiles, avec lesquelles ils se combinent. On peut dire qu'en général les acides minéraux s'adoucissent & s'affoiblissent considérablement par leur union avec les huiles,

& que cette union les rapproche du caractere des acides végétaux, ou même les assimile entiérement à ces acides : ensorte que s'il est vrai, comme il y a tout lieu de le croire que les végétaux, & par conséquent les animaux, ne sont formés que de minéraux diversement modifiés, c'est au principe huileux, que les regnes végétal & animal possedent exclusivement, qu'on doit attribuer toutes les propriétés par lesquelles les acides de ces regnes different de tous ceux du minéral.

On auroit la preuve complette de ce sentimeut, si l'on pouvoit simplifier assez les acides végétaux pour les ramener à la qualité de quelque acide minéral, & particuliérement du vitriolique, ou transmuer parfaitement un acide minéral en acide végétal bien caractérisé : mais ces importantes recherches n'ont point été faites, ou du moins ne sont qu'ébauchées, & n'ont point été suivies dans le détail qu'elles méritent.

Il paroît que, pour parvenir à transmuer un acide minéral en végétal, par son union avec le principe huileux, il faut que cette union soit très intime, sans cependant que la matiere huileuse soit altérée en aucune maniere dans ses parties constituantes ; & c'est là ce qui fait le point de la difficulté : car si l'on emploie l'acide vitriolique ou nitreux assez affoibli par l'eau, pour ne point altérer dans sa combinaison, l'huile avec laquelle on veut l'unir, alors on trouve beaucoup d'obstacles à la combinaison intime (il faut cependant convenir qu'on est bien éloigné d'avoir fait toutes les tentatives nécessaires pour surmonter ces difficultés) ; & d'un autre côté, si l'on emploie les acides assez concentrés pour qu'ils agissent facilement & efficacement sur l'huile, alors on remarque que cette substance est sensiblement altérée & à demi-décomposée par l'acide.

Qu'on essaie, par exemple, de séparer par la distillation, l'acide vitriolique d'avec une huile avec laquelle on l'avoit combiné dans un état de concentration, on n'en retirera que de l'acide vitriolique fort aqueux & sulfureux ; une certaine quantité d'huile empyreumatique & sulfureuse ; de l'acide vitriolique moins aqueux, mais toujours sulfureux ; une huile empyreumatique, épaisse & comme bitumineuse; du soufre qui se sublime à la voûte, & dans le col de la cornue; & enfin il reste un résidu fixe & charbonneux, beaucoup plus abondant que n'en auroit laissé la même huile distillée seule.

Il est évident que dans cette expérience une portion de l'huile est décomposée; que l'acide vitriolique n'éprouve d'autre altération que de devenir sulfureux, & que par conséquent il n'est nullement rapproché du caractere d'un acide végétal: voyez ACIDE SULFUREUX, & SOUFRE.

La grande quantité d'eau dont est chargée la premiere portion de l'acide qui monte, est bien certainement une partie de l'eau principe de l'huile, puisque l'acide employé étoit concentré; il n'est pas moins certain que cet acide ne devient sulfureux, & ne forme du soufre, que par l'union qu'il contracte avec une partie du phlogistique de l'huile: enfin le résidu charbonneux n'est plus considérable dans cette distillation, qu'à cause qu'il y a une plus grande quantité de la terre principe de l'huile qui est séparée de ses autres parties constituantes, & en particulier de la partie aqueuse. A l'égard de la petite portion d'acide végétal qu'on obtient en distillant les huiles toutes seules, elle disparoît dans l'expérience présente, parcequ'elle est, ou masquée, ou même décomposée par l'acide vitriolique. On obtient aussi un gas dans ces sortes de distillations; mais il est fourni probablement par l'acide.

Je n'ai pas connoissance qu'on ait soumis à la distillation les mélanges de l'acide nitreux concentré avec les huiles; mais il y a lieu de croire qu'on observeroit des phénomenes analogues à ceux dont on vient de faire mention, avec les différences seulement que doivent occasionner les propriétés particulieres de cet acide. On doit seulement être prévenu de se précautionner contre les inflammations & explosions qui sont toujours à craindre quand on traite l'acide nitreux avec des matieres combustibles.

De toutes les expériences faites jusqu'à présent sur les combinaisons des acides minéraux avec les matieres inflammables, ce sont les mélanges de ces acides avec l'esprit de vin, qui paroissent promettre le plus de réussite pour la transmutation de ces acides en acides végétaux : ce qui vient de ce que d'une part les acides minéraux s'unissent très intimement avec les principes de l'esprit de vin ; que d'une autre part, ils sont nécessairement fort affoiblis par la quantité d'eau principe de l'esprit de vin, beaucoup plus considérable que dans les huiles ; & enfin de ce que, quoique la partie inflammable de l'esprit de vin ne soit point dans l'état huileux, & que cependant tous les acides végétaux contiennent de l'huile bien caractérisée, l'action des acides sur l'esprit de vin est néanmoins telle, qu'elle rapproche absolument l'esprit de vin de la nature de l'huile. Ainsi, si l'on vouloit suivre cette assimilation des acides minéraux en acides végétaux, il paroît que le meilleur moyen seroit de les traiter avec l'esprit de vin : *voyez* ESPRIT DE VIN, ETHER VITRIOLIQUE, ETHER NITREUX.

Toutes les huiles dissolvent le soufre, & forment avec lui une espece de composé qu'on nomme *baume de soufre*. La connexion de l'acide vitriolique avec le phlogistique, paroît beaucoup diminuée dans le soufre par l'intervention de l'huile ; car si l'on soumet le baume de soufre à la distillation, ce soufre se décompose totalement, ou du moins en grande partie, puisqu'on n'en retire que les mêmes principes que fournit la combinaison de la même huile avec l'acide vitriolique seul, mis dans les mêmes proportions.

Les alkalis ont de l'action sur toutes les huiles, & se combinent avec elles jusqu'à un certain point, mais plus ou moins facilement, suivant la nature de l'huile : il paroît qu'en général, moins l'huile est atténuée & volatile, & plus les alkalis la dissolvent facilement & réciproquement.

De la combinaison d'un alkali avec l'huile, il résulte un composé qui a plus ou moins de consistance, & qu'on nomme *savon*. L'huile qui entre dans la composition du savon, devient aisément miscible avec l'eau, par l'intermede de l'alkali ; mais elle ne s'y dissout point parfaitement, quand la quantité d'eau est considérable ; car alors la dissolution du savon a toujours un coup-d'œil blanc laiteux, ce qui indique que l'huile du savon dissous dans beaucoup d'eau, est dans un état qui ressemble un peu à celui d'émulsion. Cela prouve en même-tems que la combinaison des huiles avec les alkalis, n'est pas intime; aussi l'huile ne reçoit elle point, ou presque point, d'altération de la part des alkalis; car on peut la séparer du savon par l'intermede d'un acide quelconque, & on la retire presque telle qu'elle étoit avant qu'elle fût entrée dans cette combinaison.

Les huiles peuvent s'unir avec les substances métalliques : celles qu'elles attaquent le plus sensiblement, sont le cuivre & le plomb. Les huiles dissolvent le cuivre, même à froid, & il en résulte une matiere d'un verd bleuâtre, très éclatant : c'est vraisemblablement par leurs principes acides & phlogistiques que les huiles agissent sur ce métal & sur les autres, peut-être néanmoins le concours de l'air ou de quelques gas facilite-t-il beaucoup cette dissolution, peut-être même y est-il nécessaire.

A l'égard du plomb, ce sont sur-tout les chaux de ce métal, comme le minium, la céruse & la litharge, avec lesquelles les huiles se tombinent le plus facilement, sans doute à cause de la division de ces préparations de plomb, & peut-être de l'air qui leur est uni ; & ce sont singuliérement les huiles les moins atténuées & les moins volatiles qui les dissolvent le mieux. Lorsque les chaux de plomb ne sont unies aux huiles qu'en petite quantité, elles ne leur ôtent pas entiérement leur fluidité, mais elles la diminuent, & donnent aux huiles la propriété de se dessécher beaucoup plus promptement. Ces huiles qu'on nomment *huiles cuites* ou *siccatives*, sont d'usage dans la peinture à l'huile, pour la faire sécher beaucoup plus promptement. Lorsque les chaux de plomb sont combinées avec les huiles en grande quantité, il en résulte un corps solide opaque & tenace, susceptible de se ramollir par la chaleur. Ces combinaisons sont d'usage dans la Pharmacie, elles servent à donner la consistance & la ténacité convenables à un grand nombre d'emplâtres. M. *Geoffroy* a remarqué que les chaux de plomb, combinées avec les huiles, forment un composé qui a quelques caracteres savonneux, qu'il donne à l'eau la saveur & l'onctuosité de l'eau de savon, qu'il la fait mousser de même; qu'on peut séparer l'huile d'avec le plomb par le moyen des acides, de la même maniere qu'on décompose les savons alkalins, & que l'huile qu'on sépare de la sorte est toute semblable à celle qu'on peut retirer par une semblable décomposition des savons alkalins. Au reste, ces combinaisons des huiles avec les matieres métalliques, n'ont encore été examinées que très superficiellement par les Chymistes; il est certain néanmoins qu'elles présenteroient des détails & des observations fort intéressantes. *Voyez toutes les différentes especes d'huiles ci-après.*

HUILES ANIMALES. Toutes les substances animales sont remplies d'huile naturellement onctueuse, très douce, & qui n'est point assez volatile pour s'élever au degré de chaleur de l'eau bouillante; mais en général l'huile qu'on peut retirer des animaux, est dans deux états bien différens, & qu'il est très essentiel de distinguer l'un de l'autre.

Le premier état est celui de beurre & de graisse: cette espece d'huile animale est épaisse ou figée, & doit cette qualité à une quantité considérable d'acide qui lui est intimement combiné, & qui ne peut se développer que par l'action du feu, ou par la rancidité qu'elle contracte avec le tems.

L'huile des animaux qui est sous la forme de beurre ou de graisse, n'est point dans un état de combinaison avec les autres principes des matieres animales: elle fait bande à part, elle est surabondante à la composition animale, & est d'une nature absolument différente de l'huile qui est véritablement combinée dans ces substances. Cette huile animale surabondante qu'on peut nommer *huile adipeuse*, ressemble parfaitement à celles des huiles végétales que quelques Chymistes nomment avec raison, *huiles grasses*, & à la cire; elle ne contient, comme elles, d'autre substance saline, que de l'acide. L'acide de toutes ces matieres huileuses y est plus intimement combiné, que dans aucune autre espece : de là vient qu'elles se rancissent beaucoup moins promptement; que, lorsqu'on les soumet à des distillations réitérées, on en retire moins d'acide à chaque distillation, & qu'elles sont les plus difficiles de toutes à rendre fluides & volatiles par ce moyen. *Voyez* BEURRE, CIRE, GRAISSE & HUILES GRASSES.

Les huiles de cette espece qu'on peut retirer des animaux, sont la graisse, la moëlle, l'huile de jaune d'œuf par expression, la matiere qu'on nomme *blanc de baleine*, & autres de cette nature.

Le second état dans lequel se trouve l'huile des animaux, est l'état de combinaison. La substance qui forme presque entiérement toutes les parties qui composent le corps de l'animal, comme la chair, les tendons, les nerfs, les cartilages, les os, la corne, les poils, &c. est une substance gélatineuse, parfaitement dissoluble dans l'eau, & qui n'en trouble point la transparence. Cette *gelée*, soumise à la distillation, fournit une grande quantité d'huile qui provient de sa décomposition. Comme cette huile n'est nullement apparente dans la matiere gélatineuse qui n'a point été décomposée, & qu'elle est parfaitement dissoluble dans l'eau; il s'ensuit que cette même huile est un des principes de la matiere gélatineuse, & qu'elle est rendue parfaitement miscible avec l'eau, par l'intermede des principes salins de cette matiere.

Lorsque la matiere gélatineuse n'a reçu aucune altération, l'huile qu'elle contient, paroît absolument douce, & n'a point assez de volatilité pour s'élever au degré de chaleur de l'eau bouillante: car les matieres animales fraîches, ne fournissent rien que de l'eau à ce degré de chaleur, si on en excepte celles qui ont quelque odeur particuliere, comme le musc, le castoreum & d'autres de même nature. Mais, si on leur fait éprouver une chaleur plus forte, alors on en retire beaucoup d'alkali volatil, & d'une huile dont les premieres portions sont fluides, pénétrantes & volatiles. C'est cette huile qu'on doit regarder comme la véritable huile animale; elle a une odeur empyreumatique forte, désagréable, & mêlée de celle de l'alkali volatil; à mesure que cette huile monte dans la distillation, elle devient de plus en plus épaisse, comme cela est ordinaire à toutes les huiles.

Cette huile animale differe essentiellement de la graisse & de toutes les huiles végétales, & cette différence vient de ce que ces dernieres contiennent toutes un acide qui se développe & qui se sépare par la distillation; au lieu que celle dont il s'agit présentement, ne paroît pas fournir un seul atôme d'acide, mais plutôt un peu d'alkali volatil.

HUILE ANIMALE RECTIFIÉE ou de DIPPEL. L'huile animale, telle qu'elle vient d'être décrite dans l'article précédent, est susceptible, comme les huiles quelconques, de s'atténuer & de devenir de plus en plus volatile par des distillations réitérées; on peut, en la soumettant à un nombre suffisant de distillations successives, la rendre presque aussi blanche, aussi fluide & aussi volatile que l'éther. On lui a reconnu, lorsqu'elle est dans cet état, la propriété d'agir sur le cerveau & sur le genre nerveux, & d'en calmer les mouvemens irréguliers, propriété qui lui est commune avec toutes les autres matieres inflammables très atténuées & très volatiles; mais celle-ci est recommandée singuliérement pour les affections épileptiques & convulsives: on la fait prendre par gouttes, depuis quatre jusqu'à dix ou douze, ou même plus, incorporées dans quelques drogues, ou dans un véhicule aproprié.

Il est très essentiel que l'huile animale destinée à ces usages médicinaux, ait le degré d'atténuation qu'on vient de décrire, ainsi que l'a indiqué *Dippel*, dont elle a conservé le nom; mais alors elle est nécessairement fort chere, tant à cause de la main-d'œuvre longue & embarrassante qu'il faut employer pour la rendre telle, que par la petite quantité qu'on en retire. D'ailleurs cette huile, quoique parfaitement bien préparée, est très susceptible de perdre sa blancheur, & même sa fluidité, il suffit pour cela qu'elle soit exposée à l'air pendant fort peu de tems; ce qui vient de ce que sa partie la plus mobile & la plus volatile, s'évapore presque en un instant, & de ce que le propre du résidu moins volatil de cette huile, est de prendre toujours beaucoup de couleur. On observe, pour éviter cet inconvénient, de l'enfermer aussi-tôt qu'elle est faite, dans des flacons de crystal bien nets, qui doivent être bouchés de crystal très exactement, & qu'on ne doit déboucher que le moins qu'il est possible.

Quoique toutes les substances animales contiennent l'espece d'huile dont il s'agit, elles ne sont cependant pas toutes également propres à fournir par la distillation l'huile capable de se rectifier en bonne huile de *Dippel.* On doit choisir, pour cet usage, les parties des animaux qui ne contiennent que la substance gélatineuse la plus pure, & qui sont absolument exemptes de matiere graisseuse; car l'huile de cette derniere, qui se confond nécessairement avec l'autre dans la distillation, contenant, comme on l'a dit au mot HUILE ANIMALE, une grande quantité d'acide qui lui est intimement combiné, & dont elle ne se sépare que très difficilement, n'a pas, à beaucoup près, la même facilité à s'atténuer, que la véritable huile animale; sans compter que l'une ayant un caractere alkalin, & l'autre un caractere acide, il est probable qu'elles ne produiroient pas les mêmes effets médicinaux : ainsi les chairs, les os, le sang même des animaux contenant toujours quelques substances huileuses de la nature de la graisse ou de la moëlle, ne doivent pas être choisis pour faire l'huile de *Dippel ;* les cornes, & particuliérement celles de cerfs, qui contiennent une grande quantité de substance gélatineuse très pure, sont les matieres animales dont on peut retirer la plus grande quantité de cette huile bien conditionnée.

Quant à la maniere de faire l'huile de *Dippel :* voici ce qu'il y a de plus important à observer. Premiérement, il est très essentiel de changer de vaisseaux à chaque distillation, ou du moins de nettoyer parfaitement ceux qui ont servi ; car une très petite quantité de la partie la plus épaisse & la moins volatile suffit pour gâter beaucoup de celle qui l'est davantage. En second lieu, M. *Baumé* a remarqué qu'on abrege considérablement le travail, en ayant attention de ne faire passer dans chaque distillation que la premiere portion la plus volatile, & de laisser une grande quantité de résidu, qu'on néglige, pour ne s'attacher qu'à rectifier toujours cette premiere portion d'huile; par ce moyen, on obtient, en trois ou quatre distillations, une bonne quantité de très belle huile de *Dippel*, qu'on ne pourroit obtenir pareille, qu'après cinquante ou soixante distillations, si l'on n'avoit pas cette attention. M. *Pærner* fait observer à ce sujet, dans les notes de la traduction allemande du Dictionnaire de Chymie, que M. *Model* avoit indiqué cette bonne manipulation dans le Journal nommé *Commerce littéraire de Nuremberg*, Novembre 1741, pag. 324.

HUILES DOUCES TIRÉES DES VÉGÉTAUX PAR EXPRESSION. Les matieres végétales, ou du moins un très grand nombre d'entre elles, contiennent de l'huile dans deux états différens, de même que cela a lieu dans les animaux; c'est-à-dire qu'il y a dans les végétaux une certaine quantité d'huile surabondante à leur combinaison, qui n'entre point dans la composition de leurs principes prochains, qui fait bande à part, & qui est déposée en réserve dans différentes parties des végétaux; & une autre quantité d'huile combinée, laquelle est une des parties constituantes de leurs principes prochains: tels que la substance savonneuse extractive, les acides, les sels essentiels, la substance sucrée, les matieres mucilagineuses. C'est de la premiere de ces huiles végétales, dont il s'agit dans cet article. Mais cette huile surabondante & non combinée, qu'on peut retirer de certains végétaux, varie aussi dans ses especes: il y en a de deux especes principales; l'une est âcre, volatile & odorante, elle porte le nom d'*huille essentielle;* l'autre espece est douce, ne s'éleve point au degré de chaleur de l'eau bouillante, & n'a point ou presque point d'odeur: c'est de celle-ci qu'on va parler d'abord.

La plupart des graines & des amandes sont le réservoir particulier de l'huile surabondante dont il s'agit ici. Si l'on écrase & qu'on pile ces substances, cette huile se manifeste & exude de tous côtés. En les triturant avec de l'eau, elle se réduit dans l'état d'*émulsion;* & lorsqu'au lieu de triturer ces substances avec l'eau,

On les soumet à la presse, on en fait sortir l'huile en très grande abondance.

Lorsque les graines & amandes dont on tire l'huile de cette maniere sont récentes & ont été préservées de la rancidité, l'huile qui en sort a une saveur très douce; elle est d'abord un peu trouble par le mélange de quelques autres parties de l'amande, mais ces matieres se séparent au bout de peu de tems en forme de sédiment, & l'huile devient claire.

Ces huiles ne sont jamais bien fluides, elles ont au contraire une onctuosité considérable : elles n'ont point assez de volatilité pour s'élever dans la distillation au degré de chaleur de l'eau bouillante, ainsi qu'on l'a déja dit; & lorsqu'on leur fait éprouver une chaleur plus forte, & capable de les faire monter en vapeurs, alors elles éprouvent une altération considérable : de douces & d'inodores qu'elles étoient d'abord, elles deviennent fort âcres & d'une odeur très empyreumatique. Quoiqu'elles soient susceptibles de brûler très bien, elles ne s'enflamment point par le seul attouchement d'une matiere enflammée, comme le font toutes les matieres inflammables que leur volatilité réduit continuellement en vapeurs; celles-ci demandent le secours d'une meche, ou à être chauffées jusqu'au point de s'évaporer, pour pouvoir s'enflammer.

Les huiles douces tirées par expression, éprouvent à la longue différentes altérations : avec le tems elles perdent beaucoup de leur douceur; elles contractent une acrimonie & une odeur très forte. Ces changemens qui se nomment *rancidité*, sont occasionnés par une sorte de fermentation intérieure qui leur arrive, & qui produit des effets semblables, à la promptitude & à la force près, à ceux de l'action du feu. Il est certain que l'acide intimement combiné dans ces huiles, & qui ne se manifeste aucunement quand elles sont récentes, & qu'elles n'ont reçu aucune altération, se développe de plus en plus à mesure qu'elles vieillissent, de même que lorsqu'on les expose au feu : c'est-là la raison pour laquelle elles deviennent âcres dans l'un & l'autre cas; c'est aussi par la même raison, que d'indissolubles dans l'esprit de vin qu'elles sont d'abord, elles deviennent d'autant plus attaquables par ce dissolvant, qu'elles ont plus de rancidité, ou qu'elles ont été distillées un plus grand nombre de fois. Je crois avoir prouvé dans un Mémoire *sur la cause de la différente dissolubilité des substances huileuses dans l'esprit de vin*. (Mem. de l'Académie 1747), que cela dépend entierement de l'état de l'acide de ces matieres; qu'elles y sont toujours d'autant plus dissolubles, que leur acide est plus abondant & plus développé, & réciproquement. On trouvera quelques détails à ce sujet au mot HUILES ESSENTIELLES.

De toutes les especes d'huiles, celles dont il s'agit à présent, sont les plus propres à se combiner avec les alkalis fixes, & à former de bon *savon*, & à dissoudre les matieres métalliques.

Toutes ces huiles douces surabondantes dans les végétaux, & qu'on peut tirer par la simple expression, se ressemblent entre elles par les propriétés générales dont on vient de faire mention; mais elles different considérablement les unes des autres, par le degré dans lequel elles possedent ces propriétés & plusieurs autres. Les unes, telles que celles de lin, de noix, d'œillet, de chenevis, sont disposées à se rancir, à s'épaissir, & à se dessécher assez promptement; elles résistent à un très grand froid sans se figer, forment des composés résineux par le mélange des acides vitrioliques ou nitreux, & s'enflamment assez facilement par l'acide nitreux fumant, comme l'a fait voir M. *Rouelle*. Les autres, comme celle de ben, d'olives, d'amandes douces, de navette, &c. se rancissent & s'épaississent infiniment plus lentement: elles refusent même de se dessécher entiérement; elles se figent à un froid très léger, ont moins de disposition à se combiner avec les acides vitrioliques & nitreux, forment, avec ces acides, des composés qui ressemblent plutôt à des graisses & à des savons, qu'à des résines; & enfin ne peuvent s'enflammer que par le concours de ces deux acides très concentrés. Comme ces dernieres ont, à la consistance près, une ressemblance parfaite avec le *beurre*, la *graisse* & la *cire*, & qu'elles présentent absolument les mêmes phénomenes, elles méritent, à juste titre, d'être distinguées de toutes les autres par la dénomination particuliere d'huiles grasses.

On peut ranger dans la classe de ces dernieres huiles, quelques matieres huileuses concrettes & douces qu'on retire des végétaux : tels que le *beurre de cacao*, la *cire verte de la Louisiane*, & peut-être beaucoup d'autres qu'on n'a point encore suffisamment examinées. On sent bien aussi, que parmi le grand nombre d'huiles douces non volatiles qu'on peut tirer par expression, il doit y en avoir beaucoup qui tiennent plus ou moins de la nature de l'une ou de l'autre des deux principales especes dont on vient de parler.

HUILES ESSENTIELLES. On nomme huiles essentielles toutes celles qui ont dans un degré marqué l'odeur du végétal dont elles sont tirées ; il n'y a aucune de ces huiles qui n'ait assez de volatilité pour s'élever au degré de chaleur de l'eau bouillante ; d'où il suit que ce degré de volatilité, est encore un des caracteres spécifiques de ces sortes d'huiles ; elles different de toutes les autres, & singuliérement de celles dont on a parlé dans l'article précédent, par ce degré de volatilité qui leur est propre.

Il y a tout lieu de croire, que la plus grande partie de l'huile essentielle, que contiennent certains végétaux, est dans un état de combinaison, & fait partie de quelques-uns de leurs principes prochains ; il est certain néanmoins que plusieurs substances végétales contiennent de l'huile essentielle surabondante, non combinée & déposée comme en réserve dans des cellules particulieres : telle est celle qui réside dans l'écorce des oranges, des citrons, limons, en un mot de tous les fruits de cette espece, laquelle est si abondante, qu'on la peut tirer par la seule expression : telles sont vraisemblablement aussi celles qui se trouvent plus abondamment, & d'une maniere plus marquée dans certaines parties des plantes ; comme celle, par exemple, qui se trouve dans le calice des roses, mais en trop petite quantité, pour qu'on puisse la retirer par la seule expression.

Quoi qu'il en ſoit, comme toutes les huiles eſſentielles ſont capables de s'élever dans la diſtillation au degré de chaleur de l'eau bouillante, & que ce degré de chaleur ne peut leur occaſionner d'altération ſenſible, comme il eſt aiſé de s'en convaincre en comparant l'huile eſſentielle des citrons, & autres qu'on peut tirer par la ſeule expreſſion, avec la même huile tirée par une diſtillation bien ménagée, c'eſt par le ſecours d'une pareille diſtillation, qu'on retire preſque toutes les huiles eſſentielles employées dans la Chymie & dans les Arts.

La méthode la plus uſitée, & en même tems la meilleure, de retirer l'huile eſſentielle d'un végétal par la diſtillation, eſt de prendre la plante dans l'âge de ſa plns grande vigueur, & dans lequel ſon odeur eſt la plus forte, de choiſir même celles des parties des plantes dont l'odeur eſt la plus marquée, de les mettre dans la cucurbite d'un alambic ſans bain-marie, d'ajouter aſſez d'eau pour que la plante en ſoit bien baignée & ne touche point le fond de la cucurbite, d'ajuſter un ſerpentin au bec de l'alambic, & de donner tout-d'un-coup le degré de chaleur convenable pour faire entrer l'eau en ébullition.

L'eau monte dans cette diſtillation, très chargée de l'odeur de la plante, & elle entraîne avec elle toute ſon huile eſſentielle. Une partie de cette huile eſt aſſez intimement mêlée avec l'eau qui monte dans cette diſtillation, pour la rendre trouble & un peu laiteuſe, le reſte de l'huile nage à la ſurface de l'eau, ou ſe précipite au fond, ſuivant la peſanteur ſpécifique de l'huile. On continue ainſi la diſtillation, juſqu'à ce qu'on s'apperçoive que l'eau commence à devenir claire, en obſervant d'en remettre de tems en tems dans la cucurbite, pour que la plante en ſoit toujours bien baignée. On verra la raiſon de ces manipulations & de quelques autres, dans l'expoſition des propriétés particulieres des huiles eſſentielles.

Non-ſeulement ces huiles ont toutes une odeur forte & aromatique, comme on l'a déja dit, mais elles ont auſſi une ſaveur marquée, & même âcre & cauſtique, ce qui les fait différer beaucoup des huiles douces; elles doivent cette saveur à un acide abondant & assez développé, dont elles sont toutes pénétrées.

La présence de cet acide développé dans les huiles essentielles, est prouvée par l'impression qu'elles font sur les bouchons de liége des bouteilles où elles sont contenues. Ces bouchons se trouvent jaunis & un peu rongés, presque comme par l'acide nitreux. D'ailleurs les vapeurs de ces huiles rougissent le papier bleu, & ces mêmes huiles convertissent en sel neutre les alkalis avec lesquels on les triture.

C'est à cet acide que les huiles essentielles doivent leur dissolubilité dans l'esprit de vin ; elles n'ont pas toutes une égale dissolubilité dans ce menstrue, parce-qu'elles ne contiennent pas toutes une égale quantité d'acide. Comme cet acide est presque libre & fort peu adhérent dans ces huiles, elles en perdent une grande partie, lorsqu'on les soumet à de nouvelles distillations, & c'est par cette raison que, lorsqu'on leur fait subir plusieurs distillations successives, on diminue leur dissolubilité par l'esprit de vin, à proportion du nombre des distillations qu'elles ont éprouvées, tandis qu'au contraire les huiles douces, qui, lorsqu'elles sont récentes, ne contiennent point du tout d'acide développé, & sont, par cette raison, absolument indissolubles dans l'esprit de vin, y deviennent dissolubles, lorsque la distillation développe l'acide caché qui leur est intimement combiné, & acquierent une dissolubilité d'autant plus grande, qu'on les distille un plus grand nombre de fois, ainsi que je l'ai exposé dans le Mémoire cité dans l'article précédent.

Toutes les huiles essentielles sont sujettes à perdre, par l'évaporation, leur partie la plus volatile, dans laquelle réside l'odeur spécifique du végétal dont elles sont tirées, elles s'épaississent par cette déperdition, & prennent une consistance & une odeur de térébenthine, & même de résine.

Lorsqu'elles sont en cet état, elles ne sont plus, à proprement parler, des huiles essentielles ; elles n'en ont plus la volatilité, & ne peuvent plus s'élever au degré de chaleur de l'eau bouillante.

Si on les soumet à la distillation à ce degré de chaleur, lorsqu'elles sont déja altérées par la vétusté, mais avant qu'elles aient perdu tout le principe de leur odeur, il en monte une partie dans la distillation ; & ce qui monte ainsi, a toutes les propriétés de l'huile essentielle nouvellement distillée. Comme cette portion d'huile est renouvellée par cette opération, on a coutume de la pratiquer sur les huiles essentielles qui commencent à s'altérer par la vétusté, & cette seconde distillation se nomme *rectification des huiles essentielles*. On trouve dans la cucurbite, après la rectification, la portion résineuse de l'huile qui ne peut plus s'élever au degré de chaleur de l'eau bouillante. On peut néanmoins atténuer ce résidu huileux en le distillant à une chaleur plus forte, & même lui donner toute la volatilité des huiles essentielles, comme à toutes les autres matieres huileuses, à l'aide des distillations réitérées un assez grand nombre de fois ; mais ces sortes d'huiles n'ont jamais l'odeur aromatique propre de l'huile essentielle dont elles proviennent.

On doit conclure de ces propriétés des huiles essentielles, qu'elles tiennent toutes leur caractere spécifique du principe volatil odorant, c'est-à-dire, de l'esprit recteur de la substance dont elles sont tirées ; puisqu'elles ont l'odeur & la volatilité qui les caractérisent tant qu'elles conservent ce principe, & qu'elles perdent toutes ces propriétés, à mesure qu'il s'évapore.

Ces faits montrent aussi la raison pour laquelle il est important d'appliquer très promptement le degré de chaleur capable de faire monter ces huiles dans la distillation : car il est aisé de sentir que l'esprit recteur, étant capable de s'élever en entier à une chaleur bien inférieure à celle de l'eau bouillante nécessaire pour faire monter les huiles essentielles, cet esprit s'éleve tout seul, tant que la chaleur n'est point à ce degré, & que par conséquent cela doit diminuer d'autant la quantité d'huile essentielle ; en sorte que, si au lieu de faire bouillir l'eau dans cette distillation, on la continuoit à une chaleur douce, jusqu'à ce que la plante eût perdu tout ce qu'elle peut perdre de son odeur par ce moyen, on ne pourroit plus après cela en retirer d'huile essentielle, ou du moins on n'en retireroit qu'une quantité infiniment moindre.

Comme l'esprit recteur est entiérement dissoluble dans l'eau, il arrive que celle qu'on est obligé d'employer pour la distillation des huiles essentielles, s'empare d'une grande partie de cet esprit, & même qu'elle s'en sature; aussi cette eau est-elle extrêmement chargée de l'odeur de la plante, mais c'est aux dépens de la quantité d'huile.

Il suit de là, premiérement, qu'on feroit très mal d'employer dans cette distillation plus d'eau qu'il n'en faut; & en second lieu, que c'est une très bonne pratique, que de conserver l'eau qui a monté avec l'huile, pour la faire servir à d'autres distillations par préférence à de l'eau pure.

Cette eau est, non-seulement très imprégnée du principe de l'odeur des plantes, mais elle contient encore, outre cela, une quantité assez considérable de la partie la plus subtile de l'huile essentielle; c'est ce qui la rend laiteuse. Cette portion d'huile y reste quelquefois pendant très long-tems suspendue & à demi dissoute, à l'aide de l'esprit recteur; mais il s'en sépare toujours avec le tems une certaine quantité qu'on peut recueillir.

Les huiles essentielles sont en général les plus inflammables de toutes les huiles, parcequ'elles sont les plus volatiles, & qu'elles se réduisent le plus facilement en vapeurs.

Elles s'unissent plus facilement avec les acides que les huiles douces non volatiles, & sur-tout que les huiles grasses; elles forment avec ces acides des composés résineux, ou s'enflamment suivant la nature & la concentration de l'acide.

Elles ont beaucoup plus de peine à se combiner avec les alkalis fixes, que les huiles douces non volatiles, & forment avec ces alkalis une espece particuliere de savon qu'on nomme *savon de Starkei*.

Il y a des différences particulieres assez considérables entre les différentes huiles essentielles: quoiqu'elles soient en général toutes capables de s'élever au degré de chaleur de l'eau bouillante, il y en a néanmoins dont on retire une plus grande quantité en faisant prendre à l'eau un degré de chaleur un peu supérieur ; on y parvient en mêlant dans cette eau quelques sels qui ne peuvent point avoir d'action sur l'huile, tel, par exemple, que le sel commun.

La plupart de ces huiles ont une pesanteur spécifique, moindre que celle de l'eau, & nagent à sa surface : il y en a néanmoins qui sont plus pesantes, & qui se précipitent au fond : c'est une propriété qu'ont la plupart de celles qu'on retire des végétaux aromatiques des pays chauds, tels le gérofle, la canelle ; ce n'est pourtant point une regle générale. Ce sont particuliérement les huiles pesantes auxquelles une chaleur un peu plus forte est avantageuse : les matieres seches, ligneuses & compactes, demandent aussi, pour fournir facilement toute leur huile essentielle, le secours de la division & de la macération pendant quelques jours, avant la distillation.

La consistance des huiles essentielles varie beaucoup : les unes, comme celles de térébenthine, de sassafras, de citron, sont très fluides & mobiles ; d'autres, comme celle d'anis & de roses, ont naturellement beaucoup de consistance, & sont même figées, à moins qu'elles n'éprouvent un certain degré de chaleur.

La pesanteur & la consistance des huiles essentielles, quoique provenant vraisemblablement de l'état de leur acide, ainsi que toutes les autres différences qui sont entre elles, paroissent cependant indépendantes l'une de l'autre ; car il y en a qui sont en même tems très subtiles & très pesantes, tandis que d'autres sont fort légeres quoiqu'épaisses. L'huile de sassafras, qui est très fluide, est néanmoins plus pesante que l'eau ; celle d'anis, au contraire, dont la consistance va jusqu'à être figée, nage constamment sur l'eau.

Il y a une diversité considérable dans la quantité d'huiles essentielles qu'on retire des différentes substances végétales ; quelques-unes, comme la sabine, le térébinthe, & la plupart des arbres balsamiques & résineux, en fournissent une grande quantité ; d'autres, telles que les roses, en fournissent à peine une quantité sensible ; enfin il y en a dont on n'en peut point retirer du tout, quoiqu'elles soient très riches en esprit recteur, & qu'elles aient beaucoup d'odeur : de ce nombre sont les lis, la tubéreuse & le jasmin.

On emploie les huiles essentielles dans la Peinture, dans les liqueurs de table, de toilette, dans les parfums & dans la Médecine. Comme elles sont toutes très actives, on ne les fait prendre intérieurement qu'en petites doses, comme depuis une goutte jusqu'à quatre ou cinq : on les incorpore, pour cela, avec du sucre, en forme d'*oleo saccharum*, ou avec d'autres médicamens en opiats & pilules.

Ces huiles étant inflammables & volatiles, ont en général la propriété d'agir sur le genre nerveux, & d'en calmer quelquefois les mouvemens irréguliers; c'est pourquoi on les ordonne en qualité de céphaliques & d'anti-spasmodiques, dans les affections convulsives & hystériques; elles sont, outre cela, excitantes, sudorifiques & fortifiantes. Tous les médicamens alexipharmaques, céphaliques, toniques & stomachiques, dans lesquels entrent des végétaux aromatiques, ne doivent leurs vertus qu'aux huiles essentielles contenues dans ces végétaux : il en est de même de toutes les eaux médicinales, aromatiques & spiritueuses.

On emploie aussi, dans certains cas, les huiles essentielles extérieurement pour fortifier, calmer les spasmes douloureux des parties nerveuses ou tendineuses; pour résoudre & faire dissiper des humeurs âcres qui occasionnent de la douleur sans signes sensibles d'inflammation. Lorsqu'on applique extérieurement les huiles essentielles dans tous ces cas, il est très important de ne les point employer seules, à cause de leur causticité; elles ne manqueroient point d'exciter de la rougeur, de la douleur, souvent même de l'inflammation, des boutons érysipélateux, & des excoriations : ce sont des especes de vésicatoires. Le meilleur moyen d'éviter ces inconvéniens, c'est de les mêler avec une suffisante quantité de graisses & d'huiles grasses douces, pour en former des linimens & des pommades avec lesquelles on frotte les parties malades.

Les huiles essentielles qu'on ne retire qu'en petite quantité des substances rares & cheres, ne peuvent manquer d'être elles-mêmes fort cheres ; elles sont par cette raison, très sujettes à être altérées & falsifiées. La plupart des livres de Chymie exposent assez au long la maniere dant on fait ces falsifications, & les moyens de les reconnoître ; c'est pourquoi on ne dira ici que sommairement ce qu'il y a de plus important sur cet objet.

Les huiles essentielles peuvent être altérées par le mélange de quelque huile grasse sans odeur, de l'esprit de vin, ou de quelque autre huile essentielle commune, & de peu de valeur. Ceux qui connoissent les propriétés de ces différentes substances, peuvent aisément discerner toutes ces fraudes. Les huiles grasses n'étant ni volatiles, ni siccatives, si l'on met sur du papier une goutte de l'huile essentielle qu'on veut essayer, elle doit s'évaporer à une douce chaleur, & ne laisser au papier ni graisse, ni transparence, lorsque l'huile essentielle n'est point mêlée d'huile grasse. On peut aussi découvrir ce même mélange par l'esprit de vin : une goutte d'huile essentielle non mêlée d'huile grasse, mise dans de l'esprit de vin, doit s'y dissoudre en entier ; & au contraire il en restera toujours une partie non dissoute, si elle est mêlée d'huile grasse, parceque cette derniere est indissoluble dans ce menstrue.

Le mélange de l'esprit de vin avec une huile essentielle se reconnoît par l'addition de l'eau : cette eau devient alors laiteuse, parceque l'esprit de vin quitte l'huile essentielle, pour s'unir à cette même eau, & laisse l'huile très divisée suspendue, mais non dissoute. Cela n'arrive point, lorsque l'huile essentielle ne contient point d'esprit de vin : elle se divise, à la vérité, en globules fort petits, lorsqu'on l'agite avec l'eau, & la rend blanchâtre ; mais ces globules se réunissent promptement, & forment des masses d'huile qui viennent nager à la surface, ou se précipitent au fond, suivant sa nature.

Enfin la falsification, par le mélange d'une autre huile essentielle est la plus difficile à reconnoître, parceque ces huiles ont leurs principales propriétés semblables : cependant, comme les huiles essentielles communes viennent toutes de substances térébenthinacées, & qu'elles ont une odeur de térébenthine, beaucoup plus tenace que ne l'est celle des autres huiles essentielles, on peut aussi les reconnoître en imbibant un papier ou un linge de l'huile qu'on veut éprouver ; & en la faisant évaporer promptement, on reconnoît cette fraude par l'odeur marquée de térébenthine qui reste à ce linge.

HUILES FÉTIDES EMPYREUMATIQUES. On comprend sous ce nom toutes les huiles des matieres végétales & animales, tirées par la distillation à un degré de chaleur supérieur à celui de l'eau bouillante ; parceque ces huiles ont en effet une odeur désagréable de brûlé ou d'empyreume.

On voit par cette définition que les huiles empyreumatiques ne sont point, à proprement parler, une classe particuliere ; qu'elles peuvent être très différentes les unes des autres, & n'avoir rien de commun entre elles, sinon d'être à demi-brûlées ; car, quand on expose une matiere végétale ou animale quelconque à un degré de chaleur supérieur à celui de l'eau bouillante, toutes les huiles qu'elles contiennent, de quelque nature qu'elles soient, passent dans la distillation, mais altérées, par l'action du feu, dans leur couleur, dans leur odeur & dans plusieurs autres de leurs qualités particulieres. De plus, si la matiere, ainsi distillée, contient plusieurs especes d'huiles, comme cela est ordinaire, toutes ces huiles devenues empyreumatiques, sont absolument mêlées & confondues les unes avec les autres : si c'est, par exemple, une matiere végétale contenant en même-tems de l'huile douce non volatile, & de l'huile dans l'état résineux, qu'on soumet à une pareille distillation, l'huile fétide empyreumatique qu'on obtiendra, ne sera qu'un mélange de ces deux huiles à demi-brûlées : il en est de même des matieres animales, par rapport à l'huile vraiment animale, & à l'huile adipeuse qu'elles contiennent.

Il n'y a donc point de propriétés générales à établir, par rapport aux huiles empyreumatiques ; elles varient toutes, suivant la nature & la proportion des huiles dont elles ne sont qu'un mélange. Il suit de là que, pour connoître l'huile empyreumatique tirée d'une matiere quelconque, il faut d'abord savoir l'espece & la proportion des huiles que contient cette matiere dans son état naturel, & ensuite ce que chacune de ces huiles devient, lorsqu'elle éprouve le degré de chaleur qui rend les huiles empyreumatiques : ainsi on doit consulter, pour cela, les articles de chaque espece d'huile & de matieres huileuses. On fera seulement remarquer ici que toutes les huiles empyreumatiques sont âcres, & plus ou moins dissolubles dans l'esprit de vin ; que la premiere portion de ces huiles, qui s'éleve dans la distillation, est toujours la plus fluide ; qu'on peut, par des distillations réitérées, les rendre de plus en plus atténuées & volatiles ; & qu'on parvient enfin, en réitérant suffisamment ces rectifications, à leur enlever presque toute leur odeur empyreumatique, ensorte qu'il leur reste seulement une odeur piquante & pénétrante, qui paroît commune à toutes les huiles traitées de cette maniere.

HUILES IMPROPREMENT DITES. Il y a un assez grand nombre de préparations auxquelles les anciens Chymistes ont donné le nom d'*huile*, simplement à cause de leur consistance, quoiqu'elles soient d'ailleurs absolument différentes de l'huile, & qu'elles n'en aient aucune propriété. Il seroit à souhaiter qu'on proscrivît absolument ces mauvaises dénominations, & les Chymistes modernes commencent à s'en déshabituer. Comme on les trouve néanmoins dans la plupart des livres de Chymie, de l'âge de *Lemery*, & qu'il y en a plusieurs dont on se sert encore assez communément : on va expliquer ici en peu de mots les principales.

HUILE D'ANTIMOINE. On appelle ainsi le *beurre d'antimoine*, & quelques autres dissolutions de ce demi-métal par les acides.

HUILE D'ARSENIC : c'est une combinaison de l'acide du sel commun très concentré avec l'arsenic : cette combinaison se fait précisément comme le beurre d'antimoine. On mêle parties égales d'arsenic & de sublimé corrosif, & on les distille ; il passe une liqueur qui ressemble assez au beurre d'antimoine. C'est un très puissant, mais en même-tems un très dangereux caustique. Cette opération prouve que l'arsenic, comme le régule d'antimoine & plusieurs autres substances métalliques, est capable de décomposer le sublimé corrosif, en s'emparant de son acide. Le mercure est par conséquent révivifié dans cette opération, comme dans toutes les autres semblables.

HUILE DE MERCURE. Lorsqu'on a dissous du mercure par l'acide vitriolique, & qu'on mêle cette dissolution dans de l'eau, pour donner lieu à la précipitation du *turbith minéral*, il reste dans la liqueur une combinaison de l'acide vitriolique avec ce qu'il peut tenir de mercure dans l'état salin : c'est, à proprement parler, un vitriol de mercure. On peut obtenir ce sel, qui est susceptible de crystallisation, en faisant évaporer l'eau qui le tient en dissolution : ce même sel se résout en liqueur, lorsqu'on l'expose dans un lieu humide; & c'est cette liqueur que *Lemery* nomme *huile de mercure*.

Lemery donne aussi le nom d'*huile de mercure* à la dissolution du sublimé corrosif dans l'esprit de vin.

HUILE DE SATURNE : c'est une dissolution du *sel de Saturne* dans de l'huile essentielle de térébenthine. On met ce sel dans un matras, on verse par-dessus de l'huile de térébenthine, jusqu'à ce qu'elle surnage de quelques travers de doigts, & on le fait digérer à un feu doux pendant dix ou douze heures : la liqueur, dit *Lemery*, prend une couleur rouge. Cet Auteur prescrit de concentrer cette dissolution, en retirant ensuite par la distillation une partie de l'huile de térébenthine, & la recommande comme très propre à nétoyer & à cicatriser les ulceres, sur-tout ceux qui sont putrides. Cette préparation, qui est certainement un puissant antiputride, doit être très propre à remplir les indications dont on vient de parler.

Entre les huiles improprement dites, celle-ci est une de celles auxquelles on a eu le moins de tort de donner ce nom, car le fonds en est effectivement de l'huile, & cette huile tient réellement du plomb en dissolution. *Lemery* assure qu'on peut dissoudre ainsi en entier une quantité donnée de sel de saturne, en employant assez d'huile de térébenthine. Cette préparation, qui n'a été faite que pour des usages médicinaux, a de plus quelque chose d'intéressant pour la Chymie,

& mériteroit qu'on en fit un examen particulier.

HUILE DE SOUFRE. Quelques Chymistes ont donné ce nom à l'esprit ou à l'acide du soufre concentré.

HUILE DE TARTRE PAR DÉFAILLANCE. On appelle ainsi le sel alkali fixe du tartre résous en liqueur par l'humidité de l'air, ou même celui qu'on a fait dissoudre exprès dans de l'eau pour l'avoir en liqueur. Cette liqueur n'étant rien moins qu'une huile, ce nom lui convient d'autant moins, qu'il y a une véritable huile de tartre; savoir, celle qu'on retire de cette matiere par la distillation. Cette dénomination, quoique très défectueuse, est néanmoins encore fort usitée. On devroit appeller cette liqueur *alkali du tartre* ou *alkali végétal en liqueur*: voyez ALKALI FIXE, VÉGÉTAL, & TARTRE.

HUILE DE VÉNUS. *Lemery* donne ce nom au sel formé par l'union du cuivre avec l'acide nitreux, lorsqu'il s'est résous en liqueur par l'humidité de l'air: c'est un caustique escarrotique de même que toutes les combinaisons pareilles de matieres métalliques avec des acides quelconques, auxquelles on a donné anciennement le nom d'*huile*, lorsqu'elles sont résoutes en liqueur. Une espece de Médecin empyrique a rendu célebre ce nom d'*huile de vénus* dans ces derniers tems, parcequ'il l'a donné à un ratafiat de sa composition, qui a été trouvé agréable, & qui a eu une grande vogue.

HUILE DE VITRIOL. On nomme encore très communément ainsi, quoique fort mal-à-propos, l'*acide vitriolique concentré*.

HYDROMEL SIMPLE ET VINEUX. L'Hydromel est du miel étendu dans à-peu-près son poids égal d'eau. Tant que cette liqueur n'a point fermenté, on la nomme *hydromel simple*; & elle prend le nom d'*hydromel vineux*, lorsqu'elle a subi la fermentation spiritueuse.

Le miel, de même que toutes les substances sucrées, végétales ou animales, est susceptible de la fermentation en général, & particuliérement de la spiritueuse: il ne faut, pour lui faire subir cette fermentation, que l'étendre dans une suffisante quantité d'eau, & laisser cette liqueur exposée à un degré de chaleur convenable.

Pour faire de bon hydromel vineux, il faut choisir le miel le plus blanc, le plus pur & le plus agréable au goût; le mettre dans une chaudiere avec un peu plus que son poids d'eau; le faire bien dissoudre dans cette eau, dont on fera évaporer une partie par une ébullition légere, en enlevant les premieres écumes : on reconnoît qu'il y a assez d'eau d'évaporée, lorsqu'un œuf frais, qu'on met dans la liqueur, ne s'y submerge point, & se soutient à sa surface, en s'y enfonçant à-peu-près à moitié de son épaisseur; alors on passe la liqueur à travers un tamis, & on l'entonne tout de suite dans un baril, qui doit être presque plein : il faut placer ce baril dans un lieu où la chaleur soit le plus également qu'il est possible, depuis 20 jusqu'à 27 ou 28 degrés du thermomettre de M. *de Réaumur*, en observant que le trou du bondon ne soit que légérement couvert, & non bouché. Les phénomenes de la fermentation spiritueuse paroîtront dans cette liqueur, & subsisteront pendant deux ou trois mois, suivant la chaleur, après quoi ils diminueront, & cesseront d'eux-mêmes. Il faut observer pendant cette fermentation de remplir de tems en tems le tonneau avec une semblable liqueur de miel, dont on aura conservé pour cela une partie à part, afin de remplacer la portion de liqueur que la fermentation fait sortir en forme d'écume.

Lorsque les phénomenes de la fermentation cessent, & que la liqueur est devenue bien vineuse, alors on transporte le tonneau à la cave, & on le bondonne exactement : un an après on met l'hydromel en bouteilles.

Lorsque l'hydromel vineux est bien fait, c'est une espece de vin de liqueur assez agréable; il conserve néanmoins pendant fort long-tems une saveur de miel qui ne plaît point à tout le monde; mais on assure qu'il la perd entiérement à la longue.

La fermentation spiritueuse du miel, de même que celle du sucre & du moût très sucré des vins de liqueur, se fait en général un peu plus difficilement, demande plus de chaleur, dure plus long-tems que celle des vins ordinaires, & ces vins conservent toujours une saveur ſucrée aſſez conſidérable, ce qui prouve qu'il n'y a qu'une partie de ces liqueurs qui devient réellement ſpiritueuſe. Cela vient vraiſemblablement de ce qu'elles contiennent une moindre quantité d'acide, ou qu'elles contiennent un acide moins développé que le moût des vins ordinaires. Mais on peut accélérer & même perfectionner ces fermentations, en mêlant dans la liqueur auſſi-tôt qu'elle eſt préparée, une certaine quantité de levure de biere. Ce moyen eſt ſur-tout très bon, quand l'hydromel ou les autres liqueurs analogues ne ſont pas deſtinés à être bus comme des vins, mais à être diſtillés pour en obtenir la partie ſpiritueuſe en *eau-de-vie*, ou en *eſprit ardent*. *Voyez* les articles FERMENTATION & VIN.

I.

INFLAMMATION DES HUILES PAR L'ACIDE NITREUX. L'inflammation vive & brillante qu'occasionne le mélange de l'acide nitreux très concentré, avec la plupart des huiles, est un de ces phénomenes surprenans qui excitent l'admiration des gens même les moins instruits, & les moins disposés à s'occuper de la Physique & de la Chymie : à plus forte raison les Chymistes ont-ils dû faire attention à cet effet singulier, dès qu'ils s'en sont apperçus. *Glauber*, *Borrichius*, *de Tournefort*, *Homberg*, *Rouviere*, *Dippel*, *Hoffmann*, *Geoffroi* & M. *Rouelle*, sont ceux qui ont le plus travaillé sur cette matiere. Ces Chymistes ont trouvé successivement le moyen d'enflammer différentes huiles, & ont públié leurs procédés dans leurs écrits.

Borrichius, Chymiste Danois, avoit avancé dans les Actes de Copenhague dès l'année 1671, qu'on pouvoit enflammer l'huile de térébenthine en la mêlant avec de l'acide nitreux ; mais comme on ne connoissoit guere dans ce tems, cet acide très concentré, la plupart des Chymistes qui ont voulu répéter l'expérience de *Borrichius*, n'ont point réussi. *De Tournefort*, vers l'année 1700, réussit à enflammer l'huile de sassafras : *Homberg*, en 1701, dit dans les Mémoires de l'Académie, avoir enflammé l'huile de térébenthine avec l'acide nitreux, mais il demande celle qui est épaisse. *Rouviere* enflamma avec ce même acide en 1706, l'huile empyreumatique de gayac, & son expérience fit beaucoup de bruit, parcequ'elle réussissoit plus facilement que les autres, que cette inflammation est très éclatante, & qu'elle a quelque chose de plus frappant, en ce qu'il s'éleve du sein des flammes un corps noir, rare & spongieux, d'une hauteur considérable, lequel n'est, comme on le verra, que la partie la plus épaisse de l'huile raréfiée & brûlée pendant l'inflammation.

On a été assez long-tems à s'en tenir à cette inflammation de l'huile de gayac qu'on donnoit en spectacle aux Etudians & aux Amateurs, dans les cours de Chymie & de Physique ; jusqu'à ce que *Hoffmann*, Chymiste Allemand, & *Geoffroi*, Chymiste François, ayant fait un grand nombre d'expériences sur cette matiere, découvrirent en même tems que l'acide nitreux fumant, aidé du mélange de l'acide vitriolique concentré, réussissoit infiniment mieux pour l'inflammation des huiles, & singuliérement de celle de térébenthine, qu'on avoit presque abandonnée. M. *Rouelle* reprit ensuite ce travail, & publia en 1747 un Mémoire rempli de beaucoup d'expériences, dont il résulte qu'on peut enflammer par l'acide nitreux toutes les huiles essentielles, y compris celle de térébenthine, & même celle des huiles douces tirées par expression, qui sont susceptibles de s'épaissir & de se dessécher le plus promptement ; telles que celles de noix, de lin, & de chenevis, pourvu que l'acide soit suffisamment concentré. Enfin, le même Chymiste a découvert qu'on peut aussi enflammer, même celles des huiles douces, qui sont le moins disposées à se dessécher, c'est-à-dire, les huiles grasses ; mais il faut, pour y réussir, employer le moyen indiqué par *Hoffmann* & *Geoffroi*, c'est-à dire, le mélange de l'acide vitriolique concentré : ce qui généralise entiérement le problême, puisque ces dernieres étant les moins inflammables de toutes les huiles, il y a lieu de croire qu'il n'y en a aucune qu'on ne pût enflammer par le mélange de ces acides.

M. *Rouelle* a remarqué aussi dans le Mémoire qu'on vient de citer, qu'on réussissoit plus sûrement à produire la flamme dans toutes ces expériences, lorsqu'on versoit l'acide nitreux à plusieurs reprises, en l'appliquant toujours sur la partie de l'huile, que les premieres portions d'acide ont épaissie, échauffée & desséchée. L'inflammation des huiles par les acides est donc, au moyen de ces découvertes, une expérience présentement facile en Chymie : voici ce qu'il faut observer pour enflammer chaque espece d'huile.

Toutes les huiles essentielles, & même celles de

huiles douces qui sont siccatives, peuvent s'enflammer par l'acide nitreux seul, pourvu que le vaisseau dans lequel se doit faire l'inflammation, soit d'une grandeur & d'une forme convenables, que l'acide nitreux soit suffisamment concentré, & qu'on emploie une quantité suffisante d'acide & d'huile. Le vaisseau doit être suffisamment évasé, tel qu'une petite terrine ou une capsule. L'acide nitreux doit être, pour la plus grande certitude de réussite, concentré au point, qu'une fiole qui est remplie juste par une once d'eau pure, ne puisse être remplie que par une once quatre gros & deux scrupules de cet acide : c'est le plus fort dont M. *Rouelle* se soit servi. Enfin on doit employer une once de cet acide, & autant de l'huile qu'on veut enflammer, quoiqu'on puisse réussir avec de moindres quantités, mais moins surement. On met l'huile dans le vase destiné à l'inflammation : on assujettit au bout d'un bâton le petit vase qui contient l'acide nitreux, afin de n'être point exposé aux éclaboussures du mélange dont une partie est lancée hors du vase, quelquefois même assez loin. On verse d'un seul jet la moitié ou les deux tiers de cet acide : il s'excite aussi-tôt un bouillonnement considérable à cause de la réaction des deux liqueurs : l'huile se noircit, s'épaissit & quelquefois s'enflamme ; si elle n'est point enflammée dans l'espace de quatre ou cinq secondes, on verse de l'acide nitreux sur la partie qui paroît la plus épaisse & la plus seche, & alors le mélange ne manque presque jamais de s'enflammer.

A l'égard des huiles d'amandes, d'olives, de navette, & autres huiles grasses, on n'a pu jusqu'à présent les enflammer avec l'acide nitreux seul ; mais on y parvient, ainsi que M. *Rouelle* l'a découvert, en mêlant d'abord ces huiles à parties égales avec les acides vitrioliques & nitreux concentrés, l'ébullition est moins prompte & moins forte, que dans les mêlanges précédens ; mais lorsqu'elle est dans la plus grande force, on applique de même sur l'endroit qui paroît le plus épais, une nouvelle portion d'acide nitreux pur qu'on doit avoir tout prêt pour cela : alors le mêlange s'enflamme s'enflamme ordinairement, mais l'inflammation est toujours moins forte & moins vive qu'avec toutes les autres especes d'huile.

Quoique ces phénomenes soient surprenans, la théorie en est simple : toutes les huiles contiennent du phlogistique, comme une de leurs parties constituantes ; l'acide nitreux en contient aussi : de-là la grande action que ces deux sortes de substances ont réciproquement l'une sur l'autre. La chaleur qui résulte de leur réaction, est telle qu'elle est portée jusqu'à l'ignition, & dès lors l'huile & même l'acide nitreux étant inflammables, il en doit résulter une inflammation. Il paroît certain, ainsi que l'a observé M. *Rouelle*, que la réaction devient plus forte, & l'inflammation plus certaine, quand l'acide nitreux est appliqué sur la partie de l'huile qui a déja été épaissie & desséchée, soit par l'acide nitreux seul, soit par ce même acide uni à l'acide vitriolique. Mais doit-on regarder cette portion d'huile épaissie & déphlegmée, comme une matiere purement charbonneuse ? & l'action qu'a sur elle l'acide nitreux libre, doit-elle être comparée à celle du nitre qui détonne avec de vrais charbons ? C'est ce qu'il sera difficile de se persuader, si l'on considere que l'acide nitreux qui n'est retenu par aucune base, quelque concentré qu'il soit d'ailleurs, n'agit que très foiblement sur aucune espece de charbon, même échauffé à tel degré qu'on voudra.

A l'égard de l'effet que produit le mélange de l'acide vitriolique dans l'inflammation des huiles : voici ce qui paroît le plus vraisemblable à ce sujet. Il est très certain que cet acide favorise beaucoup ces inflammations, puisque d'une part il fait réussir plus surement & à moindres doses celles qui à la rigueur peuvent se faire par l'acide nitreux seul, & que d'une autre part, on n'a pu jusqu'à présent enflammer certaines huiles sans son secours : il ne paroît pas moins vrai d'un autre côté que, quoique cet acide ait une très puissante action sur les huiles, cependant il n'en peut enflammer aucunes tant qu'il est seul. M. *Rouelle*, considérant que l'acide vitriolique étant essentiellement plus fort, & ayant singuliérement plus d'affinité avec l'eau que l'acide nitreux, croit que c'eſt en déphlegmant ce dernier, qu'il le rend plus propre à enflammer les huiles. Il y a en effet tout lieu de croire qu'il contribue de cette maniere à faciliter ces ſortes d'inflammations, mais l'acide vitriolique n'a-t-il pas autant d'affinité avec l'eau contenue dans les huiles elles-mêmes, qu'avec celle que contient l'acide nitreux? & n'eſt-il pas vraiſemblable par conſéquent, que c'eſt autant en les déphlegmant elles-mêmes, qu'en déphlegmant l'acide nitreux, qu'il contribue ſi efficacement a leur inflammation?

INFUSION. L'infuſion, priſe dans le ſens le plus général, conſiſte à mettre des corps compoſés dans une liqueur deſtinée à ſe charger de quelques-uns de leurs principes à froid, ou à l'aide d'une chaleur douce, & toujours moindre que celle de l'ébullition.

On voit par cette définition, que l'infuſion eſt une des principales opérations de l'analyſe par les menſtrues, de même que la décoction dont elle peut être regardée comme le premier degré.

L'infuſion ſe fait dans les liqueurs aqueuſes, ſpiritueuſes, huileuſes, acides ou alkalines, ſuivant la nature des matieres qu'on y ſoumet, & celle des principes qu'on en veut extraire : elle ne ſe pratique guere néanmoins que ſur des matieres végétales, & preſque toujours pour en préparer des médicamens auxquels on donne auſſi le nom d'*infuſions*.

Ce ſont ſingulièrement les plantes aromatiques & autres matieres végétales odorantes, qu'on ſoumet à l'infuſion, quand on veut conſerver le principe de leur odeur, dans lequel conſiſte leur vertu, & qui eſt toujours volatil au point de ſe diſſiper & de ſe perdre par la chaleur de l'ébullition. On doit pour conſerver encore mieux ces principes volatils, n'employer que la moindre chaleur néceſſaire à l'extraction, & faire ces infuſions dans des matras ou autres vaiſſeaux qu'on peut boucher exactement.

Les principes extraits par le moyen de l'infuſion, ſont de nature bien différente, ſuivant l'eſpece du menſtrue dans lequel elle ſe fait.

L'eau pure ſe charge du principe de l'odeur, ou eſprit

recteur, des principes salins, savonneux, mucilagineux, extractifs. L'esprit de vin dissout l'esprit recteur, les huiles essentielles, celles des matieres résineuses qui ont pour base une huile de la nature des huiles essentielles, & la plus grande partie de la substance savonneuse. Ces infusions faites par l'esprit de vin, portent le nom particulier de *teintures*, sur-tout en Pharmacie. Les huiles dissolvent l'esprit recteur & les matieres huileuses de nature quelconque. Les acides & les alkalis dissolvent les substances terreuses des végétaux, & presque tous leurs autres principes; mais ils les déguisent, les alterent, & en changent considérablement les vertus en s'y combinant: c'est pourquoi ils sont peu usités pour ces sortes d'extractions: *voyez* ANALYSE, DÉCOCTION, EXTRAITS.

INQUART. L'inquart est une opération par laquelle on ajoute à de l'or déja allié d'argent, une suffisante quantité de ce dernier métal, pour en pouvoir faire ensuite le départ par l'eau forte, attendu qu'il faut que la masse d'or & d'argent contienne trois parties, ou au moins deux parties d'argent contre une d'or, pour que l'eau forte ait toute son action sur l'argent. Cet alliage se fait en ajoutant de plus deux ou trois parties de plomb, & même davantage, si les métaux parfaits sont à un titre bas; & passant le tout à la coupelle, il en résulte un bouton de fin qu'on applatit sur le tas d'acier, en ayant soin de le recuire de tems en tems pour l'empêcher de se gerser. Lorsque la plaque est assez mince, on la roule en cornet sur un petit morceau de bois, ou sur un tuyau de plume, elle est alors préparée pour l'opération du départ.

On voit par là que l'inquart, qu'on nomme aussi *quartation*, parceque le but de cette opération, est de réduire l'or au quart de la masse d'or ou d'argent qui doit être soumise au départ, n'est qu'une préparation au départ; cependant on trouve dans un assez grand nombre de livres de Chymie, l'opération du départ proprement dit, désignée par le nom de *quartation* ou d'*inquart*: *voyez* DÉPART.

INSTRUMENS DE CHYMIE. Les instrumens servant aux opérations de la Chymie, sont en assez grand nombre : il faut en voir la description aux articles des noms qui sont particuliers à chacun d'eux. On en trouvera aussi une notice générale au mot LABORATOIRE.

INTERMEDE. On appelle ainsi les substances qui servent à en unir ou à en séparer d'autres, qui sans cela ne pourroient se joindre ensemble ou se désunir. Les substances salines, acides & alkalines, par exemple, par le moyen desquelles on réduit les huiles dans l'état savonneux, ce qui les rend miscibles avec l'eau, sont les intermedes de l'union des huiles avec l'eau, parceque l'huile & l'eau ne peuvent s'unir, ou même se bien mêler ensemble, que par le moyen de ces substances salines.

On donne aussi le nom d'intermede aux matieres qu'on emploie pour en séparer d'autres qui ne pourroient pas se désunir sans cela ; dans ce sens, l'acide vitriolique, par exemple, est un intermede propre à séparer les acides nitreux & marins des alkalis auxquels ils sont unis.

JUPITER. C'est le nom que les anciens Chymistes ont donné à l'étain : *voyez* ÉTAIN.

K.

KARAT. C'est le nom des parties proportionnelles qu'on suppose dans une masse d'or quelconque, pour en déterminer le titre. Lors donc qu'on considere l'or, relativement à son titre ou à son degré de pureté, on en regarde la masse, quelque poids réel qu'elle ait d'ailleurs, comme divisée en 24 parties, & ce sont ces parties qu'on appelle karats : de-là vient que quand l'or est absolument pur, & ne contient aucune partie d'alliage, on le nomme or à 24 karats : s'il contient $\frac{1}{24}$ d'alliage, c'est de l'or à 23 karats, parceque dans cette masse il n'y a réellement que 23 parties d'or & une partie d'alliage : s'il contient $\frac{2}{24}$ ou $\frac{1}{12}$ d'alliage, alors il n'est plus qu'à 22 karats, & ainsi de suite. Pour plus grande précision le karat de l'or se sous-divise en 32 parties, qui n'ont point d'autre nom que des trente-deuxiemes de karats : *voyez Essai du titre de l'or & de l'argent.*

On se sert aussi du terme de karat pour le diamant ; mais alors c'est un poids déterminé qui est de quatre grains réels, un peu moins fort que ceux du poids de marc de France.

KERMÈS MINÉRAL. Le Kermès minéral, ainsi nommé à cause de la ressemblance de sa couleur avec celle du *Kermès végétal*, est une des plus importantes préparations d'antimoine, tant par les phénomenes qu'elle présente en Chymie, que par le grand usage dont elle est dans la Médecine.

Ce n'est que depuis le commencement de ce siecle, que l'usage du kermès s'est établi dans la Médecine : à la vérité, quelques Chymistes, entre autres *Glauber* & *Lémery* avoient, avant ce tems-là, fait mention dans leurs ouvrages de plusieurs préparations d'antimoine, qui approchent plus ou moins du kermès, mais ces préparations, fort peu connues, étoient son-

fondues avec mille autres, qui
gligées, quoique extrêmement
teurs.

Le commencement de la fortu
du kermès, est dû au *Frere Simo*
Chartreux. Ce Frere tenoit cette p
rurgien nommé *la Ligerie*, lequel
d'un Apothicaire Allemand qui
fameux *Glauber*. Ce *Frere Simon*,
Ligerie lui avoit faits de ce nouv
prendre à un Chartreux, attaqué d
trine des plus violentes, & qui étoit
le remede eut un plein succès, le
promptement, & comme par miracle.
le Frere Apothicaire publia par-tout la
dicament : le kermès opera plusieurs
éclatantes. Le public y prit confiance,
la Poudre des Chartreux, parceque ce n'é
l'apothicairerie de ces religieux qu'on le p
réputation de ce nouveau remede s'étendant
plus, M. le *Duc d'Orléans*, alors Régent
en fit l'acquisition au nom du Roi pour le p
fut *la Ligerie* qui publia le procédé.

Telle est l'histoire abrégée du kermès,
est racontée par M. *Baron* dans son édition
mie de *Lémery*. Quoique le procédé pour
préparation, soit décrit très exactement
& dans plusieurs autres, on croit devoir en
core ici dans un certain détail, vu l'impor
matiere.

Le procédé du kermès publié par *la Liger*
à faire bouillir pendant deux heures de
crud concassé, avec le quart de son poids d
nitre fixé par les charbons, & le double d
d'eau très pure. Au bout de ce tems on dé
queur, & on la filtre toute bouillante à trave
gris : elle reste très claire tant qu'elle est cha
gré de l'ébullition ; mais à mesure qu'elle se
elle se trouble, elle prend une couleur rouge
& s'éclaircit de nouveau par le dépôt qu

d'une poudre rouge ; c'est cette poudre qui est le kermès. On réitere l'ébullition jusqu'à trois fois, en ajoutant chaque fois sur l'antimoine la même quantité d'eau , & chaque fois aussi un quart de moins de la liqueur du nitre fixé. On réunit le Kermès qui s'est précipité de ces trois décoctions ; on le lave exactement avec de l'eau pure, jusqu'à ce que cette eau en sorte insipide : on fait ensuite sécher le kermès. *La Ligerie* prescrit de faire après cela brûler de l'eau-de vie une fois ou deux , & de le faire sécher de nouveau. Voici présentement ce qui arrive dans l'opération du kermès, & quelle est précisément sa nature.

L'antimoine crud est composé de régule d'antimoine & de soufre commun , unis naturellement l'un avec l'autre , comme cela arrive dans presque tous les minéraux métalliques. L'alkali fixe, avec lequel on le fait bouillir quoiqu'étendu dans une très grande quantité d'eau, agit sur le soufre de l'antimoine, & forme avec lui du foie de soufre ; & ce composé étant un dissolvant de toutes les matieres métalliques, dissout à son tour une certaine quantité de la partie réguline de l'antimoine : il se fait donc dans cette opération une combinaison d'alkali fixe de soufre, & de régule d'antimoine. De ces trois substances, il n'y a que l'alkali qui soit dissoluble dans l'eau, & c'est par son intermede que les deux autres s'y trouvent suspendues. Mais il est à remarquer que l'alkali se charge dans cette opération, & à la faveur de l'ébullition, d'une plus grande quantité de régule, & sur-tout de soufre, qu'il ne peut en tenir suspendu dans l'eau froide: c'est par cette raison, que la décoction du kermès qui est claire, limpide & sans couleur, tant qu'elle est bouillante, se trouble, & laisse précipiter le kermès à mesure qu'elle se refroidit. Il en est donc de ce composé, relativement à l'eau bouillante & froide, précisément comme de certains sels que l'eau peut tenir en dissolution en beaucoup plus grande quantité à chaud qu'à froid, & dont une bonne partie se précipite d'elle-même par le refroidissement.

Il est à remarquer de plus, que, dans le tems de la précipitation du kermès, la totalité du foie de soufre antimonié, qui se trouve en dissolution dans la liqueur bouillante, se partage en deux parties : l'une, & c'est le kermès, surchargée de régule, & sur-tout de soufre, ne contient que peu d'alkali qu'elle entraîne avec elle, en se précipitant ; l'autre, contenant beaucoup plus d'alkali, reste en dissolution dans la liqueur même à froid, par l'intermede de cette plus grande quantité d'alkali. Toutes ces propositions vont être éclaircies & démontrées par les observations suivantes.

Premiérement, lorsque la décoction du kermès est refroidie, & qu'elle a formé tout son dépôt ; si, sans y rien ajouter, on la fait rechauffer jusqu'à la faire bouillir, elle redissout le kermès en entier ; tout le dépôt disparoît ; la liqueur redevient aussi claire qu'elle étoit d'abord ; elle se trouble de nouveau par le refroidissement, & laisse déposer une seconde fois la même quantité de kermès. On peut faire ainsi redissoudre & précipiter le même kermès un grand nombre de fois.

Secondement, en faisant digérer du kermès dans de l'eau régale, qui dissout l'alkali & la portion de régule qu'il contient, on en sépare du soufre pur : les acides de l'eau régale forment du nitre & du sel fébrifuge de *Sylvius*, avec l'alkali du kermès ; & si l'on fait fondre avec du flux noir une certaine quantité de kermès, après l'avoir désoufré par la torréfaction, on en retire un vrai régule d'antimoine.

Ces expériences, qui sont de M. *Geoffroy*, & dont on trouve le détail dans deux Mémoires qu'il a donnés à l'Académie en 1734 & 1735, sur l'analyse du kermès, démontrent bien évidemment la présence du soufre, de l'alkali fixe & du régule d'antimoine dans ce composé. A l'égard des proportions de ces trois substances, il résulte, des mêmes expériences de M. *Geoffroy*, qu'un gros de kermès contient environ 16 à 17 grains de régule, 13 à 14 grains de sel alkali, & 40 à 41 grains de soufre commun, ce qui montre que la quantité du soufre surpasse beaucoup celle du régule & de l'alkali, & que cette derniere substance est en moindre quantité que les deux autres.

Troisiémement si, lorsque la décoction a laissé déposer son kermès par le refroidissement, on la fait rebouillir de nouveau sur l'antimoine, elle reforme une nouvelle quantité de kermès qui se dépose, comme le premier, par refroidissement : cette expérience peut se réitérer un très grand nombre de fois. M. *Geoffroy*, qui en donne le détail dans les Mémoires qu'on vient de citer, dit avoir fait avec la même liqueur, jusqu'à soixante-dix-huit ébullitions, sans y rien ajouter que de l'eau pure pour remplacer celle qui s'évaporoit, & avoir retiré à chaque fois une quantité de kermès assez considérable. Cette expérience prouve que c'est en se surchargeant de régule & de soufre que l'alkali transforme l'antimoine en kermès, & qu'à chaque précipitation le kermès ne retient & n'entraîne avec lui que fort peu d'alkali.

Quatriémement, si l'on verse un acide quelconque dans la liqueur dans laquelle s'est formé le kermès, & dont il s'est entiérement séparé par le refroidissement, cette liqueur se trouble de nouveau, & il s'y forme un second dépôt de couleur jaune rougeâtre, qui n'est autre chose que ce qu'on appelle du *soufre doré d'antimoine*, c'est-à-dire du régule d'antimoine & du soufre mêlés ensemble, mais dans des proportions & avec un degré d'union qui le font différer beaucoup de l'antimoine crud.

Après cette précipitation, il reste dans la liqueur un sel neutre formé de l'alkali qu'elle contenoit, & de l'acide employé pour la précipitation. Cette expérience démontre qu'il reste encore dans la liqueur dont le kermès s'est déposé, une quantité assez considérable de foie de soufre antimonié, mais différent du kermès, en ce qu'il contient une quantité d'alkali beaucoup plus considérable, & suffisante pour tenir en dissolution dans l'eau, même à froid, le soufre & le régule avec lesquels il est uni, ainsi qu'on l'a avancé plus haut.

Après ce qui vient d'être dit sur la maniere dont se forme le kermès, & sur les phénomenes que présente cette opération, on doit avoir une idée nette de ce que c'est que ce composé ; il est bien évident qu'il n'est autre chose qu'un foie de soufre antimonié, dans lequel le soufre domine, & qui contient trop peu d'alkali, pour être dissoluble dans l'eau. Il faut observer sur ce dernier article que le kermès, après sa précipitation spontanée, & avant d'avoir été lavé, contient beaucoup plus d'alkali qu'après ses lotions; d'où il arrive que, si on fait les premieres lotions à l'eau très chaude, il y a une partie du kermès qui se redissout dans cette eau: mais l'eau emportant toujours la partie la plus alkaline, à la fin le kermès arrive à un point où il lui reste trop peu d'alkali pour être dissoluble, même à l'eau bouillante; & c'est alors qu'il a toutes les qualités qui lui conviennent.

Il y a plusieurs préparations d'antimoine dans lesquelles il se forme du kermès ou des composés qui y ressemblent plus ou moins; cela arrive toutes les fois que l'antimoine crud est traité par la fonte avec une quantité de sel alkali, telle qu'il en résulte un foie de soufre antimonié, surchargé de régule & de soufre, c'est-à-dire qui contient une plus grande quantité de ces deux substances, qu'il n'en peut tenir en dissolution dans l'eau froide. Si l'on fait bouillir dans l'eau toutes ces combinaisons, il se précipite toujours par le refroidissement une matiere analogue au kermès: cela arrive, par exemple, aux scories du régule d'antimoine simple, & dans une opération décrite par M. *Geoffroy*, pour abréger le procédé du kermès, en le faisant par la fonte.

Pour faire ce kermès par la fonte, M. *Geoffroy* fait fondre deux parties d'antimoine avec une partie de sel alkali; il pulvérise cette matiere encore chaude, & la tient, pendant deux heures, dans l'eau bouillante; il la filtre, & reçoit la liqueur dans de nouvelle eau bouillante, laquelle, par son refroidissement, laisse déposer environ six gros de kermès par once d'antimoine. Cette méthode de faire le kermès est beaucoup plus expéditive, mais elle est moins parfaite; car, de l'aveu de l'auteur même, le kermès qui en provient n'a pas la finesse & le velouté de celui qui est fait par la méthode ordinaire.

M. *Lémery* le pere parle aussi, dans son Traité de l'Antimoine, d'une opération de laquelle son fils a prétendu qu'on retire un vrai kermès : cette opération consiste à faire digérer, & ensuite bouillir de l'antimoine crud réduit en poudre fine dans la liqueur de nitre fixé toute pure. Cette liqueur, si elle est en quantité suffisante, est capable de dissoudre très promptement & en entier l'antimoine réduit en poudre fine ; & il n'est pas douteux qu'elle ne fournisse par le refroidissement une quantité très considérable d'une substance fort analogue au kermès. Néanmoins, aucune de ces méthodes abrégées de faire le kermès n'est adoptée dans les dispensaires & dans les bons livres où l'on donne la description des remedes chymiques : & l'on ne peut disconvenir que cela ne soit très sage & très prudent; car, outre qu'on peut soupçonner tous ces kermès d'être moins fins ou plus chargés de parties régulines, que celui qui est préparé par le procédé usité, quand l'observation constante de la Médecine-pratique a déterminé sûrement les effets d'un remede composé, ce médicament se trouve consacré par une espece d'empirisme respectable, en présence duquel la plus belle théorie & les raisonnemens les plus spécieux doivent se taire. C'est alors une témérité condamnable que de vouloir faire la moindre réforme ou innovation, sur-tout quand il s'agit d'un médicament de l'importance de celui-ci.

Le kermès n'a d'autres usages que dans la Médecine; mais il y a peu de médicamens dont un habile Medecin puisse tirer d'aussi grands avantages ; il réunit la vertu excitante & évacuante des préparations émétiques d'antimoine, avec les propriétés toniques, divisantes, apéritives & fondantes du foie de soufre, c'est-à-dire qu'il est capable de satisfaire aux deux plus grandes indications qu'on ait presque toujours à remplir à la fois dans le traitement du très grand nombre de maladies aigües ou chroniques : il devient, dans d'habiles mains, émétique, purgatif, diurétique, sudorifique, expectorant, suivant les cas, & toujours divisant & fondant. Lorsqu'on en fait prendre sept à huit grains en une seule prise, son action s'exerce principalement dans les premieres voies; il fait ordinairement vomir, & évacue aussi par bas : à la dose de trois ou quatre grains, il fait rarement vomir, & produit plutôt un effet purgatif.

Quand on le fait prendre à ces doses, comme évacuant, il en passe aussi un peu dans les secondes & troisiemes voies; lorsqu'on l'administre à de plus petites doses, comme depuis un demi-grain jusqu'à deux, en les réitérant par intervalles, alors il passe presque en entier dans les vaisseaux lactés, sanguins, & même lymphatiques; il y occasionne les mêmes spasmes & oscillations que dans les premieres voies, ensorte qu'il augmente les sécrétions & excrétions quelconques, mais particuliérement celles des urines, de la sueur ou des crachats, suivant sa dose, & suivant la nature de la maladie, & la disposition actuelle du malade. Il produit singuliérement des effets admirables dans toutes les maladies de poitrine qui viennent d'embarras & d'engorgemens.

On peut administrer le kermès dans des loocks, dans des potions huileuses ou cordiales, dans toutes sortes de véhicules, ou incorporé, sous la forme de boles, avec des médicamens appropriés : mais une précaution qu'il faut nécessairement prendre dans l'administration du kermès, & à laquelle il paroît qu'on a fort peu pensé jusqu'à présent, c'est qu'on doit éviter absolument de l'associer avec des matieres acides, si l'on veut qu'il agisse comme kermès; il faut même lui joindre des substances anti-acides & absorbantes, si le malade a des aigres dans les premieres voies, ou qu'il soit dans une disposition acescente; car il est évident que ces acides saturant la portion d'alkali qui constitue le kermès foie de soufre antimonié, & par laquelle seule il differe du *soufre doré d'antimoine*, il deviendroit en tout semblable à cette préparation dont les effets sont différens. Il n'est pas douteux même que, dans certains cas, on ne dût préférer le kermès non lavé au kermès ordinaire, & qu'il seroit à propos, par cette raison, que les Apothicaires en eussent chez eux de cette espece, comme le propoſe avec raiſon M. *Baron*, dans ſon édition de la Chymie de *Lémery* ; mais ce kermès non lavé ou moins lavé, doit être ſéché à fond avec précaution, & enfermé dans des flacons bien bouchés, parcequ'il s'altere un peu par l'humidité de l'air, circonſtance à laquelle devroient faire attention les Médecins qui ſe détermineroient à l'employer.

L.

LABORATOIRE DE CHYMIE. Comme la Chymie est une ſcience fondée entiérement ſur l'expérience, on ne peut eſpérer de la bien entendre, & de la poſſéder juſqu'à un certain point, à moins qu'on ne travaille ſoi même à vérifier la plupart des opérations fondamentales déja connues, & à en faire de nouvelles, que le raiſonnement, l'analogie, l'eſprit de recherches, ne manquent jamais de ſuggérer, quand on a le goût & les diſpoſitions convenables pour cette partie eſſentielle de la Phyſique. D'ailleurs, lorſqu'on eſt obſervateur, & qu'on opere par ſoi-même, il eſt impoſſible qu'on n'apperçoive pas, dans les opérations même les plus connues, une infinité de petits faits de détail qu'il eſt très eſſentiel de connoître, & dont cependant il n'eſt fait mention, ni dans les livres, ni même dans les Mémoires de recherches, parceque ces faits ſont trop multipliés, & qu'ils y paroîtroient minutieux. Enfin, combien y a-t-il de qualités dans les différens agens de la Chymie, dont il eſt impoſſible de donner une idée juſte par écrit, & qu'on connoît parfaitement dès qu'elles ont frappé les ſens ?

C'eſt donc une choſe indiſpenſable, à quiconque veut devenir Chymiſte, d'avoir un laboratoire pourvu des inſtrumens les plus néceſſaires pour la pratique de cette ſcience; & c'eſt par cette raiſon qu'on croit qu'il eſt à propos d'en donner ici une notice. Notre intention n'eſt point de parler dans cet article, ni des laboratoires deſtinés pour les opérations en grand, ni de ceux qui ne ſont montés que pour quelque branche particuliere de la Chymie; comme, par exemple, pour les eſſais, pour les émaux, &c. mais de l'eſpece de laboratoire qui convient à un Chymiſte Phyſicien, pour faire en petit les opérations quelconques de la Chymie, ſuivant l'occaſion. Un pareil laboratoire occaſionne néceſſairement de certains frais; mais il n'eſt pas d'une auſſi grande dépenſe qu'on le croit communément, quand celui qui y travaille ſait tirer parti des uſtenſiles qu'il a, & qu'il n'emploie que la quantité convenable des différentes ſubſtances ſur leſquelles il opere ; quand enfin il ſait choiſir les moyens les moins diſpendieux de parvenir à ſon but, & s'y borner.

Bien des gens ſont dans la perſuaſion qu'un laboratoire au rez-de-chauſſée, & par bas, eſt plus commode, ſur-tout à cauſe de l'eau, du pilage, du lavage, &c. & il eſt vrai qu'il eſt avantageux pour ces objets-là : mais d'un autre côté il a des inconvéniens bien grands, ſur-tout à cauſe de l'humidité. L'humidité habituelle, quoiqu'elle ſoit même très peu conſidérable & peu ſenſible pour une infinité d'objets, devient un très grand inconvénient pour un laboratoire de Chymie. Dans un pareil endroit, la plupart des matieres ſalines s'humectent à la longue ; les inſcriptions ſe décollent, ſe moiſiſſent, & s'effacent ; les ſoufflets y périſſent, les métaux ſe rouillent, les fourneaux ſe dégradent, en un mot preſque tout s'y gâte. Il y a donc un avantage infini à avoir un laboratoire plutôt en haut qu'en bas, & qui ſoit le plus ſec qu'il eſt poſſible. Il eſt eſſentiel que l'air y ait un libre accès, & même qu'il ſoit percé de maniere, que par le moyen de deux ou d'un plus grand nombre d'ouvertures oppoſées, on y puiſſe admettre un courant d'air qui devient très néceſſaire pour emporter les vapeurs ou les pouſſieres des drogues dangereuſes.

On doit faire conſtruire dans ce lieu une cheminée en hotte aſſez élevée pour qu'on puiſſe entrer deſſous librement, & la plus étendue qu'il eſt poſſible, c'eſt-à-dire, d'un mur à l'autre. Le tuyau de cette cheminée doit être le plus haut qu'il eſt poſſible, & ſuffiſamment rétreci pour pouvoir bien tirer. Comme on ne brûle que du charbon ſous cette cheminée, il ne s'y amaſſe point de ſuie : c'eſt pourquoi il n'eſt pas néceſſaire qu'un ramonneur puiſſe y monter.

On peut faire conſtruire ſous cette cheminée quelques fourneaux en brique, particuliérement un fourneau de fuſion, un pour diſtiller à l'alambic, & un ou deux réchauds comme dans les cuiſines ; le reſte de l'espace doit être occupé par de simples supports ou paillasses de différentes hauteurs, depuis un pied, un pied & demi, jusqu'à hauteur d'appui, pour placer dessus des fourneaux portatifs de toutes les especes. Ces fourneaux sont les plus commodes, par la facilité qu'on a de les disposer à son gré, & les seuls nécessaires dans un laboratoire en petit. Il doit y avoir un soufflet à double vent, d'une grandeur moyenne, placé le plus commodément, & le plus près qu'il est possible de la cheminée, suivant la disposition des lieux. On monte aussi quelquefois ces sortes de soufflets dans un chassis portatif : ce qui même est assez commode, quand le soufflet n'a pas plus de 18 à 20 pouces. Ce soufflet doit avoir un porte vent & une tuyere qu'on puisse diriger sur le support où l'on veut établir la forge.

Les fourneaux dont on a besoin, sont le fourneau simple pour distiller à l'alambic de cuivre, un fourneau de lampe, plusieurs fourneaux de reverbere de grandeur différente pour distiller à la cornue, quelques-uns de très petits de cette espece, sont infiniment commodes pour beaucoup d'expériences, un fourneau à vent ou de fusion, un fourneau d'essai, & un fourneau de forge: *voyez l'énumération & la description des fourneaux aux mots* FORGE & FOURNEAUX.

Il doit y avoir sous la cheminée à une hauteur convenable au dessus des paillasses, une rangée de clous à crochet fichés dans les murs du fond & des côtés ; on attache à ces clous les petits pêles, poêles de tôle, pinces, pincettes droites, courbes, circulaires, tenailles, petits fourgons, verges de fer & autres outils dont on a besoin pour arranger le charbon & manier les creusets.

Tous les pans de mur du laboratoire doivent être garnis de tablettes de différentes largeur & hauteur, ou plutôt à crémailler, pour y placer sur les ronds de natte, ou autrement, les vaisseaux de verre servant à la Chymie, & les produits des opérations ; ces tablettes doivent être multipliées le plus qu'il est possible : on n'en a, pour ainsi dire, jamais assez dans un laboratoire où l'on travaille fréquemment.

La place la plus convenable pour la fontaine ou jmais

ou en plomb, qui contient la provision d'eau, est dans un coin du laboratoire au-dessus d'une cuvette ou auge qui doit avoir un tuyau de décharge s'il est possible. Comme c'est sous cette fontaine qu'on lave & qu'on nettoie tous les vaisseaux, il est à propos qu'elle soit environnée de clous fichés dans le mur auxquels sont attachés des torchons & des goupillons de toutes grandeurs.

On place au milieu du laboratoire une grande table, sur laquelle on fait les mélanges, les préparations d'opérations, les dissolutions, les précipitations, petites filtrations, en un mot tout ce qui ne demande point le secours du feu, si ce n'est seulement celui de la lampe.

Il faut établir dans des endroits commodes du laboratoire plusieurs billots de bois, sur des ronds de natte pleins, l'un pour soutenir un moyen mortier de fer, l'autre pour un moyen mortier de marbre, ou encore mieux de grais dur, si l'on peut en avoir, & un troisieme pour un tas d'acier, & une petite bigorne. On accroche dans les environs des mortiers, les tamis de différente grandeur & finesse, & dans les environs du tas d'acier, le marteau à planer, des limes, rapes, de petites pinces, tenailles, bruxelles, ciseaux, cisailles, & autres petits outils dont on a besoin pour donner aux métaux la forme convenable aux opérations auxquelles ont veut les soumettre.

Il est bon d'avoir aussi dans un laboratoire deux tréteaux portatifs, ils servent à soutenir un grand filtre monté sur un chassis quand on en a besoin : on établit cet appareil dans l'endroit le plus commode, suivant les occasions : *voyez* FILTRATION & FILTRES.

Le charbon est un article important pour le laboratoire, il faut nécessairement en avoir toujours une provision à sa portée. Mais il est d'un autre côté une source continuelle de malpropreté, la poussiere noire qui s'en éleve quand on l'apporte ou qu'on le remue, vole partout & salit tous les ustensiles ; il est très avantageux pour éviter cet inconvénient, le plus qu'il est possible, d'avoir quelque endroit voisin du laboratoire, pour y mettre la provision de charbon & de braise de Boulan-

ger, qui est infiniment commode pour allum
promptement : cet endroit sert en même tems
charge pour y retirer les choses embarrassantes,
on ne se sert point actuellement : telles que des
neaux, des briques, des tuileaux, de l'argille,
terre à four, de la chaux, du sablon, & autres
de cette nature nécessaires pour un grand nomb
pérations de Chymie.

Enfin, on doit mettre au nombre des gros
du laboratoire, une moyenne table à pieds
destinée à soutenir une pierre à broyer de por
ou encore mieux d'une espece de grais très
très dur, qu'on nomme *écaille de mer*, avec sa
de même matiere.

Les autres menus meubles ou ustensiles du laboratoire, sont :

De petits mortiers à la main, de marbre, de
& de fer, & leurs pilons, des capsules de tôle &
de fer à courte queue, très commodes pour tran
du charbon allumé, & pour en faire des bains
ble ; tous les vaisseaux de métal, de terre, de
de verre : *voyez l'énumération de vaisseaux à* VAISSEAUX, *& leurs descriptions à leurs article ticuliers.*

Une provision de papier blanc à écrire, & de
non collé pour filtrer. Une bonne quantité de
nettes, coupées de la longueur de huit à dix
elles servent à remuer les mélanges dans les ve
à soutenir les filtres de papier dans les entonn
verre.

Des tubes de verre pour remuer, mêler, & agit
les liqueurs corrosives.

Des spatules de bois, d'ivoire, de métal, de verre.

Des cartes & des cornes minces, très commodes pour ramasser les matieres broyées à l'eau sur le porphyre ou dans les mortiers, des bouchons de liege de toutes grosseurs, des vessies & des bandes de linge servant à luter les vaisseaux : *voyez* LUTS.

Un bon soufflet portatif, un bon briquet, un pot à la colle avec sa petite brosse ; enfin une bonne quantité de boîtes de différentes grandeurs qui servent à contenir la plupart des choſes dont on vient de parler, & qu'on place dans un canton des tablettes qui leur eſt deſtiné. De bonnes *balances* de différente grandeur & nature, & des poids aſſortis, ſont encore des meubles indiſpenſables. Il eſt commode que tout cet appareil pour peſer, ſoit établi ſur une table particuliere, & s'il ſe peut, pour leur conſervation, dans un endroit ſéparé, mais de plein pied avec le laboratoire.

Outre toutes ces choſes, il y a une certaine quantité de drogues d'un ſi grand uſage dans preſque toutes les opérations de Chymie, qu'on doit les mettre au nombre des inſtrumens néceſſaires à la pratique de cette ſcience : ces drogues ſont tous les métaux & demi-métaux bien purs.

De l'acide vitriolique ordinaire, tel qu'on le trouve chez les Droguiſtes, ce même acide bien concentré & rectifié.

De l'eau forte commune & à bon marché, telle qu'on la trouve chez les Diſtillateurs d'eau forte ; de l'eſprit de nitre médiocrement fort, mais très pur ; & du même acide très pur, très concentré, & bien fumant.

De l'eſprit de ſel commun des Diſtillateurs d'eau forte ; & du même acide très pur & très fumant. Tous les acides doivent être dans des flacons de cryſtal, bouchés auſſi de cryſtal.

Du vinaigre diſtillé, dans une bouteille ordinaire ſi l'on veut, du vinaigre radical dans un flacon bouché de cryſtal, de la crême de tartre dans un bocal, ou dans une boîte.

De l'alkali fixe végétal commun & bien ſec, tel que du ſel de potaſſe ou de cendres gravelées qu'on conſerve dans une bouteille bien bouchée : le même alkali en liqueur.

De l'alkali du tartre, très pur, ſec, & en liqueur.

De l'alkali minéral en liqueur, c'eſt-à-dire, une bonne leſſive de ſoude, le même alkali ſec & pur, ou des cryſtaux de ſoude bien faits.

Les deux alkalis végétal & minéral purs en liqueur, & rendus cauſtiques par la chaux. Il eſt à propos que ces alkalis, ſur-tout les cauſtiques, ſoient dans des flacons bouchés de cryſtal. De l'alkali fixe phlogiſtiqué ou même saturé pour *le bleu de Prusse*. Du foie de soufre sec dans un flacon bien bouché, & le même en liqueur; du soufre commun, du sel ammoniac.

De l'alkali volatil de sel ammoniac bien pur, dégagé par l'alkali fixe, ou par la craie sous forme concrette, dans un flacon bouché de crystal, le même en liqueur.

De l'esprit volatil de sel ammoniac fluor, dégagé par la chaux, le plus fort possible: on peut avoir aussi du même moins fort, parcequ'il est suffisant pour une infinité d'expériences.

De l'eau de chaux, de la chaux vive dans une bouteille bien bouchée.

De l'esprit de vin commun, du même le plus pur & le mieux rectifiée.

Du bon éther vitriolique.

De l'huile essentielle de térébenthine rectifiée, de l'huile d'olive, du savon, de l'huile de lin.

De la noix de galle, du syrop violat, de la teinture de tournesol, ou du tournesol en drapeau pour en faire, du papier bleu fin. Une provision d'eau de riviere ou de pluie distillée.

Indépendamment de ces substances, dont la plupart sont des dissolvans, il y a un certain nombre de sels neutres, qui sont d'un usage fréquent dans les opérations chymiques, & d'autres moins usités, mais longs ou embarrassans à préparer; il est bon d'avoir une petite provision des uns & des autres, les voici:

Du tartre vitriolé, de l'alun ordinaire & calciné, du vitriol verd, du vitriol bleu, du nitre, du sel commun décrépité, du même très pur & dissous dans l'eau distillée, du sel ammoniac purifié, du borax calciné, du sel sédatif.

De la dissolution d'argent dans de l'esprit de nitre très pur; de la dissolution de mercure dans le même acide, du beurre d'antimoine; le tout dans des flacons bouchés de crystal, du sublimé corrosif.

De la céruse, de la litharge, du minium, du sable lavé & broyé, du marbre blanc & de la craie lavée, du verre de plomb, du verre de borax: *voyez la nature & les propriétés de toutes les matieres qu'on vient de nommer, à l'article de chacune.*

Quand on est une fois pourvu des instrumens & des drogues dont l'énumération vient d'être faite, il n'y a point d'expériences & de recherches de Chymie, qu'on ne soit en état d'entreprendre saus embarras & sans délai. Il peut arriver, à la vérité, qu'on ait besoin dans certaines occasions, de beaucoup de sels neutres qui n'ont point été nommés; mais tous ces sels à bases terreuses, métalliques, d'alkali fixe ou volatil, peuvent se préparer facilement & sur-le-champ, attendu qu'on en a les matériaux, & qu'ils n'exigent la plupart, ni distillation, ni sublimation. Rien n'empêche néanmoins, si on le juge à propos, qu'on ne les prépare tous d'avance, si ce n'est leur nombre qui est assez considérable.

Depuis les importantes découvertes qu'ont occasionnées, & que font faire encore tous les jours les nouvelles expériences sur *les gas*, les appareils & ustensiles nécessaires à ces expériences, sont devenus des meubles indispensables dans les laboratoires des Chymistes. Il en faut deux, l'un à l'eau, l'autre au mercure, avec une provision de récipiens, de syphons, de petites cornues, d'entonnoirs, dont on se sert dans ces expériences, tels qu'ils sont décrits à l'article GAS.

Enfin, comme la Chymie & la Physique ne sont plus présentement qu'une même science; les laboratoires de Chymie, doivent se trouver pourvus de plusieurs machines & instrumens qu'on ne voyoit autrefois que dans les Cabinets de Physique. Les plus nécessaires sont de bons thermometres de mercure, tels que celui de M. *de Luc*, montés commodément pour pouvoir être introduits dans les vaisseaux ou plongés dans les vapeurs, dans les liqueurs, &c. un bon barometre, des aréometres ou *pese-liqueurs*, l'un desquels doit être celui de *Fareineith*. Un verre ardent au moins de six pouces de diametre; des barreaux d'acier aimantés; une bonne loupe & un microscope; une machine pneumatique, & même une machine électrique. Tous ces instrumens, ainsi que les balances, ne doivent point rester habituellement dans le laboratoire proprement dit, mais être placés dans quelque endroit sec & à portée du laboratoire, sans quoi ils ne tarderoient pas à être gâtés par les vapeurs qui s'exhalent dans la plupart des opérations.

On croit ne devoir point finir cet article, sans faire quelques observations importantes pour ceux qui veulent se livrer aux travaux de la Chymie. Il faut être bien persuadé d'abord que l'arrangement, l'ordre & la propreté sont absolument essentiels dans un laboratoire de Chymie: on doit nettoyer exactement tous les vaisseaux & ustensiles, chaque fois qu'ils ont servi, & les remettre à leur place; avoir un soin extrême de coller des inscriptions généralement sur toutes les drogues, mélanges & produits d'opérations qu'on conserve dans des flacons ou autrement; de les nettoyer, de les visiter de tems en tems, & de renouveller les inscriptions quand elles en ont besoin. Ces soins qui ne paroissent rien, sont cependant ce qu'il y a de plus fatigant, de plus rebutant, de plus important, & souvent de moins observé. Lorsqu'on a une certaine ardeur, les expériences se succedent rapidement: il s'en trouve de trés piquantes qui paroissent amener la décision, ou qui font naître de nouvelles idées: on ne peut s'empêcher de les faire sur-le-champ; on est entraîné, saus y penser, de l'une à l'autre; on croit qu'on reconnoîtra aisément les produits des premieres opérations; on ne se donne point le tems de les mettre en ordre; on suit ces dernieres avec activité: cependant les vaisseaux employés, les verres, les flacons, les bouteilles remplies, se multiplient & s'accumulent, le laboratoire en est plein, on ne peut plus s'y reconnoître, ou tout au moins il reste des doutes & de l'incertitude sur un grand nombre de ces anciens produits. C'est bien pire encore, si un nouveau travail s'empare tout de suite du laboratoire, ou que d'autres occupations obligent à l'abandonner pour un certain tems; tout se confond & se dégrade de plus en plus. Il arrive souvent de-là qu'on perd le fruit d'un très grand travail, qu'il faut jetter tous les produits des expériences, & quelquefois renouveller presque entiérement le laboratoire.

Le seul moyen d'éviter ces inconvéniens, c'est d'avoir les soins & les attentions dont on a parlé plus haut; il est vrai qu'il est bien désagréable & bien difficile de s'arrêter continuellement au milieu des recherches les plus intéressantes, & d'employer un tems précieux & très considérable, à nettoyer des vaisseaux, à les arranger, à coller des étiquettes, &c. ces choses sont bien capables de refroidir, de retarder la marche du génie; elles portent avec elles l'ennui & le dégoût : mais elles sont nécessaires. Ceux à qui leur fortune permet d'avoir un Artiste ou un aide, sur l'exactitude & l'intelligence duquel ils peuvent compter, évitent une grande partie de ces désagrémens; mais ils ne doivent pas se dispenser pour cela d'y surveiller par eux-mêmes. Sur ces objets, quoique très minutieux, on ne peut, pour ainsi dire, s'en rapporter qu'à soi-même, à cause des suites qu'ils peuvent avoir; cela devient même indispensable, quand on veut tenir son travail secret, du moins pour un tems, ce qui est fort ordinaire, & souvent nécessaire en Chymie.

Il n'est pas moins important, lorsqu'on fait des recherches & des expériences nouvelles, de conserver pendant long-tems les mélanges, les résultats, & produits de toutes les opérations, bien étiquetés & portés sur un régître. Il est très ordinaire qu'au bout d'un certain tems, ces choses présentent des phénomenes très singuliers, & qu'on n'auroit jamais soupçonnés. Il y a beaucoup de belles découvertes de Chymie, qui n'ont été faites que de cette maniere, & certainement un plus grand nombre qui ont été perdues, parcequ'on a jetté trop promptement les produits, ou parcequ'on n'a pu les reconnoître après les changemens qui leur sont arrivés.

Enfin, on ne peut trop recommander à ceux qui se livrent avec ardeur aux travaux chymiques, d'être extrémement en garde contre les expériences imposantes & trompeuses qui se présentent très fréquemment dans la pratique. Une circonstance qui semble très peu importante, ou qu'il est même quelquefois très difficile d'appercevoir, suffit souvent pour donner toute l'apparence d'une grande découverte à certains effets qui ne sont cependant rien moins que cela. Les expériences de Chymie tiennent presque toutes à un si grand nombre de choses accessoires, qu'il est très rare qu'on fasse attention à tout, singuliérement lorsqu'on travaille sur des matieres neuves : aussi arrive-t-il très communément que la même expérience, répétée plusieurs fois, présente des résultats fort différens. Il est donc très essentiel de ne point se presser de décider d'après une premiere réussite : lorsqu'on a fait une expérience qui paroît porter coup, il faut absolument la répéter plusieurs fois, & même la varier, jusqu'à ce que la réussite constante ne laisse plus aucun lieu de douter.

Enfin, comme la Chymie offre des vues sans nombre pour la perfection d'une infinité d'Arts importans, qu'elle présente en perspective beaucoup de découvertes usuelles, & même capables d'enrichir leur Auteur, ceux qui dirigent leurs travaux de ce côté-là, ou auxquels le hasard en procure qui paroissent de cette nature, ont besoin de la plus grande circonspection pour ne se point laisser entraîner dans des dépenses de tems & d'argent, souvent aussi infructueuses qu'elles sont considérables. Ces sortes de travaux qui ont quelque analogie avec ceux de la pierre philosophale par les idées de fortune qu'ils font naître, en ont aussi tous les dangers : il est rare que, dans une certaine suite d'épreuves, il ne s'en trouve pas quelqu'une de très séduisante, quoiqu'elle ne soit réellement rien en elle-même. La Chymie est toute remplie de ces demi-succès qui ne sont propres qu'à tromper, lorsqu'on n'est point assez sur ses gardes : c'est un vrai malheur que d'en rencontrer de pareils ; l'ardeur redouble, on ne pense plus qu'à cet objet, les tentatives se multiplient, l'argent ne coûte rien, la dépense est déja même devenue très considérable, avant qu'on s'en soit apperçu, & enfin on reconnoît, mais trop tard, qu'on s'est engagé dans une route qui ne conduisoit à rien.

Nous sommes bien éloignés, en faisant ces réflexions, de vouloir détourner de ces sortes de recherches ceux que leur goût & leurs talens y rendent propres : nous convenons au contraire que la perfections des Arts, la découvertes de nouveaux objets de manufacture & de commerce sont, sans contredit, ce qu'il y a de plus beau, de plus intéressant dans la Chymie, & ce qui la rend vraiment estimable. Que seroit-elle en effet sans cela ? si ce n'est une science purement théorique, capable d'occuper seulement quelques esprits abstraits & spéculatifs, mais oiseuse & inutile à la société. Il est très certain aussi que les succès, dans le genre dont il s'agit, ne sont pas sans exemple ; qu'ils ne sont pas même absolument rares, & que l'on voit de tems en tems ceux qui les ont, acquérir une fortune d'autant plus honorable, qu'ils ne la doivent qu'à leurs travaux & à leurs talens. Mais, nous le répétons, dans ces sortes de travaux, plus la réussite paroît brillante & prochaine, plus on a besoin de circonspection, de sens froid, & même d'une sorte de défiance.

Je me crois d'autant plus autorisé à donner ces avertissemens salutaires, que, quoique j'aie toujours été convaincu de leur importance, j'avoue que je ne les ai pas toujours suivis ; mais je puis assurer en même-tems que chaque négligence n'a jamais manqué de m'attirer la punition qui en est la suite naturelle.

LAIT DES ANIMAUX, & PETIT-LAIT. Le lait des animaux est une liqueur d'un blanc mat qui résulte du mélange de trois substances fort différentes ; savoir, le *beurre*, le *fromage* & le *petit-lait*. Ces trois matieres sont intimement mêlées les unes avec les autres dans le lait récent. Le petit-lait est la seule partie fluide du lait : le beurre & le fromage qui y sont mêlés ont l'un & l'autre un certain degré de consistance, & ne sont point dissolubles par la sérosité. Ces deux matieres, dont la premiere est de nature entiérement huileuse, & la seconde de nature lymphatique, sont seulement interposées & suspendues dans la partie séreuse à la faveur de leur grande division.

On voit par-là que le lait est une véritable émulsion : le beurre en est la partie huileuse, celle qui, par l'interposition de ses parties, donne le blanc mat ; le fromage fait fonction d'un mucilage qui sert à tenir la partie huileuse suspendue ; enfin, le petit-lait qui est naturellement transparent, est la substance aqueuse qui sert d'excipient aux deux autres. Le lait peut donc être nommé à juste titre une *émulsion animale*. On verra, par ses propriétés, que ce nom lui convient à tous égards.

Le lait récemment trait d'un animal frugivore, en bonne santé, & nourri des alimens qui lui conviennent, ne donne, dans les épreuves chymiques, aucune marque d'acidité ni d'alkalinité; il a une saveur douce, agréable, un peu sucrée; il ne contient point de parties volatiles au degré de chaleur de l'eau bouillante, du moins en quantité sensible, & qu'on puisse recueillir; il n'a qu'une petite odeur très foible qui lui est particuliere.

Cette liqueur est très susceptible d'altération; la moindre quantité d'acide suffit pour la coaguler: lorsqu'on y mêle de l'alkali, il s'ensuit aussi une espece de coagulation, mais elle est bien différente de celle qu'occasionne l'acide, singuliérement à cause de l'action qu'a l'alkali sur toutes les parties du lait, & notamment sur la partie butireuse, à laquelle il donne un caractere savonneux.

Le lait éprouve aussi très facilement de lui-même & sans aucune addition, différens changemens remarquables. Les parties huileuses ou butireuses de cette liqueur, étant spécifiquement plus légeres que les autres, & n'y étant point, ou n'y étant que très peu adhérentes, se séparent du reste en grande partie par le simple repos, & se rassemblent à la surface, précisément comme cela arrive aux émulsions; elles y forment ce que l'on nomme la *crême*, qu'on recueille pour en faire le beurre. Indépendamment de cela, le lait est très susceptible d'éprouver de lui-même un mouvement de fermentation qui le fait tourner à l'acide, & qui en occasionne la coagulation.

La coagulation du lait ne tarde point à procurer une séparation assez distincte de la partie caséeuse d'avec la séreuse; & à mesure que cette derniere se sépare, l'autre prend plus de consistance. C'est donc par le moyen de la coagulation qu'on obtient ces deux parties du lait séparées l'une de l'autre. Mais la maniere dont se fait cette coagulation, apporte des différences assez considérables dans les qualités de l'une & de l'autre: c'est pourquoi on coagule le lait de différentes manieres, suivant les usages auxquels on destine le fromage & le petit-lait.

Comme l'acide qui se développe dans le lait, lorsqu'il se caille naturellement, est plus que suffisant pour sa coagulation, & qu'il communique sa saveur tant au fromage qu'au petit-lait, on ne laisse point le lait se cailler de lui-même, ni pour en faire du fromage destiné aux alimens, ni pour en faire du petit-lait pour l'usage de la Médecine. Le point essentiel pour éviter cette acidité sensible, c'est de prendre du lait qui ne soit pas trop anciennement trait, d'y mêler exactement la plus petite quantité d'acide nécessaire à la coagulation, & d'accélérer cette coagulation par un degré de chaleur convenable.

La méthode ordinaire, & en même-tems la meilleure, consiste à délayer dans trois ou quatre cuillerées d'eau environ dix-huit grains de présure pour deux livres de lait, & à la mêler dans le lait, qu'on place ensuite sur des cendres chaudes : le lait, au moyen de cette présure, se caille plus ou moins vîte, suivant le degré de chaleur qu'on lui donne, il ne faut pas qu'il soit trop récent. Quand on destine le caillé à être mangé avant que le petit-lait s'en soit séparé, la chaleur doit être très douce, & la coagulation plus lente : si l'on en veut faire du fromage, on peut aller un peu plus vîte ; & aussi-tôt que le lait est caillé, on le coupe pour donner lieu à la séparation du petit-lait ; on le met ensuite dans des clayons pour le faire égoutter : enfin, si c'est le petit-lait qu'on veut avoir, on peut faire chauffer beaucoup davantage, la séparation en est plus prompte ; on le passe à travers une étamine.

Les parties butireuses, caséeuses & séreuses du lait se trouvent d'abord séparées par ces premieres opérations ; mais cette premiere séparation n'est qu'imparfaite. Ces trois matieres participent encore toutes les unes des autres : on purifie le beurre & le fromage ainsi qu'il est dit à leurs articles. A l'égard du petit-lait, il faut, pour l'avoir bien clair, & débarrassé d'une assez grande quantité de parties de fromage qu'il contient encore, parcequ'elles n'ont point été suffisamment caillées, le clarifier en lui faisant jetter un bouillon, avec une quinzaine de grains de crême de tartre, & un blanc d'œuf qu'on y mêle bien, & le filtrer ensuite à travers le papier gris.

La présure qu'on emploie pour cailler le lait n'est autre chose qu'une matiere laiteuse qui se trouve dans le ventricule des veaux : on sale cette matiere pour la conserver ; elle sent le vieux fromage, & coagule le lait, parcequ'elle contient un acide suffisant, quoiqu'il ne soit pas bien sensible : c'est une espece de levain propre à la fermentation acide du lait. Il en est de même de plusieurs autres substances, telles que les fleurs de presque tous les chardons, du *gallium* qui se nomme par cette raison *caille-lait*, &c. Toutes ces matieres qui ne paroissent point acides, & qui ne communiquent aucune acidité sensible au lait, le font néanmoins très bien cailler, sans doute à cause d'un acide caché qu'elles contiennent.

L'opération qu'on fait pour clarifier le petit-lait est nécessaire ; car, si l'on entreprenoit de l'éclaircir par la seule filtration, après la premiere coagulation, il ne passeroit point ou passeroit encore trouble, parcequ'il contient encore une quantité considérable de parties de fromage très divisées, qui lui sont adhérentes jusqu'à un certain point, & qu'il faut en quelque sorte cailler de nouveau, ou plus fortement, par l'ébullition avec la crême de tartre & avec le blanc d'œuf

Il s'en faut beaucoup que le petit-lait bien clarifié soit un pur phlegme : il est à la vérité la partie la plus aqueuse du lait ; mais il est chargé en même tems de tous ceux des principes du lait qui sont dissolubles dans l'eau ; aussi a-t-il une saveur sensible ; cette saveur devient même très marquée, lorsqu'il est réduit à-peu-près à moitié par l'évaporation : elle est sucrée & un peu salée. Le petit-lait tient en effet en dissolution une quantité assez considérable de substance extractive de la nature des sucs sucrés, aussi est-il susceptible de fermentation spiritueuse : il est certain que les Tartares en font une boisson spiritueuse, une espece de vin.

Le petit-lait contient, outre cette substance sucrée fermentescible, plusieurs especes de sels qu'on en peut retirer en les faisant crystalliser. Si l'on fait évaporer à-peu-près les trois quarts du petit-lait clarifié, & qu'on le laisse après cela en repos dans un lieu frais, il s'y forme une certaine quantité de crystaux un peu roux. Ce sel est le vrai sel essentiel de lait; on le nomme aussi *sucre de lait*, à cause de sa saveur qui est sensiblement sucrée : mais cette couleur & cette saveur sont étrangeres à ce sel, elles lui viennent de la substance extractive que contient la liqueur dans laquelle il s'est crystallisé; ainsi, en faisant bien égoutter ces crystaux, les dissolvant ensuite dans de l'eau pure, & les faisant crystalliser une seconde fois par l'évaporation & le refroidissement, on les obtient beaucoup plus blancs & moins sucrés. On peut, en réitérant cette manœuvre une troisieme, ou même une quatrieme fois, si cela est nécessaire, avoir ces crystaux parfaitement blancs, & presque sans saveur : car ce sel en a très peu lorsqu'il est pur.

Il est à propos de remarquer que le lait, & par conséquent le petit-lait, ne contenant aucun principe plus volatil que l'eau, on ne perd rien de ces composés, tant qu'on ne les expose point à un dégré de chaleur supérieur à celui de l'eau bouillante.

Ainsi en faisant évaporer du lait au bain-marie, on peut obtenir toutes ses parties confondues les unes avec les autres, & séparées de la partie aqueuse dans laquelle elles étoient, les unes dissoutes, les autres simplement mêlées. Cette espece d'extrait de lait, est ce qu'on nomme *franchipane*. M. *Bucquet* a observé que le lait exposé à la chaleur de la distillation, éprouve une coagulation semblable à celle qu'éprouve la lymphe animale, & que cette coagulation ne peut être attribuée à la perte que le lait fait de sa partie aqueuse : car on ne parvient point à dissoudre dans l'eau, même bouillante, le résidu.

Hoffmann qui a fait des recherches intéressantes sur le lait de vache, & des comparaisons avec celui de plusieurs autres animaux, a imaginé, qu'en redissolvant par de l'eau pure tout ce que la franchipane, ou l'extrait de lait, contient de substances dissolubles à l'eau, il obtiendroit par ce moyen une liqueur analogue au petit-lait; & en effet l'eau doit se charger sur cet extrait, de la matiere mucoso-sucrée, du sel de lait, & des autres substances salines que peut contenir le lait, sans rien dissoudre, ou du moins qu'infiniment peu des parties butireuse & caséeuse, qui ne sont point naturellement dissolubles à l'eau, & dont la connexion avec les autres parties du lait, doit être diminuée par l'effet de la chaleur d'une longue évaporation ; la partie butireuse vient nager à la surface de l'eau, & la caséeuse y reste indissoluble, comme la lymphe animale coagulée. En filtrant bien ensuite cette liqueur, qu'on peut charger, pour ainsi dire, à volonté des principes du petit-lait, cela forme la préparation que l'on nomme *le petit-lait d'Hoffmann :* il est beaucoup moins usité que le petit-lait ordinaire, parceque ce dernier est bien moins long, & moins embarrassant à préparer. Feu M. *Geoffroi* nous a laissé une analyse du petit-lait à la cornue. Son procédé a consisté à faire évaporer cette liqueur au bain-marie jusqu'à siccité ; il a distillé ensuite ce résidu à feu nud, & il a obtenu d'abord du phlegme, ensuite un esprit acide de couleur citrine, puis une huile assez épaisse, & enfin il est resté dans la cornue une matiere charbonneuse qui s'est humectée à l'air ; sans doute à cause des matieres salines qui y étoient mêlées.

Cette analyse ne nous apprend que peu de chose; mais plusieurs de nos Chymistes modernes ont publié depuis, leurs recherches sur le lait. Comme leurs découvertes sont des faits, dont aucun n'est à négliger ; qu'ils ne sont pas entiérement d'accord sur ces faits, & que, tout ce qui a été trouvé de nouveau sur cet objet, a été exposé dans le Journal de Médecine, Mars 1773, dans un article très court & avec tant de précision, qu'il n'y en a pas un mot à retrancher ; je crois devoir ajouter ici cet article sans y rien changer. C'est M. *Rouelle* qui parle.

» Le petit-lait (préparé sans crême de tartre) évaporé presque jusqu'en consistance de syrop, & exposé dans un lieu frais, donne des crystaux qui sont le *sel* ou *sucre de lait.* La liqueur, qui surnage ces crystaux, décantée, puis évaporée de nouveau, fournit encore des crystaux qui sont toujours du sel de lait.

» On peut évaporer une troisieme fois la liqueur qui
» reste, & faire encore une nouvelle cryſtallisation.
» Ce sel contient alors quelques cryſtaux de sel fébri-
» fuge de Sylvius, & non de sel marin ordinaire.

» Il reste à la fin une espece d'eau-mere, ou liqueur
» colorée, composée en grande partie du corps mu-
» queux, à la faveur duquel elle fait souvent la gelée;
» elle contient aussi une portion de matiere extrac-
» tive.

» Deux gros de cette eau-mere, étendus avec le dou-
» ble à-peu-près d'eau distillée, n'alterent aucunement
» la couleur du syrop de violettes.

» Si on verse sur cette eau-mere un acide quelcon-
» que étendu, il ne s'y fait aucun mouvement d'effer-
» vescence qui soit sensible.

» Si, sur les dernieres cryſtallisations du sel de lait,
» ou sur son eau mere, on verse de l'acide vitriolique
» un peu concentré, il s'excite un léger mouvement
» d'effervescence, & il s'en éleve des vapeurs d'acide
» marin. Cet acide doit visiblement son origine au
» sel fébrifuge de Sylvius, dont je viens de parler.

» Une livre de sel ou sucre de lait, soumise à la dis-
» tillation à la cornue, donne, 1°. un peu de phleg-
» me, 2°. une acide, 3°. une huile, 4°. il reste dans
» la cornue, un *caput mortuum*, ou charbon très vo-
» lumineux, & parfaitement semblable aux charbons
» que fournit la distillation des corps muqueux doux
» sucrés, tels que le miel, la manne, l'amidon, le
» sucre candi, &c. Ce charbon n'a nullement les pro-
» priétés d'un alkali fixe, & ne fait point d'efferves-
» cence avec les acides, comme fait le charbon du
» tartre.

» Ce charbon calciné ne laisse presque point de cen-
» dres : à peine en a-t-il donné un demi-gros; encore
» étoient-elles fort noires, & contenoient par consé-
» quent du charbon qui n'étoit pas décomposé.

» Ce peu de cendres, lessivé avec une once d'eau
» distillée, a verdi le syrop de violettes. Mêlé avec
» les acides, il ne s'y est fait aucune effervescence. Ces
» cendres ne contiennent donc qu'une infiniment pe-
» tite quantité d'alkali fixe.

» Les produits de la distillation de ce sel [illegible],
» sont donc très semblables, du moins à [illegible]
» chose près, aux produits de l'amidon, & [illegible]
» candi.

» J'ai brûlé, dans une capsule ou poële de fer, une
» livre de sel de lait. Le charbon bien calciné, je n'ai
» retiré que vingt-quatre grains de cendres; & ces cen-
» dres ne m'ont pas plus donné d'alkali fixe, que celles
» du *caput mortuum* de la distillation du sel de [illegible]

» Les dernieres crystallisations du sel de lait, & son
» espece d'eau mere, brûlées & leurs cendres lessivées,
» donnent un peu de sel fébrifuge de Sylvius, & une
» très petite quantité d'alkali fixe, qui ne me paroît
» dû qu'à ce peu de matiere extractive contenue dans
» l'eau mere, & dont j'ai déja parlé.

» Une livre de sel ou sucre de lait du [illegible],
» mise à brûler dans une poële ou capsule de fer pla-
» cée sur un bon feu, ce sel se liquéfie en [illegible]
» prend une couleur de sucre brûlé ou caramel, ré-
» pand une odeur qui ressemble parfaitement à celle
» du miel, de la manne, de l'amidon, du sucre que
» l'on brûle, &c. & la différence est très peu [illegible]

» Dans cette combustion, le sel de lait [illegible]
» beaucoup, à-peu-près comme le sucre; [illegible]
» qu'ont tous les corps doux & sucrés. Le charbon qui
» reste après que la flamme a cessé, si on le tient en-
» core rouge, ainsi que le fond de la capsule, [illegible]
» une petite flamme assez bleuâtre; ce qui [illegible]
» dans d'autres charbons.

» La cendre que produit une livre de sel de lait [illegible]
» vingt-quatre à trente grains, & est encore assez
» noire.

» Cette cendre, lessivée dans une once d'eau [illegible]
» lée, verdit le syrop de violettes; mais elle [illegible]
» point d'effervescence avec les acides, parce que l'al-
» kali y est en trop petite quantité.

» J'ai aussi fait brûler une livre de sucre [illegible]
» une capsule de fer neuve. Ce sucre s'est liquéfié beau-
» coup plus que le sel ou sucre de lait. La flamme qu'il
» donne ne m'a paru ni plus considérable, ni durer
» plus long-tems.

» Le

» Le charbon qui reste après que la flamme a cessé, » si on le tient toujours rouge, brûle comme tous les » charbons, avec cette légere flamme qui n'est plus » accompagnée de fumée.

» Ce charbon se réduit en une cendre assez noire, » qui pese vingt-quatre à trente grains. Cette cendre » est très légérement alkaline, & son volume doit » faire juger de la petite quantité d'alkali fixe qu'elle » contient.

» Le sucre candi donne donc à-peu-près les mêmes » produits que le sel ou sucre de lait. Quand je dis à-» peu-près, c'est que je n'y vois point de différence » bien marquée, tant pour la quantité de cendres, » que pour celle de l'alkali fixe.

» En effet, le sel de lait approche très fort de l'état » du sucre candi. Il faut, comme on sait, une partie » d'eau à-peu-près contre deux de sucre candi, pour « le tenir en dissolution; &, pour une pareille disso-» lution de sucre de lait, il en faut à peine un peu » plus de parties égales; & je ne vois d'autre matiere, » dans le regne végétal, à laquelle le sel de lait res-» semble davantage.

» J'ai pris vingt-cinq pintes, (mesure de deux li-» vres d'eau) de lait de vaches, que j'ai évaporé & » séché dans un chaudron de fer, & ensuite chauffé » au point d'y mettre le feu. La flamme étant cessée, » j'ai réduit le charbon en cendres. Ces cendres les-» sivées avec soin, j'ai évaporé cette lessive à sec, & » j'ai obtenu une matiere saline qui pesoit neuf gros » & quarante-huit grains.

» J'ai examiné ce sel avec grande attention, & j'ai » trouvé qu'il contenoit tout au plus un gros & demi » à deux gros d'alkali fixe végétal, de la nature de » celui du tartre.

» Le reste est un vrai sel fébrifuge de Sylvius. En » effet, ce sel décomposé par l'acide vitriolique, l'a-» cide marin s'est dégagé, & j'ai obtenu du tartre vi-» triolé.

» J'en ai également décomposé une partie par l'a-» cide nitreux. Il en est résulté un véritable nitre, tel » que celui de l'arsenal.

» Je dois faire observer ici, que toutes mes expé-
» riences ont été faites sur les produits du lait, & sur
» le lait même, pris dans le mois de Décembre der-
» nier & le mois de Janvier suivant.

» On pourroit soupçonner que le lait pris dans les
» mois de Mai, Juin, Juillet & Août, doit donner
» des produits très différens de ceux du lait pris en hi-
» ver; mais ce seroit une erreur. Le sel de lait du com-
» merce, qui nous vient de la Suisse, ne s'y prépare
» que dans la belle saison; & l'analyse que j'en ai
» donnée par combustion, plus haut, fait bien voir
» que le lait ne contient pas plus d'alkali fixe en Mai,
» Juin & Juillet, qu'en hiver.

» En évaluant la quantité d'alkali fixe, que j'ai re-
» tiré du lait, à deux gros, c'est-à-dire, au point le
» plus fort, il résulte qu'il m'en a donné un peu plus
» de cinq grains & demi par pinte. Que l'on considere
» à présent, ce qu'en emportent le beurre & la partie
» caséeuse; qu'on juge d'après ces évaluations, de ce
» qui doit en rester dans le petit-lait, & l'on convien-
» dra, je crois, que tout se rappore bien dans ces ana-
» lyses comparées.

» On trouve à la page 426 du Manuel de Chymie
» de M. *Baumé*, une analyse du petit-lait de vache.
» Cette analyse m'a été opposée, & a servi de point
» d'appui à plusieurs personnes, même pour infirmer
» les résultats de mes expériences, lorsque je les an-
» nonçai dans mes leçons particulieres, en 1770 &
» 1771, ainsi qu'en 1772, dans une des leçons que
» nous faisons, M. *Macquer* & moi, sur l'analyse ani-
» male au cours public du Jardin du Roi.

» En effet, M. *Baumé* a retiré d'une troisieme éva-
» poration & crystallisation du petit-lait, *des crystaux*
» *de sel marin ordinaire*. Il a trouvé ensuite dans l'eau-
» mere, ou la liqueur qui refuse de crystalliser, *un*
» *alkali fixe qui s'obtient sans combustion*. Il a distillé
» du sel de lait; & la distillation faite, *il reste*, dit-il,
» *dans la cornue un sel alkali fixe*. Enfin, M. *Baumé*
» ajoute que le sucre de lait *a d'ailleurs beaucoup de*
» *propriétés communes avec la crême de tartre, à l'ex-*
» *ception qu'il n'est point acide*.

» Comme cette analyse, qu'on retrouve encore in-
» sérée en partie dans la seconde édition de ses Elé-
» mens de Pharmacie, page 211, est absolument con-
» tradictoire avec la mienne, je crois devoir la trans-
» crire ici tout au long, afin de mettre le public, &
» les gens de l'art sur-tout, plus à portée d'en juger,
» ou plutôt de répéter nos expériences, & d'en faire
» la comparaison.

» Le petit-lait de vache, après avoir été évaporé
» jusqu'aux trois quarts, fournit d'abord un sel qui a
» une saveur douce, sucrée, & qu'on nomme par cette
» raison *sel* ou *sucre de lait*. Ce sel s'obtient par la
» premiere crystallisation : les acides les plus concen-
» trés n'ont point d'action sensible sur lui. Ce sel est
» cependant savonneux. Si on l'expose à l'action du
» feu, dans une cornue, on en tire de l'huile empy-
» reumatique ; il reste dans la cornue un sel alkali fixe.
» Ce sucre de lait a d'ailleurs beaucoup de propriétés
» communes avec la crême de tartre, à l'exception
» qu'il n'est point acide.

» En faisant de nouveau évaporer la liqueur, elle
» fournit, par crystallisation, un sel à-peu-près sem-
» blable au précédent ; mais les acides minéraux le
» décomposent. La troisieme évaporation du petit-lait
» fournit des crystaux de sel marin ordinaire.

» Il reste enfin une liqueur qui refuse de crystalli-
» ser ; elle contient de l'alkali fixe, & un peu de ma-
» tiere extractive. Cet alkali fixe s'obtient sans com-
» bustion.

» Chaque pinte de petit-lait de vache, contient en-
» viron sept à huit gros de sels dont nous parlons.

» On est en droit de conjecturer que tous ces sels
» viennent originairement des végétaux, dont les ani-
» maux se nourrissent, & qui n'ont point changé de
» nature en passant dans le corps animal ».

Tel est le résultat des travaux de deux de nos plus habiles Chymistes, ils ne sont donc pas entiérement d'accord sur les faits, comme je l'ai dit, & comme il est aisé de le voir dans l'article que je viens de citer ; mais il sera facile de trouver au juste ce qui en est.

M. *Pœrner* cite dans les notes qu'il a ajoutées à sa

traduction allemande du Dictionnaire de Chymie. Une dissertation de M *Valgamoz*, *de sale lactis essentiali*, *Lugd. Batav.* 1756, n'ayant pu me procurer cet ouvrage, je dirai seulement ici d'apres M. *Ferner*, que M. *Valgamoz* rapporte dans cet écrit l'analyse qu'il a faite du sel de lait, & dit que les propriétés qu'il lui a reconnues, & les principes qu'il en a retirés, lui ont fait connoître que ce sel est *savonneux*, *unit les huiles à l'eau*, & *qu'il a une grande analogie avec le suc des cannes à sucre.*

En joignant à ce qu'on vient de dire du petit-lait, ce qui est exposé aux articles BEURRE DE LAIT & FROMAGE, on peut avoir des notions assez justes de la nature du lait. Il en résulte, pour le résumer en deux mots, que cette liqueur est un mélange d'une partie entiérement huileuse non combinée, de la nature des huiles douces, non volatiles & grasses, qui est le beurre; d'une partie terreuse, contenant de l'huile combinée à-peu-près dans l'état de lymphe animale coagulable ou coagulée, c'est le fromage, & d'une partie aqueuse ou séreuse, qui tient en dissolution différens sels avec une substance savonneuse, qui contient aussi une huile combinée de la même nature, & dans le même état que celle des sucs sucrés, c'est la sérosité du lait ou le petit-lait.

Le lait est beaucoup employé dans les alimens & dans la Médecine; il est adoucissant, incrassant, rafraîchissant, restaurant, cicatrisant; il convient dans l'âcreté des humeurs, telles que les dartres, les érysipeles, la goutte, quand elles ne sont point accompagnées de fievre, & dans les suppurations internes, la phtysie, les fievres lentes, & le marasme, souvent même on y met les malades pour toute nourriture, & il produit ordinairement de bons effets. Mais, il est à remarquer que, quoique le lait soit un aliment, déja préparé par la nature, & pour ainsi dire, à demi digéré, il y a beaucoup de tempéramens qui ne peuvent s'en accommoder; il est très sujet à occasionner deux inconvéniens contraires, c'est-à dire, de cours de ventre, ou des constipations opiniâtres : on y remédie, soit en le coupant avec de l'eau ou quelques médicamens appropriés, soit en choisissant le lait de l'animal qui convient le mieux au tempérament & à la maladie auxquels on a affaire : car il y a quelques différences dans les vertus médicinales de lait des différens animaux. On a observé, par exemple, que le lait de chevre convient mieux aux personnes sujettes à être dévoyées par le lait, que celui de vache. Le lait de femme, suivant l'observation de M. *Bucquet*, qui a aussi beaucoup travaillé sur cette matiere, n'est presque que du petit-lait chargé de sucre.

Le petit-lait n'est guere employé comme aliment, parcequ'étant privé des parties de beurre & de fromage, qui sont alimenteuses, il est beaucoup moins nourrissant que le lait entier ; il l'est cependant un peu à raison de la matiere sucrée qu'il contient : il est adoucissant & rafraîchissant, comme le lait, & on peut l'employer comme tel dans les mêmes maladies, mais il est beaucoup plus délayant, apéritif & laxatif : on le fait souvent servir d'excipient ou de véhicule à différentes sortes de médicamens.

LAIT DE CHAUX, LAIT DE SOUFRE, &c. On donne le nom de lait à quelques substances qui ne sont cependant rien moins que du lait, proprement dit, mais à cause de la couleur blanche & matte qui les fait ressembler au lait : telle est l'eau dans laquelle on a éteint de la chaux, lorsqu'elle est blanchie par les particules les plus fines de cette matiere, & qu'on nomme *lait de chaux*. Telle est aussi la dissolution du foie de soufre, lorsqu'on vient d'y mêler un acide qui fait paroître blanches les molécules de soufre suspendues dans la liqueur à cause de leur division. L'eau blanchie par le mélange d'une teinture résinoso-spiritueuse, comme celle de benjoin, & qu'on emploie comme un cosmétique, se nomme aussi *lait virginal*.

LAIT DES VÉGÉTAUX. Par la même raison que le lait des animaux peut être regardé comme une véritable émulsion animale ; les liqueurs émulsives des végétaux peuvent être nommées *lait végétal* : aussi les émulsions faites avec les amandes, se nomment assez communément *lait d'amandes*. Mais, outre ce lait végétal qui est en quelque sorte artificiel, il y a plusieurs plantes & arbres qui contiennent naturellement une grande quantité de sucs émulsifs ou laiteux [illegible] qui doit son nom à un pareil suc [illegible] tels sont aussi les tithymales, plusieurs [illegible] pignons, les figuiers, les arbres qui fournissent la résine élastique de l'Amérique. Les sucs laiteux tirés de tous ces végétaux n'ont ce blanc laiteux, que parce qu'ils contiennent une matiere huileuse, intimement mêlée & non dissoute dans une liqueur aqueuse ou mucilagineuse; la plupart des gommes résines ne sont originairement que de pareils sucs laiteux qui sont devenus solides par l'évaporation de ce qu'ils contenoient de plus fluide & de plus volatil.

Ces sucs laiteux naturels n'ont encore été examinés par aucun Chymiste; cet examen procureroit néanmoins plusieurs connoissances essentielles sur l'économie végétale: on trouveroit vraisemblablement des exemples de toutes les especes d'huiles réduites ainsi en suc laiteux, & ces connoissances ne pourroient manquer de jetter beaucoup de lumiere sur la nature des substances résineuses & gommo-résineuses.

LAINE PHILOSOPHIQUE : *voyez* FLEURS DE ZINC.

LAITON : *voyez* CUIVRE JAUNE.

LESSIVE CAUSTIQUE ou EAU FORTE [illegible] SAVONNIERS. On nomme ainsi les lessives [illegible] fixe rendu caustique par la chaux vive. [illegible] ces lessives, on prend deux parties de soude [illegible] tasse ou de cendres gravelées, suivant l'usage [illegible] veut faire de la lessive, & une partie de chaux [illegible] ou parties égales de sel alkali déja tout [illegible] de chaux vive; on les met dans un grand [illegible] verse dessus douze ou quinze fois autant d'eau [illegible] & on laisse éteindre la chaux; après quoi [illegible] bouillir le tout pendant quelques momens [illegible] alors la lessive toute chaude à travers un filtre [illegible] papier gris soutenu sur de la toile, & on [illegible] la lessive par l'évaporation sur le feu, à [illegible] qu'on juge à propos, suivant l'usage auquel [illegible] destine.

C'est en enlevant aux alkalis le gas dont ils [illegible] turés en partie, que la chaux vive les rend plus [illegible] ques, plus déliquefcens, & d'autant moins effervefcens avec les acides. Comme elle s'unit elle même avec ce gas, elle perd sa causticité, & reprend tous ses caracteres de terre calcaire non calcinée, à proportion qu'elle rend les alkalis plus caustiques. Ce sont des vérités démontrées présentement. *Voyez* à ce sujet les articles CAUSTICITÉ, GAS, SATURATION & autres. Il faut que les alkalis aient acquis ainsi toute leur causticité par la chaux, pour qu'ils puissent agir efficacement sur les huiles, & former de bons savons avec elles; c'est-là le principal usage de la lessive caustique. Losqu'on la fait évaporer jusqu'à siccité, elle fournit un sel alkali prodigieusement âcre, qui, fondu ensuite dans un creuset, forme ce qu'on nomme la *pierre à cautere*, parcequ'étant appliquée & assujettie sur la peau, elle y fait une esquare, l'entame, & produit une sorte d'ulcere, dont on entretient la suppuration, & qui s'appelle *cautere*.

L'alkali caustique a non seulement une beaucoup plus grande action dissolvante, mais encore il est beaucoup plus fusible, & attire beaucoup plus puissamment l'humidité de l'air que l'alkali ordinaire : toutes ces propriétés ne peuvent venir que de ce que la chaux a mis plus à nud son principe salin : *voyez* tous les articles ALKALI.

LILIUM DE PARACELSE : *voyez* TEINTURE DES MÉTAUX.

LINGOTIERE La lingotiere est un moule en forme de lingot, tout découvert pardessus, dont on se sert pour couler les métaux fondus, & les réduire en lingot. Les lingotieres sont de fer, elles doivent être très unies en dedans, afin que le lingot qui en sort, le soit aussi, & qu'il s'en détache facilement; on les enduit de suif ou de graisse intérieurement avant que d'y couler le métal, pour empêcher qu'il n'y soit adhérent. Il faut avoir aussi une grande attention que la lingotiere soit parfaitement seche avant que d'y couler le métal; car la moindre parcelle d'humidité seroit capable de le faire sauter en l'air avec explosion : il est bon même de faire chauffer la lingotiere immédiatement avant que de s'en servir, tant par la raison qu'on vient de dire, que parceque le métal qu'on y coule se figeant moins promptement, le lingot en est toujours plus parfait.

LIQUATION. La liquation est une opération des travaux en grand sur les métaux, au moyen de laquelle on sépare l'argent d'avec le cuivre par la simple fusion.

Lorsque le cuivre & l'argent sont alliés ensemble, soit que cet alliage ait été fait exprès pour des usages particuliers, comme, par exemple, pour des monnoies, ou bien qu'il soit naturel, comme dans les mines de cuivre tenant argent, & qu'on veut les séparer l'un de l'autre, pour retirer l'argent pur; il y a deux moyens principaux de pratique, dont on emploie l'un ou l'autre, suivant la proportion dans laquelle sont alliés ces métaux. Lorsque l'argent est en plus grande quantité que le cuivre, le moyen le plus praticable & le plus avantageux d'obtenir l'argent, est d'y ajouter la quantité de plomb convenable, & de le passer à la coupelle. *Voyez* AFFINAGE.

Mais l'affinage par la coupelle deviendroit très désavantageux, dans le cas où il n'y auroit qu'une petite quantité d'argent unie à une grande quantité de cuivre, non seulement à cause du cuivre qu'on perdroit, & qui devient un objet dans les travaux en grand, mais encore à cause de la très grande quantité de plomb qu'il faudroit employer, de la longueur de l'opération, & de la consommation considérable des matieres combustibles. Toutes ces choses augmenteroient les frais à tel point, qu'ils surpasseroient beaucoup la valeur de l'argent; il faut donc ou abandonner dans ce cas cet argent, comme on l'avoit toujours fait, jusqu'à ce qu'on eût trouvé l'opération de la liquation, ou avoir recours à cette méthode qui est sans contredit un des plus beaux travaux de la métallurgie, & qu'on n'a pu découvrir qu'après avoir bien réfléchi sur les propriétés des métaux. La maniere dont se fait la liquation, est décrite très exactement dans l'Ouvrage de *Schlutter*, traduit par M. *Hellot* : ce qu'on va dire des manipulations qu'on y emploie, est extrait de cet Ouvrage.

On a fait long-tems un secret de la maniere d'exécuter la liquation dans les fonderies où elle se pratique, depuis un certain nombre d'années, avec un grand succès & un grand profit ; & même encore à présent, est-il dit dans l'Ouvrage de *Schlutter*, on a l'attention de n'admettre aucun étranger dans l'endroit où se fait cette opération. Il paroît qu'on a travaillé long-tems avant que de l'avoir amenée au point de perfection où elle est à présent. *Agricola*, *Erker* & *Lochneitz* avoient décrit des procédés, d'après lesquels on est parvenu à perfectionner ce travail ; mais ces procédés étoient très imparfaits, en comparaison de celui qui est actuellement en usage.

L'Ouvrage entier de la liquation consiste en trois opérations, dont les deux dernieres ne sont que la même faite en deux fois. On commence d'abord par faire fondre le cuivre tenant argent avec une quantité de plomb proportionnée à celle des deux métaux, comme on le dira ci-après : cette premiere manœuvre se nomme le *rafraîchissement du cuivre*. Ensuite on expose la masse métallique qui résulte de ces trois métaux alliés, à un dégré de chaleur modéré, de maniere qu'il fasse fondre le plomb, lequel facilite la fusion de l'argent & l'entraîne avec lui, sans que pour cela le cuivre se fonde : c'est cette fonte qui est la *liquation* proprement dite. Mais, comme on est obligé de ménager beaucoup la chaleur dans cette liquation, de peur de fondre le cuivre, & qu'il reste encore du plomb tenant argent, on l'expose enfin à une chaleur plus forte, qui acheve de faire couler ce qui reste de plomb & d'argent : cette derniere opération se nomme le *ressuage*.

Pour faire plus facilement la composition d'un rafraîchissement, on rompt le cuivre en petits morceaux, on le fond avec le plomb, & on le moule en espece de gâteaux épais, qu'on nomme *tourteaux* ou *pieces de liquation*. La proportion de plomb & de cuivre est au moins de 250 à 275 livres du premier de ces métaux, sur 75 livres du second, suivant la quantité d'argent qu'il contient ; mais, s'il n'y avoit pas cette quantité de cuivre dans la piece, elle ne résisteroit pas au feu sur le foyer, & le cuivre se fondroit aussi bien que le plomb. On met la quantité de plomb dont on vient de parler, afin que le cuivre puisse s'y étendre suffisamment, & que le plomb puisse bien saisir tout l'argent.

Une piece de liquation qui vient d'un rafraîchissement riche, doit contenir neuf onces, ou tout au plus neuf onces & demie d'argent : s'il y en avoit davantage, la quantité de plomb prescrite, & qu'on ne peut augmenter par la raison qu'on a dite, ne pourroit pas le séparer entiérement d'avec le cuivre. Ainsi il paroît qu'il faudroit faire l'opération en deux fois, si la quantité d'argent excédent en valoit la peine.

Pour faire la liquation des pieces ainsi préparées, on se sert d'un fourneau alongé, sur le foyer duquel il y a deux plaques de fer inclinées l'une vers l'autre, par leur partie inférieure, mais qui cependant ne se touchent point, ensorte qu'il reste un jour dans le bas & dans toute la longueur. On arrange sur ces plaques, l'une à côté de l'autre, les pieces de liquation, qu'on place verticalement en laissant six pouces d'intervalle entre chacune ; on les assujettit dans cette position, & on remplit de charbon tous ces intervalles ; on met du charbon jusques pardessus les pieces, & on fait brûler quelques pieces de bois au-dessous dans le foyer, afin que les pieces soient chauffées également de chaque côté. Lorsque la chaleur est parvenue au degré convenable, le plomb fondu chargé de l'argent qu'il a fait fondre aussi, coule dans le foyer qui doit être très uni, ainsi que les plaques, & de là dans un bassin de réception. La réussite de cette opération dépend principalement, comme il est aisé de le sentir, du juste degré de chaleur, & par conséquent de l'habileté de l'ouvrier qui la conduit.

Les pieces de liquation s'affaisent à mesure que le plomb coule : on augmente le feu vers la fin de l'opération, & lorsque le plomb ne coule plus que goutte à goutte. Les pieces dont le plomb & l'argent se sont ainsi séparés, se nomment *pieces de rafraîchissement desséchées*. On les porte dans un fourneau qui chauffe davantage, pour les faire ressuer ; on rassemble ainsi tout le plomb riche en argent, & on le passe à la coupelle, comme à l'ordinaire.

Cette opération est fondée sur ce que l'argent a une

plus grande affinité avec le plomb, qu'avec le cuivre, & sur ce que le plomb facilite beaucoup plus la fusion de l'argent, que celle de cuivre; ensorte que ce dernier métal reste solide à un degré de chaleur capable de faire bien fondre le mélange de plomb & d'argent. *Voyez* ARGENT, CUIVRE & PLOMB.

LIQUEURS DES CAILLOUX. Cette préparation consiste à unir, par la fusion, des cailloux pulvérisés ou du sable, avec une suffisante quantité d'alkali fixe, pour qu'il en résulte un composé dans lequel les propriétés de l'alkali dominent, & singuliérement l'entiere dissolubilité dans l'eau. On prend donc une partie d'un caillou ou d'un sable quelconque broyé, on le mêle exactement avec trois ou quatre parties d'alkali fixe: on met ce mélange dans un creuset qui doit être fort grand, eu égard à la quantité de matiere: on place le creuset à la forge ou dans un bon fourneau de fusion, on le chauffe par degrés.

Quand ce mélange a acquis une certaine chaleur, il s'y fait un bouillonnement & un gonflement assez considérables: ces effets sont occasionnés par la réaction des deux matieres l'une sur l'autre, & par le dégagement du gas de l'alkali qui cede sa place à la terre siliceuse. C'est pour éviter que la matiere ne se répande hors du creuset, qu'il est nécessaire que le creuset soit grand, & de chauffer avec ménagement. On peut aussi ne mettre d'abord dans le creuset qu'une portion du mélange, laisser passer son effervescence, & ajouter le reste à diverses reprises, chaque fois que le bouillonnement de ce qu'on a mis est appaisé; mais, dans ce cas, il faut que la portion qu'on réserve, soit tenue bien chaude, de peur qu'elle ne prenne de l'humidité, sans quoi elle feroit une grande explosion, quand on viendroit à la mêler avec la matiere rouge & fondue.

Quand le mélange est calme & tranquille dans le creuset, on l'entretient en bonne fonte environ pendant un quart d'heure, après quoi on le coule sur une pierre ou sur une plaque de fer, graissée. La matiere refroidie est cassante, & a une apparence vitrifiée; elle est même transparente comme du verre, lorsque la quantité du sel alkali n'est que double ou à-peu-près de celle du caillou ; elle attire promptement & puissamment l'humidité de l'air, & se dissout en entier dans l'eau, à l'exception d'une très petite portion de matiere terreuse, comme cela arrive à l'alkali fixe tout pur.

La dissolution filtrée est d'abord claire, limpide, mais elle se trouble au bout de quelque tems, & il s'y forme un dépôt terreux, comme dans les dissolutions d'alkali fixe, si ce n'est qu'il paroît plus abondant : cette liqueur a d'ailleurs toutes les propriétés des alkalis fixes en liqueur.

Toutes ces propriétés alkalines, & singuliérement l'entiere dissolubilité dans l'eau, sont dues à la quantité d'alkali fixe qui entre dans cette espece de vitrification. Comme les corps composés participent toujours des propriétés des principes qui entrent dans leur composition, & que, quand un principe domine sur l'autre, ce sont aussi ses propriétés qui dominent dans le composé ; il n'est pas étonnant que les propriétés de l'alkali fixe soient plus sensibles que celles de la matiere terreuse, dans la combinaison dont il s'agit. Cet alkali communique à cette portion terreuse une partie de la grande disposition qu'il a lui-même à s'unir avec l'eau. Les cailloux sont réellement tenus en dissolution dans l'eau, & réduits par conséquent en liqueur dans cette expérience : c'est par cette raison qu'on a donné à cette dissolution le nom de *liqueur des cailloux*. Si l'on verse dans la liqueur des cailloux un acide quelconque, jusqu'au juste point de saturation de l'alkali, le sable ou le caillou qui étoit tenu en dissolution par l'intermede de cet alkali, se précipite sous la forme d'une terre très fine. Mais un phénomene bien remarquable, & dont M. *Pott* qui rapporte cette expérience dans sa Lithogéognosie, a parlé le premier, c'est que ce précipité terreux se redissout en entier dans l'acide ; ensorte que, si on en ajoute une suffisante quantité par-delà le point de saturation de l'alkali, on voit disparoître le précipité en entier.

Comme les terres vitrifiables dans leur état naturel, & même divisées le plus possible : par des moyens méchaniques, sont indissolubles dans les acides, & qu'elles le deviennent parfaitement, lorsqu'elles ont été combinées par la fusion avec une suffisante quantité d'alkali fixe, il s'ensuit qu'elles éprouvent une altération singuliere dans cette opération. Cette propriété qu'elles acquierent de se dissoudre dans les acides, leur vient, ou de la très grande finesse à laquelle elles sont réduites, ou peut-être encore d'une petite portion d'alkali fixe, ou de quelques-uns de ses principes qui leur restent unis, & dont elles ne peuvent être entiérement séparées par l'acide précipitant.

L'alkali fixe qui est entré dans cette combinaison reçoit aussi de son côté quelque altération de la part de la terre vitrifiable; il y en a une partie qui est décomposée, & dont la terre se précipite avec la terre vitrifiable; & d'ailleurs ce qui en reste, est beaucoup plus caustique.

Il arrive souvent dans les vitrifications quelque chose de semblable, à ce qu'on observe dans le composé destiné à faire la liqueur des cailloux : les verres qui sont trop salins, ou qui n'ont pas éprouvé une chaleur assez forte ou assez longue pour que toute la terre soit entiérement & intimement unie avec l'alkali fixe, sont en parties dissolubles dans les acides, ont même quelquefois une saveur alkaline, se ternissent & s'humectent à l'air : *voyez* VITRIFICATION.

LIQUEUR FUMANTE, ou ESPRIT FUMANT DE LIBAVIUS. Cette préparation est un acide marin très concentré, très fumant, & chargé de beaucoup d'étain, qu'on retire par la distillation d'un mélange de sublimé corrosif avec l'étain.

Pour faire la liqueur fumante, on forme d'abord une amalgame de quatre parties d'étain & de cinq parties de mercure; on mêle exactement cette amalgame avec son poids égal de sublimé corrosif, en triturant le tout ensemble dans un mortier de verre; on met ce mélange dans une cornue de verre; on la place dans un fourneau de reverbere; on y lute, avec le lut gras, un ballon percé d'un petit trou, comme pour la distillation des acides minéraux concentrés; on procede ensuite à la distillation par un feu gradué & bien ménagé ; quand la chaleur est parvenue à un certain degré, il passe très rapidement dans le récipient une liqueur extrêmement fumante, & il monte sur la fin de la distillation une matiere épaisse & même concrete. Lorsque l'opération est finie, on verse promptement la liqueur du ballon dans un flacon qui doit être bien bouché avec un bouchon de crystal. Chaque fois qu'on débouche ce flacon il sort une fumée blanche, abondante, très épaisse, très piquante, & qui subsiste long-tems dans l'air sans disparoître ; les bouchons de ces flacons sont très sujets à adhérer dans le col des flacons. On pourroit peut-être éviter cet inconvénient qui oblige souvent à casser les flacons, en frottant légérement avec du suif le gouleau & le bouchon.

L'acide marin très concentré, contenu dans le sublimé corrosif, quitte le mercure dans cette expérience pour se combiner avec l'étain ; & comme cet acide a la propriété d'enlever avec lui, dans la distillation, la plupart des matieres métalliques, il passe dans la distillation présente chargé d'une bonne partie de l'étain qu'on a employé pour le dégager d'avec le mercure. Il s'en faut beaucoup néanmoins que cet acide soit saturé d'étain : il est encore très acide, & capable de dissoudre une grande quantité de nouvel étain par la voie ordinaire. C'est à cette saturation imparfaite, jointe à sa grande concentration, qu'il doit en partie la propriété qu'il a de fumer si considérablement. Il est à croire néanmoins que quelqu'autre cause concourt aussi à lui donner cette propriété ; car, quoique la liqueur fumante le soit infiniment davantage que l'esprit de sel le plus concentré, distillé à la maniere de *Glauber*, ses vapeurs sont cependant infiniment moins élastiques & plus coercibles : d'ailleurs, si l'on essaie de faire dissoudre par la méthode ordinaire, dans l'acide marin le plus fumant une quantité d'étain, à-peu-près égale à celle que contient la liqueur de Libavius, bien loin que cet acide en devienne plus fumant, il cesse au contraire absolument de l'être. Il y a donc une différence bien réelle entre l'acide marin chargé d'étain par la décomposition du sublimé corrosif & par la distillation, & celui qui est traité avec ce métal de toute autre maniere ; mais il n'est pas aisé de déterminer ce qui occasionne cette différence. Cet acide dépose-t-il une portion de quelques-uns de ses principes dans le mercure & dans l'étain ? ou bien plutôt ne se charge-t-il pas de quelqu'un de ceux de l'étain, & peut-être même de ceux du mercure ? Si cela est, quel est ce principe dont se charge l'étain dans cette expérience ? est-ce le phlogistique ? est-ce la terre mercurielle ? On sent bien que ces questions ne peuvent se décider que par de nouvelles expériences.

Au reste, aux différences près dont on vient de parler, la liqueur fumante a toutes les autres propriétés d'un acide marin très concentré, & imparfaitement saturé d'étain : si on la noie dans une très grande quantité d'eau, la plus grande partie de l'étain qu'elle tient en dissolution, s'en sépare sous la forme de petits flocons blancs & légers : mêlée avec la dissolution d'or dans l'eau régale, elle forme le *précipité pourpre de Cassius*, comme toutes les autres dissolutions d'étain, & même comme l'étain pur qui n'a pas été dissous préliminairement. Elle se précipite par les terres absorbantes & les sels alkalis ; elle produit dans différentes *teintures*, particuliérement dans les rouges, les mêmes effets que l'étain dissous dans l'acide marin.

Les manipulations nécessaires pour faire la liqueur fumante de Libavius, n'ont rien d'absolument embarrassant : cette opération est beaucoup plus facile que la distillation de l'esprit de sel très fumant par l'intermede de l'acide vitriolique, à cause de l'élasticité & de l'expansibilité beaucoup plus grande des vapeurs de ce dernier.

On emploie pour la distillation de la liqueur fumante l'étain amalgamé avec le mercure, parceque sous cette forme, il est infiniment plus facile de le bien mêler avec le sublimé corrosif. Si, lorsque le beurre d'étain ou la partie concrete de la combinaison de l'étain avec l'acide marin est monté, on continue la distillation à une chaleur plus forte ; on retire le mercure revivifié du *sublimé corrosif*. Suivant les observations de M. *Bucquet*, après la distillation de la liqueur fumante, on trouve dans la cornue trois matieres différentes. La premiere est une couche d'une substance d'un blanc grisâtre, d'une saveur très stiptique, qui s'est élevée jusqu'à une certaine hauteur dans la cornue. Cette matiere est un sel d'étain, elle attire sensiblement l'humidité de l'air. La seconde substance est une masse métallique, une amalgame d'étain & de mercure très bien crystallisée. La troisiéme est du mercure coulant, chargé d'une assez grande quantité d'étain. La liqueur fumante paroît toujours, suivant *Bucquet*, éprouver une sorte de décomposition dans les flacons dans lesquels on la conserve; il se sublime à la voûte du flacon, une matiere blanche qui l'incruste, de maniere qu'en enlevant le bouchon, le vaisseau se trouve fermé par cette croûte: une portion de la même matiere se précipite au fond du flacon, & à mesure que la liqueur vieillit, ses fumées sont moins épaisses. Cette altération est d'autant plus prompte, qu'on ouvre plus souvent le flacon.

LIQUEUR MINÉRALE ANODINE D'HOFFMANN. Cette composition, qui n'est d'usage que dans la Médecine, est un mélange d'*esprit de vin* très rectifié, d'*éther*, & d'un peu d'*huile douce de vitriol*. Pour avoir cette liqueur, on mêle ensemble une once du premier esprit de vin qui monte dans la distillation lorsqu'on fait l'éther, & autant de la seconde liqueur dans laquelle est contenu l'éther; on fait dissoudre ensuite dans ces deux onces de mélange douze gouttes de l'huile qui monte après que l'éther est passé, & c'est ce qu'on appelle la *liqueur minérale anodine d'Hoffmann*: elle a exactement les mêmes vertus médicinales que l'éther qu'on commence à lui substituer dans la pratique de la Médecine.

Comme on sait faire à présent de l'éther & de l'huile d'esprit de vin avec les acides nitreux, marin & du vinaigre, on peut, à l'imitation de la liqueur d'*Hoffmann*, en faire de nitreuse, de marine & d'acéteuse: *voyez* tous les articles ETHER.

LITHARGE. La litharge est du plomb qui a perdu une grande partie de son phlogistique par l'action du feu, & qui est dans un état de vitrification imparfaite.

Lorsqu'on

Lorsqu'on affine l'argent à la coupelle par le plomb, ce dernier métal, qui se scorifie, & qui scorifie avec lui les autres métaux alliés avec l'argent, se transforme en une matiere figurée en petites lames brillantes, demi-transparentes, qui ont quelque ressemblance avec du *mica*, & c'est ce qu'on nomme *litharge*. La litharge est plus ou moins blanchâtre ou rougeâtre, suivant les métaux qui étoient alliés avec l'argent : on nomme la premiere *litharge d'argent*, & la seconde *litharge d'or*. Il a paru à M. *Bucquet* en observant ce qui se passe dans la formation de la litharge à la mine de Pompean en Bretagne, que c'étoit un mélange de *minium* & de verre de plomb pur; que plus le fourneau est chaud, plus il se fait de verre de plomb, plus la litharge est blanche, & que, lorsque le fourneau ne chauffe que foiblement, la litharge est plus friable & d'un rouge plus brillant.

Cette matiere peut très aisément se ressusciter en plomb, aussi réduit-on ainsi en la fondant à travers les charbons, une grande quantité de celle que fournissent les affinages en grand. C'est toujours la moins altérée par le mélange des métaux étrangers qu'on réduit ainsi, afin que le plomb qui en provient soit de vente & de bonne qualité : le reste de la litharge de ces mêmes affinages est mis dans le commerce, & sert à différens usages. Les Potiers de terre en font une grande consommation pour la couverte de leurs poteries : on s'en sert pour quelques emplâtres & autres remedes externes : on l'emploie dans la peinture pour rendre l'huile de lin siccative; enfin on la fait entrer dans la composition de quelques verres, car elle est très fusible & très fondante; elle a en général les mêmes propriétés que toutes les autres chaux de plomb. Toute la litharge qui est dans le commerce provient ainsi des affinages : ces opérations en fournissent une si grande quantité, qu'elle est plus que suffisante pour les usages auxquels on l'emploie, & l'on n'est point obligé d'en faire exprès. *Voyez* AFFINAGE & PLOMB.

LUNE : nom de Planette, qu'on a donné anciennement, & qu'on donne encore assez communément à l'*argent*.

LUNE CORNÉE. C'est ainsi qu'on appelle la combinaison de l'acide marin avec l'argent. Cet acide a en général une grande affinité avec les métaux, & particuliérement avec ceux qu'on nomme *métaux blancs* ou *métaux lunaires* ou *mercuriels*. L'argent est le premier de ces métaux. L'acide marin a de la peine à dissoudre ces métaux par les moyens ordinaires; il faut le plus souvent qu'ils soient dans une très grande division, ou que l'acide soit très concentré, réduit en vapeurs, & aidé d'un degré de chaleur très considérable pour les dissoudre; ce qui est vrai, sur-tout à l'égard de l'argent & du mercure. Mais lorsque ces métaux sont dissous d'abord par l'acide nitreux, l'acide marin qui a beaucoup plus d'affinité avec eux que le nitreux, les saisit très facilement, les sépare de cet acide, & forme avec eux une nouvelle combinaison.

Pour faire cette combinaison avec l'argent, on le fait donc dissoudre d'abord dans l'acide nitreux; on verse dans cette dissolution de l'acide marin, ou plus communément du sel commun, dissous dans l'eau: le mélange se trouble aussi-tôt, & il s'y forme un précipité abondant, qui a toujours la forme de caillé: on ajoute ainsi de la dissolution de sel jusqu'à ce qu'on voie qu'il ne se forme plus de précipité: ce précipité séparé de la liqueur qui le surnage, & fondu à une douce chaleur, est ce qu'on nomme la *lune cornée*.

L'acide marin a une si grande affinité avec l'argent, qu'il se surcharge en quelque sorte de ce métal dans cette précipitation. La lune cornée est beaucoup moins dissoluble dans l'eau que les combinaisons des autres métaux avec ce même acide; c'est le peu de dissolubilité de celle-ci, qui est cause qu'elle paroît sous la forme d'un précipité à mesure qu'elle se forme.

Dire que la lune cornée est peu dissoluble dans l'eau; qu'elle y est moins dissoluble que la combinaison des autres métaux avec l'acide marin, ce n'est assurément pas affirmer, que la lune cornée soit entiérement indissoluble dans l'eau. Pourquoi donc M. *Monnet*, dans son Traité de la dissolution des métaux, reproche-t-il aux Chymistes François, qu'ils ont regardé cette combinaison salino-métallique, comme absolument indissoluble dans l'eau ? c'est que M. *Monnet* aime en général à faire des reproches, apparemment pour paroître plus savant que tout le monde, & que, quand il n'en trouve point de sujets bien fondés, ce qui lui arrive souvent, il en suppose.

L'adhérence de l'acide marin avec l'argent, est très forte dans la lune cornée ; si on expose cette matiere toute seule à l'action du feu, cet acide enleve avec lui une portion de l'argent, quoique ce métal soit très fixe ; mais quand on fond ce précipité avec les attentions convenables, il prend une forme qui a quelque ressemblance avec la corne, suivant ce que disent tous les Chymistes, & c'est de-là que lui est venu le nom de *lune cornée*.

Ce composé d'argent & d'acide marin conservera probablement son nom, malgré tout ce qu'en peut dire M. *Monnet*, (*Traité de la dissolution des métaux*.) Ce Chymiste a cru, sans doute, avoir fait une grande découverte qui le mettoit en droit de relancer tous les autres, en disant : » que si on fond ce sel *brusquement*, » sans lui donner le tems de se volatiliser, & qu'on » le verse sur un corps froid, il paroît, après s'être » figé, sous la forme d'une substance friable, crystal» lisée & composée de belles aiguilles argentines. En » cet état, ajoute M. *Monnet*, ce sel est bien éloigné » de cette forme cornée, qui lui a fait donner le nom » d'*argent corné*, dénomination *copiée par tous nos* » *auteurs de Chymie*, sans beaucoup savoir si elle étoit » fondée ou non «. M. *Monnet*, qui ne copie point, & qui veut savoir si ce qu'il avance est fondé ou non, dit que quelque tentative qu'il ait faite, pour obtenir cette matiere sous la forme de corne, il n'a pu y réussir. » Je l'ai tenue, ajoute-t-il, *en fusion quelque tems* » *dans un creuset*, & je n'ai rien remarqué que ce que » dit *Kunckel*, que le feu continué chasse une partie de » cette matiere, & que l'autre se décompose, c'est-à» dire, se dépouille de son acide, & se rétablit en ar» gent, qui se trouve répandu dans le creuset en une » infinité de petits grains «.

Tout cela est très vrai & très bon à savoir, mais s'ensuit-il, comme le dit M. *Monnet*, que tous nos auteurs de Chymie, excepté lui & *Kunckel* son héros, soient des copistes qui aient adopté la dénomination de *lune cornée*, sans se donner la peine d'examiner si ce nom étoit bien fondé ou non? C'est une autre affaire: une seule observation bien simple suffira pour décider la question; c'est que, malheureusement, toutes les tentatives que M. *Monnet* a faites pour s'assurer si l'argent uni à l'acide marin pouvoit prendre par la fusion la forme cornée, sont précisément celles qui empêchent ce composé salino-métallique de prendre cette forme, & que la seule maniere de réussir, est celle que M. *Monnet* n'a point essayée. Le moyen sûr de n'avoir point la lune cornée, sous forme cornée, c'est de la fondre *brusquement*, ou de la tenir en fusion dans un creuset, comme a fait M. *Monnet*; le moyen sûr de réussir est tout le contraire; cette substance est d'une si grande fusibilité, que si on la met dans une fiole de verre mince, & qu'on la chauffe très doucement sur des charbons à demi éteints, on parvient très facilement, en ne lui appliquant ainsi que le foible degré de chaleur nécessaire à sa fusion, à lui donner l'apparence de corne; c'est ce dont je me suis assuré par l'expérience, ainsi que M. *Rouelle* & beaucoup d'autres Chymistes auxquels j'en ai parlé, & qui ont eu le même succès.

Il est bien aisé de sentir que la lune cornée étant en même tems très fusible, & très susceptible d'être altérée, décomposée en partie par la chaleur, comme l'ont observé *Kunckel*, & M. *Monnet* d'après lui, ce n'est pas en la chauffant brusquement, & encore moins en la tenant en fusion dans un creuset, qu'on peut parvenir à la fondre en lui conservant la quantité d'acide marin auquel elle doit ses qualités. Il est étonnant qu'un Chymiste, qui paroît être si supérieur à tous les autres, si l'on en juge par la maniere dont il les traite, n'ait point fait cette réflexion, qui se présentoit d'elle-même, & qui l'auroit conduit au vrai procédé.

Comme il est donc très constant, qu'en s'y prenant bien, le composé d'acide marin & d'argent se fond en matiere cornée, nous n'adopterons point les noms réformés de *sel marin lunaire*, de *prétendue lune cornée*, que M. *Monnet* n'a point hésité à lui donner ; puisque cette réforme n'est fondée que sur une méprise évidente de cet habile Chymiste, & nous conserverons tout simplement l'ancien nom de *lune cornée*, auquel on ne peut faire aucun reproche raisonnable.

La lune cornée n'est employée, ni dans la Médecine, ni dans les Arts, elle l'est même fort peu dans la Chymie, si ce n'est pour des opérations & des recherches particulieres, comme on le verra ci-après. Cette préparation est très commode, par exemple, dans l'examen des *eaux minérales*, ou de toute autre liqueur, par sa précipitation de la dissolution d'argent dans l'acide nitreux, pour reconnoître si elles contiennent de l'acide marin, dans quelque base qu'il soit engagé, à moins que cette base ne soit métallique ; car lorsqu'il y en a, quand même il n'y seroit qu'en fort petite quantité, il ne manque pas d'occasionner dans la dissolution d'argent par l'acide nitreux, la précipitation de la lune cornée, qui est très reconnoissable par sa forme caillebottée, & que d'ailleurs il est encore plus exact de fondre à une douce chaleur, pour s'assurer de son état corné.

On sent bien que, lorsque l'acide marin, qui forme la lune cornée, est engagé dans une base, il faut qu'il quitte sa base pour se combiner avec l'argent, & qu'alors l'acide nitreux qui étoit uni avec l'argent devient libre, & se joint avec la substance qui étoit d'abord combinée avec l'acide marin, ensorte qu'il se fait deux décompositions dont il résulte deux nouvelles combinaisons : ainsi, lorsqu'on fait la lune cornée avec une dissolution de sel commun, la liqueur contient après l'opération, du nitre quadrangulaire. Si on se servoit de sel marin à base terreuse, il se transformeroit, dans cette opération, en nitre à base terreuse, & de même des autres.

Quoique l'acide marin soit uni très fortement avec l'argent dans la lune cornée, il y a cependant une grande quantité d'intermedes qui peuvent l'en séparer, & procurer la réduction de l'argent. On a vu que l'action seule de la chaleur, du moins à feu ouvert, peut en enlever une partie de l'acide marin ; puisqu'après avoir tenu ce sel en fusion pendant quelque tems dans un creuset, on y trouve une assez grande quantité de grains d'argent réduit. D'ailleurs, presque tous les métaux, tels que l'étain, le fer, le cuivre, le régule d'antimoine, le plomb, le mercure & les alkalis, tant fixes que volatils, sont des intermedes propres à s'emparer de l'acide marin de la lune cornée. Mais malgré ce grand nombre de moyens que la Chymie fournit de faire la réduction de la lune cornée, ce n'est pas moins une des opérations des plus difficiles, quand il s'agit de la faire complette & entiérement exacte.

Le principal avantage qu'on peut retirer de cette réduction, & ce qui la rend une opération importante, c'est qu'elle est le seul moyen qu'on ait de se procurer de l'argent au dernier degré de pureté; cela est d'autant plus précieux, qu'en général ces purifications, d'une exactitude rigoureuse, sont très difficiles, très rares & souvent même impossibles, malgré toutes les ressources de la Chymie. Elles sont néanmoins toutes en général très fort à desirer; mais celle de l'argent en particulier est une des plus importantes, & devient même absolument nécessaire dans certains cas; nous en avons [illegible] besoin, par exemple, M. *Tillet*, feu M. *Hellot* & m[illegible], dans le travail que nous avons fait en commun, pour déterminer avec la plus grande précision, les quantités de plomb qu'on doit employer dans la *coupellation* pour les *essais*, la coupellation elle-même, n'étant point suffisante, comme le savent tous les Chymistes, pour amener l'argent à un degré de fin rigoureux & absolu.

La raison pour laquelle l'argent réduit de la lune cornée avec les attentions convenables est d'une pureté parfaite; c'est que ce métal est le seul, qui, séparé de l'acide nitreux par l'intermede de l'acide marin, forme un composé infiniment peu dissoluble dans l'eau; les autres métaux tels que le fer & le cuivre, ne sont point précipités de leur dissolution dans l'acide nitreux par l'acide marin, avec lequel ils forment d'ailleurs des sels très dissolubles, & même déliquescens; & ceux qui sont susceptibles d'être précipités, ainsi que l'argent par l'acide marin, comme cela arrive au plomb & au mercure, forment avec cet acide des sels métalliques, infiniment plus dissolubles dans l'eau, que ne l'est celui de l'argent; il suit de-là qu'après qu'on a dissous de l'argent dans l'acide nitreux, & qu'on a fait la précipitation par l'acide ou le sel marin, en lavant le précipité à grande eau distillée, & même chaude, comme le prescrit sagement M. *Margraff* (1), au risque de perdre une petite quantité de son argent, on est assuré que ce précipité ne contient plus que de l'acide marin & de l'argent absolument pur. Il ne s'agit donc après cela, pour avoir cet argent exactement fin, que d'en faire la réduction de maniere qu'il ne puisse être inquiné par le mélange d'aucune substance métallique. Mais cette réduction, quoique pouvant se faire, comme je l'ai dit, par un grand nombre d'intermedes, est sujette à deux principaux inconvéniens; le premier, c'est que si on emploie des intermedes métalliques, on ne peut pas être assuré que l'argent réduit ne contienne quelque partie du métal employé à sa réduction. Aussi M. *Margraff* rejette-t-il avec raison, dans la dissertation déja citée, un procédé par l'intermede du plomb proposé par *Kunckel*, & depuis par M. *Monnet*. Ce procédé consiste à mêler une partie de lune cornée avec trois parties de plomb granulé, à fondre ce mélange dans une cornue, à en séparer la partie supérieure, qui est dans l'état salin, & à passer à la coupelle la partie inférieure qui est un alliage de plomb & d'argent sous forme métallique : ce procédé peut être fort bon dans certaines opérations en grand, où l'on ne veut qu'obtenir l'argent avec le moins de perte possible & au degré de fin ordinaire de la coupellation; mais il ne vaut rien quand il s'agit d'amener ce métal au dernier degré de fin, à cause des parties de cuivre, qu'on a toujours lieu de soupçonner dans le plomb, & que la coupellation ne peut entiérement enlever, suivant la remarque judicieuse de M. *Margraff*.

(1) Dixieme Dissertation sur la maniere de raffiner l'argent : *Opuscules chymiques*, édition Françoise, tom. 1, pag. 271, tirée des Mémoires de l'Académie de Berlin, tom. 4, année 1749.

Il en est de même de toutes les autres réductions par des intermedes métalliques, excepté, sans doute, celle que M. *Margraff* propose par le mercure & l'alkali volatil, dont je parlerai ci après.

A l'égard de la réduction par les intermedes salins alkalins, elle présente d'autres difficultés, & c'est le second inconvénient attaché à cette opération ; c'est que, si on veut faire la précipitation de la lune cornée par la voie humide, on n'obtient qu'infiniment peu de précipité, à cause du peu de dissolubilité de ce sel métallique, & que, si on la fait par la fusion avec l'alkali fixe, il y a toujours une perte très considérable de l'argent ; cette perte vient de ce qu'une partie de l'argent volatilisé par l'acide marin se dissipe en vapeurs, ou que l'argent corné étant infiniment plus fusible que l'alkali fixe, il passe en partie à travers le creuset, avant que d'avoir été attaqué efficacement par cette matiere saline. Mais quand on ne fait cette opération que dans l'intention d'obtenir de l'argent parfaitement pur, cette perte, quoique de près de moitié ou d'un tiers de l'argent, n'est point à considérer, & la réduction par l'alkali fixe au creuset, est alors le procédé qu'il faut préférer. Voici le meilleur procédé de ce genre, qui est celui de *Cramer* & de *Gellert*, tel que le propose M. *Margraff* dans la dissertation que j'ai déja citée.

Il faut employer pour cela au moins deux parties de sel de tartre bien pur, contre une partie de lune cornée ; on mêle bien exactement le quart ou même la moitié de cet alkali avec l'argent corné ; on humecte ce mélange avec de l'huile : on se sert du reste du sel alkali en en mettant une partie au fond du creuset qui doit servir à l'opération, & on en garnit les parois intérieures, qu'il faut d'abord avoir bien frottées avec du suif. On y place la pâte alkaline d'argent corné ; on la recouvre avec le reste du sel de tartre, & on fait fondre le tout à une chaleur graduée, qu'il faut augmenter assez sur la fin de l'opération, pour faire entrer en bonne fonte tout l'argent réduit. On peut assurer que, si la lune cornée a été préparée, avec les attentions dont il a été parlé ci-dessus : cet argent est d'une pureté parfaite.

Quoique, lorsqu'on ne fait la réduction de la lune cornée, que dans l'intention d'obtenir de l'argent absolument fin, le déchet de ce métal ne soit point, comme je l'ai dit, un objet qui mérite beaucoup de considération, il n'en est pas moins curieux, & même utile dans certains cas, d'avoir un moyen de faire cette réduction en conservant toute la pureté de l'argent, & sans aucune perte; ç'a été là, jusqu'à M. *Margraff*, un problême qui n'avoit point été parfaitement résolu, & qui étoit digne d'occuper cet excellent Chymiste. Il en a fait l'objet de la dissertation que j'ai déja citée, & dans laquelle on trouve la solution de ce problême, par un procédé dont je ne donnerai ici que l'extrait ou le résultat, parcequ'il est long & assez compliqué.

M. *Margraff* avoit reconnu d'une part, que le mercure, quoiqu'étant un assez bon intermede métallique, pour la décomposition de la lune cornée, n'étoit cependant point capable, tant qu'il agissoit seul, d'opérer complettement cette décomposition : d'une autre part, il s'étoit assuré qu'il en étoit à-peu-prés de même de l'alkali volatil : ces observations l'ont engagé à voir ce qui arriveroit en faisant concourir l'action de ces deux substances, & il a obtenu, en effet par ce moyen, la décomposition complette de la lune cornée, & la réduction de l'argent très fin & sans perte. Voici le procédé :

On mêle cinq gros seize grains de lune cornée préparée avec toutes les attentions dont il a été parlé ci-dessus, contenant quatre gros juste d'argent fin, avec une once & demie d'alkali volatil de sel ammoniac sec & concret, dégagé par l'alkali fixe végétal; on broie ces deux matieres dans un mortier, pour les bien mêler, & en y ajoutant assez d'eau pour en faire une espece de pâte; le mélange se gonfle, suivant l'observation de M. *Margraff*, par l'effet d'une effervescence.

Aprés que le mélange a été bien fait, & qu'il n'y

a plus aucun signe de réaction, on y ajoute trois onces de mercure le plus pur & révivifié du cinabre : on continue à triturer ; le mélange au bout d'une demi-heure prend une couleur grisâtre, & l'argent s'amalgame avec le mercure ; on remet à-peu près un demi gros du même alkali volatil, pour remplacer celui qui s'évapore pendant ces opérations : la trituration doit être continuée encore pendant quelques heures, M. *Margraff* ayant remarqué que l'opération réussit d'autant mieux qu'on a trituré plus long-tems. Vers la fin, on augmente la quantité d'eau, & alors on apperçoit une belle amalgame d'argent ; il faut laver cette amalgame en triturant toujours ; l'eau des lavés, qu'on décante & qu'on renouvelle, quand elle est trouble, se charge d'une poudre blanche ; on continue à laver ainsi, jusqu'à ce que l'eau sorte claire : alors on seche l'amalgame, & on la distille dans une cornue jusqu'à l'incandescence : tout le mercure en étant séparé par ce moyen, on trouve au fond de la cornue, l'argent le plus pur & le plus fin : il n'a besoin que d'être fondu, sans aucune addition : il y en a juste la quantité qui étoit dans la lune cornée c'est-à-dire une demi-once, moins quatre grains ; encore retrouve-t-on les trois quarts de ce léger déchet, dans la poudre blanche enlevée de dessus l'amalgame. Cette poudre, que M. *Margraff* n'a pas négligé d'examiner, est un *mercure doux* bien caracterisé ; & il recommande de la séparer exactement de l'amalgame avant de la soumettre à la distillation ; par la raison que, lorsque l'on distille & sublime le tout ensemble, l'acide marin se reporte sur l'argent.

Les soins, le tems, le travail, la dépense même qu'exige cette opération, ne sont certainement pas payés par l'argent qu'on économise par cette maniere de réduire la lune cornée, du moins dans les travaux en petit ; mais ce procédé, n'en est pas moins intéressant, en ce qu'il résout le problême que M. *Margraff* s'étoit proposé, aussi exactement qu'il est possible, & d'ailleurs on peut tirer de ces opérations des connoissances qui ne sont pas à négliger.

M. *Margraff* a remarqué que, lorsqu'il appliquoit l'alkali volatil tout seul à la lune cornée, il n'en résultoit point, à proprement parler, de décomposition de ce sel métallique; mais qu'il se dissolvoit en entier & sans précipitation de l'argent, & il paroît qu'on peut conclure de ce fait, que l'alkali volatil s'unit en même-tems à l'acide marin & à l'argent, ensorte qu'il en résulte un nouveau mixte composé d'acide marin, d'alkali volatil & d'argent, ou une combinaison de ce métal avec le sel ammoniac; c'est un sel qui, dans son espece, est fort analogue au *sel alembroth*, & qui n'en differe que par la nature du métal, qui dans le sel alembroth, est du mercure; au lieu que dans celui-ci c'est de l'argent. Cette analogie, au surplus, dans la maniere dont ces deux substances métalliques se comportent avec l'acide marin & l'alkali volatil, est une suite naturelle de la ressemblance qu'elles ont entre elles à plusieurs autres égards.

Mais les choses se passant ici de la maniere que l'a observé M. *Margraff*, on peut se former une idée de ce qui arrive, quand on applique une grande quantité de mercure à l'espece de sel alembroth d'argent; les affinités du mercure avec l'acide marin, & avec l'alkali volatil, quoiqu'analogues à celles de l'argent, ne sont point exactement dans le même degré; elles sont probablement plus fortes de la part du mercure, & il arrive de-là, que la connexion de l'acide marin avec l'argent de la lune cornée, déja beaucoup diminuée par la présence de l'alkali volatil, dans le procédé de M. *Margraff*, acheve d'être détruite par le mercure, auquel cet acide s'unit en formant avec lui le *mercure doux* qu'on obtient dans l'opération; tandis que d'un autre côté, l'argent devenu libre, & le mercure qui est en quantité suffisante pour qu'il en reste beaucoup de surabondant à la saturation de l'acide marin, de l'alkali volatil, ou même du sel ammoniac, s'unissent l'un à l'autre, & forment l'amalgame, dont il ne s'agit plus que de séparer le mercure par la méthode ordinaire de la distillation, pour obtenir l'argent le plus pur réduit de la lune cornée, sans perte sensible. Telle est du moins la maniere dont je conçois que les choses se passent dans l'opération de M. *Margraff*, dont ce célebre Chymiste n'a point donné la théorie.

A l'occasion de la lune cornée, M. *Monnet*, dans son Traité *de la Dissolution des Métaux*, rapporte une expérience qu'il dit avoir faite, & qui, si elle étoit juste, sembleroit prouver que l'acide marin a une plus grande affinité que l'alkali fixe avec l'argent, & il en prend sujet de faire un défi aux Chymistes, en termes grossiers, à son ordinaire, d'expliquer son expérience, conformément aux idées reçues jusqu'à ce jour.

Cette expérience consiste à précipiter une dissolution d'argent dans l'acide nitreux, par une dissolution d'alkali fixe & de sel marin mêlés ensemble. Suivant M. *Monnet*, le précipité qu'on obtient, quand on n'y mêle que la moitié de la dissolution d'argent que la quantité employée de sel marin pourroit transformer en lune cornée, n'est en effet que de la lune cornée, & n'est mêlé d'aucune partie d'argent précipité par l'alkali fixe.

Quoique l'on sût depuis long-tems, & bien avant que M. *Monnet* l'ait répété, que l'affinité de l'acide marin avec l'argent étoit très grande & presque égale à celle de ce même acide avec les alkalis, l'expérience dont il s'agit, semble d'abord prouver encore davantage, & il faudroit, pour connoître au juste ce qui s'y passe, une longue discussion, & même beaucoup d'autres expériences que M. *Monnet* n'a pas faites. Je ne puis pour le présent approfondir cet objet, cette recherche d'ailleurs prolongeroit beaucoup cet article, & pourroit le rendre fatiguant pour le plus grand nombre des lecteurs. M. *Monnet* continuera donc à s'applaudir de sa *trouvaille*, jusqu'à ce que quelque Chymiste, qui n'aura pas les mêmes motifs, & qui aura plus de loisir que je n'en ai présentement, examine la chose avec tout le soin & les lumieres qu'elle exige. Je me bornerai à faire observer, dans ce moment, que, pour ne point s'exposer à chercher l'explication d'un fait, qui ne seroit pas vrai, il faudra commencer par bien vérifier celui qu'a avancé M. *Monnet*, parce que cet habile Praticien, ayant pu se tromper sur celui de la lune cornée dont j'ai parlé ci-dessus, auroit pu se tromper fort bien aussi sur celui dont il s'agit présentement; après quoi, il sera très nécessaire de s'assurer avec la plus grande exactitude de l'état des matieres employées, sur-tout de celui de l'alkali fixe, qui est très sujet à être plus ou moins saturé de matiere phlogistique & de *gas mephytique*. Maintenant qu'on a acquis des connoissances si importantes sur les différens états des alkalis, & qui influent si considérablement dans la théorie des précipitations qu'ils font ou qu'ils ne font pas, il n'est plus permis de prononcer sur l'action précipitante de ces sels, sans s'être assuré préalablement de leur degré de pureté. Il est sensible, par exemple, que, si dans l'expérience présente on employe un alkali fixe gaseux ou phlogistiqué, comme pouvoit fort bien l'être celui de M. *Monnet*, qui n'en dit rien, on fait agir trois composés, chacun de deux substances, & par conséquent six substances les unes sur les autres; savoir, le nitre lunaire, composé d'acide nitreux & d'argent; le sel marin, composé d'acide & d'alkali marins, & l'alkali, plus ou moins neutralisé formant un composé d'alkali fixe & de *gas*, ou de matiere phlogistique: il s'agira donc de déterminer avec précision quel est le jeu & l'action de ces cinq ou six substances les unes sur les autres, & encore faudra-t-il varier leurs proportions respectives, & en examiner soigneusement tous les résultats; & c'est-là un problême qui n'est pas si facile que pourroient le croire ceux qui ne sont point en état d'approfondir ce qui se passe dans les opérations compliquées de la Chymie. Quant à M. *Monnet*, il n'y regarde pas de si près; il n'a donné aucun détail sur ces circonstances essentielles de son expérience; il est à craindre, qu'il n'y ait pas même pensé, & qu'il s'en soit tenu à la simple apparence d'une expérience unique, d'après laquelle il a néanmoins prononcé avec autant de confiance, que s'il eût fait les recherches les plus savantes, pour voir clairement ce qui se passe dans ces opérations obscures & compliquées.

LUTS. On a besoin dans un grand nombre d'opérations de Chymie, soit d'enduire les vaisseaux de quelque matiere qui les garantisse de la trop grande action du feu, de la fracture ou de la fonte, soit de fermer exactement leurs jointures pour retenir les substances qu'ils contiennent, lorsquelles sont volatiles & réduites en vapeurs. On emploie pour cela diverses matieres qu'on nomme en général des *luts*.

Le lut dont on enduit les cornues de verre & de grès doit être composé d'à-peu-près parties égales de sablon & d'argille réfractaire : on délaie ces matieres avec de l'eau ; on les mêle bien ensemble, & on y ajoute un peu de bourre qu'on y mêle bien aussi. On fait une pâte un peu liquide de ces matieres, avec laquelle on enduit les vaisseaux couche par couche, à telle épaisseur qu'on le juge à propos.

Le sablon qu'on mêle avec l'argille est nécessaire dans ce lut pour empêcher les fentes & gersures qu'occasionne toujours la grande retraite que prend l'argille en se séchant, lorsqu'elle est pure. La bourre sert aussi à lier les parties de ce lut, & à le retenir appliqué sur le vaisseau ; car, malgré le sable qu'on y fait entrer, il s'y forme toujours quelques gersures qui sont cause qu'il se détache quelquefois par pieces.

Les luts avec lesquels on ferme les jointures des vaisseaux, sont de diverses especes, suivant la nature des opérations qu'on y fait, & celle des substances qu'on y distille.

Quand on n'a à contenir que les vapeurs des liqueurs de nature aqueuse, & nullement corrosives, il suffit d'entourer les jointures du récipient avec le bec de l'alambic ou de la cornue, avec des bandes de papier ou de linge, enduites de colle de farine. On lute aussi assez commodément dans ces sortes de cas avec des bandes de vessie de cochon mouillées.

Quand on a affaire à des vapeurs plus pénétrantes & plus dissolvantes, on se sert d'un lut fait avec de la chaux éteinte à l'air, qu'on bat, & qu'on réduit en pâte liquide avec du blanc d'œuf : on étend cette pâte sur des bandes de linge, qu'on applique exactement au tour de la jointure des vaisseaux. Ce lut qu'on nomme *de chaux & de blanc d'œuf*, est très commode : il se seche facilement, prend du corps, & devient assez ferme.

Enfin, lorsqu'il faut contenir des vapeurs salines, acides & corrosives, alors on a recours au lut qu'on nomme *lut gras*. Pour faire ce lut, on prend de l'argille très seche, réduite en poudre fine, & passée au tamis de soie; on l'humecte & on la réduit en pâte ferme, en la pilant bien dans un mortier, avec de l'huile de lin cuite, c'est-à-dire rendue siccative par un peu de litharge qu'on lui a fait dissoudre : c'est l'huile siccative dont on se sert dans la peinture. Ce lut prend & retient facilement la forme qu'on veut lui donner; on le roule en cylindres de grosseur convenable; on les applique, en les applatissant, sur les jointures des vaisseaux, lesquelles doivent être parfaitement seches, attendu que la moindre humidité empêcheroit le lut de s'y appliquer & d'y adhérer. Quand les jointures sont bien exactement fermées avec ce lut gras, on recouvre le tout avec des bandes de linge enduites de lut de chaux & de blanc d'œuf; on les assujettit même avec des ficelles. Ce second lut est nécessaire pour maintenir le lut gras, parceque ce dernier reste mou, & ne prend pas assez de consistance pour se bien maintenir tout seul.

Feu M. *Roux*, dans les cours de Chymie qu'il faisoit aux Ecoles de Médecine, a fait connoître un très bon lut, qui peut tenir lieu du lut gras, & qui a même l'avantage de se détacher assez facilement avec de l'eau. Ce lut se fait en formant une pâte du marc des amandes, dont on a tiré l'huile à la presse, avec de la colle forte dissoute dans de l'eau bouillante, en suffisante quantité, pour qu'il résulte du tout une masse ferme & pourtant très maniable. Une autre grande commodité de ce lut, c'est qu'il n'est pas nécessaire, comme pour le lut gras, que les vaisseaux auxquels on l'applique soient secs.

LYMPHE ANIMALE. Sous la dénomination de *lymphe animale*, je crois qu'on doit comprendre toutes celles des liqueurs blanches, transparentes, sans couleur, plus ou moins fluides, miscibles à l'eau froide, qui font partie du corps des animaux, ou qui peuvent en être séparées, & qui, dans leur analyse à la cornue, ne fournissent que les principes des matieres parfaitement animalisées.

Par toutes les qualités dont je viens de faire mention, la lymphe ne differe point de la *matiere gélatineuse*, qu'on tire par la décoction à l'eau, des chairs, tendons, membranes, os, peau & autres qui composent le corps de l'animal ; mais cette sorte de liqueur en a d'autres qui lui sont particulieres, & qui ne permettent point de la confondre avec la partie gélatineuse.

Cette derniere, comme on l'a vu à l'Article GELÉE ANIMALE, ne se coagule point dans l'eau chaude ou bouillante ; elle y reste toujours parfaitement dissoute ; lorsqu'on fait évaporer au bain marie ou à un degré de chaleur équivalent, l'eau dans laquelle elle est dissoute, elle s'épaissit, sans perdre sa transparence, parvient d'abord à une consistance de gelée ou de mucilage, qu'elle prend sur-tout, par le refroidissement ; & l'évaporation étant portée plus loin, elle acquiert l'état d'une colle plus ou moins forte qui se durcit beaucoup par le refroidissement, mais qui, tant que la chaleur, par laquelle on l'a évaporée, n'excede point celle de l'eau bouillante, conserve sa transparence, & la propriété de se redissoudre parfaitement dans l'eau.

Mais la lymphe animale présente à cet égard des phénomenes bien différens ; elle se mêle, à la vérité, presque aussi bien que la matiere gélatineuse avec l'eau froide ; mais, lorsqu'on donne à l'eau le degré de chaleur de l'ébullition, & même une chaleur moindre, ses parties se réunissent, se coagulent, prennent corps ensemble, & se séparent de l'eau par ce moyen, ou du moins n'en retiennent dans leur coagulation qu'une quantité limitée ; de-là vient qu'on ne peut pas extraire la lymphe animale par la décoction à l'eau.

Cette même matiere est aussi très susceptible de se coaguler par le mélange des acides & de l'esprit de vin.

De quelque maniere que la lymphe ait été coagulée, quand cette coagulation s'est faite sans évaporation & desséchement, mais seulement par l'action de la chaleur

leur ou des réactifs, elle perd sa transparence, pour prendre un blanc mat & opaque, comme cela arrive au blanc d'œuf qui est une vraie matiere lymphatique. Ce blanc mat n'est dû qu'à des parties aqueuses surabondantes qui, dans les coagulations dont il s'agit, restent interposées entre les parties propres de la lymphe; car cette matiere, dans son état de liquidité naturelle, étant exposée à l'évaporation & au desséchement, s'épaissit & se durcit, sans perdre sa transparence, mais seulement en prenant une couleur plus ou moins jaune, ou ambrée: il en est de même de celle qui a été coagulée par la simple chaleur dans l'eau, ou par les réactifs, si on lui enleve par la dessication, les parties d'eau qui la rendent opaque, elle redevient transparente.

Les principales matieres lymphatiques, sont la *sérosité du sang*, le *blanc d'œuf*, & suivant l'observation de M. *Rouelle*, l'*eau des hydropiques*. Nous devons à cet excellent Chymiste plusieurs découvertes très importantes, concernant l'analyse des matieres animales, qu'il a publiées, à plusieurs reprises, dans le Journal de Médecine, & dont je ferai mention à l'article du SANG. Une des plus remarquables est celle de l'existence d'une quantité notable d'alkali marin libre, dans plusieurs liqueurs animales, & en particulier dans la lymphe. M. *Bucquet* qui a fait aussi de fort grands & utiles travaux sur les matieres animales, s'est assuré par l'expérience, que la lymphe se dissout par les alkalis, & singuliérement par l'alkali volatil caustique, & qu'abandonnée à elle-même à l'air, elle se putréfie sans passer préalablement par l'acidité qu'éprouvent d'abord d'autres matieres animales, & en particulier leur partie gélatineuse. *Voyez* l'article SANG, GELÉE ANIMALE, ŒUFS & autres.

M.

MACÉRATION. La macération consiste à faire tremper les corps à froid dans quelque liqueur, pour les ramollir, les pénétrer, les ouvrir, ou même pour en dissoudre quelque principe. Cette opération est essentiellement la même que la digestion ; elle n'en differe qu'en ce qu'elle se fait sans le secours d'aucune autre chaleur que de celle qui regne naturellement dans l'air. On préfere la macération à la digestion toutes les fois que la chaleur est inutile, ou nuisible à l'opération qu'on veut faire Par exemple, lorsqu'on fait tremper les matieres végétales aromatiques dures & ligneuses, dans le dessein de les ramollir & de les ouvrir, pour en tirer ensuite plus facilement l'huile essentielle, cela doit se faire à froid par la macération, & non par la digestion ; attendu que la plus légere chaleur est capable de faire dissiper une grande partie de l'esprit recteur, qu'on doit toujours conserver le plus qu'il est possible, puisqu'il améliore l'huile essentielle, & en augmente la quantité.

MAGISTERES. On a donné en général ce nom à presque tous les précipités ; ainsi magister & précipité sont synonimes dans bien des occasions : cependant, depuis un certain tems, les Chymistes ne se servent presque plus que du terme *de précipité* ; celui de magister est demeuré seulement affecté à quelques précipités usités dans la Medecine ou dans les Arts : tels sont les magisteres de bismuth ; de corail, d'yeux d'écrevisses, de soufre, &c., dont on va parler dans les articles suivans : *voyez* PRÉCIPITATION & PRÉCIPITÉ.

MAGISTERE DE BISMUTH. Le magistere de bismuth est la chaux de ce demi métal séparée de l'acide nitreux par l'intermede de l'eau seule, & bien lavée.

Pour faire cette préparation, on dissout du bismuth très pur, dans de l'esprit de nitre aussi très pur ; on noie ensuite cette dissolution dans une trés grande quantité d'eau bien claire ; le tout se trouble & devient laiteux ; il se forme, par le repos, un dépôt d'un blanc extrêmement beau & éclatant : on décante la liqueur surnageante, on met ce dépôt sur un filtre de papier, on y passe de nouvelle eau pure, jusqu'à ce qu'elle sorte parfaitement insipide ; après quoi on fait sécher ce dépôt bien proprement, & on le met dans une bouteille qui doit être bien bouchée, c'est ce qu'on appelle *Magistere de Bismuth*.

Le bismuth est du nombre des substances métalliques qui se séparent en grande partie d'avec les acides, quand ces derniers sont affoiblis par une certaine quantité d'eau, ou qui ne peuvent être tenus en dissolution que par des acides concentrés jusqu'à un certain point, ou surabondans. C'est donc uniquement par l'affoiblissement de l'acide qu'il se précipite dans l'opération dont il s'agit. Ce précipité est très blanc, tant parcequ'il lui reste peut-être une petite portion d'acide que l'eau ne peut lui enlever, que parceque l'acide nitreux a enlevé au bismuth la plus grande partie de son phlogistique.

Comme le bismuth ressemble au plomb par un assez grand nombre de propriétés, quelques Chymistes voyant qu'en mêlant de la dissolution de sel commun dans celle de bismuth, par l'acide nitreux, il se formoit un précipité blanc, comme cela arrive aux dissolutions d'argent & de plomb, ont cru que, dans cette occasion, l'acide marin s'unissoit au bismuth dans la précipitation, & en formoit un bismuth corné. Mais M. *Pott*, quoiqu'il eût été lui-même dans cette opinion, a démontré que ce n'est que l'eau qui tient le sel commun en dissolution, qui occasionne la précipitation du bismuth ; puisque, quand les dissolutions de bismuth & de sel ne contiennent que la moindre quantité d'eau possible, il ne résulte aucune précipitation de leur mélange. Le bismuth differe donc bien essentiellement du plomb à cet égard.

Le principal usage du magistere de bismuth est d'entrer dans la composition du blanc dont les dames se servent ; on le préfere à tous les autres, à cause de sa beauté, de son éclat, & d'une petite teinte d'incarnat presqu'insensible, mais qui le rend beaucoup plus analogue à la nuance de la peau la plus belle & la plus blanche.

Cet avantage, qui est très grand, est contrebalancé par de très grands défauts; on prétend que ce blanc dégrade & gâte considérablement la peau à la longue: d'ailleurs il est certain qu'il est extrêmement sujet à se noircir & à se gâter lui-même. On sait que les substances métalliques & leur chaux sont très sujettes à se charger du phlogistique, quand il les touche lorsqu'il est en vapeurs, ou dans quelqu'autre état favorable à la combinaison, & que dans ce cas, soit qu'elles reprennent une partie du phlogistique qui leur manque, soit qu'elles s'en chargent par surabondance, elles prennent toujours des teintes sombres & noires. Or, de toutes les chaux métalliques, celle de bismuth est une des plus susceptibles de cet effet: son beau blanc se brunit, & même il prend une couleur plombée, pour le peu qu'il soit exposé à des vapeurs de matiere inflammable, telles que sont les émanations des latrines, de l'ail, des œufs, & sur-tout du foie de soufre. Cela est porté au point que le blanc de bismuth, quoiqu'enfermé dans un bocal bien couvert de papier, devient tout noir à sa surface, si ce bocal est conservé dans un endroit où de pareils émanations circulent quelquefois, & c'est par cette raison qu'il faut le garder dans des bouteilles très exactement bouchées C'est cette même propriété du bismuth qui le rend propre pour une sorte d'*Encre de sympathie*.

Quelques Artistes préparent le magistere de bismuth en le précipitant de sa dissolution dans l'acide nitreux, par l'alkali fixe; mais cette méthode ne vaut rien, parcequ'il n'est jamais d'un aussi beau blanc, que quand on le précipite par l'eau seule. La raison de cela est encore la grande facilité qu'a la chaux de bismuth à reprendre du phlogistique. Les alkalis, quelque purs qu'ils soient, contiennent toujours un peu de matiere inflammable qui leur est surabondante, & la transmettent aux chaux métalliques dont ils occasionnent la précipitation, & singuliérement à celle du bismuth, qui se brunit toujours d'autant plus, qu'elle prend plus de cette matiere.

MAGISTERE DE CORAIL, D'YEUX D'ÉCREVISSES & autres. Le corail, les yeux d'écrevisses, les perles, les coquilles, la craie, & autres substances de cette nature, sont toutes des terres calcaires & absorbantes, qui se dissolvent très facilement, & en très grande quantité, dans l'acide nitreux, avec lequel elle forment du nitre à base terreuse. Si l'on traite les dissolutions de ces matieres, comme l'eau mere du nitre, en les précipitant par l'alkali fixe, & ensuite en les lavant beaucoup, on retire toutes ces terres dans un état de très grande division; elles portent alors le nom de *Magistere*, avec celui de la substance qui a été dissoute & précipitée. Tous ces magisteres ne sont donc que des terres absorbantes, qui ne different guere les unes des autres, non plus que de l'ancienne *Magnésie calcaire* tirée des eaux meres du nitre & du sel commun.

MAGNÉSIE. On a donné ce nom à deux especes de terres de nature bien différente. L'une est une vraie terre calcaire, & l'autre, une terre qui ne peut se convertir en chaux. Je parlerai successivement de l'une & de l'autre, en commençant par la magnésie calcaire, qui est la plus anciennement connue & usitée; c'est une terre blanche qu'on précipite des eaux-meres du nitre & du sel commun par le moyen d'un alkali fixe, & qu'on édulcore bien ensuite pour lui emporter tout ce qu'elle a de salin.

Pour faire la magnésie, on prend de l'eau-mere de nitre ou de sel commun, on la met dans un grand vase; on y ajoute une bonne quantité d'eau commune pour l'étendre & pour la délayer; ensuite on y verse peu-à-peu un alkali fixe quelconque en liqueur; on agite le mélange qui se trouble aussi-tôt, & devient blanc laiteux; on verse ainsi de l'alkali à plusieurs reprises, jusqu'à ce qu'on s'apperçoive qu'il n'occasionne plus de précipité. On étend encore la liqueur avec de l'eau commune, si cela est à propos pour faciliter le dépôt de la terre. Lorsque ce dépôt est bien formé, on décante la liqueur dessus; on le verse sur un filtre de papier gris, soutenu sur une toile; on y passe de l'eau pure jusqu'à ce qu'elle sorte absolument insipide. Alors on laisse sécher cette terre après l'avoir mise en trochisques, si on le juge à propos : c'est-là ce qu'on appelle *magnésie*.

Les *eaux-meres du sel commun & du nitre* sont presque entiérement composées, la premiere de sel marin à base terreuse, & la seconde de nitre & de sel marin à base terreuse. Ces sels sont composés des acides nitreux & marin, unis jusqu'au point de saturation à une terre calcaire, & sont de nature très déliquescente : c'est par cette raison qu'ils ne se crystallisent point, & qu'ils restent dissous en très grande quantité dans les dernieres portions de liqueur dont on ne peut plus retirer de crystaux. Les alkalis fixes étant en état de décomposer tous les sels à base terreuse, & d'en séparer la terre, la séparent en effet dans l'opération présente. La magnésie n'est donc autre chose qu'une terre calcaire extrêmement divisée; elle s'emploie en Médecine en qualité d'absorbant terreux, & c'en est effectivement un très bon, à cause de sa grande division.

Il faut nécessairement étendre, dans une très grande quantité d'eau, les eaux meres dont on veut précipiter la magnésie, parceque la terre absorbante tenue en dissolution par les acides nitreux & marin, y est en si grande quantité, que, lorsqu'on y ajoute l'alkali, sans l'avoir étendue, il semble d'abord qu'il ne se fasse aucune précipitation; les molécules de terre, faute de pouvoir se mouvoir librement, & se rejoindre les unes aux autres, ne forment point de molécules sensibles, & restent presque dans le même état où elles étoient, lorsqu'elles adhéroient aux acides; mais la séparation ne s'en fait pas moins, & si abondamment, que l'eau du mélange se trouve en trop petite quantité, & que le tout prend corps, & devient solide. Cette coagulation, presque solide, qui arrive à l'occasion du mélange de deux liqueurs, d'abord bien fluides, a quelque chose qui étonne beaucoup ceux qui n'en savent point la cause; aussi l'a-t-on nommée le miracle chymique, *miraculum chymicum*. C'est pour éviter ces coagulations, & pour donner lieu à la terre de se bien déposer, qu'on ajoute une suffisante quantité d'eau.

Lorsque la précipitation est faite, il reste dans la liqueur des sels neutres à base d'alkali fixe, tels qu'ils doivent être, suivant l'espece des acides des sels à base terreuse qui ont été décomposés, & suivant la nature de l'alkali qu'on a employé pour cette décomposition; ainsi, si c'est l'alkali fixe minéral, les nouveaux sels neutres sont du sel commun ordinaire dans l'eau de ce sel, & de plus du nitre quadrangulaire dans celle du nitre : si c'est un alkali fixe végétal, on retire de l'eau-mere du sel commun, le sel fébrifuge de *Sylvius*: & de celle du nitre, le même sel avec de très bon nitre ordinaire.

Il suit de-là que, si on étoit dans le cas de faire de la magnésie en très grande quantité, on auroit tort de jetter l'eau après la précipitation, attendu qu'on pourroit retirer, presque sans frais, beaucoup de très bon nitre, ou de très bon sel commun, suivant l'eau-mere qu'on emploieroit. Il faudroit alors employer l'alkali fixe végétal pour l'eau-mere du nitre, & le minéral pour celle du sel commun; il ne s'agiroit plus, après cela, que de faire évaporer & crystalliser, pour retirer une grande quantité de ces sels d'usage.

Si on ne lavoit point la magnésie après qu'elle est précipitée, il est très certain qu'elle contiendroit beaucoup des sels dont on vient de parler; & alors elle ne seroit point simplement absorbante, mais elle participeroit des vertus de ces sels; elle seroit même purgative à une certaine dose : mais, comme la quantité des sels qui y reste, est toujours incertaine, il vaut mieux, lorsqu'on a intention qu'elle en contienne, la préparer à l'ordinaire, & y mêler ensuite telle dose de ces mêmes sels qu'on juge à propos.

Quelques Artistes préparent la magnésie sans la précipiter par un alkali; ils font simplement dessécher l'eau-mere, après quoi ils calcinent le résidu dans un creuset pour en faire dissiper les acides; mais cette méthode ne vaut rien, principalement à cause du caractere de chaux vive que cette calcination donne à la magnésie.

Si, au lieu de verser de l'alkali fixe dans l'eau-mere,

on y mêle de l'acide vitriolique, & qu'on ne l'ait pas étendue par de l'eau commune, il s'y forme aussi une très grande quantité d'une espece de précipité très blanc. Quelques Auteurs ont donné aussi le nom de *magnésie* à ce précipité, mais mal-à-propos, attendu qu'il est d'une nature bien différente de celle de la magnésie précipitée par l'alkali.

Le dépôt qui se forme, par l'addition de l'acide vitriolique, loin d'être une terre calcaire pure, est composé de cette même terre, que cet acide enleve aux acides nitreux & marin, & avec laquelle il forme de la *sélénite*. Cette sélénite paroît sous la forme d'un précipité; parceque, comme elle est très peu dissoluble dans l'eau, elle n'en trouve point assez dans la liqueur pour s'y tenir en dissolution : aussi, si l'on ajoute une suffisante quantité d'eau, sur-tout d'eau bien chaude, cette prétendue magnésie, ou ne paroît point, ou disparoît en se redissolvant en entier : elle n'est d'ailleurs bonne à rien.

MAGNÉSIE DU SEL D'EPSOM. On n'a commencé à connoître l'espece de magnésie ou de terre précipitée, dont il s'agit ici, que depuis que le docteur *Black* a publié les recherches qu'il a faites pour en connoître la nature, dans un excellent Mémoire imprimé dans le second volume des Essais de Physique & de Littérature d'Edimbourg.

Cette espece de terre differe très essentiellement de la magnésie, dont il a été parlé dans l'article précédent. Celle du sel d'epsom n'est ni une terre calcaire, ni une terre argilleuse, comme on va le voir par le détail de ses propriétés, & la comparaison avec celle des autres terres.

Je n'ai point connoissance que jusqu'à présent on ait trouvé dans l'intérieur de la terre la magnésie du sel d'epsom en grand amas, en grands bancs, comme on trouve par-tout des terres calcaires, argilleuses & autres qui peuvent lui ressembler à certains égards; on ne l'a encore apperçue que dans l'analyse de quelques pierres; mais sur-tout combinée jusqu'à saturation avec l'acide vitriolique, & formant le sel neutre vitriolique à base terreuse, connu sous les noms de *Sel d'Epsom*, *Sel Cathartique amer*, *Sel de Sedlitz*, qui ne sont tous qu'un seul & même sel

Pour obtenir la magnésie du sel d'Epsom, le procédé est fort simple : il consiste à faire dissoudre ce sel dans de l'eau, & à en précipiter la base terreuse, par un sel alkali, à l'ordinaire ; on lave légerement ce précipité, qui après avoir été séché, se présente sous la forme d'une terre très fine, de la blancheur la plus éclatante, légere, insipide, formant une pâte avec l'eau, mais qui n'a presque aucun liant.

Cette magnésie, quand la précipitation en a été faite par un alkali non caustiqne, se redissout, suivant les observations du Docteur *Black*, avec une grande effervescence dans tous les acides, comme les terres calcaires non-calcinées ; mais cette propriété, jointe à son apparence extérieure, est presque la seule qu'elle ait de commune avec ces terres.

Le sel vitriolique à base terreuse qu'elle forme avec l'acide vitriolique, qui est le vrai sel d'Epsom régénéré, & qui est très susceptible de crystallisation, a une saveur peu piquante, assez fraîche & suivie d'une amertume beaucoup plus grande que celle du *Sel de Glauber* ; il n'a aucune espece d'astriction, en quoi il differe beaucoup de tous les sels alumineux ; il s'humecte un peu lorsqu'il est exposé pendant quelque tems à un air qui n'est pas très sec ; il se dissout, comme le sel de Glauber, en très grande quantité dans l'eau bouillante, & se crystallise aussi par refroidissement ; ses crystaux sont aussi nets & aussi transparents que ceux du sel de Glauber ; ils retiennent, comme eux, une grande quantité d'eau de crystallisation, à la faveur de laquelle ils se liquéfient, lorsqu'on les chauffe promptement & fort, comme le sel de Glauber, l'alun & le borax, & en se desséchant, ils forment une masse solide, friable, d'un blanc opaque, après qu'ils ont perdu par la chaleur leur eau de crystallisation. Ce sel, qu'il faut bien distinguer du faux sel d'epsom, tiré des salines de Lorraines, lequel n'est que du sel de Glauber, est un purgatif minoratif très bon à la dose d'une once, c'est à ce sel que l'eau de sedlitz & plusieurs autres eaux mi-

nérales ameres doivent leur vertu laxative ou purgative.

La magnésie du sel d'epsom, suivant l'expérience d
Docteur Black, forme avec l'acide nitreux, un s
crystallisable qui s'humecte cependant à un air humide
Avec le vinaigre distillé elle n'a point formé de cry
taux, mais une masse saline, qui, lorsqu'elle étoi
chaude, ressembloit à de la colle forte par sa coule
& par sa consistance; en refroidissant elle devenoit s
lide & cassante.

Si l'on reçoit dans l'appareil pneumato-chymiqu
la substance aériforme qui se dégage de la magnési
dans son effervescence avec les acides, on trouve q
c'est un gas qui a toutes les propriétés de celui que l'o
sépare des terres calcaires par la même opératio
c'est-à-dire, que c'est le *gas méphytique*, nommé *a
fixe*.

On peut enlever ce gas à la magnésie, comme au
terres calcaires, par la seule action du feu; le Docte
Black a observé, après avoir fait cette calcination
que la magnésie avoit perdu les $\frac{7}{12}$ de son poids, part
en eau sans doute; mais la plus grande partie en g
méphytique. Après cette calcination, la magnésie
même que la chaux parfaitement calcinée, continu
se dissoudre dans tous les acides, & forme avec e
les mêmes sels qu'avant sa calcination; mais la disso
lution de ces deux terres se fait alors sans effervescen
& sans dégagement de gas, parceque le feu le leur
enlevé.

C'est-là encore une conformité assez sensible en
la magnésie du sel d'epsom & la terre calcaire; mais
différence bien remarquable qui se trouve entre c
deux terres ainsi calcinées, c'est que la terre calca
possede alors tous les caracteres de la chaux vive, a
lieu que la magnésie, quelque bien calcinée qu'elle a
été, n'a ni la causticité, ni la dissolubilité dans l'ea
ni aucune des propriétés de la chaux calcaire.

D'autres expériences qui ne sont pas moins inté
santes, ont prouvé au Docteur *Black*, que, lorsq
la magnésie du sel d'epsom contient tout son gas, c

précipite les terres calcaires unies aux acides, en terre calcaire effervescente, & que, lorsqu'elle a été calcinée, elle n'occasionne point cette précipitation. Il en est de même de l'eau de chaux, la magnésie non-calcinée en précipite la chaux en terre calcaire douce & effervescente, & ne produit point cet effet après sa calcination. On peut conclure de ces faits, 1°. que c'est à l'aide de son gas, & par le moyen d'une double affinité, que la magnésie gaseuse sépare les terres calcaires d'avec les acides; & 2°. que la chaux vive, telle qu'elle l'est dans l'eau de chaux, a plus d'affinité avec le gas méphytique, que n'en a la magnésie du sel d'epsom; différences très considérables, & qui réunies avec la différence des sels formés par l'union de ces deux terres avec les acides, ne permettent nullement de les confondre.

Cette terre du sel d'epsom, differe encore plus des terres argilleuses que des calcaires; car, outre qu'elle est susceptible de se combiner avec le gas méphytique & de s'en séparer, ce que ne font point les argilles, les sels qu'elle forme avec les acides, sont tous différens de ceux qui résultent de la combinaison de la terre argilleuse avec ces mêmes acides; *le sel d'epsom* a, comme je l'ai remarqué, une très grande amertume que n'a point l'alun, & n'a pas le moindre degré de l'astriction de ce sel & de tous les autres sels où se trouve la base de l'alun. D'ailleurs j'ai fait une suite d'expériences sur le vrai sel d'Epsom, & sur sa terre que j'avois fait venir exprès d'Angleterre, & par lesquelles je me suis assuré que ces matieres ne produisent dans la teinture aucun des effets de l'alun, ni de sa terre.

En exposant à une chaleur forte & brusque une pâte que j'avois faite avec de l'eau & de la terre du sel d'Epsom, elle n'a point éprouvé le gonflement, ni la décrépitation qu'éprouve la terre de l'alun traitée de même. j'ai soumis la premiere de ces terres à toute l'ardeur du foyer du grand verre ardent de M. de *Trudaine*, sans qu'elle se soit fondue, ni même disposée à la fonte, elle n'a point pris de corps ni de retraite, & par conséquent point de dureté par l'effet de cette violente chaleur.

J'ai voulu voir si l'eau étoit capable de dissoudre cette magnesie ; pour cela j'en ai fait bouillir de non calcinée dans de l'eau distillée ; il m'a paru qu'en effet, cette eau après avoir été filtrée contenoit quelques parcelles de cette terre ; mais j'ai reconnu par l'évaporation de cette dissolution a siccité, & par son mélange avec les alkalis, que sa quantité de magnésie qu'elle avoit pu dissoudre, étoit presque un infiniment petit.

Cette magnesie mise sur une pelle chaude dans l'obscurité, devient lumineuse ; mais cette propriété lui est commune avec presque toutes les terres calcaires, que M. *Lavoisier* a trouvées lumineuses, & même avec un très grand nombre d'autres matieres terreuses & pierreuses.

Il reste encore beaucoup d'autres expériences à faire sur cette terre singuliere que je ne négligerai pas ; mais celles que je viens d'exposer, tant d'après le Docteur *Black*, que d'après mes propres travaux, suffisent pour démontrer que la magnésie du sel d'Epsom differe essentiellement des terres calcaire & argilleuse, & probablement même de toutes les autres matieres terreuses.

Jusqu'à présent ç'a été presque uniquement pour l'usage de la médecine qu'on a préparé la magnésie du sel d'Epsom : on l'emploie aux mêmes doses & dans les mêmes cas que l'ancienne magnésie calcaire ; c'est-à-dire, principalement pour amortir & absorber les aigres des premieres voies : mais celle du celle d'Epsom paroît bien préférable à l'autre, par plusieurs raisons qu'il est aisé de déduire de ses propriétés essentielles. D'ailleurs on assure qu'elle purge doucement, à la dose depuis une demi-once jusqu'à une once.

Je crois devoir faire observer au sujet des aigres, qu'il est probable qu'il y a deux sortes d'aigres ou d'acides dans les premieres voies, savoir des acides en liqueur, provenant d'une digestion trop foible pour combiner ou amortir les acides qui se développent dans la premiere décomposition de la plupart de nos alimens, & sur-tout de ceux qui contiennent beaucoup d'acide facile à développer, tels que le vin, le pain, le beurre, les graisses & autres, & secondement, un acide gaseux, provenant de la fermentation que paroissent éprouver les alimens, sur-tout dans les estomacs foibles.

Les acides de la premiere espece peuvent être facilement absorbés aussi bien par l'une que par l'autre magnésie; mais il est à remarquer qu'en même-tems que ces magnésies s'unissent aux acides en liqueur, l'acide gaseux dont elles sont pleines ne peut manquer de se dégager & d'occasionner par leur dégagement des gonflemens, des vents, & même l'espece de douleur que produit l'action des acides libres dans les premieres voies. Car, quoique ces acides gaseux soient très foibles & les plus foibles de tous, leur état de gas les rend capables d'agir avec encore plus de promptitude & d'efficacité que des acides en liqueur beaucoup plus forts, ainsi dans le cas dont il s'agit on n'est délivré d'une incommodité par l'usage des magnésies, que pour retomber dans une autre, qui souvent est encore plus fâcheuse. Les Médecins praticiens doivent avoir souvent occasion de faire cette sorte d'observation.

Mais de plus, la présence des acides en liqueur dans les premieres voies, n'est peut-être pas la cause la plus ordinaire des douleurs considérables que ressentent les personnes tourmentées de ces aigreures violentes, auxquelles on donne le nom de *soude*, de *fer chaud*, parceque ces malades éprouvent en effet une sensation qui a quelque rapport à celle de la brûlure. Il me paroît assez probable que ces cruelles aigreurs sont occasionnées bien plutôt par un acide dans l'agrégation aérienne, que par des acides en liqueur; ce qui me porte à le croire, c'est que j'ai vu des personnes dans les plus forts accès de ces sortes d'aigreurs, avoir l'estomac irrité jusqu'au point de vomir, & éprouver par l'effet de ce vomissement un agacement de dents presque égal à celui que produit un acide minéral peu affoibli, tandis que les matieres qui avoient été vomies, & que je me suis donné la peine d'examiner, n'avoient qu'une acidité presque insensible, & à peine capable de rougir un peu le papier bleu; or si la cause de cette maladie est la présence d'un acide gaseux, il est clair que les magnésies non calcinées ne peuvent absorber un pareil acide, puisqu'elles en sont elles-mêmes toutes pleines C'est donc alors aux magnésies calcinées qu'il faut avoir recours ; mais l'ancienne magnésie calcaire calcinée est de la chaux vive ; c'est un vrai caustique, qu'on ne peut sans danger introduire dans l'estomac, même dissoute & étendue dans l'eau comme elle l'est dans l'eau de chaux ; au lieu que la magnésie du sel d'Epsom calcinée, est tout aussi capable que la chaux d'absorber efficacement les acides gaseux, sans avoir le grand inconvénient de la causticité : c'est-là un motif de préférence pour cette derniere, qui me paroît très fort, & que je pourrois appuyer de plusieurs observations, si c'en étoit ici la place.

MAGNÉSIE NOIRE, ou MANGANÈSE. Cette substance, quoiqu'on lui ait donné le nom de *magnésie*, est totalement différente des deux sortes de terres dont il a été parlé dans les articles précédens ; c'est pourquoi il seroit beaucoup mieux de ne lui conserver que le nom de *manganèse*.

C'est un minéral assez dur, de couleur grise obscure, noirâtre ou rougeâtre, d'une texture striée. On l'a regardée long-tems comme une espece de mine de fer, ou du moins comme une matiere qui contenoit une quantité notable de fer ou de terre ferrugineuse. Mais deux excellens Chymiste, M. *Pott* & M. *Cronstedt* l'ayant examinée avec plus d'exactitude, ont trouvé que ce n'étoit point une matiere ferrugineuse, excepté un peu d'étain, que M. *Cronstedt* dit avoir retiré quelquefois de la manganèse, il ne paroît pas que cette matiere contienne d'autres substances métalliques, à moins qu'elles ne soient volatiles. Ceux qui desireront connoître plus particuliérement la manganèse, peuvent consulter les Dissertations de MM. *Pott* & *Cronstedt*. Je me bornerai ici à dire deux mots des usages de la manganèse : on s'en sert principalement dans la verrerie pour ôter les couleurs du verre ou du crystal, & particuliérement les nuances de jaune, de bleu & de vert. Cette substance donne naturellement dans la vitrification une couleur violette ; mais, quand on n'en mêle qu'une petite quantité dans la fritte du verre, sa couleur violette disparoît & fait disparoître avec elle les autres couleurs; aussi lui a-t on donné le nom de *savon du verre*. M. *de Montami* a donné une explication ingénieuse de ce phénomene, dans son Traité des couleurs des émaux & porcelaines, qu'on peut consulter à ce sujet. Je ferai seulement observer ici, que la couleur de la manganèse, quoiqu'insensible dans le cas dont il s'agit, n'est pourtant pas détruite, & qu'on peut souvent la faire reparoître, en refondant le verre qui en contient avec un peu de nitre.

J'ai vu même une sorte de crystal très blanc, qui n'avoit besoin que d'être chauffé jusqu'à un certain point, pour devenir d'un très beau violet.

On peut se servir aussi avec grand succès de la manganèse pour des verres colorés du violet le plus riche d'amethiste, & pour des couleurs violettes, sur les émaux & sur la porcelaine : mais, pour produire tous ces effets d'une maniere satisfaisante, il faut un concours de manipulations & de circonstances qui ne sont point faciles à réunir. La manganèse doit être bien choisie ; car il y en a de fort différentes les unes des autres. Celle de Piémont est une des plus estimées ; elle doit être ensuite calcinée parfaitement, pour lui enlever tout ce qu'elle peut contenir de volatil. Ensuite il faut la fondre & même quelquefois à plusieurs reprises avec du nitre purifié ; ce sel ayant la propriété singuliere d'embellir, d'exalter, & même de revivifier le violet de la manganèse. Enfin on la fait fondre avec la fritte destinée à la vitrification, dans laquelle on fait toujours entrer aussi un peu de nitre. On peut réussir avec toutes ces attentions à avoir de très beaux violets ; mais il est essentiel de savoir encore que cette couleur demande un feu très net & très pur, car elle est fort sujette à devenir à la cuite ou à la fonte, terne, grise, plombée, ce qui peut faire soupçonner que cette couleur n'est due qu'à quelque terre ou chaux métallique, très sujette à reprendre du phlogistique, dont elle doit être le plus exempte qu'il est possible, pour avoir tout son éclat.

On emploie aussi la manganèse dans des couvertes

brunes, sur différentes poteries; mais, quand on ne veut avoir que du brun par son moyen, elle n'exige pas tant de soins & de précautions.

MALTH. On appelle ainsi le grain qu'on a fait germer & sécher pour le rendre propre à faire du vin de grain, ou de la biere. *Voyez* BIERE.

MANNE : *voyez* SUCRE.

MARCASSITE. C'est un nom qu'on a donné depuis assez long-tems indistinctement à toutes sortes de minéraux, à des mines proprement dites, à des pyrites, à des demi-métaux : il a paru qu'on le restreignoit ensuite aux pyrites; & enfin M. Wallerius vient de proposer de l'affecter particuliérement à celles des pyrites qui ont des formes régulieres & constantes; cela paroît beaucoup plus avantageux que de lui laisser une signification vague & indéterminée, à cause de l'ambiguité & de l'obscurité qui en résulte toujours dans la nomenclature : *voyez* PYRITES.

MARS. Nom de planete que les Chymistes ont donné au fer, & qui est encore assez usité en Chymie & en Médecine : *voyez* FER.

MATRAS. Ce sont des bouteilles à col plus ou moins long, dont on se sert beaucoup en Chymie, pour faire des digestions & des macérations : les matras servent aussi assez souvent de récipiens. La forme des matras est diversifiée : il y en a dont le ventre est sphérique, ce sont les matras ordinaires; d'autres qui sont applatis par le fond, on les appelle *matras à cul plat*; d'autres enfin figurés en forme d'œuf, on les nomme aussi *œufs philosophiques*. On choisit les uns ou les autres de ces matras, suivant les opérations qu'on y veut faire: les plus commodes de tous, quand on ne travaille pas sur une trop grande quantité de matiere, ce sont les bouteilles de verre mince, qu'on connoît sous le nom de *fioles à Médecine*; parceque ces fioles sont à fort bon marché, que le verre en est d'assez bonne qualité, & qu'on peut les chauffer fort promptement, jusqu'à faire bouillir la liqueur qu'elles contiennent, presque sans crainte de les casser; elles doivent cet avantage à leur peu d'épaisseur. Il est fort utile d'avoir toujours une bonne provision de ces fioles de toutes grandeurs dans un laboratoire :

boratoire; on s'en sert presque continuellement. *Voyez* VAISSEAUX.

MATTE. On nomme ainsi dans le travail des mines le métal encore soufré, demi-minéralisé, & par conséquent point ductile, qu'on retire des premieres fontes, & sur-tout des *fontes crues*, c'est-à-dire de celles où le minéral n'a point été d'abord grillé. *Voyez* TRAVAUX DES MINES.

MENSTRUE. Cette expression est synonime en Chymie avec celle de dissolvant: *voyez* DISSOLUTION.

MERCURE. C'est le nom d'une planete, qu'on a donné à une substance métallique, qui s'appelle autrement *vif-argent*: mais, comme le nom de *mercure* est devenu le plus usité, c'est sous ce nom qu'on va exposer les principales propriétés de cette matiere métallique.

Le mercure est donc une substance métallique d'un blanc brillant & éclatant, absolument semblable à celui de l'argent. Il est habituellement fluide, & par conséquent on ne peut reconnoître, ni sa ductilité, ni la ténacité qu'ont entre elles ses parties intégrantes. Sa pesanteur spécifique est très grande; après l'or & la platine, c'est la plus pesante des substances métalliques, & même de tous les corps naturels connus; il ne perd dans l'eau qu'environ un quinzieme de son poids: un pied cube de mercure pese 947 livres.

Ni l'air, ni l'eau, ni l'action réunie de ces deux élémens, ne paroissent faire d'impression sensible sur lui: il n'est pas plus susceptible de rouille que les métaux parfaits. Sa surface se ternit néanmoins jusqu'à un certain point, & plus promptement que celle de l'or & de l'argent, lorsqu'il est exposé à l'air; mais c'est parceque la poussiere qui voltige toujours dans l'air, se dépose & s'attache très promptement à sa surface: il en est de même des vapeurs aqueuses qui sont aussi toujours répandues dans l'air; elles se joignent en une certaine quantité au mercure bien sec; ensorte que cette substance paroît exercer une sorte d'attraction sur tous les corps réduits en molécules très fines.

On débarrasse facilement le mercure de ces matieres étrangeres qui ne lui adherent que très foiblement, en le faisant passer à travers une toile neuve, nette & serrée, & en le faisant ensuite chauffer. Lorsque le mercure est ainsi purifié, & qu'il est d'ailleurs exempt de tout alliage, il a une fluidité & une mobilité considérables. On a remarqué que, lorsqu'on secoue dans les ténebres un barometre fait avec de pareil mercure, il jette une lumiere phosphorique. Ses parties intégrantes paroissent s'attirer beaucoup entre elles, comme celles des autres métaux fondus; car il prend toujours une forme convexe ou sphérique toutes les fois qu'il n'a de contact qu'avec des corps auxquels il ne s'unit point.

M. *Lémery* le fils assure que le mercure qu'on a fait bouillir dans de l'eau pure, se retrouve exactement de même poids qu'avant cette opération; & il en conclut que l'eau n'en détache & n'en dissout absolument rien. Cependant un grand nombre de bons Médecins sont dans l'opinion que l'eau dans laquelle on a ainsi fait bouillir le mercure, a la propriété de tuer les petits insectes & la vermine; ce qui doit faire soupçonner que l'eau peut se charger de quelques particules mercurielles, mais, sans doute, en si petite quantité, qu'elles ne sont point appréciables à la balance. Nous ne connoissons pas encore les émanations insensibles des corps. Ces expériences paroissent mériter d'être réitérées avec toutes les attentions convenables.

Le mercure exposé à l'action du feu, présente plusieurs phénomenes dignes de remarque; il paroît qu'il n'éprouve aucun changement par une chaleur qui n'excede point celle de l'eau bouillante; mais à une chaleur supérieure, il se réduit & se dissipe entiérement en vapeurs, comme tous les corps volatils. Il n'éprouve aucune altération pour avoir été ainsi réduit en vapeurs; car si on fait cette évaporation dans des vaisseaux clos, c'est-à-dire, qu'on le fasse passer en distillation, ses vapeurs se réunissent en masse, & il se représente absolument tel qu'il étoit avant cette distillation. Cette inaltérabilité du mercure par la distillation, se soutient même dans les épreuves les plus fortes & les plus marquées. *Boerrhaave* a soumis dix-huit onces de mercure à cinq cens distillations de suite, & n'y a remarqué, après cette longue épreuve, aucun changement sensible, sinon qu'il lui a paru plus fluide, que sa pesanteur spécifique étoit un peu augmentée, & qu'il lui est resté quelques grains de matieres fixes : petits changemens visiblement occasionnés par une exacte purification, & non par aucune altération réelle du mercure. Au reste, il en est du mercure comme de tous les autres corps volatils : si ses vapeurs n'ont pas la liberté de s'échapper, ou de se condenser lorsqu'il est chauffé, elles surmontent avec explosion les obstacles les plus forts. M. *Hellot* a dit à l'Académie avoir été témoin d'une expérience de cette nature. Un particulier, prétendant fixer le mercure, en avoit enfermé une certaine quantité dans du fer fort épais, & exactement soudé à la forge ; cet appareil fut mis en entier dans un fourneau. Quand le mercure fut échauffé, il déchira son enveloppe de fer, & s'élança en vapeurs à perte de vue. Cette expérience fut faite chez M. *Geoffroi* le jeune. M. *Baumé* dit dans sa Chymie, qu'il en a été témoin, & en rapporte les détails.

Par la digestion à un degré de chaleur très fort, & soutenu pendant plusieurs mois, dans un vaisseau qui n'est pas exactement clos, le mercure éprouve une altération plus sensible ; sa surface se change peu-à-peu en une poudre rougeâtre, terreuse, qui n'a plus aucun brillant métallique, & qui nage toujours à la surface du reste du mercure sans s'y incorporer. On peut convertir ainsi en entier en poudre rouge, une quantité donnée de mercure ; il ne faut que le tems & les vaisseaux convenables. Comme le mercure, ainsi changé de forme, ressemble à un précipité métallique, & qu'on n'a besoin pour cela d'aucune addition, les Chymistes ont donné à cette prépatation le nom de *mercure précipité par lui-même*, ou en latin *per se*.

La plus forte chaleur qu'on puisse faire éprouver au mercure, est absolument nécessaire pour le réduire en précipité *per se*. Car *Boerrhaave*, qui a fait sur cette substance, les travaux les plus longs, avec un courage dont il y a peu d'exemple, même parmi ceux qui cherchent à faire de l'or, a tenu du mercure en digestion pendant quinze années de suite, sans y avoir remarqué aucun changement, sinon qu'il s'étoit formé à sa surface un peu de poudre noire, qui n'avoit besoin que d'une simple trituration, pour reparoître sous la forme de mercure coulant : *voyez* PRÉCIPITÉ PER SE, & les articles CHAUX MÉTALLIQUES & GAS OU AIR DÉPHLOGISTIQUÉ.

On ne peut douter que cette préparation ne soit une vraie chaux de mercure, analogue à toutes les autres chaux métalliques, c'est-à-dire, un mercure qui a perdu par une espece de combustion, assez de son phlogistique, pour n'être plus dans son état métallique complet. En effet, cette chaux de mercure ne se peut faire, comme toutes les autres chaux métalliques, qu'avec le concours de l'air; lorsqu'elle est faite, non seulement elle n'a plus l'opacité & l'éclat métallique, mais encore sa pesanteur spécifique est diminuée, puisqu'elle nage sur le mercure coulant, & sa pesanteur absolue est augmentée environ d'$\frac{1}{10}$: cette augmentation n'est due qu'à de l'air qui se combine avec le mercure, pendant sa calcination, & à proportion qu'il en dégage la matiere du feu, comme dans toutes les combustions. En réduisant cette chaux de mercure, sans addition, dans les vaisseaux clos, cet air se dégage à mesure que le mercure se réduit; on l'obtient dans l'appareil pneumato chymique, dans l'état de l'air le plus pur qui soit connu, c'est celui qui porte le nom d'*air déphlogistiqué*, & à proportion que cet air se sépare de la chaux de mercure, celle-ci redévient mercure coulant en reprenant son opacité, son éclat, sa fusibilité, sa volatilité, sa pesanteur spécifique, & perd juste l'augmentation de poids absolu qu'il avoit lorsqu'il étoit chaux. Enfin, cette chaux, tant qu'elle est chaux, a, comme toutes les autres terres métalliques, moins de fusibilité & plus de fixité que le métal dont elle provient. On peut la sublimer, à la vérité, dans son état de chaux, suivant l'observation de M. *Baumé*; mais il faut pour cela un degré de chaleur notablement plus grand que pour sublimer ou distiller le mercure coulant, & ce qu'il y a de très important à remarquer, c'est qu'il faut nécessairement le concours de l'air pour que cette chaux s'éleve ainsi en sublimé rouge; car quand le contact de l'air lui est absolument interdit, alors elle ſe réduit en mercure coulant ; circonſtance dont M. *Baumé* n'a pas fait mention, & qui eſt le nœud de la difficulté & de l'objection de fait que M. *Cadet* lui a oppoſée.

Cet excellent obſervateur a très bien vu auſſi que le *précipité per ſe* eſt beaucoup plus fixe que le mercure coulant ; qu'il peut ſoutenir le degré de chaleur de l'incandeſcence, & même ſe vitrifier. M. *Kair*, ſavant Chymiſte Ecoſſois, dans les excellentes notes qu'il a ajoutées à la traduction qu'il s'eſt donné la peine de faire en Anglois de la premiere édition du Dictionnaire de Chymie, dit auſſi : *le mercure calciné par le feu, qu'on appelle* précipité per ſe, *ſoutient pendant quelque tems une chaleur capable de le faire rougir, & lorſqu'on l'expoſe au foyer d'un verre ardent, ſe vitrifie.*

» Mercury calcined by head, called, the precipitate » *per ſe*, ſuſtains during ſome time a red heat, and by » expoſure to the heat, of a burning glaſs is vitri- » fiable «. (*A Dictionary of Chemiſtry . . . London*, 1771, *p.* 405).

On a cru pendant long-tems que la fluidité du mercure lui étoit auſſi eſſentielle dans ſon état naturel que ſa volatilité ; enſorte que ceux mêmes qui ont travaillé à la rendre fixe & ſolide, n'eſpéroient y parvenir qu'en changeant beaucoup ſa nature ; mais on eſt aſſuré préſentement qu'il ne lui faut qu'un degré de froid ſuffiſant, pour être ſolide & malléable comme les autres métaux. Cette vérité, qui avoit été conjecturée dans la Chymie théorique, a été démontrée dans ces derniers tems par M. *Braune*, qui le premier s'eſt occupé de ces expériences, & par MM. *Æpinus*, *Zeiher*, *Model*, *Kruſe*, tous de l'Académie Impériale de Petersbourg : ces Savans, voulant profiter d'un froid naturel exceſſif qui ſe fit ſentir le 25 Décembre 1759, qui étoit au 199 degré du thermometre de *Delile*, répondant au 29 degré au deſſous de zéro de celui de *Réaumur*, augmenterent encore ce froid par les moyens connus, & ſur-tout par le mélange de l'eſprit de nitre avec de la neige, & le porterent juſqu'au 125e degré de *Réaumur* ; ils s'apperçurent alors que le mercure contenu dans le thermometre dont ils ſe ſervoient, ne marquoit plus les degrés de refroidissement, & soupçonnerent qu'il avoit perdu sa fluidité : ayant cassé leur thermometre, ils trouvêrent en effet que le mercure s'étoit figé : ils réitérerent cette belle expérience sur d'autres thermometres, & réussirent si complettement, qu'après avoir cassé un de ces instrumens, ils en tirerent le mercure entiérement solide ; ensorte que la boule ressembloit à un petit globe d'argent, & le filet du tube à un fil flexible de ce même métal : ils donnerent plusieurs coups de marteau sur cette boule de mercure solide, & virent qu'elle s'applattissoit & s'étendoit comme un métal ductile. M. *Poissonnier*, Médecin de la Faculté de Paris, Médecin consultant du Roi, & Membre de l'Académie des Sciences de Pétersbourg, qui se rouvoit alors en Russie, étoit présent, & un des coopérateurs à cette expérience importante, & c'est lui qui en a envoyé les premiers détails à l'Académie des Sciences de Paris. M. *Braun* a publié à ce sujet une dissertation très curieuse qu'on peut consulter pour les détails ; elle est intituiée, *De admirando frigore artificiali, quo mercurius est congelatus, &c. autore J. A. Braune, Typis Acad. Scient. Petropolit.* 1760. *in*4.

Il est donc bien constaté par cette expérience capitale & authentique, que le mercure est, de même que les autres métaux, fluide ou solide, suivant qu'il est plus ou moins échauffé ; que si nous ne le voyons jamais que fluide, c'est qu'il est d'une si grande fusibilité, & qu'il lui faut une si petite quantité de chaleur pour être fondu, qu'il lui en reste assez, même dans les plus grands froids qu'on puisse observer sur la terre, pour se tenir dans une fusion perpétuelle.

Cette extrême fusibilité du mercure & la grande volatilité qui se trouvent réunies dans cette substance singuliere avec la densité & la pesanteur métalliques, portées au plus haut degré, n'en sont pas moins des propriétés qui paroissent en quelque sorte contraires & incompatibles dans le même sujet : en effet, la densité, la pesanteur & la solidité des métaux ne permettent point de douter que l'élément terreux n'entre en grande quantité dans leur composition ; & d'ailleurs la calcination des métaux imparfaits, met en quelque ſorte cet élément à nud, & nous le rend ſi ſenſible par ſes propriétés eſſentielles, qu'il eſt impoſſible de douter qu'il ne faſſe réellement partie des métaux : l'extrême denſité ou peſanteur du mercure, ſemble prouver preſque auſſi évidemment, que l'élément terreux entre en très grande quantité dans ſa compoſition ; mais, d'un autre côté, la ſolidité & la fixité, ſont certainement des propriétés eſſentielles & caractériſtiques de la terre principe. Comment donc concevoir qu'une ſubſtance compoſée preſque entiérement du principe le plus fixe & le plus réfractaire, ſoit d'une ſi grande volatilité ? Sans doute, c'eſt à cauſe de la préſence & de l'union intime de quelqu'autre principe qui eſt éminemment volatile & fuſible : mais quel eſt ce principe ? eſt-ce le phogiſtique ? eſt-ce cet autre principe entrevu, ſenti, indiqué, mais non pas prouvé par *Beccher*, ſous le nom de *terre mercurielle ?* eſt-ce la réunion du principe inflammable, & de cette terre mercurielle ? Ce ſont-là certainement des objets dignes d'occuper ceux qui ont du goût & des talens pour les recherches les plus ſublimes de la Chymie. Mais continuons à jetter un coup d'œil ſur les autres propriétés que préſente le mercure dans ſes combinaiſons avec les principaux agens chymiques.

L'acide vitriolique, dans ſon état ordinaire, n'agit point, ou n'agit que très foiblement & très mal ſur le mercure en maſſe. Ces deux ſubſtances ne peuvent ſe combiner enſemble, à moins que l'acide ne ſoit dans le plus grand degré de concentration, & ſecondé par la chaleur la plus forte. On réunit ces deux conditions, en employant le ſecours de la diſtillation. L'acide vitriolique verſé & diſtillé ſur le mercure, ſe concentre de plus en plus ; & comme il acquiert une grande chaleur lorſqu'il eſt très concentré, il agit bien alors ſur le mercure, le diſſout, & le réduit en une maſſe ſaline de couleur blanche.

On obſerve dans cette opération, que la portion d'acide qui paſſe dans la diſtillation, a un caractere ſulfureux volatil très fort, ce qui prouve que cet acide s'empare d'une partie du principe inflammable du mercure.

Lorsqu'on mêle avec de l'eau pure la combinaison salino-mercurielle qui reste dans la cornue, elle se partage en deux matieres différentes : une partie se dissout parfaitement dans l'eau, & l'autre se précipite sous la forme d'une poudre blanche, si l'eau est froide, & jaune, si elle est chaude & en suffisante quantité. La portion qui est restée dissoute dans l'eau, est une combinaison de mercure avec une suffisante quantité d'acide vitriolique, pour être bien dans l'état salin ; elle forme un sel à base métallique, susceptible de se crystalliser par l'évaporation de la liqueur : ce sel doit être nommé *vitriol de mercure*. A l'égard de la portion qui s'est précipitée, c'est du mercure presque tout pur, qui n'entraîne avec lui que trop peu d'acide, pour pouvoir rester en dissolution dans l'eau : cet acide peut lui être enlevé presque en totalité, & même absolument en entier, suivant M. *Beaumé*, par un lavage suffisant avec de l'eau chaude : on observe que ce précipité devient de plus en plus jaune, à mesure qu'on le lave ainsi avec de l'eau chaude ; c'est un émétique violent, connu sous le nom de *turbith minéral* : c'est une vraie chaux de mercure faite par l'acide vitriolique.

Si, au lieu de traiter avec l'eau la combinaison d'acide vitriolique & de mercure qui reste dans la cornue après la distillation, on y recohobe à plusieurs reprises de l'acide vitriolique, *Lémeri* dit que le mercure s'en charge de plus en plus, & devient enfin une liqueur très corrosive, que quelques Chymistes ont nommée improprement *huile de mercure*.

Si on expose à l'action du feu la combinaison d'acide vitriolique avec le mercure, la plus grande partie de cet acide s'en détache : mais une chose fort remarquable, c'est que le mercure traité ainsi par l'acide vitriolique soutient une plus grande chaleur, & paroît par conséquent un peu plus fixe que quand il est pur. Cette fixité est une suite de son état de chaux. M. *Bucquet* a observé que si l'on chauffe fortement le turbith minéral, il prend une teinte rouge assez marquée, & qu'enfin, poussé au feu dans les vaisseaux clos, il se ressuscite en mercure coulant. Ces effets sont entiérement analogues à ceux de la chaux de mercure faite sans addition, ainsi qu'à ceux du précipité rouge, dont je vais parler tout-à-l'heure, en un mot à toutes les vraies chaux de mercure.

L'acide nitreux dissout très facilement le mercure, & cette dissolution présente des phénomenes fort analogues à ceux de la dissolution d'argent par le même acide. Cet acide doit être très pur, la dissolution se fait d'elle-même sans le secours de la chaleur; elle est corrosive & noircit la peau, de même que celle d'argent: il en résulte un sel nitreux mercuriel susceptible de se crystalliser: on doit le nommer *nitre mercuriel*.

Si on expose ce sel à l'action du feu, avec le concours de l'air, l'acide nitreux se détache en grande partie sous sa forme ordinaire de vapeurs rouges; & à mesure que l'acide quitte le mercure, le sel, qui est d'abord trés blanc, devient jaune, ensuite oranger, & enfin rouge: le mercure traité par cet acide, prend aussi plus de fixité; néanmoins lorsqu'on le pousse à un degré de chaleur suffisant, avec le concours de l'air, il se sublime.

La poudre rouge qui reste après qu'on a fait évaporer l'acide nitreux, ressemble assez pour le coup d'œil au mercure précipité par lui-même: on l'appelle *précipité rouge*, mais improprement, car ce n'est nullement là un précipité. Lorsqu'on a fait brûler dessus de l'esprit de vin, on la nomme *arcane corallin*. M. *Pœrner*, dans ses notes de l'édition Allemande, dit que pour faire l'arcane corallin, il faut broyer le précipité rouge avec de la liqueur d'alkali fixe, ensuite le bien laver, & enfin, brûler de l'esprit de vin dessus.

L'acide marin en liqueur n'agit point sensiblement sur le mercure en masse, même lorsqu'il est aidé de la chaleur de l'ébullition: mais lorsque cet acide très concentré est réduit en vapeurs, & qu'il rencontre le mercure réduit aussi en vapeurs, alors ces deux corps s'unissent très facilement, & même d'une maniere très intime. Il en résulte un sel marin à base de mercure, crystallisé en aiguilles applaties: on l'a nommé *mercure sublimé corrosif*, ou simplement *sublimé corrosif*, parcequ'il se fait toujours par sublimation, & qu'il est en effet un des plus violens corrosifs.

Il y a plusieurs méthodes pour faire le sublimé corrosif : la plus usitée, est de prendre la dissolution de mercure, par l'acide nitreux, évaporée jusqu'à siccité, de la mêler avec autant de vitriol de mars calciné, & de sel commun décrépité, qu'il y a de mercure dans la dissolution, & de procéder à la sublimation au feu de sable dans un matras. D'un côté l'acide du vitriol dégage celui du sel commun qui s'éleve en vapeurs : d'un autre côté le mercure se réduit lui-même en vapeurs par l'effet de la chaleur ; ces deux corps se combinent l'un avec l'autre dans cet état, & le sel qui résulte de cette combinaison, étant volatil lui-même, s'attache dans la partie supérieure & la moins chaude du matras, où il forme une incrustation crystallisée très blanche & très brillante : c'est le sublimé corrosif. Les autres méthodes de faire ce sel, sont fondées sur les mêmes principes : on les trouvera au mot SUBLIMÉ CORROSIF.

Ce sel est d'une nature singuliere, & differe beaucoup de toutes les autres combinaisons du mercure avec les acides quelconques. Quoiqu'il conserve une causticité des plus fortes, & qu'il soit capable de se recharger d'une beaucoup plus grande quantité de mercure, comme on le dira en parlant du *mercure doux* (qualités qui indiquent une saturation imparfaite de l'acide) il n'a cependant aucune des propriétés qu'on remarque dans tous les sels, dont l'acide est imparfaitement saturée : il se crystallise très bien & très facilement : bien loin d'être déliquescent, comme le sont tous ces sels, il est peu dissoluble dans l'eau ; il lui faut beaucoup d'eau bouillante, pour le dissoudre en entier ; il est par conséquent du nombre des sels qui se crystallisent bien par le refroidissement. Ses crystaux, de même forme que ceux qu'on obtient dans sa sublimation, s'entrecroisent & se croupent irréguliérement les uns sur les autres. Ils ressemblent à un tas de larges lames d'épée ou de poignard jettées les unes sur les autres dans toutes sortes de sens. M. *Bucquet* a observé, qu'en évaporant lentement la dissolution du sublimé corrosif, il a obtenu des crystaux en colonnes exhaëdres, dont quelques-uns avoient plus d'un pouce de longueur.

Si on expose le sublimé corrosif à l'action du feu, il se resublime de nouveau sous la même forme, sans se décomposer, ou du moins ce n'est que d'une maniere insensible.

Cette propriété, de même que les autres, qui sont particulieres aux combinaisons de l'acide marin avec le mercure, se déduiroient bien naturellement de la présence de la terre mercurielle existant abondamment dans l'une & dans l'autre de ces substances, si l'opinion de *Beccher* à ce sujet, étoit suffisamment prouvée; *voyez* SUBLIMÉ CORROSIF.

L'affinité de l'acide marin avec le mercure, est si grande, qu'il se surcharge en quelque sorte d'une quantité considérable de cette matiere métallique. Si l'on triture du sublimé corrosif dans un mortier de verre avec du mercure coulant, ce dernier disparoît peu-à-peu, & commence à se combiner avec le sublimé corrosif, auquel il donne une couleur noirâtre. En ajoutant ainsi du mercure, jusqu'à ce qu'il refuse de se combiner ou de s'éteindre; (car cette sorte de combinaison s'appelle extinction), ce que l'on reconnoît par les globules de mercure qui ne peuvent plus disparoître, on trouvera que le sublimé corrosif peut absorber ou éteindre ainsi environ les trois quarts de son poids de nouveau mercure; & si l'on soumet ce nouveau mélange à la sublimation, la combinaison de ce mercure, avec le sublimé corrosif, acheve de se faire, & il résulte du tout un nouveau sublimé, dans lequel la quantité de mercure est infiniment plus grande, que dans le sublimé corrosif. On fait sublimer cette matiere ainsi jusqu'à trois fois, pour perfectionner la combinaison & la rendre plus intime: ce sublimé porte alors le nom de *mercure sublimé doux*, ou plus communément de *mercure doux*, parceque la quantité de mercure, alors unie à l'acide marin, forme un composé qui n'a plus de causticité, & qu'on fait prendre intérieurement en qualité de purgatif: *voyez* MERCURE DOUX. On le nomme aussi *aquila alba* (aigle blanche;) & ce nom latin, qui vient de l'ancienne Chymie, est encore assez usité pour être en quelque sorte francisé.

L'adouciſſement du ſublimé corroſif, n'eſt pas le ſeul changement que lui occaſionne la quantité de mercure, dont il ſe charge pour ſe transformer en mercure doux. Cette quantité eſt telle, qu'elle fait diſparoître preſqu'entiérement les propriétés de l'acide marin, & même les qualités ſalines. Le mercure doux n'a, à proprement parler, que le coup d'œil extérieur d'une matiere ſaline, il manque preſque entiérement de diſſolubilité dans l'eau, laquelle eſt le caractere le plus diſtinctif des ſels.

Si l'on fait ſublimer juſqu'à ſix fois le mercure doux, ſoit qu'il ſe détache un peu d'acide à chaque ſublimation, ſoit que ces ſublimations rendent la connexion de l'acide avec le mercure de plus en plus intime, il perd de plus en plus de ſa vertu purgative, & enfin il ceſſe entiéremnnt d'en avoir. Lorſqu'il eſt amené à ce point, on le nomme *panacée mercurielle*, ou ſimplement *panacée*. La panacée priſe intérieurement ne peut donc procurer que la ſalivation, lorſqu'elle eſt donnée en doſes ſuffiſantes : *voyez* les articles MERCURE DOUX & SUBLIMÉ CORROSIF, qui contiennent des détails eſſentiels à connoître.

Les combinaiſons du mercure avec les acides vitriolique, nitreux & marin, peuvent ſe décompoſer par tous les intermedes, qui, ayant en général plus d'affinité avec les acides, que les ſubſtances métalliques, décompoſent toutes les diſſolutions des métaux par les acides : ces intermedes ſont les terres abſorbantes, & les ſels alkalis, tant fixes que volatils.

L'eau de chaux mêlée avec la diſſolution de ſublimé corroſif, précipite le mercure ſous la forme d'une poudre rouge briquetée. Ce mélange eſt employé en Chirurgie ſous le nom d'*eau phagédénique :* on s'en ſert pour mondifier les ulceres, & ſur-tout les ulceres vénériens.

Les alkalis fixes précipitent auſſi les diſſolutions de mercure en poudre rougeâtre ; l'alkali volatil précipite le ſublimé corroſif en blanc ; la diſſolution de mercure dans l'eſprit de nitre, en gris ardoiſé. En général, les couleurs des précipités du mercure ſont aſſez diverſifiées ; & ces couleurs dépendent, comme toutes celles des autres précipités métalliques, du degré de division, & de la quantité de matieres salines, gaseuses, & de phlogistique que retiennent ces mêmes précipités.

Les alkalis fixes & volatils n'agissent point ou n'agissent que d'une maniere insensible sur le mercure en masse, mais ils sont capables de le dissoudre, de même que toutes les autres matieres métalliques, quand ils peuvent le saisir dans un état de grande division, comme, par exemple, lorsqu'il est dissout d'abord par un acide. Ainsi lorsqu'on verse une dissolution de mercure, avec excès d'acide, dans une liqueur alkaline bien concentrée, le précipité qui se forme dans les premiers instans du mélange, se redissout & disparoît ensuite; l'alkali volatil, sur-tout, peut dissoudre par cette manœuvre une quantité de mercure très considérable.

Enfin les acides végétaux qui n'agissent presque point non plus sur le mercure en masse, le dissolvent aussi très bien, lorsqu'ils le trouvent dans un degré de division convenable; ainsi si l'on verse du vinaigre distillé en assez grande quantité sur le mercure précipité par l'alkali fixe de sa dissolution dans l'acide nitreux, ce précipité se redissout très facilement & en entier dans cet acide à l'aide de la chaleur, & il résulte de cette combinaison un sel mercuriel d'une nature singuliere.

Il paroît que l'acide du vinaigre, & vraisemblablement tous les autres acides végétaux, sont capables de contracter une union très intime avec le mercure; car le *sel acéteux mercuriel* dont on vient de parler, est non-seulement susceptible de crystallysation, mais il est même de très difficile dissolution dans l'eau. Il arrive delà que le phlegme du vinaigre, quoique très abondant, n'étant point en quantité suffisante pour tenir en dissolution à froid le sel acéteux mercuriel, lorsqu'on fait ce sel par le procédé qu'on vient de décrire, il se crystallise en grande quantité, à mesure que la liqueur se refroidit; ses crystaux sont figurés en petites lames extrémement minces & très brillantes; ils voltigent de tous côtés dans la liqueur, comme de petites feuilles d'argent. M. *Monnet* remarque, avec raison, dans son Traité de la dissolution des métaux, que le sel acéteux mercuriel, se décompose par l'eau seule. Cette propriété lui est, je crois, commune avec tous les sels à base métallique; mais il y a de grandes différences entr'eux à cet égard, les uns sont infiniment plus susceptibles de cette décomposition que les autres, c'est-à-dire, qu'ils exigent beaucoup moins d'eau. Ce Chymiste estimable nous a fait connoître aussi une nouvelle combinaison du mercure avec le *tartre*, qu'on trouvera sous le titre de *tartre mercuriel*.

On voit, par toutes les dissolutions de mercure dont je viens de parler, que cette matiere métallique peut se combiner avec toutes les substances salines, acides ou alkalines; mais c'est avec plus ou moins de facilité & d'intimité d'union. De tous les acides, c'est le nitreux qui dissout le plus facilement le mercure, comme en général toutes les substances métalliques: mais ce n'est pas pour cela celui qui ait la plus grande affinité avec le mercure; au contraire, il semble être celui de tous, qui contracte avec lui l'union la moins intime, comme on va le voir par les expériences suivantes.

Si, dans une dissolution de mercure faite par l'esprit de nitre, on verse de l'acide vitriolique, ou la dissolution d'un sel neutre quelconque, qui contienne cet acide, les liqueurs se troublent aussi-tôt, & quand elles sont chaudes, il se forme un précipité jaune exactement semblable à celui qu'on obtient lorsqu'on étend dans de l'eau la combinaison d'acide vitriolique & de mercure, c'est-à-dire, un *turbith minéral*. Cet effet ne peut arriver que parceque l'acide vitriolique se joint au mercure en le séparant d'avec l'acide nitreux.

Comme cette expérience est très sensible, que le turbith minéral est très reconnoissable, & qu'il se forme dans cette dissolution de mercure par l'acide nitreux, non seulement par l'acide vitriolique libre, mais encore par les sels de nature quelconque, qui contiennent cet acide, cette dissolution de mercure devient une liqueur d'épreuve très commode pour reconnoître la présence de l'acide vitriolique dans une infinité de recherches & d'expériences chymiques, & singuliérement dans l'examen des *eaux minérales*. Aussi elle est fort usitée pour cela; elle est à l'égard de l'acide vitriolique, ce qu'eſt la diſſolution d'argent par l'acide nitreux, à l'égard de l'acide marin : elle pourroit bien cependant n'être pas à l'abri de tout reproche, comme la plupart des épreuves par les réactifs.

L'acide marin, le ſel commun, & en général les ſels quelconques qui contiennent cet acide, mêlés pareillement dans la diſſolution du mercure par l'eſprit de nitre, y occaſionnent auſſi un précipité, par le tranſport de l'acide marin ſur le mercure, que cet acide ſépare par conſéquent auſſi d'avec le nitreux. Ce précipité eſt très blanc, & eſt connu ſous le nom de *précipité blanc*. Il faut obſerver à ſon ſujet, que ce précipité qui n'eſt qu'une combinaiſon d'acide marin & de mercure, ne paroît dans ces expériences ſous la forme de précipité, que parcequ'il exige une très grande quantité d'eau pour ſe tenir en diſſolution, & qu'il en trouve trop peu pour cela dans les liqueurs, ſans quoi ce ſel mercuriel reſteroit diſſout, & ne deviendroit point ſenſible : il differe eſſentiellement à cet égard du turbith minéral qui, de ſa nature, eſt abſolument indiſſoluble dans l'eau.

La raiſon pour laquelle ce ſel mercuriel, nommé *précipité blanc*, eſt infiniment moins diſſoluble dans l'eau que le ſel nitreux mercuriel, c'eſt que d'abord l'acide marin ſe joint d'une maniere beaucoup plus intime avec le mercure, que l'acide nitreux ; & en ſecond lieu, c'eſt que cet acide a une ſi grande affinité avec cette matiere métallique, qu'il s'en ſurcharge, quand il en trouve une quantité ſuffiſante à ſa portée, comme cela a lieu dans l'expérience préſente : car, ſi l'on joint au précipité blanc, au ſublimé corroſif, & en général à toutes les combinaiſons de mercure avec l'acide marin, une beaucoup plus grande quantité de cet acide libre, dont elles ſont ſuſceptibles de ſe charger toutes par ſurabondance, ſans cependant qu'il y ait combinaiſon intime de cette ſurabondance d'acide, elles deviennent diſſolubles dans une quantité d'eau d'autant moindre, qu'elles contiennent une plus grande quantité de cet acide, ſuivant la regle générale.

Il ſuit de-là que, ſi l'on fait le précipité blanc, en verſant une bonne quantité d'acide marin libre dans la dissolution de mercure par l'esprit de nitre, le précipité doit se redissoudre; & c'est en effet ce qui arrive, ainsi que l'ont observé MM. *Geoffroi*, *Juncker*, *Pott* & *Monnet*. Comme, dans cette expérience, le mercure se trouve en dissolution dans une liqueur qui contient l'acide nitreux & l'acide marin, cela a fait croire à quelques Chymistes que le mercure pourroit être tenu en dissolution par l'eau régale. Cependant rien ne paroît moins certain: car il est très possible que le mercure se tienne en dissolution à la faveur de la surabondance de l'acide marin, qu'il ne soit réellement uni qu'avec cet acide, & que l'acide nitreux fasse absolument bande à part, & n'entre pour rien dans cette dissolution. D'ailleurs, si l'acide nitreux & l'acide marin pouvoient être l'un & l'autre unis aux mêmes parties mercurielles; pourquoi le précipité blanc & le sublimé corrosif, qui se font l'un & l'autre avec le concours d'une grande quantité d'acide nitreux, ne contiennent ils uniquement que de l'acide marin? on n'y trouve pas même le plus léger vestige d'acide nitreux.

M. *Pott*, dans sa dissertation sur le sel commun, fait mention encore d'un autre fait, qui semble prouver non seulement que le mercure est dissoluble dans l'eau régale, mais même que l'acide nitreux peut s'emparer de cette matiere métallique, à l'exclusion de l'acide marin. L'expérience de M. *Pott* consiste à verser de l'esprit de nitre sur du sublimé corrosif: ce Chymiste observe qu'il se dégage alors des vapeurs d'esprit de sel.

Un Auteur moderne tire de cette expérience une conséquence contre ce qu'on a dit de la plus grande affinité de l'acide marin, que de l'acide nitreux avec le mercure, & même en général contre ces tendances des corps les uns vers les autres, qui paroissent suivre certaines loix, & qu'on est convenu de nommer *affinités*. Mais je crois pouvoir dire de l'expérience présente, qu'elle n'est imposante qu'au premier coup d'œil, & qu'il en est tout autrement quand on en examine les circonstances plus attentivement.

Il est très vrai, que si l'on verse de l'esprit de nitre sur du sublimé corrosif, & sur-tout si l'on fait chauffer le mélange, on observe les phénomenes d'une réaction, qu'il se dégage des vapeurs, non pas d'acide marin pur, mais d'eau régale, & même que, si la quantité d'acide nitreux est assez grande, le sublimé corrosif s'y dissout en entier ; mais il faut observer à ce sujet, que comme la quantité de mercure est très considérable dans le sublimé corrosif, il n'est pas étonnant que l'acide nitreux, qui a beaucoup d'action dissolvante sur cette matiere métallique, & qui vraisemblablement, ne la trouve pas suffisamment défendue par l'acide marin, n'exerce sur elle une partie de son action : or, comme d'un autre côté l'acide nitreux fixe un peu le mercure, & que le mélange éprouve un certain degré de chaleur, il n'est guere possible qu'il ne se dégage une certaine quantité d'acide marin ; mais il est aisé de sentir, que c'est le concours de ces deux circonstances particulieres qui produit cet effet, plutôt que la supériorité de l'affinité de l'acide nitreux avec le mercure.

Cela est si vrai, que dès que ces deux causes cessent d'agir, c'est-à-dire, que, lorsque la premiere action de l'acide nitreux étant passée, on laisse refroidir le mélange, on voit le sublimé corrosif se crystalliser très promptement dans l'acide nitreux même, & en aussi grande quantité qu'il étoit avant l'expérience. M. *Baumé* qui s'est donné la peine d'examiner cette matiere à fond, s'est assuré, par nombre d'expériences bien faites & décisives, que les combinaisons d'acide marin & de mercure, ne sont nullement décomposées par l'acide nitreux, & se crystallisent, même dans cet acide, sans en retenir un seul atome. On peut consulter à ce sujet, sa Chymie expérimentale & raisonnée à l'article de MERCURE. Ce fait n'est pas le seul qui puisse fournir ainsi des objections spécieuses contre les affinités, mêmes les plus marquées, mais il paroît qu'en bonne physique, quand on rencontre un seul fait contradictoire avec beaucoup d'autres bien constatés, il est à propos d'examiner ce fait avec la plus grande attention, & dans toutes ses circonstances, avant que d'en tirer les conséquences qu'il semble établir. Revenons au précipité blanc.

Cette combinaison d'acide marin & de mercure, étant exposée à l'action du feu dans les vaisseaux clos, se sublime en une masse saline, que *Lémeri* regarde comme un mercure doux : d'autres Chymistes le regardent comme un sublimé corrosif ; d'autres enfin comme un sublimé qui n'est ni doux, ni corrosif, mais qui tient le milieu entre l'un & l'autre. La vérité est, qu'on peut faire avec ce précipité, ou du sublimé corrosif, ou du mercure doux, & même l'un & l'autre à la fois : car il est essentiel d'observer à ce sujet, que, comme l'acide marin & le mercure peuvent s'unir dans plusieurs proportions très différentes, suivant l'état & les proportions dans lesquels ils se présentent l'un à l'autre, il doit se trouver à cet égard des différences très considérables dans le précipité blanc, suivant la maniere dont il est fait. Si, par exemple, on précipite le mercure par une grande quantité d'acide marin libre, ce précipité mercuriel contiendra une beaucoup plus grande quantité d'acide, que celui qui aura été fait par la moindre quantité possible de cet acide. Si cela est vrai, il n'est pas étonnant qu'il y ait eu diversité de sentimens de la part des Chymistes sur la nature plus ou moins corrosive du sublimé de mercure fait par le précipité blanc seul.

Au surplus tout ceci a été tiré très bien au clair par M. *Monnet* dans un Mémoire qu'on trouve dans le volume de l'Académie des Sciences de Stockolm, pour l'année 1770, & qui a été imprimé depuis dans le Journal de physique de M. l'Abbé *Rosier*, tom. 3. Voici l'extrait qu'il en donne lui-même dans son Traité de la dissolution des métaux.

» En mélangeant en grande dose la dissolution de » mercure, non entiérement saturée, avec une dissolution de sel marin très chargée de ce sel, on obtient » cette combinaison aussi corrosive, que par le procédé ordinaire. (du sublimé corrosif). Par exemple, je prends une dissolution de deux livres de » mercure, je la mêle avec une dissolution de trois » livres de sel marin : de ce mélange, il ne résulte » presque pas de précipité ; tout reste dissous dans » la liqueur. Mais aussi une bonne partie de ce sel se

» cryſtalliſe par le repos en petits poignards flexibles,
» comme on ſait que le ſublimé corroſif ordinaire ſe
» cryſtalliſe.

» Il prend une auſſi grande quantité de mercure pour
» ſe ſaturer & ſe réduire en mercure doux « . . .

Ces procédés & pluſieurs autres que rapporte M. *Monnet*, & par leſquels on fait avec des précipités de mercure & de l'acide marin, ſoit du ſublimé corroſif, ſoit du mercure doux, ſuivant l'état & les proportions de ces ſubſtances, s'accordent parfaitement bien avec les belles expériences, par leſquelles M. *Baumé* a prouvé dans ſa Chymie, qu'il n'y a pas réellement d'état moyen entre le ſublimé corroſif & le mercure doux, & que dans les mélanges où il n'y a pas aſſez d'acide marin, pour convertir tout le mercure en ſublimé corroſif, il y en a une partie qui eſt en mercure doux, & qu'on peut ſéparer ces deux combinaiſons l'une de l'autre, en partie par la ſublimation dans laquelle le ſublimé corroſif, comme plus volatil, monte le premier; mais plus exactement encore par le broiement & le lavage à l'eau, qui diſſout tout le mercure corroſif, ſans preſque toucher au mercure doux: *voyez* les articles MERCURE DOUX & SUBLIMÉ CORROSIF.

On a vu plus haut que les combinaiſons de mercure avec les acides, peuvent être décompoſées, comme toutes les diſſolutions métalliques, par les terres & les alkalis, tant fixes que volatils; elles peuvent l'être auſſi, & en particulier le ſublimé corroſif, par pluſieurs ſubſtances métalliques, telles que l'étain, le régule d'antimoine, & le cuivre.

Le ſublimé corroſif, mêlé avec l'étain, & ſoumis à la diſtillation, ſe décompoſe donc; l'acide marin ſe porte ſur l'étain, dont il enleve une partie avec lui dans la diſtillation, & avec lequel il paſſe ſous la forme d'une liqueur acide, continuellement fumante, parceque cet acide eſt extrêmement concentré. On nomme cet eſprit *liqueur fumante*, ou *eſprit fumant de Libavius*.

M. *Bucquet* qui a examiné avec ſoin les phénomenes & les produits de cette opération, dit qu'après la distillation, on trouve dans la cornue trois matieres différentes. La premiere est une couche d'une substance d'un blanc grisâtre, d'une saveur très stiptique, qui s'éleve jusqu'à une certaine hauteur dans la cornue. Cette matiere est un sel d'étain; elle attire assez sensiblement l'humidité de l'air. La seconde substance est une masse métallique, une amalgame d'étain & de mercure très bien crystallisée. La troisieme est du mercure coulant, chargé d'une assez grande quantité d'étain; c'est par conséquent encore une espece d'amalgame, mais dans laquelle le mercure domine.

La liqueur fumante paroît, suivant l'observation de M. *Bucquet*, éprouver une sorte de décomposition dans les flacons dans lesquels on la conserve: il se sublime au haut du flacon une matiere blanche qui l'incruste de maniere qu'en enlevant le bouchon, le vaisseau se trouve fermé par cette croûte: une portion de la même matiere se précipite au fond de la bouteille, & à mesure que la liqueur vieillit, les fumées qu'elle exhale sont moins épaisses, l'altération est d'autant plus prompte, qu'on ouvre plus souvent le flacon.

M. *Bucquet* ajoute que la liqueur fumante n'est point précipitée par l'eau distillée. Cela peut être, quand elle est ancienne, qu'elle a formé ses dépôts, & qu'on ne la noie pas dans une quantité d'eau immense; mais quand elle est encore fort chargée d'étain, & sur-tout quand on n'en met que quelques gouttes dans une très grande quantité d'eau, comme d'une pinte, par exemple, je l'ai toujours vu rendre l'eau un peu louche au bout d'un certain tems, & former des flocons blancs. Cet effet & une infinité d'autres, qui lui sont analogues, me paroissent indiquer de plus en plus, que tous les sels à base métalliques sont décomposables par l'eau seule.

L'antimoine ou son régule, mêlés aussi & distillés avec le sublimé corrosif, le décomposent pareillement: le régule s'empare de l'acide marin du sublimé corrosif, & passe avec lui dans la distillation, sous la forme d'une liqueur épaisse qui se fige par le refroidissement, & qui est connue sous le nom de *beurre d'antimoine*.

Si l'on fait tremper des lames de cuivre rouge bien

nettes dans la dissolution du sublimé corrosif, l'acide de ce sel attaque le cuivre, & le mercure se dépose à la surface de ce métal, sous son brillant métallique, comme cela arrive toujours aux métaux, lorsqu'ils sont précipités les uns par les autres.

Comme le mercure revivifié est toujours fluide, & que, par cette raison, il est en état de s'allier avec les matieres métalliques qu'il touche, il s'amalgame, dans l'expérience présente, avec la surface du cuivre, & y forme une argenture extrêmement belle, brillante, blanche, tout-à-fait capable de surprendre ceux qui ne connoissent point ces effets, & de leur faire croire que le cuivre se trouve changé en argent : mais il est bon d'observer, que pour que cette expérience réussisse bien, il faut ajouter de l'acide marin, ou du sel ammoniac dans la dissolution de sublimé corrosif. Cette expérience réussit également bien avec la dissolution de mercure dans l'esprit de nitre ; mais toujours mieux quand elle est avec excès d'acide. La surface du cuivre plongé dans ces liqueurs, s'argente en un instant : il faut le retirer aussi-tôt qu'on le voit bien blanchi, le laver dans de l'eau pure, & l'essuyer, en le frottant un peu avec un linge sec.

On sent bien que lorsqu'on décompose le sublimé corrosif, & toutes les autres combinaisons de mercure avec les acides par les intermedes propres à opérer ces décompositions, le mercure est toujours ce qu'on appelle *revivifié*, c'est-à-dire, réduit en mercure coulant, & qu'on l'obtient sous cette forme, lorsqu'on fait ces opérations par la distillation, en donnant sur la fin un degré de chaleur capable de faire monter le mercure ; mais lorsque l'intermede est un corps composé, tel que l'antimoine, qui contient un principe capable de s'unir & de se sublimer avec le mercure, alors le mercure provenant de la décomposition du sublimé corrosif, au lieu d'être revivifié, passe dans une nouvelle combinaison, & se sublime sous la forme de *cinnabre*, si l'on s'est servi de l'antimoine, à cause de l'union qu'il contracte avec le soufre de ce minéral.

Le soufre a beaucoup d'action sur le mercure : si l'on triture ensemble ces deux substances, on s'apperçoit que le mercure se divise facilement ; que ses molécules se distribuent entre celles du soufre, & y adherent ; que le mélange prend une couleur de plus en plus brune & noirâtre, signe certain de la grande division du mercure ; qu'en un mot cette matiere métallique disparoît entiérement, parcequ'elle s'éteint & s'incorpore absolument avec le soufre. Lorsque le soufre a ainsi absorbé toute la quantité de mercure qu'il est capable de prendre par ce moyen, ce mélange porte le nom d'*éthiops minéral*, à cause de sa couleur noir.

On peut faire la même combinaison par la fusion, c'est-à-dire, en mêlant la quantité convenable de mercure dans du soufre fondu : ces deux substances s'unissent alors l'une à l'autre, à-peu-près comme par la trituration, & forment de même un composé noirâtre qui porte aussi le nom d'*éthiops fait par le feu*. De cette maniere l'union du soufre & du mercure se fait beaucoup plus promptement ; elle est même peut-être un peu plus intime.

Tant que le mercure n'a été traité avec le soufre que par la trituration, ou par la fusion, comme on vient de le dire, ces deux substances ne se trouvent point l'une avec l'autre, ni dans le juste degré d'union, ni dans les proportions convenables pour former la combinaison la plus parfaite & la plus intime : il faut pour faire cette combinaison qu'on nomme *cinnabre*, avoir recours à la sublimation. Si donc on met en sublimation de l'éthiops fait dans des proportions & par un procédé convenable, il en résulte une masse aiguillée d'un rouge brun qui s'attache au haut du vaisseau : c'est le *cinnabre artificiel*. Le mercure & le soufre s'élevent ensemble, & s'unissent plus intimement.

La nature fait aussi cette combinaison de soufre & de mercure en cinnabre ; & ce cinnabre, qu'on nomme *naturel* pour le distinguer de l'autre, est le mercure dans l'état minéral, ou la vraie mine de mercure.

La connexion du mercure & du soufre est assez forte dans le cinnabre, pour que les principes de ce composé ne se désunissent point par la seule action du feu sans la combustion du soufre ; ainsi, quoiqu'on expose le cinnabre au feu dans les vaisseaux clos, il ne fait que se sublimer tel qu'il étoit d'abord. Il faut donc, pour décomposer le cinnabre, & en séparer le mercure, employer quelque intermede qui ait plus d'affinité que cette matiere métallique avec le soufre. Les substances qui peuvent servir d'intermede pour cette décomposition, sont les terres calcaires, les alkalis fixes, le fer, le cuivre, le plomb, l'argent & le régule d'antimoine. Si donc on mêle exactement du cinnabre avec quelqu'une de ces matieres, & qu'on mette le mélange en distillation, le mercure se dégage, passe sous la forme de mercure coulant, & le soufre reste combiné dans la cornue avec l'intermede employé.

Le mercure qu'on obtient dans ces opérations se nomme *révivifié du cinnabre :* on le regarde avec raison comme le plus pur ; & c'est celui qu'on doit toujours employer dans la Chymie, dans la Médecine, & même dans les Arts où l'on a besoin de mercure très pur.

Le mercure qu'on obtient par la décomposition du cinnabre, est non-seulement très pur, mais on observe de plus qu'on le retire exactement en même quantité qu'il étoit dans le cinnabre, quand on n'en laisse point perdre dans l'opération ; ce qui prouve que cette matiere métallique n'éprouve aucune altération de la part du soufre.

Le mercure qui, d'après ce qui a été dit au commencement de cet article, doit être regardé comme un métal fondu, se comporte aussi, à l'égard de tous les corps terreux & métalliques, comme les métaux en fusion ; il ne peut, comme eux, contracter aucune union avec les substances terreuses, ni même avec les terres des métaux, mais il s'allie très bien avec presque toutes les matieres métalliques dans l'ordre suivant : l'or, l'argent, le plomb, l'étain le cuivre, le zinc, & le régule d'antimoine. Le fer ne se trouve point dans le nombre des métaux alliables avec le mercure, parcequ'en effet on n'a pu trouver jusqu'à présent aucun moyen d'unir ensemble ces deux substances métalliques.

Les alliages du mercure avec les métaux portent le nom particulier d'*amalgames ;* ils sont employés à plusieurs usages importans. Les amalgames d'or & d'argent servent à la *dorure*, à l'*argenture*, & pour l'extraction de ces deux métaux de leurs mines : celui de l'argent est employé pour l'*arbre de Diane* ; celui d'étain, pour l'*étamage des glaces* ; pour les *boules de mercure*, & pour faire la *liqueur fumante de Libavius* : voyez *tous ces mots*, *& les articles* ALLIAGES & AMALGAMES.

Il paroît que toutes les matieres grasses & huileuses, végétales ou animales, ont de l'action sur le mercure : si l'on triture cette substance métallique avec une graisse quelconque, il arrive quelque chose d'assez semblable à ce qui a lieu dans la préparation de l'éthiops par trituration : les parties du mercure se divisent à l'infini, s'unissent à celles de la graisse ; le mercure disparoît, s'éteint parfaitement, & le tout prend une couleur noirâtre & plombée. Cette combinaison de mercure & de graisse se nomme *onguent mercuriel*, & est d'un très grand usage dans la Médecine, comme on le verra ci-après.

Il ne faut pas regarder le mercure comme simplement distribué & entremêlé avec les parties de la graisse dans l'onguent mercuriel ; il est très certain au contraire qu'il y a adhérence & combinaison, même très intime, au moins d'une portion du mercure avec la graisse ; car cette graisse de l'onguent mercuriel, se rancit très promptement, comme cela arrive à toutes les matieres huileuses qui entrent dans quelque combinaison ; & d'ailleurs, lorsque l'onguent mercuriel est fait depuis un certain tems, on ne peut plus, même en le fondant, en séparer tout le mercure qui y étoit entré : ce fait a été vérifié par M. *Baumé*.

Le mercure exposé à la vapeur du plomb fondu, ou jetté dans de l'huile de lin bouillante, perd sa fluidité, & prend assez de consistance pour qu'on en puisse fabriquer quelques petits ustensiles, comme des bagues, & autres de cette espece. Quoique ce ne soit là, à proprement parler, qu'une apparence de fixation du mercure, puisque lorsqu'il est en cet état, il suffit de le chauffer un peu pour lui rendre toute sa fluidité naturelle, ces expériences prouvent néanmoins qu'il y a dans ces substances quelque principe (& c'est vraisemblablement le phlogistique) capable d'agir assez sensiblement sur le mercure.

De tous tems ceux qui ont cherché à faire de l'or, ou à améliorer les métaux, considérant que le mercure a l'éclat des métaux parfaits, & une pesanteur considérable qui approche de celle de l'or, ont beaucoup travaillé à fixer le mercure, c'est-à-dire, à lui enlever sa volatilité & sa fluidité, comptant bien, après cela, lui donner la couleur de l'or, par le moyen d'une teinture philosophique. Les fausses fixations dont on vient de parler, sembleroient indiquer que s'il y avoit quelque moyen de fixer en effet le mercure, ce qui n'est guere croyable, ce seroit de lui unir quelque principe qui lui manque. Cependant toutes les propriétés du mercure paroissent montrer d'un autre côté, qu'il n'est fusible & volatil qu'à cause de quelque principe métallique, qui lui est uni en grande surabondance, & que par conséquent ce seroit plutôt en lui enlevant, qu'en lui donnant quelque chose, qu'il faudroit chercher à le fixer. Quoi qu'il en soit, il est bien certain, que ce n'est que par l'un ou l'autre de ces moyens, ou peut-être par l'un & l'autre à la fois.

Le mercure est une des matieres métalliques qu'il nous importe le plus de bien connoître, non-seulement à cause de ses grands usages dans la Chymie & dans les Arts, mais encore à cause des secours puissans que la Médecine en tire contre plusieurs maladies qui résistent à tous les autres remedes, & singuliérement contre celles qu'on nomme maladies vénériennes. Ce n'est, à proprement parler, que depuis que ces dernieres se sont fait sentir en Europe, qu'on a commencé à connoître les propriétés médicinales du mercure. Les anciens Médecins n'en faisoient aucun usage, & le regardoient comme une espece de poison : cette prévention étoit fondée apparemment sur quelques accidens qui avoient été occasionnés par du mercure mal préparé, ou donné à contre-tems, ou peut-être à cause des tremblemens & autres maladies, qui attaquent, à ce qu'on dit, ceux qui travaillent le mercure. Quoi qu'il en soit, ce sont les Médecins Arabes, qui les premiers, ont osé se servir du mercure ;

ils l'employoient avec grand succès contre la galle & autres maladies de la peau.

Lorsque les maladies vénériennes vinrent infester l'Europe, il se trouva dans l'armée de Charles VIII au siege de Naples, armée dans laquelle la vérole faisoit alors de grands ravages, un Médecin nommé *Beranger de Capi*, qui, considérant que cette maladie se manifestoit par des pustules à la peau, assez semblables à celles des galles malignes, & enhardi par l'exemple des Arabes, essaya de guérir la vérole par le mercure, & réussit. Ce fut aussi à-peu-près vers ce tems là que les Chymistes, ou Alchymistes, dirigerent une grande partie de leurs travaux du côté de la Médecine, & trouverent un grand nombre de remedes chymiques, dont les meilleurs se sont conservés, & sont maintenant employés avec succès. Le fameux *Paracelse* surtout, s'est beaucoup distingué dans ce genre; il traitoit singulierement les maladies vénériennes avec un succès étonnant, par des médicamens internes qu'il faisoit prendre en pilules: quoiqu'il n'ait pas publié clairement ses remedes, on croit néanmoins, d'après les effets qu'ils produisoient, que la base en étoit le *turbith minéral.* Depuis ce tems, le mercure a été extrêmement employé sous une infinité de formes différentes.

Le mercure crud & coulant, pris intérieurement, ne produit aucun effet sensible dans le corps; parceque l'adhérence que ses parties intégrantes ont entr'elles, l'empêche de se diviser, de se distribuer, ou de se dissoudre comme il convient pour qu'il agisse; il ne fait donc alors que charger l'estomac & les intestins; il se précipite par son poids, & sort du corps, par la voie des excrémens, dans le même état où il étoit.

Plusieurs Médecins ont cru que le mercure, avalé ainsi en masse, pouvoit être utile dans la colique de *miserere*, le regardant comme propre à rétablir, par son poids, les intestins dans leur situation naturelle; mais les effets n'ont pas répondu à ces espérances: on a même vu souvent les accidens de cette maladie augmenter par la présence du mercure, à cause des tiraillemens qu'il occasionnoit dans ces parties, déja fort douloureuses, & irritées par des spasmes. L'usage du mercure crud s'abolit donc dans ces maladies.

Mais lorsque le mercure est très divisé, & de maniere que ses molécules ne puissent se réunir & reformer du mercure coulant, de quelque maniere qu'ait été faite cette division, & par quelque voie qu'il soit introduit dans le corps, alors il y produit des effets très marqués, très sensibles, & tels qu'on les doit attendre d'un médicament des plus puissans.

Le mercure administré dans cet état, accélere le mouvement du pouls, divise & entraîne les humeurs épaissies, augmente en général les secrétions & excrétions quelconques, mais plutôt l'une que l'autre, suivant les circonstances. S'il est dans l'état salin, ou qu'il puisse s'y mettre facilement, & qu'on l'introduise dans le corps par la voie de l'estomac, en dose suffisante, il produit des effets évacuans, purgatifs ou émétiques. S'il est introduit dans le corps immédiatement, & dans les vaisseaux limphatiques & sanguins, comme cela arrive dans les frictions & fumigations, alors la sécrétion qu'il augmente le plus, est celle de la salive, dont il procure aussi une excrétion d'autant plus forte, qu'il est administré en doses plus grandes & plus fréquentes.

Le mercure peut guérir toutes les maladies dont il est comme le spécifique, par quelque voie, & sous quelque forme qu'on l'introduise dans le corps, pourvu qu'il ait le degré de division convenable : on l'a traité de toutes les manieres, & par toutes les méthodes ; mais il n'y en a aucune dans laquelle on n'ait remarqué des avantages & des inconvéniens, ce qui fait que tous ceux qui traitent les maladies vénériennes, sont partagés sur les préparations de mercure, & sur la maniere de l'administrer. Il paroît qu'on doit conclure de-là, qu'il faut employer les unes ou les autres, suivant les circonstances particulieres. Comme il faudroit entrer dans de très longs détails sur la cure des maladies vénériennes, si l'on vouloit discuter avec étendue les motifs de préférence qu'on doit accorder, suivant les cas, aux différentes préparations de mercure, on se contentera d'indiquer ici les effets que produisent ordinairement les préparations de mercure les plus employées : cela suffit d'ailleurs pour déterminer les gens de l'art, qui doivent être en état de juger de l'état de leurs malades, & de la nature de leurs maladies.

Le mercure précipité par lui-même, étant dans un état de très grande division, & ayant besoin d'une chaleur infiniment plus forte, que celle qu'il peut éprouver dans le corps, pour se réduire en mercure coulant, peut, étant pris intérieurement, produire tous les effets salutaires des autres bonnes préparations de mercure, donné à la dose, depuis deux grains jusqu'à cinq ou six, doses qu'on réitere dans des intervalles convenables ; il est en état de passer en grande partie dans les secondes voies, & de guérir les maladies vénériennes : il produit assez souvent un effet purgatif, ou même émétique, ce qui l'empêche sans doute de procurer si fort la salivation.

Comme le mercure, dans cette préparation, n'est uni à aucune matiere saline, il pourroit paroître étonnant qu'il fût purgatif, ou émétique ; mais il faut faire attention, que cette préparation est un mercure très divisé ; que tout corps, dans cet état, & le mercure peut-être plus que tout autre, est disposé à se laisser attaquer par presque tous les dissolvans ; qu'il rencontre dans les premieres voies plusieurs substances, même salines, capables de le dissoudre, & qu'alors il doit produire les effets d'une combinaison saline mercurielle, lesquels effets sont en général purgatifs, ou émétiques. Ces propriétés du précipité par lui-même, indiquent qu'on pourroit s'en servir utilement dans bien des cas ; néanmoins cette préparation n'est pas beaucoup usitée, c'est peut-être à cause qu'elle est fort chere.

La combinaison du mercure avec une suffisante quantité d'acide vitriolique, pour être bien dissoluble dans l'eau, est très corrosive, & c'est, sans doute, par cette raison qu'on ne la fait point prendre intérieurement.

Le turbith minéral, pris intérieurement, produit à-peu-près les mêmes effets, & aux mêmes doses que le précipité par lui-même, & sans doute par la même raison ; car, s'il lui reste un peu d'acide vitriolique, ainsi que l'ont cru la plupart des Chymistes, ce peu d'acide suffit apparemment pour le faire agir comme combinaison saline mercurielle ; si, au contraire, lorsqu'il est parfaitement lavé, il ne lui en reste point du tout, alors il sera exactement comparable au précipité par lui-même ; il sera disposé, comme lui, à se mettre dans l'état salin, & dès-lors il agira de la même maniere. Le turbith minéral a eu au reste, une très grande vogue, & est même encore beaucoup employé par certaines gens dans le traitement des maladies vénériennes.

Tous les précipités de mercure, séparés d'avec un acide quelconque par un alkali, & ensuite bien édulcorés, doivent produire intérieurement les mêmes effets, que le précipité par lui-même, & que le turbith minéral supposé exactement dépouillé de tout acide par les lotions. Ainsi on a une grande quantité de ces préparations de mercure, toutes à peu-près équivalentes les unes aux autres ; elles sont cependant la plupart inusitées, sans qu'on en puisse voir la cause, si ce n'est peut-être le peu d'attention qu'on a fait à leur nature & aux avantages qu'on en pouvoit tirer.

La dissolution de mercure dans l'acide nitreux & le nitre mercuriel, sont mis avec raison, au nombre des corrosifs. Quelques gens de l'art, & *Lémery* entr'autres, disent qu'on en peut faire prendre intérieurement, en étendant, par exemple, une once de cette dissolution de mercure dans vingt-quatre onces d'eau ou de tisanne ; cela forme ce qu'on nomme *eau mercurielle*. *Lémery* dit qu'on peut faire prendre depuis une demi-once jusqu'à une once de cette eau mercurielle dans un verre de tisanne ; ou de bouillon, & qu'elle fait vomir doucement, en provoquant la salivation. Mais M. *Baron*, dans ses notes sur cet Auteur, se récrie, avec raison, sur le danger d'un pareil remede. Néanmoins des Médecins d'un très grand nom, ont introduit, & même avec succès, dans certaines circonstances, l'usage du sublimé corrosif, pour guérir les maladies vénériennes ; quoique cette préparation de mercure ne le cede certainement en rien à la dissolution de mercure dans l'esprit de nitre en ce qui regarde la qualité corrosive.

Mais une très grande utilité qu'on ne peut refuser à cette dissolution de mercure dans l'acide nitreux, c'est qu'on fait, par son moyen, une sorte de pommade, ou d'onguent, qui guérit merveilleusement bien la galle. Cette pommade est composée de deux onces de mercure dissoutes dans une suffisante quantité d'esprit de nitre, & mêlées ensuite parfaitement par la trituration dans un mortier, avec deux livres de graisse de porc. La dissolution de mercure agit puissamment sur la graisse avec laquelle elle se combine, à laquelle même elle donne beaucoup plus de fermeté, & par laquelle elle est considérablement adoucie à son tour. Il résulte du tout une pommade citrine, dont on frotte légérement les endroits attaqués de galle; elle dispâroît en fort peu de tems. Cette pommade pour la galle vient de l'Hôtel-Dieu de Paris, où l'on en fait pour en donner aux convalescens; ils se guérissent par ce moyen très promptement de la galle, qu'ils gagnent tous par leur séjour dans cette Maison. La recette de cette même pommade se trouve dans la derniere édition de la Pharmacopée de Paris.

Le précipité rouge n'est point usité à l'intérieur, mais on l'emploie extérieurement, comme escarotique détergent & cicatrisant, dans le traitement des ulceres vénériens. Lorsqu'il est parfaitement dépouillé d'acide, & réduit en arcane corallin, on en peut faire prendre à petites doses intérieurement : il produit les mêmes effets que toutes les autres chaux de mercure bien exemptes d'acide.

Toutes les combinaisons du mercure avec l'acide marin sont usitées : celle qui l'a été le moins jusqu'à présent, du moins dans ce pays-ci, est le *sublimé corrosif*. Les accidens terribles, & la mort certaine qu'occasionne cette préparation prise intérieurement, même à fort petite dose, l'avoient toujours fait regarder avec effroi, & l'on ne s'en servoit qu'à l'extérieur, comme escarotique, encore c'étoit après l'avoir adouci, ou plutôt décomposé, par le mélange avec l'eau de chaux.

Mais depuis quelques années M. *Wanswieten*, disciple de *Boerrhaave*, & premier Médecin de l'Impératrice Reine, a introduit l'usage interne du sublimé corrosif pour la cure de la vérole : ce grand Médecin en fait dissoudre douze grains dans deux livres d'eau-de-vie de grain, & fait prendre ce remede par cuillerées, étendues dans d'amples boissons adoucissantes,

Un nombre très considérable, & même plus que suffisant, d'épreuves faites, non-seulement par M. *Wanswieten*, mais encore par une grande quantité de gens de l'art, ont prouvé, à n'en pouvoir douter, que le sublimé corrosif, administré de cette maniere, est un anti-vénérien des plus puissans, & capable de guérir certaines véroles invétérées, qui ont résisté aux autres préparations usitées de mercure. On sait d'ailleurs que l'usage interne du sublimé corrosif est établi depuis long-tems chez les Tartares & chez les Russes, que leur maniere de vivre, sans aucune retenue, avec toutes sortes de femmes, expose continuellement à accumuler des maladies vénériennes les unes sur les autres.

Mais, malgré des motifs aussi puissans de prendre confiance en ce remede, beaucoup d'excellens Médecins en sont encore épouvantés ; ils remarquent que l'usage du sublimé corrosif ne semble convenir que dans les pays froids, & croient qu'il occasionne toujours des accidens fâcheux dans les climats tempérés ou chauds. Ce n'est point assez, suivant eux, pour se fier à une drogue aussi redoutable, de lui avoir vu opérer un très grand nombre de guérisons complettes, & sans inconvéniens apparens, ils appréhendent les ravages que peut faire par la suite une substance aussi corrosive, une fois introduite dans le corps.

Les sentimens sont donc encore partagés sur l'usage interne du sublimé corrosif. C'est au tems & à l'expérience à nous apprendre à quoi on doit s'en tenir sur ce remede : mais, ce qui paroît très certain dès à présent, c'est qu'un médicament de cette conséquence ne peut être administré avec trop de prudence, de discernement & de précaution ; qu'il n'appartient point à tout le monde de s'en servir ; qu'il en est de celui-ci, comme de tous ceux dont l'action est puissante & décidée, lesquels la plupart sont des especes de poisons par eux-mêmes, & lorsqu'on les administre mal, & qui ne sont de grands remedes qu'entre les mains d'un grand Médecin.

Le mercure doux, n'étant point corrosif, il n'y a aucune difficulté sur son usage intérieur; il est employé depuis long-tems de cette maniere. Comme, malgré la très grande quantité de mercure, dont est chargé l'acide marin dans ce composé, il conserve encore un peu de qualité saline sensible, il produit un effet purgatif lorsqu'on le fait prendre depuis quatre grains jusqu'à quinze & dix-huit. On en fait usage dans le traitement des maladies vénériennes, sur-tout lorsqu'on veut déterminer l'effet du mercure par le ventre; mais il n'est point ordinaire de traiter une vérole complette par ce remede seul.

La panacée mercurielle qui n'a, à proprement parler, d'autre qualité saline sensible, que l'apparence extérieure, étant prise intérieurement, n'agit que comme du mercure, privé seulement de sa fluidité, mais trop peu divisé pour prendre un caractere salin dans les premieres voies; aussi elle ne produit point ordinairement d'effet purgatif, & procure plutôt la salivation, quand elle est donnée en suffisante quantité. Les doses de ce remede sont depuis dix grains jusqu'à vingt-quatre ou trente; on les réitere suivant le besoin, & dans les intervalles convenables. Plusieurs gens de l'art guérissent la vérole par ce seul remede mercuriel.

Le précipité blanc, de quelque maniere qu'il soit fait, est infiniment plus salin que le mercure doux; aussi fait-il vomir, & demande-t-il à être donné avec beaucoup de précaution, & en très petite dose; mais il est fort peu usité.

Les combinaisons de mercure avec le soufre, soit dans les éthiops, soit dans le cinnabre, ne produisent point ordinairement d'effet sensible, lorsqu'on les fait prendre intérieurement, même en très grandes doses. Il y a des Médecins qui, à cause de cela, rejettent ces préparations de mercure comme inutiles & absolument

privées

privées d'action. Ce qu'il y a de certain, c'est que le mercure, uni au soufre, n'a aucun caractere salin, & qu'il se prête même très peu à l'action des différens dissolvans, sans doute à cause qu'il en est défendu par le soufre. On se sert néanmoins du cinnabre dans la cure des maladies vénériennes, & avec succès dans certaines occasions; mais c'est en le décomposant par la combustion. On expose le corps du malade, ou plutôt quelqu'une de ses parties aux vapeurs du mercure, qui se dégage pendant cette combustion; ces vapeurs mercurielles s'insinuent par les pores, procurent la salivation & guérissent les maladies vénériennes. C'est ce qu'on appelle la *méthode par fumigation.* Mais cette méthode a été abandonnée avec raison, soit à cause de son insuffisance, soit pour plusieurs inconvéniens provenant de la nature même du cinnabre.

Comme elle peut néanmoins avoir son utilité dans certains cas, & que sur la guérison des maladies vénériennes, il ne faut négliger aucun des bons moyens de les guérir, M. *Lalouette*, Docteur en Médecine de la Faculté de Paris, a cherché à perfectionner les fumigations mercurielles, & après y avoir travaillé avec un très grand zele & beaucoup d'intelligence pendant plus de vingt ans, il est enfin parvenu à faire plusieurs préparations de mercure, par le moyen desquelles il a été constaté par les Médecins & Chirurgiens les plus éclairés, qu'on peut guérir efficacement & sans accidens, les maladies vénériennes les plus complettes.

Ses méthodes de préparer le mercure pour cet usage, consistent à en faire une demi-révivification du sublimé corrosif, par l'intermede de l'alkali fixe, ou par celui de la limaille de fer, à le distiller & sublimer dans un appareil de vaisseaux particuliers, pour en obtenir des poudres, d'un mercure presque entiérement révivifié, & parfaitement purifié de l'alliage du moindre atome de toute autre substance métallique.

Les procédés par lesquels ce savant Médecin est parvenu à réduire le mercure à son plus grand degré de pureté, & dans l'état convenable pour la fumigation, sont trop étendus pour trouver place ici, & comme il n'en faut omettre aucun détail, ceux qui voudront les connoître, doivent consulter l'ouvrage, que M. *Lalouette* a publié sur cet objet, par ordre du Roi, & imprimé à Paris en 1776, chez Mérigot l'aîné quai des Augustins.

On connoît encore peu les effets que peuvent produire les combinaisons de mercure avec les acides végétaux : on n'en peut guere juger que par ceux des pilules mercurielles de *Keiser*, dont la base est le *sel acéteux mercuriel*.

Enfin de toutes les préparations de mercure, la plus généralement employée, sans contredit, c'est celle qu'on nomme *l'onguent mercuriel*. Ce n'est, comme on l'a dit plus haut, que le mercure parfaitement éteint par la trituration avec la graisse. La seule maniere dont on emploie cette préparation, c'est en frottant le corps des malades, & en réitérant ces frictions en doses, & dans des intervalles convenables, jusqu'à ce qu'on ait introduit par ce moyen dans le corps une suffisante quantité de mercure pour opérer une guérison parfaite : c'est ce qu'on nomme la *méthode des frictions*.

Cette méthode a beaucoup prévalu sur toutes les autres ; elle a eu les suffrages des meilleurs Médecins, & en particulier du savant *Astruc*. Les principaux motifs de cette préférence sont, que le mercure introduit par ce moyen n'a aucune qualité corrosive, & qu'on en peut introduire ordinairement sans inconvénient, toute la quantité qui est nécessaire pour bien guérir les véroles les plus fâcheuses.

Le mercure administré par voie de frictions ou de fumigations, ne produit point d'effet purgatif ni émétique, parcequ'il n'entre point dans le corps par les voies de la digestion, mais qu'il est introduit immédiatement dans les vaisseaux lymphatiques & sanguins ; il y circule, les parcoure tous, penetre jusque dans leurs derniers replis : lorsqu'il est donné en doses suffisantes, il procure presque toujours une salivation plus ou moins forte, fait disparoître successivement les symptômes & les accidens des maladies vénériennes ; il dompte enfin entierement le virus vérolique.

C'est-là tout ce que l'on sait sur les effets que produit le mercure. On ignore encore absolument & la nature de cè virus, & la maniere précise dont le mercure agit sur lui. Plusieurs Médecins ont cru que le mercure étant susceptible de se diviser en une infinité de globules infiniment petits, & néanmoins très pesans, ces globules agissoient méchaniquement par leur nombre & par leur poids sur la lymphe qu'ils regardoient comme épaissie & coagulé par le virus, & qui se trouvoit atténuée, divisée & rétablie dans son état ordinaire par cette action du mercure. Mais il paroît que cette opinion, une des plus spécieuses qu'on ait eues sur cet objet, est néanmoins bien éloignée de la vérité : car si cela étoit, il s'ensuivroit que le mercure ne guériroit les maladies vénériennes qu'autant qu'il seroit mercure coulant, & qu'il auroit sa fluidité & sa mobilité naturelles. Or, l'expérience a prouvé incontestablement que le mercure, dans l'état salin, tel qu'il l'est, par exemple, dans le sublimé corrosif, privé par conséquent de toutes les qualités de mercure coulant, guérit la vérole avec efficacité, & sur-tout en dose infiniment moindre, que lorsqu'il est administré par friction ou fumigation.

Il paroît qu'on a cru jusqu'à présent que le mercure dans l'onguent mercuriel n'étoit que divisé, dispersé & interposé entre les parties de la graisse, sans y être vraiment dissous & combiné ; & c'est sans doute ce qui a donné lieu à l'opinion dont on vient de parler. Cependant il est certain au contraire qu'une bonne partie du mercure contenu dans cet onguent, y est réellement dans un état de dissolution & de combinaison intime, soit avec l'acide, soit même avec toute la substance de la graisse : cela posé, n'est-on pas en droit de conclure que le mercure ne peut guérir les maladies vénériennes qu'autant qu'il est réellement dissous & privé de toutes les qualités de mercure coulant ; qu'il n'y a que la portion de mercure, ainsi dissoute dans l'onguent mercuriel, qui opere la guérison ; que l'autre portion de mercure qui reste sous sa forme naturelle dans cet onguent, (car il en contient aussi beaucoup sous cette forme), ne fait que rouler inutilement dans le corps, sans produire aucun effet curatif ; que c'est par cette raison, que les sels mercuriels guérissent en dose infiniment moindre que l'onguent de mercure; qu'enfin, si la portion du mercure introduite dans le corps, en mercure coulant, par friction ou fumigation, contribue à la guérison, ce n'est que parceque les parties les plus divisées de ce mercure, s'unissent dans l'intérieur même du corps, à des substances, soit graisseuses, soit d'une autre nature, qui les mettent dans un état de combinaison.

Si toutes ces choses sont vraies, cela ne doit-il point engager à chercher quelque nouvelle combinaison de mercure, qui soit en même-tems très dissoluble, & exempte de toute causticité. Un pareil remede seroit certainement bien précieux: car quoique le mercure de l'onguent mercuriel n'ait point de causticité, quoique la méthode des frictions soit sans contredit la plus avantageuse & la plus sûre, elle n'est point non plus exempte de tout inconvénient; elle expose souvent à des salivations dangereuses, & accompagnées d'accidens très facheux; & si pour les éviter on ne donne que de petites frictions, & fort éloignées, ce qui fait en effet éviter ces accidens, alors, non-seulement la guérison est d'une longueur fatigante, mais encore elle est quelquefois imparfaite ou moins certaine.

Mais peut-on se flatter de trouver une préparation de mercure, telle que celle dont on vient de parler? Si l'on considere que le mercure a été soumis à un nombre presque infini d'épreuves de toute espece; que beaucoup de gens, même très habiles en Chymie, l'ont travaillé de mille manieres différentes, & que cependant nous n'avons point encore de préparation de mercure exempte de tout reproche, on sera porté à désespérer de réussir dans une pareille recherche. Mais, d'un autre côté, si l'on réfléchit bien sur la nature & les propriétés du mercure, si l'on considere que cette substance singuliere, ainsi qu'on l'a vu dans le présent article, est peut-être une de celles qui peut se prêter au plus grand nombre de combinaisons, qu'elle obéit en un mot à l'action de presque tous les dissolvans, on ne doit point perdre espérance de trouver une préparation mercurielle, non-seulement de beaucoup supérieure à toutes celles qu'on connoît jusqu'à présent, mais peut-être même qui n'aura aucun inconvénient.

Les maladies vénériennes ne sont point les seules que guérit le mercure : on a déja vu que c'est après avoir découvert qu'il avoit la propriété de guérir les galles, même malignes, & de mauvaise espece, qu'on a découvert sa vertu anti-vénérienne ; il guérit en effet beaucoup plus promptement & plus efficacement que tout autre remede, non-seulement les différentes especes de galle, mais encore un grand nombre d'autres maladies de la peau qui y ont plus ou moins de rapport, & qui se diversifient de beaucoup de manieres différentes.

Une autre vertu médicinale du mercure, qui n'est pas moins importante, c'est celle de détruire les vers & vermines de tous les genres, qui affligent le corps humain, soit intérieurement, soit extérieurement. On emploie dans la cure de ces deux dernieres especes de maladies, toutes les mêmes préparations de mercure que dans le traitement des maladies vénériennes ; la seule différence qu'il y ait, c'est qu'on n'a pas besoin d'une aussi grande quantité de mercure, soit pour guérir les galles, soit pour détruire les vers & vermines.

Enfin, plusieurs observations faites dans ces derniers tems, par d'habiles Médecins, semblent donner lieu d'espérer qu'on pourra combattre avec le secours du mercure, un autre fléau encore plus redoutable que tous ceux dont on vient de parler, mais qui heureusement est infiniment plus rare, c'est le poison de la rage. Cependant cette derniere vertu du mercure, n'est pas encore entierement constatée, & demande à être confirmée par un nombre suffisant de nouvelles observations, ce qui exigera un certain tems, attendu qu'heureusement les occasions de les faire ne sont pas bien communes.

Il étoit bien naturel que les Médecins, frappés des succès étonnans avec lesquels ils combattoient par le moyen du mercure, plusieurs maladies des plus rebelles, & qui seroient comme incurables, sans le secours de cette précieuse substance, essayassent de s'en servir contre la plupart des autres maladies qui résistent aux remedes ordinaires, & sur-tout contre celles qu'on attribue, de même que les maladies vénériennes, à un épaississement de la lymphe : aussi ils ont tenté bien des fois d'employer le mercure dans le traitement des écrouelles, des squirrhes, des cancers, & autres de ce genre, mais ce n'a pas été avec succès : le mercure n'a presque point, ou pour mieux dire, n'a point du tout de prise sur ces sortes de maladies ; ils en ont même trouvé, telles que le scorbut, dont les symptomes, quoiqu'assez ressemblans avec ceux des maladies vénériennes, pour qu'on ait quelquefois de la peine à les discerner, qui ne sont cependant nullement diminuées, mais au contraire toujours aggravées par l'usage du mercure.

On ne doit néanmoins pas encore désespérer qu'un aussi grand médicament ne puisse s'appliquer par la suite, avec succès, à d'autres maladies ; peut-être ne faut-il, pour en étendre considérablement l'usage, que trouver quelques nouveaux moyens de le préparer. Mais quand il devroit rester borné aux usages qu'on en fait à *présent*, il n'en sera pas moins toujours un des plus précieux remedes de la Médecine. C'est à cause de l'extrême importance de la matiere, qu'on a cru devoir donner une certaine étendue à ce qu'on a dit dans cet article des vertus médicinales du mercure, & de ses principales préparations.

MERCURE ANIMÉ : c'est un mercure préparé par des procédés alchymiques, pour la pierre philosophale.

MERCURE DOUX. Le mercure doux, qu'on appelle aussi *aquila alba*, est du sublimé corrosif chargé, par des opérations ultérieures, de toute la quantité de mercure à laquelle il peut s'unir, & sublimé ensuite trois fois.

Pour faire le mercure doux, on triture exactement dans un mortier de verre du sublimé corrosif, avec du mercure coulant qu'on y ajoute peu-à-peu à mesure qu'on le voit disparoître ; on ajoute ainsi du mercure coulant, jusqu'à ce qu'on s'apperçoive que le sublimé corrosif en soit saturé, & refuse d'en prendre davantage, ce que l'on reconnoît à ce que le nouveau mercure qu'on ajoute reste en globules, malgré la trituration. *Lémeri* dit que le sublimé corrosif ne peut se charger que d'environ les trois quarts de son poids de nouveau mercure ; & M. *Baumé* a confirmé cette remarque : ce dernier prescrit aussi d'ajouter un peu d'eau dans le mélange, elle empêche en effet qu'il ne s'éleve une poudre nuisible pendant la trituration, & facilite d'ailleurs le mélange. Il est aussi très à propos, comme le pratique M. *Baumé*, d'achever de mêler exactement les matieres en les broyant sur un porphyre, parceque le mélange ne peut être trop parfait & trop exact.

A mesure que le nouveau mercure s'unit au sublimé corrosif par la trituration, il lui communique une couleur grise noirâtre, couleur que prend toujours le mercure, lorsqu'il est très divisé, sans que ses molécules aient perdu leur forme métallique : on met ensuite cette matiere grise dans un ou plusieurs matras à col court, suivant la quantité qu'on en a, ou encore mieux dans des fioles à médecine ; & la quantité de matiere doit être telle dans chaque matras ou fiole, que les deux tiers en restent vuides pour donner de l'espace à la sublimation.

On place ces matras dans un bain de sable sur un fourneau, en les entourant de sable jusqu'à la hauteur de la matiere qu'ils contiennent ; on augmente le feu par degrés jusqu'à ce qu'on voie que la sublimation commence à se faire ; on le soutient dans cet état jusqu'à ce que tout soit sublimé, & attaché au haut de la fiole, à l'exception d'un peu de matiere fixe & incapable de sublimation, qui reste au fond. Les matras étant refroidis, on les casse avec précaution ; on y trouve le mercure sublimé en une masse blanche ; on sépare cette partie blanche & compacte d'avec une matiere moins blanche & moins dense qui occupe le col du matras ; on pulvérise de nouveau, dans un mortier de verre, cette masse blanche de la premiere sublimation ; on la fait sublimer une seconde & ensuite une troisieme fois, toujours par la même méthode, & en faisant à chaque fois les mêmes séparations : alors le mercure doux est dans son état parfait ; il doit être en masse blanche extrêmement pesante, demi transparente, moulée sur la bouteille par sa partie convexe, qui a même le poli du verre.

Il est très essentiel de n'employer dans toutes ces opérations, que des mortiers sur lesquels, ni l'acide, ni le mercure du sublimé corrosif n'aient aucune action ; ceux de marbre, par conséquent, & de métal, n'y peuvent servir ; ceux de verre sont les plus commodes.

Quoique le mercure crud qu'on triture avec le sublimé corrosif s'y joigne par surabondance, & contracte avec lui un certain degré d'union, cette union n'a pas à beaucoup près toute l'intimité dont elle est susceptible, & qu'elle doit avoir pour l'entiere dulcification du sublimé corrosif ; car si l'on faisoit prendre du sublimé corrosif chargé par la seule trituration de tout le mercure crud qu'il peut éteindre parfaitement, il produiroit, malgré cette grande quantité de mercure, des effets corrosifs encore très violens. Ce n'est que pendant la sublimation, & par son effet, que le nouveau mercure acheve de se combiner parfaitement avec l'acide du subimé corrosif, & qu'il est par conséquent capable de l'adoucir. La marque extérieure de cette combinaison intime, c'est le changement de couleur du gris opaque que la matiere a avant la sublimation, au blanc transparent qu'elle a après. Ce gris opaque vient, comme on l'a dit, de ce que le mercure conserve encore sa forme métallique, faute d'union assez intime avec l'acide, & le blanc transparent & salin est un signe certain de cette union.

Une ou deux sublimations ne sont pas suffisantes pour l'entier changement du sublimé corrosif en mercure doux, l'expérience a fait connoître qu'il en faut trois. Après ces trois sublimations, ce sublimé mercuriel peut être pris intérieurement sans danger, il n'est plus corrosif ; il ne lui reste plus de propriétés salines que ce qu'il en faut pour qu'il produise un effet purgatif à la dose depuis quatre ou cinq grains, jusqu'à vingt-quatre & même trente : & si l'on continue à sublimer un plus grand nombre de fois le mercure doux, comme huit ou neuf fois, & peut-être moins, il s'amortit tellement, qu'il ne produit plus aucun effet purgatif : on le nomme alors *panacée mercurielle* : voyez *ce mot.*

La matiere qui s'attache au col du matras, sur-tout dans les premieres ſublimations, n'eſt qu'une combinaiſon encore imparfaite du mercure crud avec le ſublimé corroſif, & c'eſt par cette raiſon qu'on doit la ſéparer d'avec le reſte de la maſſe. Lorſque la quantité de mercure crud qu'on a trituré avec le ſublimé corroſif, ſurpaſſe celle qui peut entrer dans la combinaiſon du mercure doux, la portion ſurabondante du mercure qui ne trouve plus d'accès auprès de l'acide du ſublimé corroſif, reſte ſous ſa forme métallique, & communique par conſéquent une couleur griſe noirâtre au mercure doux. On peut ſe débarraſſer de ce mercure ſurabondant, en faiſant la ſublimation dans une cornue, comme le propoſe *Stahl*, ſuivant la remarque de M. *Baron* dans ſes notes ſur *Lémeri*.

A l'égard de la matiere fixe qui reſte au fond des matras, elle eſt abſolument étrangere aux ſublimés de mercure ; ce n'eſt qu'une portion de ſubſtance terreuſe provenant des ſels employés dans l'opération du ſublimé corroſif, & que ce ſublimé a enlevés avec lui : car en genéral les corps volatils peuvent enlever avec eux une partie des matieres fixes avec leſquelles ils ſont mêlés, ſur-tout quand ils ſont expoſés à une chaleur plus forte que celle qui eſt abſolument néceſſaire pour les ſublimer. Il n'eſt pas néceſſaire pour cela qu'il y ait aucune union entre le corps volatil & le corps fixe, cela ſe fait par une impulſion purement méchanique des parties du premier de ces corps, contre celles du dernier, auxquelles elles communiquent une partie de leur mouvement & ſa direction.

Il ſuit de-là que les corps volatils les plus peſans, doivent produire cet effet d'une maniere bien plus ſenſible que les plus légers : auſſi les ſublimés de mercure, qui ſont certainement les plus peſans de tous les corps volatils, le produiſent à un point qui a de quoi ſurprendre ; il arrive quelquefois, dans l'opération du mercure doux, qu'il reſte quelques fragmens des macras, mêlés avec la matiere qu'on resublime de nouveau, & alors si le feu est poussé fort dans la sublimation qu'on en fait, il n'est pas rare que ces fragmens de verre soient enlevés avec le sublimé de mercure. M. *Baumé* en a souvent trouvé de très grands, au milieu des masses de ces sublimés provenant des fabriques en grand, dans lesquelles les travaux ne se font pas ordinairement avec les mêmes soins & attentions, que dans les opérations en petit des laboratoires de Chymie.

Lémeri remarque, que le mercure doux prend une couleur un peu jaune lorsqu'il est trituré. Cette couleur vient de ce que la quantité de mercure est très considérable, par rapport à celle de l'acide dans cette combinaison : car c'est en général la couleur que prend le mercure, lorsqu'il est bien divisé, & qu'il n'est point sous son brillant métallique, comme on le voit par l'exemple du précipité *per se*, du *turbith minéral*, & autres préparations de mercure qui sont dans cet état. Les trois sublimations qu'on donne au mercure doux, sont nécessaires pour l'exacte combinaison, & malgré cela M. *Baumé* a observé que le changement parfait du sublimé corrosif en mercure doux, ne peut se faire par ces sublimations réitérées. Suivant cet habile Chymiste, le mercure doux se décompose en partie à chaque sublimation ; il y a une portion du mercure qui se volatilise : il se forme, par conséquent, une portion de sublimé corrosif, dans la même proportion qu'il s'est sublimé du mercure. . . . M. *Baumé* dit s'être assuré de ce fait, en sublimant dans des cornues du mercure doux bien fait, & qui ne contenoit aucun globule de mercure non combiné ; il a passé alternativement dans le ballon quelque globules de mercure, & du phlegme acidulé.

Il suit de là, que malgré toutes les sublimations qu'on peut faire, le mercure doux n'est jamais parfaitement exempt du mélange d'un peu de sublimé corrosif, qui peut occasionner des irritations, des nausées, &c. Le meilleur moyen que M. *Baumé* ait trouvé de débarrasser le mercure doux de tout alliage de sublimé corrosif, a été de le broyer sur un porphire avec de l'eau, & de le bien laver ensuite avec de l'eau chaude.

Si les observations de M. *Baumé* sont vraies, comme on n'en peut pas douter, on sent combien il est important de ne négliger aucunes des pratiques qu'il indique. (Voyez *sa Chymie*, tom. 2. p. 420. & suivantes).

MERCURE DES PHILOSOPHES. Les Alchymistes ont donné le nom de mercure à bien autre chose qu'à la substance métallique connue de tout le monde sous ce nom ; ils appellent ce dernier le mercure vulgaire, & en font assez peu de cas. Il est bien difficile de dire au juste ce qu'ils entendent par leur mercure, non-seulement à cause de l'obscurité avec laquelle se sont énoncés tous ceux d'entre eux qui ont écrit, mais encore à cause des différences marquées qui se trouvent dans ce que les uns & les autres disent de cette matiere. Il n'y a point de terme qu'ils emploient plus fréquemment que celui-là : on trouve à chaque page dans leurs écrits les mots de mercure, de mercurification, &c. Il est assez croyable qu'ils n'ont pas tous la même idée du mercure philosophique. Ce qu'on peut penser de plus raisonnable à ce sujet : c'est que ce mercure est le principe métallique que *Beccher* a nommé *terre mercurielle*.

MERCURIFICATION. La mercurification est une opération qui tient beaucoup à l'Alchymie, & par laquelle on prétend réduire les métaux en une liqueur métallique, fluide, pesante, opaque & brillante, comme le mercure ordinaire ; ou retirer des métaux leur principe mercuriel, & l'obtenir sous une forme de mercure coulant. Mais ces métaux mercurifiés, ou leur principe mercuriel rendu sensible, sont une espece de mercure des Philosophes, lequel quoiqu'ayant beaucoup de ressemblance avec le mercure ordinaire, en differe néanmoins, à ce que prétendent ceux qui se livrent à ces sortes de travaux, en ce qu'il a une plus grande pesanteur spécifique, qu'il pénetre & dissout plus efficacement tous les métaux, qu'il leur est plus adhérent, & qu'il est moins volatil.

On trouve dans les livres de beaucoup d'Auteurs, qui, sans être précisément Alchymistes, ont cependant donné plus ou moins d'attention à ces sortes d'objets, un très grand nombre de procédés pour la mercurification, ou pour retirer du mercure, des métaux. Mais la plupart de ces procédés sont extrêmement longs, laborieux, embarrassés, & par conséquent très sujets à manquer. Comme le détail de ces procédés seroit fort long, & nous écarteroit de notre objet, nous n'en ferons point mention. On trouve d'ailleurs les principales de ces opérations rassemblées & exposées très clairement dans le *Conspectus Chymiae de Juncker*, que peuvent consulter ceux qui veulent s'instruire sur cette matiere : voici seulement quelques mercurifications des plus faciles, tirées des Auteurs les plus modernes : tels que MM. *Vallerius* & *Teichmeyer*, que nous allons rapporter pour exemple.

Si l'on distille du cinnabre d'antimoine fait par le sublimé corrosif, on retirera toujours des distillations, après la révivification du mercure, plus de mercure qu'il n'y en avoit dans le sublimé corrosif.

Si l'on prépare un sublimé corrosif avec l'esprit de sel & le mercure coulant, & qu'on sublime plusieurs fois de la chaux ou de la limaille d'argent avec ce sublimé, une partie de l'argent se changera en mercure.

La limaille de fer bien fine exposée pendant un an à l'air, ensuite bien triturée dans un mortier & nétoyée pour en séparer les ordures & la poussiere, remise après cela encore pendant un an à l'air, & enfin soumise à la distillation dans une cornue, fournit une matiere dure qui s'attache au col du vaisseau, & avec cette matiere un peu de mercure, (Teichm).

Si l'on prend de la cendre ou chaux de cuivre, qu'on la mêle avec du sel ammoniac ; qu'on expose ce mélange pendant un certain tems à l'air, & qu'on le mette en distillation avec du savon, on obtiendra du mercure.

Qu'on mêle du plomb ou de la lune cornée avec parties égales d'esprit de sel bien concentré, qu'on laisse ces matieres en digestion pendant trois ou quatre semaines, qu'on sature ensuite le mélange avec de l'alkali volatil, qu'on le mette de nouveau en digestion pendant trois ou quatre autre semaines, qu'au bout de ce tems on y joigne égale quantité de flux noir & de savon de Venise, & qu'on mette le tout en distillation dans une cornue de verre, il passera du mercure dans le récipient.

Voilà des expériences aussi faciles à faire, qu'elles sont importantes; il est même étonnant qu'elles n'aient point été réitérées par les Chymistes modernes, de maniere qu'elles soient au nombre des plus célebres & des mieux constatées: on ne voit guere d'autre raison de cette indifférence, que le peu d'espérance qu'on a eu sur la réussite. Quoi qu'il en soit, si elles se faisoient avec succès, elles établiroient d'une maniere assez certaine, l'existence d'un principe mercuriel dans les métaux, & confirmeroient d'autant mieux la théorie de *Beccher*, que toutes celles dont on vient de faire mention, se font à l'aide de l'acide marin, acide que ce Chymiste croit aussi spécifié par sa terre mercurielle. Il en résulteroit qu'il ne s'agit que de rendre le principe mercuriel surabondant dans les métaux, pour en retirer un vrai mercure: *voyez* MÉTAUX.

Il y a cependant un grand nombre de procédés de mercurification, qu'on peut voir dans les Auteurs qui ont traité de cette matiere, & encore plus commodément dans le livre de *Juncker* cité plus haut, dans lesquels on n'emploie point l'acide marin, mais plusieurs autres matieres salines, ou bien la sublimation à travers les charbons, avec le concours de l'air libre, à la maniere de *Geber*. Dans ce dernier cas, c'est dans les fleurs & fumées métalliques, qu'on doit chercher la substance mercurielle, & il est clair que si on l'obtient, ce n'est alors que par la décomposition de la matiere métallique sur laquelle on fait l'expérience.

M. *Grosse* dit dans les Mémoires de l'Académie, avoir retiré du mercure du plomb, par un procédé encore plus simple, plus facile, & plus prompt, que tous ceux dont on vient de parler, il ne s'agit que de saturer exactement de plomb, de bon acide nitreux. Après la saturation parfaite, dont on est sûr, en employant plus de plomb qu'il n'en faut, il se précipite, dit M. *Grosse*, une poudre grise, dans laquelle on découvre du mercure. Cette expérience n'étant point longue, nous l'avons réitérée, M. *Baumé* & moi, avec toute l'attention convenable dans le cours de Chymie que nous faisions ensemble; mais nous n'avons point trouvé la poudre grise mercurielle annoncée par M. *Grosse*. Comme cet habile Chymiste a toujours été reconnu pour très exacte & de très bonne foi, il est à croire que le plomb dont il s'est servi, contenoit un peu de mercure qui lui étoit étranger, ce qui peut arriver très facilement dans un laboratoire, sans même qu'on puisse le soupçonner. Il est très possible que la même chose soit arrivée dans plusieurs autres expériences de mercurification, & cela prouve combien il faut être circonspect & réservé dans les conséquences qu'on tire de ces sortes de travaux.

MÉTAUX & MÉTALLISATION. Nous comprendrons ici sous le nom général de *métal*, non seulement les métaux proprement dits, mais encore les demi-métaux, ou toutes les matieres qui ont les propriétés métalliques essentielles, dont on va rendre compte: ainsi le mot *métal* & *substance métallique* seront synonime dans le présent article.

Les substances métalliques forment une classe de corps, peu nombreuse, de la plus grande importance dans la Chymie, dans la Médecine, dans les Arts, dans presque tous les usages de la vie: ces substances ont des propriétés très marquées, par lesquelles elles different totalement de tous les autres corps de la nature.

Les corps naturels, dont les métaux different le moins, sont les matieres terreuses ou pierreuses, à cause de leur solidité & de leur densité. Il y a néanmoins à cet égard une différence extrême entre les métaux & les pierres: les pierres les plus pesantes, mais qui n'ont rien de métallique, l'étant sans comparaison moins que les métaux les plus légers. Un pied cube de marbre pese 252 livres, & un pareil volume d'étain, qui est le moins pesant des métaux, pese 516 livres. Combien la différence est-elle encore plus grande, si l'on compare la pesanteur de cette pierre à celle de l'or, le plus dense des métaux? un pied cube de ce métal pese 1326 livres.

L'opacité est une seconde qualité que les métaux possedent dans un degré très éminent : celle des métaux est beaucoup supérieure à celle des corps non métalliques les plus opaques.

Cette grande opacité des métaux, est une suite de leur densité ; & ces deux propriétés en produisent une troisieme, particuliere aussi aux métaux, c'est celle de réfléchir infiniment plus de rayons de lumiere, que tout autre corps : de-là vient que les métaux dont les surfaces sont polies, forment des miroirs qui représentent les images des objets d'une maniere infiniment plus vive que toute autre matiere ; & de-là vient que les miroirs de glace ne produisent leur effet, qu'autant qu'ils sont étamés, c'est-à-dire, enduits d'une surface métallique propre à réfléchir tous les rayons de lumiere ; ainsi les miroirs de glace, ne sont dans la réalité, que des miroirs de métal. C'est à cette propriété réfléchissante de la lumiere, que les métaux doivent l'éclat qui leur est particulier, & qu'on nomme le *brillant métallique*.

Quoiqu'il y ait des différences très considérables dans la dureté & dans la fusibilité des diverses substances métalliques, on peut dire cependant qu'elles sont en générale moins dures & plus fusibles que les terres pures.

Les métaux ne peuvent s'unir avec aucune matiere terreuse, pas même avec leur propre terre, lorsqu'elle n'est plus dans l'état métallique ; de-là vient que lorsqu'ils sont fondus, ils se disposent naturellement en globes, autant que la pesanteur absolue de leur masse & sa pression sur le vase qui les contient, peut le leur permettre ; ainsi la surface d'une masse de métal en fonte, est toujours convexe. Cette masse tend toujours à prendre la forme sphérique, & elle la prend en effet d'autant plus, qu'elle est plus petite. Cet effet est très sensible dans le mercure coulant, parcequ'il n'est réellement qu'un métal habituellement en fonte. Une masse de quelques livres de mercure contenue dans une capsule évasée, s'y étend de maniere, que sa surface supérieure est presque platte, & que la convexité n'est bien sensible, que sur ses bords, & au contraire si l'on met dans la même capſule des maſſes de mercure fort petites, comme d'un grain, & encore moindres, elles s'arrondiſſent tellement, qu'elles deviennent des globes parfaits. Cet effet eſt occaſionné d'une part, par le défaut d'aptitude qu'ont les métaux à s'unir aux matieres qui les contiennent en fonte, qualité qui laiſſe aux parties intégrantes de ces métaux, toute l'affinité qu'elles ont entre elles; & de l'autre part, cet effet vient de cette même affinité ou tendance à s'unir, qui les force à ſe diſpoſer les unes auprès des autres, de maniere qu'elles obéiſſent le plus à cette tendance, qu'elles forment par conſéquent le corps de la plus grande ſolidité ſous la moindre ſurface : or, on ſait que ce ſolide eſt la ſphere.

Cette propriété n'eſt point particuliere aux métaux fondus; elle appartient en général à tous les fluides contigus à d'autres corps, ſoit ſolides, ſoit fluides, avec leſquels ils n'ont point de diſpoſition à s'unir; ainſi, par exemple, des maſſes d'eau ſur des corps gras, ou des maſſes d'huiles ſur des corps mouillés d'eau, prennent toujours une forme d'autant plus ſphérique, qu'elles ſont plus petites; une goutte d'huile même aſſez groſſe, plongée dans une liqueur aqueuſe, de maniere qu'elle en ſoit environnée de tous côtés, devient une ſphere parfaite.

Tous les métaux ſont en général diſſolubles par tous les acides, mais ſouvent par des manipulations ou avec des circonſtances particulieres, qu'il faut voir aux articles particuliers de chaque métal; ils forment avec les acides des *ſels neutres à baſe métallique*. Ces ſels, par défaut d'union aſſez intime de l'acide avec le métal, & à cauſe de la grande peſanteur de ce dernier, ont plus ou moins de cauſticité. L'affinité des métaux avec les acides, eſt moindre que celle des terres abſorbantes, & des ſels alkalis avec ces mêmes acides; ainſi tout métal peut être ſéparé d'un acide quelconque par les alkalis terreux ou ſalins.

Les ſels alkalis ont auſſi de l'action ſur toutes les ſubſtances métalliques, & peuvent les tenir en diſſolution, lorſqu'on emploie les procédés convenables.

Les métaux peuvent s'unir auſſi en général avec le

soufre & avec le foie de soufre : ils forment avec le soufre des composés qui ressemblent beaucoup à la substance propre des mines, lesquelles ne sont la plupart que des combinaisons de métal & de soufre faites par la nature ; ils ont aussi en général moins d'affinité avec le soufre, qu'avec les acides purs ; de-là vient qu'on peut en séparer le soufre par les acides. Il y a sur cette affinité des métaux avec le soufre & le foie de soufre, ainsi que sur leur séparation d'avec le soufre par les acides, quelques exceptions qu'il faut voir aux articles particuliers des métaux. Mais ces exceptions vraisemblablement, n'ont lieu que parcequ'on n'a pas encore trouvé le moyen de surmonter quelques obstacles qui se présentent pour certains métaux dans les procédés ordinaires.

Les métaux peuvent s'unir aussi tous en général les uns avec les autres, & former différens alliages qui présentent des phénomenes remarquables, mais il y a à cet égard quelques exceptions : *voyez* ALLIAGES & AMALGAMES.

Les métaux ont beaucoup d'affinité avec le principe inflammable, & peuvent s'en charger par surabondance.

Enfin les substances huileuses paroissent avoir de l'action sur tous les métaux ; il y en a même quelques-uns que les huiles dissolvent facilement & en assez grande quantité, & peut-être parviendroit-on à les dissoudre tous en entier dans les huiles, si l'on tentoit les moyens que la Chymie indique pour faire ces sortes de dissolutions.

Les propriétés dont on vient de faire mention, conviennent en général à toutes les substances métalliques. Mais outre les propriétés particulieres qui distinguent chaque métal de tous les autres, il y en a d'autres qui sont communes à un certain nombre d'entre eux, ce qui donne lieu de les diviser en plusieurs classes.

Celles d'entre les matieres métalliques, qui lorsqu'elles sont frappées avec le marteau, ou fortement pressées, s'étendent, s'allongent & s'applatissent au lieu de se briser, (propriété qui s'appelle *ductilité*, ou *malléabilité*), & qui outre cela restent [illegible] le plus long & le plus violent, sans éprouver au[illegible] diminution de poids, ni aucune autre altération [illegible] sible, se nomment *métaux parfaits*. Ces métaux [illegible] faits sont aux nombres de trois : savoir, *l'or*, *l'*[illegible] & *la platine*.

Les matieres métalliques qui sont ductiles, & [illegible] au feu, jusqu'à un certain point ; mais qui se dé[illegible] sent par son action avec le concours de l'air, c'e[illegible] dire, qui se changent en une terre privée de tou[illegible] propriétés caractéristiques des métaux, s'appellen[illegible] taux imparfaits : on en connoît quatre de cette e[illegible] qui sont *le cuivre*, *le fer*, *l'etain* & *le plomb*.

Celles des substances métalliques qui, de mêm[illegible] les métaux imparfaits, perdent leurs propriétés m[illegible] liques par l'action du feu, mais qui de plus man[illegible] absolument de ductilité & de fixité, sont disting[illegible] des autres par le nom de *demi-métaux*. Il y en a [illegible] dans cette classe, qui sont, le *régule* d'*antimoin*[illegible] *bismuth*, le *zinc*, le *régule de cobalt*, & le *régule* [illegible] *senic*.

Enfin, le mercure qui a bien toutes les prop[illegible] générales des métaux, fait à lui seul une classe à [illegible] parcequ'il tient des métaux parfaits par sa pureté [illegible] pesanteur, & des demi-métaux par sa volatilité [illegible] sibilité surpasse d'ailleurs tellement celle de tout[illegible] autres matieres métalliques, que cette seule q[illegible] suffiroit en quelque sorte pour le faire mettre dan[illegible] classe à part. Cela fait en tout treize substances m[illegible] liques, parmi lesquelles il y en a deux qui n'o[illegible] nullement connues des anciens : savoir, la *pl*[illegible] & le *régule de cobalt*. Il est bien étonnant que ces [illegible] corps métalliques, & la platine sur-tout, qui [illegible] métal parfait, aient été absolument inconnu[illegible] hommes depuis le commencement du monde, & n[illegible] été découverts que dans ces derniers tems. Cel[illegible] faire espérer, que si l'on continue à cultiver ave[illegible] & discernement l'Histoire Naturelle & la Chy[illegible] comme on le fait depuis le renouvellement des [illegible] ces, on pourra faire encore quelques découvert[illegible] sentielles en ce genre. M. *Cronstedt* a donné da[illegible]

Mémoires de l'Académie de Suede, la description d'une matiere métallique, qui, suivant ce qu'il en dit, paroitroit un nouveau demi-métal bien distingué de tous les autres, il lui a donné le nom de *Nikel* : ce seroit dans ce cas une quatorzieme matiere métallique, & la troisieme nouvellement découverte.

Comme les Chymistes ne peuvent bien connoître les corps composés, qu'autant qu'ils sont en état de séparer les principes de ces corps, & même de réunir ces principes pour reproduire les composés absolument tels qu'ils étoient d'abord, & que jusqu'à présent ils n'ont pu rien faire de semblable par aucune opération bien constatée sur les métaux parfaits; il s'en suit que si toutes les substances métalliques avoient la même inaltérabilité, on seroit encore bien éloigné d'avoir des notions certaines sur la nature des métaux en général. Mais si l'on excepte, l'or, l'argent & la platine, toutes les autres matieres métalliques sont susceptibles de décomposition & de récomposition, du moins jusqu'à un certain point; & les expériences de ce genre qu'ont faites les Chymistes, & sur-tout les modernes, nous ont beaucoup éclairés sur cet objet important.

Remarquons d'abord que, quand même on n'auroit point encore pu parvenir à décomposer aucune substance métallique, on auroit pu néanmoins, en réfléchissant sur les propriétés essentielles des métaux, entrevoir assez bien la nature de leurs principes. La solidité, la consistance, & sur-tout la pesanteur qu'ils possedent dans un degré si supérieur à tous les autres corps, n'auroient point permis de douter que l'élément terreux (dont ce sont là les propriétés caractéristiques) n'entre en grande quantité dans leur composition, & même n'en fasse la base. La facilité qu'ils ont à se combiner avec presque toutes les matieres inflammables, & avec toutes celles qui ont beaucoup d'affinité avec le phlogistique, tels que sont les acides, jointe à leur inalliabilité avec les matieres maigres purement terreuses, ou purement aqueuses, qui n'ont aucune disposition à s'unir avec le phlogistique, auroit fourni de plus des motifs très forts, de croire que le principe inflammable entre, & même en très grande quantité, dans la composition des métaux.

Il faut cependant convenir que ces considérations n'auroient fourni sur l'existence du principe inflammable dans les métaux, qu'une simple probabilité bien éloignée de la démonstration parfaite qu'on a présentement sur cet objet. Mais la combustibilité de tous les métaux susceptibles d'être décomposés par ce moyen, & ensuite reproduits avec toutes leurs propriétés par la réunion du principe inflammable, fournit la démonstration la plus nette & une des plus satisfaisantes qu'on ait sans contredit dans toute la Chymie. Voici en peu de mots ce qu'on sait sur cela, & les conséquences qui en résultent nécessairement.

Les métaux destructibles présentent exactement les mêmes phénomenes que tous les autres corps qui contiennent le principe inflammable dans l'état de combustibilité. Si on les expose à l'action du feu, de maniere qu'ils ne puissent avoir de communication libre avec l'air extérieur, c'est-à-dire, dans des vaisseaux bien clos; ils rougissent, ils se fondent, ils se subliment, suivant leur nature; mais ils ne reçoivent de l'action du feu, tant qu'elle ne leur est appliquée que de cette maniere, aucune altération dans leur composition, & on les retrouve après cela absolument tels qu'ils étoient auparavant; ce en quoi ils ressemblent parfaitement à tous les corps qui ne contiennent d'autres matieres inflammables, que le phlogistique pur.

Lorsqu'au contraire on expose les métaux imparfaits à l'action du feu avec le concours de l'air libre, comme, par exemple, sous une mouffle dans un fourneau qui chauffe bien fort; alors ils brûlent tous d'une maniere plus ou moins sensible, suivant que leur principe inflammable est plus ou moins abondant, ou plus ou moins combiné. Quelques-uns, tels que le fer, & surtout le zinc, brûlent avec une flamme des plus vives & des plus brillantes; mais cette flamme est de même nature que celle du charbon, du soufre, des corps en un mot, dont le principe combustible n'est que le phlogistique pur, & n'est point dans l'état huileux, c'est-à-dire, qu'elle ne fournit aucune suie capable de noircir.

De même tous les métaux imparfaits traités avec le nitre, font détonner ce sel, quand toutes les circonstances qu'exige sa *détonnation*, sont réunies. Leur phlogistique se consume, dans cette occasion, beaucoup plus promptement & plus complettement que dans la calcination ou combustion ordinaire; leur flamme est aussi beaucoup plus brillante, plus vive & plus sensible; il y en a même, comme le fer & le zinc, qu'on emploie dans les artifices, à cause de l'effet singulier & de la beauté de l'éclat qu'ils produisent.

Le nitre de son côté est alkalisé dans ces détonnations métalliques, exactement de la même maniere que dans sa détonnation par les charbons.

Enfin, les métaux imparfaits traités avec les acides qui ont de l'affinité avec le phlogistique, c'est-à-dire, avec les acides vitriolique, nitreux & marin, sont privés aussi par ces acides d'une partie plus ou moins considérable de leur principe inflammable; ils donnent un caractere sulfureux à l'acide vitriolique, peuvent même former du soufre avec lui; tous les acides, excepté le nitreux, produisent du *gas inflammable*, en les dissolvant, & l'acide nitreux, produit le *gas nitreux*.

Quand il n'y auroit point d'autres preuves de l'existence d'un principe inflammable dans les substances métalliques, que les expériences dont on vient de faire mention, celles-ci suffiroient pour l'établir d'une maniere incontestable: mais on va voir, en continuant d'examiner ce qui se passe dans la décomposition des métaux, qu'elles ne sont point les seules.

Si la matiere inflammable, qui se manifeste d'une maniere si sensible dans ces combustions de métaux, est réellement une de leurs parties constituantes, il s'ensuit que ces métaux doivent être altérés dans leurs propriétés essentielles, à proportion de la quantité qui leur est enlevé de ce principe: c'est aussi ce que l'expérience démontre évidemment; car ce qui reste des matieres métalliques après ces calcinations, s'éloigne du caractere métallique pour se rapprocher de la nature d'une ſimple terre ; on voit diminuer, ou même diſparoître entiérement le brillant, la ductilité, l'opacité, la peſanteur, la fuſibilité, la volatilité, en un mot toutes les propriétés par leſquelles les ſubſtances métalliques different des ſimples terres, à meſure qu'on leur enleve ainſi leur principe inflammable; en ſorte que lorſque leur calcination a été portée auſſi loin qu'il eſt poſſible ; elles ne reſſemblent qu'à des terres ſimples qui paroiſſent n'avoir plus rien de commun avec les métaux. Ces terres ne peuvent plus s'allier avec les acides, ni avec les métaux, & ſont ſuſceptibles au contraire de s'unir avec les matieres purement terreuſes. On les appelle alors *chaux* ou *terres métalliques*.

Il faut obſerver au ſujet de cette décompoſition des métaux : 1°. que lorſqu'on n'enleve à une ſubſtance métallique qu'une petite quantité de ſon principe inflammable, il ne ſe forme qu'une quantité de chaux proportionnée à la quantité de phlogiſtique enlevé, le reſte demeurant exactement dans l'état métallique : il arrive de-là, que, comme la portion du métal calciné ne peut plus reſter unie avec le métal non détruit, elle s'en ſépare d'elle même en écailles qui ſe détachent de la ſurface, quand le métal a été calciné ſans fuſion, comme cela eſt ordinaire au fer & au cuivre, ou qui viennent nager à la ſurface du métal, à cauſe que cette chaux eſt devenue ſpécifiquement plus légere, lorſque le métal eſt en fonte pendant ſa calcination, comme cela a lieu à l'égard des métaux très fuſibles, tels que l'*étain*, le *plomb*, la plupart des demi-métaux & le *mercure*.

2°. Les métaux imparfaits ne ſont point ſuſceptibles de ſe calciner tous auſſi facilement & auſſi complettement. En général, il eſt facile de leur enlever à tous aſſez de leur phlogiſtique, pour les priver d'une maniere ſenſible de leurs propriétés métalliques ; mais il eſt toujours plus difficile de les priver des dernieres portions de ce même phlogiſtique. Quelques-uns, comme le cuivre, réſiſtent plus que les autres à la premiere calcination ; d'autres, comme le plomb & le biſmuth, peuvent d'abord être calcinés avec la plus grande facilité, mais seulement jusqu'à un certain point, & retiennent toujours opiniâtrement les dernieres portions de leur principe inflammable ; d'autres enfin, comme l'étain & le régule d'antimoine, non-seulement peuvent se calciner facilement & promptement, mais encore beaucoup plus radicalement : tous les autres participent plus ou moins de ces propriétés, relativement à leur calcination. En général il paroît que, si on excepte les travaux alchymiques, sur lesquels on ne peut point compter, on n'a pas encore fait tous les efforts convenables pour parvenir à la calcination parfaite des différentes substances métalliques ; ce qui est cependant absolument nécessaire pour parvenir à bien connoître la nature de leurs terres, comme on le verra ci-après.

Lorsque les terres métalliques n'ont perdu que peu de leur phlogistique, & qu'on les pousse au feu, elles se fondent & se réduisent en des masses compactes, encore pesantes & opaques, quoique beaucoup moins que leurs métaux, & toujours fragiles & absolument privées de ductilité. Si la calcination a été poussée plus loin, les terres métalliques se fondent encore, mais plus difficilement, & elles se mettent en masses fragiles & transparentes auxquelles il ne manque aucune des propriétés du verre, aussi les nomme-t-on en cet état *verres métalliques*. Ces verres ne participent plus d'aucune propriété de leurs métaux, si ce n'est qu'ils ont encore une pesanteur spécifique sensiblement plus grande que celle de toute autre espece de verre ; qu'ils sont encore susceptibles d'être attaqués par les acides, & que ceux des demi-métaux, ont un peu moins de fixité que les verres non-métalliques. Enfin, lorsque la calcination des métaux a été portée au dernier degré, leurs terres sont absolument fixes, infusibles au feu de nos fourneaux, & n'ont plus la dissolubilité dans les acides, qui caractérise les métaux, ce qui est très sensible dans les chaux blanches d'étain & de régule d'antimoine.

Tels sont les principaux changemens que la soustraction du phlogistique occasionne aux métaux : elle les réduit à n'être que des substances dans lesquelles on n'apperçoit que les propriétés de la terre; preuve certaine que le principe inflammable, est une de leurs parties constituantes essentielles. Mais ce ne sont point là encore toutes les preuves que nous avons de cette vérité si importante en Chymie : la réduction des chaux métalliques en métaux, par l'addition du seul phlogistique, fait le complément de ces preuves; & le tout forme une démonstration des plus claires & des plus satisfaisantes qu'on ait dans toutes les sciences : voici en quoi consiste cette réduction.

Si l'on mêle bien la terre d'un métal avec une matiere inflammable quelconque, qui soit ou qui puisse se mettre dans l'état charbonneux, & qu'on ajoute quelque sel capable de faciliter la fusion, mais qui ne puisse, soit par sa qualité, soit par sa quantité, s'emparer du principe inflammable; qu'on enferme bien le tout dans un creuset, & qu'on pousse à la fonte en donnant le feu par degrés; il se fait une effervescence dont on entend le sifflement dans le creuset; elle est occasionnée par le dégagement de l'air qui avoit pris la place du phlogistique pendant la combustion, & qui dure un certain tems, pendant lequel il ne faut point augmenter le feu : après quoi, le tout ayant été bien fondu & refroidi, on casse le creuset; on trouve le métal dont on a ainsi traité la terre, rassemblé au fond en un culot, & pourvu exactement de toutes les propriétés qu'il avoit avant sa *calcination* & sa *réduction*.

On ne peut douter que cette merveilleuse transformation d'une substance terreuse en un métal, ne soit due uniquement au transport du phlogistique de la matiere inflammable sur la terre métallique. Car, 1°. de quelque maniere, & avec quelque substance qu'on traite les terres métalliques, jamais on ne les réduira en métaux, sans le concours d'une substance qui contienne le principe inflammable; 2°. la nature de la substance qui doit fournir le phlogistique dans cette opération, est absolument indifférente, pourvu qu'elle ait une fixité convenable, parceque ce principe est le même dans tous les corps qui le contiennent; 3°. enfin, si après l'opération, on examine la substance qui a fourni le phlogistique, on trouvera qu'elle a autant perdu ce principe, qu'elle en a fourni à la substance métallique.

Les faits qu'on vient de rapporter sur la décomposition & la recomposition des métaux, prouvent d'une maniere incontestable, qu'ils sont tous composés de terre & de phlogistique. Mais c'est une grande question de savoir si ces deux principes suffisent seuls pour constituer les substances métalliques. Il n'y auroit aucun doute sur cela, si l'on pouvoit produire des métaux en combinant le principe inflammable avec des matieres bien reconnues pour de simples terres : or, c'est à quoi on n'a pas pu parvenir jusqu'à présent ; car si l'on essaie de traiter une terre quelconque, qui n'a fait partie d'aucun métal, avec des matieres inflammables, comme on traite les terres métalliques pour les réduire en métaux, on verra que ces terres simples ne se prêtent point à la combinaison avec le principe inflammable, de maniere qu'il en résulte un métal : on verra même que les propres terres des métaux se refusent aussi à cette combinaison, & ne peuvent plus se réduire en métal, lorsque leur calcination, portée trop loin, les a rapprochées infiniment de la nature des terres simples.

Ces considérations, jointes à ce qu'on a peine à concevoir, que l'union des deux seuls & mêmes principes puisse produire un aussi grand nombre de composés aussi différens que le sont entre elles les différentes matieres métalliques, sont bien propres à faire croire qu'il y a quelqu'autre principe qui entre encore avec ces deux là dans la composition de tout métal.

Beaucoup de grands Chymistes, à la tête desquels sont *Becker* & *Stahl*, en paroissent convaincus ; & fondés singulierement sur les expériences de la *mercurisation* des métaux, ils croient que ce troisieme principe existe abondamment dans le mercure, qu'il est de nature mercurielle ; qu'il existe aussi dans l'acide marin, auquel il donne son caractere spécifique, qu'il ne s'agit que d'extraire ce principe du mercure, de l'acide marin, ou de quelques autres corps qui peuvent aussi le contenir en abondance, & de le combiner avec les terres simples pour leur donner le caractere de terres mé-

métalliques, pour les rendre propres à s'unir au principe inflammable, & par conséquent capables de se métalliser complettement.

Ces mêmes Chymistes admettent aussi, & cela est assez vraissemblable, une différente proportion des principes métalliques dans les différens métaux, & croient que celui-ci en particulier, qu'ils ont nommé *terre mercurielle*, existe en plus grande quantité ou d'une maniere plus sensible dans certains métaux que dans d'autres. Les métaux les plus mercuriels, suivant eux, sont le mercure, l'argent, le plomb & l'arsenic. La plupart même des Chymistes distinguent des autres métaux, l'argent, le plomb & le mercure, à cause des phénomenes qu'ils présentent avec l'acide marin, & les nomment *métaux blancs*, *métaux lunaires*, ou *métaux mercuriels*.

Toutes ces considérations réunies, & plusieurs autres encore, dans le détail desquelles il seroit trop long d'entrer, donnent un certain degré de vraissemblance à l'existence du principe mercuriel dans les substances métalliques. Il faut convenir néanmoins qu'il ne résulte de tout cela que de simples probabilités, & qu'il s'en faut beaucoup, ainsi que *Stahl* le dit lui-même, que la présence de la terre mercurielle dans les métaux, y soit aussi bien démontrée, que celle du principe inflammable, nous ajouterons de plus qu'il y a des motifs assez forts de douter de l'existence de ce troisieme principe métallique.

Comme l'acide marin, le mercure, l'arsenic, & même les autres substances dans lesquelles on croit que la terre mercurielle est très abondante, sont très volatiles, & que d'ailleurs aucune des propriétés attribuées à ce principe, n'indique qu'il soit fixe, il paroît certain que s'il existe, il est lui-même très volatil. Les Chymistes qui l'admettent le regardent comme tel, puisqu'une des méthodes les plus accréditées pour la mercurification des métaux, consiste à les traiter par la sublimation à travers les charbons à la maniere de *Geber*, & que c'est principalement dans les suies des métaux, qu'on cherche leur principe mercuriel.

Si donc la terre mercurielle est un principe volatil,

il paroît impossible, que lorsqu'on décompose les métaux par la combustion, ou par la détonnation avec le nitre, il ne se dissipe une partie considérable de ce principe mercuriel volatil; il s'en suivroit de-là que l'on ne pourroit plus remétalliser les chaux des métaux sans leur recombiner non-seulement le phlogistique, mais encore la terre mercurielle qu'elles avoient perdue: or, l'expérience prouve que l'addition du phlogistique seul suffit pour remétalliser parfaitement toutes ces terres, & qu'il n'est nullement nécessaire de leur restituer aucun principe mercuriel. On ne peut point répondre à cela, que toutes les substances qui contiennent du phlogistique, contiennent aussi une quantité de terre mercurielle suffisante pour réduire les chaux métalliques; car si cela étoit, il s'en suivroit qu'en traitant, avec des matieres inflammables, les terres qui n'ont fait partie d'aucun métal, on pourroit produire des métaux, puisqu'il ne manqueroit, dans cette combinaison, aucun principe des métaux: or, on a déja remarqué que cela ne se peut point.

Il est vrai que lorsqu'on réduit les chaux métalliques, il y a toujours un déchet, & qu'on ne reproduit jamais la même quantité de métal qui avoit d'abord été calcinée; il est vrai aussi, que ce déchet est d'autant plus considérable, que la calcination du métal a été plus complette; on pourroit par conséquent attribuer cette perte à celle du principe mercuriel, qui a été faite pendant la décomposition du métal, & qu'on ne lui rend point dans la réduction ordinaire par le seul phlogistique.

Mais ne peut-on pas croire avec tout autant de vraisemblance, que si l'on ne peut point métalliser les terres ordinaires, ou même les terres métalliques, trop dépouillées de leur principe inflammable, cela vient uniquement de la difficulté de commencer cette union, à laquelle les terres simples ne se prêtent point dans nos opérations, à cause de l'extrême différence qu'il y a entre la nature de la terre & celle de la matiere du feu; mais que quand cette union est une fois commencée par la nature, alors la terre se trouve infiniment plus disposée à se combiner intimement avec toute la quantité de phlogistique nécessaire pour la constituer métal ; qu'ainsi une terre quelconque, absolument exempte de tout principe inflammable étroitement combiné, est, par rapport à nous, une terre non métallique ; soit qu'elle se trouve naturellement dans cet état, comme le sont presque toutes les substances que nous nommons simplement *terres*, soit qu'après avoir fait partie d'une matiere métallique, l'art l'ait réduite dans ce même état par une calcination ou ustion portée très loin : d'où il s'en suivroit que la terre mercurielle n'est autre chose que le phlogistique même, ou plutôt qu'elle n'est point une substance particuliere, puisqu'elle ne consiste que dans un commencement d'union du phlogistique avec une terre, ou dans la disposition prochaine qu'a une terre à se combiner intimement avec le principe inflammable. C'est-là une des idées du célebre *Henckel*, qu'on ne soupçonnera certainement point d'indifférence ni d'incrédulité sur la possibilité de la production artificielle des métaux.

Si ce sentiment étoit bien fondé & prouvé, il s'ensuivroit que la production artificielle des métaux est en effet non-seulement possible, mais même beaucoup moins difficile qu'on ne l'a cru jusqu'à présent ; car enfin, au lieu de trois principes, qu'on croit nécessaire d'unir ensemble pour former un métal, il ne s'agiroit plus que d'en combiner deux ; on n'auroit plus à s'embarrasser de ce principe mercuriel, le plus difficile de tous à manier, qu'on ne sait au juste où prendre, dont on n'a que des idées très confuses, en comparaison de ce qu'on connoît des propriétés des principes terreux & inflammables.

Mais malgré ces considérations, il faut bien se garder de croire que la production artificielle des métaux, ne soit pas un des plus difficiles problêmes de la Chymie. Les réflexions qu'on va ajouter sur cet objet démontreront aisément à tout homme sensé, qu'il faut être extrêmement versé dans cette science pour entreprendre, avec quelqu'apparence de raison, de produire seulement le demi-métal le plus grossier ; elles prouveront combien est grande la folie de ceux qui travaillent à faire de l'or & de l'argent sans avoir aucune connoissance, même de la Chymie élémentaire, qu'ils méprisent, qu'ils nomment *chymie vulgaire*, & dont ils ne daignent seulement pas s'instruire, quoiqu'il soit reconnu de tout le monde, que ces connoissances élémentaires sont dans la Chymie, comme dans toutes les autres sciences, les plus essentielles, les plus fondamentales, & des degrés nécessaires pour atteindre à des objets plus élevés. Par une fatalité singuliere, les gens les plus ignorans, sont toujours les plus présomptueux. Ceux qui sont témoins de ce qui se passe dans les assemblées particulieres de l'Académie des Sciences, voient que cette illustre Compagnie est continuellement obsédée par des prétendus Géometres, qui croient de la meilleure foi du monde, avoir trouvé la quadrature du cercle, le mouvement perpétuel, &c. & qui sont en même-tems si ignorans des premiers élémens du calcul & de la Géométrie, qu'on ne peut pas même leur démontrer la fausseté de leurs solutions. Heureusement ceux qui croient avoir trouvé les moyens de faire de l'or, ne sont pas si communicatifs, & gardent leurs secrets dans l'espérance d'une grande fortune, sans quoi l'Académie seroit pour le moins aussi importunée par les Adeptes de pierre philosophale, qu'elle l'est tous les jours par les Quadrateurs.

Pour revenir à ce qui concerne la production artificielle des métaux, il faut observer que quand même on seroit certain qu'elle ne dépend que de la combinaison intime du principe inflammable avec une matiere simplement terreuse, ce seroit travailler au hasard, & sans espérance raisonnable de réussir, que d'essayer de faire cette combinaison, sans avoir beaucoup plus de connoissance que nous n'en avons sur la vraie nature du principe terreux qui entre dans la composition des métaux; car il faut convenir que la Chymie est fort peu avancée sur cet article.

Les substances métalliques, quoique se ressemblant toutes entr'elles par les propriétés générales dont on a fait mention au commencement de cet article, different les unes des autres d'un maniere extrêmement marquée, par les propriétés qui sont particulieres à chacune d'elles. Ces différences viennent-elles de la différente proportion & de la connexion plus ou moins intime du principe inflammable avec le principe terreux, en supposant que ce dernier soit essentiellement le même dans tous les métaux? Doit-on les attribuer à la différence des terres, qui, dans ce cas-là, seroient propres & particulieres à chaque métal? Ou bien enfin les métaux different-ils les uns des autres, & par la nature de leurs terres, & par la proportion & connexion de leurs principes? Toutes ces choses sont absolument inconnues, & il est cependant facile de sentir, que ce n'est qu'après les avoir déterminées, qu'on commencera à entrevoir la route qu'il faut tenir pour parvenir à faire les combinaisons dont il s'agit.

Le point le plus essentiel, est donc de parvenir à bien connoître la vraie nature des terres qui sont dans les métaux; & le seul moyen qu'on ait pour cela, c'est de les réduire à leur plus grande simplicité par une calcination radicale. Mais cet objet seul ne peut être rempli qu'avec un travail très long & rempli de difficultés. On a vu plus haut, que tous les métaux ne se calcinent pas à beaucoup près avec la même facilité; que les métaux parfaits n'ont pu jusqu'à présent être vraiment calcinés, ou du moins qu'infiniment peu, par aucun procédé certain; & qu'en général les dernieres portions du principe inflammable des métaux calcinables sont très difficiles à enlever.

Il y en a cependant, comme l'étain & le régule d'antimoine, qu'on peut calciner assez facilement jusqu'au point de les rendre presque irréductibles. En poussant cette calcination encore plus loin, par les moyens qu'indique la Chymie, on pourroit peut-être avoir leurs terres assez pures, pour qu'on en pût examiner & reconnoître toutes les propriétés essentielles, ce qui donneroit la facilité de les comparer entr'elles; & cette comparaison décideroit si elles sont de nature essentiellement différente, ou si elles ne sont qu'une seule & même espece de terre.

Si cela se trouvoit ainsi, il seroit ensuite question de comparer cette terre provenant des métaux avec celles qui n'ont fait partie d'aucun métal, & que la nature nous offre avec abondance. Si elle ſe trouvoit entierement ſemblable à quelqu'une de ces terres non métalliques, on ſeroit dès-lors aſſuré que les terres des métaux ne ſont point d'une nature particuliere, & que les terres ordinaires, non métalliques, ſont ſuſceptibles de métalliſation,

Plus le nombre des métaux ſur leſquels on pourroit faire ces opérations ſeroit grand, plus les conſéquences qui en réſulteroient, ſeroient générales & certaines; enſorte, par exemple, que ſi cela pouvoit ſe faire ſur tous les métaux calcinables, & que le réſultat fût toujours, que leurs terres, exactement déphlogiſtiquées, ne different plus les unes des autres, & ſont analogues à une terre connue; on jugeroit par analogie, & l'on ſeroit preſque certain que les terres des métaux parfaits, ſont auſſi de cette même eſpece.

Ceux qui connoiſſent l'étendue & les difficultés des travaux de la Chymie, jugeront aiſément que celui-ci ſeroit aſſurément un des plus conſidérables. Cependant, après avoir déterminé ce point eſſentiel, on n'auroit fait encore que la moitié de l'ouvrage: car ce ne ſeroit point aſſez de bien connoître la nature de la terre des métaux, & de ſavoir où la trouver; il s'agiroit après cela de trouver le moyen de combiner le principe inflammable avec cette terre en quantité ſuffiſante, & d'une maniere aſſez intime, pour qu'il en réſultât un métal; (on parle toujours ici dans la ſuppoſition que les métaux n'ont d'autres principes que la terre & le phlogiſtique). Je dis qu'il faudroit trouver le moyen de faire la combinaiſon de ces principes; car on ſait que les procédés ordinaires, ceux, par exemple, qu'on emploie pour les réductions métalliques, ſont inſuffiſans dans le cas préſent: or c'eſt-là une ſeconde difficulté, peut-être plus grande que la premiere.

En réfléchiſſant néanmoins ſur les regles fondamentales de l'union des corps, on découvrira auſſi une route qui peut conduire à faire la combinaiſon dont il s'agit. En effet, s'il eſt vrai, comme tout paroît le démontrer, qu'il n'y ait point de ſubſtances dans la nature qui ne puiſſent s'unir enſemble, & que lorſqu'on en rencontre qui ſe refuſent à cette union, cela ne vient que de la trop forte union de leurs parties intégrantes ; il est visible que la terre, étant, de toutes les substances connues, celle dont l'agrégation est la plus forte, les difficultés qu'on rencontre lorsqu'on veut la combiner intimement avec le principe inflammable, ne peuvent venir que de la trop grande adhérence de ses parties intégrantes. Il suit de-là, que le seul moyen de la disposer à cette union, c'est d'isoler & d'écarter suffisamment les unes des autres ses parties primitives intégrantes, en un mot de rompre son agrégation le plus qu'il est possible.

On défunit, à la vérité, assez bien les parties intégrantes de la terre, lorsqu'on la met en fusion au grand feu, ainsi s'il étoit possible de faire entrer une terre simple en fusion parfaite, melée d'abord avec une suffisante quantité de matiere inflammable, & dans un vaisseau exactement clos, (circonstance absolument nécessaire pour empêcher la combustion du principe inflammable), il est probable que le phlogistique s'uniroit intimement avec cette terre, & qu'il en résulteroit une matiere métallique ; mais ce moyen paroit impratiquable, parceque les terres simples sont trop réfractaires pour pouvoir être fondues sans addition, par le feu le plus fort qu'on puisse faire dans les fourneaux.

On peut, à la vérité, faciliter, tant qu'on veut, la fusion des terres par l'addition des matieres salines fondantes ; mais ce moyen, qui réussit très bien pour la réduction des terres métalliques, lorsqu'elles n'ont point été trop déphlogistiquées, & qu'elles conservent par cette raison une disposition prochaine à la métallisation, devient insuffisant pour réduire ces mêmes terres, lorsquelles ont été trop calcinées ; & à plus forte raison le doit-il être à l'égard des terres simples qui n'ont point encore été dans l'état métallique.

La raison de cela, c'est que, pour procurer l'union d'un corps avec un autre, il ne suffit pas que l'agrégation de ce corps soit rompue, il faut de plus que lorsque cette désunion d'agrégation est occasionnée ou facilitée, comme dans l'occasion présente, par l'interposition des parties de quelque substance, cette substance

ſtance interpoſée, n'ait pas elle-même une trop grande affinité avec le corps qu'on veut unir à celui dont on a rompu l'agrégation, comme il eſt aiſé de le ſentir.

Or, il eſt certain que toutes les matieres ſalines qu'on peut employer pour faciliter la fuſion des terres, ont elles-mêmes une très grande affinité avec le principe inflammable, & que plus cette affinité eſt grande, plus elle doit affoiblir la tendance qu'a le principe inflammable à ſe combiner avec les parties de la terre.

Il y a donc ici une compenſation : car ſi d'un côté les ſels, en facilitant la fuſion de la terre, la mettent dans un état plus favorable pour ſe combiner avec le phlogiſtique ; d'un autre côté, l'affinité qu'ont ces mêmes ſels avec le phlogiſtique, diminue dans la même proportion la diſpoſition qu'a le phlogiſtique à ſe combiner avec la terre, il n'eſt donc pas étonnant que cette combinaiſon ne ſe faſſe point.

Il n'en eſt pas de même lorſque la terre qu'on veut métalliſer par l'addition du principe inflammable, eſt déja intimement unie elle-même avec une certaine quantité de ce principe, comme cela a lieu dans les chaux métalliques qui ne ſont point radicalement déphlogiſtiquées ; car ce phlogiſtique étroitement uni à la terre, non-ſeulement diminue beaucoup la force de ſon agrégation, mais encore il doit néceſſairement faciliter infiniment l'addition d'une nouvelle quantité de phlogiſtique, à cauſe de la grande diſpoſition que les corps de même nature ont toujours à ſe joindre les uns aux autres.

Il ſuit de tout cela qu'il y a peu de réuſſite à eſpérer des tentatives de ce genre, faites par la fuſion & au grand feu. Mais il s'en faut bien que ce ſoient-là les ſeules reſſources que la Chymie nous offre : il eſt bien certain que ce n'eſt point par des fuſions violentes que la nature forme tous les jours des combinaiſons métalliques : l'eau tenue dans ſon état de fluidité par le peu de chaleur qu'il lui faut pour cela, eſt elle-même en état de tenir ſuſpendues & iſolées les unes des autres les parties intégrantes des corps dont l'agrégation eſt rompue, & celles de la terre auſſi bien que celles de toute autre ſubſtance, ainſi que le démontrent avec évidence les dépôts, les stalactites, les cristallisations, les pierres de toute espece qui se forment de tous les côtés par le moyen de l'eau : elle n'a d'ailleurs que très peu d'affinité avec le principe inflammable ; elle a par conséquent toutes les conditions requises pour présenter la terre & le phlogistique l'un à l'autre, de maniere qu'ils puissent très bien se combiner : enfin, l'expérience prouve que les métaux peuvent se décomposer, & que leurs chaux peuvent se remétalliser aussi bien par la voie humide, que par la voie seche.

L'eau paroît donc un intermede propre à former les premiers rudimens de la métallisation : elle est même celui que la nature emploie pour produire les métaux, les minéraux, & tous les corps composés qu'elle nous offre. Suivant l'opinion d'un des plus grands naturalistes & physiciens de nos jours, la Nature fait avec l'eau toutes les combinaisons que nous ne faisons dans nos laboratoires qu'avec le feu, & une infinité d'autres auxquelles nous ne pouvons réussir. C'est son principal, & presque son unique instrument. Il semble donc que c'est par le moyen de l'eau, c'est-à-dire, par la voie humide, qu'il convient de tenter les combinaisons dont il s'agit.

Mais, dira-t-on, la Nature emploie un tems d'une durée presque infinie pour former la plûpart de ses productions, & sur-tout les combinaisons métalliques. Seroit-il possible d'abréger ce tems par le secours de la Chymie ? Cette science fournit-elle des moyens d'imprégner l'eau des molécules primitives intégrantes de la terre, & d'une quantité suffisante du principe inflammable ? Il y a lieu de le présumer. Cependant pour pouvoir affirmer quelque chose à ce sujet, il faudroit avoir travaillé dans ces vûes, & suivi cet objet ; & j'avoue n'avoir rien fait de pareil.

Je n'entrerai point dans un long détail sur cette matiere, pour ne point prolonger davantage cette discussion, peut-être déja trop longue & trop conjecturale pour un ouvrage de la nature de celui-ci. J'ai cru devoir y donner quelque étendue, non-seulement parceque l'objet est véritablement intéressant par lui-même, mais encore parcequ'un très grand nombre de personnes, celles sur-tout qui ne connoissent pas toute l'étendue de la Chymie, regardent la métallisation comme son unique objet : c'a été, en effet, presque le seul but des Chymistes, depuis un tems immémorial jusqu'au renouvellement des sciences, c'est-à-dire, jusqu'à ces derniers tems.

Tous les Chymistes anciens ne s'occupoient que des métaux : toutes leurs vûes, toutes leurs recherches étoient tellement dirigées de ce côté-là, qu'ils négligeoient entiérement ce qui leur paroissoit étranger à cet objet : ensorte que le nom de Chymiste ne présentoit que l'idée d'un homme qui travailloit à faire des métaux. Les obstacles insurmontables qu'ils ont rencontré sans cesse, les ont forcés néanmoins à multiplier leurs expériences, & à travailler sur un grand nombre de corps fort différens des métaux. Les propriétés d'un si grand nombre de substances ont été découvertes successivement ; & ce sont ces découvertes multipliées qui, généralisées depuis, & mises en ordre, ont donné naissance à la Chymie physique qu'on cultive actuellement ; à cette Chymie qui s'explique clairement, qui procede avec ordre & méthode, & qui differe bien essentiellement en cela des anciennes recherches de la pierre philosophale.

Il est vrai qu'on n'entreprend plus à présent avec la même confiance & la même ardeur qu'autrefois, la solution des problêmes les plus difficiles ; il est vrai que la marche lente & circonspecte de la Chymie moderne paroît humble & timide en comparaison de la course hardie & rapide de l'ancienne Alchymie ; mais tel est le fruit des revers, de l'expérience & de la réflexion. Quand on a long-tems erré à l'aventure ; quand, après s'être épuisé & excédé à battre la campagne sans aucune regle ni mesure, on a manqué son but, le seul parti raisonnable qu'on ait à prendre, c'est de retourner tranquillement sur ses pas, de se remettre au commencement de la carriere, & de ne s'y engager de nouveau qu'après avoir reconnu les routes, & pris des renseignemens.

Il s'en faut bien que nous regardions comme des

guides assurés les idées que la nature du sujet, ainsi que le desir de contribuer au progrès de l'art, & d'en inspirer le véritable goût, nous ont engagés à développer sur la métallisation dans cet article : s'il arrivoit qu'en les suivant, on pût seulement ébaucher un métal, ou produire un demi-métal grossier, il y auroit certainement de quoi exciter l'étonnement & l'admiration des vrais connoisseurs en Chymie : à plus forte raison sommes-nous bien éloignés de présumer qu'on pût produire ainsi des métaux parfaits, tels que l'or & l'argent. Nous n'avons nul dessein de faire naître des espérances trop flatteuses : notre intention est uniquement de présenter un plan raisonné de ces sortes de travaux, & sur-tout d'en faire sentir les difficultés à ceux qui ont la volonté de les entreprendre.

Nous croyons devoir avertir ici qu'il y a quelques procédés très fameux en Chymie, que bien des gens regardent comme des métallisations, & qui ne sont cependant rien moins que cela : telle est la célebre expérience de la *Menera arenaria perpetua* de Beccher, par laquelle ce Chymiste proposa aux Etats Généraux de tirer de l'or avec profit d'un sable quelconque. Tel est aussi le procédé de *Beccher* & de M. *Geoffroi* pour retirer du fer de toutes les argilles, en les traitant avec l'huile de lin dans les vaisseaux clos. Il est certain que dans ces procédés & dans une infinité d'autres de même espece, on ne fait que rétirer les métaux qui y sont tout formés ; il n'y a aucun sable, aucune terre dans la nature, qui, suivant la remarque du savant & judicieux *Cramer*, ne contiennent quelques atômes d'or. Les *argilles* ne contiennent point, à la vérité, ordinairement de fer tout formé ; mais il n'y en a point où l'on ne trouve une terre ferrugineuse, déja disposée par la nature à la métallisation. Ainsi on est en droit de conclure, que dans l'expérience de M *Geoffroi*, on n'a qu'une réduction, & non une production du fer, ce qui est bien différent.

Les grandes difficultés qu'on a trouvées à faire passer les terres simples à l'état métallique, ont fait croire qu'il seroit plus facile de changer la nature des métaux tout formés, & d'amener les moins parfaits à un état plus parfait ; les tentatives ont été multipliées sans nombre sur cet objet qui a toujours été une des grandes parties de l'Alchymie, & auquel on a donné le nom de *Transmutation*. Comme nous n'avons aucune connoissance certaine de ce qui occasionne les différences spécifiques des substances métalliques, nous ne pouvons décider si la transmutation est possible ou impossible. En effet, si chaque substance métallique a sa terre propre, essentiellement différente de celle de toutes les autres, & que ce soit par conséquent, à raison de ces différences de leurs terres que les métaux different entr'eux; comme nous ne pouvons changer les propriétés essentielles d'aucune substance simple, il est clair que dans ce cas la transmutation des métaux seroit impossible. Mais si la terre & les autres principes des métaux sont essentiellement les mêmes, qu'ils soient seulement combinés dans des proportions différentes, & plus ou moins étroitement unis, & que ce soit là la seule cause des différences spécifiques des métaux; alors on ne voit aucune impossibilité dans leur transmutation.

Au reste, quelque soit la cause des différences des métaux, leur transmutation ne paroît pas moins difficile que la production nouvelle d'une substance métallique; peut-être même est-elle plus difficile. Les Alchymistes, que rien n'étonne ni n'embarrasse, croient tous la transmutation très pratiquable, & assurent même qu'ils la font. Ils commencent par supposer, que tous les métaux sont composés des mêmes principes; que les métaux imparfaits ne different de l'or & de l'argent, qu'en ce que leurs principes sont moins bien combinés, ou parcequ'ils contiennent des matieres hétérogenes: il ne s'agit donc que de remédier à ces deux défauts, ce à quoi on parvient, suivant eux, en leur donnant une coction convenable, & en séparant *le pur d'avec l'impur*. Pour nous qui n'avons encore que des connoissances très vagues & très superficielles sur les causes des différences spécifiques des métaux, nous avouons que nous ne pouvons faire aucune conjecture raisonnable sur cette matiere, & nous nous contentons d'exhorter ceux qui voudroient y travailler sur de bons principes, à déterminer d'abord, si les métaux ont chacun une terre propre, ou s'il n'y en a qu'une commune à tous ? En second lieu, en cas qu'il soit démontré que le principe terreux est le même dans tous les métaux, & que cela soit démontré aussi clairement qu'est prouvé l'identité du principe inflammable dans ces mêmes métaux ; ils auront à décider s'il n'y a que ces deux principes dans tous les métaux ; si le principe mercuriel existe ; s'il est essentiel à tous les métaux, ou seulement à quelques-uns d'entr'eux ? quelle est la proportion de ces deux ou de ces trois principes dans chaque espece de substance métallique ? Quand on verra clair sur ces principaux objets, alors on saura si la transmutation est possible ou non : & en cas qu'elle soit décidée possible, on commencera à entrevoir la route qu'il faut suivre pour y parvenir.

Rien n'indique qu'il entre aucun autre principe dans la composition des métaux, que ceux dont on a parlé ci dessus : on n'y apperçoit aucune trace, ni d'air, ni d'eau. Quelques Chymistes ont avancé néanmoins qu'ils contiennent de plus un principe salin. Si cela étoit, il s'en suivroit que les métaux contiennent aussi un principe aqueux. Mais toutes les expériences qu'on allégue pour prouver ce sentiment, ou sont fausses, ou ne démontrent la présence que de quelques parties salines étrangeres aux métaux, ou contenues à l'insu des Chymistes, dans les substances employées dans ces expériences, car les métaux parfaitement purs, soumis à toute sorte d'épreuves, avec des substances qui ne contiennent, ou qui ne peuvent rien produire de salin, ne laissent appercevoir aucune propriété saline. Il faut cependant excepter l'arsenic, & même son régule, substances singulieres dans lesquelles les propriétés salines sont aussi sensibles que les propriétés métalliques.

L'arsenic semble être un de ces êtres intermédiaires que la nature a placés presque dans toutes ses productions entre deux genres différens, & qui participent des propriétés de ces deux genres ; celui-ci placé entre les substances métalliques & les substances salines, a des propriétés communes aux métaux & aux sels, sans être entiérement ni métal, ni sel.

Comme l'eau paroît agir jusqu'à un certain point sur le fer, même sans le concours de l'air, ainsi que le le prouve l'opération de l'éthyops martial; cela pourroit faire soupçonner quelque chose de salin dans ce métal. Cependant je ne crois pas qu'on ait déterminé ce qui se passe dans cette opération avec assez d'exactitude, pour pouvoir en tirer une conséquence certaine. 1°. Il faudroit employer de l'eau parfaitement pure, c'est-à-dire, de l'eau de pluie distillée. 2°. Il faudroit aussi que le fer fût parfaitement pur: or il est très difficile d'en avoir de tel. 3°. Il faudroit faire l'opération dans une bouteille exactement bouchée pour être assuré que l'air ne contribue pour rien à l'action de l'eau sur le fer. 4°. Enfin après un séjour fort long de l'eau sur le fer, comme d'un an, par exemple, il faudroit filtrer très exactement cette eau, pour l'examiner ensuite, & s'assurer si elle a réellement dissous quelque chose de ce métal.

En attendant, on peut toujours conclure, que les métaux ne paroissent contenir aucun principe salin. A bien considérer leurs propriétés générales, ils ne semblent tous que des terres combinées plus ou moins intimement avec une grande quantité de phlogistique. Quoiqu'il soit démontré que leur principe inflammable n'est point du tout dans l'état huileux, qu'il n'est que le phlogistique pur, ils ont néanmoins une apparence grasse & huileuse, en ce qu'ils se comportent comme les huiles & les graisses à l'égard des matieres terreuses & aqueuses, auxquelles ils n'adherent pas plus que les huiles & les graisses, se mettant en globules comme les huiles, lorsqu'ils ne sont touchés ou supportés que par ces substances exemptes de phlogistique.

Cette apparence est si sensible, que les Chymistes avant de bien connoître la nature du phlogistique, croyoient que les métaux contenoient une matiere huileuse & grasse, & qu'encore à présent bien des gens qui parlent de Chymie sans la trop bien entendre, disent *l'huile des métaux*, *la graisse des métaux*, expressions bien mal sonnantes aux oreilles des vrais Chymistes. La seule cause de cette maniere d'être des métaux, est la quantité de phlogistique qu'ils contiennent. Le soufre, le phosphore, les huiles & les graisses elles-mêmes, n'ont ces apparences qu'à raison du principe inflammable qui entre dans leur composition ; car ce sont des propriétés que ce principe communique à tous les composés dans lesquels il entre en certaine quantité.

Il est très probable que le phlogistique en se combinant abondamment & intimement avec les matieres terreuses, pour en former des métaux, les dispose & s'arrange avec elles, de maniere que les molécules primitives intégrantes du nouveau composé qui résulte de cette union, c'est-à-dire, du métal, se rapprochent & se touchent entr'elles infiniment davantage, que ne peuvent le faire les parties intégrantes des terres simples : cela est prouvé par la grande densité ou pesanteur spécifique, & par les autres propriétés générales des métaux ; car elles dérivent toutes de celle-là.

En effet, comme on ne peut concevoir la transparence dans un corps, à moins qu'il n'y ait entre les parties intégrantes des vuides ou pores qui laissent passer les rayons de la lumiere, il s'en suit nécessairement, que moins il y aura de vuide entre les parties de ce corps, c'est-à-dire, plus il sera dense, & moins il sera transparent ; ensorte que les corps qui ont la plus grande densité, doivent avoir aussi la plus grande opacité, comme cela a lieu dans les métaux.

Il est vrai que la disposition des pores des corps contribue aussi beaucoup à leur plus ou moins grande transparence, que ceux dont les pores sont continus & droits, sont plus transparens que ceux dont les pores sont interrompus, traversés, ou obliques ; en sorte qu'un corps peut être beaucoup plus transparent qu'un autre, quoiqu'il soit beaucoup plus dense, comme cela est prouvé par l'exemple du verre infiniment plus dense, & en même-tems infiniment plus transparent que le charbon. Mais il n'en est pas moins vrai, que toutes choses égales d'ailleurs, les corps les plus denses, sont en même-tems les plus opaques : il s'en suit seulement que l'opacité est proportionnée en même-tems à la densité des corps, & au défaut de rectitude de leurs pores.

La grande opacité des métaux donne donc lieu de croire qu'ils possedent éminemment l'une & l'autre de ces qualités. On a vu au commencement de cet article, que l'éclat des métaux & la propriété qu'ils ont de réfléchir la lumiere infiniment mieux qu'aucun autre substance, est une suite nécessaire de leur opacité : ce qui est d'ailleurs évident par soi-même, puisque moins un corps laisse passer des rayons de lumiere, & plus il doit en réflechir.

Enfin la ductilité des métaux dérive aussi de leur densité & de la disposition de leurs pores, comme cela est expliqué au mot DUCTILITÉ. Il paroît d'ailleurs que le phlogistique communique à la plupart des corps, dans la composition desquels il entre, un certain degré de ductilité, comme on le voit par l'exemple du soufre & des corps gras, tels que les résines, la cire, &c. qui sont tous plus ou moins ductiles, au moins lorsqu'ils sont échauffés jusqu'à un certain point. Enfin la molesse, la fusibilité, & la volatilité, dont tous les métaux participent plus ou moins, & que plusieurs d'entr'eux possedent dans un degré supérieur, étant des propriétés absolument opposées à celle du principe terreux ; il y a tout lieu de croire qu'elles sont dues à la présence du principe inflammable. En général, en réfléchissant bien sur les propriétés essentielles du principe terreux, & sur celles du phlogistique, on sentira aisément que ces propriétés étant combinées ensemble, modifiées les unes par les autres, doivent produire toutes celles des métaux ; c'est pourquoi il est important pour l'intelligence de tout cet article, de consulter les mots TERRE & PHLOGISTIQUE.

Voici l'ordre dans lequel se suivent les métaux comparés les uns aux autres, dans leurs principales propriétés, en commençant par celui qui possede, dans le degré supérieur, la propriété par laquelle on les compare, & finissant par celui dans lequel elle est la moins considérable.

1°. *Pesanteur spécifique*, ou *densité*. L'or, la platine, le mercure, le plomb, l'argent, le cuivre, le fer & l'étain.

2°. *Opacité*. On ne peut guere comparer les métaux les uns aux autres par cette qualité, parcequ'elle est si considérable, qu'elle paroît complette dans tous : si cependant il y a quelque différence à cet égard entre les métaux, il y a lieu de croire, que l'ordre est le même que pour la densité.

3°. *Eclat*, ou *brillant métallique*. Il en est de cette propriété comme de la précédente : il faut observer néanmoins, que, comme le poli rend les corps beaucoup plus resplendissans, & que la blancheur contribue aussi beaucoup à la réflexion de la lumiere, les métaux les plus blancs & les plus durs, sont ceux qui réfléchissent le mieux les objets, la platine doit par cette raison tenir le premier rang à cet égard, ensuite le fer, ou plutôt l'acier, l'argent, l'or, le cuivre, l'étain & le plomb.

4°. *Ductilité*. L'or, l'argent, le cuivre, le fer, l'étain & le plomb. Celles du mercure & de la platine ne sont pas encore déterminées.

5°. *Dureté*. Le fer, la platine, le cuivre, l'argent, l'or, l'étain & le plomb.

6°. *Ténacité*. Nous entendons par cette propriété la force avec laquelle les parties intégrantes des métaux résistent à leur séparation. Cette force paroît être en raison composée de leur ductilité & de leur dureté : on la mesure par la quantité de poids que peuvent soutenir, avant de se rompre, des fils de métaux d'un même diametre. On a pour cette propriété, l'or, le fer, le cuivre, l'argent, l'étain & le plomb. Celle du mercure est inconnue : on n'a point encore déterminé celle de la platine, mais il est à présumer qu'elle est très considérable.

7°. *Fusibilité*. Le mercure, l'étain, le plomb, l'argent, l'or, le cuivre, le fer, & enfin la platine qui ne peut se fondre au plus grand feu des fourneaux, mais seulement au foyer du miroir ardent, comme je l'ai déterminé avec M. *Baumé*.

La table des rapports de M. *Geoffroy* donne pour ceux des substances métalliques en général, l'acide marin, l'acide vitriolique, l'acide nitreux, l'acide végétal. La table des dissolutions de M. *Gellert* ne contient point de colonne pour les substances métalliques en général.

Les métaux ont des usages sans nombre, & nous

procurent des secours infinis : on en trouvera les détails aux articles particuliers de chaque substance métallique.

MICA. On a donné ce nom à du *talc* réduit en menues parcelles lamelleuses, état dans lequel il se rencontre en très grande quantité dans l'intérieur de la terre, ou mêlé dans des différentes terres & pierres : *voyez* TALC.

MIEL : c'est un suc sucré, fermentescible, que les abeilles ramassent sur les fleurs, comme tout le monde sait. *Voyez, pour la nature & les principes du miel*, le mot SUCRE.

MINES MÉTALLIQUES. Le mot de mines a deux significations : on s'en sert pour désigner les endroits de la terre d'où l'on tire les métaux ; & il se donne aussi aux composés naturels qui contiennent les métaux alliés avec différentes substances. On exposera dans cet article ce qu'il y a de plus essentiel à savoir sur l'un & sur l'autre de ces objets, réservant pour un article particulier ce qui concerne les travaux par lesquels on retire les métaux de leurs mines.

A l'exception de l'or, & d'une très petite quantité de chacun des autres métaux qu'on trouve dans certains endroits de la terre, assez purs pour être pourvus sensiblement des propriétés qui les caractérisent, la Nature ne nous offre les métaux & demi métaux que diversement alliés, non-seulement les uns avec les autres, mais encore avec plusieurs substances hétérogenes, qui les déguisent & en alterent les qualités à tel point, que dans cet état ils ne peuvent servir à aucuns des usages auxquels ils sont propres, lorsqu'ils ont le degré de pureté convenable.

Les substances qui se trouvent naturellement combinées avec les métaux, dans l'intérieur de la terre, sont singuliérement le soufre & l'arsenic, quelquefois séparément, mais le plus souvent tous les deux ensemble. Les métaux liés avec ces substances, se nomment *métaux minéralisés par le soufre, par l'arsenic*, ou *par le soufre & par l'arsenic*; & ces matieres s'appellent *substances minéralisantes*.

Outre le soufre & l'arsenic avec lesquels les métaux

sont étroitement combinés dans l'état minéral, ils sont encore assez intimement mêlés avec des substances terreuses de différente nature, & plus ou moins divisées: une partie de cette terre est disposée à la métallisation, & est susceptible de se changer en métal par sa combinaison avec le phlogistique : on la nomme *terre métallique*; elle provient souvent d'une portion du métal qui a été décomposé & détruit dans sa mine même par différentes causes dont on parlera ci-après : il peut se faire aussi que cette même terre ne soit qu'une terre simple, disposée à la métallisation par la Nature, ou la premiere ébauche d'un métal que la Nature n'a pas encore porté à l'éat métallique complet.

Il est à remarquer, au sujet de cette terre métallique, que ce n'est pas seulement parmi les métaux minéralisés qu'on en trouve, mais qu'elle paroît répandue, quoiqu'en fort petite quantité, dans les grandes masses ou bancs de terre ordinaire qu'on trouve partout, telles que sont principalement les terres limonneuses, les sables & les argilles. M. *Cramer* regarde, comme démonstratives à ce sujet, les expériences dont *Becher* fait mention dans le troisieme supplément de sa Physique souterraine, & par lesquelles il tire de l'or & du fer en travaillant les sables & les argilles quelconques. L'autre portion de terre, qui est intimement mêlée avec les métaux minéralisés, ne peut se réduire en métal, & se nomme par cette raison *terre non-métallique :* c'est une terre ordinaire. Enfin plusieurs métaux ou terres métalliques se rencontrent aussi sous forme de spaths crystallisés, la terre métallique est dans ces minéraux, unie à une matiere gaseuse.

Ces différentes matieres unies ensemble forment des masses compactes, pesantes, cassantes, & souvent pourvues d'un éclat métallique assez considérable. Ces composés portent proprement le nom de *mine*, ou de *minerai*, c'est la substance propre de la mine.

Ces minerais, ou matieres propres des mines, se trouvent toujours engagées dans des terres & pierres de différente nature, tels que des sables, des cailloux, des crystaux, des schites ou ardoises, des argilles durcies, suivant le terrein ; mais on y remarque sur-tout deux sortes de pierres qui paroissent affectées particuliérement aux mines, qui les accompagnent toujours, ou presque toujours, & que plusieurs Minéralogistes regardent comme les matrices où se forment les métaux : l'une de ces pierres est une espece de cailloux ou de crystal, ordinairement blanc, laiteux, & à moitié opaque, faisant feu avec l'acier, & du genre des terres vitrifiables : elle se nomme *quarts* : voyez *ce mot*.

L'autre est une pierre moins dure, qui ne fait point feu avec l'acier, qui est quelquefois laiteuse comme le quarts, quelquefois transparente ou diversement colorée & crystallisée en figures rhomboïdales, ayant des lames & faces qui forment le miroir : cette pierre mise au feu y devient plus tendre & friable ; elle porte le nom de *spath*. Le spath ressemble aux pierres gypseuses plus qu'à toutes les autres, mais il differe de tous les gyps par une pesanteur spécifique beaucoup plus considérable ; il y a même des spaths si pesans, qu'ils surpassent de beaucoup à cet égard toutes les autres pierres connues : *voyez* SPATH.

Ces substances terreuses & pierreuses doivent être bien distinguées de la terre intimement mêlée dans la substance propre de la mine dont on a parlé plus haut ; cette derniere fait partie du minerai, au lieu que les autres lui sont accidentelles, & ne font que lui adhérer extérieurement : on les nomme la *gangue de la mine*.

Les mines sont ordinairement sous la forme de veines ou de ruisseaux figés, qui ont différentes directions, & qui se distribuent quelquefois en plusieurs rameaux : ces veines se nomment *filons* ; & les mines prennent différentes pénominations, suivant la direction de leurs filons.

On appelle *mines profondes* celles qui descendent de la surface de la terre, ou verticalement, ou plus ou moins obliquement vers son centre.

Celles qui s'étendent horisontalement portent le nom de *mines dilatées*, parcequ'elles occupent souvent beaucoup d'espace en largeur.

Il y en a qui sont comme ramassées en masses plus

ou moins grandes, & presque également étendues dans les trois dimensions : on désigne ces dernieres par le nom de *mines accumulées*.

Quelques Auteurs ont dit que les filons des mines affectent des directions constantes de l'Est à l'Ouest, du Nord au Sud, ou des directions intermédiaires, suivant la nature de leurs métaux ; mais cette opinion est mal fondée. Il est certain que les filons n'ont aucune direction particuliere & déterminée ; car on trouve des métaux de toute espece, dirigés dans tous les sens. La direction des mines se détermine par leur pente, comme celle des rivieres, & à l'aide d'une boussole.

On reconnoît à plusieurs signes qu'un champ ou une montagne renferme une mine, sur-tout lorsque cette mine n'est pas bien éloignée de la surface de la terre ; car des terreins remplis de minéraux, il s'exhale des vapeurs sulfureuses & métalliques, qui sont quelquefois assez considérables pour faire impression sur les sens, mais qui, le plus souvent, se font appercevoir par les effets qu'elles produisent sur les plantes : elles les rendent maigres, languissantes & à demi décolorées ; souvent même, disent les Minéralogistes, ces sortes d'endroits sont entiérement stériles, & il n'y croît aucune espece de végétaux, quoique la terre paroisse d'ailleurs de bonne qualité, & très propre à la végétation. Il est cependant certain qu'on rencontre aussi des terres très fertiles, & une végétation en très bon état, sur des mines métalliques, qui souvent même sont fort près de la surface de la terre.

Les sources d'eaux minérales, la nature quartzeuse ou spatheuse des pierres qui sont à la surface de la terre des morceaux même de minéraux qu'on rencontre, sont encore des indices de mines.

Mais il ne faut point compter absolument sur ces signes, car il arrive souvent que, malgré tout cela, on ne rencontre rien, ou du moins que des mines très pauvres, lorsqu'on vient à fouiller la terre.

La fouille des terres où l'on soupçonne des mines est donc le seul moyen certain qu'on ait de s'assurer si elles en contiennent réellement ou non, & de quelle espece elles sont ; car il est aisé de sentir que les fameuses *baguettes divinatoires*, par le moyen desquelles bien des gens ont prétendu, & prétendent encore qu'on peut découvrir les mines & leur qualité sans fouiller la terre, sont une vraie chimere qui ne doit sa célébrité qu'à l'ignorance & la crédulité : *voyez* BAGUETTES DIVINATOIRES.

Les minéraux métalliques se divisent en deux classes générales. La premiere renferme tous ceux dans lesquels la quantité de métal quelconque surpasse celle du soufre, de l'arsenic & de la terre non-métallique, ou dont on peut retirer le métal avec profit : le nom de *mine* est affecté particulierement à ces sortes de minéraux.

On met dans la seconde classe tous les minéraux qui contiennent plus de soufre, d'arsenic & de terre non-métallique, que de métal ; & l'on donne en général à tous les minéraux métalliques de cette espece le nom de *pyrites*.

Les pyrites & les mines, proprement dites, sont essentiellement de même nature, & se rencontrent souvent dans les mêmes endroits ; mais la proportion des principes de ces composés n'étant pas la même, il en résulte plusieurs différences dans leurs propriétés. On exposera les propriétés des pyrites au mot PYRITES, & l'on va parler ici de celles des mines, proprement dites.

On peut considérer les mines sous deux points de vue : d'abord comme contenant des substances d'usage & de prix, & alors on leur donne communément le nom de métal le plus précieux qu'on en retire ; c'est ainsi que la valeur de l'argent étant de beaucoup supérieure à celle de plomb, on appelle *mines d'argent*, un minéral qui contient, par exemple, un marc d'argent par quintal, quoique le quintal de ce même minéral contienne en même tems assez souvent soixante livres ou cent vingt marcs de plomb, & même davantage, parceque la valeur d'un marc d'argent surpasse beaucoup celle de soixante livres de plomb. Cette maniere de nommer les mines, est principalement usitée par ceux qui les exploitent.

En second lieu, on peut porter son attention, principalement sur le métal le plus abondant, & dont la quantité domine dans une mine, indépendamment du prix que les hommes ont attaché à ce métal; & dans ce cas c'est le nom du métal dominant qu'on donne à la mine: ainsi dans ce sens, celle dont on parloit tout-à-l'heure s'appelleroit *mine de plomb*, & non pas *mine d'argent*. Cependant il paroît encore mieux de nommer une pareille mine, *mine de plomb tenant argent*, comme on le fait assez ordinairement.

M. *Cramer*, Chymiste profond & judicieux, qui s'est occupé singulierement de cet objet, pense qu'il faut nommer *mine propre d'un métal*, celle dans laquelle domine ce métal, & la nommer *mine impropre* de tous les autres métaux qu'elle peut contenir; alors on nommeroit la mine de plomb & argent que nous avons prise pour exemple, *mine propre de plomb*, & *mine impropre d'argent*. Cette maniere de désigner les mines, est certainement une des meilleures & des plus exactes. Voici présentement une description sommaire des principales especes de mines de chaque substance métallique.

MINES D'OR. En prenant le nom de mine dans le sens que nous lui avons donné: on peut dire qu'il n'y a point, à proprement parler, de mines d'or: car d'abord ce métal n'étant alliable, ni avec le soufre, ni avec l'arsenic, ne se rencontre jamais minéralisé directement par ces substances comme les autres métaux. En second lieu, s'il est minéralisé indirectement par l'union qu'il a contractée avec des métaux naturellement combinés avec le soufre & l'arsenic, il se trouve toujours dans ces mines, en si petite quantité, qu'elles ne peuvent presque pas mériter même le nom de mines d'or impropres. Il y a cependant de certaines pyrites, ou minéraux pyriteux, qui contiennent des quantités d'or, fort considérables. Comme l'or ne se calcine point sensiblement, on ne le rencontre point non plus dans l'état de chaux, ou de simple terre métallique.

Il suit de-là que l'or se trouve, ou sous sa forme naturelle, dans un certain degré de pureté, pourvu de toutes ses propriétés, ou bien engagé avec quelques autres métaux dans certains minéraux.

Celui

Celui qui se trouve seul, se nomme *or natif*, ou *or vierge* : cet or est ordinairement incrusté & enclavé dans différentes sortes de pierres, & principalement dans des cailloux & dans des quarts.

On en trouve aussi dans plusieurs terres limonneuses & grasses, & M. *Cramer* assure qu'à peine y a-t-il un sable dans la nature qui ne contienne de l'or : mais il convient en même tems qu'il y en a si peu qu'il n'indemniseroit pas des frais nécessaires pour l'en retirer.

Enfin, les sables de plusieurs rivieres, sont ceux dans lesquels on rencontre la plus grande quantité de cet or natif : il se ramasse sur-tout dans les fosses du fond de ces rivieres, & dans les différens coudes qu'elles font. Cet or des rivieres se rassemble ainsi à cause de sa pesanteur, par un vrai lavage naturel.

Nous avons en France plusieurs de ces rivieres qui roulent dans leur sable une assez grande quantité d'or, pour que le lavage de ce sable produise un petit profit à ceux qui s'occupent de ce travail. M. de *Réaumur*, dans un Mémoire qu'il a donné en 1718, sur nos rivieres auriferes, en nomme dix, qui sont, le Rhin, le Rhône, le Doux, en Franche-Comté, la Ceze & le Gardon qui viennent des Cevennes, l'Arriege dans le pays de Foix, la Garonne, à quelques lieues de Toulouse, au-dessous du confluent de l'Arriege, deux ruisseaux qui se déchargent dans l'Arriege, celui de Ferriet, & celui de Benagues; enfin la Salat, dont la source est dans les Pyrennées, comme celle de l'Arriege.

La Ceze est celle de ces rivieres dont le sable, dans certaines occasions, fournit le plus d'or. M. de *Réaumur* remarque que ses paillettes sont plus grosses que celles du Rhin & du Rhône, & dit qu'il y a des jours heureux où les paysans qui lavent son sable, en retirent pour une pistole; mais il arrive aussi que souvent ils ne gagnent presque rien.

L'or natif qu'on trouve dans les rivieres ou ailleurs, n'est jamais parfaitement pur, ou à 24 karats, il contient toujours une certaine quantité d'alliage qui est ordinairement de l'argent; le titre de l'or de nos rivieres, que M. de *Réaumur* a examiné, est depuis 18 jusqu'à 22 karats; celui de la Ceze est le plus bas, & celui de l'Arriege est le plus fin.

MINES DE PLATINE. La platine est fort rare, puisqu'elle a été inconnue jusqu'à ces derniers tems. Comme elle ne s'allie pas plus que l'or, ni avec le soufre, ni avec l'arsenic, il est probable qu'il n'y a aucune mine proprement dite de ce métal : aussi, dans les seules mines de platine qu'on connoisse, qui sont les mêmes que les mines d'or de Santafé, auprès de Carthagene, la platine est-elle native comme l'or, & sous sa forme métallique.

MINES D'ARGENT. Après l'or, l'argent est celui des métaux qu'on trouve le plus souvent sous sa forme métallique, & sans être minéralisé, ni par le soufre, ni par l'arsenic. Cet argent qu'on appelle aussi natif ou vierge, affecte ordinairement des formes régulieres en filamens & en végétations de différentes figures. L'argent natif est de même que l'or incrusté ou adhérent dans plusieurs sortes de pierres. On en voit de très beaux morceaux dans les cabinets d'Histoire naturelle, & particuliérement dans celui du Jardin du Roi. Il est allié ordinairement avec un peu d'or; mais l'argent se trouve, de même que tous les autres métaux, beaucoup plus communément minéralisé par le soufre & par l'arsenic.

On connoît trois principales mines propres d'argent, qui sont toutes les trois fort riches, mais en même-tems très rares; ce sont :

1°. La *mine d'argent vitrée ;* elle n'a point de figure déterminée, ayant à peu-près la couleur, la mollesse & la fusibilité du plomb. Cette mine est très pesante, & contient les trois quarts de son poids d'argent pur; l'argent n'y est minéralisé que par le soufre. Quelques Manipulateurs adroits imitent assez bien cette mine, en combinant du soufre & de l'argent par la fusion dans un creuset.

2°. La *mine d'argent cornée*, ainsi nommée à cause de sa couleur & de sa demi-transparence qui la fait ressembler à de la corne ou à de la colophone. Cette mine chauffée subitement pétille, comme presque toutes les mines, & se fond à une douce chaleur ; elle contient les deux tiers de son poids d'argent : cette mine est des plus rares. M. *Wallerius* dit d'après *Wood Ward* qu'on en trouve de cette espece à *Johan-Georgenstad en Saxe*.

Léhmann, *Cronsted*, M. *Sage*, & M. *Monnet*, ont trouvé l'argent combiné dans ce minéral avec l'acide marin, & formant, par conséquent, un mixte analogue à la *lune cornée* des laboratoires de Chymie. M. *Monnet* vient de donner la description d'une matiere de cette espece trouvée à Sainte Marie aux mines, & qui a cela de particulier, qu'elle n'a l'apparence que d'une matiere terreuse & friable.

3°. *La mine d'argent rouge*, qu'on nomme aussi *Rosiclaire*. Sa couleur est plus ou moins rouge, elle est quelquefois crystallisée, très pesante, fusible comme les précédentes ; l'argent y est minéralisé par l'arsenic & par le soufre, mais c'est l'arsenic qui domine : elle contient aussi un peu de fer, & fournit les deux tiers de son poids en argent. Sa couleur rouge peut lui venir ou du peu de fer qu'elle contient, ou du mélange du soufre & de l'arsenic, ou enfin de la maniere particuliere dont l'arsenic y est combiné avec l'argent, ce dont on a un exemple dans le précipité d'argent rouge que fait le *sel neutre arsenical*.

Il y a outre cela plusieurs autres minéraux auxquels on donne assez communément le nom de mines d'argent, mais qui contenant une plus grande quantité d'autres métaux que d'argent, ne sont que des mines d'argent impropres : telles sont celles qu'on nomme la mine d'argent blanche, qui n'est qu'une mine de plomb riche en argent, & la mine d'argent grise, qui n'est qu'une mine de cuivre tenant argent. Il y a des cobalts qui sont aussi très riches en argent.

MINES DE CUIVRE. Le cuivre se trouve sous trois formes différentes dans l'intérieur de la terre : 1°. en cuivre natif & vierge différemment arborisé & ramifié, mais beaucoup plus rarement que l'argent : d'ailleurs ce cuivre natif n'a pas autant de ductilité, que celui qui est bien purifié par les fontes. 2°. Sous la forme de chaux, de verd de gris, de précipités ou de pierres vertes : tels sont les minéraux qu'on nomme mines de cuivre soyeuses, la malachite & différentes terres vertes & bleues. Ces matieres ne sont que du cuivre presque pur & peu minéralisé, mais qui a été diversement corrodé, dissous, précipité, calciné, par des matieres salines, par l'action de l'air, de l'eau & des terres. 3°. Le cuivre est souvent dans le véritable état minéral, c'est à-dire, combiné avec le soufre & l'arsenic, avec d'autres matieres métalliques, mêlé avec des terres & entouré de différentes gangues. Ce sont là les vraies mines de cuivre; il faut observer à ce sujet, qu'elles n'affectent point de formes régulieres, à moins qu'elles ne participent de la nature des pyrites; qu'elles sont extrêmement diversifiées dans leurs couleurs, ce qui dépend principalement de la proportion des substances minéralisantes qu'elles contiennent. Enfin il y en a peu sur lesquelles on ne remarque des couleurs vertes ou bleues, qui indiquent toujours une érosion & calcination du cuivre; il y a aussi fort peu de mines de cuivre, qui ne contiennent plus ou moins de fer ou de terre ferrugineuse; c'est à cette derniere qu'on doit attribuer la couleur d'ochre, qui fait presque méconnoître certaines mines de cuivre. Celles qui contiennent le plus de fer, sont ordinairement les plus difficiles à fondre.

Les mines de cuivre ont presque toutes une couleur jaune dorée, assez brillante, qui les fait reconnoître assez facilement; quelques-unes ont des couleurs d'iris, & souvent des endroits *verds-dégrisés*, ce qui sert aussi à les faire distinguer des autres mines.

On connoit plusieurs mines de cuivre, riches en argent: telle est celle qu'on nomme mine de cuivre blanche, laquelle doit néanmoins cette couleur, plutôt à l'arsenic, qu'à l'argent: quoiqu'elle contienne assez de ce métal, pour être mise au nombre des mines d'argent par plusieurs Minéralogistes.

Enfin les pyrites d'un jaune doré qui contiennent du cuivre & du soufre, & les pyrites blanches qui contiennent du cuivre & de l'arsenic, sont regardées aussi comme mines de cuivre par plusieurs Chymistes & Naturalistes. *Henckel* & *Cramer* remarquent qu'on ne connoit aucune mine de cuivre, proprement dite, qui ne contienne une quantité considérable d'arsenic,

MINES DE PLOMB. Il est très rare de trouver du plomb natif & malléable ; on ne trouve guere non plus ce métal en forme de chaux ou de précipité, comme le cuivre, parcequ'il est beaucoup moins sujet à perdre son phlogistique par l'action de l'air & de l'eau ; ainsi presque tout le plomb que la nature nous fournit, est naturellement dans l'état minéral. Il y a cependant des especes de mines de plomb très riches, qui sont dans un état assez éloigné de la minéralisation, proprement dite. Ce sont celles que l'on nomme *mines de plomb spatiques*, parcequ'elles ont en effet l'apparence d'un spath, ou qu'elles sont réellement un spath de plomb : on en connoit de blanches & de vertes ; il s'en rencontre quelquefois des quantités considérables dans les mines de *galêne*, & des morceaux très curieux par leur belle crystallisation. La terre du plomb est unie dans ces spaths à une quantité considérable de gas méphytique, & non à de l'acide marin, comme l'a dit M. *Sage*.

Ordinairement c'est par le soufre que le plomb est minéralisé ; ses mines ont une couleur d'un blanc sombre, mais métallique & très resplendissant. Ces mines quoiqu'informes dans tout l'ensemble de leur masse, sont régulierement disposées dans leur intérieur, elles paroissent un amas de cubes ou de solides à six faces, plus ou moins grandes appliquées exactement les unes sur les autres, sans cependant être adhérentes & soudées : on les nomme en général *galênes*, elles contiennent quelquefois trois quarts de plomb sur un quart de soufre, aussi sont-elles pesantes & fusibles, quoique beaucoup moins que le plomb pur.

Il y a très peu de mines de plomb qui ne contiennent de l'argent : on ne connoit guere que celle de Willach en Carinthie, qui en soit exempte, il y en a même beaucoup qui renferment assez d'argent, pour qu'on les mette au nombre des mines impropres de ce métal ; on a remarqué, qu'assez ordinairement, plus les cubes ou grains de la galêne sont petits, & plus elle est riche en argent.

MINES D'ÉTAIN. L'étain se trouve très rarement

pur dans la terre, il est toujours minéralisé, & c'est principalement par l'arsenic.

La mine d'étain la plus riche, est de figure irréguliere, de couleur noire ou terne, & presque la plus pesante de toutes les mines; cette grande pesanteur lui vient de ce qu'elle est beaucoup plus abondante en arsenic qu'en soufre, ce qui est le contraire de la plupart des autres mines.

La plus commune des mines d'étain, est de couleur de rouille, & cette couleur lui vient d'une assez grande quantité de fer ou de mine de fer avec laquelle elle est mêlée. Les mines d'étain de Saxe & de Bohême, paroissent être toutes de cette espece.

Il y a une mine d'étain demi-transparente & ressemblante à du spath : on en trouve à Attemberg en Saxe, en crystaux octaedres très blancs. Enfin plusieurs especes de grenats, sont mis par les Minéralogistes au nombre des mines d'étain; mais M. *Bucquet*, aussi savant dans la Minéralogie métallique, que dans la Chymie, a trouvé que les grenats ne contiennent que du fer, & point d'étain.

La Province de Cornouailles en Angleterre, est très riche en mines d'étain, & l'étain en est très pur : il y a aussi des mines d'étain aux Indes orientales, dont on apporte l'étain en petit chapeau nommé *étain de Mélac*, on ne connoît point de mines de ce métal en France.

MINES DE FER. On ne trouve guere de fer naturellement pourvu de ses propriétés métalliques, quoiqu'il ne soit pas rare de rencontrer des terres & des sables qui ont le coup d'œil de ce métal, & qui sont même attirables par l'aimant.

Il n'est pas ordinaire non plus que le fer soit dans un état minéral aussi décidé que les autres métaux, si ce n'est dans les pyrites & les autres mines.

La plupart des minéraux qui portent le nom de mines de fer, n'ont qu'un coup d'œil terreux, rouillé, jaunâtre ou brunâtre, on les nomme mines de fer limonneuses : cet état leur vient de la facilité qu'ont les vraies mines de fer à se décomposer.

Au reste, le fer est le plus commun & le plus abondant de tous les métaux : il n'est presque pas possible, au moins dans l'Europe, de trouver un sable, une terre, une craie, une argille, une pierre vitrifiable ou calcinable, une cendre même qui ne contienne une terre propre à devenir fer : toutes les terres & pierres qui sont naturellement jaunes ou rouges, & toutes celles qui, sans avoir ces couleurs, les acquierent par la calcination, ne les doivent qu'à la terre ferrugineuse qui leur est mêlée : les ochres jaunes & rouges ne sont presque composées que de cette terre ; les sables noirs & pesans, sont ordinairement très ferrugineux. Enfin la terre ferrugineuse paroît capable même de prendre toutes sortes d'autres couleurs, comme on le voit dans des terres vertes, bleues, dans le *lapis lasuli*, dans lesquels l'examen chymique a fait découvrir, qu'ils étoient colorés par des matieres ferrugineuses.

Une des plus riches mines de fer, est une sorte de pierre pesante, dont la cassure est rouge & bleuâtre, & qui est d'une très grande dureté. Cette mine fournit par quintal, depuis soixante jusqu'à quatre-vingt livres de fer de la meilleure qualité par une seule fonte, suivant M. *Cramer*.

La plus commune de toutes les mines de fer, est une espece de pierre couleur de rouille, d'une pesanteur moyenne entre celle des mines & celle des pierres non-métalliques : cette mine n'a aucune figure déterminée ; elle fournit assez facilement un fer de bonne qualité.

La pierre hématite, la pierre sanguine ou crayon rouge, la pierre d'aimant, l'émeri, le kupfer-nickel sont autant de mines de fer, dont quelques-unes même, comme la pierre hématite, sont presque tout fer. La plupart de ces substances n'ont besoin que d'une médiocre calcination, pour être attirables par l'aimant, & dissolubles dans l'eau forte : cependant on n'exploite aucune de ces matieres, comme mine de fer, parce-que celui qu'on en retire est de mauvaise qualité. Celui de la pierre hématite est très aigre ; celui des ochres saute en éclats quand on le bat à chaud. D'ailleurs, toutes ces especes de mines de fer sont si réfractaires, qu'il est presque impossible de les fondre. Beaucoup de minéraux, & entre autres la pierre calaminaire sontrès ferrugineux, & dans un grand nombre de ceux qu'on exploite comme mines de fer, il y en a qui contiennent du zinc.

Les mines de fer sont extrêmement variées dans leur forme, ou plutôt elles n'en ont aucune; elles sont tantôt en terre, tantôt en grains, tantôt en spaths crystallisés blancs ou bruns, souvent en pierres de toutes figures: aussi ceux des Naturalistes qui ne font attention qu'à la forme extérieure pour classer & subdiviser les minéraux, ont-ils été obligés de multiplier considérablement les dénominations particulieres des mines de fer; de-là sont venus les noms de *mines de fer en poivre*, *en lentilles*, *en pois*, *en feves*, *en coriandre*, *en canelle*, que M. *Cramer* traite de minuties, & dont il se moque avec raison. Cela n'empêche point que les bons Minéralogistes n'aient très grande raison de distinguer un assez grand nombre de mines de fer qui different les unes des autres, autrement que par leur simple forme. Telles sont celles que l'on nomme le *fer noir* crystallisé on non crystallisé, comme le fer de l'isle d'Elbe, celui de Suede & de Dannemark. Suivant l'observation de M. *Bucquet*, ce fer est presque toujours attirable à l'aimant, & indissoluble dans les acides; c'est, suivant cet excellent Chymiste, par ces caracteres que ces sortes de mines different de toutes les autres du même métal.

Le fer le plus véritablement dans l'état minéral, est celui des pyrites martiales, qui est minéralisé par le soufre, & celui du minéral, que les Allemands nomment *Wolfram*, dans lequel le fer est uni à l'arsenic.

MINES DE MERCURE. Le mercure se rencontre quelquefois pur, coulant & sans être minéralisé, mêlé simplement dans des terres & dans des pierres; telles sont la mine de mercure des environs de Montpellier, celle de Toscane & quelques autres.

Mais la très grande quantité de mercure renfermé dans l'intérieur de la terre, y est minéralisée par le soufre, & par conséquent sous la forme de *cinnabre*. M. *Cronstedt* parle d'une mine de mercure en crystaux gris; il pense que le mercure y est uni au cuivre & au soufre.

On obſerve que, lorſque le mercure eſt minéraliſé, c'eſt toujours par le ſoufre, & jamais par l'arſenic. La plus abondante & la plus belle mine de mercure connue, eſt celle d'Almaden en Eſpagne.

MINES DE RÉGULE D'ANTIMOINE, ou ANTIMOINE. On ne connoiſſoit point de régule d'antimoine natif avant celui qu'a découvert depuis peu M. *Antoine Swab* en Suede dans la mine de Salberg, & dont il a donné la deſcription dans les Mémoires de l'Académie de Suede, en 1748. M. *Wallerius* en fait mention dans ſa Minéralogie.

Le régule d'antimoine eſt ordinairement uni au ſoufre, avec lequel il forme l'antimoine, qu'on doit regarder comme la vraie mine de régule.

On connoît outre cela une mine de régule d'antimoine rouge, dans laquelle le régule eſt minéraliſé en même-tems par le ſoufre & par l'arſenic. Cette mine reſſemble beaucoup à certaines mines de fer, & à quelques eſpeces de blende : on la diſtingue par ſa grande fuſibilité, qui eſt telle, qu'elle ſe fond à la flamme d'une chandelle.

MINES DE BISMUTH. On connoit une mine de biſmuth, dans laquelle ce demi-métal eſt uni au ſoufre ; elle eſt, dit M. *Bucquet*, en aiguilles, comme l'antimoine, mais plus brillante & de couleur bleuâtre, comme le zinc. La plupart des *cobalts* contiennent outre cela du biſmuth ; mais M. *Bucquet* dit que le biſmuth y eſt natif, & non combiné avec l'arſenic de ces minéraux.

MINES DE RÉGULE DE COBALT, ou COBALT. Le cobalt eſt un minéral d'une couleur griſe métallique plus ou moins brillante : il eſt à grain ſerré, très compact, & très peſant, ſouvent couvert d'une efflorreſcence de couleur de fleurs de pêcher : il y en a de pluſieurs eſpeces. Les vrais cobalts contiennent tous le demi-métal nommé *régule de cobalt*, dont la chaux devient bleue dans la vitrification. Ce régule eſt minéraliſé dans le cobalt par le ſoufre, & ſur-tout par une très grande quantité d'arſenic ; mais il y en a qui contiennent de plus du biſmuth, & même de l'argent.

Il y a pluſieurs minéraux auxquels quelques Auteurs

ont donné le nom de *cobalt*, quoiqu'ils ne contiennent point le demi-métal dont on vient de parler, mais seulement à cause de sa ressemblance extérieure avec la mine de régule de cobalt. Mais tous ces minéraux ne peuvent être regardés que comme de faux cobalts. On les distingue du vrai cobalt en éprouvant s'ils peuvent fournir ou non *le bleu d'azur* & *l'encre de sympathie.* L'efflorescence rougeâtre est encore une des marques par lesquelles on peut distinguer le vrai cobalt d'avec le faux, mais cette efflorescence n'a lieu que lorsque ce minéral a été exposé pendant quelque tems à l'action de l'air & de l'humidité.

Les principales mines de cobalt sont en Saxe, où on les exploite pour en retirer le safre, le bleu d'azur & l'arsenic. On en trouve aussi de très beau dans les Pyrénées.

Le cobalt est plus pesant que la plupart des autres mines, à cause de la grande quantité d'arsenic qu'il contient : il ressemble à cet égard à la mine d'étain. Mais cette grande pesanteur n'appartient point à une matiere de cobalt de couleur rougeâtre, qui ne paroît être qu'une chaux ou terre de régule de cobalt.

Il y a aussi un cobalt crystallisé, d'une couleur de plomb très brillante, qui vient de Suede, il fournit un très beau bleu.

MINES DE ZINC. La mine de zinc propre est une substance qui a l'apparence plutôt terreuse ou pierreuse que métallique, & qui porte le nom de *calamine* ou de *pierre calaminaire.* Cette pierre, quoique métallique, est d'une pesanteur médiocre; elle n'a point le brillant de la plupart des autres mines; sa couleur est jaunâtre & comme rouillée; elle a aussi beaucoup moins de compacité que les autres minéraux métalliques : elle paroît être une mine dans un état de décomposition naturelle. On ne travaille point la pierre calaminaire pour en tirer directement le zinc, parceque ce travail ne peut réussir que dans les vaisseaux clos, & par conséquent en petit, suivant le procédé qu'en a donné M. *Margraff.* Mais on se sert avec succès de la pierre calaminaire, pour convertir le cuivre rouge en cuivre jaune, par le moyen de la cémentation, ce qui prouve suffisamment l'existence du zinc dans cette pierre.

Le zinc se trouve outre cela dans les mines de quelques autres métaux, & singulierement dans certaines mines de plomb, telle que celle de Rammelsberg, où il est confondu avec beaucoup d'autres métaux, & dont on le tire par sublimation dans la fonte même de cette mine. Il y a aussi du zinc dans un assez grand nombre de mines de fer dans la manganese, & dans plusieurs autres minéraux.

M. *Wallerius* met aussi au nombre des mines de zinc, un minéral fort composé qui contient en effet ce demi-métal avec du soufre, de l'arsenic & du fer. Ce minéral qu'on nomme *blende*, ressemble assez aux mines de plomb : cette ressemblance lui a fait donner aussi le nom de *fausse galène*. On ne travaille point non plus la blende pour en retirer le zinc : il y en a de différentes figures & couleurs, principalement de rouge qui ressemble à la mine d'antimoine rouge.

Il y a outre cela des minéraux dont on retire du zinc aux Indes orientales ; mais nous n'avons aucune connoissance certaine sur ces minéraux.

MINES D'ARSENIC. Les minéraux qui contiennent le plus d'arsenic, sont les cobalts & la Pyrite blanche, ou mispikel, quoiqu'il y en ait aussi dans beaucoup d'autres mines, puisque c'est une des substances minéralisantes. On n'en travaille aucune exprès pour en retirer cette matiere métallique. Mais comme on est obligé de rotir le cobalt pour en obtenir le soufre, on recueille en Saxe l'arsenic qui s'éleve dans cette torréfaction, comme on le verra à l'article du travail des mines. L'orpiment & le réalgar naturels, peuvent être regardés aussi comme des mines d'arsenic, puisque ce demi-métal y est uni au soufre. Enfin il y a un minéral auquel on a donné très improprement le nom de *cobalt testacé*, puisqu'il ne contient point du tout de régule de cobalt. Il est disposé en petites lames ou écailles, & d'une couleur métallique, sombre & noirâtre ; c'est du régule d'arsenic tout pur, ou du régule d'arsenic natif.

On pourroit encore regarder comme une espece d'arsenic natif, une poudre blanche, pesante, arsenicale, que M. *Bucquet* regarde comme une chaux naturelle du regule d'arsenic.

Ceux qui ont fait une étude particuliere de la partie de l'Histoire Naturelle qui concerne les minéraux métalliques, s'appercevront aisément, que ce qui vient d'être exposé sur cette matiere, n'est qu'une esquisse très sommaire & très incomplette. Mais outre que je n'ai pas eu pour but dans cet ouvrage de donner aucune énumération, aucune description détaillée des productions de la Nature, qui sont l'objet de ce que l'on nomme l'*Histoire Naturelle*, les détails sur la seule Minéralogie, sont si étendus, qu'à peine un ouvrage comme celui-ci, pourroit-il les comprendre tous. D'ailleurs, malgré l'attention que des Savans distingués ont donné à cet objet, nos connoissances sur les minéraux, sont encore extrêmement bornées, en les comparant au nombre infini de ces corps, dont la Nature nous présente tous les jours de nouvelles especes, ils sont probablement beaucoup plus variés & plus nombreux, qu'on ne le croit communément; l'intérêt que nous avons à les bien connoître, en a fait découvrir & examiner déja une très grande quantité, mais comme ces corps sont la plupart très composés, il est probable, que malgré les essais qu'on a faits de presque tous ceux qui sont regardés comme connus, on est encore bien éloigné d'avoir fait de chacun l'analyse complette, qui est pourtant indispensable pour les connoître véritablement. La raison en est, que l'art des essais, dont on auroit pu tirer le plus de lumiere sur ces objets, s'est borné presque uniquement jusqu'à présent, à déterminer l'espece & la quantité des matieres métalliques contenues dans les minéraux, parceque ce sont les seules dont on puisse espérer du bénéfice. On sait déja par le grand nombre d'essais qui ont été faits, que des minéraux réputés de même espece, parcequ'on en retire les mêmes métaux, sont pourtant très différens les uns des autres par la quantité de métal que chacun contient; il n'y a peut-être pas, par exemple, deux morceaux de mineral de *galêne*, même d'un seul filon, qui contiennent exactement la même quantité de plomb & d'argent; mais quoiqu'à ces différences près, dont les essais prouvent tous les jours la réalité, les galênes soient réputées d'ailleurs des minéraux de même eſpece, quelles preuves a-t-on qu'il ne s'y rencontre pas d'autres différences ? S'eſt-on aſſuré que la terre ou les terres non métalliques de toutes les galênes, ſoient préciſément de même nature ? a-t-on déterminé, non-ſeulement la quantité de ſoufre contenu dans chaque galêne ; mais ce qui eſt plus eſſentiel, ſi le ſoufre eſt la ſeule matiere volatile que l'action du feu enleve à ces minéraux ? Non, aſſurément, puiſque dans les eſſais les plus exacts, on ſe contente de rotir le minerai à l'air libre, & que tout ce qui s'en exhale de volatil eſt perdu. Peut-on même juger de la quantité totale des matieres volatiles contenues dans le minéral par le déchet qu'il éprouve dans ſon rotiſſage à l'air libre ? On peut en toute ſureté répondre encore que non, puiſqu'il eſt prouvé maintenant, que ſi les minéraux métalliques perdent d'une part des ſubſtances volatiles, pendant leur calcination, ils augmentent de poids d'une autre part, dans une proportion inconnue, par l'accrétion d'une grande quantité d'air qui s'unit à la terre du métal par l'effet de ſa calcination.

Puiſqu'il nous manque encore tant de connoiſſances eſſentielles ſur les minéraux les plus communs, & qui paſſent ſi fréquemment par les mains des Eſſayeurs, comment peut on donc les claſſer, en faire des catalogues & des diſtributions dans les cabinets d'Hiſtoire Naturelle ? Il faudra certainement bien d'autres examens, bien d'autres eſſais, que tous ceux qui ont été faits juſqu'à préſent ; pour parvenir à bien connoître cette multitude infinie de corps ſurcompoſés que la Nature diverſifie de mille manieres.

Je crois qu'on peut conclure de ces réflexions, que dans un état, où l'on voudroit ſérieuſement profiter de toutes les richeſſes des minéraux qui peuvent s'y rencontrer, il faudroit donner toute une autre attention, que celle qu'on a donnée juſqu'à préſent à l'art des eſſais, art auſſi important qu'il eſt négligé & mal-exercé. On ne ſauroit connoître avec trop d'exactitude des matieres premieres, dont on ne peut tirer aucun avantage, qu'avec des dépenſes & des travaux effrayants.

Un laboratoire bien monté sous la direction d'un Chymiste expérimenté & connoissant bien toutes les ressources de son art, seroit une chose absolument nécessaire pour l'analyse exacte de tous les minéraux métalliques. On ne se contenteroit point de la routine ordinaire de piler, laver, rotir, scorifier, coupeller les minéraux, qui n'apprend presque rien, & que de simples Manœuvres un peu exercés, peuvent pratiquer aussi bien que les plus excellens Chymistes. Chaque minéral au contraire devroit y être soumis à toutes les opérations de l'analyse la plus rigoureuse, exposé à l'action d'un feu gradué dans les vaisseaux clos, même avec l'appareil pneumato-chymique pour les gas, sans intermede & avec les intermedes propres à faciliter la décomposition; examiné ensuite par le moyen des dissolvans, des précipitans, par la voie humide, par la voie seche, &c. Ce ne sera jamais que par ces moyens qu'on parviendra à connoître véritablement la nature des minéraux, & la maniere la plus avantageuse de les traiter. Les résultats de toutes ces bonnes analyses, bien rédigés & mis en ordre, formeroient avec le tems une masse considérable de connoissances précieuses, sans lesquelles on n'aura jamais que des idées imparfaites, fausses même, & quelquefois dangereuses, sur les parties constitutives des minéraux métalliques.

MINIUM. Le minium est une chaux de plomb d'un rouge vif & ardent. Comme on ne prépare pas cette chaux de plomb en petit dans les laboratoires de Chymie, mais en grand & pour l'usage des arts dans des manufactures en Angleterre & en Hollande : on a cru qu'il falloit quelques manipulations particulieres, pour donner à cette chaux le beau rouge qu'a celui du commerce On étoit même dans l'opinion qu'il falloit que la chaux de plomb fut réverberée & lechée longtems par de la flamme pour acquérir toute la vivacité de sa couleur ; mais j'en ai vu préparer par M. *Monnet*, qui, sans aucune réverbération, est devenue du plus beau rouge. L'opération a consisté à calciner pendant cinq ou six heures de la chaux grise de plomb, dans une capsule de terre sur un feu de charbon, à peine capable d'en faire rougir le fond, & trop foible pour faire fondre la chaux. On observoit de remuer continuellement cette chaux, comme quand on calcine l'antimoine, peu à peu la chaux de plomb est devenue d'un gris plus blanchâtre, ensuite jaune, orangé, & enfin d'un aussi beau rouge que le minium du commerce.

Cette opération n'a donc rien de particulier, c'est une simple calcination du plomb, comme celle de tous les autres métaux calcinables; elle a beaucoup d'analogie avec la calcination du mercure sans addition dans l'opération du précipité *per se*, qui devient d'un très beau rouge, sans aucune réverbération de flamme; il est même très probable que le contact d'une flamme quelconque, ne pourroit que nuire à l'opération en rendant du phlogistique à ces chaux métalliques, c'est bien plutôt le contact & le renouvellement de l'air, qui favorise & accelere ces calcinations, comme toutes les autres combustions.

Le minium, de même que la chaux de mercure sans addition, augmente de poids absolu, par l'union qu'il contracte avec l'air, pendant sa calcination, & cet air s'en sépare, lorsque la matiere du feu vient reprendre sa place dans la réduction de ces chaux en métal, avec des phénomenes assez semblables, tant pour la chaux de mercure, que pour le minium, ensorte que le précipité *per se*, pourroit être regardé, comme une espece de minium de mercure. *Voyez* les articles CHAUX MÉTALLIQUES & GAS OU AIR DÉPHLOGISTIQUÉ.

Il y a lieu de croire que ces chaux rouges, & en général toutes les chaux très colorées des métaux, retiennent beaucoup de phlogistique, malgré les moyens les plus efficaces de calcination, ce qui les rend moins fixes, plus faciles à réduire, plus fusibles, que les chaux qui deviennent très blanches, telles que celles de l'étain, du régule d'antimoine, & de quelques autres matieres métalliques.

On se sert du minium dans la Peinture, comme couleur, dans la Vitrification, comme fondant, & dans la Pharmacie, pour la composition de quelques emplâtres.

MIRACLE CHYMIQUE. Lorsqu'on mêle une dissolution d'alkali fixe bien concentré avec une dissolution de nitre ou de sel marin à base terreuse bien chargée, la terre se précipite en si grande abondance, qu'il résulte une masse assez solide du mélange de ces deux liqueurs. Comme cette expérience a quelque chose de merveilleux & de surprenant, quelques Chymistes lui ont donné le nom de *miraculum chymicum.* La grande abondance, la grande division de la terre qui, faute d'une quantité suffisante d'eau, n'est qu'à demi séparée des acides, sont les vraies causes de la coagulation qui a lieu dans cette expérience : on observe des coagulations de cette espece dans plusieurs autres demi-précipitations, où la quantité d'eau n'est pas proportionnée à celle du précipité & à sa grande finesse : telle est celle d'une dissolution d'étain dans l'eau régale, bien chargée, laquelle mêlée avec cinq ou six parties d'eau, forme dans l'espace de quelques jours, une espece de gelée.

MIXTION. *Stahl* se sert de cette expression pour désigner l'union des premiers principes dans les composés les plus simples : nous y substituons les termes de *combinaison* & de *composition.*

MOFETTES ou MOUFETTES. On nomme ainsi des exhalaisons ou vapeurs malfaisantes, & même meurtrieres, qui infestent les lieux souterrains, & particulierement les mines dans lesquelles l'air n'est pas suffisamment renouvellé.

Les exemples des accidens funestes qu'ont occasionnés ces sortes de vapeurs, ne sont malheureusement que trop fréquens : la plupart font périr subitement les animaux & les hommes qui y sont exposés ; ensorte que souvent on n'a pas même le tems de les secourir.

Quoiqu'il y ait quelque chose de commun dans les effets que produisent ces vapeurs, & qu'elles occasionnent toutes, la perte de la connoissance, une défaillance & une syncope mortelle, on observe aussi quelques différences dans leurs propriétés & dans leur maniere d'agir, suivant les lieux où elles se trouvent ; ce qui

peut

peut faire présumer qu'elles ne sont pas toutes exactement de même nature.

Quelques-unes sont visibles, & paroissent sous la forme d'une espece de brouillard; telle est celle qui se trouve dans une carriere voisine des eaux minérales de Pyremont, & dont M. *Seip*, Docteur en Médecine, a donné la description dans les Transactions philosophiques. Elle a une odeur sulfureuse, & fait périr les insectes, les oiseaux, & généralement tous les animaux qui s'en approchent, avec des accidens assez semblables à ceux qu'éprouvent les animaux privés d'air sous le récipient de la machine pneumatique.

D'autres produisent les mêmes effets, quoiqu'elles soient absolument invisibles; telles sont, dit le savant Traducteur de *Lhémann*, celles qui sortent d'une grotte de Hongrie, située près de Ribard, au pied des monts Crapacks: elles sont si meurtrieres, qu'elles font périr les oiseaux qui volent par-dessus en rasant la terre de trop près.

On peut mettre aussi au nombre des exhalaisons minérales malfaisantes, celles qu'on rencontre souvent dans les mines de sel gemme, en Pologne: celles-ci paroissent souvent sous la forme de floccons, de fils, de toiles légeres, semblables à celles des arraignées: elles sont très remarquables par la propriété qu'elles ont de s'enflammer subitement aux lampes des ouvriers, avec un fracas & une explosion épouvantables; elles blessent & tuent en un instant ceux qui ont le malheur d'en être atteints: c'est un vrai tonnerre souterrain. Il s'en rencontre de pareilles dans certaines mines de charbon de terre. On leur a donné, dans certaines Provinces de France, le nom de *feu terrou*, ou celui de *feu brisou*.

Comme l'arsenic est le plus grand poison d'entre les substances minérales, qu'il est volatil, & qu'il s'en trouve une grande quantité dans presque toutes les mines, bien des Auteurs ont cru que les mofettes étoient de nature arsenicale. Mais, bien loin que cette opinion soit prouvée, il y a des raisons assez fortes de croire que ces vapeurs meurtrieres sont d'une nature toute différente. Il est certain d'abord, & je l'ai éprouvé par moi-même, qu'on peut être exposé pendant assez long-tems à une grande quantité de vapeurs d'arsenic, sans éprouver aucun des accidens que produisent les mofettes, & même sans en être sensiblement incommodé. En second lieu, les effets que produit l'arsenic pris intérieurement, même en dose assez forte, quoique terribles, & toujours funestes, n'ont rien de comparable pour la promptitude, avec ceux des mofettes, puisque celles-ci font souvent périr en un instant. En troisieme lieu, aucune observation ni expérience certaines, n'ont constaté jusqu'à présent la nature arsenicale d'aucunes mofettes; & il est même démontré, d'un autre côté, que plusieurs de ces vapeurs minérales meurtrieres ne sont autre chose que de l'acide sulfureux volatil.

Enfin, toutes celles qui n'ont point de caractere décidé d'acide sulfureux, ne paroissent être que des *gas*, soit inflammables, soit de la nature du *gas méphitique*, qu'on a nommé *air fixe :* elles occasionnent exactement les mêmes accidens que les exhalaisons du foie de soufre, des charbons, & des matieres qui subissent les fermentations spiritueuses & putrides.

L'art est parvenu à imiter assez bien ces vapeurs, & peut-être même parfaitement, comme on a lieu de le croire d'après les procédés qui ont fait découvrir les différentes sortes de fluides élastiques, que l'on connoit présentement : *voyez* à ce sujet les articles Gas.

Presque tous les Chymistes & Métallurgistes s'accordent à croire que les exhalaisons minérales contribuent à la production des métaux. Cette opinion est d'autant plus vraisemblable, que, comme le phlogistique est un des principes des métaux, s'il est vrai que ces exhalaisons minérales contiennent le principe inflammable, comme ce principe est alors en vapeurs, par conséquent très divisé, il est certainement aussi alors dans l'état le plus favorable à la combinaison : on a vu à l'article du gas inflammable, qu'il a la propriété de réduire les chaux métalliques, comme la vapeur du foie de soufre. Il est donc probable, que lorsque ces exhalaisons rencontrent des terres disposées à les recevoir, elles s'y unissent en effet plus ou moins intimement, suivant leur nature. Et qui fait si ce n'est pas là l'opération principale du grand mystere de la métallisation ? *Voyez* MÉTAUX & PHLOGISTIQUE.

MOLYBDENE. Cette matiere qui se trouve dans plusieurs mines, n'étoit connue, il y a peu de tems, que par l'usage qu'on en fait, on l'emploie comme crayon noir, on en frotte la surface des ustensiles de fer, pour les préserver de la rouille, & leur en ôter l'apparence, enfin on la fait entrer en grande proportion avec de l'argille dans la composition de certains creusets noirâtres, capables de soutenir un très grand feu, qu'on nomme *creusets de Passau* : comme on n'en peut tirer aucun métal avec profit, les Métallurgistes en avoient totalement négligé l'examen.

M. *Pott*, est je crois le premier Chymiste qui y ait fait quelque attention. On a de lui une dissertation sur cette matiere, qui porte aussi les noms de *plumbago*, *plombagine*, *mine de plomb*, & *crayon noir*. Quoique M. *Pott* se soit plus occupé dans cette dissertation à discuter les sentimens des Auteurs sur la molybdene, & à faire connoître ses usage, qu'à en faire une analyse exacte, il résulte pourtant du petit nombre d'expériences qu'il a faites, que la molybdene ne contient point de plomb, ni même d'autre métal que du fer ; elle est composée, suivant ce Chymiste, pour la plus grande partie, d'une matiere talqueuse très réfractaire, & d'un peu d'acide vitriolique. Le fer que contient la molybdene, s'est manifesté en partie dans les expériences de M. *Pott*, par l'action des acides qui en ont dissous une portion, sans cependant pouvoir emporter le tout, & par la sublimation avec le sel ammoniac, dont il a résulté des *fleurs martiales*. Il a observé aussi que le gras ou l'onctuosité qu'on connoit à la molybdene, résiste à l'action des acides, & même à celle du grand feu, ce qui peut faire soupçonner que cette douceur ou onctuosité, vient plutôt de la forme écailleuse & lisse de ses parties, que d'une matiere grasse, proprement dite, quoiqu'il paroisse certain, comme on va le voir, que la molybdene contient une assez grande quantité de matiere phlogistique.

Nous devons les recherches les plus étendues & les

plus satisfaisantes qui aient eté faites jusqu'à présent sur cette substance à M. de L. il en a fait part dernierement à l'Académie des Sciences dans un très bon Mémoire, qu'il a bien voulu me communiquer avant l'impression, & dont je vais rapporter les principaux résultats.

La molybdene exposée par M. de L. à un feu très violent dans un creuset pendant deux heures, n'a pas diminué sensiblement de poids; mais l'ayant mise en poudre sur le fond d'une mouffle chauffée à blanc, il a observé à sa surface un mouvement d'ondulation qui a continué jusqu'à ce que tout le *mica* se fût décomposé ou évaporé, & après avoir soutenu le feu tant que cette ondulation a duré, il a trouvé qu'il ne restoit plus qu'une poudre d'un brun rougeâtre, attirable par l'aimant, preuve certaine de la présence du fer dans ce minéral. Mais ce qu'il y a de plus remarquable dans cette expérience, c'est le déchet que MM. *Pott* & *Quist* avoient déja remarqué par la torréfaction de cette matiere, d'ailleurs si réfractaire, & que M. *de Lisle* a trouvé énorme, savoir, de 94 parties, sur cent, dans l'espece de molybdene tendre, & de 88 aussi sur cent, dans l'espece dure. Une perte si considérable, qui n'a lieu que dans les circonstances nécessaires à la combustion, semble annoncer dans la molybdene une beaucoup plus grande quantité de matiere combustible qu'on ne l'auroit soupçonné.

Les résidus de ces torréfactions ont fourni par la réduction pour le quintal de molybdene tendre, deux livres quatre onces de fer très attirable à l'aimant, & pour le quintal de la dure, trois livres cinq onces d'un fer qui n'étoit pas bien sensible à l'action de l'aimant. Cette différence pourroit faire soupçonner, que malgré la longue torréfaction, le fer de la molybdene dure, n'étoit pas parfaitement exempt de soufre, car il n'y a que le soufre qui puisse empêcher le fer réduit, d'être attirable à l'aimant.

J'ai fait observer à la fin de l'article des mines, que si l'on veut parvenir à les bien connoître, il ne faut point se contenter, comme on l'a presque toujours fait jusqu'à ces derniers tems, de les soumettre à l'action du feu dans des creusets, mais qu'il étoit très essentiel d'en recueillir dans des vaisseaux clos leurs parties volatiles, en les distillant sans intermedes, & avec les intermeds convenables. Plusieurs Chymistes, & en particulier M. *Sage*, ont commencé à suivre cette bonne méthode qui a déja procuré des connoissances importantes.

On trouve un nouvel exemple de ses avantages dans le Mémoire de M. *de L.* il a soumis la molybdene seule à l'action du feu dans les vaisseaux clos & l'a distillée dans une cornue qu'il a entretenue rouge pendant plusieurs heures; il avoit eu soin de mettre dans le récipient, de l'alkali fixe en liqueur, comme l'a pratiqué M. *Sage* dans plusieurs de ses analyses, & quoiqu'il ait observé que ce minéral n'ait pas perdu sensiblement de son poids pendant cette distillation, le sel alkali n'étoit pas moins crystallisé en cubes, circonstance qui a fait présumer avec beaucoup de vraisemblance à M. *de L.* qu'il étoit sorti de la molybdene quelque acide volatil, qui en s'unissant à l'alkali, l'avoit fait crystalliser de cette maniere.

Si la forme des crystaux des sels suffisoit pour déterminer leur nature, & que le sel marin fût le seul qui put se crystalliser en cubes, la figure cubique du sel obtenu dans l'expérience dont il s'agit, auroit démontré que la molybdene contient de l'acide marin, mais la forme des crystaux étant un indice insuffisant & tout-à-fait trompeur, il faut nécessairement avoir recours à des épreuves décisives, lorsqu'on veut prononcer sur la nature d'un sel ou d'un acide qu'on observe ainsi pour la premiere fois: c'est ce qu'a très bien senti M. *de L.* Ainsi, sans s'arrêter à cette forme cubique, qui ne prouve rien, il a fait sur ce sel l'expérience la plus propre à faire connoître si son acide étoit ou n'étoit point de l'acide marin, du mélange qu'il en a fait avec la dissolution d'argent dans l'acide nitreux, il a obtenu, à la vérité, un précipité d'argent; mais la réduction complette de ce précipité par la seule action du feu, a prouvé que l'acide en question, n'étoit point du tout de l'acide marin, puisqu'il est certain que ce dernier forme toujours en pareille occasion de la *lune cornée*, qui non-seulement ne se réduit point sans addition, & par la seule action du feu; mais qu'on a même beaucoup de peine à réduire complettement, à l'aide des intermedes les plus puissans. M. *de L.* soupçonne que cet acide de la molybdene est le même que celui des *mines spathiques*; la plupart de ces mines traitées par le même procédé, présentent en effet le même phénomene; mais on sait maintenant que cet acide est un *gas*: on sait même que, du moins dans celle de ces mines qui ont été soumises à l'examen par la classe de Chymie de l'Académie des Sciences, que ce gas est le *gas méphitique* qui a été connu sous le nom d'*air fixe*, & qui n'a aucune propriété commune avec l'acide marin.

Comme il est très possible qu'à mesure qu'on examinera ainsi tous les minéraux plus exactement qu'on ne l'a fait jusqu'à présent, il s'en rencontre beaucoup qui fournissent des substances volatiles, & même des *gas* incapables d'être fixés par les alkalis, tel que l'est, par exemple, le *gas inflammable*, il s'en suit, que la méthode de mettre de l'alkali dans les récipiens des distillations, est défectueuse & propre à induire en erreur, & qu'on ne pourra se dispenser, dans celles de ces analyses, qu'on fera à l'avenir, d'employer les appareils pneumato-chymiques, propres à retenir les gas, à en déterminer la nature, & à en mesurer la quantité. Ces analyses, en même tems qu'elles en deviendront bien plus sûres & plus exactes, en seront à proportion, à la vérité bien plus longues & bien plus pénibles; mais tel est le sort inévitable à quoi l'on doit s'attendre dans les travaux de la Physique, plus on fera de découvertes dans cette science immense & sans bornes, plus les découvertes deviendront difficiles à faire; il est aisé de sentir, combien celle des gas en particulier, qu'il n'est plus possible de négliger, va multiplier les travaux & les difficultés.

Pour revenir à la molybdene, M. *de L.* a suivi la bonne méthode d'appliquer au minéral qu'il examinoit, differens intermedes & les dissolvans les plus puissans. Dans les distillations qu'il a faites de deux parties d'acide vitriolique, sur une de molybdene, il a passé dans le récipient des vapeurs blanches & de l'acide vitriolique sulfureux, & même fumant, encore plusieurs jours après, lorsqu'on débouchoit le flacon qui le contenoit. Cette opération ayant été répétée vingt-quatre fois de suite en recohobant toujours le même acide vitriolique sur la même molybdene ; l'acide est devenu enfin d'une belle couleur verte, par l'évaporation, il a fourni un précipité ochreux, comme le font les dissolutions de vitriol martial, puis une sélénite feuilletée & brillante, & enfin des crystaux d'alun.

Ce qu'il y a de plus remarquable dans ces expériences, c'est que, malgré le grand nombre des cohobations de l'acide vitriolique, la molybdene est restée encore noire & onctueuse

Le nitre mêlé à partie égale avec ce minéral, & exposé au feu dans un vaisseau ouvert, a détonné, sans cependant que le résidu ait perdu sa couleur noir. Du même mélange distillé dans une cornue, il est sorti d'abord des vapeurs d'acide nitreux ; mais quand le fond de la cornue a commencé à rougir, il s'est fait une détonnation, qui a brisé les vaisseaux avec explosion.

Enfin un mélange de partie égale de sel ammoniac & de molybdene, a fourni à M. *de L.* par une premiere sublimation, des fleurs de sel ammoniac, bien décidément martiales, d'une couleur jaune très vive, & dont la dissolution formoit de l'encre avec la noix de galle ; mais en réitérant ces sublimations sur la même molybdene, la couleur des fleurs de sel ammoniac s'est affoiblie chaque fois, & enfin elles sont devenues blanches, comme M. *Pott* l'avoit aussi observé. Mais M. *de L.* fait mention de deux circonstances, dont n'a point parlé M. *Pott*, & qui méritent cependant attention ; la premiere c'est que la molybdene, sur laquelle le sel ammoniac se sublimoit en blanc, n'avoit reçu aucune altération dans sa couleur, ni dans sa contexture, & la seconde, c'est que le fond du vaisseau de verre qui avoit servi à ces opérations, avoit contracté des couleurs d'iris très sensibles.

Il paroît bien prouvé par les expériences de M. *Pott*,

& encore mieux par celles de M. *de L.* que la plus grande partie ou la base de la molybdene, est uniquement micacée, talqueuse, dont la terre étant de nature argilleuse, forme de l'alun avec l'acide vitriolique, suivant l'observation de M. *Sage*, que cette matiere talqueuse se trouve si étroitement combinée dans ce minéral avec une certaine quantité de fer & de matiere phlogistique, qui n'est peut être, comme l'observe judicieusement M. *de L.* que celle du fer, que ni la combustion, ni les agens les plus puissans ne peuvent l'en dépouiller entierement, & qu'enfin il existe aussi dans ce minéral une substance volatile qui paroit acide, mais dont il reste à connoître au juste la nature & la quantité, connoissances auxquelles on ne parviendra probablement que par de nouvelles recherches du genre de celles dont j'ai parlé.

MORTIER : c'est un instrument de Chymie très utile pour diviser les corps, en partie par la percussion, & en partie par le broiement. Les mortiers ont la forme d'une cloche renversée ; on y met la matiere qu'on veut réduire en poudre : on la frappe, & on l'écrase par le moyen d'un sorte masse allongée qu'on nomme *pilon*. Les mouvemens qu'on fait faire au pilon dans le mortier ne sont point indifférens ; ils doivent varier suivant la nature des substances qu'on veut réduire en poudre. Celles qui se tassent, se pelottent & se durcissent sous le coup de pilon, exigent qu'on fasse mouvoir souvent cet instrument circulairement, plutôt en broyant qu'en frappant ; celles qui s'échauffent par le frottement & la percussion, & qui se ramollissent par cette chaleur, demandent à être pilées très lentement ; celles enfin qui sont très dures, & qui ne sont point susceptibles de se ramollir, ni de se tasser, se pulvérisent facilement par les coups redoublés du pilon ; elles n'exigent le broiement que quand elles sont parvenues à un certain degré de finesse. Au reste, l'habitude & la pratique en apprennent infiniment plus, sur ces sortes de manipulations, que tout ce qu'on en pourroit dire.

Comme les mortiers sont des instrumens dont on est obligé de se servir continuellement dans la pratique de la Chymie, on doit en avoir de toutes grandeurs, & de toutes les matieres avec lesquelles on en peut fabriquer: on en fait de marbre, de cuivre, de verre, de fer, de grès dur, & d'agate. La nature des substances qu'on veut piler ou broyer, détermine à se servir des uns ou des autres; il faut sur-tout avoir égard dans ce choix au degré de dureté, & à l'action dissolvante de la matiere a piler. Comme le cuivre est un métal tendre, attaquable par presque tous les menstrues, & très nuisible à la santé, les bons Droguistes & Apothicaires, ont depuis quelque tems proscrit presque entierement l'usage de ce métal. *Voy.* DIVISION DES CORPS.

Un des principaux inconvéniens de la pulvérisation dans le mortier, c'est la poudre légere qui s'éleve souvent en grande quantité de plusieurs substances, pendant qu'on les pile. Si ce sont des matieres précieuses, cette poudre en occasionne une perte notable; si ce sont des matieres malfaisantes, cette même poudre peut nuire beaucoup à celui qui les pile. On remédie en partie à ces inconvéniens, soit en couvrant le mortier par une peau percée d'un trou dans son milieu pour laisser passer le pilon; soit en mouillant la matiere avec un peu d'eau, quand cette addition n'y peut faire aucun tort, soit en se mettant dans un courant d'air qui emporte la poudre loin du pileur à mesure qu'elle s'éleve, soit enfin en se couvrant le nez & la bouche d'une toile légere & humide pour arrêter cette poudre. Il y a des drogues tellement nuisibles, comme le sublimé corrosif, l'arsenic, les chaux de plomb, les cantharides, l'euphorbe, &c. qu'on ne doit négliger aucune de ces précautions lorsqu'on les pile, sur-tout en une certaine quantité.

Les grands mortiers doivent être établis sur un billot de hauteur convenable, pour que le mortier soit à-peu-près à la ceinture du Pileur. On suspend souvent aussi le pilon, sur-tout lorsqu'il est grand & pesant, par une corde ou petite chaîne attachée au bout d'une perche pliante, fixée horisontalement au-dessus du mortier: cette perche soulage considérablement le Pileur, parcequ'elle aide par son élasticité à relever le pilon.

MOUT. On appelle ainsi les sucs sucrés des différens fruits susceptibles de fermentation spiritueuse, & particulierement celui des raisins, avant qu'ils aient commencé à subir cette fermentation. Ainsi le moût est, à proprement parler, ce que le peuple appelle du vin doux : voyez les articles & VIN.

MUCILAGE. Le mucilage est une substance blanche, transparente, qui n'a point, ou que très peu de saveur & d'odeur, dont la consistance est épaisse, fluante, tenace & collante, lorsqu'elle est unie à une certaine quantité d'eau surabondante, qui se dissout entiérement & intimement par l'eau, & qui ne donne aucun indice, ni d'acide, ni d'alcali libres.

Lorsque le mucilage est dissous dans une grande quantité d'eau, il n'en altere point sensiblement la fluidité; mais, à mesure qu'on fait évaporer cette eau, elle s'épaissit de plus en plus; elle acquiert enfin la consistance visqueuse de colle végétale, qui est, à proprement parler, celle du mucilage.

L'évaporation continuant toujours, la liqueur s'épaissit de plus en plus, sans rien perdre de sa transparence : on peut la pousser de cette sorte à un degré de chaleur qui n'excede point celle de l'eau bouillante, jusqu'au point que le mucilage acquiert une consistance absolument solide; alors il ne differe plus en rien d'avec ce que l'on appelle *gomme*. Ce mucilage solidifié & devenu gomme, peut se redissoudre en entier dans l'eau, & reformer un mucilage liquide, absolument tel qu'il étoit auparavant.

Les gommes ou mucilages solides, les plus durs & les plus secs, exposés à l'action du feu, à l'air libre, ne se liquefient point, comme le font les matieres résineuses ; ils se gonflent, se boursoufflent, laissent échapper beaucoup de fumées, d'abord aqueuses, ensuite huileuses, fuligineuses & âcres. Cette matiere se noircit en même tems, & peut alors s'enflammer, mais ce n'est que quand elle est presque entierement desséchée, & réduite fort près de l'état charbonneux.

Si l'on expose du mucilage ou de la gomme à la distillation dans les vaisseaux clos, on n'en retire, tant qu'on ne lui applique point un degré de chaleur supérieur à celui de l'eau bouillante, que de l'eau pure ; & la matiere qui reste après cela dans le vaisseau distillatoire paroît, au degré de siccité près, la même qu'elle étoit auparavant, preuve certaine que ce degré de chaleur ne peut enlever au mucilage, ou à la gomme, que la portion d'eau qui lui est surabondante. Mais si on outre-passe ce degré de chaleur, alors on retire encore une certaine quantité de liqueur aqueuse, après quoi cette eau commence à n'être plus de l'eau pure ; elle devient peu-à-peu acide, empyreumatique : la distillation continuant toujours à un degré de feu qu'on augmente par degrés, il passe un peu d'huile épaisse & d'alkali volatil ; il reste enfin dans la cornue une quantité considérable de matiere charbonneuse, qui se brûle difficilement à l'air libre, & des cendres, desquelles on ne peut retirer que fort peu d'alkali fixe.

Les mucilages & gommes ne sont dissolubles, ni par les huiles, ni même par l'esprit de vin : ce dernier menstrue a de plus la propriété d'enlever à ces substances l'eau dans laquelle elles sont dissoutes ; ensorte que, si l'on mêle de l'esprit de vin avec un mucilage liquide, ou dans de l'eau chargée de gomme, cet esprit s'empare de toute l'eau de la dissolution, & force la matiere gommeuse à se séparer sous la forme d'un précipité blanc presque sec. Il est aisé de sentir que cette expérience ne peut réussir qu'autant qu'on ajoute une quantité d'esprit de vin suffisante, & que cette quantité doit toujours être proportionnée à celle de l'eau unie avec la matiere gommeuse.

Il suit de tout ce qui vient d'être dit sur les propriétés générales du principe gommeux végétal, premierement, qu'à l'exception d'une portion d'eau pure qui lui est surabondante, il ne contient aucune substance volatile au degré de chaleur de l'eau bouillante, par conséquent point d'esprits salins volatils, point d'huile essentielle, ni même d'esprit recteur, au moins en quantité sensible.

Secondement, que cette matiere gommeuse est composée d'une certaine quantité d'huile de la nature des huiles douces non volatiles, indissolubles dans l'esprit de vin, d'eau, d'acide végétal, & d'une terre extrêmement atténuée; que l'huile, principe des gommes, est en petite quantité, puisqu'elles ne sont point attaquables par les dissolvans huileux ou spiritueux, & qu'elles ne s'enflamment que très difficilement.

Troisiemement, que la portion d'huile combinée dans les gommes, y est dans une union intime avec une suffisante quantité d'acide pour avoir une entiere & parfaite dissolubilité dans l'eau.

Quatriemement, que comme tous les composés, dont les principes sont à-peu-près dans ces proportions & dans cette sorte d'union, sont susceptibles de fermentation, les matieres gommeuses sont toutes fermentescibles : elles sont aussi nutritives, & c'est ce que l'expérience confirme. Il y a néanmoins quelques différences à cet égard entre les matieres muqueuses végétales; les unes (ce sont celles qu'on connoît plus particulierement sous le nom de *gommes*) sont très diaphanes, peu savoureuses, peu nutritives, & ne sont susceptibles que d'une fermentation imparfaite, passant tout de suite à la vappidité & à la moisissure; les autres (ce sont celles que fournissent toutes les substances farineuses), sont moins transparentes, plus savoureuses, plus collantes, plus nutritives, & sont susceptibles d'une pleine fermentation spiritueuse, surtout quand elles ont été disposées convenablement. *Voyez* FARINE.

Quoique la présence du mucilage ne soit pas également sensible dans tous les végétaux & dans toutes leurs parties, on peut néanmoins le regarder comme universellement répandu dans tout le regne végétal. Les plantes, ou les parties des plantes, dont on ne tire point de mucilage par le procédé ordinaire, fournissent toutes dans l'eau une matiere extractive; & cette matiere extractive renferme toujours une certaine quantité de substance mucilagineuse qui reste confondue avec les matieres salines & savonneuses : on pourroit même l'en séparer par des moyens plus recherchés, & sur-tout par l'application convenable de l'esprit de vin.

L'usage de la matiere mucilagineuse paroît être dans le regne végétal, le même que celui de la matiere gélatineuſe dans le regne animal. Ces deux ſubſtances, qui ſe reſſemblent à bien des égards, ſont l'une & l'autre ſinguliérement nutritives & réparatrices. Auſſi la nature a-t-elle grand ſoin de pourvoir abondamment de mucilage toutes les parties des plantes qui en ont beſoin, & même d'en produire une quantité ſurabondante à l'accroiſſement & à l'entretien de chaque individu. Cette ſurabondance de matiere nutritive eſt miſe en réſerve avec économie dans les végétaux, comme dans les animaux, pour ſervir à la nutrition de nouveaux individus de la même eſpece.

Il eſt évident que la ſemence & les œufs des animaux, ne ſont autre choſe qu'une proviſion de matiere gélatineuſe & lymphatique, deſtinée à la production & à la nutrition de leurs petits. Il en eſt exactement de même de toutes les ſemences & amandes des végétaux, leurs graines ſont leurs œufs : auſſi ces graines contiennent-elles toutes une ſi grande quantité de mucilage, qu'il ſuffit de les faire tremper, ou tout au plus cuire dans l'eau, pour retirer du mucilage en abondance.

Les unes, comme celles qu'on nomme *ſemences émulſives*, fourniſſent facilement dans l'eau une bonne quantité de l'eſpece de mucilage tranſparent, moins nourriſſant & moins collant, dont nous avons parlé; mais elles contiennent outre cela une quantité conſidérable d'huile douce qu'on peut tirer par la ſeule expreſſion : les autres (ce ſont celles qu'on nomme *graines farineuſes*), étant broyées & cuites dans l'eau, ſe réduiſent preſque entiérement en colle ou bouillie, laquelle n'eſt autre choſe que l'eſpece de mucilage plus fort & plus nourriſſant, dont nous avons parlé. Ces dernieres ne contiennent point d'huile ſurabondante qu'on puiſſe tirer par la ſeule expreſſion, comme les premieres; mais il en entre une plus grande quantité dans la compoſition de leur mucilage. Ainſi ces deux eſpeces de ſemences contiennent les mêmes matériaux, avec cette différence qu'une grande portion de l'huile douce, qui eſt à part dans les amandes émulſives, ſe trouve combinée dans les graines farineuſes.

Il y a encore une eſpece très nombreuſe de graines qu'on nomme *légumineuſes*; elles contiennent une farine moins mucilagineuſe que les farineuſes, proprement dites, mais elles ſont pourvues, outre cela, d'une plus ou moins grande quantité de ſubſtance ſavoureuſe, & même ſucrée, laquelle eſt encore une ſorte de mucilage, & une matiere vraiment nutritive: *voyez* SUCRE.

Les racines ſont auſſi, dans beaucoup de plantes, des parties remplies d'une grande quantité de mucilage ou de matiere ſucrée; quelques-unes ſont farineuſes. Ce ſont ſur-tout les racines des plantes vivaces qu'on trouve remplies de ces ſubſtances nutritives, & c'eſt ſans doute parcequ'elles doivent reproduire la plante toute entiere qu'elles en ſont ſi abondamment pourvues.

Rien n'eſt ſi facile que d'obtenir du mucilage des ſubſtances végétales dont on vient de parler: il ſuffit pour cela de faire infuſer, ou légérement bouillir dans l'eau celles qui en contiennent le plus, comme la graine de lin, la ſemence de *pſillium*, les pepins de coing, les racines de guimauve, &c.; en fort peu de tems l'eau devient viſqueuſe, filante & collante comme du blanc d'œuf. L'eau & le degré de chaleur qu'on emploie pour l'extraction des mucilages, ne peuvent leur cauſer aucune altération, ainſi on eſt aſſuré de les obtenir exactement ſemblables à ce qu'ils ſont dans le végétal même.

Il y a beaucoup d'arbres dont il ſort naturellement une grande quantité de mucilage, lequel ſe deſſéchant par l'action de l'air & du ſoleil, forme les gommes: ce ſont ſur tout les acacias, les amandiers, les pêchers, les abricotiers, les pruniers, & même les poiriers & les pommiers qui ſont ſujets à cela. Cette exudation de ſubſtance nutritive, qu'on pourroit regarder comme occaſionnée par une ſurabondance de ſuc nourricier, ne viendroit-elle pas plutôt d'engorgements & d'obſtructions dans les vaiſſeaux dans leſquels ce ſuc doit couler? Ce qui doit faire croire que cette exudation de gomme, n'eſt que la ſuite d'une maladie de l'arbre, c'eſt que tous ceux dont il découle ainſi beaucoup de gomme, languiſſent, ſe deſſechent, & meurent enfin avec tous les ſymptômes d'un arbre qui périt par défaut de nourriture.

Les matieres gommeuses & mucilagineuses servent à beaucoup d'usages différens : on emploie les gommes dans plusieurs Arts, tels que la teinture, la peinture en détrempe : on s'en sert pour donner du lustre & de la fermeté à beaucoup d'étoffes.

Les mucilages sont les remedes les plus relachans, adoucissans & émolliens que connoisse la Médecine. Mais, si l'on prend le nom de *matiere mucilagineuse* dans son sens le plus étendu, & qu'on le donne, comme cela est assez convenable, à toute la substance farineuse & sucrée des végétaux, alors les avantages dont on vient de parler, ne sont rien en comparaison de l'utilité infinie que nous en retirons, puisque c'est cette substance qui fait la matiere premiere, & même unique de nos alimens, soit que nous la tirions directement des graines & des racines des végétaux que nous mangeons, soit qu'elle ait servi d'abord de nourriture aux animaux dont nous nous nourrissons nous-mêmes. *Voyez* FARINE.

Fin du Tome II.

ERRATA du Tome second.

PAG. 1 *lig.*	13,	le recuire, *lisez* les recuire.
56	23,	plus grande, *lis.* plus grandes.
76	8,	totalement ou en parties, *lis.* totalement ou en partie.
Ibidem	15,	est de tous les métaux celui dont, *lis.* est un des métaux dont.
Ibidem	20,	la dureté du son & le cuivre, *lisez* la dureté & le son du cuivre.
77	6,	la composition de l'anti-hectique, de la poterie, *lis.* la composition de l'anti-hectique de *La Poterie.*
86	1,	de principes aqueux, *lis.* de principe aqueux.
89	2,	comme la partie constituante, *lis.* comme une partie constituante.
90	13,	*après* volatile, *mettez* une simple virgule.
106	8,	passée, *lis.* pressée.
112	27,	EXTRAITS DE MARS, *lis.* EXTRAIT DE MARS.
194	4,	dans le fiel, *lis.* dans la bile.
222	24,	& phlogistique, *lis.* & le phlogistique.
244	1,	qu'il y en avoit qui avoient, *lisez* que plusieurs de ces airs prétendus avoient.
250	9,	étendu, *lis.* étendue.
263	2,	contast, *lis.* contact.
264	9,	Quels sont, *lis.* quelles sont.
267	27,	Dans la réduction, *lis.* dans sa réduction.
270		gleres, *lis.* légères.
277	24,	pour l'examen de l'eau & de l'yvette, *lis.* dans l'examen de l'eau de l'Ivette.
288	45,	tous les parois du vase soient couverts, *lis.* toutes les parois du vase soient couvertes.
321	13,	lui donner de nom, *lis.* lui donner le nom.

Tome II.

322	16, convient, *lis.* avoue.
324	32, de bulle, *lis.* de bulles.
331	18, comme, *lis.* comme.
335	26, & de l'air, *lis.* & de l'or.
346	10, partie, *lis.* portion.
Ibidem	12, portion. *lis.* partie.
349	18, & en général & de, *lis.* & en général de
366	21, dans l'état de la liqueur, *lis.* dans l'état de liqueur.
371	*avant dernière*, celui, *lis.* le nom.
413	2, attention, *lis.* action.
427	18, sout, *lis.* dissout
467	34, d'or ou d'argent, *lis.* d'or & d'argent.
471	23, *après* d'alkali fixe, *mettez une virgule.*
500	*antépenultieme*, de cours, *lis.* des cours.
512	9, suivant Bucquet, *lis.* suivant M. Bucquet.
522	14, laves, *lis.* lavages.
540	7, que sa quantité, *lis.* que la qualité.
Ibidem	29, mais celle du *celle* d'Epsom, *lisez* mais celle du *sel* d'Epsom.
541	10, par leur dégagement, *l. s.* par son dégagement.
554	35, se croupent, *lis.* se groupent.
571	25, le mercure peut guérir toutes les maladies, *ajoutez* vénériennes.
601	1, perdu ce principe, *l. s.* perdu de ce principe.
623	30, le nom *de* métal le plus précieux, *l. s.* le nom *du* métal le plus précieux.
635	28, soufre, *lis.* safre.
651	24, à le séparer, *lis.* à se séparer.

CPSIA information can be obtained
at www.ICGtesting.com
Printed in the USA
BVHW011942110421
604692BV00004B/21

9 781275 886933